MATERIALES PARA UNA POLÍTICA DE LA LIBERACIÓN

MATERIALES PARA UNA POLÍTICA DE LA LIBERACIÓN

Enrique Dussel

Primera edición: 2007

© Enrique Dussel
© Facultad de Filosofía, UANL
© Plaza y Valdés S. A. de C. V.

Derechos exclusivos de edición reservados
para Plaza y Valdés, S.A. de C.V. Prohibida
la reproducción total o parcial por cualquier
medio sin autorización escrita de los editores.

Plaza y Valdés, S. A. de C. V.
Manuel María Contreras 73, colonia San Rafael
México, D. F. 06470. Teléfono: 5097 20 70
editorial@plazayvaldes.com
www.plazayvaldes.com

Calle de Las Eras 30, B
28670, Villaviciosa de Odón
Madrid, España. Teléfono: 91 665 8959
madrid@plazayvaldes.com
www.plazayvaldes.es

ISBN: 978-84-96780-29-3 (UANL)
ISBN: 978-970-722-709-5 (Plaza y Valdés)

Impreso en México / *Printed in Mexico*

Índice

Palabras preliminares 9

FILOSOFÍA LATINOAMERICANA

1. **Modernidad y alteridad (Las Casas, Vitoria y Suárez: 1514-1617)** 17
   1.1. Bartolomé de Las Casas (1484-1566) 17
   1.2. Francisco Vitoria (1483-1546) 27
   1.3. Francisco Suárez (1548-1617) 32

2. **El marxismo de Carlos Mariátegui como «Filosofía de la Revolución»** 45

3. **Augusto Salazar Bondy y el origen de la Filosofía de la Liberación** 55
   3.1. La «Filosofía de la dominación» en Salazar Bondy 55
   3.2. La Filosofía de la Liberación ante el eurocentrismo y la mundialidad 62

4. **El proyecto de una Filosofía de la Historia Latinoamericana (En memoria de Leopoldo Zea)** 69

5. **Sentido ético de la rebelión maya de 1994 en Chiapas (Dos «juegos de lenguaje»)** 81

6. *Ser-hispano*. **Un mundo en el *border* de muchos mundos** 95
   6.1. El «mundo primero». Por parte de «madre»: el oriente extremo del Extremo Oriente 97
   6.2. El «mundo segundo». Por parte de «padre»: el extremo occidente del Occidente extremo 100

6.3. El «mundo tercero» como un/a «hermano/a» de descendencia «mestiza»: el extremo norte del Sur 103
6.4. El «mundo cuarto». El afro-caribeño, un hispano más ... 105
6.5. El «mundo quinto». El extremo sur del Norte................ 106

ÉTICA

7. **La teoría de la verdad en Zubiri y sus necesarias mediaciones** 111

8. **El sistema afectivo-evaluativo cerebral humano** 121

9. **Dignidad: negación y reconocimiento en un contexto concreto de liberación** 137
   9.1. Negación originaria 138
   9.2. La «dignidad» no es «valor», es el fundamento de los valores 140

10. **Algunos principios para una ética ecológica material de liberación (Relaciones entre la vida en la tierra y la humanidad)** 145
    10.1. Intento de articular en ecología la ética material y la moral formal 146
    10.2. La crítica ético-ecológica del sistema vigente: la «Totalidad» 151

11. **El «Principio de Coherencia» (Articulación de los principios normativos de los diferentes «campos» prácticos)** 155
    11.1. Los diversos «campos» prácticos 157
    11.2. Los principios implícitos de los respectivos «campos»... 159
    11.3. De la «Subsunción» de los principios éticos en los principios políticos 164
    11.4. El «Principios de Coherencia» entre los «campos»......... 168

12. **Sobre algunas críticas a la Ética de la Liberación** 173
    12.1. Los principios y su «aplicación» 175
    12.2. Coacción legítima, violencia y política 179
    12.3. Eticidad del «suicidio» 183
    12.4. Eticidad del «heterocidio» 186
    12.5. Otros aspectos de la crítica de Julio Cabrera................. 189

Filosofía Política

13. **Modernidad, imperios europeos, colonialismo y capitalismo**... 195
    - 13.1. El «mercado-mundo» abandonado por la China 195
    - 13.2. La modernidad temprana.................................. 198
    - 13.3. La modernidad madura.................................... 203
    - 13.4. La modernidad tardía 204
    - 13.5. La transmodernidad y la postulación de un pluriverso planetario como realización de la aspiración de que «Otro mundo es posible».. 205

14. **Hegel, Schelling y el plusvalor**........................... 215
    - 14.1. El orden categorial en la *Lógica* de Hegel y *El capital* de Marx 215
    - 14.2. La «fuente creadora» en Schelling y en Marx: el plusvalor. 219

15. **La crítica de la religión en el pensamiento de Marx (De la crítica de la religión a la crítica religiosa de la economía)**........ 225
    - 15.1. La crítica de la religión como crítica política de la Cristiandad en el joven Marx................................... 225
    - 15.2. La crítica religiosa de la economía, del capital 231

16. **Thomas Hobbes: el nuevo paradigma del discurso de fundamentación de la política**... 241

17. **«Lo político» en Lévinas (Hacia una filosofía política «crítica»)** 255
    - 17.1. Crítica ética de la política como totalidad en «Estado de guerra».. 255
    - 17.2. Ambigüedad del «Estado de David»......................... 259
    - 17.3. Hacia una política «crítica» como *habodáh* 268

18. **«Estado de Guerra» permanente y razón cínica: John Locke** . 275
    - 18.1. Algo de geopolítica después del 1989...................... 275
    - 18.2. «Estado de guerra» y la «razón tautológica» del imperio.... 278
    - 18.3. La «doble moral» o el cinismo político: Democracia *ad intra* y despotismo *ad extra*........................... 286
    - 18.4. «Razón material» y «razón crítica»: responsabilidad consensual de la comunidad de las víctimas....................... 289

19. **Deconstrucción del concepto de «Tolerancia» (De la Intolerancia a la Solidaridad)** 293
   19.1. Intolerancia 293
   19.2. Tolerancia 294
   19.3. Solidaridad 297

20. **Democracia en el centro y crítica democrática global** 301
   20.1. Repensando el concepto de lo político 301
   20.2. La normatividad democrática (principios, instituciones y praxis democrática) 305
   20.3. La crisis de la legitimidad democrática desde la Exterioridad de las víctimas 307
   20.4. La democracia en el mundo poscolonial (las víctimas globales) 310
   20.5. Lucha democrática de los nuevos actores políticos en la periferia del actual proceso de globalización 314

21. **Diálogo con John Holloway (Sobre la interpelación ética, el poder, las instituciones y la estrategia política)** 319
   21.1. Sobre el grito, la interpelación ética y la creación 319
   21.2. Sobre el poder 322
   21.3. Sobre las instituciones y la «disolución del Estado 325
   21.4. Sobre la estrategia organizacional y acontecimental 333

22. **Desde la Teoría Crítica a la Filosofía de la Liberación (Algunos temas para el diálogo)** 335
   22.1. Los primeros contactos con la Escuela de Frankfurt (la «primera generación») 335
   22.2. El diálogo con la Ética del Discurso (la «segunda generación» de la Teoría Crítica) 340
   22.3. Temas para un diálogo posible con la «tercera generación» 346

   Bibliografía citada 357

Palabras preliminares

Esta obra es una colección de veintidós artículos, que se sitúan entre la publicación de mi *Ética de la Liberación*[1] y la *Política de la Liberación*.[2] En el 2001 publiqué otro conjunto de trabajos bajo el título *Hacia una filosofía política crítica*,[3] que reunió otras colaboraciones sobre temas posteriores a la *Ética* y preparatorios también a la *Política de la Liberación*.

El material lo hemos dividido en tres partes, aunque todos rondan cuestiones de filosofía política, o me son útiles en ese sentido.

La primera parte, *Filosofía latinoamericana*, reúne seis trabajos. El primero de ellos, *Modernidad y Alteridad* en el siglo XVI español (1514, fecha del cambio de actitud por parte de Bartolomé de Las Casas, hasta 1617, fecha de la muerte de Francisco Suárez), trata no sólo algunas opiniones sobre política de autores españoles, sino que pretendo que debe interpretarse como el comienzo de la Modernidad —en especial en filosofía política, antes de Th. Hobbes o B. Spinoza—. Si esto fuera así se deberán reinterpretar el sentido de la totalidad de la Modernidad, que significa la «apertura» al Atlántico por parte de la secundaria y periférica Europa sitiada por el Imperio otomano. Intenta este trabajo, no sólo dar material para el pensamiento latinoamericano, sino presentar una nueva periodización de la filosofía política moderna en su conjunto.

La segunda contribución, se propone mostrar algunos aspectos del pensamiento de José Carlos Mariátegui, que ocupa un lugar preferente dentro de la tradición marxista latinoamericana.

En tercer lugar, abordo el pensamiento de otro peruano, Augusto Salazar Bondy, desde la perspectiva del origen de la Filosofía de la Liberación. Salazar Bondy, que se nos fue en la flor de la edad y cuando podía esperarse lo mejor de su producción —y con quien intercambiamos punto de vista en Buenos Aires en 1973 y pensamos en proyectos conjuntos futuros— plantea los supuestos de la Filosofía de la Liberación, como filosofía de la dominación, situando así adecuadamente el desarrollo posterior de la filosofía latinoamericana.

El cuarto trabajo, sobre Leopoldo Zea en el ochenta aniversario de su nacimiento, tiende a justificar el sentido de su proyecto, el que se defiende ante detractores que

---

[1] Trotta, Madrid, 1998.
[2] Trotta, Madrid, 2007.
[3] Desclée de Brouwer, Bilbao, 2001.

habiendo abandonado el estudio del pensamiento filosófico latinoamericano, se inclinan a pensar que no existe o que no valdría la pena ocuparse de él. L. Zea probaba, con su paciente tarea práctica y teórica que un proyecto tal era posible.

Ante el levantamiento maya de Chiapas en 1994, escribimos el quinto trabajo de esta colección, ya que los «zapatistas» se transformaron desde ese momento en una referencia obligada de la filosofía política latinoamericana, inquietudes que atraviesan la *Ética de la Liberación* e igualmente la proyectada *Política de la Liberación*.

Por el contacto con los «hispanos» —herederos de los «pachucos», «chicanos», «latinos» o latinoamericanos en Estados Unidos— desde 1972, intenté realizar una interpretación de esta nación latinoamericana en el país del Norte. En un encuentro organizado por Mabel Moraña en la Universidad de Pittsburg, presenté la colaboración sexta como ponencia, que desconcertó a algunos que me preguntaron: «¿Una nueva versión de la *raza cósmica* de Vasconcelos?». De ninguna manera. Era simplemente la manera más pedagógica de poder explicar a un «hispano» la complejidad cultural de su nación y, al mismo tiempo, darles conciencia de la antigüedad y dignidad de su propia tradición. El «hispano» es visto como un intruso ilegal en Estados Unidos. Lo que hoy es necesario, que se han manifestado como nuevos actores políticos desde los movimientos de marzo de 2006, es que tomen conciencia que más bien los anglos son los intrusos, ya que ellos estuvieron *antes*, estuvieron *siempre*, y estarán crecientemente en el futuro. El «hispano» es síntesis híbrida de muchas culturas, muy antiguas, muy respetables... Cuando cobren conciencia de todo ello interpretarán la realidad de su exilio económico de otra manera.

En la segunda parte, *Ética*, se coleccionan otros seis trabajos que también se aproximan a la política, ya que exponen aspectos que habrá que tener en cuenta en la filosofía política. El primero de ellos, el séptimo, *La teoría de la verdad en Zubiri y sus necesarias mediaciones*, refuerza el llamado nivel material de la existencia humana, y da nuevas bases para una «teoría del conocimiento». El sujeto cognoscente intelige en acto y es sujeto en un indivisible acto de actualización (constitución neuronal o subjetiva) de la cosa real como realidad *objetiva*.

Siempre considerando el nivel material, nos detenemos en la colaboración octava, *El sistema afectivo-evaluativo cerebral humano*, para analizar la presencia del sistema límbico en la conducta humana, y por ello política.

En el noveno trabajo, *Dignidad: negación y reconocimiento en un contexto concreto de liberación*, a partir de las repetidas expresiones del zapatismo sobre la necesidad de primero reconocer la «dignidad» de los pueblos originarios, como condición de posibilidad de todo diálogo posterior, nos detenemos para mostrar la diferencia entre una ética axiológica (fundada) y una ética de la dignidad de la vida humana (fundamento).

De la misma manera, y como otra dimensión material, intentamos una nueva formulación sobre el problema ecológico, que toca al capital mismo y no sólo a la tecnología (esta última subsumida en el proceso del trabajo por el criterio del aumento inmediato en la competencia de la tasa de plusvalor, de ganancia). El desastre ecológico no es fruto sólo de una tecnología anti-ecológica, sino más bien del criterio anti-ecológico, contra la vida humana, del capital en cuanto tal.

En la Escuela Sandinista de cuadros tuve el honor de exponer temas sobre «Ética y política», invitado por Miguel Escoto y ante el comandante Daniel Ortega, donde surgió el tema del *Principio de coherencia*, tan exigido a los políticos de profesión en nuestros días, y que consiste en la adecuada articulación analógica de los principios normativos en los diversos campos prácticos. El que pretenda luchar a favor de la justicia de los oprimidos en el campo político, debería hacerlo en el económico, en el familiar (no dominando a la mujer e hijos), en el cultural, etc. La conducta del sujeto debe ser coherente en cuanto se presenta como actor en los diversos campos —el escándalo de Clinton en Estados Unidos o los «videos» sobre políticos en México, son ejemplos de incoherencias hoy cada vez más intolerables para la conciencia ciudadana.

Julio Cabrera, un colega de la Universidad de Brasilia, expuso en un artículo una crítica a mi *Ética de la Liberación*. Este decimosegundo trabajo es mi respuesta a lo que llamo «falacia abstractiva», no advirtiendo la mayor complejidad del campo político (con respecto al ámbito ético abstracto), lo que permite descubrir, por otro lado, la normatividad específica de la política (que no se sitúa *fuera* de la ética, sino que subsume analógicamente sus principios). La cuestión será resuelta con mayor precisión en la *Política de la Liberación*.

En la tercera parte, *Filosofía política*, entramos de lleno en algunos aspectos de esta rama de la filosofía práctica. El primer artículo, *Modernidad, imperios europeos, colonialismo y capitalismo*, fue una ponencia a un seminario convocado por Iris Young, por desgracia recientemente desaparecida, en la Universidad de Chicago. Muestro la simultaneidad problemática de los cuatro fenómenos que se coimplican: a) el mundo metropolitano, organiza b) las estructuras coloniales, lo que permite, c) por la acumulación de valor de la periferia (más el plusvalor en el centro), el nacimiento propiamente dicho del capitalismo, que, como fenómeno civilizatorio y cultural, d) llamamos Modernidad. La fecha a retenerse es el 1492. Esto modifica buena parte del debate actual sobre estos temas. El mero hecho de situar el origen de dichos fenómenos simultáneos en la «apertura» al Atlántico norte le abre a la filosofía política otro horizonte no advertido de constitución.

La corta colaboración en un seminario en Binghamton (SUNY) y posteriormente en Nápoles, sobre una reinterpretación de la categoría y el ámbito desde el cual Marx desarrolla su discurso económico crítico (el decimacuarto artículo: *Hegel, Schelling y el plusvalor*), abre la posibilidad de contar con una «fuente creadora del valor», que después deberemos aplicar igualmente en la política (la *hiperpotentia* de un pueblo en «Estado de rebelión», y que Marx nos sugiere).

Nuevamente Marx nos ayudará a plantear en la filosofía política el tema del Estado secular. Marx ironiza —como S. Kierkegaard contra Hegel— la existencia de un «Estado cristiano» —en correcta tradición cristiana, que él indica a partir de Agustín de Hipona y los «Padres de la Iglesia»—. Será la posición marxista en este punto la que nos guiará en la *Historia* de la *Política de la Liberación* en la cuestión de la secularización del Estado, lo que no significa la negación liberal o laicista (secularista) del significado público del pluralismo religioso propio de la cultura popular de la comunidad política, que frecuentemente la izquierda no supo asumir correctamente.

El decimosexto trabajo es una reinterpretación de Thomas Hobbes.

El decimoséptimo es una colaboración polémica de la posición de E. Lévinas en filosofía política (*«Lo político» en Lévinas*), cuya reflexión ético-fenomenológica tiene inconvenientes en situar el problema de «el Otro» en referencia a la población palestina en la actual coyuntura de Israel. Un cierto «mesianismo davídico» sionista le impide descubrir el «mesianismo crítico» propio del filósofo, ante un Estado de Israel al que hay que saber enfrentar con categorías políticas coherentes con el resto del pensamiento levinasiano.

Dado el extremo grado de violencia desatada en el mundo actual por la postura de George W. Bush, en una estrategia de exterminio militar de sus oponentes —en función inmediata de la protección del capital invertido en el petróleo—, el filósofo político se vuelve hacia la historia para buscar tipos de argumentación semejantes que en el pasado han justificado guerras coloniales despiadadas. John Locke, filósofo que da las bases al liberalismo, dio igualmente fuertes argumentos para el colonialismo y la esclavitud. Son textos que pasan frecuentemente desapercibidos, pero que es bueno no olvidarlos.

La decimonovena colaboración fue una ponencia presentada en el Congreso Interamericano de Filosofía de Lima de 2004: *Deconstrucción del concepto de «Tolerancia»*. Fue una ocasión de mostrar los límites de la fraternidad y la tolerancia ante el concepto más amplio de solidaridad. Además, permitió mostrar la profundidad de la conciencia crítica de Bartolomé de Las Casas, que se presenta como un pensador que de hecho distingue entre pretensión de verdad y pretensión de validez —no así K.-O. Apel o J. Habermas—, y de esa manera no caer en el relativismo escéptico, afirmando un universalismo de la verdad (como pretensión) y abierto a la tolerancia, y desde la responsabilidad por el Otro, a la solidaridad.

La vigésima contribución fue una ponencia presentada en Viena (Austria) en un seminario sobre democracia.

La obra de John Holloway, *Cambiar el mundo sin tomar el poder*, originó un debate que se concretó en nuestro caso enfrentando las posiciones del mismo Holloway, con la de Atilio Borón y la mía, en la Facultad de Filosofía de la UNAM (México). El diálogo me permitió expresar la importancia de tomar en serio una filosofía de las instituciones (que no son siempre necesariamente opresivas, sino que comienzan por ser mediaciones para la reproducción y aumento de la vida humana), y sobre todo el saber distinguir entre un momento empírico histórico de un «postulado» (lógicamente pensable, empíricamente irrealizable), que sirve como criterio de orientación de la acción. La «disolución del Estado» es un postulado. Además, es necesario tener una noción *positiva* del poder político (que siempre puede corromperse como *dominación*) para descubrir una política constructiva que no es necesariamente revolucionaria como única posibilidad (lo que aniquilaría a la política como política, porque después de la revolución sólo habría *administración* del poder, y no política).

La última ponencia, presentada en un seminario en México (con presencia de colegas alemanes que son miembros de la tercera generación de la «Escuela de Frankfurt»), y nuevamente discutida en la Universidad de California en Berkeley en el seminario organizado por Martin Jay y Judith Butler, pretende demostrar que la herencia de las dos primeras generaciones de la «Teoría crítica» de Frankfurt es la Filosofía de la Liberación, mediando la implantación de la problemática en el horizonte mundial y desde la periferia, no abandonando la materialidad crítica (de la primera generación), y la discursividad pragmática (de la segunda). En Berkeley, en especial, produjo un interesante debate que abrió pistas para el futuro.

Muchos de los temas que aquí se exponen son tratados en la *Política de la Liberación*. Además, algunos trabajos aquí incluidos se han publicado en otras obras, pero habiéndose proyectado su edición en esta colección con anterioridad, hemos creído conveniente que permanezcan como se había decidido.

ENRIQUE DUSSEL
Departamento de Filosofía (UAM-Iztapalapa)
México, 2007

I

FILOSOFÍA LATINOAMERICANA

1. Modernidad y alteridad
(Las Casas, Vitoria y Suárez: 1514-1617)

La filosofía política moderna se origina en la reflexión sobre el problema de la apertura del mundo europeo al Atlántico; es decir, fue una filosofía hispánica. Por ello no son ni Maquiavelo ni Hobbes los que inician la filosofía política moderna, sino aquellos pensadores que se hicieron cargo de la expansión de Europa hacia un mundo colonial. La cuestión del Otro y el derecho a la conquista serán los temas iniciales de la filosofía de la primera Modernidad. La cuestión del consenso del pueblo como origen del ejercicio legítimo del poder irá creciendo desde Bartolomé de Las Casas hasta Francisco Suárez, y permanecerá como un horizonte crítico de la Modernidad posterior centro-europea.

1.1. BARTOLOMÉ DE LAS CASAS (1484-1566)

Bartolomé de Las Casas es un crítico de la Modernidad naciente, cuya sombra cubre los cinco últimos siglos. Es el «máximo de conciencia crítica mundial posible», no sólo desde Europa —como lo pensaba hasta escribir estas páginas—, sino desde las Indias mismas, desde los amerindios. Desarrolla coherentemente una teoría de *pretensión universal de verdad*, de todo participante serio y honesto (europeo o amerindio, y aun africano o árabe) —contra el relativismo, o el escepticismo a la manera de Richard Rorty— en el diálogo intercultural, lo que no le impide, de todas maneras, articular de modo insigne una posición no sólo de tolerancia (lo que es puramente negativo) sino de plena responsabilidad por el Otro (que es una actitud positiva), desde una *pretensión universal de validez*[1] que obliga ética y políticamente a tomar «en serio» los derechos (y por ello también los deberes deducibles de dichos derechos) del Otro, de manera ejemplar hasta el siglo XXI.[2]

---

[1] Nuestra argumentación presupone una clara diferencia entre «pretensión (*claim, Anspruch*) de verdad» y «pretensión de validez» (véase Dussel, 1998 [153 ss.]; y Dussel, 1998b). Dicha distinción es imposible en una teoría consensualista de la verdad como las de K.-O. Apel o J. Habermas.

[2] Mostraremos cómo Bartolomé de Las Casas se la arregla filosóficamente para articular una pretensión honesta universal de verdad con la aceptación de la disidencia del Otro, disidencia a la que tiene derecho, y por ello honesto deber (obligación), de defender su posición hasta con las armas («guerra

En la biografía de Las Casas podemos detectar los momentos de su posición filosófica ético-política con respecto a la expansión primera de la Modernidad. En su inicio es simplemente un andaluz más, que parte a las Indias (1502) como soldado. Después ejerce el sacerdocio católico. En 1514 cambia su orientación existencial y comienza la lucha en contra de la injusticia que sufren los indios; en 1547 descubre que la misma injusticia la sufren los esclavos africanos. Tuvo así una maduración teórica que deseamos mostrar.

Ante la realidad de una violencia que se extenderá posteriormente al África y al Asia, ante la no-escucha del grito del Otro, se levantó este primer antidiscurso filosófico de la Modernidad. Europa no tenía completa conciencia tranquila. Al menos al comienzo la crítica era todavía posible. Por ello deseamos dar al pensar filosófico político explícito de Bartolomé de Las Casas la importancia epistemológica todavía no reconocida por la historia de la filosofía moderna. Se trataría del primer discurso crítico de *toda* la Modernidad; discurso crítico «localizado», territorializado en América misma, desde un «afuera» de Europa en su inicio (en su «exterioridad»), y hasta su muerte cincuenta y dos años después. Las Casas fue un docto observador crítico. Consideremos en primer lugar un texto entre tantos, que se sitúa, exactamente, como «puente» entre dos épocas: entre la concepción del «mundo antiguo» (que se despliega frente al mundo musulmán) y el «nuevo mundo» como «sistema mundo» (que se despliega ante culturas extra-mediterráneas, las del Atlántico y posteriormente del Pacífico).

En 1552 Bartolomé escribe el *Tratado sobre los indios que se han hecho esclavos,*[3] y argumenta acerca de la injusticia de hacer esclavos a los indios, que sólo se justificaría si hubiera habido causa de guerra justa, cuestión en la que Juan Ginés de Sepúlveda estaría de algún modo de acuerdo:

> Que no haya habido causa justa parece [...] porque ni por injurias que los indios hubieran hecho, ni porque les persiguiesen, impugnasen, ni inquietasen (porque nunca los vieron ni conocieron), *según hacen los turcos y los moros de África;*[4] ni porque tuviesen nuestras tierras, que en otro tiempo hubiesen sido de cristianos (porque nunca lo fueron, o a lo menos no hay noticia de ello, *como África lo fue en tiempo de San Agustín, y el reino de Granada, y lo es el Imperio de Constantinopla y el reino de Jerusalén*);[5] tampoco porque sean hostes

justa» de defensa del indio contra los cristianos españoles), y hasta el «Juicio Final». No ha habido, que yo sepa, posición más coherente y crítica.

[3] Las Casas, 1957, t. I, pp. 258 ss.

[4] «Porque nunca los conocieron» es una referencia a la extrema novedad del acontecimiento. Además sus indicaciones se relacionan con el Mediterráneo, con el Sur de Europa, como es obvio. Las culturas más desarrolladas estaban en el Sur de Europa, nada de importancia geopolítica del «sistema mundo» podía venir del Norte de Europa en ese momento.

[5] Nuevamente todas sus referencias tienen que ver con el Sur de la Cristiandad europea, con el Mediterráneo, desde Agustín a Granada, a Constantinopla o a los cruzados en Jerusalén. Posteriormente Descartes, Spinoza o Hobbes para nada se referirán ya al Sur, al Mediterráneo, sino al Occidente, al Atlántico, al «nuevo mundo». Serán protagonistas de un «segundo» momento de la Temprana Modernidad (que pasa por ser el «comienzo absoluto» de dicha Modernidad para la filosofía europea hasta el presente).

propios o enemigos capitales[6] [...] Pues por la sola ampliación y predicación de la fe entre gentes e tierra de gentiles [...] nunca hubo ley divina ni humana que guerra consintiese ni permitiese, antes la condenan todas [... a no ser que] se deba de introducir como la suya introdujo Mahoma.[7]

Como puede verse estamos en el «comienzo del comienzo» de la Modernidad. Las referencias son «extra» europeo-latinas. Nada hay que justifique la guerra, la «conquista» de las Indias Occidentales, que serán las primeras «colonias» europeas, sobre las que se cifrará la acumulación paulatina del capital, de estructuras de una hegemonía todavía regional (que se ejerce sobre el Océano Atlántico, y no sobre la India o la China) durante casi tres siglos, hasta la Revolución industrial, para «superar» después por esta revolución económica y técnicamente al Indostán y a la China. Se trata de una crítica que argumentada en novedosa estrategia en filosofía política consiste en la *primera* crítica en el gestarse mismo del «sistema mundo» (origen del proceso hoy denominado de «globalización»), de la violencia como movimiento originario en la implantación del nuevo sistema.

Bartolomé de Las Casas toma decididamente en su argumentación la perspectiva del indígena dominado como punto de partida de su discurso crítico, organizado lógica y filosóficamente desde el horizonte de la escolástica *moderna* de la Escuela de Salamanca —el centro universitario europeo más importante en el siglo XVI, en torno al convento dominico de San Esteban—. La ventaja sobre los filósofos de «santiesteban» es que tuvo Bartolomé una larga experiencia militar y política en las Indias. Llegó, como hemos dicho, a la isla de Santo Domingo en el Caribe el 15 de abril de 1502 (tenía entonces 18 años). En 1514 —tres años antes del comienzo de la Reforma luterana, y en el momento en el que Maquiavelo está concibiendo *Il Principe*—, continuando la *primera protesta ética* contra la expansión de la Modernidad, contra la conquista, lanzada por Antón de Montesinos y Pedro de Córdoba en 1511 en Santo Domingo, Bartolomé cambia de proyecto existencial y de «cura encomendero» se transformará hasta su muerte en «Defensor de Indios».[8] De inmediato descubre en la negatividad material del Otro[9] —como diría M. Horkheimer—,

---

[6] Explícita referencia a los dos tipos de antagonistas, como indicando ya el tema que ocupará a C. Schmitt.

[7] Las Casas, *op. cit.*, pp. 258-259.

[8] La situación de este cambio ético a favor de la liberación de los indios se ve muy claramente en su relato autobiográfico: «El clérigo Bartolomé de Las Casas [...] andaba bien ocupado y muy solícito en sus granjerías [*business* diríamos hoy] como los otros, enviando indios de su repartimiento a las minas, a sacar oro y hacer sementeras y aprovechándose de ellos cuanto más podía [... Pero un día de] Pascua de Pentecostés [...] comenzó a considerar [...] del *Eclesiástico* [*Ben Sira*] capítulo 34: *Quien ofrece en sacrificio algo robado es culpable* [...] *Ofrecer sacrificio con lo que pertenece a los pobres es lo mismo que matar al hijo en presencia de su padre* [...] Comenzó, digo, a considerar su miseria» (*Historia de las Indias*, libro III, cap. 79; Las Casas, 1957, t. 2, p. 356).

[9] Véase Dussel, 1998, cap. 4.

la miseria en la que la conquista había reducido al indio a la «negatividad originaria»:[10]

> Luego que las conocieron [Bartolomé metafóricamente presenta a los indios como ovejas] como lobos e tigres y leones crudelísimos de muchos días hambrientos se arrojaron sobre ellas. Y otra cosa no han hecho de cuarenta años a esta parte, hasta hoy, e hoy en este día lo hacen, sino despedazarlas, matarlas, angustiarlas, afligirlas, atormentarlas y destruirlas por las extrañas y nuevas y varias e nunca otras tales vistas ni leídas ni oídas maneras de crueldad.[11]

Bartolomé es dramático en la descripción de la violencia desproporcionada con la que el europeo trata a estas primeras poblaciones coloniales. Dicha descripción negativa es comparada dialécticamente con la positividad cultural y ética primigenia del indígena, anterior a la llegada del europeo:

> Todas estas universas e infinitas gentes a todo género crió Dios las más simples, sin maldades ni dobleces, obedientísimas y fidelísimas a sus señores naturales, sin rencillas ni bollicios, que hay en el mundo. Son asimismo las gentes más delicadas, flacas y tiernas en complexión, que menos pueden sufrir trabajos y que más fácilmente mueren de cualquiera enfermedad.[12]

Es falso entonces el juicio despectivo de los que niegan la dignidad de la persona y de la cultura del indio:

> [Han] publicado que no eran gentes de buena razón para gobernarse, carecientes de humana policía y ordenadas repúblicas [...] Para demostración de la verdad, que es en contrario, se traen y copilan en este libro[13] [tantos ejemplos...] Cuanto a la política, digo, no sólo se mostraron ser gentes muy prudentes y de vivos y señalados entendimientos, teniendo sus repúblicas [...] prudentemente regidas, proveídas y con justicia prosperadas [...].[14]

---

[10] Véase el sentido de la «negatividad originaria» en mi obra Dussel, 1998 [209], momento 1 del esquema 4.3.

[11] Las Casas, 1957, vol. 5, p. 136.

[12] *Ibid.*, p. 136. El texto continúa abundando en las cualidades de los indios: «Son también gentes paupérrimas y que menos poseen ni quieren poseer de bienes temporales [...] Son eso mesmo de limpios e desocupados e vivos entendimientos, muy capaces e dóciles para toda buena doctrina; aptísimos para recebir nuestra sancta fee [...] En estas ovejas mansas, y de las cualidades susodichas por su Hacedor y Criador así dotadas [...]» (*ibid.*). Estas fórmulas son frecuentes: «tan mansas, pacientes y humildes» (Las Casas, 1957, vol. 3, p. 3).

[13] Aquí Bartolomé enumera la organización territorial, la estructura cultural, religiosa y ética de los pueblos americanos, constituyendo toda ella una inmensa y auténtica *Apología* (de allí su nombre: *Apologética historia*), en dos enormes tomos (Las Casas, 1957, vol. 3 y 4, de 470 y 472 pp., a dos columnas y gran formato. La obra culmina (cap. 263, vol. 4, pp. 434 ss.) con una descripción de lo que sea «bárbaro», y las cuatro maneras de serlo, indicando que el único título de barbarie sería el de «infiel» o desconocedor de la fe cristiana, pero este tipo de barbarie ni es culpable ni merece ninguna pena ni justa guerra.

[14] Las Casas, 1957, vol. 3, pp. 3-4.

La estructura teórica de la denuncia lascasiana comienza con la «dialéctica del amo y del esclavo» (dos siglos y medio antes que Hegel) de manera explícita. O se asesina al Otro [a], o bajo el temor de la muerte [b] se le perdona la vida pero se le condena a la «servidumbre»:

> Dos maneras generales y principales ha tenido los que allá han pasado que se llaman cristianos[15] en estirpar y raer de la haz de la tierra a aquellas miserandas naciones. [a] La una, por injustas, crueles y sangrientas guerras.[16] [b] La otra, después que han muerto todos los que podrían anhelar o sospirar o pensar en libertad,[17] o en salir de los tormentos que padecen, como son todos los señores naturales y los hombres varones[18] (porque comúnmente no dejan en las guerras a vida sino los mozos y las mujeres[19]), oprimiéndolos con la más dura, horrible y áspera servidumbre[20] en que jamás hombres ni bestias pudieron ser puestas.[21]

Políticamente, Bartolomé muestra una posición moderna y crítica sorprendente. Su estrategia argumentativa seguirá aproximadamente los siguientes pasos:

a. Todo ser humano, y el cristiano o europeo también, puede (y debe) tener una razonable, honesta y seria «pretensión universal de verdad». Es decir, afirmar o creer que su posición práctica y teórica es verdadera para todos. Lo que se afirma como verdadero (por ser humano, finito[22]) puede ser falsable, pero no es falso hasta que no se demuestre lo contrario.
b. Al enfrentarse dos culturas, como en el caso de la invasión de América, debe admitirse que la otra cultura, sus participantes y como totalidad, tenga también dicha pretensión universal de verdad. Quitarle al otro este derecho es «mala fe». El participante de la cultura europea o cristiana de manera honesta puede en su fuero interno considerar la «pretensión de verdad» del participante de la otra

---

[15] Adviértase que Bartolomé indica que «se llaman» a sí mismo «cristianos», pero en verdad no lo son. Más bien son la contradicción misma de la comprensión del cristianismo por parte de aquel gran crítico.
[16] Si el «señor» mata al Otro la dialéctica no se inicia: es el simple aniquilamiento de la exterioridad.
[17] Para Bartolomé las rebeliones indígenas se originaban entre aquellos que podían «pensar en libertad». Una vez asesinados se inauguraba el «Orden colonial».
[18] Como anticipándose en siglos habla de «hombres *varones*» para distinguirlos de los «hombres *mujeres*».
[19] Este texto esclarecido, distingue entonces la dominación económica-política del indio, la violación erótica de la mujer, y la pedagogía de la dominación de los niños (véase Dussel, 1973, vol. 2, inicio). En efecto, nuestra obra de 1973 se inspiró explícitamente en este texto para desarrollar una política, una erótica y una pedagógica (volúmenes 3, 4 y 5).
[20] Se trata del «siervo» dejado en vida, explícitamente.
[21] Las Casas, 1957, vol. 5, p. 137.
[22] Aun para un creyente, cristiano, náhuatl o musulmán, la revelación divina puede ser afirmada como no falsable, pero su recepción, su interpretación, sus aplicaciones son humanas, por ello falsables.

cultura como una «ignorancia invencible», que no puede ser considerada por ello como culpable.

c. Surge así el tiempo de la discusión, ya que sólo puede demostrarse a la otra cultura su falsedad por argumentos racionales y coherencia de vida (articulando efectivamente la praxis con la teoría) y gracias a ello mover la voluntad (éticamente) y la razón (teóricamente) del Otro a aceptar las razones, que se denomina consenso. La aceptación del disenso del Otro, en el ámbito de la validez (simultánea al otorgarle el derecho de su pretensión de verdad) abre un espacio no sólo de la tolerancia (puramente negativa, como hemos dicho) sino de la aceptación de la posibilidad de la no aceptación de las razones (que con pretensión de verdad) profiere el europeo al indígena. La pretensión de validez (o de la «aceptabilidad del Otro» de las razones del europeo) tiene como límite la libertad del Otro: la autonomía del no-aceptar los argumentos y permanecer en el disenso. Del no-aceptar los argumentos del europeo se sigue un proceso práctico que Bartolomé enuncia de una manera sorprendentemente actual.

d. En este momento de la argumentación, el indígena no sólo tiene el derecho de afirmar todavía sus creencias como verdaderas (ya que no han sido falseadas), sino que tiene además el deber de cumplirlas. Bartolomé llega al extremo de mostrar que los sacrificios humanos de ciertos indígenas a sus dioses no sólo no están contra la «ley natural», sino que es posible que se sitúen dentro de un argumento racional (al menos dentro de los recursos argumentativos de las culturas indígenas antes de la llegada de los europeos), y, por ello, no realizar dichos sacrificios para el que no se le ha demostrado su irracionalidad es un acto éticamente culpable. Más, si alguien se le opusiera por la fuerza, por las armas (como pretende Ginés y el mismo Francisco Vitoria, como veremos), la guerra del indígena sería ahora una «guerra justa», por cuanto defendería su *deber* de cumplir tales sacrificios, que le son obligatorios.

e. Bartolomé entonces parte de la premisa de que el Otro, la otra cultura, tiene libertad por derecho natural a aceptar o no argumentos. Hacerle la guerra o violencia para que acepte (es una cuestión de consenso o un problema procedimental normativo[23]) el *contenido* de verdad del conquistador europeo (de su «pretensión universal de verdad»), es irracional teóricamente y éticamente injusto, porque nadie puede ni debe «aceptar» la verdad de otro sin razones (por la pura violencia, el temor o la cobardía de oponérsele).

f. La única solución racional y ética para el que tiene una honesta y seria pretensión universal de verdad (cuyo criterio es la producción, reproducción y desarrollo de la vida humana[24]) es argumentar y dar un ejemplo ético coherente en su praxis, ya que si usa la violencia muestra que no tiene una «pretensión universal de validez», porque válido es lo aceptado por el Otro libremente (si se

---

[23] Véase Dussel, 1998, cap. 2.
[24] Véase Dussel, 2001: «La vida humana como criterio de verdad».

niega la libertad del Otro se le impone una pretendida verdad *sin validez*; se muestra en los hechos la contradicción preformativa de tener, por una parte, la pretensión del asentimiento libre y racional del otro y, por otro, de negarla: se duda de la pretensión de validez; se manifiesta así el dogmatismo, el fanatismo, la confusión de intentar «hacer aceptar» la propia verdad sin convencer; sería contradictoriamente una verdad no-válida). Para Bartolomé, por el contrario, se «abre» así el tiempo de la no-aceptación de la verdad de uno por parte del Otro, en donde una honesta y seria «pretensión de validez» de uno sería saber *esperar* la maduración histórica del Otro.

Esta argumentación es válida también tomando como punto de partida al indígena (o al esclavo, moro o árabe, como veremos). Es el «máximo de conciencia crítica posible global» —no ya europea sino en cuanto tal.

Veamos los pasos de la argumentación con textos de Bartolomé. Tomemos el ejemplo extremo, el más problemático.

Contra Ginés y los que opinan que los sacrificios humanos se oponen a la ley natural, y por ello es justificado hacer una guerra justa para salvar los inocentes sacrificados, Bartolomé escribe:

> [Los] hombres, por derecho natural, están obligados a honrar a Dios con los mejores medios a su alcance y a ofrecerle, en sacrificio, las mejores cosas.[25]

> Ahora bien, corresponde a la ley humana y a la legislación positiva determinar qué cosas deban ser ofrecidas a Dios; esto último se confía ya a la comunidad entera.[26]

> La propia naturaleza dicta y enseña [...] que a falta de una ley positiva que ordene lo contrario *deben*[27] *inmolar incluso víctimas humanas* al Dios verdadero o falso, *considerado como verdadero*,[28] de manera que al ofrecerle la cosa más preciosa, se muestren especialmente agradecidos por tantos beneficios recibidos.[29]

Es decir, el ofrecer sacrificios no es de ley natural, sino una decisión positiva que racionalmente pueden tomar los miembros de una cultura, pero no contraria a la ley natural. Es decir, «el hecho de inmolar hombres, aunque sean inocentes, cuando se hace por el bienestar de toda la república, no es tan contrario a la razón natural [...] Así

---

[25] Las Casas, 1989, pp. 155-156.
[26] *Ibid.*, p. 157.
[27] Obsérvese que se habla ahora no ya de un «derecho», sino de un «deber» (*deben*...).
[28] Aquí Bartolomé concede al otro «pretensión de verdad», mientras no pueda ser falseada, y también «pretensión de validez» universal en su respectivo universo cultural.
[29] *Op. cit.*, p. 160. Si no hay un recurso argumentativo a disposición en una cultura dada, «estamos obligados a ofrecerle lo que nos parece el bien más importante y precioso, esto es, la *vida humana*» (*ibid.*, p. 161).

este error puede tener su origen en la razón natural probable».[30] Y por ello Bartolomé establece el derecho al «largo tiempo del disenso»:

> Obrarían ligeramente y serían *dignos de represión y castigo* si en cosa tan ardua, tan importante y de tan difícil abandono [...] prestaran fe a aquellos soldados españoles, haciendo caso omiso de tantos y tan graves testimonios y de tan grande autoridad, hasta que con argumentos más convincentes, se les demostrara que la religión cristiana es más digna de que en ella se crea, *lo que no puede hacerse en corto espacio de tiempo*.[31]

Bartolomé, además, tiene conciencia de internarse por primera vez en tan osados juicios críticos, ya que escribe que al releer su *Apología* contra Sepúlveda, «tuve y probé muchas conclusiones que antes de mi nunca hombre las osó tocar o escribir, y una de ellas fue no ser contra ley ni razón natural *excluida toda ley positiva humana o divina* ofrecer hombres a Dios, falso o verdadero (teniendo al falso por verdadero[32]) en sacrificio».[33] En esto Bartolomé se opondrá aún a los mejores teóricos progresistas (como Vitoria, Soto o Melchor Cano). Y llega, hasta reconocer el deber de los indígenas de efectuar una «justa guerra» por defensa de sus tradiciones contra los cristianos europeos:

> Dado que ellos se complacen en mantener [...] que, al adorar a sus ídolos, adoran al verdadero Dios [...] y a pesar de la suposición de que ellos tienen una errónea conciencia, hasta que no se les predique el verdadero Dios *con mejores y más creíbles y convincentes argumentos,*[34] sobre todo con los ejemplos de una conducta cristiana, ellos están, sin duda *obligados a defender el culto a sus dioses y a su religión y a salir con sus fuerzas armadas* contra todo aquel que intente privarles de tal culto [...]; están así *obligados a luchar contra éstos, matarlos, capturarlos y ejercer todo los derechos que son corolario de una justa guerra*, de acuerdo con el derecho de gentes.[35]

¡Nunca se había llegado en la historia de Europa, y posteriormente en los cinco siglos de la Modernidad, hasta este criterio ético y político estratégico con tanta claridad! Ante la «ignorancia excusable e invencible»[36] hay que concederles —usando las categorías de mi *Ética de la Liberación*— «pretensión universal de verdad», y, desde una europea «pretensión crítica universal de validez» es necesario también respetar todo el «espacio de tiempo» requerido para que puedan ejercerse las condiciones de

---

[30] *Ibid.*, p. 166.
[31] *Ibid.*, p. 154.
[32] Si lo «falso» no ha sido falseado (por imposibilidad histórica de recursos argumentativos disponibles), la «pretensión de verdad» sigue siendo universal, honesta y seria.
[33] Carta a los dominicos de Guatemala de 1563 (Las Casas, 1957, vol. 5, p. 471).
[34] La posición de un racionalismo crítico universalista queda claramente evidenciado, lo que no obsta (contra R. Rorty, *avant la lettre*) el reconocer al Otro toda su libertad y deber de ser coherente.
[35] *Ibid.*, p. 168.
[36] *Ibid.*, p. 166.

posibilidad de una honesta y seria aceptación de la argumentación del europeo. La única «guerra justa» posible es la de los indígenas en defensa de sus propias costumbres contra los europeos cristianos. La posición de Bartolomé de Las Casas es el «máximo de conciencia crítica posible» en cuanto tal, y tenía conciencia de su originalidad. Escribiendo una carta al Perú en 1563 expresó:

> Leí [ante la Junta] la *Apología* que hice contra Sepúlveda [...] en la cual tuve y probé muchas conclusiones *que antes de mí nunca hombre las osó tocar ni escrebir*, e una dellas fue no ser contra ley ni razón natural [...] ofrecer hombres a Dios, falso o verdadero (teniendo el falso por verdadero[37]), en sacrificio [...].[38]

En años posteriores, Bartolomé profundizó acerca de la responsabilidad que debe asumirse ante la libertad del Otro, como origen de la legitimidad a partir del «consenso» —palabra latina y castellana usada siempre por Bartolomé ya en su época—, llegando a un nivel crítico casi inalcanzable posteriormente en la Modernidad. En efecto, cuando en el Perú los «encomenderos» proponen al rey comprar las encomiendas de manera perpetua por un cierto pago, Bartolomé argumenta contra dicha venta de los indios. Esta alienación o venta es criticada en sus obras cumbres de filosofía política, *De regia potestate*, *De thesauris* y las *Doce dudas*, momento culminante argumentativo contra el derecho y legitimidad de la venta por parte del rey, y de la compra por parte de los encomenderos, de súbditos libres, desde una premisa mayor, fundamento de toda teoría racional de legitimidad:

> Desde el principio del género humano, todos los humanos, todas las tierras y todas las cosas, por derecho natural y de gentes fueron libres [...] o sea francas y no sujetas a servidumbre.[39]

---

[37] Bartolomé siempre da al Otro, por respeto a su Alteridad, el derecho a una «pretensión de verdad», que es la contrapartida de la propia «pretensión universal de validez», en cuanto se propone seria y honestamente convencer con razones (y no con violencia) al Otro. Si no se le concede al Otro «pretensión de verdad», sino que se lo sitúa como sujeto de «ignorancia culpable», se podría por la violencia imponerle «la» verdad, nuestra «verdad», la que «poseemos» con certeza no falsable. En ese caso el europeo no tendría «pretensión de verdad» sino conocimiento dogmático, y por ello, habiendo sobrepasado los límites de las posibilidades de una razón «finita», podría afirmar su verdad como no falible, como «absoluta», conteniendo así inevitablemente un momento completamente erróneo: la incapacidad de evolucionar, de aprender lo nuevo, de avanzar históricamente, además de ser injusto con respecto a la dignidad del Otro como sujeto de argumentación, al haberlo situado «asimétricamente» y por lo tanto la «coincidencia», no el «acuerdo» libre y racional con el Otro obligado por violencia, no sería racional sino mera «afirmación» externa del Otro acerca de lo que se le impone sin convicción ni validez intersubjetiva. Poder y violencia no dan razones a favor de la verdad; lo que se impone es una «no-verdad» para el Otro.

[38] «Carta a los dominicos de Chiapas y Guatemala, 1563», en Las Casas, 1957, vol. 5, p. 471.

[39] *De Regia Potestate*, I, § 1; Las Casas, 1969, p. 16.

Y por ello, como principio universal normativo de validez política o legitimidad, escribe:

> Ningún rey o gobernante, por muy supremo que sea, puede ordenar o mandar nada concerniente a la república (*republicam*), en prejuicio o detrimento del pueblo (*populi*) o de los súbditos, sin haber tenido el consenso (*consensu*) de ellos, en forma lícita y debida. De otra manera no valdría (*valet*) por derecho.[40]

> Nadie puede legítimamente (*legitima*) [...] inferir perjuicio alguno a la libertad de sus pueblos (*libertati populorum suorum*); si alguien decidiera en contra de la común utilidad del pueblo, sin contar con el consenso del pueblo (*consensu populi*), serían nulas dichas decisiones. La libertad (*libertas*) es lo más precioso y estimable que un pueblo libre pueda tener.[41]

En todo esto Bartolomé no innovaba, pero aplicaba la antigua tradición del derecho romano y medieval en la defensa del nuevo y moderno «actor político» que eran los indígenas americanos, ciudadanos (potenciales) de la periferia colonial de la naciente Modernidad. Dada la ilegitimidad, no sólo de la pretendida venta de los indígenas en las encomiendas del Perú, sino de toda la conquista como tal, Bartolomé comienza una verdadera campaña política para la «restauración del Imperio de los Incas a los Incas», es decir, una acción estratégica para cumplir con un acto de restitución exigida por justicia histórica. Todo estaba fundado en que la legitimidad exige el «consenso del pueblo» gobernado que tienen plena potestad sobre sus bienes y sobre su reino. Es el «principio primero» desde el cual se resuelve el *Tratado de las Doce Dudas* (1564). Así lo expresa:

> Todos los infieles, de cualquiera secta o religión que fueren [...] cuanto al derecho natural y divino, y el que llaman derecho de las gentes, justamente tienen y poseen señorío sobre sus cosas [...] Y también con la misma justicia poseen sus principados, reinos, estados, dignidades, jurisdicciones y señoríos [... El] regente o gobernador no puede ser otro sino *aquel que toda la sociedad y comunidad eligió al principio* [...].[42]

El que el romano pontífice haya dado a los reyes hispánicos la responsabilidad y obligación de «la predicación del Evangelio» les otorga un «derecho sobre la cosa (*jus in re*)»,[43] pero dicho derecho *in potentia* pasaría al acto sólo por mediación del consentimiento de los indígenas, por la aceptación libre de tal predicación. Sin ese consenso el derecho no pasa a su ejercicio *in actu*, como «derecho a la cosa (*jus ad rem*)».[44] Y como no ha existido ese consenso por parte de los afectados, la conquista

---

[40] *Ibid.*, § 8; p. 47.
[41] *Ibid.*; p. 49.
[42] *Tratado de las Doce Dudas*, Primer Principio; Las Casas, 1957, vol. 5, pp. 486-487.
[43] Las Casas, 1958, p. 101.
[44] *Ibid.*

es ilegítima. Además, «los gastos y expensas que para la consecución de dicho fin fueron necesarios» —y contra lo que opinará después John Locke— corren por cuenta de los cristianos y no puede obligarse a los indígenas a pagarlos, «si ellos de su voluntad no los quisieren pagar».[45] Por lo que concluye:

> Es obligado pues el Rey, nuestro señor, so pena de no salvarse, a restituir aquellos reinos al Rey Tito [así era llamado un Inca todavía en vida], sucesor o heredero de Guayna Cápac y de los demás Incas, y poner en ello todas sus fuerzas y poder.[46]

Es obvio que los europeos nunca abandonarán colonia alguna. Pero, y he aquí una limitación última de la posición providencialista de Bartolomé, «sería ilícito a los españoles el abandonar tales regiones y pecarían mortalmente si lo hicieran. A ello, como se ha dicho, están obligados, por necesidad de salvación, a causa de la desaparición de la fe».[47] Es decir, es ilegítimo imponer a los indios un dominio contra su voluntad, pero es igualmente ilícito al español escapar a la responsabilidad de salvar a los indios predicándoles el cristianismo. Luego, la única solución es que los indios se gobernaran regionalmente a sí mismos bajo el imperio del rey de España, habiendo acogido la fe cristiana racional y libremente.

Bartolomé de Las Casas permanecerá en la historia de la Modernidad como un fracaso político, aunque también como el primer crítico y el más radical escéptico de las pretensiones civilizadoras de dicha Modernidad. Las «Reducciones jesuíticas», como las del Paraguay, en las que la comunidad indígena se gobernaba a sí misma (mediando, claro está el «paternalismo» de los jesuitas), sin relación directa con los españoles pero bajo el imperio del rey, fue lo que históricamente más se aproximó al ideal lascasiano. Pero fracasó igualmente en el siglo XVIII por el impacto de la Ilustración burguesa de los Borbones.

1.2. Francisco de Vitoria (1483-1546)

Ninguna de las culturas «antiguas» (desde la China al Islam) pudo tener hegemonía sobre culturas universales *transoceánicas*. China, el Indostán o el mundo musulmán no tendrán ese tipo de subsistemas dependientes que la Modernidad europea llama «colonias». Es una exclusiva particularidad del sistema económico, político y cultural europeo, que le redituará muchos beneficios, y que instaurará una asimetría «centro-periferia» hasta la actualidad. Las culturas amerindias, sin caballo ni hierro, permitieron ese tan peculiar tipo de relación entre sistemas económico-culturales. Europa, aunque era una cultura secundaria y periférica en el continente euroasiático hasta el

---

[45] *Tratado de las Doce Dudas*, Principio V; Las Casas, 1957, vol. 5, p. 492.
[46] *De Thesauris*, p. 218
[47] *Ibid.*, cap. 36.

siglo XV, sin embargo, «acumulará» territorios, poblaciones, riquezas, informaciones y experiencias geopolíticas a partir de sus «colonias» americanas (ya que hasta el siglo XVIII Europa no tuvo fuera del continente americano sino algunos pocos puertos, islas, lugares que funcionaban como puntos de contacto para el comercio en África o Asia); América Latina fue la región más rica y significativa de esas «colonias».

La existencia de este mundo colonial producirá en España el desarrollo del debate ya comenzado en América Latina misma. En su aspecto más progresista tuvo dos vertientes. La de los dominicos, anterior y más teórica; la de los jesuitas, posterior y más práctica.

Por la influencia de la corriente política «lascasiana»,[48] que se inicia en Santo Domingo con Pedro de Córdoba y Antonio de Montesinos en 1511, la orden dominicana de España se encontraba muy alertada sobre una visión crítica del proceso de la conquista colonial. De todos los filósofos (o que argumentaron filosóficamente) que entraron en la discusión sobre las Indias, el más famoso fue Francisco de Vitoria, porque dedicó los primeros cursos universitarios en Europa (1539) al tema del indígena americano. Todos fueron, sin embargo, «modernos», en el sentido actual de la palabra.[49] Debe todavía estudiarse lo de «moderno» de la filosofía de la Segunda Escolástica en la Europa del siglo XVI. Por ejemplo, Thomas de Vio Cayetano (1469-1534)[50] fue enteramente moderno en su teoría de la analogía —no repetía simplemente las tesis medievales—. En política se oponía a la concepción teocrática de Bonifacio VIII en la bula *Unam Sanctam* del 1302. Esta bula, por otra parte, no contenía ninguna novedad teórica, ya que simplemente expresaba la posición de Aegidio Romano (+1316), agustino como Lutero y en la tradición de Bernardo de Claraval (1090-1153). Aegidio escribió *De ecclesiastica potestate* siguiendo a Agustín de Hipona en aquello de que había que respetar el «orden» necesario de las cosas, ya que «si los reyes y príncipes estuviesen sometidos a la Iglesia sólo en las cuestiones espirituales, una espada no estaría subordinada a la otra [... y] no habría un *orden* en los poderes».[51] De allí Aegidio deduce que los papas tienen poder temporal sobre los reyes *creyentes*, cristianos —posición inversa a la de Thomas Hobbes, para quien la Iglesia anglicana estará del

---

[48] Véase mi obra Dussel, 1967

[49] Lo que, es evidente, supone el aspecto positivo de gran novedad mundial, pero, al mismo tiempo y desde Heidegger, los postmodernos y anti-eurocéntricos, el aspecto negativo de la «colonialidad del Poder».

[50] Para Cayetano hay tres tipos de paganos, infieles, no-cristianos o bárbaros (términos frecuentemente tenidos por sinónimos): a) Los judíos, herejes y musulmanes que están sometidos a los príncipes cristianos (como en Castilla). b) Los que ocupan territorios que un día fueron cristianos, y que son «enemigos» de los cristianos (los turcos p. ej.). c) Los que nunca fueron sometidos ni ocuparon territorios cristianos (como los tártaros). Contra estos últimos «ningún rey, ni emperador, ni tampoco la iglesia romana, debe guerrear contra ellos» (*Com. S. Theol.*, II-II, q. 66, a. 8). Como es evidente, los amerindios serán clasificados en el tercer tipo.

[51] *De ecclesiastica potestate*, lib. I, cap. 4; Aegidius, 1929, p. 13.

todo sometida al rey de Inglaterra—. Tanto Marsilio de Padua (1275-1343),[52] veneciano, como Guillermo de Ockham (1290-1350),[53] que murieron en Munich bajo la protección de Guillermo de Baviera, se opusieron a las pretensiones de dominio político del Papado y del Imperio. No era entonces extraordinario que en el París nominalista, en el que estudió el joven brillante Vitoria (donde fue alumno y profesor, de 1513 a 1522), opinara que los cristianos no tenían dominio sobre los amerindios (porque nunca habían sido súbditos de reyes cristianos[54] y ni siquiera creyentes), ni el emperador, ni ningún rey ni el Papa. En general Vitoria ha sido mostrado como el fundador del derecho internacional[55] y un defensor del indígena al mismo nivel que Bartolomé de Las Casas.[56] Ambos juicios pueden sostenerse. Sin embargo, ahora desearía mostrarlo como el «padre» de la Modernidad jurídica en la cuestión de la expansión europea de ultramar, es decir, de la justificación del mundo colonial del *World System*, y por lo tanto deberé criticarlo dada la nueva perspectiva.

En efecto, Vitoria trata en sus *Relecciones* temas sumamente coherentes[57] y en torno a un núcleo central: la crítica a las pretensiones del Papado y el Imperio[58] desde un punto de vista hispánico —no se olvide que en Medina del Campo los *comuneros* fueron aplastados hacia muy poco—, desde la afirmación de la «vida humana»,[59] y, teniendo como tema «puente» el de los «sacrificios humanos» se pasa a la justificación del «orden» colonial naciente.[60] Mostraré solamente el momento vertebral de la argu-

---

[52] En el *Defensor Pacis*, conociendo la experiencia electiva del «Gran Consejo» con respecto al *Doge* veneciano, indica que el Poder emana directamente del pueblo, que puede elegir al rey (*op. cit.*, Dictio I, cap. 9, § 2; Marsilio, 1932, p. 40); y por ello no queda lugar para un Emperador universal, y menos aún para un Poder universal del Papa, ni siquiera sobre los otros obispos (Dictio III, cap. 2, § 17; p. 606), ya que, en último caso, debiera ejercerlo un Concilio universal (Dictio II, cap. 18, § 18; p. 382). Esta tradición nominalista, y por la experiencia castellana e hispánica en general, será adoptada y desarrollada por Vitoria y Suárez, p. ej.

[53] Tampoco aceptaba ya el Poder universal del emperador, menos el Poder temporal del Papa. Éste regía sólo con «poder espiritual» (*Dialogus*, Pars III, tr. II, lib. I, cap. 25; Ockam, 1614, p. 896 ss.).

[54] Es sabido que Venecia reivindicaba igualmente su libertad ante el Imperio, dada su posición geopolítica de semi-subordinación al Imperio bizantino, lo mismo que Génova.

[55] Véase, Botella, 1998, pp. 143 ss.; Guy, 1985, pp. 96; Fraile, 1966, pp. 313 ss.; Vitoria, 1960, pp. 549, en la introducción al *De Indis*, de Teófilo Urdanoz.

[56] Véase por ejemplo Beuchot, 1997, pp. 67: «Bartolomé de Las Casas intenta seguir a Vitoria y a Soto [...] incluso parece desmerecer en comparación con esos dos maestros». La posición de Las Casas termina por ser *radicalmente* diversa a los dos pensadores españoles.

[57] Contra nuestra opinión el introductor escribe cuando considera todas las *Relecciones* dictadas desde 1527 a 1541: «Ante este conjunto de temas dispares» (Vitoria, 1960, p. 82).

[58] A esto se refieren las *Relecciones* siguientes: *De potestate civili*, *De potestate Ecclesiae prior* y *posterior*, *De potestate Papae et Concilii*, entre las seis primeras.

[59] *De homicidio*, *De matrimonio* (referido al problema inglés, en defensa de España y el Papado ahora), *De temperantia*.

[60] *De Indis* y *De iure belli*. Las restantes *Relecciones*, *De augmento caritatis*, *De eo ad quod tenetur*, *De simonia* y *De magia*, se refieren indirectamente a algunos aspectos, pero quedan fuera de nuestra consideración.

mentación, sin detenerme en las razones que da para mostrar la ilegitimidad de la conquista,[61] que doy por sabidas, es decir, las premisas determinantes en la justificación del orden colonial. La posición crítica de Vitoria se deja ver en esta conclusión:

> Los príncipes cristianos, aun con la autoridad del Papa, no pueden apartar por la fuerza a los bárbaros de sus pecados contra naturaleza ni por causa de ello castigarlos.[62]

Pero de inmediato, junto a tantas razones para invalidar la conquista, Vitoria da otros argumentos con «contenidos» completamente «modernos», ciertamente mercantilistas, y pienso que han sido avanzados ingenuamente (de lo contrario serían cínicos). En efecto, volviendo a un principio de más de cuatro mil años de existencia en los desiertos semitas del Medio Oriente, el argumento pende del «deber a la hospitalidad» que debe rendirse al extranjero, al extraño, al peregrino —como consta en la «Ley de Hammurabi», por ejemplo[63]—, pero subsumiéndolo dentro del horizonte de la Modernidad:

> Si hay cosas entre los bárbaros que son comunes, tanto a los ciudadanos como a los huéspedes (*hospitibus*), no es lícito a los bárbaros prohibir a los españoles la comunicación y participación (*communicatione et participatione*) de esas cosas.[64]

En el mismo sentido se dice que en virtud de «la sociedad y la comunicación natural (*societatis et communicationis*)»:

> Los españoles [a] tienen derecho a recorrer (*ius peregrinandi*) aquellas provincias y de permanecer allí, sin que puedan prohibírselo los bárbaros, pero sin daño alguno de ellos.[65]

> Es lícito a los españoles [b] comerciar con ellos (*negotiari apud illos*), pero sin prejuicio de su patria, importándoles los productos de que carecen y extrayendo de allí oro y plata u otras cosas en que ellos abundan.[66]

---

[61] En la *De Indis, Relección Primera*, primera parte («por qué derecho han venido los bárbaros a dominio de los españoles») se estudia que los indígenas tuvieron «pública y privadamente en pacífica posesión de las cosas» (*op. cit.*, I, 5; Vitoria, 1960, p. 651) y no hay razón de la conquista por un pretendido estado irracional, de herejía, etc. En la «segunda parte» («De los títulos no legítimos...») se descartan como razón para la conquista que tenga el emperador algún derecho (*ibid.*, II; pp. 667 ss.), o el Papa (II, 2; pp. 676 ss.), por estar en estado de «ignorancia invencible» (9 ss.; pp. 690 ss.), porque estén «obligados a creer en la fe de Cristo» (10; pp. 692), y al no aceptarla sería razón para hacerles la guerra (11 ss.; p. 693 ss.), y se dan todavía muchas razones contrarias a la legitimidad de la guerra contra los indios.

[62] *Ibid.*, II, 16; p. 698.

[63] Véase Dussel, 1998, [6]: «He hecho justicia con el extranjero».

[64] *De Indis*, III, 4; Vitoria, 1960, p. 709.

[65] *Ibid.*, 2; p. 705.

[66] *Ibid.*, 3; p. 708.

Incluso si [c] a algún español le nacen allí hijos y quisieran éstos ser ciudadanos del país, no parece que se les pueda impedir el habitar en la ciudad o el gozar del acomodo y derechos de los restantes ciudadanos.[67]

Parecieran estos derechos simplemente universales, muy convenientes y justos, pero dada la situación de las Indias en el 1539 —realizada ya la conquista del Caribe, México y el Perú (con Pizarro y Almagro)— tales afirmaciones, como decíamos más arriba, o son ingenuas o son cínicas, ya que nadie «pasaba» a las Indias para hacer un *tours* estético o turístico, contemplando la belleza de los lugares o efectuando un intercambio equitativo de mercancías. La situación colonial la describía en su violencia injusta mucho más adecuadamente Las Casas. ¿Estamos con Vitoria ante el descubrimiento de «derechos internacionales», en el nivel «subjetivo privado» o «público» entre Estados? Pienso que, por el contrario, es el desarrollo del *ius gentium* de la Cristiandad medieval (de una cultura particular, secundaria y periférica del mundo musulmán) como fundación del *ius gentium europeum* —tal y como lo explica Schmitt en su obra *El nomos de la tierra*—, primera estructura del derecho, no simplemente «internacional» simétrico, sino estrictamente como «derecho metropolitano», imperial, colonialista, eurocéntrico.[68] Los derechos de los que [a] peregrinan, de los que [b] comercian o de los que [c] pueden transformarse en ciudadanos con derechos plenos (según el *ius solis*), son sólo los europeos, metropolitanos. Dichos derechos se enuncian en nombre del «derecho de todos los pueblos», pero sólo los europeos pueden ser sus sujetos, porque Vitoria no se está refiriendo al derecho de peregrinar, de comerciar o de adoptar los derechos de ciudadanía de los indígenas *en Europa*. Por ello es un eufemismo hablar, por ejemplo, de «comercio» en el sistema de la «encomienda», donde el indígena debía contribuir con trabajo *gratuito*, sin recibir nada a cambio; y el oro y la plata que se extraían simplemente pasaban a ser propiedad privada del súbdito metropolitano o de la corona, sin ningún tipo de intercambio con el indígena. A los indígenas se les obligaba a dejar sus vidas en el fondo de las minas, por el sistema minero de la «mita», que era considerado como pago de un tributo de dominación colonial, sin recibir salario alguno. Vitoria no reconoce el «derecho» que los pueblos indígenas tienen —y que Bartolomé de Las Casas se los otorga— de rechazar tal peregrinaje, comercio y pretendidos derechos a la ciudadanía, cuando las acciones crueles e injustas de los europeos demuestran que nada beneficioso traen para los pueblos invadidos, sin que, muy por el contrario, producen muertes, ultrajes, violaciones, dominación de todo tipo. El oponerse por parte de los indígenas a la presencia violenta española es negada como derecho de los indios por Vitoria.

Para desgracia, como posteriormente en el caso de Locke, Vitoria reconocerá aun el derecho que tiene el español (pero no el indígena) de «resarcirse con los bienes del

---

[67] *Ibid.*, 5; p. 710.
[68] Se dice, y con razón, que Vitoria fue reprimido por el rey a no tocar cuestiones de las Indias en sus cursos. Esto explicaría sus contradicciones.

enemigo [del indio] de los gastos de guerra y de todos los daños causados por él injustamente».[69] Es decir, una vez «obtenida la victoria, recobradas las cosas y asegurada la paz y tranquilidad [de la conquista], se puede vengar la injuria recibida [por los españoles] de los enemigos [de los indígenas culpables, y] escarmentarlos y castigarlos por las injurias inferidas».[70] Y Vitoria concluye:

> Si los bárbaros quisieran negar a los españoles dichos derechos arriba declarados de *derecho de gentes (a iure gentium)*, como el comercio y las otras cosas dichas, los españoles deben (*debent*)[71] [...] dada razón de todo, [y] si los bárbaros no quieren acceder, sino que acuden a la violencia, los españoles pueden defenderse y tomar todas las precauciones que para su seguridad necesiten [...] y llevar adelante los demás derechos de la guerra.[72]

Como puede verse Vitoria legitima la conquista cuando toma el punto de partida o la perspectiva de «observación» de un europeo mercantilista «en» América.

1.3. FRANCISCO SUÁREZ (1548-1617)

Los jesuitas, que llegan a América varios decenios después de las primeras Órdenes, vieron ya constituido un cierto «orden colonial»; se enfrentaron a un estado de cosas existente. Así, entre los que llegaron al Perú, se encuentra por ejemplo José de Acosta (1540-1600), que tiene un juicio más conservador o menos crítico que Bartolomé de Las Casas y semejante al de Vitoria, ya que aunque no acepta el argumento de Ginés de Sepúlveda, afirma la legitimidad de la conquista de América, que tendría por fundamento el deber de cristianizarla. En su obra *De procuranda indorum salute,*[73] indica que los indios son llamados bárbaros porque «rechazan la recta razón y el modo común de vida de los hombres»,[74] sin advertir, como es evidente, el eurocentrismo de tal definición, porque está hablando de la «recta razón» y el «modo común de vida» *europeos* (aquí ingenuamente idéntico a lo «humano»).

Para Acosta hay tres tipos de «bárbaros» —para Bartolomé había cuatro tipos de bárbaros, pero ahora sin referencia al proceso de evangelización y teniendo en consideración un cierto desarrollo civilizatorio—. En primer lugar, «aquellos que no se apartan demasiado de la recta razón y del uso común del género humano»,[75] y son los

---

[69] *De Indis, Relección Segunda*, 18; p. 827.
[70] *Ibid.*, 19; p. 829.
[71] Adviértase que es un «deber», correlativo al «deber» que Bartolomé otorga a los indígenas de realizar sacrificios a sus dioses y de defender dichas costumbres contra extraños.
[72] *De Indis, Relección Primera*, III, 6; pp. 711-712.
[73] Desde el *Proemio* (Acosta, 1954, pp. 391 ss.).
[74] *Ibid.*, p. 392. «Los hombres», evidentemente, piensan universalmente como los europeos. Se trata, como siempre, de un eurocentrismo decidido.
[75] Este y todos los textos siguientes se encuentran en las pp. 392-394 del *op. cit.*

que tienen «república estable, leyes públicas, ciudades fortificadas, magistrados obedecidos y lo que más importa, uso y conocimiento de las letras, porque dondequiera que hay libros y monumentos escritos, la gente es más humana». Los chinos, japoneses, y «muchas provincias de la India oriental» tienen este grado de desarrollo:

> En la segunda clase incluyo los bárbaros, que aunque no llegaron a alcanzar el uso de la escritura, ni los conocimientos filosóficos y civiles, sin embargo tienen república y magistrados ciertos, y asientos o poblaciones estables, donde guardan manera de policía y orden de ejércitos y capitanes, y finalmente alguna forma solemne de culto religioso. De este género eran nuestros mejicanos y peruanos.[76]

«La tercera clase de bárbaros» son «semejantes a fieras, que apenas tienen sentimientos humanos»; son los Caribes, como «infinitas manadas», los Mojos, Chiriguanos, los del Brasil, de Florida, etc. Acosta se opone a Ginés y siendo un humanista no admite tan fácilmente que los más virtuosos y sabios deban mandar a los más rudos e ignorantes:

> Mas quien quisiere deducir de aquí que es lícito arrebatar a los bárbaros el poder que poseen, con la misma razón concluirá que donde reine un adolescente o una mujer se les puede por fuerza quitar el reino [...] Tomado del mismo filósofo [Aristóteles], sobre la guerra justa contra los bárbaros que rehúsan servir, es más oscuro e infunde sospechas de que no proviene de *razón filosófica*, sino de la opinión popular.[77]

Es importante indicar que para Acosta, que ya en el siglo XVI conocía las experiencias de sus hermanos jesuitas en el Extremo Oriente —civilizaciones en pleno desarrollo y superiores en muchos aspectos a Europa—, era necesario establecer diferencias cuando se trataba de la China y la India de las otras culturas:

> Todas estas naciones [la China y el Indostán] deben ser llamadas al Evangelio del modo análogo a como los apóstoles predicaron a los griegos y romanos [...] Porque son poderosas y no carecen de humana sabiduría y por eso han de ser vencidas y sujetas al Evangelio *por su misma razón* [...]; y si se quiere someterlas por la fuerza y con las armas, no se logrará otra cosa sino volverlas enemicísima del nombre cristiano.[78]

Alonso Sánchez, misionero jesuita de Filipinas que aunque había conocido el método de la «adaptación cultural pacífica» de los padres Ruggieri, Ricci (en China) y Nobili (en India), se opondrá a Acosta, aconsejando usar las armas como en América contra la China y la India. Ese eurocentrismo, compartido por las autoridades romanas,

---

[76] *Ibid.*, p. 392.
[77] *Ibid.*, libro II, cap. V, p. 437. Acusa entonces aquí a Ginés de ser más un ideólogo que un filósofo.
[78] *Ibid.*, Proemio, p. 392.

tendrá nefastas consecuencias.[79] Hemos visto que en este punto Bartolomé de Las Casas era aún más radical, ya que opinaba que tampoco en América hubiera debió haberse usado el método violento de las armas.

Por su parte Francisco Suárez significó la culminación político-jurídica de la filosofía de la «Primera Modernidad», la hispano-lusitana, fundamento de los desarrollos de la nueva filosofía política del siglo XVII en Flandes, Francia, Inglaterra y Alemania. Aunque implícitamente reconocido por todos no se le ha dado el lugar que merece en la historia de la Filosofía Política Moderna.

En efecto, Suárez se sitúa de una manera asombrosamente creativa al subsumir superando las posiciones nominalistas (de Duns Scoto y del ockamismo acepta el conocimiento de los «singulares», aunque de manera diferenciada), escotistas (por su noción de «concepto»[80]) y tomistas (en la analogía del ente), desde la experiencia moderna de la subjetividad —en lo que tiene de positivo y criticable—. Es una primera síntesis «moderna» que sirve de puente entre el comienzo del siglo XVI, que confronta los problemas del «descubrimiento» del Nuevo Mundo (la alteridad absoluta del indígena) con la nueva experiencia de la subjetividad individual de la Modernidad del Norte europeo, que el mismo movimiento jesuita se encarga de desarrollar en el tradicional Sur de Europa.[81] Por ello Suárez será el gran maestro del racionalismo europeo del siglo XVII y XVIII. Las *Disputationes Metaphysicae* de Suárez tuvieron diecinueve ediciones entre 1597 y 1751 (ocho solamente en Alemania). Sus escritos políticos fueron alabados por Grotius, como «sin igual»; las *Disputaciones* fueron leídas por Descartes, estudiante jesuita en La Flèche, muy atentamente («es justamente *el primer autor* que vino a mis manos»); Spinoza se inspiró en ellas al leer las obras de Revius, Franco, Burgersdijk y Heereboord (este último llama a Suárez: «metahpysicorum omnium papam atque principem»); Leibniz, las meditó en su juventud; Vico dedicó todo un año estudiándolas;[82] aún más puede decirse de Christian Wolff[83] o A. G. Baumgarten.[84] Suárez permitió al pensamiento filosófico del Norte de Europa, bajo el influjo teologizante del luteranismo,[85]

---

[79] Acosta escribió su parecer en 1586 en un trabajo titulado *Parecer sobre la Guerra de la China*, y en otro *Respuesta a los Fundamentos que justifican la Guerra contra la China*.

[80] Véase Minges, 1919.

[81] El «examen de conciencia» que realizaba cada día Suárez debió darle suficiente tema para una metafísica de la reflexión autoconsciente de su propia subjetividad. Descartes, que debió igualmente efectuar esa práctica del «examen de conciencia» diario, no es extraordinario que comience su discurso filosófico con una auto-reflexividad consciente sobre su propio «ego»: *ego cogito*, significa: «Yo tengo conciencia de estar conciente» sin contenido objetivo alguno todavía. La «individualidad» de la subjetividad del «examen de conciencia» se transforma en un momento filosófico ontológico inicial. La cuestión ha sido estudiada por Etienne Wilson, 1930.

[82] Véase Fraile, 1965, vol. 3, p. 468.

[83] Es sabido que su *Philosophia Prima sive Ontologia* de 1729 fue estructurada explícitamente a partir de Suárez (véase *The Enciclopedia of Philosophy*, 1967, vol. 8, pp. 340-341).

[84] Su *Metaphysica* de 1739 muestran todavía la presencia suareciana.

[85] Véanse K. Streitcher, 1928, y K. Eschweiler, 1928, sobre la influencia de la filosofía española, en especial el suarecianismo, del siglo XVI, sobre la filosofía alemana del siglo XVII.

autonomizar el nivel secular de la razón filosófica (que, paradójicamente, tendrá inspiración católica, suareciana). Repitiendo en parte lo ya indicado y agregando nuevos ejemplos, escribe Randall Collins:

> Suarez's philosophy became the center of the curriculum in Catholic and many Protestant universities (especially in Germany) for 200 years [...] Wolff takes ontology as purely self-contained argument over first principles, governed by the principle of non-contradiction. From thence he deduces the principle of sufficient reason which governs physical, non-logical necessity [...] This is a touchstone of Leibniz's philosophy as well, and it is implicit in Kant's problematic of pure reason, the justification of the synthetic a priori. When Schopenhauer at the beginning of his career proposed to overthrow constructive idealism and return to Kant, his first statement was *The Four-fold Root of the Principle of Sufficient Reason*, with its explicit admiration of Suarez. Still later, Heidegger —the product of a Catholic seminary education— revived the ontological question [...] This was one more move on the turf delineated by Suarez.[86]

En la teoría de la subjetividad cognitiva es en lo que Suárez fue particularmente innovador. Acepta, por una parte, que «nuestro entendimiento conoce lo singular material por una especie propia»[87] —según una tesis nominalista—, pero al mismo tiempo tiene la capacidad de conocer los universales por un proceso abstractivo, inductivo[88] —según la tesis racionalista—. Para Suárez, de una manera mucho más compleja, y más cerca de Kant que de la *Logique de Port-Royal*,[89] el acto de conocer (*actus ipse, conceptus formalis, conceptus subjetivum*) se produce cuando una representación del objeto,[90] como representación de la cosa que se halla presente como impresión de realidad en la subjetividad (especie «impresa» por el «intelecto activo»[91] sobre el «pasivo»), es referida a la cosa (*conceptus objectivum*) de manera «expresa»: la cosa es conocida *in actu* como objeto (como cosa conocida).[92]

---

[86] Collins, 2000, p. 580. Indica Collins que de 1550 a 1620 la Universidad de Salamanca tenía matriculados en promedio 6.000 estudiantes. Vista la población de España, y las 32 universidades que existían en la Península, significaba el 3% de la población masculina juvenil. Dicho porcentaje será igualado por Estados Unidos en el 1900, y por el Reino Unido en 1950 (*ibid.*, p. 581).

[87] Escribe: «Intellectus noster cognoscit singulare materiale per propriam ipsius speciem» (*Tratado De Anima*, IV, 3, 5).

[88] «Intellectus cognoscit proprio conceptu universalia, abstrahendo a singularibus seu non curando de illis» (*ibid.*, IV, 3, 11).

[89] Véase Foucault, 1996, pp. 67 ss.

[90] Y hablar de *objectum* es una novedad «moderna».

[91] Este «intelecto activo» (de Aristóteles y Tomás de Aquino) quedará subsumido en la modernidad en la capacidad productiva y creadora de la razón humana en la «constitución» del «objeto» (hasta Husserl o Heidegger). Será la «subjetividad» como actividad. La «génesis pasiva» de un Husserl indagará los presupuestos «materiales» de la subjetividad.

[92] Escribe Suárez: «No es aquello en lo cual (*in quo*) se produce el conocimiento [...], sino que es aquello por lo cual (*id quo*) el mismo objeto (*ipsum objectum*) se conoce en cuanto concepto formal de la cosa conocida (*conceptus formali rei cognitae*), ya que para que la cosa pueda ser inteligida es necesa-

Mientras tanto, en el nivel de la política, el mundo colonial había ya alcanzado un estado de «normalidad», lo mismo que la esclavitud; es decir, se dejó definitivamente de criticar su posibilidad y se lo trataba como «un hecho». Suárez, sin embargo, por la situación geopolítica e histórica de España, propone ciertas tesis que aparecían como progresistas en otros lugares de Europa, como por ejemplo en la Inglaterra de James I.[93] Observemos resumidamente sus posiciones filosófico-políticas más importantes —que tendrán gran relevancia en los procesos de la emancipación latinoamericana al comienzo del siglo XIX,[94] entre otros efectos.

El derecho —concepto universal inductivamente[95] abstraído de sus especies singulares— se funda en una relación determinada con la subjetividad libre, y en tanto libre, ya que «la rectitud de conciencia (*conscientiarum rectitudo*) se basa en la observancia de las leyes [... y nos interesa entonces] el examen de la ley en su aspecto de vínculo de la conciencia (*conscientiae vinculum*)».[96] La ley física inclina a obrar necesariamente al agente; la ley, que constituyen el derecho, «vincula», se relaciona, inclina al agente, intrínsecamente, como «obligación» de «conciencia».[97] La «obligatoriedad» de la ley se funda en último término en la voluntad que la promulga (el legislador). Por ello, la

---

rio que de alguna manera se forme vitalmente (*vitaliter*) en el intelecto» (*De Anima*, IV, 5, 11). Por desgracia el pensamiento de Suárez ha sido comparado con el de Tomás de Aquino, en disputas intraescolásticas intrascendentes, o se lo ha usado para remozarlo desde Kant o Heidegger (por ejemplo con Marechal o Rahner), pero no se ha efectuado la tarea histórica mucho más importante de mostrar los temas filosóficos centrales del siglo XVII y XVIII ya intuidos e incoados por Suárez. Esto es estratégico en mi intento de mostrar cómo la Modernidad filosófica empezó en España en el siglo XVI, y se formula al final de dicho siglo con Suárez y muchos otros.

[93] El *Defensor Fidei* (publicada en 1613), como veremos, fue quemada en Inglaterra y condenada en Francia, por mostrar que los reyes no recibían el poder (*potestas*) directamente de Dios. También negaba, como era usual en la filosofía política española, que el Papa tuviera poder temporal.

[94] En América hispana, el hecho de la prisión del rey de España, Fernando VII Borbón, en manos de Napoleón en 1808, desata todo el proceso de la emancipación a partir de un razonamiento jurídico suareciano (y aun de Vitoria), pero no de la filosofía ilustrada francesa: estando el rey preso queda sin efecto el «pacto» de la comunidad con el soberano, y por ello las «comunidades» recobran su «principatum» (soberanía).

[95] «Dicemus enim primo de lege *in communi* et deinde ad singulas species *descendamus*» (*De legibus*, Prólogo). Es interesante anotar que Marx escribió metódicamente: «De lo abstracto se asciende a lo concreto» (véase Dussel, 1985), pero lo abstracto para Marx era lo singular, y lo concreto era lo universal (el todo), de donde posteriormente habría que «descender» a lo singular explicado. Suárez igualmente asciende, primero, inductivamente de lo singular (conceptuado) a lo universal (construido), y de ello, ahora, «desciende» a lo singular (de lo que partió inductivamente), para verificar la descripción universal en su diferencia específica.

[96] *De legibus*, Prólogo.

[97] Kant comentará, siguiendo en esto la tradición suareciana, que en el «Faktum» de la ley moral se incluye una «obligación». La «obligación» es posible en el sujeto ético (no con necesidad física o natural) si es autónomo, lo que exige afirmar la «libertad» (que como «noumenon» es incognoscible empíricamente para Kant) como el postulado práctico fundamental, como una de las cuatro «Ideas». Todo se funda en la «obligatoriedad» de la ley.

voluntad «obligada» indica un vínculo con la voluntad «obligante»[98] —legisladora—, y dicha obligación es una «imposición a operar con necesidad moral».[99]

Se trata entonces de una filosofía del derecho que parte ya de la individualidad libre del sujeto, moderno, sin descartar la comunidad, a la que está ligado de manera intrínseca, interna o constitutiva *ex creatione* como obligado a efectuar su naturaleza ética, también afectivamente.[100] Esta obligación no es la recomendación del «consejo», sino el imperio del «precepto» *debido*.[101] Por ello habrá que distinguir entre el «derecho común» y el de «lo propio» o particular, este último es el que «cada uno tiene sobre lo que es suyo o sobre lo que se le debe»,[102] que en cierta manera es anterior al derecho (como promulgado), pero que es diferente al derecho común. Veamos una descripción de todos los tipos de derechos «diferenciales»:

> Una vez que hemos hablado de la ley eterna[103] y de la temporal natural,[104] nos corresponde ahora hablar de la ley positiva. A esta la hemos dividido en divina[105] y humana[106] [...] Según Justiniano, la ley humana puede por su parte dividirse en de derecho común[107] y de derecho de lo propio (*proprii*). La primera pertenece al derecho de gentes (*ius gentium*) [...] ahora trataremos del derecho humano de lo propio, a la cual se le ha reservado el nombre de ley positiva de lo propio de alguna ciudad, de una república (*rei publicae*)[108] o de otra comunidad autárquica (*perfectae congregationis*)[109] similar.[110]

---

[98] Para Suárez, en última instancia, era la voluntad de Dios, y posteriormente la del legislador humano. Para nosotros será la misma comunidad política, en tanto «soberana» («principata»), que, como voluntad comunitaria legisladora, se da la ley legítima, y por ello debe obedecerla (es decir: obliga).

[99] «Imponendo moralem necessitatem operandi» (*De legibus*, I, 1).

[100] Por ello «la inclinación de la concupiscencia (*fomitis propensio*) puede llamarse ley [...] porque inclina a la falta moral» (*De legibus*, I, 1, 4).

[101] En latín «necessitudo» indica un tipo coercitivo de necesidad, la del «deudor» (de *deudo* que viene de *debitum*: «debitor»). En el náhuatl mexicano «mazehual» significa, exactamente, el «deudor-merecido» (deudor de la vida merecida por el dios).

[102] *Ibid.*, I, 2, 5.

[103] Pasa Suárez del concepto universal constructor de derecho en cuanto tal (libro I del *De legibus*) a sus «differentia», en primer lugar como ley eterna en el libro II, caps. 1-4.

[104] Como ley natural en el libro II, desde el capítulo 5 al 16.

[105] Como ley positiva divina en los libros IX y X.

[106] Desde el cap. 17 del libro II.

[107] Como derecho de gentes (libro II, cap. 17-20), como no-escrita o costumbres (libro VII) o como escrita.

[108] En Suárez «reipublicae» en genetivo, es «de la cosa pública» o «lo público» o comunitario. No la forma de gobierno distinta de la monarquía. Es sinónimo de comunidad.

[109] A diferencia de Aristóteles, por ejemplo, Suárez está pensando en una «comunidad (*comunitas*)» que «puede crecer hasta convertirse en un reino o poseer el *principatum* por la sociedad (*societatem*) de varias ciudades» (*ibid.*, III, 1, 3). Suárez está pensando en Castilla o Aragón, naciones modernas.

[110] *De legibus*, III, 1, 1-2. En la ley escrita civil o política, positiva ocupará a Suárez todo el libro III. Además, escribirá todavía sobre la ley canónica (libro IV), la penal (libro V) y la meritocrática (libro VIIII). Se trata del tratado más sistemático nunca escrito sobre el tema. Es el primero en toda la Moderni-

En este punto Suárez es maestro de filosofía política moderna europea, y con mucha mayor claridad que Hobbes y posteriormente Hume, expone una teoría política que tendrá vigencia en América hispánica hasta el siglo XIX, y con la cual se justificarán las luchas de la emancipación anticolonial, y también permitiría la superación de la «Modernidad tardía» actual.

En primer lugar, el poder (*potestas*) o «principado (*principatum*)» —la «soberanía» que Bodin acababa de definir pero teniendo como sujeto al rey— reside en el pueblo o comunidad, que recibe del creador, no directamente por la misma naturaleza humana[111] o en cada individuo como particular y ni siquiera en una comunidad no madura para ejercer tal mandato, sino cuando se tiene un desarrollo civilizatorio suficiente:

> Este poder no se da en cada uno de los seres humanos tomados por separado,[112] ni en el conjunto o multitud de ellos como en confuso y sin orden ni unión de los miembros en un cuerpo [...] porque antes del poder (*potestas*) tiene que existir el sujeto de ese poder (*subiectum potestatis*)[113] [...]; sin embargo no se da a ella de una manera inmutable sino que por el consenso (*consensu*)[114] de la misma comunidad [...] aunque por la naturaleza de la cosa sea libre y tenga poder sobre sí misma.[115]

La posición es analíticamente compleja. No se parte de un individualismo, pero tampoco de un comunitarismo feudal. El sujeto está en comunidad política, que es sede del poder; pero sólo cuando se refleja sobre sí misma y se da un consenso en sí misma posterior, y que es, sin embargo, constitutivo y permanente —ya que no pierde el poder aunque lo transfiera, como veremos—, sólo en ese momento es sede de toda potestad.

Se da, entonces, un primer consenso fundamental (*a posteriori*) de pertenencia a la comunidad política, que no se encuentra necesariamente escrito y ni siquiera frecuentemente es explícito:

> A la multitud humana, pues, hay que considerarla [...] en cuanto que por una voluntad especial (*speciali voluntate*) o consenso común (*communi consensu*) se reúne en un cuerpo

---

dad. Es semejante, en cuanto a su constitución lógica como «tratado» moderno, a sus *Disputaciones Metafísicas*. En cuatro momentos de su vida Suárez se ocupó intensivamente de reflexionar sobre el tema del derecho y la ley: en 1561-1562 como estudiante en Salamanca; en Roma como profesor entre 1582-1584; en Coimbra entre 1601-1603, y en el trabajo de edición del *De legibus* en torno al 1612.

[111] «El dominio de un ser humano sobre otro no procede de una primera institución de la naturaleza» (*ibid.*, III, 1, 12).

[112] Contra el individualismo metafísico que se instauraba ya en la Modernidad noreuropea.

[113] Es interesante anotar la actualidad aún de su expresión terminológica.

[114] Obsérvese nuevamente la expresión cuasi-habermasiana. Hemos ya hecho notar esta teoría del «consenso» en Bartolomé de Las Casas, ya en 1536 (en el *De unico modo*; véase Dussel, 1995).

[115] *Ibid.*, III, 3, 6-7. La posición de Suárez, como la de Las Casas y Vitoria es clara: «Por naturaleza todos los seres humanos nacen libres [pero en comunidad], y por eso ninguno tiene jurisdicción política sobre otro» (*ibid.*, III, 3, 3).

político (*corpus politicum*) con un vínculo de sociedad;[116] [...] no sin la intervención de las voluntades y del consenso (*voluntatum et consensuum*) de los seres humanos en virtud de los cuales tal comunidad autárquica se ha constituido.[117]

El ser humano no es natural y primeramente un ser individual aislado. Siempre estuvo ya en comunidad. Aunque «por naturaleza de la cosa el ser humano nace libre»,[118] es siempre «subjectibilis»: subjetual o capaz de ser un miembro o un sujeto de un cuerpo político.[119] Como en Ch. Peirce o en K.-O. Apel la comunidad es el punto de partida, pero el sujeto singular no se disuelve ni ante el consenso reflexivo originario ni por el pacto posterior de efectuar un contrato con el gobernante, al que puede pedir cuenta desde su libertad o poder nunca conculcado.

Y es así porque la comunidad, para poder ejercer empíricamente el poder, crea en sí misma instituciones, magistraturas o reyes. Suárez opina, para ello, que el ser humano tiene el *principatum* o la capacidad para gobernarse o darse instituciones de manera natural, libre y mediata:

> La magistratura civil [gobierno político: *magistratum civilem*] dotada de poder temporal [*potestate temporali*] para regir a los seres humanos es justa y conforme a la naturaleza humana.[120]

El modo de ese ejercicio delegado del poder, en ciertos casos, se los reserva directamente el pueblo o la comunidad, como entre las repúblicas bizantinas. Hablando de su «poder legislativo» escribe:

> De lo dicho se deduce que este poder legislativo (*potestatem legislativam*) lo tienen también en su debido tiempo las comunidades autárquicas que no se gobiernan por reyes sino por sí mismas (*per se ipsa*), sea aristocrática sea popularmente (*populariter*) [...] como la de Venecia, la de Génova y otras semejantes, las cuales, aunque tienen un *Doge* o principal (*principem*), sin embargo no le traspasan (*transferunt*) todo el poder;[121] por eso en ellas el

---

[116] *Ibid.*, III, 2, 4. Suárez escribe, como posteriormente Kant en la *Crítica de la razón pura*, inspirándose en Leibniz (que por su parte se refiere a Suárez): «forman un cuerpo místico (*corpus mysticum*) que moralmente (*moraliter*) puede llamarse uno por sí mismo (*per se*)» (*ibid.*). Para Suárez, sin embargo, este «cuerpo místico» es el cuerpo político empírico. Para Leibniz y Kant la «comunidad ética» (*moraliter* dice Suárez) es trascendental; es el «Reino de los espíritus». Téngase además en consideración que ese consenso ratificante *a posteriori* (no como un pacto *a priori* de los individuos aislados, como en Hobbes), constituye explícitamente el «vínculo de sociedad» (*societatis vinculo*)» (*ibid.*) en cuanto tal.

[117] *Ibid.*, III, 3, 6.
[118] «Ex natura rei homines nascitur liberi» (*ibid.*, III, 2, 3).
[119] *Ibid.*, III, 1, 11.
[120] *Ibid.*, III, 1, 2.
[121] En ese «reservarse» el derecho de juicio o revocación del pacto estriba la «última instancia» del poder, que ostentan los sujetos libres de la comunidad política. Solución compleja y más interesante que muchas posiciones reductivistas posteriores.

régimen es mixto y el poder supremo (*suprema potestas*) se halla [...] en todo el cuerpo junto con la cabeza [...] De esta forma el poder de legislar reside en todo él.[122]

La comunidad política, entonces, siendo la depositaria última del poder político (*civile potestate*) puede transferirlo o trasladarlo (*translata potestate*) a un magistrado o a un rey, previo contrato o pacto.[123] No es una completa ni irrevocable «alineación (*alienatio*)», sino una concesión condicionada, limitada, nunca última instancia del poder. El poder entonces dimana del pueblo, en última instancia»:

> El poder político (*potestate civile*), cuando se encuentra en una institución o príncipe por un título legitimo (*legitimo*)[124] [...] es que ha emanado del pueblo y de la comunidad (*ab populo et communitate manasse*), sea inmediata o mediatamente.[125]

Alcanza aquí Suárez una de las expresiones cumbres de la filosofía política mundial:

> La razón [...] es que este poder por la naturaleza de la cosa (*potestas ex natura rei*) inmediatamente reside en la comunidad; luego para que comience a residir justamente (*iustem*) en alguna persona como en el príncipe, es preciso que se le atribuya a partir del consenso de la comunidad (*ex consensu communitatis*).[126]

Suárez piensa que los tipos de gobierno son de «institución positiva», aunque la democracia es el único que no exige organización específica, ya que cumple las exigencias de ser la «institución o dimanación natural, con sólo abstenerse de una institución nueva o positiva».[127] En el caso de la monarquía esa transferencia no es absoluta (como en Hobbes) ni natural ni de institución divina (como lo pretendía James I, el escocés rey de Inglaterra[128]), sino humana y condicionada por un pacto o convenio positivo:

---

[122] *Ibid.*, III, 9, 6.

[123] Hay entonces un primer momento reflejo consensual de querer formar parte de una comunidad (primer consenso), y el segundo acto consensual de transferir el poder originario, condicionadamente, a una autoridad particular (sea el *Doge* o el *Rey*) (el pacto político propiamente dicho). Aquí no hay Leviatán alguno.

[124] El concepto de «legitimidad» en Suárez tiene una claridad conceptual clásica: es el poder que cuenta con el consenso del pueblo, o que cumple adecuadamente el pacto contraído con las condiciones del consenso.

[125] *Ibid.*, 4, 2.

[126] *Ibid.*, III, 4, 2.

[127] *Defensor Fidei*, III, 2, 8-9.

[128] Puede entenderse el enfado del rey de origen escocés cuando, en la obra *Defensor Fidei* (1613), Suárez escribe: «El poder del rey viene [...] *por cierta natural consecuencia* que muestra la razón natural; por lo mismo, *inmediatamente* [el poder político, aún del rey] se da por Dios solamente a aquel sujeto en quien se encuentra por fuerza de la razón natural. Ahora bien, este sujeto es *el pueblo mismo*, y no alguna persona dentro de él» (*Defensor Fidei*, III, 3, 2).

Que el régimen de tal república (*reipublicae*) o región sea monárquico es originado por una institución humana (*ex hominum institutione*) [...], luego la monarquía misma proviene de los seres humanos.[129] Señal de ello es que, según el pacto o convenio (*pactum vel conventionem*) que hace el reino y el rey, el poder de éste es mayor o menor.[130]

Una vez traspasado el poder (*translata potestate*) a la persona del rey, ese mismo poder le hace superior incluso al reino que se lo dio, pues al dárselo se le sometió y se privó de su anterior libertad.[131]

En efecto, esta delegación es una alineación, aunque condicionada como hemos visto, a fin de dar gobernabilidad en el tiempo:

La transferencia (*translatio*) de este poder de manos de la república al príncipe no es una delegación sino como una alienación (*alienatio*) o entrega entera de todo el poder que estaba en la comunidad.[132]

Esa «transferencia» de poder puede invalidarse, y la comunidad recuperar así el ejercicio del poder, o parte de él, que se le concedió a la autoridad «para un cierto uso», y no como propiedad inalienable. La cuestión es tratada en el capítulo 19 del libro III del *De legibus* que venimos comentando. Un caso de invalidación lo indica Suárez en el siguiente ejemplo:

El magistrado político recibe a partir del pueblo su poder (*ab populo potestatem*); luego el pueblo pudo no dárselo si no era con esta condición, que las leyes del príncipe no le obligaran si el mismo pueblo no consentía también en ellas aceptándolas.[133]

Aun en el caso de un régimen «no democrático (*non democratico*)», aunque el «pueblo transfiera al príncipe el poder supremo», existen muchas excepciones en las que se puede no aceptar la legitimidad de una ley (cap. 19, 7-13), en especial cuando «la ley es injusta»; cuando es «demasiado gravosa»; cuando «el pueblo no observa la ley», o, en especial, el caso de la tiranía:

---

[129] La tal donación se efectuaba por elección, por consentimiento del pueblo, por guerra justa, por legítima sucesión o por alguna donación. «Cuando la comunidad es autárquica elige voluntariamente al rey, a quien transfiere su poder» (*De legibus*, III, 4, 1).

[130] En España, no sólo Castilla o Aragón, sino también los «Reynos de las Indias» eran las comunidades las que efectuaban el pacto con el rey de España. Cuando Fernando VII será puesto preso por Napoleón, los «Reynos de las Indias» recobraban su poder, su autonomía, su libertad igual a los otros «Reynos» de la Península hispánica en 1809. Esto era rechazado por James I (Jacobo I) de Inglaterra, por lo que el *Defensor Fidei* de Suárez fue quemado en la plaza pública de Londres. La Cristiandad anglicana era todavía más regalista, conservadora (hobbesiana) que la española.

[131] *De legibus*, III, 3, 6.

[132] *Ibid.*, III, 3, 11. En el caso del «senado» romano, por ejemplo, Suárez reconoce que la comunidad es de ese tipo de repúblicas «que de hecho son libres ya que se han reservado para sí el poder supremo» y sólo «encargan de la promulgación de las leyes al senado» (*ibid.*, 12).

[133] *Ibid.*, III, 19, 2.

Si el rey cambiase su poder justo en tiranía, abusando de ella para daño manifiesto de la ciudad, el pueblo podría usar de su poder natural para defenderse, *porque nunca ha sido privado de éste*.[134]

Por lo cual es lícito repeler la fuerza con la fuerza [...] por ser necesario para la propia conservación de la república, [y por esto] se entiende el quedar exceptuado del primer pacto por el cual la república transfirió al rey su poder.[135]

Es decir, cuando el pueblo reprueba el ejercicio del poder del rey, y ya que nunca ha sido privado del poder, «ese poder permanece (*permansisse*) en la comunidad» como cuando «no había sido transferido al príncipe».[136]

Además, el Papa no tiene poder «para dar leyes civiles»,[137] ni el Emperador tiene «poder universal» para obligar a toda la cristiandad,[138] menos aún «en todo el mundo (*universum orbem*)».

Suárez critica anticipada y explícitamente la pérdida de normatividad de la acción estratégico política moderna, como en el caso de Maquiavelo, por tener éste una visión minimalista de la política:

Error de Maquiavelo [... Para Maquiavelo] lo que busca el poder seglar (*potestatem laicam*) y el derecho civil directo y primeramente es la estabilidad política y su conservación [...]; la materia (*materiam*) de las leyes es lo que sirve para la estabilidad política y para su conservación y aumento; y que en orden a este fin se dan las leyes, ya que se encuentre en ellas una verdadera honestidad, ya solamente una honestidad fingida y aparente, incluso disimulando lo que es injusto si resulta útil para la república (*reipublicae utilia*).[139]

Anticipándose a Kant observa que la ley «no puede mandar un acto puramente interno directamente y en sí mismo»[140] (es decir, no puede exigir inmediatamente la moralidad), pero, aunque impere sobre «actos exteriores» puede «indirectamente mandar el acto interno, como consecuencia»[141] (la legalidad se completa necesariamente con la moralidad). Es toda la cuestión de si «¿puede la ley civil obligar a los súbditos en el fuero de la conciencia (*conscientiae foro*)?»,[142] y responde:

---

[134] *Defensor Fidei*, III, 3, 3.
[135] *Defensor Fidei*, VI, 4, 15.
[136] *De legibus*, III, 21, 6.
[137] *Ibid.*, III, 6.
[138] *Ibid.*, III, 7.
[139] *Ibid.*, III, 12, 2. Es interesante anotar que se tiene un sentido normativo de la acción política, contra la mera estrategia de la política moderna, exitosa «a corto plazo».
[140] *Ibid.*, III, 13, 2.
[141] *Ibid.*, III, 3, 9.
[142] *Ibid.*, III, 21, título. Llama la atención la «modernidad» de la terminología. Los jesuitas son los maestros del «examen de conciencia», que Descartes practicará diariamente en La Flèche, como hemos ya indicado. Sin embargo, aunque define la legalidad en el fuero externo (como Kant), muestra que la

[...] la metáfora de la palabra *foro*. Al principio se llamó así el lugar en que se tenían los juicios, pero después pasó a significar el juicio mismo, y así se distingue un doble fuero, el interno y el externo.[143]

La coacción (*coactio*) sin el poder de obligar en conciencia, o es moralmente (*moraliter*) imposible, porque una coacción justa supone culpa [...] o ciertamente es muy insuficiente, porque con él en muchos casos inevitables no se podría ayudar suficientemente a la república.[144]

Estamos en presencia de una filosofía política moderna europea en su sentido más positivo, sin los reduccionismos del individualismo hobbesiano o liberal lockeano posterior. Esta teoría del derecho servirá de justificación teórico-política a las comunidades de criollos y mestizos emancipadores latinoamericanos en torno al 1810, para recuperar el ejercicio del poder de la comunidad (el «Estado de las Indias») transferido al rey de España o Portugal por un pacto originario implícito (en el caso de Portugal la comunidad brasileña efectuó el «nuevo pacto» en 1821 con el hijo del rey de Portugal, que será el emperador Pedro I del Brasil y del Marañâo). Pero el ideario suareciano no sólo motivará a los criollos y mestizos (otro tipo de alteridad que la de los indios), sino también alentará la experiencia comunitaria de las «reducciones» jesuíticas, el origen más lejano y el antecedente histórico inmediato en el que se inspirarán los primeros socialistas europeos en el siglo XVIII, tales como Mably y Morelli, de donde surgirá la *revolution des egaux* con Babeuf en 1794, en plena Revolución francesa (la nueva revolución futura en el corazón mismo de la revolución burguesa) y el socialismo posterior.

En efecto, los jesuitas criollos del siglo XVIII volverán a los orígenes indígenas para definirse ante los europeos borbónicos, absolutistas. Es asombroso descubrir una gran generación, con figuras de eminentes intelectuales tales como José Gumilla, Vicente Maldonado, Juan de Velasco, Juan Ignacio Molina, Francisco Xavier Clavijero, Francisco Xavier Alegre, Andrés Cavo, Andrés de Guevara, Diego José Abad, Rafael Landívar y tantos otros jesuitas. Una vez exilados, por la expulsión borbónica del 1767 en Hispanoamérica (y anteriormente en 1759 en Brasil), en un número aproximado a 2.500 padres, escribieron en Europa, en Italia y otros países, no sólo la historia colonial de América, sino que principalmente se ocuparon de narrar la vida y culturas indígenas anteriores a la invasión europea del siglo XV.

Mariano Picón-Salas la denomina con justicia «la literatura de la emigración jesuita»,[145] que da una interpretación filosófica del estado de ánimo de los criollos (que recuerda la etapa más consensual de los Austrias) contra el absolutismo borbónico ilustrado (en lo que tenía de antipopular y represivo por su concepción colonial de la política). Andrés Cavo indica que los indígenas mexicanos tenían un «estado de cultu-

---

ley civil tiene igualmente capacidad imperativa interna, aspira a una normatividad política fuerte, mayor que la habermasiana —solamente discursiva.

[143] *Ibid.*, III, 21, 2.
[144] *Ibid.*, III, 21, 8. El tema exigiría un tratamiento extenso que es imposible en este corto panorama.
[145] Picón-Salas, 1965, pp. 185 ss. Véase Cavo, 1852; Decorme, 1941; Furlong, 1946; Alegre, 1956.

ra que excedía, en gran manera, al de los mismos españoles cuando fueron conocidos por los griegos y los romanos».[146] Clavijero[147] no escribe una historia de los criollos, sino de los aztecas, como defensa contra la ignorancia sobre las cuestiones indígenas americanas de C. Pauw.[148] Pedro José Márquez, otro de ellos, escribe una estética sobre el arte mexicano de los aztecas,[149] y, estando en Europa, la lejanía le permite apreciar mejor la estatura y personalidad de las culturas indígenas americanas.

Había comenzado así en el siglo XVIII la afirmación, como nuevo reconocimiento de una Alteridad, que había sido negada desde la conquista de finales del siglo XV.

[146] Cita Picón-Salas, *op. cit.*, p. 186.
[147] Véase Clavijero, 1945.
[148] Véase Pauw, 1768.
[149] En italiano: *Due Antichi Monumenti di Architettura Messicana*. En esta obra describe las obras que fueron «violentamente destruidas por los españoles y que merecen compararse con las mejores obras de caldeos, asirios o egipcios» (cit. Picón-Salas, p. 187).

2. El marxismo de Carlos Mariátegui como «Filosofía de la Revolución»

Pienso que puede aplicarse a Mariátegui lo que él escribía sobre G. Sorel, cuando habla de «una *filosofía de la revolución*, profundamente impregnada de realismo psicológico y sociológico»,[1] ya que esa *realidad* está antes que las teorías, el mito antes que la racionalidad abstracta, el mundo cultural del trabajador antes que la pura materia, el indigenismo antes que la abstracta lucha proletaria europea, los sindicatos antes que el partido. Mariátegui no teme la heterodoxia, odia el dogmatismo. Nos dice claramente:

> La crítica marxista estudia concretamente la sociedad capitalista. Mientras que el capitalismo no haya trasmontado definitivamente, el canon de Marx sigue siendo válido. El socialismo, o sea la lucha por transformar el orden social de capitalista en colectivista mantiene viva esa crítica, la continúa, la confirma, la corrige. Vana es toda tentativa de catalogarla como una simple teoría científica, mientras obre en la historia como evangelio y método de un movimiento de masas.[2]

Y todavía explica:

> La suerte de las teorías científicas o filosóficas, que él [Marx] usó, superándolas y trascendiéndolas, como elementos de su trabajo teórico, no compromete en lo absoluto la validez y la vigencia de su idea. Ésta es radicalmente extraña a la mudable fortuna de las ideas científicas y filosóficas que la acompañan o anteceden inmediatamente en el tiempo.[3]

En una reflexión de extrema actualidad escribe:

> No son nuevos los reproches al marxismo por su supuesta anti-eticidad, por sus móviles materialistas, por el sarcasmo con que Marx y Engels tratan en sus páginas polémicas la moral burguesa.[4]

---

[1] En Mariátegui, 1987, p. 21.
[2] Mariátegui, 1987, pp. 40-41.
[3] *Ibid.*, p. 41.
[4] *Ibid.*, p. 55: «Ética y socialismo».

Y aquí se atreve Mariátegui a proponer una tesis —con la que concuerdo plenamente, y que extrae de B. Croce— que epistemológicamente se opone a casi todas las interpretaciones que sobre Marx se han expresado:

> ¿No es, acaso, un interés *moral* o social, como se quiera decir, el interés que nos mueve a construir un concepto del sobrevalor? ¿En economía pura,[5] se puede hablar de plusvalía?[6] [7]

En efecto, la categoría de «plusvalor» es una mediación teórica entre el «trabajo vivo» del trabajador y el «precio» de la mercancía puesta en el mercado. Sin el «valor», pero estrictamente sin el «plusvalor», no puede advertirse el «robo», es decir, no puede enunciarse el juicio ético crítico ante el capitalismo: en el «precio» de la mercancía se encuentra ya encubierta la parte de vida objetivada no-pagada del obrero, el «plusvalor». Sin la categoría de plusvalor no puede mediarse la interpretación negativa, la relación de la subjetividad del trabajador con los precios en el mercado. Escribe por ello Mariátegui:

> La función *ética* del socialismo [...] debe ser buscada, no en grandilocuentes decálogos, ni en especulaciones filosóficas, que en ningún modo constituían una necesidad de la teorización marxista, sino en la creación de una *moral de productores por el propio proceso de la lucha anticapitalista.*[8]

> La *ética* del socialismo se forma en la lucha de clases.[9]

En efecto, la función práctica de *El capital* era dar razones para dicha lucha, y era en esa praxis concreta que la «moral de productores» se iba realizando. Marx tenía claro que su teoría no se cerraba como pura demostración para producir un consenso teórico como acuerdo entre los trabajadores, sino que debía ser razón de una praxis transformadora que cambiara efectivamente las relaciones de producción —donde se encontraba institucionalizada la dominación ética histórico-concreta.

---

[5] Es decir, en la economía capitalista o puramente de mercado; la ciencia económica vigente desde Jevons o Waldras, el marginalismo.

[6] Aquí escribe citando a Croce: «¿No vende el proletariado su fuerza de trabajo por lo que vale...?» (*ibid.*, p. 56). La fuerza de trabajo es pagada en un precio final de oferta-demanda (salario), pero que, y ahí está el problema, no puede ser equivalente al «trabajo vivo» —porque éste no tiene precio—. Véase estos aspectos en Dussel, 1985, 1988, 1990. Ciertamente Mariátegui no pudo conocer teóricamente, de manera estricta, la *obra misma* de Marx. Es comprensible por su época y lugar. Pero tuvo intuiciones geniales que provenían de su perspicacia política concreta.

[7] *Ibid.*, p. 56.

[8] *Ibid.*, p. 57. Aquí Mariátegui, espantado por las formulaciones de muchos teóricos diletantes, quizá ignoraba —lo cual es explicable— las precisas formulaciones teórico-filosóficas del mismo Marx sobre estas cuestiones éticas (véase Dussel, 1990, cap. 10, 4: «*El capital* es una ética»). Además, es necesario anotar que Mariátegui nombra aquí a Kautsky, Daniel Halevy, Henri de Man, Gobetti, Renan, Labriola y muchos otros, *pero no a Marx mismo*.

[9] *Ibid.*, p. 60.

Nuestro pensador se opone al socialismo moralizante, romántico y utópico anarquista, para situarse «en el terreno de la economía, de la producción. Su moral de clase depende de la energía y heroísmo con que opera en este terreno y de la amplitud con que conozca y domine la economía burguesa».[10]

En el momento mismo en que comenzaba a surgir lo que después será el estalinismo, Mariátegui se anticipa y critica al «determinismo marxista»:

> Otra actitud frecuente de los intelectuales que se entretienen en roer la bibliografía marxista, es la de exagerar interesadamente el determinismo de Marx y su escuela con el objeto de declararlos, también desde este punto de vista, un producto de la mentalidad mecanicista del siglo XIX.[11]

Para Mariátegui Marx no era un determinista, sino que sostenía «una política realista», y aunque mostraba que el «proceso de la economía capitalista» llegaría a un término, había que anticiparla «a través de la lucha de clases».[12] Mariátegui mostraba lo que él mismo llamaba un «voluntarismo», pero un voluntarismo que:

> No se agita en el vacío, no prescinde de la situación preexistente, no se ilusiona de mudarla con llamamientos al buen corazón de los hombres, sino que se adhiere sólidamente a la realidad histórica, mas no resignándose pasivamente a ella.[13]

De la misma manera es impresionante considerar intuiciones de validez actual, tales como la siguiente:

> Aquellas fases del proceso económico que Marx no previó [...] no afectan [sino] mínimamente los fundamentos de la economía marxista.[14]

Me sería largo explicar por qué Mariátegui tenía más razón de lo que se supone. Podemos afirmar que, habiendo situado Marx su análisis en un alto grado de abstracción, los fundamentos de la economía capitalistas y el desarrollo del sistema de la categorías críticas que él construyó hace más de un siglo tienen plena vigencia, en un nivel abstracto, en el presente.[15]

---

[10] *Ibid.*, p. 73.
[11] *Ibid.*, p. 65.
[12] *Ibid.*, p. 67.
[13] *Ibid.*, pp. 68-69.
[14] *Ibid.*, p. 75.
[15] Categorías tales como «trabajo vivo», valor, plusvalor, plusvalor absoluto o relativo, composición orgánica del capital, acumulación, competencia en abstracto, etc., tienen hoy vigencia teórica. Claro es que muchos lo niegan; se trata de un debate en el que hemos participado por las tres obras nombradas arriba —y donde entramos en detalles.

Lo mismo puede decirse sobre la intuición de la plena compatibilidad entre psicoanálisis y marxismo,[16] o acerca de la oposición de éste con el «materialismo simplista y elementos de ortodoxos catequistas».[17] Anticipándose a una crítica a los althusserianos, Mariátegui mostraba siempre la importancia de Hegel en el pensamiento de Marx[18] —en una posición semejante a la de Lukács o Korsch en ese momento, aunque por él desconocidos, por ser de tradición germana.

Cuando en 1928 ponía Mariátegui fin al prólogo de *Siete ensayos de interpretación de la realidad peruana*[19] ciertamente no se imaginaba que, cincuenta años después, José Aricó escribiría que se trataba de «la única obra teórica realmente significativa del marxismo latinoamericano».[20] Esto es hoy de todos sabido y afirmado, pero se debe a que Mariátegui habló del Perú a la luz del «problema del indio». No sólo le dedica algunos de dichos ensayos (el 2: «El problema del indio», y el 3: «El problema de la tierra»[21]), sino que en los restantes siempre parte de este tema vertebrante de su argumento.[22] Es una interpretación histórica, económico-política y social, aun cultural, metodológicamente «desde abajo». No habiendo propiamente clase obrera en el Perú (sino sólo en la costa y recientemente, «los de abajo» son los indios para Mariátegui). Tiene así una visión coherentemente marxista —en un capitalismo periférico,[23] latifundista, preindustrial—. Describe el proceso económico de la conquista y la colonia como parte del Imperio hispánico, la nueva dependencia neocolonial de las repúblicas

---

[16] *Ibid.*, pp. 79 ss.
[17] *Ibid.*, p. 102.
[18] Por ello se opone a Max Eastmann (*ibid.*, pp. 127 ss.).
[19] Mariátegui, 1988.
[20] Arico, 1989, p. xix.
[21] *Op. cit.*, pp. 35-104. Este ensayo 3 no se ocupa del indio, pero se escribe desde su horizonte teórico.
[22] En el ensayo 1: «Esquema de la evolución económica», desde su primera página escribe: «En el Imperio de los Inkas, agrupación de comunas agrícolas y sedentarias, lo más interesante era la economía. Todos los testimonios históricos coinciden en la serción de que el pueblo inkaico —laborioso, disciplinado, panteísta y sencillo— vivía con bienestar material» (p. 13). En el ensayo 4: «El proceso de la instrucción pública»: «Somos un pueblo en el que conviven, sin fusionarse aún, sin entenderse todavía, indígenas y conquistadores [...] La revolución de la independencia [...] ignoraba al indio» (p. 106). En el ensayo 5: «El factor religioso», expone la «religión del Tawantisuyo» (pp. 162 ss.). En el ensayo 6: «Regionalismo y centralismo», tampoco deja de tocar el asunto: «El *problema del indio*, la cuestión agraria interesan mucho más a los peruanos de nuestro tiempo que el principio de la autoridad, la soberanía popular, el sufragio universal...» (p. 198). En el último ensayo: «El proceso de la literatura», reflexiona sobre «el dualismo quechua-español del Perú, no resuelto aún [...] Garcilaso es más inka que conquistador, más quechua que español» (pp. 236-237). Mariátegui escribe el total de sus ensayos desde el horizonte del «problema del indio».
[23] Sin clara conciencia del «sistema-mundo», usa la categoría «feudal» para caracterizar la economía peruana en su conjunto. En efecto, si «los colonizadores se preocuparon casi únicamente de la explotación del oro y la plata peruanos» (Ensayo 1; *ibid.*, p. 15) es porque por la España «moderna», mercantilista, el Perú se integraba al «sistema-mundo», aportando con México el primer «dinero-mundial»: la plata (y en menor medida el oro). No era un sistema económico feudal, pero sí periférico.

del Imperio inglés, para analizar el «período del guano y del salitre»[24] y el de la preponderancia norteamericana, pero todo atravesado por el «latifundismo feudal»[25] —como le denomina Mariátegui—. Por ello hay una contradicción insuperable:

> En el Perú, contra el sentido de la emancipación, se ha encargado al espíritu del feudo —antítesis y negación del espíritu del burgo— la creación de una economía capitalista.[26]

Esto inclina a Mariátegui a pensar para el Perú en un marxismo propio, distinto. La función que Marx asignó en la lucha de clases al proletariado debe cumplirlo en los Andes el indio. Esta mera hipótesis era realmente descabellada para el marxismo europeizante de su época.

Sin embargo, el mismo Varcárcel había escrito:

> No es la civilización, no es el alfabeto del blanco, lo que levanta el alma del indio. Es el mito, es la idea de la revolución socialista. La esperanza indígena es absolutamente revolucionaria. El mismo mito, la misma idea, son agentes decisivos del despertar de otros viejos pueblos.[27]

Es por esto que Mariátegui debe remitirse a la doctrina del «mito» en Sorel, debe luchar contra el dogmatismo marxista propios de la II y III Internacional. Mariátegui no encontraba antecedentes para plantear los problemas del Perú:

> La reivindicación indígena carece de concreción histórica mientras se mantiene en un plano filosófico o cultural.[28]

¿Por qué? Porque la teoría marxista en su momento no podía plantear adecuadamente la articulación de algunas categorías complejas que le estaban presupuestas. El mismo Mariátegui no logra formular el tema adecuadamente —lo que es perfectamente explicable:

> La suposición de que el problema indígena *es un problema étnico*, se nutre del más envejecido repertorio de ideas imperialistas. El concepto de razas inferiores sirvió al occidente blanco para su obra de expansión.[29]

Es decir, nuestro pensador descarta la categoría de «etnia» como significante en la cuestión indígena. Le queda sólo «clase» o «nación» —y además habría que clarificar las categorías de «pueblo» y «estado», para al menos hacer un recorrido mínimo de

---

[24] *Ibid.,* pp. 20 ss.
[25] *Ibid.,* p. 28 ss.
[26] Fin del Ensayo 1; en *ibid.,* p. 34.
[27] Inicio del Ensayo 2; *ibid.,* p. 35.
[28] *Ibid.,* p. 36.
[29] *Ibid.,* p. 40.

algunas categorías necesarias para formular la problemática desde el horizonte categorial de Marx—. Ocupémonos un instante de esta cuestión teórica de fondo, es decir, de la clarificación de la «intención» marieguiana (en la imposibilidad histórica de su formulación), las «categorías» del mismo Marx y las que podemos «desarrollar» coherentemente teniendo en cuenta rigurosamente su método.

Mariátegui habla del «imperio inkaico», de una «civilización agraria», del «pueblo inkaico [que] era un pueblo de campesinos»,[30] del «comunismo inkaico», de la «raza indígena»[31] o «raza aborigen», de «movimiento indígena», de «comunidades indígenas», de que son reducidos a la «servidumbre» (feudal) o a ser «esclavos», de «las castas indígenas»[32] como una existencia «extrasocial», de «la población indígena».[33] Para Mariátegui las clases dominantes —terrateniente, burguesa, etc.— son explícitamente «clases», no así el indígena. Éstos constituyen la «comunidad»[34] indígena, pero que en la república entró en crisis:

> Este cambio lo habría desnaturalizado un poco; pero lo habría puesto en grado de organizarse y emanciparse *como clase*, por la vía de los demás proletariados del mundo.[35]

Este cambio no aconteció, no se dió, o se dió en poca medida. El pueblo indígena ha resistido sin ser subsumido estrictamente como clase (campesina). Mariátegui estudia de todas maneras el caso del *ayllu* —así como Marx había estudiado detenidamente la *obshina* (comuna rusa), cuestión que Mariátegui no podía conocer por el estado de los estudios marxistas de su época[36]—. En coincidencia plena con el Marx histórico de la década del 1870, Mariátegui concluye:

> Disolviendo o relajando la *comunidad,* el régimen de latifundio feudal, no sólo ha atacado una institución económica sino también, y sobre todo, una institución social que defiende la tradición indígena, que conserva la función de la familia campesina y que traduce ese sentimiento jurídico popular al que tan alto valor asignan Proudhon y Sorel [y también y sobre todo, aunque Mariátegui no podía saberlo, el mismo Marx].[37]

---

[30] *Ibid.*, pp. 54 ss.
[31] *Ibid.*, p. 44 ss.
[32] *Ibid.*, 67. Aquí, poco antes, parece igualar el indígena con «la clase campesina» (*ibid.*).
[33] *Ibid.*, p. 68.
[34] *Ibid.*, p. 77.
[35] *Ibid.*, p. 77.
[36] Véase mi obra *El último Marx (1863-1882)* ya cit., pp. 255 ss.: «7. 3. La respuesta a Vera Zasúlich o el apoyo a los *populistas rusos* (1877-1881)». En efecto, Marx piensa que las «comunas rusas» precapitalistas pueden ser el «punto de partida» del socialismo en Rusia, sin pasar por el capitalismo. En su carta a V. Zasúlich, por ello escribe: «Llegando ahora a la comuna rural en Rusia, dejo de lado por el momento todas las miserias que la oprimen. Considero sólo las capacidades que le permitirán un desarrollo posterior, su medio constitutivo y su medio histórico...» (*Marx-Engels Archiv*, ed. de D. Riazánov, vol. 1, Frankfurt, 1925, p. 323; en castellano *Escritos sobre Rusia*, vol. 2, p. 37).
[37] *Ibid.*, pp. 87-88.

Pienso que una Filosofía de la Liberación debe desarrollar estas «intuiciones» de Mariátegui. Para ello deseo definir resumidamente las categorías ya enunciadas (clase, etnia, pueblo, nación, etc.[38]) para dar razón a las intuiciones militantes de aquel gran pensador marxista latinoamericano.

En primer lugar, la «clase» social, como categoría abstracta, indica la *subsunción*[39] del trabajo vivo dentro de un sistema económico, en nuestro caso el capitalista. De esta manera hay, por ejemplo y en abstracto, clase burguesa y clase de los asalariados. En este sentido la «comunidad indígena» no es clase.

En segundo lugar, «etnia»[40] indicaría aquella categoría que engloba los miembros de una comunidad cultural, lingüística, religiosa, histórica, instalada tradicionalmente sobre un mismo suelo, como cuando hablamos de los yarubas en África o el aymaras en Bolivia. Puede ser sinónimo de «nación» en sentido amplio —pero no incluye la mediación de un «Estado» ni de una clase dominante, sino que más bien está constituido por familias extensas, clanes o tribus.

En tercer lugar, «pueblo»[41] indicaría semánticamente el «bloque social de los oprimidos» con respecto a un «Estado» (que con Samir Amin podríamos verlo ya presente en el Egipto desde las primeras dinastías faraónicas, o en su sentido moderno capitalista). Este «bloque social» es un conjunto heterogéneo y hasta contradictorio, que en cuanto se ejerce sobre ellos la «hegemonía» —en sentido gramsciano— se encuentra desconectado; que cobra cierta unidad en los procesos de «dominación», y que alcanza propiamente unidad en los movimientos de liberación. Sólo en estos últimos momentos (como p. ej. la oligarquía criolla y mestiza en la emancipación nacional del siglo

---

[38] Véase el tratamiento de estas categorías en mi artículo «Cultura latinoamericana y filosofía de la liberación. Cultura popular revolucionaria más allá del populismo y del dogmatismo», en *Latinoamérica, Anuario Estudios Latinoamericanos* (México), 17 (1985), pp. 77-127.

[39] Véase el concepto de «subsunción» en mis obras Dussel, 1988, pp. 263 ss., y en Dussel, 1990, p. 359, nota 69. «Sub-sumir» (*Auf-heben*) es la trasliteración de la palabra de raíz alemana *Aufhebung* por la de raíz latina *subsuntio*. Significa el acto por el que lo situado en la «exterioridad» es «in-corporado» (intra-totalizado, intra-sistematizado) en el capital. El tema es central en el *VI Capítulo inédito* de los *Manuscritos de 1863-1865*, pero como no fueron incluidos por Marx en la redacción definitiva (1866) del tomo I de *El capital*, el marxismo posterior no prestó atención a este *concepto central* de todo el discurso crítico de Marx (véase todavía en *El último Marx*, pp. 42 ss.).

[40] Véase esta noción diferenciada de las otras que describiré a continuación en mi artículo «El Nacionalismo. Sobre las condiciones de su aparición (Hacia una teoría general)», 35 p., publicado en Dussel, 2001.

[41] Véase en mi obra Dussel, 1985, el capítulo 18. 6: «La cuestión popular» (pp. 400 ss.). Fidel Castro muestra el carácter «político» de esta categoría cuando indica: «Entendemos por *pueblo,* cuando hablamos de lucha, la gran masa irredenta... la que ansía grandes y sabias transformaciones de todos los órdenes y está dispuesta a lograrlas» («La historia me absolverá», en su obra *La revolución cubana (1953-1962)*, 1975, p. 39). La categoría «clase» es intrasistémica (p. ej. «en» el capital o capitalismo), la de «etnia» puede ser externa al sistema capitalista y aun al Estado. La de «pueblo» es una categoría política de la formación social que perdura a través de los sistemas históricos (el «pueblo» galo-francés puede sufrir el sistema esclavista romano, feudal medieval o capitalista moderno).

XIX en América Latina) una clase o fracción de clase puede liderar un «pueblo» que cobra su unidad particular en el mismo proceso político de lucha.

En cuarto lugar, «nación» quiere indicar un horizonte comunitario en relación con el «Estado» (sea antiguo o moderno), que tiene semejanza con la etnia (ya que también están en un mismo suelo, tienen una lengua, religión, cultura, y por ello con derecho las etnias originarias de América desean ser denominadas naciones, tales como las mayas, zapotecos, kunas, quechuas, aymaras, etc.), pero que tiene mayor extensión. De esta manera una «nación» podría incluir varias etnias, o simplemente se va constituyendo por el proceso histórico del mismo Estado (como en el caso de los criollos y mestizos en América Latina desde el siglo XVI).

Puede entonces ahora comprenderse el «problema del indio». Son etnias (o naciones), existentes antes de la «invasión» europea de América desde el siglo XV, que en el interior de un Estado independiente desde comienzo del siglo XIX (denominado ambiguamente «nacional») no se les reconoce autonomía propia ante la «nación» criolla o mestiza (constituida desde hace 500 años por el proceso de la conquista y colonización).

Marx permite perfectamente categorizar estos grupos humanos, desarrollando las categorías que él no pudo producir. Es decir, las comunidades indígenas no son clase ni nación-Estado, sino etnias o naciones originarias, anteriores a los Estados criollos-mestizos del capitalismo dependiente, y que deben ser tratados como sujetos autónomos en los niveles político, económico, cultural educativo, religioso, etc. Estas comunidades, como las obshinas rusas —y tal como el viejo Marx lo propuso— podrían superar el capitalismo y mostrar de manera paradigmática un modo de vida ecológico-económico de ejemplaridad particular.[42]

Como Mariátegui, debemos afirmar que en los países andinos (Bolivia, Perú, Ecuador y en parte Colombia y Venezuela) y en Mesoamérica (México, Guatemala y en parte otros países centroamericanos) el «problema del indio» sigue constituyendo un problema central —en algunos de dichos países, como por ejemplo en Ecuador donde la comunidad indígena va adquiriendo liderazgo político nacional—, o ciertamente estructural —sobre todo con respecto al problema agrario, como lo muestra la rebelión de los «Altos de Chiapas» en México.

¿Qué diremos como síntesis del pensamiento de Mariátegui? Deseo expresarlo con sus propias palabras, tal como lo escribe en el prólogo a los *Siete ensayos*, y que es como un resumen de suma actualidad. Allí leemos:

Mi pensamiento y mi vida constituyen una sola cosa, un único proceso. Y si algún mérito espero y reclamo que me sea reconocido es el de [...] *meter toda mi sangre en mis ideas*.[43]

---

[42] En un reciente encuentro con «sabios» de las culturas originarias americanas, en el mes de junio de 1994 en Quito, el amauta Javier Sandoval del Tiahuanaco mostraba cómo en el paradigma «Culla» (colla) del cosmos, hacia el sur, representado en amarillo, estaba la «Pachamama», el horizonte denominado «Lura Illa» o la «económica». Desde esta relación sujeto-tierra se va desarrollando una red compleja de relaciones e instituciones aymaras de ejemplar consistencia y de máxima actualidad.

[43] Mariátegui, 1969, p. 11.

De la misma manera, para una Filosofía de la Liberación la praxis militante del filósofo debe saber ser coherente, debe avanzar una pretensión de verdad práctica al comprometerse históricamente con los «de abajo»; al pensar e ir pensando su proceso de liberación codo-a-codo, para que la teoría como filosofía sea el acto reflejo del «intelectual orgánico» que clarifique, explicite, demuestre la validez ética de la praxis de los oprimidos como proceso concreto de liberación, que es la realidad primera y fáctica de la que se parte.

3. Augusto Salazar Bondy
y el origen de la Filosofía de la Liberación[1]

*A Helen Orvig de Salazar Bondy, quien dejó todo
para abrazar por Augusto al Perú y América Latina.*

Esta exposición se relaciona con el capítulo anterior, ya que en realidad fueron dos trabajos presentados, uno como conferencia y otro como ponencia en mesas redondas, en el V Congreso Nacional de Filosofía del Perú. Guardan unidad, como podrá verse, ya que han sido redactadas siguiendo un mismo tema. En efecto, la estrategia argumentativa se establece en torno a la cuestión de la Filosofía de la Liberación, desde el antecedente de una proto «filosofía de la revolución» en el marxismo creador de José Carlos Mariátegui, y desde el filósofo que realizó la crítica a la «filosofía de la dominación» (Augusto Salazar Bondy), para delimitar el horizonte de una filosofía de la liberación en la actualidad, a finales del siglo XX y a comienzos del tercer milenio.

3.1. LA «FILOSOFÍA DE LA DOMINACIÓN» EN SALAZAR BONDY

Recuerdo cuando en agosto de 1973, en la IV Jornada Académica de San Miguel (Buenos Aires)[2] —organizadas por el movimiento nacido en 1969 en torno al tema de Filosofía de la Liberación, y en la que estaban presentes en aquella ocasión más de ochocientos participantes—, conversé durante unas horas, por primera y última vez, con Augusto Salazar Bondy. Fue una amistad instantánea; como si nos hubiéramos conocido desde siempre. Veníamos de diversas tradiciones pero comprendimos que debíamos trabajar juntos en el futuro. ¡Qué desgracia!, meses después supimos de su prematura muerte. El recorrido de la biografía filosófica de Augusto culminó exactamente en el umbral mismo de la Filosofía de la Liberación, que él había comenzado a gestar.

En efecto, la primera etapa de Augusto (1925-1966)[3] lo lleva de San Marcos en Lima a México (entre sus 23 y 25 años, en la época de José Gaos), a l'École Normale

---

[1] Ponencias presentadas en el V Congreso Nacional de Filosofía del Perú, Lima, 1-4 de agosto de 1994, en conmemoración al centenario del nacimiento de Mariátegui (1894-1994), y en recuerdo de Salazar Bondy a los veinte años de su ausencia (1974-1994).

[2] Algo más de dos meses después, y no sin relación a estas Jornadas que tuvieron gran repercusión, fui objeto de un atentado de bomba en mi domicilio particular, el 2 de octubre de 1973.

[3] Véase Sobrevilla, 1989, pp. 383-605.

Supérieure de París (desde 1951, en tiempos de Jean Wahl y Gaston Bachelard[4]), y a München (cuando conoce a Romano Guardini, desde 1952). No es una larga estancia, pero suficiente para permitirle abrirse a la problemática del pensamiento filosófico latinoamericano y europeo continental de la época. Tiempo después complementará su formación con algunos rasgos de la filosofía analítica —para también abarcar el pensamiento anglosajón—. De todas maneras el tinte de su filosofía era por aquella época fenomenológico axiológico, con un cierto tratamiento de Marx que será determinante en su etapa posterior, y con un excelente conocimiento histórico de la filosofía peruana.[5]

Opino que su segunda etapa comienza en 1966, cuando en Tacna presenta un trabajo que posteriormente tendrá por título definitivo «La cultura de dominación»,[6] y que se concretará con el curso dado en Kansas sobre «Sentido y problema del pensamiento filosófico hispanoamericano», cuando sale ya del ámbito peruano, y que culminará con ¿*Existe una filosofía de nuestra América?*[7] Es evidente que todo lo indicado en esta etapa definitiva de su pensamiento se funda en su etapa anterior, ya que en ella encontramos continuas referencias a intuiciones que madurarán desde 1966.

Deseamos abordar sólo algunos aspectos en vista de nuestra argumentación. Augusto Salazar Bondy advierte, como ninguno, el estado de dominación que pesa sobre nuestra cultura, sobre nuestra filosofía. La negatividad es su tema, y es un paso *necesario* para poder imaginar creativamente su posible superación. Algunos filósofos no se han detenido suficientemente en la crítica *negativa,* y desde un optimisto afirmativista no han comprendido la *necesidad* de transitar primero por la negatividad. Sin ella toda superación es ilusión —y pienso que en ella caen muchos hasta el presente—. No hay liberación sin clara conciencia de la alienación y dominación que pesa sobre el que se lanzará en el proceso de liberación. La negatividad es también un motor fundamental.[8] Deseo tomar un ejemplo actual dramático. Desde Chiapas nos interpela el siguiente texto:

---

[4] Yo llegaba a París en 1961, diez años después, cuando moría Merleau-Ponty, que ciertamente influenció profundamente a Augusto.

[5] Las obras más importantes de este período son: *Las ideas del saber, la naturaleza y Dios en el pensamiento de Hipólito Unanue,* 1950; *Ensayo sobre la distinción entre el ser irreal y el ser ideal,* 1953; *Philosophy in Peru,* 1954 (nosotros citamos de Editorial Universo, Lima, 1967); *Introducción a la filosofía,* 1963; *Historia de las Ideas en el Perú Contemporáneo* (1965), 1967; *Apuntes sobre el pensamiento de Wittgenstein,* 1966; ¿*Qué es filosofía?,* 1967. En cierta manera su obra definitiva *Para una filosofía del valor,* 1971, pertenece a esta primera época. No aparece en ella el tema de la dominación todavía (que hubiera sido posible aplicarlo a los valores, por supuesto).

[6] Salazar Bondy, 1985, pp. 20-38.

[7] Salazar Bondy, 1968. En esta etapa habría todavía que agregar todos los trabajos de la obra nombrada *Entre Escila y Caribdi*.

[8] En mis obras he insistido que es desde la «afirmación» del Otro de donde parte el proceso de la negación. La conciencia de la negación es inevitable si se pretende la liberación.

[... Comprendimos] que nuestra miseria era riqueza para unos cuantos, que sobre los huesos y el polvo de nuestros antepasados y de nuestros hijos se construyó la casa de los poderosos, y que en esa casa no podían entrar nuestros pasos, y que la luz que la iluminaba se alimentaba de la oscuridad de los nuestros, y que la abundancia de su mesa se llenaba con el vacío de nuestros estómagos, y que sus lujos eran paridos por nuestra miseria, y que las fuerzas de sus techos y paredes se levantaron sobre la fragilidad de nuestros cuerpos, y que la salud que llenaba sus espacios venía de la muerte nuestra, que la sabiduría que ahí vivía de nuestra ignorancia se nutría, y que la paz que la cobijaba era guerra para nuestras gentes.[9]

Es evidente que la contundencia de la corporalidad económica de este texto no se encuentra en Salazar Bondy, pero el tema es el mismo. Sólo quien comprende la «dominación» puede esperar sin ilusiones una salida:

Las insuficiencias y debilidades de nuestra filosofía, que subsisten pese a los esfuerzos y progresos actuales, no son, pues, rasgos negativos de la filosofía tomada separadamente y como tal, sino efecto sintomático de una falla más honda y fundamental que afecta a nuestra cultura y *a nuestra sociedad en conjunto*.[10]

Con extrema lucidez concluye:

El pensamiento filosófico debe hacerse, hasta donde lo permitan las energías humanas que es capaz de potenciar, un instrumento de crítica radical a fin de lograr, por el análisis y la iluminación racional, una conciencia plenamente realista de nuestra situación.[11]

Creo que ésta fue la misión que Augusto se fijó y cumplió durante los diez últimos años de su vida. La filosofía es una actividad de «crítica radical» de la «realidad» social. Lo mismo nos decía en otra de sus obras de esa época:

La imagen de nuestra filosofía puede ser vista también en negativo [...] Sin respaldo en su propia historia, la meditación ha tenido esencialmente un carácter imitativo; su evolución puede ser reducida todavía a sucesivas influencias extranjeras.[12]

Caben destacarse aquí algún artículo que indica el desarrollo de la reflexión de Augusto. En «La cultura de la dominación» (1966-1968), se clarifican los conceptos de dependencia, dominación, desarrollo:[13]

---

[9] «Mensaje a la Coordinadora Nacional de Acción Cívica» del EZLN, en *La Jornada* (México), 22 de febrero de 1994, p. 8, col. 1.
[10] Salazar Bondy, 1968, p. 118.
[11] *Ibid*.
[12] Salazar Bondy, 1967, vol. 2, p. 456.
[13] Debo decir que Salazar permanecerá siempre en la idea de que es necesario el «desarrollo» —un cierto desarrollismo inevitable de la época, pero que la posición de liberación no puede admitir, ya en 1968.

Si queremos ser veraces con nosotros mismos nos es preciso reconocernos como dependientes y dominados, poner al descubierto el sistema de nuestra dependencia y nuestra dominación y proceder sobre la base de esta premisa real.[14]

Es condición *sine qua non* de la liberación y la realización de los pueblos sojuzgados de hoy que forman el Tercer Mundo, romper los lazos de dependencia que los atan ya a los países dominadores y cancelar los sistemas de dominación mundial.[15]

Y ahora deseo citar un largo texto que debe ser copiado en extenso:

Al lado de las filosofías vinculadas con los grandes bloques actuales o del futuro inmediato es preciso, pues, forjar un pensamiento que, a la vez que arraigue en la realidad histórico-social de nuestras comunidades y traduzca sus necesidades y metas, sirva como medio para cancelar el subdesarrollo y la dominación que tipifican nuestra condición histórica. Es preciso que, dentro del cuadro general del Tercer Mundo, los países hispanoamericanos, puestos a construir su desarrollo y a lograr su independencia, encuentren el apoyo de una reflexión filosófica consciente de la coyuntura histórica y decidida a construirse como un pensar riguroso, realista y transformador.[16]

Para concluir expresando:

Pero hay todavía posibilidad de liberación, y, en la medida en que la hay, estamos obligados a optar decididamente por una línea de acción que materialice esa posibilidad y evite su frustración. La filosofía hispanoamericana tiene también por delante esta opción de que, además, *depende su propia constitución* como pensamiento auténtico.[17]

Este texto lo cité en el comienzo del capítulo 6 de mi obra *Para una ética de la liberación latinoamericana*,[18] escrito en 1971. Por ello, al final de la ponencia presentada ese año en el II Congreso Nacional de Filosofía en Córdoba,[19] escribía:

Al pueblo puesto en movimiento, al hombre de acción [...] le habla el que tiene adiestrado su oído, al que piensa desde la opresión para que *nazca la filosofía en América Latina*.[20]

---

[14] Art. cit. en Salazar Bondy, 1985, p. 33.
[15] *Ibid.,* p. 37.
[16] Salazar Bondy, 1968, p. 127.
[17] *Ibid.,* p. 133.
[18] Dussel, 1973, I, p. 129. Allí comentaba: «Nuestro discurso, el discurrir de nuestro pensar, intenta partir de la realidad, de América Latina. Para ello es necesario antes poder permitir que el camino sea abierto, es decir, debemos derribar demasiados obstáculos que la historia de la filosofía noratlántica ha ido poniendo en su propio caminar a nuestro *nuevo* camino» (*ibid.*).
[19] Véase Dussel, 1971, pp. 27-32.
[20] Nueva edición de esa ponencia en mi obra Dussel, 1994, p. 320.

Es decir, una filosofía auténtica, genuina, rigurosa deberá partir de la negatividad, o será ilusión. En mi artículo «Filosofía y alienación ideológica» (1969) hablaba de que el pensamiento filosófico académico se divide hoy en tres corrientes: el analítico anglosajón que intenta el rigor, el ontológico (Sartre, Merleau-Ponty, etc.), y el político más articulado a los movimientos sociales. Los dos primeros están marcados por el «mimetismo europeo»:[21]

> Nuestro pensamiento filosófico, mimético y receptivo, débil y divorciado de la realidad, no es un producto genuino y vigoroso, sino una forma defectiva del pensar universal.[22]

Es por ello un «pensamiento alienado». De todas maneras no podremos inventar todo, sino que debemos recurrir a lo existente:

> Una radical demistificación de la vida ha de ser el resultado positivo de esta función instrumental y crítica de nuestra filosofía. Ella no podrá prescindir al comienzo de las herramientas intelectuales del pensar occidental, pero, en el plan terapéutico y depurador que aquí le asignamos, habrá de terminar curándose y depurándose a sí misma de los ídolos y de las debilidades que son producto de su sujeción secular y *capacitándose como creadora de nuevas categorías y de procedimientos reflexivos más ajustados a nuestra perspectiva vital y a la comprensión de nuestro mundo*.[23]

En 1971, en «La alternativa del Tercer Mundo», afirma todavía una posición en favor del «desarrollo»:

> Las condiciones en que se produjo el desarrollo de los países occidentales, hoy metrópolis o «centros» del poder mundial, son claramente diferenciales de las que prevalecen cuando los países del Tercer Mundo se aprestan a lanzarse a un proceso acelerado de desarrollo.[24]

Mientras tanto, Salazar fue en esos años desarrollando su hipótesis de trabajo filosófico, que debía inspirarse más y más en las ciencias sociales críticas latinoamericanas desde las cuales en el próximo futuro se podría practicar una filosofía nueva en nuestro continente. Explicaba Salazar Bondy en 1973 en Buenos Aires, y en el diálogo que organizamos allí:

> Cuando la filosofía se propuso históricamente liberarse a sí misma, ni siquiera logró liberar al filósofo, porque nadie puede liberarse cuando domina a otro. O sea que, tomando las cosas en verdad, la única posibilidad de liberación se abre *por primera vez en la historia con el Tercer Mundo*, al mundo de los oprimidos y subdesarrollados, que están liberándose y al mismo tiempo están liberando al otro, al dominador. Entonces, *por primera vez se puede*

---

[21] *Ibid.*, p. 61.
[22] *Ibid.*, p. 64. Para Salazar igualmente la tradición analítica tenía el mismo defecto.
[23] *Ibid.*, p. 70.
[24] *Ibid.*, p. 123.

dar filosofía de la liberación. En lo concreto de la lucha de clases, de grupos, de naciones hay otro que es el dominador, al que desgraciadamente tengo que quitarlo de la estructura de dominación: tengo que desmontarle la maquinaria de dominación. Y la filosofía tiene que estar en esa lucha, porque si no, se hace un pensamiento abstracto que con el supuesto de que vamos a liberar a los otros, como filósofos, ni siquiera nosotros nos liberamos.[25]

Salazar indica que dicha nueva filosofía debería responder diacrónicamente a tres momentos:

[a] Un trabajo crítico en la medida en que la realidad histórica lo permita, [b] un trabajo de replanteo en la medida en que vamos emergiendo hacia una óptica nueva, y [c] una reconstrucción de la filosofía, en la medida en que esa óptica nos da una manera de producir un pensamiento ya orientado en el sentido de la filosofía de la liberación.[26]

Augusto había comenzado a realizar el «trabajo crítico» destructivo, pero faltaba el «replanteo» y la «construcción». Y bien, ambas tareas las veníamos realizando un grupo de jóvenes filósofos que publicamos ese mismo año un primer manifiesto.[27] En 1971, en ocasión del II Congreso Nacional de Filosofía argentino, aparecieron como nueva opción.[28] Opino entonces que Salazar escribió algo así como lo que expresó Feuerbach en 1843 en sus *Principios fundamentales de la filosofía del futuro*.[29] Era como la agenda de una nueva filosofía de la intersubjetividad.

La reacción de Leopoldo Zea[30] no fue tanto negar la posición historiográfica de Salazar —o la mía—, sino defender la «Filosofía Latinoamericana», en el sentido de afirmar que ésta ya responde a las exigencias de la nueva filosofía que Salazar está

---

[25] «Diálogo con los expositores», en *Stromata* 4 (1973), pp. 441-442. Debo testimoniar aquí que Augusto se sintió gratamente sorprendido de encontrar un movimiento filosófico del que ignoraba su existencia, con publicaciones, presencia en universidades, congresos multitudinarios, con un desarrollo filosófico de años, y que se denominaba «Filosofía de la Liberación». Inmediatamente se sintió parte y pudo entrar en la discusión constructiva. Era como un proyecto propio que no había podido desarrollar. Por ello nos honró sobremedida cuando dijo: «En esto me parece muy interesante lo que están haciendo [ustedes ... ya] que están tratando justamente de un *replanteamiento* de la problemática tradicional con *nueva óptica*» («Filosofía de la dominación y filosofía de la liberación», en *Strómata*, ed. cit., p. 397).

[26] *Ibid*, p. 397.

[27] Véase Dussel, 1973d. Sobre todo el nacimiento del movimiento de la Filosofía de la Liberación desde 1969 en adelante véase mi largo artículo polémico, contra la opinión de H. Cerutti: «Una década argentina (1966-1976) y el origen de la Filosofía de la Liberación», Dussel, 1994, pp. 55-96.

[28] Recuerdo que el filósofo madrileño Carlos París nos expresó: «Esperaba ver enfrentarse el movimiento analítico con el marxista, y veo que el enfrentamiento fue entre europeístas y filósofos de la liberación».

[29] Sobre la importancia de esta obra véase en Dussel 1974. Allí mostrábamos, además, que la Filosofía de la Liberación, en el horizonte mundial (centro/periferia), era la filosofía que Feuerbach pretendía (y afirmo ahora, a la que Augusto Salazar Bondy aspiraba).

[30] Véase Zea, 1969, y en la crítica que hace a Salazar Bondy (y a mí) en San Miguel (véase «La filosofía latinoamericana como filosofía de la liberación», en Salazar, 1973, p. 406: «Por su lado, Enrique Dussel, ha planteado una necesidad semejante y, como Salazar Bondy, se ha preguntado: ¿Es posible una filosofía auténtica en nuestro continente subdesarrollado, dependiente y oprimido aun cultural y filosóficamente?»).

buscando. En esto consistía el debate: ¿Filosofía Latinoamericana que ya tiene larga tradición o Filosofía de la Liberación naciente? Zea deseaba demostrar que siempre hubo pensamiento latinoamericano y aun filosofía de la liberación, auténtica en cuanto respondía a nuestra realidad. Estas filosofías respondieron a la realidad de su tiempo, principalmente a la realidad política. Salazar (y yo) aceptamos perfectamente esta hipótesis, ya que el mismo Salazar ha escrito numerosos trabajos historiográficos de un tal «pensamiento» (yo también). Tanto Zea como Salazar y yo mismo, estamos de acuerdo en que la filosofía «académica» o «normalizada», la de la «comunidad de los filósofos europeos norteamericanos hegemónicos» (expuesta entre nosotros), no es auténtica;[31] es imitativa, eurocéntrica —los analíticos de los años sesenta agregaban válidamente de que no era rigurosa—. Tanto Zea como Salazar Bondy, y yo mismo, admitimos también que la filosofía para ser tal debe partir de la realidad concreta (o particular), y debe elevarse a la universalidad, cuando es rigurosa filosofía —y en esto en coincidencia con la corriente analítica o epistemológica—. De manera que toda filosofía (la de Aristóteles partió de una realidad políticamente esclavista, y la de Hegel histórico-mundialmente como germanocéntrica, burguesa, etc.) parte de lo concreto, y se eleva a la universalidad (las lógicas de Aristóteles y de Hegel son buenos ejemplos). Toda filosofía es originariamente particular (y por ello merecen estrictamente el nombre de griega, romana, musulmana, medieval, germana, anglosajona, y hasta norteamericana con el pragmatismo desde Peirce), como punto de partida, y al mismo tiempo son «filosofía sin más», como punto de llegada —ya que pueden aprender/enseñar algo «universal» de/a todas las demás—.[32] Aquí no está la discusión. El problema se sitúa en otra parte: Zea piensa que la «Filosofía Latinoamericana» basta; Salazar propugna una *nueva filosofía* más vigorosa, rigurosa, que ilumine la cuestión de la «negatividad», y más articulada a la praxis en la cuestión de la «transformación» social. Para ello hay que asumir de manera decidida las ciencias sociales, la economía política de la dependencia (hoy diríamos el horizonte del «sistema-mundo»[33]). El grupo originario de la Filosofía de la Liberación, opino personalmente, estaba con Salazar Bondy en esta cuestión.

---

[31] El mismo Leopoldo Zea escribe: «El no haber querido tomar conciencia de nuestra situación explica en parte que no hemos podido tener *una filosofía propia*» («La filosofía como compromiso», en Zea, 1952, p. 33). Adviértase que aquí Zea coincide con Salazar y conmigo. Véase lo que al respecto he escrito en mi artículo «El proyecto de una filosofía de la Historia Latinoamericana de Leopoldo Zea», en Fornet, 1992, pp. 33 ss.; el artículo ha sido publicado en *Cuadernos Americanos* y en los tomos conmemorativos del 80 aniversario de Leopoldo Zea, incluido en esta obra (cuarto trabajo), y del que, en cierta manera, este trabajo es continuación.

[32] Se realizó en el Goethe Institut de Porto Alegre (Brasil) un seminario sobre: «¿Existe una filosofía latinoamericana?», donde participaron Karl-Otto Apel, Arturo Roig, Türcker y yo mismo, donde se llegaron a conclusiones unánimes en estas tesis.

[33] En mi obra Dussel, 1998, dedico los dos primeros capítulos a esta cuestión hermenéutico-mundial. Mis obras de Marx ya nombradas fueron una exigencia para poseer mediaciones socio-económicas más rigurosas.

Pienso que hay cuatro posiciones posibles ante este problema: a) La que admite la validez de la «filosofía latinoamericana» historiográfica o como hermenéutica del «mundo de la vida».[34] b) La que descubre el grado de postración de nuestra filosofía académico-normalizada. c) La que indica igualmente la posibilidad de una filosofía latinoamericana como historiográfica, y que dialoga con lo mejor de la comunidad filosófica hegemónica europeo-norteamericana. d) La que intenta el desarrollo de una filosofía de la liberación como diferenciada de los anteriores proyectos, aunque deba articularse con ellos —es decir, apoyarse en la historiografía, en el rigor epistemológico y en diálogos o debates aclaratorios con las otras corrientes filosóficas reconocidas y hegemónicas.

El proyecto de Salazar Bondy, y el mío propio,[35] se distingue de la «Filosofía Latinoamerica» (a), pero opina que la «Filosofía de la Liberación» (d) puede ser considerada un movimiento interno a la gran familia de la «Filosofía Latinoamericana». De hecho lo es también *por su origen*. Pero, no es sólo un proceso particular (aunque arranca de la particularidad), sino que al mismo tiempo es «filosofía universal», que se abre a la mundialidad (en el sentido de articularse a los movimientos filosóficos de liberación de la periferia en general, de las naciones subdesarrolladas, de las clases sociales dominadas, de las etnias, de los marginales, de las mujeres, de los homosexuales, de los niños, jóvenes y de la cultura popular, de las razas descriminadas, de las generaciones futuras en la cuestión ecológica, etc.). Lo cierto es que esta *nueva* filosofía cuya agenda abre Salazar Bondy desde su momento negativo (como «Filosofía de la dominación»), se ha desarrollado en las últimas décadas.[36]

3. 2. La Filosofía de la Liberación ante el Eurocentrismo y la Globalidad

Tratemos por último el papel de la filosofía en el mundo actual, es decir, aunemos ahora los aspectos ganados en la reflexión del pensamiento de Mariátegui con los de Salazar Bondy. La Filosofía de la Liberación se inscribe, estrictamente, en la tradición de ambos —por su definición de pensamiento o filosofía crítica; por su sentido de la militancia como el lugar de arranque de la filosofía; por el uso de las ciencias sociales críticas como su mediación necesaria; por la exigencia de usar los mejores «recursos» filosóficos existentes; por su compromiso con los explotados, los oprimidos, los excluidos, los pobres de nuestro continente.

---

[34] Véase mi artículo «El proyecto de la filosofía de la Historia Latinoamericana», ya citado.

[35] Salazar avanzó en a), llamó la atención de b); intentó igualmente c), posición que de manera independiente practicamos desde 1969-1970 en Argentina. En d) coincidimos personalmente en 1973. Salazar vió todo un proceso de desarrollo de la Filosofía de la Liberación (d) que él ignoraba, pero que «reconoció» de inmediato.

[36] Para un panorama general véase mi artículo «Filosofía de la liberación desde la praxis de los oprimidos», en Dussel, 1993b.

Profundicemos ahora en la diferencia de la *nueva filosofía* en la particularidad (con las filosofías latinoamericanas) y en la universalidad (con las filosofías euro-norteamericanas o las latinoamericanas que sólo las interpretan, exponen, comentan o desarrollan en aspectos fragmentarios), y su pretensión de mundialidad, como discurso filosófico nacido en nuestro suelo latinoamericano.

A los fines de una descripción de la posición, deseamos proponer el *Esquema 1* para clarificar conceptualmente la compleja situación.

ESQUEMA 1
DIVERSAS POSICIONES FILOSÓFICAS

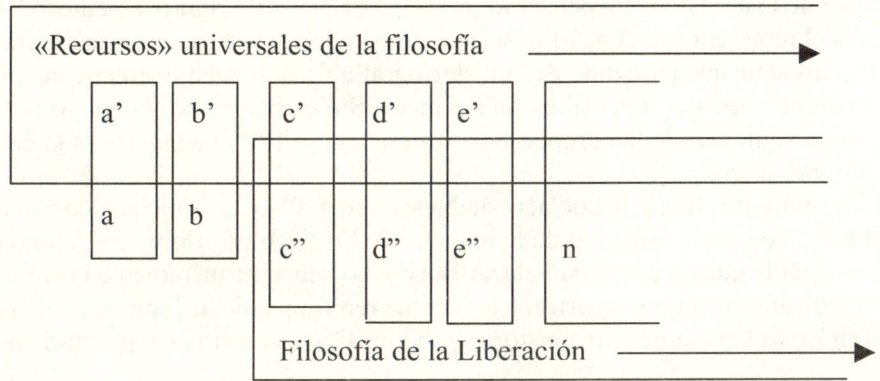

Si *a* o *b* son el «punto de partida» como las situaciones concretas, históricas, dadas en un mundo de la vida cotidiana (*Lebenswelt*) de un sabio de Menfis (egipcio), Nezahuacoyotl de Texcoco (mexicano) o Heráclito (efesio), hasta Aristóteles (griego), Avicena (árabe), Tomas de Aquino (latino), Hegel (alemán), Peirce (norteamericano), Wittgenstein (austríaco), Salazar Bondy (latinoamericano), etc., toda filosofía se origina en dicha «particularidad», de manera necesaria, inevitable. De dicha situación se eleva el pensar filosófico a una estructura compleja de «recursos» (que se van creando, acumulando, sistematizando metodológica, temática, históricamente a través de los siglos, al menos desde 30 siglos a. C. en el Egipto) con los que cuenta el que pretende participar en la antigua tradición metódica de la «comunidad filosófica *mundial*». Esos «recursos (*sources*)» se les denomina frecuentemente «universales».[37] Nadie nunca

---

[37] En realidad siempre son particularizados desde el acceso concreto (*a* determina de alguna manera siempre a *a'*) sea egipcio, griego, árabe, europeo latino o moderno, norteamericano, latinoamericano, etc. Es una «universalidad» histórica (porque se acrecienta a través de los siglos) y «temáticamente» diferenciada. La llamada *linguistic turn*, por ejemplo, marca a la filosofía futura, pero surge desde una «atención» específica de la cultura europea-norteamericana desde finales del siglo XIX. La *pragmatic turn*, en cambio, es más propiamente americana, o mejor anglosajona —en su origen—, asumida hoy por la segunda generación Escuela de Frankfurt.

accedió a la «universalidad» desde la «universalidad»: se accede a la «universalidad» desde la *realidad* particular (aunque no sea más que por la vocación concreta a la filosofía del mismo filósofo, que la elige por alguna razón que nunca pudo ser filosófica ya que, por definición, era una razón para entrar en dicha comunidad y por ello no estaba dentro de ella todavía).

De la misma manera, en América Latina, los pensadores (*b*) se elevaron a la «universalidad» filosófica (*b'*). Pero en América Latina, en un momento de su desarrollo, cobraron conciencia de su modo repetitivo o insatisfactorio de imitar a la filosofía europea (*a'*) —y esto es conocido ya desde la época colonial, con un Francisco Javier Clavijero (1731-1787)[38] por ejemplo, o en el siglo XIX con un Juan Bautista Alberdi (1810-1884)[39]—. En nuestro siglo, tanto Francisco Romero como José Gaos lanzaron el tema de la necesidad de pensar lo propio, y de pensarlo rigurosamente.[40] Leopoldo Zea es el representante de la «Filosofía Latinoamericana» (o americana), como pensar autoconsciente que partiendo de la historiografía filosófica latinoamericana propugna al mismo tiempo por una «filosofía sin más». Sin embargo, de hecho, esta «filosofía sin más» sigue siendo la europeo-norteamericana (*a'*)[41] —ya que no se la ha reconstruido *por dentro*.

En cambio, la filosofía que necesitaba Mariátegui —y que iniciaba con su creatividad propia desde la reflexión de la realidad de los pueblos originarios, como el inkario— y por la que propugnaba Salazar Bondy, no debía ser meramente la continuación de la filosofía euro-norteamericana (*a'*) o una réplica paralela. Tampoco debía ser sólo una filosofía latinoamericana historiográfica.[42] Era necesario «bajar» desde *a'* y *b'*, y

---

[38] Véase de Rafael Moreno, «La filosofía moderna en la Nueva España»; Moreno, 1963, pp. 145-202.

[39] Véase su obra *Ideas para presidir la confección de un curso de filosofía contemporánea* (1842), en Alberdi, 1986.

[40] La corriente de filosofía analítica, posteriormente, hace un proyecto de pensar filosóficamente con rigor, que era del todo necesario (aunque se cometieron excesos); en los noventa esta corriente encuentra sus propios límites en todo el mundo. De todas maneras ha aportado dicho espíritu de «rigor» que comienza ya a ser un valor en algunos círculos de la filosofía latinoamericana actual. Véase Gracia, 1985 (excelente historia latinoamericana de una corriente filosófica).

[41] Es interesante considerar que en su *Introducción a la Filosofía*, 1979, L. Zea no expone ninguna particularidad latinoamericana. Lo mismo acontece con la *Iniciación filosófica* (Salazar, 1967b) de Salazar Bondy. No hay una redefinición de la estructura de la historia de la filosofía, ni de la temática, y no se introduce la etapa filosófica (a la altura de los presocráticos al menos) de los amautas o tlamatinime amerindios. Es todavía una «introducción» a la filosofía eurocéntrica.

[42] La visión de la «filosofía latinoamericana» nos permite comprender los proyectos ibérico, colonizador occidental, criollo, libertario, conservador, liberal civilizador o asuntivo (véase Zea, 1978). Pero alguien podría preguntarse: ¿Y el proyecto de los pueblos originarios (incas, chibchas, aztecas), del pueblo indio, negro y mestizo dominado en la colonia, del pueblo latinoamericano posterior a la emancipación —campesino, obrero, marginal—? ¿No son proyectos más importantes que los enunciados arriba? Para ello habría que comprender la diferencia entre la mera «libertad» (como un hecho) y la «liberación» como un proceso que parte de la negatividad analíticamente descripta hacia una situación donde sea posible cumplir con los intereses económicos, políticos, culturales, etc., de los explotados o excluidos.

reconstruir todo el discurso filosófico. Es decir, contando con los «recursos» de la mejor filosofía del «centro» (*a'*), como lo exigía Mariátegui (y por ello era criticado de «europeísta» por ciertos nacionalistas) o Salazar Bondy (y por ello recurría a la filosofía analítica de un Wittgenstein), y partiendo de la «particularidad» de la filosofía latinoamericana —y por esto Mariátegui será criticado de «populista» por los marxistas europeístas dogmáticos y ortodoxos, porque la URSS era también eurocéntrica— se debía generar un *nuevo discurso* (*c"*), desde la *peculiaridad de los oprimidos y excluidos*, los pobres, el pueblo latinoamericano. Así nació la Filosofía de la Liberación. Después, a mediados de la década de los setenta, dicho discurso sobrepasa el horizonte latinoamericano y se va desplegando en otros continentes oprimidos (África y Asia), entre los movimientos populares, clasistas, ecologistas, feministas (Filosofía feminista de la Liberación), en la pedagógica (Filosofía de la Pedagogía de los oprimidos, como la de Paulo Freire), en la lucha contra el racismo, etc., y se toma conciencia de que se trata de una filosofía que debe asumir pretensiones de «mundialidad» (se pasa de *c'* a *d'*, *e'*, *n*), porque hay oprimidos y excluidos en *todos los sistemas*[43] existentes. Es decir, se ha comenzado lentamente (con sus categorías, principios y método propios) a construir un *nuevo «recurso»* de la «universalidad» filosófica sin más. Ésta es la etapa en que nos encontramos. En una *Ética de la Liberación* que estoy elaborando explicaré en lo que consiste la pretensión de «mundialidad» de la Filosofía de la Liberación, que habiendo nacido por la reflexión sobre la miseria en escala mundial, desde la miseria y la filosofía latinoamericana[44] y desde los «recursos» posibles —intersubjetiva y subjetivamente accesibles— de la filosofía euro-norteamericana, aunque también africana y asiática, se abre ahora al ancho mundo del debate «sin más».

Pienso que esta *Filosofía de la Liberación* (como meta-discurso mundial), que en el plano económico-político no puede dejar de subsumir la crítica de Carlos Marx de manera no dogmática —como lo hiciera Mariátegui—, y que parte de la situación defectiva e imitativas de todas las filosofías que no sean las del «centro» (de la de los

---

[43] Aun «sistema» en el sentido de Niklas Luhmann.

[44] En 1973 Salazar Bondy habla de «Filosofía de la dominación y filosofía de la liberación» (en *Stromata* ya citado): su filosofía explícita en ese momento era una «Filosofía de la Dominación». A partir de ella había que desarrollar una nueva filosofía (de la liberación) en el futuro. Leopoldo Zea habla de «Filosofía latinoamericana *como* filosofía de la liberación»: la Filosofía Latinoamericana, piensa Zea, incluye y ya ha desarrollado una filosofía de la liberación: es uno de sus aspectos. Habrá todavía que dialogar en el futuro sobre otra cuestión: la de la Filosofía Latinoamericana que para Zea es también filosofía occidental, en tanto «filosofía sin más». Este tema de lo «occidental» no está aclarado; es ambiguo. A ello me he referido en mi obra *1492: El encubrimiento del Otro* (Dussel, 1993). Allí he mostrado la ambigüedad del concepto de «occidental» en Edmundo O'Gorman. La filosofía no es «occidental» originariamente (de inspiración egipcia nace en Grecia, pero es china, indostánica, bizantina o musulmana igualmente, y ninguna de estas civilizaciones son la «occidental», es decir, la europea o latinogermana). Sólo la filosofía moderna es occidental: es la filosofía como autorreflexión del *ego* que «gestiona (*manage*)» la «centralidad» del sistema-mundo que nace en 1492. Todo esto habrá que dialogarlo en el futuro, *desde el horizonte de una Filosofía de la Liberación* «reconstruida» efectivamente (éste es el tema de la introducción a *Ética de la Liberación*; Dussel, 1998).

europeo-norteamericanos, de élites, de blancos, de adultos, de burgueses...) —como lo analizó adecuadamente Salazar Bondy—, comienza por una Ética de la Liberación como su presupuesto.[45] Es evidente que ni Mariátegui ni Salazar Bondy pudieron replantear esta problemática filosófica ni reconstruir un discurso nuevo. Esto nos ha tocado a la generación siguiente. Pero deseamos rendirle justicia por ser los que prepararon el camino, los que indicaron la dirección adecuada, teóricos y militantes (más militante Mariátegui pero no menos teórico; más filósofo Salazar Bondy pero no menos militante), «intelectuales orgánicos», ejemplos nuestros y de las generaciones latinoamericanas venideras. Hombres latinoamericanos que amaron afincarse profundamente en la «particularidad» (del amerindio, del pensamiento latinoamericano del pasado y presente), y que por ello supieron abrirse apasionadamente a la «mundialidad» futura. Algunos piensan que el rigor es propio sólo de la universalidad abstracta que se opone a la particularidad latinoamericana —ése fue un programa válido, aunque hoy esté mostrando que es sólo un momento que debe ser subsumido en otros horizontes, de muchos filósofos analíticos latinoamericanos—. Otros no dieron suficiente importancia a la exigencia del tener que ejercer una filosofía con el rigor de las más críticas filosofías europeo-norteamericanas, y por ello sufrieron la falta de categorías precisas para avanzar en la construcción de una Filosofía Latinoamericana. Otros yuxtapusieron simplemente ambos procesos: el lógico-analítico riguroso (sólo abstracto), por una parte, con los estudios históricos de la Filosofía Latinoamericana, por otra; pero les falto construir una *nueva filosofía* donde ambos momentos dieran como origen un discurso estrictamente filosófico orgánico *distinto*, que partiendo temáticamente de la propia realidad particular se elevara a una mundialidad única y nueva a finales del siglo XX y comienzo del tercer milenio. Creo que la Filosofía de la Liberación responde a estas exigencias: parte de la «particularidad» (b), conoce con autociencia su propia historia filosófica latinoamericana (c'),[46] pretende recoger de la

---

[45] La ética como filosofía primera es un supuesto no sólo para Charles Peirce, Emmanuel Lévinas o Karl Marx, sino que es igualmente una tendencia del pensamiento y la filosofía latinoamericana: la afirmación de la dignidad como punto de partida (como lo ha analizado tan adecuadamente Arturo Roig). ¿Cómo podrá liberarse al oprimido o excluido sino a partir del *a priori* del reconocimiento mutuo de su igual dignidad ante todo otro sujeto histórico, y como presupuesto para constituirse como sujeto ético de dicha liberación?

[46] El pasaje de b a b' en el *Esquema 1* sería algo así como el ir de lo concreto a la universalidad sin autoconciencia de la distinción del pensar en Europa o en América Latina (entre a' y b'), que es lo que nos acontecía cuando estudiábamos filosofía en las universidades latinoamericanas eurocéntricas. El pasaje de b' a c' sería, nada más, la autoconciencia de la distinción entre a' y b', corroborado por el estudio explícito de nuestra historiografía filosófica. El proyecto válido de muchos analíticos en las décadas de los cincuenta y sesenta era alcanzar el «rigor» universal (a'), sin advertir que ese discurso ya era europeo-norteamericano. Eran sin advertirlo ingenuos de dos momentos: 1) de que el rigor no es absoluto y menos en la mera autoconciencia lingüística sintáctico-semántica abstracta pre-pragmática, y 2) de que la crisis de la analítica, p. ej. en Estados Unidos, produce en muchos un retorno al pragmatismo (y como dicha filosofía es claramente «norteamericana» quedan ahora desubicados, porque comprenden que la misma tradición analítica era histórica, intuicionista o emotivista, anglosajona, etc.). Como latinoameri-

«universalidad» los mejores recursos existentes (*a'*) (los «posibles» intersubjetiva y subjetivamente de la comunidad filosófica europeo-norteamericana hegemónica), y los «reconstruye» como un *discurso nuevo*[47] ante una realidad original (*c'*).[48] Desde allí comienza posteriormente un despliegue, como meta-discurso «mundial», hacia otras situaciones de opresión, entrando en contacto con otra filosofías surgidas desde otros procesos de liberación[49] (de *c'* se pasa a *d', e', n* discursos de liberación).

Por ello opino que, como responsabilidad personal, *el papel de la filosofía en el mundo actual* a finales del siglo XX y al comienzo del tercer milenio es el de desarrollar una Filosofía de la Liberación (esbozada por Mariátegui y requerida por Salazar Bondy), militante (como articulación de praxis y teoría), desde la *realidad*: desde la miseria mundial y la destrucción ecológica (ambos fenómenos son efectos del poder aniquilador del capital), o desde todos los otros niveles donde haya oprimidas/os y/o excluidas/os en nuestro tiempo, usando los recursos filosóficos más rigurosos posibles de los que pueda echarse mano (recursos cuasi-universales de la filosofía mundial actual), para demostrar la *validez ética de la praxis de liberación* de dichas/os oprimidas/os y/o excluidas/os.

---

canos algunos analíticos se refugian ahora en un historicismo kantiano, otros caen en el escepticismo, otros se vuelcan a la filosofía política o la ética —cuya complejidad sobrepasa en mucho las meras categorías instrumentales analítico-lingüísticas—. El «rigor» intentado se alcanzó en parte, y es lo válido del proyecto; pero, en parte, dieron razón a la Filosofía Latinoamericana, por tener que regresar después de un periplo de tres décadas a la realidad, a lo concreto. Creo que la Filosofía de la Liberación planteó de otra manera la aparente aporía: o pensamiento universal o pensamiento latinoamericano. Ambos son necesarios, pero articulados según la exigencia de la «realidad *original*» desde donde se piensa. Es la «realidad» la que exige al discurso echar mano de los «recursos» cuasi-universales de los que disponemos.

[47] En nuestra obrita *Filosofía de la Liberación* (Dussel, 1977), se expone una «agenda» de una tal «reconstrucción» del discurso filosófico.

[48] No es la filosofía la «original», la original es la «realidad», y toda filosofía que piensa su propia realidad —que inevitablemente es original— simplemente «cumple» con su tiempo. Una filosofía debe tener pretensión de «verdad» —no sólo «validez»—, nunca de «originalidad». Será original si es verdadera, entendiendo la verdad como una noción compleja articulada que no debe caer en falacias reduccionistas, ya que es histórica (Marx), intersubjetiva y pragmática (Peirce), en referencia a una intuición fenomenológica o interpretación hermenéutica compartida (Apel), y además «válida» o consensual (Habermas), horizonte que se abre con novedad desde los oprimidos o excluidos (determinación última de la Filosofía de la Liberación). Esta cuestión será tratada bajo el título de «verdad práctica» (capítulo 5) en Dussel, 1998.

[49] Pienso que hay filosofías de diversas «liberaciones», como por ejemplo: «Filosofía feminista de la Liberación», «Filosofía étnica de la Liberación», «Filosofía ecológica de la Liberación», «Filosofía política de la Liberación», etc. Pero afirmo igualmente que hay un «meta-discurso» de todas esas «filosofías», y que puede denominarse estrictamente «Filosofía de la Liberación». Está claro que la Filosofía de la Liberación que yo practico, en concreto, es «una» de las posibles, como opina con razón Francisco Miró Quesada.

4. El proyecto de una Filosofía de la Historia Latinoamericana

En memoria de Leopoldo Zea.

En honor a los ochenta años de Leopoldo Zea, a más de cincuenta del origen de su proyecto filosófico (1941), en agradecimiento.

Filosofía como compromiso ... pero no como lo entienden algunos profesores de filosofía ... sino compromiso inevitable que todo hombre, filósofo o no, tiene con sus circunstancias, realidad o mundo ... El no haber querido tomar conciencia de nuestra situación explica en parte por qué no hemos podido tener una filosofía propia.

LEOPOLDO ZEA, *La filosofía como compromiso y otros ensayos*, 1948.

El primer enunciado se inspira en Ortega y Gasset, el segundo en Jean-Paul Sartre, grandes filósofos que Zea cultivó en su juventud, desde fines de la década de los treinta, junto a José Gaos. Es un proyecto inspirado entonces dentro de una tradición de la filosofía «continental», como suelen denominarla los anglosajones. Por ello, tanto los positivistas historiadores como los filósofos analíticos (hoy en crisis de fundamento, como lo muestra la obra de Richard Rorty, entre tantos otros) no pueden dejar de ver dicho proyecto como de dudosa consistencia metodológica. No es raro entonces la crítica, desde el positivismo histórico, como la de Charles Hale[1] o de William Raat,[2] o desde el naciente pensamiento analítico en México, como es el caso de Luis Villoro.[3] Zea se defenderá de dichas críticas distinguiendo entre «Historia de las Ideas», en América Latina —que puede ser inventariada sin contradicción absoluta con la posición de Hale o Raat—, y una «Filo-

---

[1] Hale, 1970.
[2] Raat, 1970.
[3] Véase por ejemplo el juicio de Luis Villoro, en Villoro, 1972, cuando expresa, hablando de la filosofía mexicana de ese decenio futuro: «Serán trabajos con escaso color local y la producción filosófica mexicana se asemejará a la que se haga en cualquier otro lugar del mundo». Difícil es expresar un proyecto filosófico más contrario al de Zea (aunque Zea defenderá un cierto universalismo, en su expresión «filosofía sin más», contra Salazar Bondy). Para Villoro esta decisión fue clara, ya que en su juventud había producido excelentes trabajos en la línea de Zea, como por ejemplo *Los grandes momentos del indigenismo en México* (Villoro, 1950), y también investigaciones en la tradición de la historia de las ideas sobre la ideología en el proceso de la emancipación nacional.

sofía de la Historia», latinoamericana,[4] para cuya construcción se inspira en autores tales como Hegel —cuya oposición no significa diferencia en el método, sino al contrario—, Dilthey, Toynbee, Schweitzer, Sorokin, y tantos otros. Sobre el tema vuelve años después:

> La interpretación filosófico-histórica de la relación que, desde el punto de vista cultural, ha venido guardando América Latina con Europa u Occidente es lo que dará originalidad a la filosofía que parece ser la propia de esta nuestra América, al decir de Gaos. El punto de vista propio sobre la más propia realidad, incluyendo la conciencia de la relación de dependencia.[5]

El tema se había descubierto a Zea desde el comienzo. Por ello se autodefine como «historicista»: «Los estudiosos de la filosofía en México son colocados dentro del grupo que se orienta por la segunda corriente», la historicista.[6] En sus primeros trabajos puede observarse, además, una dirección que él mismo denominaba la de los filósofos que emprendían «el camino de la universalidad».[7] Su artículo «Superbus Philosophus» es un buen ejemplo, donde inspirándose en la *Imitatione Christi*, descarta la soberbia del filósofo griego, el escapismo del cristiano, la terrenalidad del judío, para afirmar la posición de Agustín («El filósofo deja de ser el soberbio que todo sabe y se convierte en el humilde intérprete de la Divinidad»).[8] Zea expondrá en otras obras filosóficas ese «camino de la universalidad» (como por ejemplo en *La conciencia del hombre en la filosofía. Introducción a la filosofía*,[9] en la que nos da una visión de la historia de la filosofía occidental hasta Pascal),[10] donde nos muestra el horizonte categorial teórico-filosófico dentro del cual se moverá metodológicamente. Zea no clasifica estas obras propias cuando habla de su proyecto filosófico:

> ¿En qué sentido tenían que ser continuados mis anteriores trabajos? Éstos han marchado, relativamente y veremos por qué, en dos direcciones. Una, la empeñada en elaborar *una historia de las ideas de nuestra América* [...] Otra, buscando una *interpretación de esta historia*, su sentido como totalidad y como parte de la historia universal, la historia del Hombre.[11]

---

[4] Véase la cuestión planteada en Zea, 1974.
[5] Zea, 1978, p. 27.
[6] Zea, 1953.
[7] *Ibid.*, p. 11.
[8] Leopoldo Zea, «Superbus Philosophus», en Zea, 1943, p. 30.
[9] Zea, 1953b.
[10] Cabe destacar que aquí Zea no plantea la cuestión de la filosofía latinoamericana. Es evidente que es una obra de juventud, pero sería importante siempre introducir la cuestión del pensar latinoamericano en obras filosóficas «universalistas», ya que es inevitable si pensamos desde nuestra realidad.
[11] Zea, 1976, p. 10.

A la *historia de las ideas*, en un sentido más positivo (y que sería el más aceptable para Haley Raat) pertenecen principalmente tres obras: *El positivismo en México, Dos etapas del pensamiento en Hispanoamérica* y *El pensamiento latinoamericano*;[12] aunque también: *América como conciencia, Esquema para una historia de las Ideas en Iberoamérica* y *Antología de la filosofía americana contemporánea*,[13] las de filosofía de la historia latinoamericana son más numerosas: *América como conciencia, El Occidente y la conciencia de México, América en la conciencia de Europa, América en la historia, América Latina y el mundo, La esencia de lo americano, Dialéctica de la conciencia americana, Filosofía latinoamericana, Filosofía de la historia americana, Latinoamérica en la encrucijada de la historia*,[14] y parcialmente, como prehistoria, *Discurso desde la marginación y la barbarie*.[15]

Vemos que, biográficamente, esta segunda vertiente es la que ocupará más y más a Zea, concretamente a partir del fin de la década de los cincuenta, ya que la obra de 1965, *El pensamiento latinoamericano*, es ampliación de *Dos etapas del pensamiento en Hispanoamérica,* de 1949. Lo mismo acontece con *El positivismo en México. Nacimiento, apogeo y decadencia*, de 1975,[16] con respecto a *El positivismo en México*, de 1943. Creo que existe, aunque no pareciera dársele la misma importancia, además de la tercera dirección (la universalista), una cuarta dirección, que denominaría de definición de un horizonte problemático (cuestión siempre presente en todas sus obras, pero explícita en trabajos como «América y su posible filosofía» ensayo de 1941[17] —hace ya más de cincuenta años, y por ello hemos indicado esta fecha en la dedicatoria de este corto trabajo—, ampliado en 1942, «En torno a una filosofía americana» reimpreso en 1945,[18] y, además, otros en «La filosofía como compromiso» (1948), *Conciencia y posibilidad del mexicano* (1952), *La filosofía latinoamericana como filosofía sin más* (1969), *Dependencia y liberación en la cultura latinoamericana* (1974), etcétera.[19]

En las obras de esta cuarta dirección (de «definición de un horizonte problemático») —que él mismo denomina: «una forma que combina ambas formas» anteriormente nombradas—,[20] se plantea el proyecto filosófico que se desarrolla en la segunda dirección (de la «filosofía de la historia», latinoamericana). Pienso que en ese «horizonte problemático», se observa un cierto cambio de perspectiva en torno al 1973 donde la «dependencia», visualizada principalmente en una dimensión cultural y

---

[12] Zea, 1943, 1949, 1965.
[13] Zea, 1956, 1968.
[14] Zea, 1953, 1953c, 1955, 1957, 1960, 1971, 1976, 1978, 1981.
[15] Zea, 1988.
[16] Zea, 1975.
[17] «América y su posible filosofía», Zea, 1941.
[18] «En torno a una filosofía americana», en Zea, 1942. Reimpreso en *Jornada* (México), n.º 52, 1945.
[19] «La filosofía como compromiso», en Zea, 1948; y Zea, 1952, 1969, 1974.
[20] Zea, 1974, p. 10.

cuestión ya presente desde 1949,[21] es ahora pensada desde su superación como «liberación» (como por ejemplo «La filosofía latinoamericana como filosofía de la liberación»[22]), fruto de la discusión comenzada en 1969, no ya con positivistas o analíticos, sino con filósofos latinoamericanos con conciencia y pretensión de hacer filosofía latinoamericana, pero que se sitúan de otra manera con respecto a la interpretación histórico-filosófica ya de la filosofía misma.[23]

Pienso entonces que, para un diálogo fecundo, todo debe centrarse en torno al proyecto de una «filosofía de la historia latinoamericana» que es el aporte central de Zea, y que tiene carácter de definitivo (y que, no está de más decirlo, sitúa sin lugar a dudas a Zea como uno de los grandes pensadores latinoamericanos del siglo xx), proyecto en el que nuestro filósofo se ha mantenido con extrema firmeza y constante fidelidad durante más de cincuenta años, y que lo ha desarrollado de manera ejemplar e inimitable (en todo aquello que tenga de positivo y de situacional, es decir, propio de un filósofo que es fruto de su tiempo, como todos, formado fundamentalmente en las décadas de los años treinta y cuarenta, y en especial por su maestro José Gaos cuando, en su *Carta abierta*, éste juzgaba la obra juvenil de Zea como «una nueva filosofía de la historia hispanoamericana»).

Gaos consideraba, además, que esa filosofía juvenil de Zea (1949) «podría ser considerada como propia de esta América»,[24] es decir, «una filosofía de la historia que, por serlo de la realidad de esta América, se expresará en forma distinta de lo que ha sido la filosofía de la historia europea u occidental».[25] Téngase en cuenta, sin embargo, que Gaos se está refiriendo a una obra de «historia de las ideas» de 1949 (*Dos etapas del pensamiento en Hispanoamérica*) —primera dirección de las obras de Zea— y no de lo que para Zea es «filosofía de la historia» latinoamericana (la primera de ellas, formalmente sólo en *América como conciencia* (1953), o aun ya en *Conciencia y posibilidad del mexicano* (1952) —la segunda dirección—. Pero esto no es la cuestión esencial.

Preguntémonos ahora: ¿en qué consiste esa *filosofía de la historia latinoamericana*? Pienso que es una hermenéutica histórica, una interpretación como autoconciencia de la propia historia (historia en su sentido de «acontecimiento» [*Geschichte* en Heidegger], del nivel del «mundo de la vida cotidiana» [*Lebenswelt* de Husserl y Habermas], o en el de la historia como el relato de la «ciencia histórica» [*Historie*], y, en un tercer sentido, como historia ya reflexionada por los pensadores [no necesariamente estrictamente filósofos] latinoamericanos, que Zea estudia positivamente como incansable lector para sus obras de «historia de las ideas»). Debe retenerse como teóricamente central el concepto de «Conciencia» (con un contenido específico y creciente-

---

[21] Zea, 1949, p. 15.
[22] Zea, 1974, pp. 32-47.
[23] Véase la cuestión en Zea, 1969, en la ponencia de 1974 ya citada, pp. 39-44, y en otras obras de esos años.
[24] *Carta abierta*.
[25] Zea, 1978, p. 19.

mente hegeliano: como «auto-conciencia» histórica), y esto se efectúa en cuatro círculos concéntricos: «Nuestra historia como mexicanos, como latinoamericanos, como americanos y como hombres sin más. Preocupación que se encuentra en la totalidad de mis trabajos».[26]

Esto le permitirá a Zea afirmar el nivel concreto (mexicano, latinoamericano y americano), pero tendiendo siempre hacia el nivel universal (el «sin más», tan frecuente en él).[27] Aquí habría que preguntarse si ese universal es concreto («toda la humanidad») o abstracto («la humanidad en cuanto tal»).

Zea usa *materiales* diversos en esta hermenéutica histórica, en esta interpretación de autoconciencia histórica, que él denomina, «filosofía de la historia latinoamericana»: obras especialmente de latinoamericanos (o de otros horizontes), historiadores, sociólogos, literatos, pensadores, filósofos, etcétera. Su *metodología* depende de las filosofías de la historia de los pensadores estudiados desde su juventud (desde Ortega y Gasset o el mismo José Gaos, hasta Hegel, Toynbee, etcétera). Su obra breve *El occidente y la conciencia de México* (1953), no sin relación con *El laberinto de la soledad* (1950), de Octavio Paz, es un excelente ejemplo metodológico del Zea que cruzaba los cuarenta años. Es quizá esta complejidad metodológica la que espantó a Luis Villoro, pero en ella estriba su éxito como intérprete de la cultura de nuestro continente (mundialmente reconocido hoy en todos los centros de estudios dedicados a América Latina). Es evidente que para una «razón analítica» —por ejemplo de Mario Bunge—, el mismo psicoanálisis no podía tener estatuto de «ciencia». Era entonces cuestión de la definición de «ciencia»: para una razón puramente instrumental matematizante no puede el psicoanálisis ser ciencia (ni el marxismo tampoco), mientras que para una definición de ciencia «más amplia» (con un sentido más estricto de «racionalidad», como razón práctica, hermenéutica o pragmática), el psicoanálisis recupera el estatuto de «ciencia hermenéutica», (y es la posición por ejemplo de Paul Ricoeur). La misma filosofía analítica, de la *linguistic turn*, por su parte, ha sido asumida hoy en una filosofía práctico-pragmática mucho más rica y profunda (en la tradición de Austin, Searle, transformada radicalmente por Karl-Otto Apel y Jürgen Habermas). De manera que Zea tendría hoy el apoyo de muchos buenos filósofos, aun de la «comunidad filosófica hegemónica europeo-norteamericana», en su favor. El haber abandonado simplemente el «pensamiento latinoamericano», por un proyecto de positivismo histórico o de filosofía analítica se mostró al final sin los resultados esperados. Zea siguió, en cambio, su ruta emprendida.

Lo mismo puede decirse de la crítica que el marxismo filosófico economicista (aun althusseriano) lanzó contra Zea en cuanto a la metodología de la «historia de las

---

[26] Zea, 1976, p. 10.
[27] «¿Filosofía latinoamericana? No, filosofía sin más; que lo latinoamericano se dará ineludiblemente. Será la respuesta de la filosofía latinoamericana a la pregunta sobre su propia existencia» (Zea, 1971, p. 186). La universalidad es la pretensión hacia la que se tiende desde una particularidad que parte de una realidad latinoamericana propia

ideas». No quiero indicar que Zea no tenga limitaciones, pero ha mostrado, sin embargo, que no puede estudiarse la historia de las ideas sólo como reflejo de los procesos de la «infraestructura». Está hoy claro, también, que la crítica del marxismo economicista, incluso el latinoamericano, debía ser tarea propia del filósofo latinoamericano que pretenda producir una filosofía latinoamericana, exigencia de una «reconstrucción», del marxismo mismo que Zea no incluía en su proyecto hermenéutico (pero que una vez realizado sirve para mejor fundamentar ese proyecto de un filosofar latinoamericano).[28]

En un tercer momento (después de la crítica del positivismo y la filosofía analítica o del marxismo), en cuanto filósofo de la historia de América Latina, se produce un nuevo debate, como ya hemos indicado, cuya toma de posición deja Zea plasmada en *La filosofía latinoamericana como filosofía sin más* (1969). El argumento central, que se viene desarrollando en el pensamiento de Zea desde 1941, consiste en afirmar que no puede negarse el pasado latinoamericano (como parece que lo pretendía Augusto Salazar Bondy en su obra *¿Existe una filosofía en nuestra América Latina?*[29]). En palabras de Zea:

> Pasado propio y pasado impuesto y, por impuesto, también propio, han de formar el pasado que ha de ser dialécticamente asimilado por pueblos como los nuestros. De allí esa lucha con la filosofía y la cultura occidentales que parece propia del pensamiento latinoamericano.[30]

Sin embargo, parece extraño que se critique por negar el pasado a historiadores que se han ocupado reiteradamente de América Latina (Salazar Bondy tiene dos tomos sobre historia de la filosofía peruana [en el nivel de historia de las ideas],[31] y, por mi

---

[28] Ésa fue nuestra intención en las tres obras de filosofía latinoamericana: Dussel, 1985, 1988, 1990, cuestiones que Zea no incluye como tarea de una filosofía latinoamericana.

[29] Salazar Bondy, 1968. Salazar Bondy escribía: «nuestra filosofía con sus peculiaridades propias, no ha sido un pensamiento genuino y original, sino inauténtico e imitativo en lo fundamental» (*ibid*., p. 131). A lo que nosotros agregábamos: «Si es así, posible una filosofía auténtica en nuestro continente subdesarrollado, dependiente (y por ello subdesarrollado) y oprimido aun cultural y filosóficamente» (Dussel, 1973, t. 1, p. 154). Al respecto véase la «Destrucción de la filosofía europea» (cap. 2, pp. 31 ss.) y «Hacia la concepción filosófica-histórica e histórica-filosófica de Enrique Dussel» (cap. 3, pp. 57 ss.), en Schelkshorn, 1992.

[30] Zea, 1978, p. 32.

[31] Salazar Bondy, 1965, 2 vols. En su conclusión dice sobre la filosofía peruana: «La meditación ha tenido esencialmente un carácter imitativo; su evolución puede ser reducida todavía a sucesivas influencias extranjeras. Con ello ha perdido en gran parte su sentido de reflexión auténtica, quedándose sólo en repetición y divulgación de ideas y doctrinas» (vol. II, p. 456). Exigente con su propia realidad nacional dice todavía: «La frustración del sujeto histórico en la vida peruana ha sido especialmente grave para la filosofía hasta nuestros días» (*ibid.*, p. 459). Aquí se encuentran ya todas las tesis de su obra posterior, con la que polemiza Zea. En nuestro encuentro en Buenos Aires en 1973, habíamos pensado comenzar a colaborar activamente en la construcción filosófica futura. Augusto se murió «demasiado pronto», en plena juventud creativa, en 1974.

parte,[32] tengo más de una decena de obras sobre historia latinoamericana [en el ámbito de la ciencia histórica, en alguno de sus aspectos],[33] varias sobre una interpretación de la historia latinoamericana,[34] desde su proto-historia,[35] y aun en historia de las ideas).[36]

No se pretende negar el pasado de un pensamiento latinoamericano liberador. Lo que negamos con Salazar Bondy es la existencia de una filosofía *crítica* latinoamericana en la «etapa de normalidad filosófica»[37] y que haya podido en cuanto filosofía latinoamericana afirmarse a sí misma y ser reconocida como expresión de filosofía universal, la que se practica en los programas centrales de los estudios filosóficos y no en la especialidad de estudios latinoamericanos, o como cátedra específica: filosofía en un sentido restringido, o según la define la «comunidad filosófica hegemónica euronorteamericana». Se debe distinguir esa filosofía en sentido restringido de la filosofía como «filosofía de la historia Latinoamericana», o como hermenéutica histórico-fundamental del «mundo de la vida cotidiana» (la *Lebenswelt* husserliana, desde *Die Krisis der europäischen Wissenschaften*, y ciertamente por el impacto que causó en él *Ser y tiempo* de Heidegger). La «filosofía de la historia latinoamericana», de Zea, en mi interpretación, es una *hermenéutica que hace explícita una actitud presupuesta*

---

[32] Zea critica mi posición reiteradamente, aunque no puedo sino agradecer el tono con el que lo hace, como cuando escribe: «Salazar Bondy, Dussel, Fanon y quienes como ellos pugnan o han pugnado por una filosofía de la liberación...», Zea, 1974, p. 42.

[33] Por ejemplo, la primera de ella en los nueve tomos de *El episcopado hispanoamericano, institución misionera en defensa del indio (1504-1620)*, Cuernavaca, CIDOC, 1969-1971, producto de cuatro años de investigaciones en el Archivo General de Indias en Sevilla (y como tesis de historia en La Sorbona).

[34] Véase, por ejemplo, «Iberoamérica en la historia universal», en Dussel, 1965, pp. 85-95, y sobre la «autoconciencia» de la historia latinoamericana dos artículos en *Esprit* (París), julio de 1965. Debo expresar que en esos años, la obra de Zea *América como conciencia* (1953) me impactó de tal manera que desde aquel momento hasta hoy todo mi intento es justamente posibilitar la «entrada» de América Latina en la historia mundial (en cuanto a la autointerpretación histórica de la Humanidad, y en cuanto a la «comunidad filosófica hegemónica», de la que hablaré más adelante). Debo agradecer a Zea, y por ello lo menciono en la dedicatoria, el haberme enseñado que América Latina estaba fuera de la historia. Años después repite: «Fuera quedan, Asia por anacrónica y América y África por jóvenes o primitivos», (Zea, 1978, p. 36). Vuelvo a plantear este tema en mi última obra *1492: El encubrimiento del Otro. Hacia el origen del «mito de la Modernidad»* (Dussel, 1993), que dicté como conferencia en la Universidad Goethe de Frankfurt en octubre de 1992.

[35] Véase Dussel, 1963; 1961; 1974; 1966, t. 1, 268 pp. Como puede observarse, no sólo no hemos negado nuestra historia, sino que le hemos dedicado, como filósofos, muchos años y muchas obras, y hemos partido, para situar América Latina en la Historia Mundial, desde varios milenios antes de Cristo —como lo indicamos explícitamente en el prólogo a *El humanismo semita*, y como presupuesto para una *filosofía latinoamericana*.

[36] Como por ejemplo en Dussel, 1968b, pp. 117-119; Dussel, 1979, pp. 79-106; Dussel, 1982, pp. 405-436. Esta expresión es de Francisco Romero («Sobre la filosofía en Iberoamérica» en *La Nación*, Buenos Aires, 24 de diciembre de 1940), citada por Leopoldo Zea en *Jornada*, n.º 52 (1945), p. 20.

[37] Esta expresión es de Francisco Romero («Sobre la filosofía en Iberoamérica», en *La Nación*, Buenos Aires, 24 de diciembre de 1940), citada por Leopoldo Zea en *Jornada*, n.º 52 (1945), p. 20.

en la «comprensión» del mundo (el *Verstehen* en el sentido heideggeriano) desde donde puede partir el trabajo de la misma filosofía «en sentido restringido» (para no enjuiciar si lo es en sentido «estricto»). Se encuentra en la «pre-comprensión» propiamente fundamental de la *Weltanschauung* histórico-cotidiana que ya se da siempre al comenzar el acto del filosofar. El filósofo imitativo eurocéntrico (pretendidamente «universalista») en América Latina ya está fuera de América Latina cuando comienza a filosofar. En este punto, Salazar Bondy (y yo mismo) proponemos la misma tesis que Zea, cuando escribe:

> México, como el resto de los países de Iberoamérica, no ha dado aún origen a una filosofía[38] a la que se pueda llamar propia. Más bien ha venido glosando las grandes corrientes del pensamiento europeo.[39]

¿No es acaso esto exactamente la posición de Salazar Bondy y la mía propia? Por un lado, todos pensamos que es necesario tener autoconciencia de la realidad o del «mundo de la vida cotidiana» latinoamericana (como pasado), y que en este sentido ha habido auténticos pensadores latinoamericanos (no «filósofos normalizados»). Pero, por otro lado, en América Latina la filosofía en sentido restringido (que se autoafirma como universal y es reconocida por la «comunidad filosófica hegemónica euronorteamericana») no había producido una filosofía «propia». ¿Es esto una contradicción? Creo que no, porque se dan en dos niveles distintos; en uno se sitúan los autores interpretados en la «filosofía de la historia» de Zea, y, en otro, los filósofos de la «filosofía», normalizada, a la que nos estamos refiriendo con Salazar Bondy.

Por una parte, el filósofo latinoamericano debe efectuar la hermenéutica que descubre[40] el sentido de su propia historia, de su propia realidad, tarea efectuada por Zea, así como Aristóteles exigía que en el uso del método más fundamental de todos, el dialéctico, ni la ciencia ni la filosofía servían, porque debía pensarse directamente *ta endoxa* (las opiniones del «mundo de la vida cotidiana» desde donde pueden ser pensados los «principios» de la ciencia y de la misma filosofía en sentido estricto o restringido),[41] y para ello sólo valía la *paideia* (como una «cultura», fundamental).[42]

---

[38] Es evidente que aquí «filosofía» para Zea tiene un sentido restringido, que no incluye a Bolívar, Alberdi o Martí, o entonces se contradiría.

[39] Zea, 1955, p. 47.

[40] Este descubrimiento es como un acto inverso del originario de América: «El descubrimiento de América —escribe Zea—, había sido en realidad su encubrimiento. Encubrimiento de la realidad de los hombres y pueblos de esta América» (Zea, 1981, p. 53).

[41] Véase *Tópicos* I, 1; 100 a 18-b 23. Hemos expuesto esto en *Método para una filosofía de la liberación*, (Dussel, 1974), pp. 17 ss., reimpreso por la Universidad de Guadalajara, México, 1992.

[42] «En todo género de especulación y de método, desde el más cotidiano al más elevado, parece que hay dos tipos de actitudes: a la primera podríamos denominarla ciencia del ente, y a la otra como cultura (*paideían*). En efecto, es del hombre culto (*pepaideuménou*) el poder efectuar la crítica *(Krísis)*. Y es precisamente esta actitud la que pensamos que pertenece al hombre que tiene cultura universal y como resultado de la cultura» (Aristóteles, 639 a 1-10).

Pienso que la «filosofía de la historia latinoamericana» de Zea se encuentra en este nivel histórico-fundamental, advirtiendo al filósofo tener autoconciencia refleja sobre el «mundo de la vida cotidiana», (*Lebenswelt*) que está ya siempre *a priori* presupuesto bajo sus pies, en cuanto mundo dependiente, marginal, históricamente situado como latinoamericano. En esto, pienso (contra todos sus detractores que piden métodos específicos), Zea tiene razón. En este sentido todos los grandes pensadores latinoamericanos (por nombrar algunos, desde Bartolomé de Las Casas, Clavijero, S. Bolívar, J. B. Alberdi, J. Martí, etc.) han pensado desde su propia realidad y en vista de la afirmación de lo latinoamericano. No es en este sentido que tanto Salazar Bondy como yo mismo hemos hablado de «filosofía imitativa» (o como escribe el mismo Zea: filosofía que «ha venido glosando las grandes corrientes del pensamiento europeo»). ¿En qué sentido han sido «glosadores» o «imitadores», inauténticos? No ya en el sentido de los autores que permiten efectuar una hermenéutica histórica (a la manera de la «filosofía de la historia latinoamericana» de Zea), sino en algo muy distinto que querría explicar con algún detalle.

La «comunidad filosófica hegemónica euro-norteamericana» (desde un Popper, Austin, P. Ricoeur, G. Vattimo, J. Habermas, Charles Taylor o R. Rorty, por nombrar un filósofo de algunos países filosóficamente «hegemónicos»), y aun la «comunidad filosófica» hegemónica en América Latina (en facultades, institutos, consejos de investigación, etc.) dejan fuera todo el pensamiento filosófico periférico (de América Latina, África o Asia), como pensamiento no relevante, ni pertinente, ni central. El «fuera de la historia» de América Latina que Zea descubre en las «filosofías de la historia» europeas (como la de Hegel) ahora es interpretado como un «fuera» como una «exclusión», como una «exterioridad» de la misma «comunidad de comunicación filosófica» en concreto la que domina el discurso filosófico (por ello la denominamos hegemónica), situada en el eje Europa-Estados Unidos, posición de exclusión imitada por los filósofos «universalistas», coloniales. Es con respecto a esa «filosofía» pretendidamente universal (en concreto: europeo-norteamericana) de la que estamos excluidos. La cuestión es triple: 1) hay que pensar autoconscientemente «desde América Latina» (con autoconciencia del lugar en la historia mundial), 2) pensar filosóficamente «sobre nuestra realidad» (desde nuestra positividad, pero igualmente como dominados, empobrecidos, etc.), y 3) pensar de una manera tal que podamos «entrar» en la discusión con esa «comunidad filosófica hegemónica». Como «excluidos» de ella debemos «interpelarla» para que nuestro discurso filosófico propio sea «reconocido». El «reconocimiento» de dicha comunidad hegemónica no es el origen de nuestro filosofar (que arranca de nuestra realidad negada, de nosotros mismos), pero dada la condición colonial de nuestra filosofía «normalizada» (o académica, «filosofía como compromiso [...] pero no como lo entienden algunos profesores de filosofía»),[43] es necesario pasar por la autoafirmación y el reconocimiento de una tal comunidad hegemónica para establecer entre nosotros mismos las condiciones para un diálogo filo-

---

[43] Zea, 1952, p. 11.

sófico creativo, respetuoso, riguroso. Es en este aspecto en el cual no basta ya una «historia del pensamiento latinoamericano» (aun como «filosofía de la historia latinoamericana»). Ahora es necesario usar todo el lenguaje, la problemática, el método de dicha «comunidad filosófica hegemónica» para plantear desde sus propias reglas nuestro desafío: como realidad distinta (marginal, dominada y explotada), como filosofía estricta todavía excluida. Esta exigencia de una argumentación que usa el discurso de la filosofía hegemónica desde nuestra realidad como exterioridad no pensada por ellos, obliga, al mismo tiempo, a ir construyendo y reconstruyendo categorías universales innovadas, desarrollando aspectos metodológicos nuevos (válidos posteriormente para África y Asia, pero igualmente para Europa o Estados Unidos). Desde la pregunta planteada en 1968 por Salazar Bondy se ha avanzado mucho. Pienso que, poco a poco, dicho desafío de una filosofía latinoamericana va siendo «recibido» por la comunidad filosófica hegemónica[44] lo que le fuerza, por su parte, a «incluir» una problemática, una temática, unas categorías, etc., no pensadas antes por ellos, y así se la pone en cuestión, desde *un afuera de la historia* (indicado por Zea), del eurocentrismo, de la falacia desarrollista, tan propias de toda la filosofía euro-norteamericana contemporánea. Creo que ambos proyectos, el de una «filosofía de la historia latinoamericana» como hermenéutica histórica de los presupuestos concretos de «mundo de la vida cotidiana» latinoamericana (el proyecto de Zea), y la expresión de una filosofía que partiendo de esa hermenéutica se proponga construir una filosofía latinoamericana instrumentada con el lenguaje, con la discursividad de la comunidad filosófica hegemónica,[45] son dos proyectos complementarios (de ninguna manera excluyentes).[46]

Estas cortas páginas, una vez más, están dictadas por un espíritu de respeto al gran maestro del pensar latinoamericano, y de agradecimiento por aquella primera lectura de sus obras, cuando en París, al comienzo de la década de los sesenta, me descubrí «fuera de la historia», gracias a Leopoldo Zea. Es la afirmación de esa nuestra exterio-

---

[44] Quizá sea, por ejemplo, indicador de ese avance el artículo de Karl-Otto Apel, «Die Diskursethik vor der Herausforderung der Philosophie der Befreiung» [La ética del discurso ante el desafío de la filosofía de la liberación], en Fornet, 1992b, pp. 16-54; o de P. Ricoeur, «Filosofia e Liberazione», en Ricoeur, 1992, pp. 108 ss.

[45] Se denomina «Filosofía de la Liberación» a la filosofía que usa categorías universalizables, a partir de la situación de dependencia, dominación, explotación de América Latina. Pero, al mismo tiempo, de toda otra posición de opresión: de la mujer, de las razas no-blancas, de la juventud, de la cultura popular, de los obreros explotados por el capitalismo, de continentes excluidos de los beneficios del capitalismo central, etc. Un metalenguaje universalizable, que parte desde América Latina.

[46] Habría todavía muchos otros temas que exponer, tales como la diferencia entre un «proyecto asuntivo» (Zea, 1978, pp. 269 ss.) y un «proyecto de liberación» popular (que no es ni el de los criollos libertarios, ni de los conservadores o liberales, sino de las etnias, clases explotadas, de los marginales, del «bloque social de los oprimidos»: el pueblo latinoamericano); el problema del mestizo y la necesaria inclusión del indio y el afro en un proyecto latinoamericano; la articulación de la dependencia cultural con la económica (y de allí la importancia todavía actual de Marx), etc. Es decir, hay un diálogo a efectuar aun en el nivel mismo de la hermenéutica histórica del mundo de la vida cotidiana o de la «filosofía de la historia latinoamericana» de Zea.

ridad latinoamericana, como el Otro, como el pobre, la que me ha impulsado en un proyecto filosófico que intenta negar dicha negación, y subsumirla en una mundialidad futura (tanto humana en general como filosófica sin más, que pienso que es el proyecto de Zea), y esto durante mis treinta últimos años.

5. Sentido ético de la rebelión maya de 1994 en Chiapas (Dos «juegos de lenguaje»)[1]

El primero de enero de 1994, ante la sorpresa universal y al comienzo de la aplicación del Tratado de Libre Comercio con Estados Unidos y Canadá, México escuchó en los programas de radio la noticia de un levantamiento maya en Chiapas.

Los acontecimientos posteriores son conocidos. La ocupación de cuatro ciudades del lugar, la reacción del ejército, la amnistía, la propuesta del diálogo, la realización de las Jornadas por la Paz y la Reconciliación, y los 32 acuerdos alcanzados en su primera fase. El Ejército Zapatista de Liberación Nacional (EZLN) vuelve a sus comunidades para discutir democráticamente lo acordado, el gobierno nacional moviliza las instituciones existentes para dar lugar legal y efectivo a las resoluciones.

En todo este proceso puede observarse un doble «juego de lenguaje». Al comienzo los «Comunicados» del EZLN tenían un vocabulario semejante al de los movimientos revolucionarios de América Latina, África o Asia. Lenguaje político, militar, donde se hace referencia a «los condenados de la tierra»[2] —expresión tan querida de Frantz Fanon en su libro del mismo nombre:

> Somos producto de 500 años de luchas [...] Pero nosotros hoy decimos ¡Basta! Somos herederos de los verdaderos forjadores de nuestra nacionalidad, los desposeídos somos millones y llamamos a todos nuestros hermanos a que se sumen a este llamado como el único camino para no morir de hambre [...] [Nos oponemos a] los mismos que se opusieron a Hidalgo y Morelos, los que traicionaron a Vicente Guerrero, a los mismos que vendieron más de la mitad de nuestro suelo al extranjero invasor...[3]

Pero, muy pronto, cuando el levantamiento recibió el apoyo masivo y de profunda solidaridad de la sociedad civil, de la ciudadanía urbana, de los criollos (blancos mexi-

---

[1] Escrito en febrero de 1994.
[2] «Los condenados de la Sierra. Chiapas», panfleto impreso por el EZLN el 7 de febrero de 1994, p. 5.
[3] «Declaración de la Selva Lacandona. Hoy decimos ¡Basta!», en *El Despertador Mexicano* (Órgano Informativo del EZLN, México), n.º 1, diciembre de 1993, p. 1. A esta declaración se sigue una «Declaración de Guerra», «Instrucciones para Jefes y Oficiales del EZLN», etc. Es decir, un lenguaje propio de un movimiento revolucionario como el conocido en otros lugares.

canos) y «ladinos» (mestizos), cuando toda la nación se hizo eco de su protesta, pareciera que la «institución» revolucionaria, el EZLN, fue revelando otro lenguaje, y no ocultó ya la manera de hablar propia de la etnia maya, la del pueblo indígena de donde el EZLN ha nacido y para quien lucha:

> Los más viejos de los viejos de nuestros pueblos nos hablaron palabras que venían de muy lejos, de cuando nuestras vidas no eran, de cuando nuestra voz era callada. Y caminaba la verdad en las palabras de los más viejos de los viejos de nuestros pueblos. Y aprendimos en su palabra de los más viejos de los viejos que la larga noche de dolor de nuestras gente venía de las manos y palabras de los poderosos [...].[4]

Esta transformación fue rápidamente percibida por la sociedad civil y su impacto fue aún mayor.[5] El mero lenguaje político universalista —que no se abandona ni debe ser abandonado—, se tornó un lenguaje de protesta histórica de un pueblo indígena amerindio concreto.

En ese lenguaje se percibe mejor su talante *ético*, que es sobre el que deseamos extendernos aquí. Es decir, deseamos exponer unas cortas reflexiones sobre el fondo ético de lo que va aconteciendo —ya que el proceso está lejos de haber terminado, y podría concluir justa o violentamente: nadie puede hoy todavía saberlo.

Estamos en presencia de un hecho histórico. Diálogos no ha habido muchos en la historia de América Latina entre los originarios habitantes (mal llamados «indios») y los blancos (españoles conquistadores o sus sucesores criollos) o ladinos (mestizos, que siempre pasan por blancos).

Se cuenta que «a tres *tlamatinime* de Ehécatl, de origen tezcocano, los comieron los perros.[6] No más ellos vinieron a entregarse. Nadie los obligó. No más venían trayendo sus códices con pinturas.[7] Eran cuatro, uno huyó; tres fueron atacados, allá en Coyoacán».[8] Sólo hoy podemos imaginarnos la humillación, la falta de respeto, la tragedia de aquellos sabios que pretendían entregar a los «invasores» —frecuentemente analfabetos, hombres brutales e incultos— lo más preciado de su cultura, de su visión mística de la existencia, como era su tradición.[9]

---

[4] «Mensaje a la Coordinadora Nacional de Acción Cívica», en *La Jornada*, 22 de febrero de 1994, p. 8, col. 1.

[5] Es lo que el periodista Hermann Bellinghausen llamó «fase semántica del conflicto» (*La Jornada*, 7 de febrero de 1994, p. 9, col. 1).

[6] Es decir, los conquistadores les arrojaron perros domesticados para la lucha, para esas tareas guerreras, y éstos los devoraron bestialmente.

[7] Eran los famosos «códices» pintados con dibujos en negro (del color del misterio de la noche originaria) y del rojo (de la claridad del día, del amor, de la vida, de la sangre).

[8] Del ya citado *Ms. Anónimo de Tlatelolco* (León-Portilla, 1979, p. 61).

[9] Los aztecas habían tomado los códices de Azcapotzalco (y después de los otros pueblos dominados), al comienzo los estudiaban, los asumían (esto es lo que esperaban que los europeos hicieran) y después los destruían. Pero, al menos, habían quedado subsumidos de alguna manera en los «códices» (en la historia y teoría) del vencedor.

En 1524 aconteció otro hecho, quizá el único diálogo formal entre las dos culturas. Fue un rotundo fracaso. El manuscrito de los *Colloquios y Doctrina Christiana*[10] tienen un particular valor, porque fue testimonio de aquel enfrentamiento histórico: por primera y por última vez los *tlamatinime*, los pocos que quedaban en vida, pudieron argumentar ante españoles cultos, los doce misioneros franciscanos recién llegados. Era un diálogo entre «la razón del Otro» (la del amerindio) y el «discurso de la Modernidad» naciente. No había simetría: no era una «comunidad de argumentación» en situación ideal, ya que unos eran los vencidos, y otros los vencedores. Además, y contra lo que pudiera pensarse, el saber de ambos argumentantes tenía diferente desarrollo. El de los *tlamatinime* conservaba el alto grado de sofisticación del *Calmécac* (escuela filosófica azteca). Los frailes, aunque muy escogidos y excelentes religiosos, no tenían el nivel formal de los aztecas. Fue en realidad un «diálogo» donde los amerindios estaban como mudos y los españoles como sordos (faltaba un «traductor»). Pero los españoles tenían el poder emanado de la conquista, y por ello no prestaban atención suficiente a la argumentación —como lo exigía Bartolomé de Las Casas en el *De Unico Modo*—. Pronto se interrumpirá el «diálogo argumentativo» y se pasará al «adoctrinamiento», a la «doctrina», a la destrucción ideológica del imaginario amerindio.

En aquel momento histórico, los *tlamatinime* construyeron una pieza estricta del arte retórico («flor y canto»), plena de belleza y lógica.[11] Veamos sólo el inicio, la introducción al diálogo, conducido por los sabios:

Señores nuestros, muy estimados señores: Habéis padecido trabajos para llegar a esta tierra.[12] Aquí, ante vosotros, os contemplamos, nosotros gente ignorante.[13]

Después, el «retórico» se pregunta formalmente:

---

[10] Citaremos siempre el texto de la edición de Lehmann, 1949 (en castellano y náhuatl de León-Portilla, 1979, pp. 129-136). Es interesante anotar que el texto náhuatl fue escrito posteriormente en el Colegio de Tlatelolco que fundaron los franciscanos para los niños de caciques. Uno de los redactores fue Antonio Valeriano, vecino de Azcapotzalco, tendrá que ver con el texto de la tradición de la Virgen de Guadalupe. Se trataba de 30 capítulos de «todas las pláticas, confabulaciones y sermones que hubo entre los doce religiosos y los principales y señores y sátrapas» (Lehmann, 1949, p. 52) en México, en 1524; es decir, tres años después de la destrucción de la antigua metrópoli.

[11] Para una narrativa de este hecho consúltese Dussel, 1993.

[12] Obsérvese que es la misma manera como Moctezuma «recibe» a Cortés: se tiene respeto por el Otro, se le da lugar, que establece primero el momento «pragmático» o «ilocucionario» de la «razón comunicativa». Es un momento todavía actual en la cultura mexicana: nunca se va directo al asunto (razón instrumental), al «contenido proposicional». Esto parece improductivo al *businessman* capitalista.

[13] «Timaceualti»: su «ignorancia» es justo lo que se tiene desde la sabiduría, como enseñaba Nezahualcoyotl: «—¿Acaso hablamos algo *verdadero* aquí, Dador de Vida? Sólo soñamos, sólo nos levantamos del sueño, sólo es un sueño. ¡Nadie habla aquí *verdad*!» (*Mis Cantares Mexicanos*, fol. 17, r; León-Portilla, 1979, p. 60).

Y ahora, ¿qué es lo que diremos? ¿qué es lo que *debemos dirigir a vuestros oídos*?[14] ¿Somos acaso nosotros algo? Somos tan sólo gente vulgar...

Después de este breve marco (que en el texto continúa), se pasa, como segunda parte, a «elaborar» la dificultad del diálogo mismo, como respuesta a la propuesta que han hecho los misioneros —propuesta que, en resumen es un «catecismo» no muy sofisticado y «aceptable» para alguien que ya es cristiano; pero «incomprensible» para «el Otro» real, de otra cultura, lengua, religión, todo el nivel empírico hermenéutico, como podía ser el caso de aquellos *tlamatinime*:

Por medio del traductor[15] responderemos, devolveremos el-aliento-y-la-palabra[16] al Señor-de-lo-íntimo-que-nos-rodea.[17] A causa de él nos arriesgamos, por esto nos metemos en peligro [...] Tal vez es sólo a nuestra perdición a donde seremos llevados, tal vez a nuestra destrucción. Mas, ¿a dónde deberemos ir aún?[18] Somos gente vulgar, somos perecederos, somos mortales.[19] *Déjenos pues ya morir, déjenos ya perecer*, puesto que *nuestros dioses han muerto*[20] Pero tranquilícese vuestro corazón-carne, ¡Señores nuestros!, porque rompe-

---

[14] Aquellos sabios de «otra» cultura tienen ya conciencia de la «distancia». Los franciscanos recién llegados tienen el optimismo simplista moderno de quererles enseñar «la fe cristiana» —es una posición racionalista, honesta, ingenua, sincera, verdadera... pero no ven la «distancia» que los *tlamatinime* suponen (*debajo* de la posible futura «conversación» o «discusión») como dificultad, como inconmensurabilidad, como patología de la comunicación—. Para ellos, los vencidos, todo esto es evidente. Para los vencedores modernos es un obstáculo que hay que vencer en el menor tiempo posible para pasar a la «información» del «contenido proposicional». El momento «pragmático-comunicativo» no tiene la misma insoportable y casi insuperable prioridad que pesa abismalmente sobre los que quieren comunicar la «razón (*ratio*, *Grund*) del Otro».

[15] De nuevo un momento esencial. El «traductor» de los sabios aztecas *no puede ser del nivel exigido*. No había nadie que pudiera conocer ambas culturas a tal nivel que *realmente* expresara en ellas lo que cada uno estaba hablando. En realidad el pretendido «diálogo» se hacía en la lengua de Castilla: era la hegemónica, la que tenía el poder (su «consenso», «acuerdo» era lo «válido», la lengua del Otro debía *entrar* en dicha comunidad desde fuera, si quería ser oído).

[16] «Yn ihiio yn itlatol.» Esta manera de expresión del náhuatl, como el «cara-a-cara» semita, se denomina «difrasismo», y serán numerosos en este texto retórico tan refinado.

[17] «In tloque, nauaque.» El Ometeótl como experiencia mística de la divinidad que penetra hasta lo íntimo del ser y está presente en todo lo que nos circunda. ¿Cómo podían aquellos franciscanos, que sin embargo venían de buenas escuelas místicas españolas reformadas por Cisneros, comprender que hubieran debido detenerse a «dialogar» *durante semanas* sólo sobre esta «concepto-experiencia». Como si ante Budda se pasara rápidamente por el concepto de «nirvana».

[18] Considérese la situación trágica que se enfrenta con valentía, lucidez, magnanimidad heroica. «Santidad» que los mismos franciscanos no podían apreciar suficientemente —y mucho menos los «conquistadores» presentes.

[19] «Tipoliuini timiquini», expresión de la sabiduría ética que sabe que todo es «finito» *en la tierra* (*in Tlalticpac*). El otro lugar donde se puede ir, si no es ya la tierra, es al *Topan mictlan* (lo que sobrepasa, la Región de los Muertos, el «más-allá»).

[20] «Tel ca tetu in omicque.» Un «mundo» ha muerto y ¿qué vale la vida sin él? Los europeos están lejos de sospechar la tragedia de estos «vivos-muertos». Lo único honesto hubiera sido, justamente,

remos de todas maneras un poco ahora, un poquito abriremos el *secreto*,[21] el arca del Señor, nuestro dios.

Vencidos por las armas violentas e injustas de la conquista; posteriormente de la colonización, a ese pueblo nunca se le permitió dialogar.

En Chiapas, Ciudad Real, llegó a fines de 1544 Bartolomé de Las Casas como su novel obispo.[22] «Una vez recibido, algo fríamente por los pobladores (españoles), esperó el domingo de Pasión y retiró la licencia de perdonar ciertos pecados, reservándoselos personalmente, entre ellos el de la esclavitud real de los indios.»[23] «El deán del cabildo absolvió a muchos encomenderos por tener indios, lo que le valió de su obispo la excomunión y la suspensión de todo derecho para confesar. Quedaba así el obispo sin ningún clérigo secular, y sólo con el apoyo de los dominicos que vivían fuera de la ciudad!»[24] En 1546 Bartolomé viajó a México para la Junta de obispos y nunca más regresó a Chiapas. Renunció a su obispado por ser ingobernable, dada la casta encomendera que hacía su trabajo impracticable. Esto le hará escribir a Bartolomé en su testamento años después:

Porque por la bondad y misericordia de Dios, que tuvo a bien de elegirme por su ministro (en Chiapas) sin yo se lo merecer, para procurar y volver por aquellas universas gentes de las que llamamos Indias... sobre los daños, males y agravios *nunca otros tales vistos ni oídos*, que de nosotros los españoles han recibido contra toda razón e justicia.[25]

Largo sería escribir la historia de las injusticias que comenzaron en Chiapas con la conquista. Efectuemos ahora un salto en el tiempo y volvamos al presente.

---

asumir su cultura en el «nuevo mundo». Pero estaba fuera de todo *posible* proyecto histórico (hubiera sido auténticamente el «nacimiento de un *Nuevo Mundo*», pero no lo fue).

[21] «In top in ipetlacal», otro difrasismo que indica lo oculto, lo que no se revela, lo que «no se puede» revelar por imposibilidad del que recibe lo «guardado» en el arca de seguridad. Otro momento «pragmático» supremo: es la «vivencia» misma de una cultura «por dentro» que no puede comunicarse sino sólo por la «experiencia» de una praxis comunitaria histórica. Se necesita «vivir juntos» mucho tiempo para «comprender» lo que se revela. En nuestra *Filosofía de la Liberación* (Dussel, 1977) hemos tratado largamente este tema en la «semiótica», lo mismo que en *Para una ética de la liberación latinoamericana*, (Dussel, 1973), t. I, cap. 3, y en nuestra ponencia en la discusión con K.-O. Apel: «La *interpelación* como acto-de-habla», en mi obra *Apel, Ricoeur, Rorty y la filosofía de la liberación* (Dussel, 1993b). Es el sentido de «revelar» (*Offenbarung*) que no es lo mismo que «manifestar» o «aparecer» (*Erscheinung*) (del fenómeno y su palabra con sentido proposicional tautológico o «ya sabida»).

[22] Véase *El Episcopado Hispanoamericano. Institución misionera en defensa del indio (1504-1620)* (Dussel, 1970), t. IV, pp. 249 ss. (es parte de mi tesis doctoral de La Sorbonne, obra en nueve volúmenes con documentos de Archivo General de Indias de Sevilla).

[23] *Ibid.,* t. IV, p. 248.

[24] *Ibid.*, p. 249.

[25] «Clausula del Testamento», de 1566, en *Colección de Documentos Inéditos para la Historia de México*, t. II, p. 511.

Los miembros del EZLN hablan ahora con el lenguaje de los mayas, milenios más antiguo que el hecho de la conquista en el siglo XVI; hablan desde su mismo horizonte teórico originario.

Deseo, para comenzar, referirme a los *tres criterios de validez ética* presente en los «Comunicados» dados a conocer. Llama la atención, en primer lugar, la insistencia rebelde a referirse a la *dignidad del sujeto histórico negado*. El «Delegado Juan» repite muchas veces la misma exigencia:

> Es por eso que nosotros nos levantamos [...], nos vimos en esa necesidad de hacerlo, nosotros los indígenas luchamos porque se *nos respete nuestra dignidad*. Eso es lo que nosotros decidimos a que se nos tuviera *respeto*.[26]

Leemos en otros Comunicados:

> [Los que nos han tratado injustamente han] negado respeto y dignidad a los que, antes que ellos, ya poblaban estas tierras. Olvidaron que la dignidad humana no es sólo patrimonio de los que tienen resueltas sus condiciones elementales de vida, también los que nada tienen de material poseen lo que nos hace diferentes de cosas y animales: la dignidad.[27]

> ¡No dejemos que nuestra dignidad sea ofertada en el gran mercado de los poderosos! Si perdemos la dignidad todo perdemos. Que la lucha sea alegría para los hermanos todos, que se unan a nuestras manos y nuestros pasos en el camino de la verdad y la justicia.[28]

Por todo ello, y si partimos de una posición de asimetría, el «re-conocimiento» del oprimido (el esclavo de Aristóteles[29]) *como persona*, supone: a) un «conocimiento» del oprimido *como función* o cosa (funcional fácticamente en el sistema, A en el nivel II del *esquema 1*); b) un «conocimiento» del oprimido *como persona* (acto segundo y ya ético[30]) (B en el nivel III); c) un posterior «re-conocimiento» (acto reflejo en tercer término[31]) por el que, como en un retorno, se confronta *desde la persona* a dicho ser humano ahora *como oprimido* (dentro de un sistema de dominación) situado y juzgado éticamente como *negado*: como indígena *dominado, explotado*.

---

[26] «Delegado Juan: Luchamos por que se nos respete como indígenas», en *La Jornada*, 25 de febrero de 1994, p. 6, col. 3.

[27] «Carta a tres periódicos», en *La Jornada*, 18 de enero de 1994, p. 2 de «Perfil».

[28] «Cartas al Frente Cívico de Mapastepec», en *La Jornada*, 12 de febrero de 1994, p. 14, col. 2.

[29] Para Aristóteles no se puede establecer «amistad» con el «inferior», con el Otro *como otro*: «En cuanto al esclavo (*doûlos*) no puede haber amistad con él» (*Et. Nic.*, VIII, 11, 1161 b 4), porque uno se degrada (no hay experiencia de lo que pudiera ser algo así como «compasión», «solidaridad» o «misericorida»).

[30] Aristóteles toca la cuestión al decir que el esclavo «como humano (*anthropos*)» (*ibid.*) puede ser objeto de amistad, «porque cierta justicia parece existir con respecto a todo humano en todas la relaciones en que éste pueda entrar por ley o por contrato» (*ibid.*).

[31] El «re- (*an-*)» del «re-conocimiento (*An-erkennung*)» indica ese volverse sobre sí, reflejarse, reflexionarse de *C* en *D*.

ESQUEMA 1.
PROCESO DE RE-CONOCIMIENTO DEL OTRO

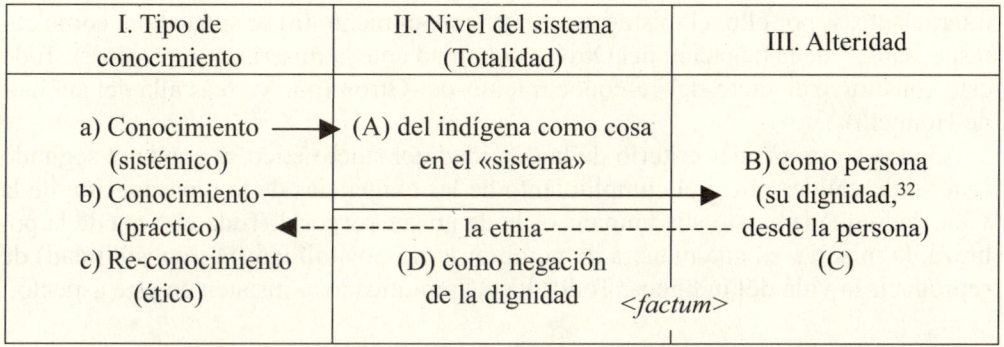

El mero «conocer» al indígena como función o cosa (A) (a la mujer en el patriarcalismo como excluida o «inferior», el «negro» en la sociedad de raza blanca, etc.) es de alguna manera «ofrecer en sacrificio a las personas (*Personen*), los instrumentos (*Werkzeuge*), para mantener en pie la cosa (*Sache*)».[33] Es decir, es conocerla como «parte funcional» de un sistema (colonial o en el capitalismo) —sistema del capital—.[34] El momento ético por excelencia, *kath'exokhén*, consiste en el «conocer práctico» que perfora la mera funcionalidad instrumental (el *Werkzeug* de Marx) y constituye al Otro como persona[35] (B), como Otro que el sistema (Luhmann) como totalidad (Lévinas). Esta racionalidad[36] ético-originaria es *anterior a toda argumentación*, y por lo tanto anterior al proceso de trascendentalización y de fundamentación apeliana:

> Una razón anterior al comienzo, anterior al presente, pues mi responsabilidad por el otro se impone antes que toda decisión, antes que toda deliberación [antes que todo argumento].[37]

Si se argumenta es «porque el Otro es persona» —y no a la inversa—. Es decir, el *factum* empírico, para ser *ético*, exige una re-flexión: desde el Otro ya conocido como persona (C) se descubre a la dominación del indígena como perversidad (D), como

---

[32] Véanse los tres niveles estudiados por Honneth: emocional (amor, *Liebe*), cognitivo (derechos, *Rechte*), reconocimiento social (dignidad, *Würde*) (Honneth, 1992, p. 211).

[33] Marx, 1842, p. 4. Véase Dussel, 1993c.

[34] «Sistema» aquí aun en el sentido de Niklas Luhmann: «Nuestra tesis de que existen sistemas puede ahora delimitarse con más precisión: existen sistemas autorreferenciales» (Luhmann, 1984, p. 31). El individuo en un sistema tal actúa como «función».

[35] En São Leopoldo, Hans J. Sandkühler me pidió que explicara esta constitución del Otro como persona. La respuesta la expuse, en parte, en el cap. 4.2 de la *Ética de la Liberación* (Dussel, 1998).

[36] Será objeto del cap. 5.7 de *Ética de la Liberación*, al estudiar los «tipos de racionalidad».

[37] Lévinas, 1974, p. 212.

negatividad. Ese *factum* manifiesta a la «función» en el «sistema» (totalidad), a la persona del Otro como «parte-negada» o como sujeto no-autónomo (ya que la única estructura autoreferente y autopoiética es el mismo sistema como totalidad), como interpelante, y, por ello, el mismo sujeto del conocimiento (a) se sitúa ahora como co-responsable[38] de la negación del Otro (solidaridad ante la miseria, compasión[39]). Todo esto constituye el «acto-del-re-conocimiento-del-Otro» (que va más allá del análisis de Honneth).

Ligada a este primer criterio de la dignidad del sujeto ético se anuda el segundo criterio de validez ética: el cumplimiento de las exigencias de la reproducción de la vida, dado que la existencia humana es la de un ser corporal. Todo el tema de la pobreza, la miseria, es una manera de nombrar la no-posibilidad (la imposibilidad) de reproducir la vida del indígena. Todos los «Comunicados» insisten en este aspecto:

> Es por eso que nosotros nos levantamos [...], porque tuviéramos una vivienda digna, porque tuviéramos un buen trabajo y también porque tuviéramos tierra donde trabajar.[40]

En efecto, dicha negatividad tiene una causa:

> Todos son culpables, desde los altos funcionarios federales [...] todos nos han negado salud, educación, tierra, vivienda, servicios, trabajo justo, alimentos, justicia.[41]

> Para nuestros niños y niñas no hay escuelas, ni medicinas, no hay ropa ni alimentos, no han un techo digno en donde guardar nuestra pobreza. Para nuestros niños y niñas sólo hay trabajo, ignorancia y muerte. La tierra que tenemos no sirve para nada, con tal de conseguir algo para nuestros hijos salimos a buscar la paga en la tierra de otros, los poderosos, y nos dan muy barato nuestro trabajo. Nuestros hijos tienen que entrar a trabajar desde muy pequeños para poder conseguir algo de alimento, ropa y medicinas. Los juguetes de nuestros hijos son el machete, el hacha y el azadón, jugando y sufriendo trabajando salen a buscar leña, a tumbar monte, a sembrar desde que apenas aprenden a caminar.[42]

---

[38] Esta es la «re-sponsabilidad» (del latín: *spondere:* «tomar-a-cargo-al-Otro» indefenso) *a priori* anterior a la responsabilidad de Hans Jonas o K.-O. Apel.

[39] Reyes Mate, 1991: «Por una ética compasiva» (pp. 141 ss.), sitúa correctamente la cuestión, desde Horkheimer (véase Schnädelbach, 1986), citando: «Ese amor no se puede entender sin la orientación a una vida futura feliz del hombre, orientación que no viene por revelación sino que brota de la *miseria* del presente» (Horkheimer, «Materialismus und Moral», 1933, pp. 162-197; cit. R. Mate, 1991, p. 143). Sin embargo, Horkheimer opina que la compasión es un «*sentimiento* moral»; pienso, en cambio, que es un momento primero de la «*razón* ética originaria», y la diferencia es esencial, ya que no afirmamos un ambiguo «sentimentalismo» compasivo.

[40] «Delegado Juan: luchamos por que se nos respete como indígenas», en *La Jornada*, 25 de febrero de 1994, p. 6, col. 3.

[41] «Carta a tres periódicos», en *La Jornada*, 18 de enero de 1994, p. 2 de «Perfil».

[42] «Buscamos caminos de paz y sólo encontramos burla», en *La Jornada*, 12 de febrero de 1994, p. 15, col. 1.

Pero aún más preciso y sobrecogedor es el siguiente texto:

[... Comprendimos] que nuestra miseria era riqueza para unos cuantos, que sobre los huesos y el polvo de nuestros antepasados y de nuestros hijos se construyó la casa de los poderosos, y que en esa casa no podía entrar nuestro paso, y que la luz que la iluminaba se alimentaba de la oscuridad de los nuestros, y que la abundancia de su mesa se llenaba con el vacío de nuestros estómagos, y que sus lujos eran paridos por nuestra miseria, y que las fuerzas de sus techos y paredes se levantaron sobre la fragilidad de nuestros cuerpos, y que la salud que llenaba sus espacios venía de la muerte nuestra, y que la sabiduría que ahí vivida de nuestra ignorancia se nutría, que la paz que la cobijaba era guerra para nuestras gentes.[43]

Se trata, una vez más, de ligar la validez ética de una acción a la exigencia de la reproducción corporal del sujeto ético, como condición absoluta de la misma eticidad (si el sujeto muere no hay más eticidad posible; pero, además, el responsable de la imposibilidad de la reproducción de la vida es perverso por excelencia). En el juicio final de Osiris, 3000 a. C. en Egipto, en el *Libro de los Muertos*, se enuncia en el capítulo 125 (retomado después en Isaías 58 y en Mateo 25): «Di de comer al hambriento, de beber al sediento, de vestir al desnudo...», exigencias corporales primarias, y por ello criterio también primero de validez ética. El EZLN intuye, desde la sabiduría popular, estas exigencias fundamentales.

En tercer lugar, otro criterio de validez ética fundamental es el de la «comunidad». Todo acto que pretenda validez ética debe ser solidario con respecto al cuerpo social dentro del cual el sujeto ético es miembro. En las etnias mayas esta «comunitariedad» es antiquísima, indeclinable, principal. Pero no es una comunidad espontánea, natural; es una comunidad institucionalizada, con instrumentos de acuerdo, consenso, decisión. El primero de ellos podríamos denominarlo: la «democracia maya». Las expresiones que leeremos no se inspiran en textos políticos de la democracia de un Aristóteles, Rousseau o Bobbio. Son mayas, fruto de milenios de una de las columnas culturales de la Historia Mundial (junto al Egipto, la Mesopotamia, el Indo, la China, los mexicas y los incas). Veamos unos textos hermosos y reveladores.

El marco teórico político del EZLN es propio, no es imitativo:

Las graves condiciones de pobreza de nuestros compatriotas tienen una causa común: la falta de libertad y democracia. Nosotros consideramos que el respeto auténtico a las libertades y a la voluntad democrática del pueblo son los requisitos indispensables para el mejoramiento de las condiciones económicas y sociales de los desposeídos de nuestro país.[44]

Ese lenguaje político universal va tejiendo un argumento:

---

[43] «Mensaje a la Coordinadora Nacional de Acción Cívica», en *La Jornada*, 22 de febrero de 1994, p. 8, col. 1.

[44] «Comunicado del 6 de enero», en *La Jornada*, 11 de enero de 1994, p. 10, col. 3.

Es por eso que nosotros nos levantamos [...] porque tuviéramos libertad de expresión, porque también tuviéramos la participación, *lo que nosotros* ponemos en nuestros puntos como democracia.[45]

Pero esa «democracia» es maya. Veamos un texto donde la «lengua» maya es traducida al castellano («castilla» le llaman, como en el siglo XVI):

Cuando el EZLN era tan sólo una sombra entre la niebla y la oscuridad de la montaña, cuando las palabras justicia, libertad y democracia eran sólo eso: palabras. Apenas un sueño[46] que los ancianos de nuestras comunidades, guardianes verdaderos de la *palabra* de nuestros muertos, nos habían entregado en el tiempo justo en que el día cede su paso a la noche [...] Cuando los tiempos se repetían sobre sí mismos, sin salida, sin puerta alguna, sin mañana, cuanto todo era como injusto era, hablaron los hombres verdaderos, los sin rostro, los que en la noche andan, los que son montaña, y así dijeron:[47] Es razón y voluntad de los hombres y mujeres buenos buscar y encontrar la manera mejor de gobernar y gobernarse, lo que es bueno para los más para todos es bueno. Pero que no se acallen las voces de los menos,[48] sino que sigan en su lugar, esperando que el pensamiento y el corazón se hagan común[49] en lo que es voluntad de los más y parecer de los menos. Así los pueblos de los hombres y mujeres verdaderos crecen hacia dentro y se hacen grandes y no hay fuerza de fuera que los rompa o lleve sus pasos a otros caminos.[50]

Difícil es expresar mejor la manera como debe crecer el consenso de todos en la política. Y el texto continúa:

Si se apartaba su andar de lo que era razón de la gente, el corazón que mandaba debía cambiar por otro que obedeciera. Así nació nuestra fuerza en la montaña, el que manda obedece si es verdadero, el que obedece manda por el corazón común de los hombres y mujeres verdaderos.[51]

Fue nuestro camino siempre que la voluntad de los más se hiciera común en el corazón de hombres y mujeres de mando. Era esa voluntad mayoritaria el camino en el que debía andar el paso del que mandaba.

---

[45] «Delegado Juan: luchamos por que se nos respete como indígenas», en *La Jornada*, 25 de febrero de 1994, p. 6, col. 3.

[46] Recuérdese que los sueños, desde los indígenas mapuches de Chile, lo guaraníes del Paraguay, los aztecas o los esquimales, son el lugar donde se «revela» la «verdad». Interpretar los sueños era uno de los cursos más extensos que los tlamatinime debían aprender en el Calmecac de México-Tenochtitlan.

[47] Se trata entonces de un «Mensaje» de los antiguos que hablan por los sueños.

[48] En este tipo de gobierno las minorías no sólo tienen derechos, sino que tienen igual derecho que la mayoría.

[49] Es decir, es necesario ir madurando la unanimidad, no sólo la mayoría. Esto toma tiempo, es el tiempo de la reflexión, de la argumentación, del consenso.

[50] «Comunicado de la Comandancia General: Elecciones democráticas», en *La Jornada*, 27 de febrero de 1994, p. 11, col. 1

[51] *Ibid.*

Hasta aquí se explica cuál es el sistema político de los mayas, sistema anterior a la conquista, que nada debe a la ciencia política actual, y del que todos, desde Aristóteles, hubieran aprendido mucho. El texto sigue enseñando:

> Otra palabra vino de lejos para que este gobierno se nombrara[52] *democracia*, este camino nuestro que andaba desde antes que caminaran las palabras.[53]

Y la revelación de los que hablan en sueño y en la noche continúa:

> Los que en la noche andan hablaron: Y vemos que este camino de gobierno que nombramos no es ya camino para los más, vemos que son los menos los que ahora mandan, y mandan sin obedecer, mandan mandando.[54] Y entre los menos se pasan el poder del mando, sin escuchar a los más, mandan mandando los menos, sin obedecer el mando de los más. Sin razón mandan los menos. La palabra que viene de lejos[55] dice que mandan sin democracia,[56] sin mando del pueblo, y vemos que esta sinrazón de los que mandan mandando es lo que conduce el andar de nuestro dolor y la que alimenta la pena de nuestros muertos. Y vemos que los que mandan mandando deben irse lejos para que haya otra vez razón y verdad en nuestro suelo. Y vemos[57] que hay que cambiar, y que manden los que mandan obedeciendo, y vemos que esa palabra que viene de lejos para nombrar la razón de gobierno, *democracia*, es buena para los más y para los menos.[58]

Entre ellos se acuerda unánimemente primero lo que se debe hacer; después se elige el servidor de la comunidad que debe ejecutarlo. El que manda obedece al acuerdo comunitario; el que obedece al que manda es el que manda; el que manda es el que obedece. «Democracia maya» de la que debemos aprender muchos. Ahora efectúan un diagnóstico del presente:

> Los hombres sin rostro siguieron hablando:[59] Es el mundo[60] otro mundo,[61] no en el que gobierna la razón y voluntad de los hombres verdaderos, pocos somos y olvidados,[62] encima nuestro caminan la muerte y el desprecio,[63] somos pequeños, nuestra palabra se apaga, el silencio lleva mucho tiempo habitando nuestra casa, llega ya la hora de hablar para nuestro co-

---

[52] Tienen conciencia de que es otro «nombre» de algo «semejante» pero no exactamente «igual».
[53] *Ibid.*
[54] Se están refiriendo al Estado moderno, al Estado actual.
[55] Es de nuevo la «palabra» reveladora que se manifiesta en los sueños, en los más viejos de los viejos, la palabra de «antes».
[56] Lo que ellos llaman *democracia* no lo cumplen.
[57] Con voz profética, de sabiduría que viene de los siglos.
[58] *Ibid.*
[59] Continúa la «revelación».
[60] El actual.
[61] El originario deseado por los más viejos de los viejos, el ideal.
[62] Los mayas mismos.
[63] Siempre el problema de la dignidad negada.

razón y para otros corazones,[64] de la noche[65] y la tierra[66] deben venir nuestros muertos, los sin rostro, los que son montaña, que se vistan de guerra para que su voz se escuche, que calle después su palabra y vuelven otra vez a la noche y a la tierra, que hablen a otros hombres y mujeres que caminan otras tierras,[67] que lleva verdad su palabra, que no se pierda en la mentira. Que busquen a los hombres y mujeres que mandan obedeciendo, los que tienen fuerza en la palabra y no en el fuego,[68] que encontrándolos les hablen y les entreguen el bastón de mando, que vuelvan otra vez a la tierra y a la noche los sin rostro, los que son montaña, que si vuelve la razón a estas tierras se calle la furia del fuego, que los que son montaña, los sin rostro, los que en la noche andan descansen por fin junto a la tierra.[69]

Hasta aquí la revelación de los ancianos. Y por ello concluye el texto de la «Comandancia General del EZLN»:

Hablaron así los hombres sin rostro,[70] no había fuego en sus manos y era su palabra clara y sin dobleces. Antes que el día venciera otra vez la noche[71] se fueron y en la tierra quedó su palabra sola: ¡Ya Basta![72]

La revelación ha terminado. Ahora se vuelve al presente de la historia actual. Es necesario traducir el lenguaje de los ancestros al lenguaje de los simples mejicanos criollos y ladinos de la calle:

Los hombres y mujeres del EZLN, los sin rostro,[73] los que en la noche andan, los que son

---

[64] El cara-a-cara es un corazón-a-corazón, en el corazón está la razón, la humanidad, la inteligencia, el amor, la sinceridad, la dignidad.

[65] Los ancestros.

[66] Donde están enterrados.

[67] Los criollos y ladinos de todo el país.

[68] Es bello encontrar una tan clara expresión pragmática de racionalidad, a lo Habermas o Apel, donde se da la fuerza a la palabra y no a la violencia, a las armas. Son hombres y mujeres de razón, y sólo querrían usar la razón.

[69] *Ibid.*

[70] «Los sin rostro» son los muertos que hablan en sueño por revelación, o a través de los más viejos de los viejos. Quizá los miembros del EZLN también cubren sus rostros, son igualmente «los sin rostro» como sus ancestros, que desaparecerán en la montaña una vez cumplida su misión de paz y justicia.

[71] Como la eterna lucha azteca entre la luna y sus 400 hermanos contra el sol (Huitzilopochtli) en cada madrugada de Mesoamérica.

[72] *Ibid.*

[73] Muchos superficiales de algunos partidos de oposición, y que pretender representar algún sentimiento religioso, declaran que no piensan dialogar con gente que tiene su rostro cubierto. Como si los indígenas que vemos en los caminos de los campos y en las calles de nuestras ciudades no fueran uno más de esos «sin rostro»; como si alguien diera a cada rostro de esos indígenas una personalidad determinada y no simplemente el ser sólo un elemento pintoresco de un paisaje en algún viaje turístico a la provincia. Los que nunca han tenido rostro para criollos blancos y ladinos ahora se cubren el rostro para recordar que nunca se les ha otorgado un rostro: «los sin rostro», es el nombre patético de un pueblo oprimido durante 500 años. Ahora aparecen recordándonos que les hemos quitado el rostro, pero ellos mismos comienzan a recuperarlo desde su negatividad conscientemente expuesta.

montaña, buscaron palabras que otros hombres entendieran y así dicen: Primero. Demandamos que se convoquen a una elección verdaderamente libre y democrática...[74]

Esto pone en cuestión muchas cosas. La primera de ellas, la concepción del llamado Estado *nacional*. En realidad los Estados naciones fueron Estados impuestos por una nación a otras. Por ejemplo, la nación castellana impuso el Estado español a los catalanes, andaluces, vascos, gallegos. Lo mismo acontece en Francia, en Italia, en Alemania, en el Reino Unido. En América Latina, las «naciones indígenas» nunca fueron consideradas como naciones, con lengua, religión, historia, instituciones políticas propias. La reciente Constitución colombiana, fruto del trabajo del M19, logró autoconcebirse como la de un Estado plurinacional: el Estado es uno e institucionaliza la vida de «muchas naciones». Además, los indígenas tienen representación directa y en cuanto tales en el Congreso de todo el país, sin mediadores. Todo esto exige reconcebir las instituciones políticas al nivel de todo el Estado federal, de los Estados provinciales y hasta los Municipios (donde los indígenas podrían gobernarse con sus instituciones tradicionales).

El lenguaje político traduce lo que la sabiduría milenaria ha profundamente fundamentado antes. Es decir, ellos hablan desde su propia tradición, sin imitaciones eurocéntricas:

> La palabra de verdad[75] que viene desde lo más hondo de nuestra historia, de nuestro dolor, de los muertos que con nosotros viven, luchará con dignidad en los labios de nuestros jefes [...] no había mentira en el corazón de nosotros los hombres verdaderos. En nuestra voz[76] irá la voz de los más, de los que nada tienen, de los condenados al silencio y la ignorancia, de los arrojados de su tierra y de su historia por el poder de los poderosos, de todos los hombres y mujeres buenos que caminan estos mundos de dolor y rabia, de los niños y los ancianos muertos de soledad y abandono, de las mujeres humilladas, de los hombres pequeños. Por nuestra voz hablarán los muertos, nuestros muertos, tan solos y olvidados, tan muertos y sin embargo tan vivos en nuestra voz y nuestros pasos. No iremos a pedir perdón ni a suplicar, no iremos a mendigar limosnas o a recoger las sobras que caen de las mesas llenas de los poderosos. Iremos a *exigir lo que es derecho y razón (!) de las gentes todas: libertad, justicia, democracia*.[77] [78]

Es la interpelación de un pueblo, de una etnia, de una nación originaria del continente americano; más antiguo que todos los latinoamericanos mestizos o blancos venidos después.

---

[74] *Ibid*.
[75] Véase el sentido maya y azteca del concepto de «verdad» en Dussel, 1993, conferencia 7, nota 17.
[76] Esta voz es la «interpelación» (véase Dussel, 1993b, el capítulo sobre «La interpelación del Otro»).
[77] Véase mi colaboración, § 3: «Intermezzo» en Dussel, 1992, pp. 67-71.
[78] «Comunicado dirigido al pueblo» del Ejército Zapatista de Liberación Nacional, en *La Jornada* (México), 20 de febrero (1994), p. 14, col. 4.

Chiapas es una interpelación ética profunda, desde lo hondo de la historia de toda la Modernidad. Toca a América Latina desde su sustancia, pero toca igualmente a Europa recordándole el genocidio cumplido en el siglo XVI, el primer Holocausto de la Modernidad, los quince millones de indios muertos, los catorce millones de esclavos africanos vendidos... Situaciones éticas que convocan a la corresponsabilidad solidaria con los oprimidos, los pobres, los excluidos. Tendremos mucho que reflexionar, madurar, analizar, concluir en los años venideros de las ya densas primeras semanas del 94.

Para finalizar leamos todavía uno de tantos «Comunicados» llenos de esperanza utópica, que nunca falta a los pobres, porque la Vida no se resigna a la muerte y lucha con una pasión que los satisfechos no conocen:

> Pero la verdad que seguía los pasos de la palabra de los más viejos de los viejos de nuestros pueblos no era sólo de dolor y muerte. En su palabra de los más viejos de los viejos venía también la esperanza para nuestra historia. [..] El temor fue enterrado junto a nuestros muertos de antes, y vimos de llevar nuestra voz a la tierra de los poderosos, y cargamos nuestra verdad para sembrarla en medio de la tierra donde gobierna la mentira, a la ciudad llegamos cargando nuestros muertos para mostarlos a los ojos ciegos de nuestros compatriotas, de los buenos y los malos, de los sabios y de los ignorantes, de los poderosos y los humildes...[79]

Es entonces un movimiento político que expresa, articuladamente, una etnia, un pueblo, una nación originaria de este continente, el Cemanahuac de los aztecas, el Abia Yala de los kunas, el Tehuantisuyo de los incas. ¡Nos falta a los blancos y mestizos, a los poetas con grandes premios y a tantos intelectuales universitarios, todavía mucha cultura, belleza y poesía que aprender para estar a la altura de «los más viejos entre los viejos» de los Altos de Chiapas. ¡Que la historia nos perdone nuestra ignorancia y nuestra soberbia!

---

[79] «Entramos otra vez a la historia de México: EZLN», en *La Jornada*, 22 de febrero de 1994, p. 8, cols. 2-3. Pareciera que escuchamos nuevamente el *Libro de los Libros de Chalam Balan*: «El 9 Ahuau Katun es el segundo que se cuenta. Ichcaansihó, Faz-del-nacimiento-del-cielo, será su asiento. En su época recibirán el tributo los extranjeros que vengan a la tierra, en la época que lleguen los amos de nuestros almas y congreguen a los pueblos comience a enseñarse la Santa Fe del cristianismo [...] Enorme trabajo será la carga del katun porque será el comenzar de los ahorcamientos, el estallar del fuego en el extremo del brazo de los blancos...» (FCE, México, 1991, pp. 70-71). Esto aconteció en el siglo XVI. El texto actual dice: «Nuestro suelo se cubrió de guerra, nuestros pasos echaron a andar de nuevo armados, el temor fue enterrado junto a nuestros muertos...» (*op. cit.*, p. 8, col. 2). Es una manera maya de expresarse por medio de poderosas imágenes que sustantivizan las acciones como si fueran sujetos: «nuestros pasos echaron a andar...».

6. «Ser-hispano». Un mundo en el *border* de muchos mundos

No se trata de proponer una utópica «raza cósmica» como la que nos habla A. Vasconcelos, ni la «hibridez» de N. García Canclini, ni una historia interpretada literariamente como la de Octavio Paz en *Laberintos de la soledad*, sino más bien un ir descubriendo al *hispano* como «localizado» creativamente *entre* (el «in-between» de Homi Bhabha[1]) muchos mundos que van constituyendo, en el «border» intercultural,[2] una identidad histórica, no sustancialista ni esencialista, sino dialécticamente creadora de sus propios componentes en el proceso mismo de la historia en continua integración de nuevos desafíos. Pero dicha experiencia histórica es al mismo tiempo normativa: debe ser descubierta y afirmada en su dignidad, mucho más cuando el estado actual de la comunidad *hispana* parte de una negativa autoevaluación de su propia existencia. La complejidad cultural del «ser-*hispano*» debe ser vivida desde una subjetividad, desde su intersubjetividad activa y creadora, que acepta los retos y los integra, y no los vive como simple dispersión o desgarramiento.

La estrategia de mi exposición en esta contribución, presentada de viva voz en un seminario de la Universidad de Pittsburgh, se sitúa en un horizonte pedagógico, comprometido, que intenta ser comprensible para un *hispano* no-universitario ni académico; para un *hispano* de la base social, a los que he expuesto este tema muchas veces, desde California a North Caroline en Duke, de New York a Chicago, y en tantas otras ciudades norteamericanas. Cuando el *hispano* descubre su compleja historia constitutiva reacciona al final de la exposición con un cierto enfado: «—¿Por qué no nos han mostrado esto nunca, por qué nos han ocultado nuestra historia en las instituciones educativas o de otro tipo norteamericanas?». A cuya protesta he respondido, aproximadamente: «Difícilmente en alguna escuela primaria, high school, universidad, grupo sindical o religioso se mostrará al *hispano* esta existencia[3] tan rica, antigua y con tan-

---

[1] Véase Bhabha, 1994.

[2] Pero el «border» no como una línea, sino como un territorio espeso en significado como el «entrecruce» de horizonte de Gadamer; un «espacio» más que un límite; un «espacio» entre muchos mundos, que la subjetividad (intersubjetiva) del actor, los vive simultáneamente, articulándolos, siendo todos ellos «mi mundo», «nuestro mundo», en la solidaridad del «estar-en-casa» (*zu-Hause*) hegeliano, pero «exterior» al mundo hegemónico de los *anglos*, en la «alteridad» (levinasiana).

[3] En este caso, en el título, y a lo largo de este «paper», la palabra «ex-sistencia» será técnica, tendrá un significado sartreano o heideggeriano («ex-»: el punto de origen; «-sistencia»: la trascendencia o el «estar» arrojado en el «mundo»).

tas potenciales en la actualidad. El *anglo* protege celosamente su superioridad cultural, política, religiosa». Deseo entonces guardar en esta contribución escrita el tono coloquial, comprensible al sentido común medio de los *hispanos* en Estados Unidos. Se trata como de un esquema para un curso, un seminario, una conferencia ante *hispanos* interesados en tomar conciencia crítica de su propia existencia.

El *hispano*,[4] como todo ser humano,[5] vive (ex-siste) inevitablemente en un «mundo». Su «ser-en-el-mundo»[6] tiene por «mundo» uno que ha subsumido «muchos» mundos, cuyas historias no son cronológicamente simultáneas, sino que se han ido dando con diferentes ritmos, en diversos lugares, desarrollando distintos contenidos, cuyo horizonte denominamos el «ser-en-el-mundo-*hispano*», como facticidad concreta, actual, compleja, y de allí su riqueza intercultural integrada en una identidad siempre en formación, intersticial, nacida en un *border land* con gamas tales que pasan de una tonalidad a otra de manera continua, sin perder el experimentarse dentro de la solidaridad *hispana*. El *hispano* puede ser un indígena guatemalteco en Chicago, un mestizo mexicano en San Diego, un criollo blanco uruguayo en Washington, un afrocaribeño portorriqueño en New York o cubano en Miami, un mulato de Santo Domingo en Houston, y muchas cosas más. Muchos mundos en un mundo. Un mundo que es hoy en la sociedad hegemónica norteamericana despreciado, dominado, empobrecido, excluido (más allá del horizonte del mundo *anglo* aceptable, más allá de la «línea» del horizonte de la ontología heideggeriana, en el *border* donde comienza el no-ser, la nada de sentido de la alteridad levinasiana). Son los últimos de la escala social, cultural y epidemiológica (por ejemplo, los que tienen mayor porcentaje de Sida). El «mundo *hispano*» es como un fantasma, un espectro que ronda en la «exterioridad», pero que recientemente va mostrándose con nuevos rostros, adquiriendo nuevos derechos gracias a su lucha por el reconocimiento de una existencia distinta, la que, pienso, podría servirle el tipo de narrativa que expondré, a fin de elaborar un mapa básico del tiempo histórico y de la territorialización de «su-mundo». Es un esquema que los maestros, líderes, militantes de las comunidades podrían usar para autoafirmar la dignidad menospreciada frecuentemente. Intenta ser una narrativa ético-pedagógica. No se propone denigrar al *anglo*, simplemente intentará dialécticamente afirmar, mostrar los valores históricos del *hispano*. Puede que aparezca como apologética, y no está del todo mal ser apologista de los despreciados, ilegales, desconocidos, marginales.

Cada uno de los cinco «mundos» que sugiero los imagino como círculos, que coinciden con los otros en torno al *hispano*, el que, por otra parte, guarda una cierta exte-

---

[4] Hace veinte años los «hispanos» eran los ciudadanos blancos de New Mexico que no deseaban ser confundidos con los «chicanos». Después se los denominó «latinos», y creo que recientemente se va imponiendo lo de «hispano». Es igualmente un tema a ser pensado la oportunidad política que esta comunidad cultural y política tiene para aceptar consensualmente esa denominación.

[5] Esa mera ex-sistencia la denomina Heidegger bajo el nombre de «Dasein». Véase Martin Heidegger, 1962, § 9 ss., pp. 67 ss.

[6] *Op. cit.*, § 12; pp. 78 ss.: «Being-in-the-World».

rioridad en referencia al mundo hegemónico. Todo *hispano* vive dichos mundos en mayor o menor medida.

Valga para iniciar contar una anécdota, experiencia que viví hace años. En la Universidad de Notre Dame, al llenar mi formulario de profesor, debía responder una pregunta sobre mi *ethnicity* —que me desconcertó por racista, como es evidente—. Decía en el primer lugar: «¿Es usted blanco (no hispano)?». Después preguntaba: «¿Es usted afro-americano (no hispano)?», y así sucesivamente «nativo (no hispano), y al final: «¿Es usted hispano?». Pregunté a la secretaria: «¿Qué le parece que soy yo?». Al escuchar mi «acento» inglés me preguntó: «¿Viene usted de México? Ponga *hispano*».[7] Quedé entonces clasificado «al final» (abajo) de las posibles *ethnicities*. Esta anécdota creo que abre la presente reflexión histórico-cultural.

6.1. El «mundo primero».[8] Por parte de «madre»: el Oriente extremo del Extremo Oriente

Cuando en Los Ángeles o San José uno encuentra a un mexicano, aunque advierte rápidamente que se trata por ejemplo de un zapoteco de Oaxaca, que habla su lengua amerindia y que quizá en poco tiempo llegue a expresarse mejor en inglés que en castellano, descubre un *hispano* que, sin embargo, se diferencia notablemente de muchos otros que también se identifican con esta comunidad cultural, histórica y política.

En efecto, el *hispano* tiene siempre una cierta referencia originaria, constitutiva con las culturas amerindias. Para el que pertenece por raza, lengua, cultura, religión, historia a una comunidad indígena, esta pertenencia es mucho más fuerte. De todas maneras los *hispanos* reaccionan espontáneamente ante un indígena procedente de América Latina como ante un miembro de su propia comunidad. Puede observarse esto en el arte mural que llena numerosas paredes (arte tan azteca y tan mexicano, que se inspira en los Rivera, Orozco u O'Gorman de inicios del siglo XX) de los barrios *hispanos* de las ciudades norteamericanas. El indígena aparece frecuentemente como un momento simbólico en esas representaciones históricas. No es un despreciado «nativo», sino que es el fundamento sobre el que se edifica una identidad histórica. Como si quisieran expresar en sus obras los artistas populares: «¡Nosotros hemos estado aquí *desde siempre*! ¡Venimos de Aztlán!». Este componente referencial es esencial. El *hispano* tiene relación con América como «su» continente (geográfico y cultural) ancestral, originario, por «Malinche» (sea indígena o mestizo) su «madre», que se enlaza con la «terra mater» (la «Pacha Mama» de los Andes o la «Cuatlicue» del valle de México, la «tonanzintla»: nuestra madrecita). Esa tierra es América y fue originariamente *hispana*, por parte de madre. No fue la tierra «vacía» de John Locke o Walt Whitman,

---

[7] Yo era ciudadano argentino de cuarta generación latinoamericana, cuyo origen es en parte alemán y en parte italiano.

[8] Escribo «World first» y no «First world» por razones obvias, para evitar una confusión geopolítica.

sino que estaba «llena» de significado histórico-cultural. El indígena es el que merece como nadie el nombre de «americano» (*american*).

Hemos expuesto en otras obras el movimiento en el espacio de nuestros pueblos originarios.[9] La humanidad efectuó un largo proceso civilizatorio en el continente afro-asiático (desde las culturas neolíticas en la actual Turquía, con ciudades desde el VII milenio a. C., y en la Mesopotamia, pasando por Egipto en el IV milenio, y apareciendo en las civilizaciones de la India o la China). Fue el «largo caminar» hacia el Oriente —del Occidente hacia el Oriente, contra la opinión eurocéntrica hegeliana—. Es en ese movimiento que deseamos insertar el origen de la historia cultural de los *hispanos*, ya que tienen por «madre» a la indígena, y nacieron en el «oriente extremo del Extremo Oriente» (este último occidental para América, más allá del Océano Pacífico, referencia central a las civilizaciones polinésicas a las que tanto deben las culturas amerindias), en el continente asiático, desde el cual, hace decenas de miles de años, a pie por Behring, siguiendo siempre hacia el este, se fueron introduciendo en América del norte (por Alaska) y llegaron veinte mil años después al sur (a Tierra del Fuego), por las más diversas y sucesivas rutas migratorias. En sus rostros está presente el Asia, el Asia oriental, el Pacífico occidental. Tenemos hoy seguridad de que todas estas culturas fueron asiáticas, que pasaron por Mongolia, Siberia, las costas y las islas del Pacífico occidental, huyendo hacia el norte y expulsadas por pueblos más bravíos. Los esquimales fueron los últimos en llegar y quedaron todavía en Siberia y Canadá, quizá expulsados por pueblos turcos. Las semejanzas raciales, hasta faciales, de nuestros indígenas con los habitantes de Mongolia, Indonesia, Filipinas, Polinesia, Micronesia, son por demás conocidas.

Lo importante para una reconstrucción de la «conciencia crítico-histórica» de los *hispanos* es que sitúen a sus ancestros originarios, no como venidos desde un «no-lugar», como caídos del cielo y estando aquí en América, en las playas de algunas islas caribeñas como «esperando» la llegada del «descubridor» Cristóbal Colón, que los investirá de un «lugar» en la historia. Ellos fueron los primeros habitantes de América, habiendo creado grandes civilizaciones urbanas (semejantes a las egipcias, mesopotámicas, del valle del Indo o del río Amarillo, y siguiendo cronológicamente su camino hacia el este), que ya habían «descubierto» todo el continente cuando se produjo la «invasión» europea en el 1492,[10] viniendo desde el Asia materna.

El *hispano* debe experimentar existencialmente (subjetiva e intersubjetivamente) el hecho de haber estado en el continente americano, en sus valles, ríos, montañas, selvas... desde la comprensión de una historia de la humanidad razonable, de milenaria antigüedad, desde «antes» de todas las «invasiones» posteriores. Su «madre» (y su «padre» si es indígena *hispano*) dio nombre a todos los «espacios» y vivió la tierra,

---

[9] Dussel, 1966 (incluido en un CD que puede pedirse a < dussamb@servidor.unam.mx >), 1993, y 1998, pp. 15-98.

[10] Esa experiencia de «llegar» a Amerindia por el oeste, debe hacerse vivir a los *hispanos* como una experiencia ontológica de la primera importancia.

el sol, las nubes, los pájaros, los animales... desde sus mitos, desde antiguo, desde las «raíces». Deben poder saborear la dignidad de ser «los primeros», «los más antiguos» en referencia a todos los que vendrán «después». No para despreciarlos, ni para creerse superiores, pero sí para experimentar el don gratuito de haber sido los que recibieron a los que llegaron de otros «mundos», ofreciéndoles alimento (el «pavo» es un animal americano, amerindio) a los pobres que desembarcaban hambrientos (los que después celebrarán recordando la comida que les brindaron, pero olvidando el asesinato con el que pagaron a los que tan generosamente les dieron hospitalidad hasta con sus propios y escasos bienes, y en su propia tierra que les será expoliada).

ESQUEMA 1
EL *HISPANO*: UN «MUNDO» COMO *BORDER LAND ENTRE* (IN-BETWEEN) MUCHOS «MUNDOS»

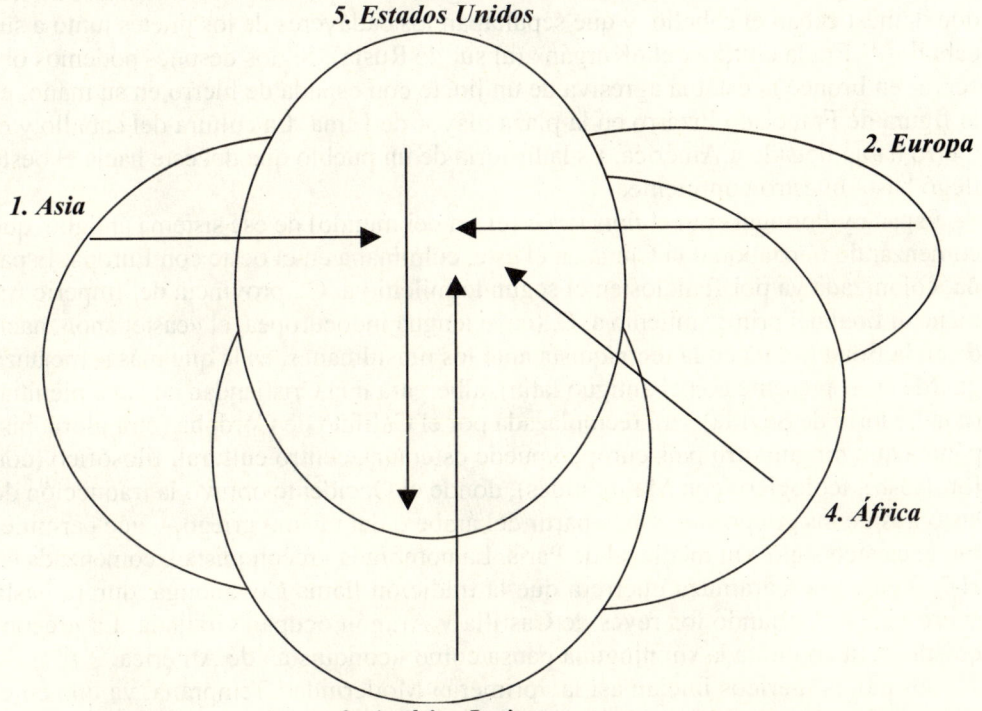

Aclaración del esquema 1. 1. Desde el oriente extremo del Extremo Oriente asiático. 2. Desde el occidente extremo del extremo Occidente europeo. 3. El extremo norte del Sur latinoamericano. 4. Desde el occidente de África. 5. El extremo sur del Norte anglosajón.

Deben los *hispanos* conocer y apreciar del mundo amerindio no sólo la existencia de comunidades nómades (del norte en Estados Unidos hasta del sur del Imperio inca), o de los plantadores de las praderas, del Caribe y del Amazonas, sino también a las imponentes culturas urbanas de la «América nuclear»: a los mayas, a los aztecas, a los chibchas, a los incas... Civilizaciones de las que deben apreciar su implantación en el espacio, sus hechos históricos, sus textos fundamentales, sus espléndidas estructuras culturales, políticas, religiosas, estéticas, comerciales, económicas, militares... Los *hispanos* deben estudiar esas culturas como un momento de la constitución de su propia identidad, que se va creando, modificando, creciendo en su paso por el espacio y el tiempo. En este caso la memoria es un momento fundamental de la creación de identidad solidaria.

6.2. El «mundo segundo». Por parte de «padre»: el extremo occidente del Occidente extremo

Cuarenta siglos a. C., en el norte del Mar Negro, había pueblos que fundían el hierro, que domesticaban el caballo, y que sepultaban los cadáveres de los jinetes junto a sus caballos.[11] Era la cultura del «Kurgán» (al sur de Rusia). Siglos después podemos observar en bronce la estatua agresiva de un jinete con espada de hierro en su mano, es la figura de Francisco Pizarro en la plaza mayor de Lima. La cultura del caballo y el hierro había llegado a América. Es la historia de un pueblo que del este hacia el oeste llegó hasta nuestro continente.

España y Portugal eran el *finis terris* (el fin del mundo) de ese sistema antiguo, que comenzando por Japón o la China en el este, culminaba en el oeste con Europa. España, colonizada ya por fenicios en el segundo milenio a. C., provincia del Imperio romano al final del primer milenio a. C. (cuya lengua indoeuropea, el «castellano», nacida en la Edad Media en la reconquista ante los musulmanes, es la que más semejanza guarda en el presente con el antiguo latín), albergará una Cristiandad en cuya plenitud (con Isidorio de Sevilla) será reemplazada por el Califato de Córdoba (otra gloria hispánica que ningún otro país europeo puede ostentar), centro cultural, filosófico (con Ibn-Rosh), teológico (con Maimónides), donde el Occidente obtuvo la traducción de las obras de los griegos al latín, a partir del árabe o del mismo griego, y que permitieron el clásico siglo XIII medieval de París. La nombrada «reconquista», comenzada en el 718 en una escaramuza guerrera que la tradición llama Covadonga, durará hasta enero de 1492, cuando los reyes de Castilla y Aragón ocupan Granada. La «reconquista» será continuada sin ninguna pausa como «conquista» de América.

Los países ibéricos inician así la «primera» Modernidad Temprana, ya que en el siglo XV será España, junto a Portugal que se le anticipa en la empresa por un siglos,

---

[11] Estos jinetes llegaron de la China y la India (por Kabul), hasta los medos y persas, griegos y latinos. Fueron los primeros «cowboys», que después surcaron los desiertos árabes, llegaron como vaqueros musulmanes a Andalucía, de allí pasaron a México (hacia el sur del continente como «llaneros» en los Llanos colombianos, y como «gauchos» en las Pampas argentinas). Por último pasaron al norte de México, y llegaron entonces al sur de los Estados Unidos. Su historia es ya la historia del «padre» de los *hispanos*.

la que producirá la apertura al Atlántico, constituyéndose en el «puente» entre el «Mundo antiguo» y la Modernidad (que España y Portugal originan, exactamente, con la «invasión» de las Indias occidentales, el *Abbia Yala* de los indios kunas del Panamá, llamada en honor al renacentista Americo Vespucci inadecuadamente «América»).

Las culturas del extremo occidente (Europa) del continente afro-asiático, nunca fueron «centrales» con respecto a este gigantesco espacio civilizatorio. El territorio de conexión fue el Imperio persa o el helenismo, el Imperio bizantino o los sasánidas, región ocupada por último por el Califato de Bagdad («centro» comercial del antiguo sistema desde el siglo VIII al XIII, los 500 años clásicos de la cultura islámica). Europa nunca fue hegemónica en este ámbito. Menos aún el norte de Europa sumida en la barbarie de los germanos hasta muy entrada la Edad Media. El polo fundamental de todo el inmenso continente, el de más peso poblacional, cultural, comercial, fue siempre la China y el Indostán, conectados al mundo bizantino por la civilización comercial musulmana (desde Filipinas hasta España, pasando por Malaka, el Imperio mogol, los reinos del Medio Oriente, hasta el Egipto o Marruecos).

España y Portugal, por estar situadas entre el Mediterráneo y el Atlántico, reemplazaron la hegemonía de Génova o Venecia (ambas bizantinas) que habían conectado a Europa latino-germánica con el «sistema antiguo», porque habían logrado antes que ningún otro país del norte de Europa su unidad (Portugal ya en el siglo XIV, y España en el 1476 con la unidad de Castilla y Aragón). Contra lo que la historiografía posterior enseña, interpretación hegemonizada por el norte de Europa, España y Portugal fueron los países que inician la Modernidad, para las cuales el Renacimiento italiano fue sólo el despertar «Mediterráneo» por la caída de la Constantinopla griega. España y Portugal heredan el renacimiento, pero lo abren el ancho mundo del Atlántico (centro geopolítico de la Modernidad). Todavía bajo la hegemonía comercial de China y del Indostán, y contra un mundo musulmán-otomano que conectaba esas potencias con Europa, Portugal descubre el Atlántico sur-oriental con la Escuela náutica de Enrique el Navegante, que abre a Europa al «Mar de los Árabes» (el océano Índico). España hace lo propio con el Atlántico tropical, gracias al genovés Cristóbal Colón, conectando al Caribe con Europa.

El choque cultural de lo más oriental de Oriente (Amerindia) con lo más occidental de Occidente (los países ibéricos) es el enfrentamiento intercultural más formidable de toda la historia mundial. La tierra había sido completamente ocupada y la humanidad se unía en un abrazo (mortal para los amerindios). Ese choque, y no «Encuentro de dos culturas» (eufemismo eurocéntrico), es justamente la entrelace de Malinche y Cortés, «dos mundos» de los muchos mundos que constituyen «el» mundo *hispano*. Abrazo incomprensible y sin embargo histórico, y asumido, y hecho carne desde hace 500 años. Abrazo cultural que el *hispano* lleva en su cultura, en su sangre, en su historia, y del cual el *anglo* nada puede comprender, ni experimentar, ni admirar. El *hispano* tiene una impresionante complejidad histórica americana. Tiene por «padre» un europeo latino, de comportamientos propios de la finura islámica (de la refinada Córdoba, Sevilla, Granada), tan lejana de la barbarie medieval europea.

La presencia española en América desde 1492 y de Portugal en Brasil desde 1500, anticipa por un siglo la invasión holandesa e inglesa a las costas norte del continente. Es el comienzo de la primera Modernidad Temprana, el despliegue originario del «Sistema-mundo» del que nos habla acertadamente I. Wallerstein.[12] América Latina (Amerindia + Países ibéricos) es moderna desde su origen. Sufre la Modernidad que siempre se inicia con la violencia de las armas (en América Latina, África y Asia), cuyo primer signo es la «conquista», que se inicia en el Caribe en 1492 y llega hasta el río Maule en Chile, aproximadamente en 1540. Cincuenta años en los que se ocupa la «América nuclear», que contiene la mayoría de la población del continente.

El *hispano*, sea mestizo o criollo, por parte de «padre» (el machista Cortés que domina a la delicada Malinche, princesa indígena, en la interpretación correcta de Octavio Paz en *El laberinto de la soledad*), que le permite remitirse a las culturas amerindias por su «madre», se refiere a una parte de sí mismo cuando piensa en la Europa moderna.

De todas maneras, el *hispano* se identifica con el español no en el sentido despectivo de los latinoamericanos (los «realistas», los «gachupines»). Pienso que geopolíticamente el *hispano* tiene interés en recordar a los *anglos* que son descendientes (y por lo tanto *hispanos*) de aquella España que hizo temblar a Inglaterra con «La Invencible» al final del siglo XVI. Carl Schmitt, cuando quiere dar un ejemplo de lo que significa «enemigo», cita un texto de Cromwell sobre los españoles.[13] España (no tanto Portugal que en muchos casos fue aliada posterior de Inglaterra contra España) desde antes del Imperio romano, por estar situada en el Mediterráneo (y no ya como la Inglaterra en la Europa atlántica del Mar del Norte, germánica, medieval, nunca en contacto con las grandes culturas fenicias, egipcias, griegas y muy tardíamente parte periférica del Imperio romano), fue para los anglosajones uno de sus oponentes históricos, en especial en el siglo XVI, debido a la hegemonía hispánica en Europa. La confrontación hispano-anglosajona tenía muchos siglos. El *hispano* entonces, por parte de «padre», despierta en el *anglo* muchos «malos recuerdos» (Shakespeare sabe que el «Manco de Lepanto»[14] inició la literatura moderna), al que no puede considerar simplemente un pueblo inferior, sino, por el contrario, un pueblo más antiguo, más numeroso, más desarrollado (todo esto, evidentemente, hasta comienzo del siglo XVII, cuando comienza la decadencia hispánica y el crecimiento de Inglaterra).

De nueva cuenta el *hispano* debería tomar conciencia de que su lengua, su cultura, su tono religioso barroco tienen un componente europeo que no puede negar, y que

---

[12] Véase Wallerstein, 1974.

[13] Escribe Cromwell el 17 de septiembre de 1656: «The first thing therefore [...] is that: [...] Being and Preservation [...] Why, truly, your great Enemy is the Spaniard. He is a natural enemy [...] by reason of that enemity that is in him against whatsoever is of God» (cita Schmitt, 1996, § 7, p. 67)

[14] Y no está de más recordar que aquella batalla del 1571 en la que participó Miguel de Cervantes, en la que España vence a los otomanos, es igualmente el final de la importancia del Mediterráneo y el comienzo de la hegemonía ya sin interrupción del Atlántico, el gran cambio geopolítico de los últimos quinientos años, que inicia España.

debería integrar a su pasado amerindio para constituir su inimitable personalidad histórica. Este «otro» *mundo* que vive como propio el *hispano*, y que se conjuga de manera creativa, viene a enriquecer al «primero».

6.3. El «mundo tercero». Como un/a «hermano/a» de descendencia «mestiza»: el extremo norte del Sur

El mestizo, el «pocho» en Los Ángeles del que nos habla Octavio Paz, es una mezcla racial y cultural tan antigua como la Modernidad. Ninguna otra raza o cultura le puede arrebatar esa dignidad, y ese estigma. Martín Cortés, el hijo de Malinche y del capitán español, morirá olvidado por una causa ajena como militar en España. Destino de un mestizo, símbolo del olvido de su origen y del sentido de su existencia.

El *hispano* es una síntesis (mundo tercero), un/a hermano/a de los latinoamericanos (el/la que llegaron al «Norte»), descendencia del mundo primero (Malinche) y del segundo (Cortés), o un criollo (un blanco nacido en América, y por lo tanto americano). Es uno de aquellos jóvenes criollos que, habiendo desde niños remado con piraguas por los inmensos e infinitos ríos del Paraguay guaraní, comiendo, durmiendo, vistiéndose como los indígenas, pudieron fundar las Reducciones jesuíticas,[15] respetando las costumbres de los amerindios, sin propiedad privada, hablando sus lenguas, y viviendo los usos lugareños como propios. Los «españoles» que venían de Europa, no podían ya comprender el espíritu de estos latinoamericanos nacidos en tierras de este continente. Los *hispanos* son, por todo ello, «americanos» más antiguos que los que vendrán después, por parte de madre y como nacidos en estas tierras, por ser, como mestizos o criollos, habitantes de este continente desde finales del siglo XV. Los otros grupos que llegarán posteriormente a Nueva Inglaterra, no sólo los africanos, sino también los europeos de regiones no anglosajonas,[16] tendrán plena conciencia de haber sido acogidos en tierra extraña y ya colonizada. Los *hispanos*, en cambio, tienen plena conciencia de que estas tierras americanas fueron por ellos habitadas «antes» que ningún otro grupo, incluyendo a los *anglos*. Y que fueron despojados de esas tierras, siendo declaradas «tierras vacías», y por ello excluidos, como los cananeos fueron excluidos de sus propias tierras cuando Josué ocupó Jericó, viniendo del desierto y habiendo sido esclavo en Egipto.

La historia de la vertiente latinoamericana del *hispano* se desarrolla como historia colonial del Caribe colombino hacia la «Tierra Firme», de Panamá a Venezuela, y

---

[15] Véase Dussel, 1981.

[16] Es interesante recordar, una entre tantas historias, las comunidades españolas judías que huyeron hacia Portugal tras la injusta expulsión del 1492. De Portugal algunas, como la familia de Spinoza, partieron en el exilio hacia las Provincias Unidas de Holanda. De allí pasaron a las islas caribeñas colonias holandesas, como la de Curação. La comunidad errante judía pasó por último a Nueva Amsterdan en Nueva Holanda. Dicha comunidad permanecerá cuando pase a manos de Inglaterra y se transformará en la comunidad judía de Nueva York, muy anterior a los *anglos*.

hacia Florida. De allí va hacia el sur por Nueva Granada y por el Pacífico de Ecuador al Perú, a Chile, uniéndose en el Plata con la corriente colonizadora del Atlántico suroccidental de Asunción y Buenos Aires. Con Huancavélica y el Potosí la plata (descubierta en 1546 en el monte nombrado) inunda España, Holanda, Europa, y por las estepas y los navíos portugueses se acumula al final en la China (alcanzada igualmente desde Acapulco hacia Manila). Hacia el norte, el mundo colonial latinoamericano se expande en Centroamérica, en el México continental azteca, el ámbito yucateco-guatemalteco maya. Por último la corriente conquistadora va hacia el norte, hacia las minas de Durango, Saltillo, hacia California y la Pomería.

En 1620[17] toda la organización política latinoamericana había concluido, con sus virreynatos, sus audiencias, sus capitanías generales, cabildos, etc. La organización eclesiástica con más de treinta y cinco diócesis (fundándose en ese año en el norte la diócesis de Durango y en el sur la de Buenos Aires) había quedado concluida prácticamente hasta finales del siglo XVIII. La civilización latinoamericana colonial estructura grandes universidades del rango de Salamanca (en 1553),[18] decenas de colegios universitarios, seminarios teológicos. La «ciudad letrada» crece barroca en el siglo XVII, y después ilustrada en el siglo XVIII.

Cuando en 1610, procedentes del Sur, llegando así al extremo norte de México, el extremo norte de América Latina, se fundaba la ciudad mexicana de Santa Fe en «Nuevo México» (así como México era la «Nueva España»), contemplamos en el actual territorio ocupado por Estados Unidos, su extremo sur, la región norte del mundo latinoamericano; mundo ya antiguo de más de un siglo, con todas sus bibliotecas (como la Palafoxiana de Puebla), imprentas, catedrales artísticamente imponentes, grandes palacios urbanos en las ciudades, espléndidos puertos amurallados (como los de la Habana, San Juan de Ulúa, Cartagena de Indias), caminos, acueductos, haciendas, ingenios... Todas estas instituciones son «anteriores» al origen del mundo anglosajón en el continente americano con la llegada de los Pilgrims. Las Reducciones jesuíticas de California y Misiones franciscanas en Texas, por ejemplo, nos hablan de la presencia de los *hispanos* en el extremo norte de una Latinoamérica que, desde la Patagonia, venía expandiéndose más allá del río Bravo.

El *hispano* es entonces un latinoamericano, un «latino», que como la cabeza del iceberg se apoya sobre una inmensa masa cultural, que yace oculta bajo las aguas, en la sombra de una historia, una población de más de cuatrocientos millones de ciudadanos, que como los Visigodos comenzaban a cruzar el Danubio rumbo al Im-

---

[17] Paradójicamente éste es el año en que recién llegan los Pilgrims en el norte.

[18] En Harvard hay una placa frente a la estatua del fundador, donde consta: «Desde 1636, primera universidad de América». En Santo Domingo se fundó en 1538 el primer centro de estudios de filosofía y teología en América, por parte de los dominicos. En 1540 en Tiripetío, Michoacán, Alfonso de la Vera Cruz funda la primera facultad agustiniana. En el nombrado 1553 se fundan las universidades de Lima y México con iguales prerrogativas que Salamanca, París, Oxford o Cambridge, en filosofía, teología, derecho y medicina. Los *hispanos* puede arrogarse, por parte de sus «hermanos» latinoamericanos, el haber iniciado la vida universitaria en el continente.

perio romano bizantino (también allá eran «mojados» que iban hacia el sur, aquí hacia el norte).

De nuevo, estos latinoamericanos norteños tienen conciencia de haber estado en estas tierras desde «antes» de la ocupación del desierto, antes de que se cruzaran los Apalaches, se extendieran por el río Misisipi y se alcanzaran Texas o California. Los *hispanos/as* son los/as hermanos/as latino-americanos/as del norte. Una nación latinoamericana a ser considerada como tal.

6.4. EL «MUNDO CUARTO». EL AFRO-CARIBEÑO, UN HISPANO MÁS

Los *hispanos* contienen además en su «mundo» otro mundo de extrema vitalidad y muy antiguo también. Se originó cuando en 1520 en Santo Domingo los conquistadores terminaron con la extracción del oro de los ríos, ultimando igualmente a los indígenas taínos, y comenzando así el ciclo del azúcar. Para ello se trajeron los primeros esclavos africanos, procedentes de España y después directamente del África occidental.[19]

Nació así el «mundo» de los trasterrados afro-caribeños, que se extendió por todas las islas, e igualmente por la Costa Atlántica de Centroamérica, por el norte de Venezuela y Colombia, las costas del Pacífico hasta Guayaquil en Ecuador, y el Brasil portugués, donde el azúcar y otros productos tropicales se convirtió en la mercancía más preciada del mundo luso-brasileño.

El afro-latinoamericano creció creando cultura, religión, mito, ritmo, junto al trabajo despiadado que exigían sus inhumanos propietarios. Ellos sobrevivieron gracias a su música, su danza, sus espíritus (*orishas*), su fortaleza impresionante. Cuando en el 1898 Estados Unidos anexionó las tres islas, colonias españolas, de Filipinas, Cuba y Puerto Rico, llegó ya al comienzo del siglo XX una población afro-caribeña a Nueva York, en primer lugar. Eran los portorriqueños. Todos los *hispanos* adoptaron los ritmos de la cultura afro-caribeña como propia. Tanto los *hispanos* de preponderancia indígena, como la mestiza o criolla blanca aprendieron la cadencia armoniosa del tambor africano. Por ello tenía alguna razón aquellas preguntas racistas de la universidad norteamericana cuando me interrogaban: «¿Es usted afro (no hispano)?», porque el afro-caribeño es *hispano* y *también* afro. Su *hispanidad* no niega ni confunde su *africanidad*. Es «otro» mundo (el cuarto), que compone la conciencia *hispana* en Estados Unidos. Son los latino-caribeños, afro-caribeños de Puerto Rico o Santo Domingo con su «salsa», los cubanos con sus cultos de santería, el vudú de los haitianos, el ritmo de tambor de Haití, la macumba y el candomblé brasileños. El *hispano* es también afro, con sus bellos ojos frecuentemente orientales (de su «madre») y sus labios sensuales del África, moviendo en la danza sus caderas como sólo puede hacerlo un «latino». Es la complejidad creada «entre» los borders de muchos mundos, «entre» los intersticios de muchas culturas.

[19] Véase Blackburn, 1999.

6.5. El «mundo quinto». El extremo sur del Norte

Inglaterra, las Islas Británicas, tienen otra historia que España y Portugal. La Antigüedad y la Edad Media europea los dividió. Los franciscanos fundan Oxford y Cambridge. La «voluntad» contingente de Duns Scoto y el empirismo de los Bacon nos habla de otra tradición cultural que la de los dominicos, más inclinados a la «inteligencia» continental de París o Salamanca. El catolicismo barroco poco tiene que ver con el anglicanismo, el presbiterianismo democrático, el puritanismo utópico. La monarquía absoluta hispánica, fortalecida por la plata americana, derrota a su burguesía naciente española en 1521 en Valladar. Además, al expulsar a los seiscientos mil judíos, que debieron ser la clase financiera interior al imperio, fueron reemplazados por extranjeros, la Génova mercantil renacentista. En cambio, la debilidad de la monarquía inglesa permite la primera revolución burguesa triunfante en el siglo XVII, siendo esa misma burguesía ahora la encargada de organizar parlamentariamente el Estado, apoyar el comercio y desplegar la estructura colonial del creciente Imperio inglés (que desde el siglo XVII, reemplazará lentamente a las potencias ibéricas). El *anglo* proyecta hacia el pasado el esplendor creciente británico de los siglos XVII y XVIII, y oculta cuidadosamente en las sombras al siglo XVI. El *hispano* debe partir del siglo XVI para autointerpretarse positivamente y poder resistir la humillación y la dominación presente.

En América los primeros anglosajones habían sido por su parte anticipados por los holandeses, ya que la «Nueva Inglaterra» había sido antes «Nueva Holanda», y «Nueva York» se había denominado «Nueva Amsterdam». Así, las primitivas comunidades utópicas que tanto admiró Tocqueville, que huían de una Inglaterra bajo el modelo del Leviatán de Hobbes, el Estado absoluto, fueron ya modernas, en el espíritu de la «segunda» Modernidad Temprana (de Amsterdam, Londres o Edinburgh). En el siglo XVIII los norteamericanos asimilaron creativamente a la Ilustración y realizaron «su» Revolución industrial, no para disminuir la proporción del salario en el valor del producto, sino para permitir a los pequeños propietarios libres mayor producción. Las colonias inglesas participaron así en el origen de la Modernidad Madura, capitalista, liberal, industrial, y por ello no tuvieron en el continente americano ninguna otra potencia industrial ni militar que pudiera ser un oponente a su nivel. Su expansión era cuestión de tiempo, y el tiempo estaba con los *anglos*.

Cuando las comunidades de las Trece Colonias de la costa atlántica del nordeste, emancipadas del yugo inglés en 1776, fueron ocupando el territorio mexicano, hacia el occidente (el largo camino hacia el «far West», que comenzó por la Luisiana —también parte originaria de Nueva España—, siguió hacia el sur con Texas, y hacia el oeste por Arkansas, Nuevo México y California), incorporarán no sólo territorios sino también población *hispana,* que viniendo desde «antes» quedaron atrapados «adentro» de un «nuevo mundo» por ellos desconocido que venía del nordeste: el de los Estados Unidos de Norte América. Esta «inclusión» —que será seguida por una lenta dispersión *hispana* del sur hacia el norte, durante un largo siglo—, tendrá toda la característica de una «expulsión» (como la del pueblo elegido bajo Josué, que derrotaba a los cananeos en Jericó, ahora con rostros de indios o mexicanos: *hispanos*);[20] expulsión no de parte de europeos extranjeros, sino que ahora de los propios americanos del norte que se expandirán ocupando territorios y manejando las poblaciones que quedaron en el sur, los *hispanos*.

Las poblaciones incluidas permanecerán indefensas, sin protección alguna. Como en el caso de la figura protagónica del cura Martínez,[21] formado en el seminario de Durango en México, párroco de Santa Fe en Nuevo México, elegido diputado para representar a su provincia en la Ciudad de México en varias oportunidades, después en la asamblea independiente de Nuevo México como Estado autónomo, y, por último, representante de New Mexico en Washington. Como sacerdote católico mexicano, en rebelión contra el manejo de la Iglesia por parte de «extranjeros» (no *hispanos*) será excomulgado por el obispo Lamy de San Antonio, de nacionalidad francesa (que no comprendía a la comunidad *hispana*, que era la mayoría de la población católica), obispo nombrado por un Vaticano que confiaba más en el gobierno norteamericano que en el mexicano. Quedó así todo un pueblo «como ovejas sin pastor».

Durante un siglo, desde 1848 hasta el final de la Segunda Guerra Mundial (1945), el pueblo *hispano* fue ignorado, oprimido, eliminado. Su lengua era proscrita. Por su participación como militares en esa guerra y en las posteriores, por el aumento de su población, por la presencia masiva portorriqueña en el Este, mexicana en el Suroeste, y por último cubana en Florida, la importancia política de la comunidad *hispana* no podía ya ser acallada. El movimiento social y artístico chicano, el sindicalismo como el de César Chávez, la presencia de organizaciones como «Padres» y «Madres» de sacerdotes y religiosas en la Iglesia católica, al igual que el nombramiento de muchos obispos *hispanos*, la aparición de líderes políticos, empresariales, intelectuales y artistas, dio a la comunidad *hispana*, poco a poco, el rostro de la mayor minoría de Estados Unidos. Movilizaciones como las realizadas contra al decreto 187 en California mostró ya una comunidad inicialmente conciente de sus derechos.

El futuro no está de ninguna manera garantizado. Su cultura compleja, rica y «americana» necesita ser creativamente desarrollada. Su presencia política debe adquirir mayor autonomía, para no inscribirse en el carro del poder sin exigir condiciones para el desarrollo de la propia comunidad. De todas maneras su reciente «aparición» en la

---

[20] El pensador hispano de Texas, Virgilio Elizondo, muestra la transformación del discurso de liberación del Moisés saliendo de Egipto con los antiguos esclavos (las comunidades utópico-cristianas que abandonaban Inglaterra o Irlanda, y que de la pobreza y la persecución entraban a la «Tierra prometida», en nombre del «Dios de los esclavos»), en el discurso que en el momento de la ocupación de la tierra, en cambio, empuñaban con Josué para justificar la conquista de la «Tierra vacía», o que había que vaciar, en nombre del «Dios de los ejércitos». Ese discurso será el permanente en Estados Unidos desde la ocupación del «far West» hasta la lucha contra el terrorismo de George W. Bush en el presente, inspirado en el «Western Design» de Cromwell, en el «Manifest Destiny» y la Doctrina Monroe, hasta las narrativas del expansionismo fundamentalista cristiano norteamericano.

[21] Véase Dussel, 1983c.

escena pública es un hecho, determinante en la elección de los gobernantes de Estados Unidos por su implantación muy fuerte en Florida, Nueva York, Chicago, Texas y California. Es la oportunidad histórica de innovar en la educación de los miembros de la comunidad, y las presentes líneas son como el esbozo de un curso, un seminario, un libro de historia cultural, un esquema para enseñar al *hispano* a tomar conciencia de su historia milenaria, centenaria, propia.

Los *hispanos* necesitan América Latina, porque ahí están las nutrientes «raíces» de su mundo, la reserva vital de millones de «hermanos/as» que presionan desde su pobreza, pero también desde su esperanza contagiosa.

América Latina necesita de los *hispanos*. No necesita de *hispanos* que al hacerse presentes en el sur, por ejemplo como diplomáticos o en funciones de empresarios o militares, puedan hablar la lengua de la cultura latinoamericana, pero para imponer la Voluntad de Poder del imperio de turno. Necesitamos de ellos para hacer presente en el gran país del norte una cultura americana, la del sur, que pueda mostrar al ciudadano norteamericano otros horizontes continentales más solidarios, responsables de la pobreza de millones, y de poblaciones que no deben ser consideradas como mercancías, sino como existencias dignas de seres humanos que nos ha tocado habitar este continente americano, el del sur y el del norte. Necesitamos de ellos para aprender a cómo convivir con una cultura *anglosajona* diversa, hostil, agresiva, cuya racionalidad se funda casi exclusivamente en la competencia del *homo homini lupus*. Pero que tiene igualmente inmensas reservas críticas con las que debemos organizar un frente para salvar la vida de la humanidad hoy en riesgo de un inmenso suicidio colectivo.

II

ÉTICA

7. La teoría de la verdad en Zubiri y sus necesarias mediaciones

Deseo continuar la reflexión iniciada en otros trabajos publicados recientemente,[1] sobre una cuestión central en el pensamiento de Zubiri, e igualmente importante en la reflexión actual. Y esto, porque Zubiri propone una teoría fuerte de la verdad, en un punto preciso y decisivo que comparto, pero que exige, pienso, ser situado dentro de una complejidad mayor, explicitando mediaciones que de no tenerse en cuenta pueden desvirtuar sus intuiciones y tornarlas triviales (propias de un realismo precrítico) o francamente conservadoras (al no ser articuladas con sus posibles desarrollos socio-políticos como las manifestadas, por ejemplo, en las acciones prácticas de un Ignacio Ellacuría[2]).

Desde su obra cumbre Zubiri presenta claramente una teoría de la verdad:

> Como la actualización intelectiva, por ser *mera* actualización, envuelve lo actualizado como cosa que *ya* era en sí misma algo propio [...], resulta que lo que verdadea *en*[3] la intelección es la cosa misma en su índole propia. Es ella la que al actualizarse funda la verdad *de*[4] la intelección. El primer momento de la verdad es, pues, ser actualización de la cosa *en* la inteligencia.[5]

De otra manera:

> [...] Por inteligir lo que la cosa realmente es diremos que la intelección es verdadera [...] Verdad es la intelección en cuanto aprehende lo real presente como real [...] La pregunta de qué sea verdad es una pregunta que concierne a la intelección en cuanto tal [...] Verdad es pura y simplemente el momento *de la real presencia intelectiva*[6] de la realidad.[7]

---

[1] Véase el tema «Verdad», en el Índice de Temas en Dussel, 1998, p. 653 y el artículo «La *vida humana* como *criterio de verdad*», en Dussel, 2001, pp. 103-110.

[2] La vinculación del alumno progresista y ejemplar de Zubiri en El Salvador no excluye una interpretación no-crítica de la obra de Zubiri.

[3] Yo subrayo (E. D.).

[4] Yo subrayo nuevamente (E. D.).

[5] Zubiri, 1963, p. 114.

[6] Yo subrayo (E. D.).

[7] Zubiri, 1981, pp. 230-231.

Para Zubiri, entonces, la verdad acontece *en* la intelección, y por extensión *en* la inteligencia, y no en la cosa real misma. La realidad de lo real es actualizada *en* la intelección. En la verdad la intelección actualiza lo real en su realidad, es decir, se trata de una impresión de lo real como «de suyo». Este momento «de suyo» de lo real es actualizado como aprehensión de realidad.

Zubiri afirma un sentido físico de la verdad. Esto supone, simultáneamente, el que la inteligencia se pone ella misma como físicamente real. Si no fuera así la inteligencia sentiente no sería el parámetro de la realidad de lo real. Una mera inteligencia descorporalizada, angélica, el *ego cogito*, no podría actualizar una cosa real en su realidad. No captaría su resistencia física, para lo cual hay que tener un dedo real para presionar y aprehender la «dureza» de la piedra real —cualidad inexistente en el centauro imaginario, irreal.

Zubiri da un paso más. Siendo el «modo de realidad» de la inteligencia sentiente la de una cosa viva, analiza al ser humano (el que tiene inteligencia, y por ello intelección) desde la perspectiva de los «seres vivientes». Los vivientes son lo que tienen una máxima clausura o autonomía en la sistematicidad de sus notas reales, esenciales constitutivas. El ser humano es por ello el más independiente de su entorno. Y su máxima independencia se muestra en que es el único viviente que puede «hacerse cargo de la realidad».[8] Inteligencia y vida, inteligencia como fruto de la evolución de la vida (y de la sustantividad), están íntimamente ligadas para Zubiri:

> [...] La inteligencia [...] aparece como realidad [...] en el momento en que un animal hiperformalizado no puede subsistir sino haciéndose cargo de la realidad. La inteligencia, por consiguiente, tiene ante todo y sobre todo una función biológica. Estabiliza precisamente la especie. Una especie de idiotas sería inviable.[9] La inteligencia es un factor biológico de estabilización de la especie, como es un factor biológico de respuesta adecuada en cada uno de los individuos.[10]

Es decir, para que pueda haber verdad, en un sentido zubiriano fuerte, es necesario que se «ponga» la inteligencia sentiente como real ante la realidad de lo real que es su entorno. Esta diferenciación originaria entre la «inteligencia» real y la «cosa» real, que es actualizada en la inteligencia, está presupuesta en una teoría de la verdad.

Pero esta diferenciación formal (entre la realidad de la inteligencia y de las cosas reales del entorno) sólo se alcanza en un alto grado de evolución cerebral. No supone

---

[8] Zubiri, 1986, p. 71.

[9] Pienso que el ejemplo no es pertinente. Una especie no inteligente es perfectamente viable. Lo son todas las especies no humanas. Ser «idiota» sería un ser humano no inteligente, y no estamos hablando de eso. Lo que sí puede afirmarse es que la especie inteligente es la más viable de todas, incluyendo la negación total de la vida, porque puede cometer el suicidio colectivo final (ecológico, atómico), imposible para las especies no-inteligentes. La inteligencia es una posibilidad pero también un peligro de no mediar una ética vigente y respetada de la vida (lo que no es el caso hoy, en un «estado de guerra» permanente).

[10] Zubiri, 1995, p. 213.

sólo el estímulo, la categorización perceptual y conceptual, el sistema lingüístico, la memoria de todos los niveles de la subjetividad, sino la «autoconciencia», lo que los neurólogos denominan en inglés la *higher-order consciousness*.[11] El ponerse como una realidad subjetiva, corporal, un *Self*, ante una cosa real, lo no-*Self*, supone un nivel superior de estructura cerebral (que Zubiri conoce muy bien). Ningún animal puede tener esta autoconciencia lingüística diferenciada (entre el: «yo bebo», lo ante mí: «un vaso de agua» real). El mismo hacer-«se» cargo de la realidad presupone dicha autoconciencia. La «inteligencia» (y la «intelección») zubiriana es en realidad muchas cosas, presupone una complejidad de mediaciones analítico-neurológicas, fenomenológicas de las que frecuentemente no pareciera tenerse conciencia. Pero es exactamente en el saber situar las intuiciones zubirianas en esas mediaciones, que su teoría de la verdad cobra mayor importancia en el presente.

Es evidente que cuando se habla de inteligencia se hace referencia al estado de «vigilia». En el sueño no hay actualización de realidad. Pero la estructura cerebral que «soporta» la actividad inteligente —sin órgano cerebral específico y como articulación compleja de múltiples interacciones— sigue produciendo en el sueño lo que Antonio Damasio llamaría un «relato no-verbal» ligado a la subjetividad inconsciente en referencia a un «proto-yo» —que no es el relato de una conciencia «autobiográfica del yo»[12]—. La actualización de la realidad zubiriana supone todo esto. Y es por ello que pensar que pueda darse la verdad real de manera inmediata (es decir, no mediada) indicaría ya un problema:

> En la verdad real [...] es la realidad la que *directamente, inmediatamente* y unitariamente está dando su verdad a la intelección.[13]

Pareciera que esa «inmediación» hay que explicarla adecuadamente para pueda ser aceptada. En efecto, la inteligencia, lo que llamaría la subjetividad cerebral, se «abre» a lo real y se deja «afectar» por lo que el ojo ve, el órgano del oído oye, el del olfato huele, etc. Todo esto es «compuesto», «sintetizado», «constituido» por complejas acciones de estructuras, mapas interneuronales, órganos del sistema nervioso, en la «interioridad» del cerebro como una cosa real actualizada «intencionalmente» —por usar la expresión fenomenológica—. La realidad «de suyo» de la cosa real no es igual a la existencia intencional[14] de su «re-construcción» *en* el cerebro («*en* la inteligencia» diría Zubiri).

---

[11] Véase Dussel, 1998, cap. 1.1. Me refiero a las obras de Maturana o del premio Nobel en neurología Edelman (Edelman, 1992, pp. 124 ss.).

[12] Damasio, 1999, pp. 133 ss. y 195 ss. Damasio lanza la hipótesis de que la «conciencia» es un sentimiento (un «feeling of knowing and feelings»). El tema del conocer («The Organism and the Object») es muy importante.

[13] Zubiri, 1980, p. 239.

[14] Usamos aquí una conceptualización fenomenológica para poder explicar «desde afuera» el pensar zubiriano.

Gerhard Roth distingue por ello la «existencia intencional», que él denomina «efectividad» (o «realidad», de raíz etimológica germánica: *Wirklichkeit*), construida por el cerebro, de la «realidad» (de raíz latina: *Realitaet*),[15] el «prius» del «de suyo» de la cosa real para Zubiri. Roth define a la «existencia intencional» o «la *efectividad (Wirklichkeit)* como un constructo del cerebro».[16] Podríamos pensar que se acerca mucho a la posición de Zubiri cuando habla de la «diferencia entre *realidad (Realitaet)* y [existencia intencional] *efectividad (Wirklichkeit)*». Como hemos ya indicado, la existencia intencional o «la *efectividad (Wirklichkeit)* es producida en la *realidad (Realitaet)* por un cerebro *real*».[17] Con mucha precisión expone que el cerebro es parte de la realidad, y en cuanto real construye una «existencia intencional» (*efectividad, Wirklichkeit*) de las cosas en cuanto fenómenos de un mundo intra-cerebral. Claro que Zubiri —y yo mismo— no estaría de acuerdo con Roth cuando escribe: «Yo veo objetos efectivos [con existencia intencional], no objetos reales».[18] Ha caído en un error grave. Piensa que el sujeto «ve» un «objeto» constructo en referencia a la cosa real (habría entonces «tres» términos: el acto cognoscente del sujeto, el objeto conocido constructo y la cosa real).

Pienso que debió expresar más precisamente: «La objetualidad efectiva [la existencia intencional] actualiza [fenoménica o cerebralmente] en mi subjetividad las cosas reales». Roth llega a plantear, de manera ambigua, la cuestión de la existencia intencional o la «efectividad y verdad [*Wirklichkeit und Wahrheit*]».[19] Aquí es donde la posición de Zubiri es precisa. Roth no llega a advertir que aunque el «mundo fenoménico» o de existencia intencional intracerebral es construcción cerebral, sin embargo no es pura auto-construcción ni es construcción de objetos conocidos, sino constitución como actualización de la cosa real. Zubiri no desea hablar de «referencia», pero pienso que se hace necesario; ya que «referencia» nada tiene que ver con la ambigua «adecuación» (de la inteligencia con la cosa medieval). Podemos perfectamente ser coherentes con la posición de Zubiri explicando que la existencia intencional de la cosa real (como objeto[20] constructo por el cerebro) dice «referencia» a la realidad de la cosa real (extra-objetiva [si por objeto entendemos el constructo cerebral] o extra-cerebral: es el «de suyo» de la cosa real que el cerebro capta con claridad conciente).

Hace años, en 1976, escribí en mi obra *Filosofía de la Liberación*, en referencia a Zubiri, pero integrando su posición en una mayor complejidad de mediaciones categoriales:

> Realidad, entidad y fenomenalidad dicen entonces diversos niveles. La realidad es de las cosas en cuanto reales, desde sí. La entidad es de los entes en cuanto se los descubre en re-

---

[15] Roth, 1996, pp. 314 ss.
[16] *Ibid.*, pp. 314-320.
[17] *Ibid.*, p. 325.
[18] *Ibid.*.
[19] *Ibid.*, cap. 14, pp. 339 ss.
[20] «Objeto» no en el sentido zubiriano (véase Zubiri, 1983, pp. 174 ss.).

lación a su contenido esencial[21] [...]. La fenomenalidad es igualmente de los entes, pero en cuanto se los constituye en su estructura relacional eidética[22] o como *sentido* mundano.[23]

Parece entonces que en sentido estricto no puede afirmarse la «inmediación» de la actualización en la inteligencia o como intelección de lo real en la verdad real. Aun la verdad real, a diferencia de la verdad del juicio[24] o la verificación,[25] supone evidentemente una cierta constitución compleja cerebral de la «existencia intencional», «impresión» u «objetualidad primera» (previa al «conocer» en sentido desarrollado o pleno, según Zubiri[26]) sin la cual la «actualización» no existiría, no sería real (con existencia intencional) y por lo tanto tampoco la verdad.

El primer constructo, que hemos llamado «objetividad primera» con existencia intencional (nos estamos expresando «fuera» de la terminología zubiriana), es el acto mismo de la intelección y no «lo conocido» como «concepto objetivo». El cerebro, a partir de los «componentes» que son captados por los órganos corporales perceptuales de la cosa real (dureza, olor, visión, sonido, contexto, memoria, etc.), «re-construye-cognoscentemente» internamente en el cerebro a la cosa real. Decimos «re»-construye en el sentido de que «constituye» una existencia físico-neuronal (real entonces, la *qualia*, pero «intencional» en cuanto intracerebral), «originada» (con posibilidad de corrección por observación repetida en el tiempo) y «referida» a la cosa real, que debe ser convenientemente «manejada» en la vida cotidiana para poder producir, reproducir y desarrollar la vida humana. Esa re-construcción intra-cerebral es el «acto» mismo de la actualización de la cosa real como captación, como «conocida» primordialmente. No hay un «homunculus» (un «hombrecito») que en el cerebro «conoce» el «objeto primordial constructo»,[27] sino que la «actualización» misma en el cerebro, o la «impresión» de realidad, o la «constitución» del objeto primordial de la cosa real es el acto primero cognoscente propiamente dicho. El cerebro «conoce» al «constituir» el objeto interior de la cosa real exterior. Es una «constitución cognitiva objetualizante», que además utiliza la memoria de constituciones pasadas, por lo que Edelman se refiere a un *remembered present*.[28] A Zubiri no le gusta hablar de lo «exterior», pero es ine-

---

[21] Como «referencia» a la realidad. Es el caso de la verdad real, ya que se trata de una actualidad cerebral (entidad) que «ratifica» la realidad de lo real en su contenido esencial (en el sentido zubiriano).

[22] En este caso es referencia intra-cerebral. En la realidad física (en sentido zubiriano) del cerebro la actualidad de lo real «como mundo» (en sentido heideggeriano) es existencia intencional intra-cerebral (como *quantas*). El «mundo» en este sentido es la «nada» sartreana, en cuanto no-realidad de la cosa real. La rosa actualizada en la impresión de realidad (existencia intencional) no es la rosa real que tiene olor, que crece, que tiene espinas... «de suyo». Estaríamos en el nivel «campal» de Zubiri, o de la verdad «dual» o del juicio.

[23] *Op. cit.*, nr. 2. 3. 8. 4 (en sus diversas ediciones y traducciones).

[24] Zubiri, 1982, pp. 253 ss.

[25] Zubiri, 1983, pp. 258 ss.

[26] *Ibid.*, pp. 171 ss.

[27] Véase Damasio, 1999, pp. 189 ss.: «One last word on the homunculus».

[28] Edelman, 1989.

vitable: lo más allá de la piel, de la membrana de la subjetividad corporal con sistema nervioso humanizado, es lo puesto «fuera» de dicha subjetividad corporal de la cual la «inteligencia» zubiriana es un momento interno. Aun en este caso la «re-presentación» (entendida ahora de nueva manera) de la cosa real no sería un concepto u objeto conocido por un cognoscente (el «homunculus»), sino que la «re-presentación» (como «presentación» de la cosa real por y en el cerebro: el «re-» como referencia de la «ratificación» zubiriana) es el *acto mismo* cognoscente de la cosa real. La constitución «re-presentativa», como acto, como acción, de la cosa real por la actualización en los millones de grupos neuronales es la acción cognitivo-cerebral misma. Conocer primigeniamente es la presencia intencional o neuronal misma de la cosa real en el cerebro por la acción «re-presentativa». Kant pensó que el «sujeto» *conoce* el «objeto» previamente constituido por las categorías a partir del fenómeno (construido por su parte a partir de las sensaciones). La constitución del objeto es previo o distinto al acto cognitivo. No es así. El cerebro (el sujeto redefinido) conoce en la actualidad de la «fabricación» de la representación, en la actualización de la cosa real en los mapas neuronales, en la constitución objetual misma. El objeto no se construye *primero* y se conoce *después*. Su constitución es *ipso facto* el acto cognoscente del conocimiento. Suárez, distinguiendo entre «concepto objetivo» y «concepto subjetivo», quizá inició el dualismo moderno (y por ello fue «moderno» antes que Descartes y como su maestro).

En efecto, es en la teoría de la subjetividad cognitiva que Suárez fue particularmente innovador. Acepta, por una parte, que «nuestro entendimiento conoce lo singular material por una especie propia»[29] —según una tesis nominalista, y hoy coherente con la neurología—, pero al mismo tiempo tiene la capacidad de conocer los universales por un proceso abstractivo, inductivo[30] —según la tesis racionalista, y también confirmada por la capacidad de categorización conceptual según los neurólogos—. Para Suárez, de una manera mucho más compleja, y más cerca de Kant que de la *Logique de Port-Royal*,[31] el acto de conocer (*actus ipse, conceptus formalis, conceptus subjetivum*) se produce cuando una representación del objeto,[32] como representación de la cosa que se halla presente como impresión de realidad en la subjetividad (especie «impresa» por el «intelecto agente»[33] sobre el «pasivo»), es referida a la cosa (*conceptus objectivum*) de manera «expresa»: la cosa es conocida *in actu* como objeto

---

[29] Escribe: «Intellectus noster cognoscit singulare materiale per propriam ipsius speciem» (Suárez, 1621, IV, 3, 5).

[30] «Intellectus cognoscit proprio conceptu universalia, abstrahendo a singularibus seu non curando de illis» (*ibid*, IV, 3, 11).

[31] Véase Foucault, 1996, III, 3, pp. 67 ss.

[32] Y hablar de *objectum* es una novedad «moderna».

[33] Este «intelecto activo» (de Aristóteles y Tomás de Aquino), quedará subsumido en la modernidad en la capacidad productiva y creadora de la razón humana en la «constitución» del «objeto» (hasta Husserl o Heidegger). Será la «subjetividad» como actividad. La «génesis pasiva» de un Husserl, indagará los presupuestos «materiales» de la subjetividad.

(como cosa conocida).³⁴ Sin embargo, no quedó expresamente claro que el acto de «producir» el concepto objetivo era el acto cognoscente mismo (como concepto formal). De todas maneras está en un momento originario de la Modernidad (en su dualismo «sujeto cognoscente-objeto»).

El mismo Descartes dio una imagen distorsionada que quedó gravada en la historia moderna. En su *Traité del'homme* Cartesio dibuja el órgano cerebral con la complejidad que las investigaciones de la época se lo permitía. En el centro del cerebro, de la caja craneal, había una glándula H, a la que los «espíritus (*esprits*)» —los famosos «espíritus animales»— daban información de los diversos órganos de los sentidos por medio de múltiples «tubos (*tuyaux*)». Todo este diseño supone un «homunculus» (la «*glande H*»),³⁵ aunque en ese *Traité* no está dibujado ningún «objeto» interior, sino que los órganos de los sentidos se comunican directamente a la «glándula H».

En Kant, por ejemplo, leemos:

Para que un conocimiento (*Erkenntnis*) pueda tener una realidad objetiva, es decir, referirse (*sich beziehen*) a un objeto (*Gegenstand*), encontrando su valor y significación, es necesario que el objeto se pueda dar (*gegeben werden koennen*) de alguna manera.³⁶

Puede entonces observarse que el acto cognitivo se refiere a un objeto, que por su parte es «construido» con el material del fenómeno y las formas *a priori* del entendimiento. Hay entonces tres términos: una subjetividad cognoscente, un objeto y el *noumenon* o cosa real. La misma tridimensionalidad la encontramos en Husserl con la *noesis* (acto cognoscente intencional) y el *noéma* (el contenido eidético dado en la subjetividad), distinto este último de la cosa real.

Lo que deseamos expresar es que hay solamente dos términos: el acto cognoscente cerebral como acto representativo de millones de grupos neuronales en conexión actual y la cosa real. Los grupos neuronales se conectan «actualmente» de determinada manera (entre otros «modos»: con verdad) para «conocer» la cosa real en la «actualidad» de un «mapa de mapas» que es la «presentación» (o la impresión) de la cosa real como acto cognitivo cerebral. La «conectabilidad» de los grupos neuronales (redes

---

³⁴ Escribe Suárez: «No es aquello en lo cual (*in quo*) se produce el conocimiento [...], sino que es aquello por lo cual (*id quo*) el mismo objeto (*ipsum objectum*) se conoce en cuanto concepto formal de la cosa conocida (*conceptus formali rei cognitae*), ya que para que la cosa pueda ser inteligida es necesario que de alguna manera se forme vitalmente (*vitaliter*) en el intelecto» (Suárez, 1621, IV, 5, 11). Por desgracia el pensamiento de Suárez ha sido comparado con el de Tomás de Aquino, en disputas intraescolásticas intrascendentes, o se lo ha usado para remozarlo desde Kant o Heidegger (por ejemplo con Marechal o Rahner), pero no se ha efectuado la tarea histórica mucho más importante de mostrar los temas filosóficos centrales del siglo XVII y XVIII ya intuidos e incoados por Suárez. Esto es estratégico en mi intento de mostrar cómo la Modernidad filosófica empezó en España en el siglo XVI, y se formula al final de dicho siglo con Suárez y muchos otros.

³⁵ *Op. cit.*, en Descartes, 1953, pp. 844-870.

³⁶ *Crítica de la razón pura*, B 194, A 155 (Kant, 1967, pp. 298; Kant, 1968, p. 199).

virtuales que se actualizan) es una disponibilidad memorizada por otros mapas (mapas de mapas) de la respectividad de todos los grupos neuronales entre ellos en la totalidad del cerebro, y entre sus órganos internos. Al «presentar» (que es un «originarse» perceptual desde la cosa real por los órganos de los sentidos, y al mismo tiempo un *recall* o llamada de nuevo por la «memoria» de dichas redes conectivas potenciales y de los «contenidos» de los mapas recordados del mismo «tipo» que el producido por la percepción actual de la cosa real) la conexión se «actualiza». Creo que Zubiri permite pensar la cosa de esta manera.

Debe advertirse que la actualización está igualmente «conectada» con la cosa real exterior. Si se ve un antílope corriendo, la «presentación» actual cerebral del animal se va modificando con el correr mismo del antílope. Visualmente sus patas se mueven, se escucha el sonido de sus cascos y relincho, se percibe el olor de sus excrementos. La «re-presentación» se ajusta a la cosa real moviente, y puede, en conexión con millones de mapas, «conocer» que «ese antílope» (verbalizado, y por ello igualmente conectado a los mapas lexicales) «corre», «brilla» su piel reflejando la luz del sol en su sudor, y «se alegra» ante la pradera que se le abre. Los «mapas» que «re-conocen» al antílope, están conectados con los «mapas» de «mapas» de la acción del «correr», del «brillar», del «sudar», del «sol que calienta»... Una complejidad que la teoría del caos, como nueva «lógica de la complejidad» comienza a vislumbrar.

Por ello, el concepto objetivo como constructo cerebral es ya el concepto subjetivo como acto cognitivo: son exactamente lo mismo, aunque con diversas «referencias» (el concepto «objetivo» dice referencia a la cosa real, el concepto «subjetivo» al sujeto mismo). Además la categoría de lo «intencional» para los fenomenólogos indica la realidad física «neuronal» (química, orgánica, eléctrica, etc.) del ámbito y actividades del cerebro.

Lo que denominamos «verdad» es un momento de la realidad físico-neuronal del objeto constructo o de la realidad de la actualidad intencional de la cosa real (para Zubiri «verdad real»). La verdad es un modo (el modo adecuado) de la captación, actualización, impresión, presencia intencional, neuronal, cerebral, subjetal... de la cosa real. Tiene razón Zubiri en expresar que la verdad real no se opone al error, si el error es definido como un juicio que no da cuenta de la realidad de la cosa real. El error se opondría así a la «verdad dual», o a la verdad como «proceso» (cuando la hipótesis se verifica como falsa). Pero la verdad real de la actualización se opone a una inadecuada constitución del objeto primordial. Por ejemplo, una profunda y vibrante emoción puede distorsionar al sujeto hasta tal punto que la constitución misma representativa o el acto cognoscente en cuanto tal (y en ese caso sería anterior al juicio) no alcance adecuadamente su performance cognitiva, y en este caso ¿la actualización no sería verdadera? O, en un día nublado, alguien puede mostrar con su dedo (deísticamente) «algo» en el cielo y exclamar simplemente: «Un pájaro» —sin más; sin proferir todavía un juicio—. Pero resulta que poco después se escucha el ruido de los motores y era «un avión». ¿Ha habido una percepción primera inadecuada, no verdadera? ¿Qué me diría ante este ejemplo Zubiri?

Diría que exclamar «Un pájaro» es ya un juicio. Simplemente debió decir «Aquello», como actualización, y en ese caso no podía haber error.

Además, la primigenia actualización del verdadear de la cosa real *en* la inteligencia, en la subjetividad, en el cerebro, no puede dejar de presuponer un «estar-en-el-mundo» *en estado de vigilia* (esto último se lo olvida Heidegger de explicitar, pero no Freud o Lévinas). Dicho «estar-en-el-mundo» es nada más, y nada menos, que la totalidad de «mapas» acumulados por la memoria en el neocortex, y la totalidad de la memorización del mundo emocional (aún más complejo que el cognitivo),[37] en fin, la totalidad de la experiencia previa «depositada» por el sistema neuronal completo cerebral, «actualizado» como «horizonte» (terminología fenomenológica) de lo que se actualiza como cosa real ahora y aquí. No podría «constituir» neuronalmente «eso» que me enfrenta (la cosa real) sin la totalidad de las experiencias memorizadas de todo lo que anteriormente me ha enfrentado en mi vida, en la «autobiografía narrativa del yo».[38] ¿Cómo podría actualizar «esto» como «árbol» si tuviera amnesia total de toda experiencia previa? «Esto» que me enfrenta no tendría ningún «sentido» (siendo el «sentido» el *lugar* significativo que «eso» ocupa en la totalidad de mis experiencias previas, de las categorizaciones preceptuales, conceptuales, valorativas, etc.). Pensar que «en la verdad real [...] es la realidad la que *directamente, inmediatamente* [...] está dando su verdad a la intelección»,[39] puede aceptarse como una abstracción o una consideración formal, pero no concreta y compleja. En la realidad de la actualización cerebral de las cosas reales no hay nada «directo» ni «inmediato», sino que todo está indirectamente mediado por una totalidad mundana (de inmensa complejidad de grupos neuronales en el cerebro), ontológica, biográfica, psicológica, inconsciente, lingüística, cultural, histórica, etc. Esto no lo niega Zubiri, pero se olvida al leerlo apresuradamente.

Y partir de un nivel tan abstracto, en el que intencionalmente se sitúa Zubiri, el que intenta sacar conclusiones éticas o políticas, sin antes construir analíticamente todas las mediaciones necesarias, conducirá a realizar una tarea ambigua que hemos indicado al comienzo como peligro, el de pensar que Zubiri debe quedar confinado en abstracciones o el de sacar conclusiones práctico-políticas apresuradas. Ignacio Ellacuría intentó desarrollar el horizonte categorial necesario para una teoría de la historia zubiriana, y lo logró en buena medida. Claro que sus ejemplares compromisos políticos exigen una política, que fundándose en una ética, desplieguen un campo teórico en el que poco o nada se ha hecho. En ese camino estamos transitando en el presente, y nuestra reciente obra[40] abre lentamente el camino.

---

[37] Véase la magnífica obra de Damasio, 1999. Son interesantes, pero ya no tan construidas, las reflexiones de Zubiri sobre la vida emocional en Zubiri, 1992 (libro que me regaló mi querido amigo Mariano Moreno Villa, que se nos ha ido en plena juventud).
[38] Damasio, *op. cit.*
[39] Zubiri, 1980, p. 239.
[40] Véase Dussel, 2001.

Valgan estas cortas páginas para iniciar un diálogo y vislumbrar que la enseñanza de la filosofía cambie radicalmente en el siglo XXI, para que los estudiantes comiencen por el estudio exhaustivo del cerebro, de su sistema límbico-emocional y cognitivo, para que todas las «metáforas» de los actos espirituales del alma, sobre la que se ha construido toda la filosofía clásica y moderna, deje lugar a conceptos empíricos más complejos, más misteriosos, y de haber un Absoluto, como Darwin lo mostraba en el prólogo de *El origen de las especies*, se manifiesta mucho mejor su esplendor en la evolución que en la creación de cada especie. De la misma manera, todo lo que la filosofía ha dicho «metafóricamente» —no empírica, racional o científicamente, y en esto todavía Zubiri tiene rasgos de dualismo, en aquello de la creación de la «nota intelectual» en la especie humana, o alguna ambigua referencia al alma, hoy del todo innecesaria— del alma y sus actos espirituales, hay que repensarlo y reformularlo de manera más física, biológica y neuronalmente situado en el cerebro. El esplendor del Universo (o del Absoluto si lo hubiere) se manifiesta mejor en la complejidad insondable y física, en niveles de lo químico, orgánico y hasta eléctrico (en aquello de los «mensajes» por los que las sinapsis «comunican» las neuronas del sistema nervioso cerebral), en el «misterio» de la vida humana cerebralizada, que en la simplificación pseudometafísica de un «alma», que como un «homunculus» nos recuerda el dualismo de Descartes:

> En sorte que ce moi, c'est-à-dire l'âme, par laquelle je suis ce que je suis, est entièrement distincte du corps, et même qu'elle est plus aisée à connaître que lui, et qu'encore qu'il ne fût point, elle ne laisserait pas d'être tout ce qu'elle est.[41]

---

[41] *Discours de la Méthode*, IV; Descartes, 1953, p. 148.

8. El sistema afectivo-evaluativo cerebral humano

Efectuaremos una rápida incursión propedéutica en un tema de extrema actualidad y que, paradógicamente, no ha despertado entre los filósofos la atención que merece.[1] Se trata de los estudios científicos de la biología neurológico-cerebral, que nos permitirán, sin caer en ciertas ingenuidades del darwinismo ético,[2] recuperar la dimensión de la *corporalidad* tan dejada de lado por las morales formales, y para enmarcar más estrictamente las pretensiones no siempre válidas de la éticas materiales.

Humberto Maturana[3] propone tres grados de «unidades orgánicas» de la vida:

a) La *unidad de primer grado* se da en la célula viva. Toda la materia física que constituye nuestra corporalidad es tan antigua como el universo (más de 18 mil millones de años). Todas las células vivas de nuestra corporalidad, que son producto de fracturas reproductivas de células siempre vivas, son parte de un *continuum* que está vivo desde el origen de la vida en la tierra (hace unos 4 mil millones de años).[4] Somos un momento de la vida autopoiética:

> El reconocer que lo que caracteriza a los seres vivos es su organización *autopoiética* permite relacionar una gran cantidad de datos empíricos sobre el funcionamiento celular [...] La noción de autopoiesis no está en contradicción con ese cuerpo de datos [... sino que] enfatiza el hecho de que los seres vivos son unidades *autónomas*.[5]

---

[1] Hay excepciones como por ejemplo Rorty, 1979, pp. 17 ss.; Searle, 1984, pp. 13 ss.: «The Mind-Body problem»; o en Putnam, 1988; Bunge, 1988.

[2] De Darwin (con su «adaptacionismo» de los «códigos éticos» y el «instinto de simpatía», todo lo cual estaría garantizado por la herencia de los caracteres adquiridos) a la sociobiología, a la neurobiología, se ha hecho un largo camino, y se es ya más cuidadoso en no pretender demostrar lo «altruista» que es la vida (en el mero nivel genético) humana. Nuestro cuestionar es distinto. Véase en una dirección darwinista obras como las de Wilson, 1975 y 1978; Dawkins, 1976; Bertram, 1988.

[3] Véase Maturana, 1985. Niklas Luhmann debe a Maturana el concepto fundamental de *autopoiesis* en su teoría de los sistemas sociales (Luhmann, 1988, pp. 60 ss., 167 ss., 228 ss., 296 ss., 474 ss., 607 ss., 653 ss., etc.).

[4] «Lo vivo» en nuestra corporalidad «no ha muerto» desde hace 4 mil millones de años.

[5] Maturana, *op. cit.*, p. 28. Llama la atención la semejanza de observaciones de Maturana con Xavier Zubiri, que también habla de «clausura» y de «autosuficiencia» de la «sustantividad» de las cosas, pero propiamente viva, y sólo en la sustantividad humana la «clausura autosuficiente» es máxima (Zubiri, 1963, pp. 220-248). Véase Dussel, 1977, §§ 4.1.3-4.1.5; Dussel, 1984, pp. 12ss.

El metabolismo de dinámica *interna* (autopoiético y autónomo) de la célula reacciona ante el *entorno* por mitocondrias o membranas, límites, inaugurando un proceso de ontogenia.

b) La *unidad de segundo grado* se da en los organismos metacelulares (pluricelulares, desde un hongo hasta los mamíferos superiores). La ontogenia metacelular es un proceso de filogénesis celular. La evolución consiste en perturbaciones que se conservan autopoiéticamente por adaptación.[6] La aparición del sistema nervioso permite, por su parte, «expandir el dominio de posibles conductas al dotar al organismo de una estructura tremendamente versátil y plástica»,[7] lo que otorga (por el sistema de coordinación senso-motor) un mayor movimiento.[8]

c) La *unidad de tercer grado* se cumple en los fenómenos sociales (desde una colmena de abejas hasta los primates superiores). Las hormigas se «comunican» pasándose unas a otras continuamente substancias químicas alimenticias (trofolácticas). Los animales superiores usan comportamientos interactivos de tipo gestural, postural o táctil. La unidad de tercer grado, que incluye comportamientos ontogénicos y filogénicos de mayor complejidad, es el «dominio lingüístico entre organismos participantes».[9] Veamos todo esto con mayor detenimiento.

Gerald Edelman[10] describe de una manera neurológico-científica el funcionamiento del cerebro. El cerebro, momento interno de la corporalidad humana, es un *selective recognition system*[11] que procede basándose en grupos neuronales interconectados. En primer lugar, de la misma manera que el sistema inmunológico o el proceso evolutivo de las especies, el sistema nervioso cerebral actúa por selección,[12] a partir de un criterio universal de dar permanencia, reproducir, desarrollar la vida (que describiremos como «sobre-vivir»), y esto desde el nivel más vegetativo hasta el cultural o ético más heroico o sublime. Nos dice Antonio Damasio, en *Descartes' Error*, que:

---

[6] Maturana, pp. 63 ss. Xavier Zubiri define la evolución de la siguiente manera: «La originación de las esencias específicas por meta-especificación es lo que llamamos evolución» (*op. cit.*, p. 256). Esta definición merecería larga explicación, pero en realidad supone todo el libro *Sobre la esencia*.

[7] Maturana, p. 92.

[8] El sistema humano nervioso consta de más de 10 al exponente 11 de neuronas (decenas de miles de millones), «y cada una recibe múltiples contactos de otras neuronas y se conectan a su vez con muchas células» (Maturana, p. 105). Poseemos un millón de motoneuronas, y unas decenas de millones de células sensoriales distribuidas en varios sitios del cuerpo. «Sentir» (en una membrana) satisfacción o dolor en la piel (piénsese en los utilitaristas) o hambre (en la mucosa interna; pienso aquí el aquel «di de comer al hambriento» del *Libro de los Muertos* de Egipto) es efecto de este inmenso sistema «sensor» de la corporalidad del sujeto ético.

[9] Maturana, p. 138.

[10] Véase Edelman, 1989 y 1992.

[11] Edelman, 1992, p. 79.

[12] Es decir, no se tiene un códice a priori ni el conocimiento de reglas previas para saber cómo actuar ante el objeto o como ir evolucionando. Se trata, en cambio, tal como actúan los linfocitos, de producir anticuerpos indiscriminadamente. Uno de ellos es eficaz en el ataque del virus invasor —en el caso de la inmunología—. Éste es el antígeno que se reproduce, sin conocimiento previo alguno. Es un ir actuando a posteriori. Edelman llama a esto ciencia o conocimiento por «selección» (*op. cit.*, pp. 73-80).

Several hours after a meal your blood sugar level drops and neurons in the hypothalamus detect the change; activation of the pertinent innate pattern makes the brain alter the body state so that the probability for correction can be increased; you feel hungry, and initiate actions to end your hunger;[13] you eat, and the ingestion of food brings about a correction in blood sugar; finally, the hypothalamus again detects a change in blood sugar, this time an increase, and the appropriate neurons place the body in the state whose experience constituites the feeling of satiety.[14]

Como puede imaginarse el lector esto es una simplificación completa de un proceso inmensamente mayor (trillones de veces más complejo). De todas maneras todo esto es parte de las funciones del cerebro —de la corporalidad ética de las que nos estamos ocupando—. Es decir, el cerebro es el órgano directamente responsable de la «sobre-vivencia» (del «seguir-viviendo» y crecientemente, desarrollándose) del organismo humano, de la corporalidad del sujeto ético.

Veamos ahora algunas funciones del cerebro, que *siempre actúa como un todo*, aunque unas de ellas se refieran más directamente a algunos de sus órganos internos, que frecuentemente constituyen «circuitos», en donde la corriente de información neuronal «entra», «sale» y «retorna» en variadísimos movimientos mutuamente coimplicantes.

El estímulo (o simplemente la realidad) del mundo externo (el *1* del *Esquema 1*) se actualiza por una señal que es captada por el cerebro, por mediaciones receptoras y transmisoras neurológicas especializadas, efectuándose como resultado, después de otros momentos, una «categorización perceptual» (*3*)[15] por reconocimiento selectivo, adaptativo a la reproducción de la vida del organismo, como hemos dicho, y que va formando «mapas (*maps*)»[16] o estructuras de grupos de neuronas que reaccionarán de manera semejante, nunca exactamente igual, ante un «re-cuerdo» o una «nueva llama-

---

[13] En este exacto momento, como es evidente, en el caso del ser humano, existen instituciones tanto de la producción tecnológica de satisfactores, como económicas de intercambio y distribución. De manera que el pasaje del «hambre» al «comer» está mediado por complejísimas mediaciones que, si fuéramos completos en la descripción, incluyen la historia mundial.

[14] Damasio, 1994, p. 116.

[15] «Categorización» o generalización por comparación con otras *qualia* o captación de estímulos anteriores (el momento *5* del *esquema 1*). Esta «categorización» no necesita categorías *a priori* ninguna, y ni siquiera reglas de categorización genéticas o innatas. Cada cerebro irá encontrando su camino de comparación o generalización, y localizará en aproximadamente «lugares» semejantes del cerebro (por comportamientos topobiológicos [véase Edelman, 1988] las «vivencias» o *qualia* —relaciones de grupos de neuronas que pueden ser «re-cordadas» o «llamadas nuevamente (*recall*)», y en lo que consiste la memoria (sistema *c* del *esquema 3. 1*)—. Todo este proceso «orgánico» nunca es exacto, y cada repetición («nueva entrada [*reentry*]») será diferente en algún aspecto (ese proceso de «nuevas entradas» es indicado en el *esquema 1* con flechas en ambos sentidos: < >). Nada semejante a una computadora o a una ecuación matemática.

[16] El sector del cerebro que forma «mapas» es la región cortical, no así el sistema límbico o la base del cerebro.

da (*recall*)». Una vez que se tiene un número suficiente de «mapas», el cerebro puede comenzar una función más compleja que es denominada «proceso global de mapeo (*global mapping*)»:

> A global mapping is a dynamic structure containing multiple reentrant local maps (both motor and sensory) that are able to interact with nonmapped parts of the brain.[17]

Lo más importante para los fines de una ética es que dicho proceso recorre un «camino» que incluye no sólo la región talámico-cortical (de reciente formación en la evolución de las especies y propia por su desarrollo cerebral descomunal del *homo*), sino también el sistema límbico y la base del cerebro (el más antiguo, y ya existente en los insectos o reptiles, por ejemplo):

> [The] categorization always occurs in reference to internal *criteria of value*[18] and that this reference defines its appropriateness. Such *value criteria* do not determine specific categorizations but they constrain the domains in which they occur [...] The bases for *value systems* in the animals of a given species are already set by evolutionary selection.[19]

De otra manera. El proceso de categorización exige para constituir su «objeto»[20]

---

[17] Edelman, 1992, p. 89. Tanto la categorización perceptual, como la conceptual, no actúan basándose en representaciones o imágenes, ni tampoco debe entenderse la acción conceptualizadora en el sentido objetivista de un Frege, Russell o el neopositivismo. Las categorías igualmente ni son genéticas, ni fijas. Se van generando por práctica cerebral y se «guardan» como procesos memorativos que «nuevos llamados (*recalls*)» (Edelman, 1992, «Postcript», pp. 232 ss.) pueden actualizar. Cuando un Heidegger habla de la «comprensión del ser (*Seinsverstädnis*)» o de la «comprensión del mundo (*Weltverständnis*)» está quizá expresando como ningún filósofo anterior a él este fenómeno cerebral del «*global mapping*»: es decir, un «mapeo» general de la totalidad de la «experiencia» vivida, pasada-futura y presente, como «posibilidades» para la vida (humana, lingüística-cultural e histórica). Véase mi obra Dussel, 1973a, I, §§ 1-6: «La comprensión existencial» en especial. El «mundo» y el «proyecto» ontológico es un *telos*, que incluye la razón práctica e interpretativa. La «comprensión del mundo» es la manera como el cerebro abarca la totalidad de la experiencia del sujeto ético (y racional) en sus billones de millones de relaciones de base grupal neuronal, a la velocidad de la electricidad por «entradas» y «salidas» en circuito cerrado. Recuérdese, sin embargo, que la razón no tiene «ningún área cerebral específicamente determinada para la intelección [...] Es una especie de actividad cerebral inespecífica» (Zubiri, 1986, p. 493).

[18] Este «criterio de valor» es lo que estamos intentando reflexionar, ya que el «criterio» que tiene genéticamente el sistema límbico y de la base del cerebro, será subsumido por los valores propiamente conceptuales, autoconcientes, lingüísticos y de formulación ético-cultural en sistemas civilizatorios, que constituirán lo que denominaremos el «criterio biológico-económico» propiamente ético. Hay entonces un «criterio de verdad» y un «criterio de validez ética» que cerebralmente se lleva a cabo con contenidos *materiales*. Esto es necesario pero no suficiente.

[19] *Ibid.*, p. 90.

[20] Llamamos «objeto» a la síntesis que el cerebro construye y que no es ni una representación ni una imagen, como pensaba la tradición. Ningún *homunculus* (hombrecito) podría ver dicha representación (de lo contrario deberíamos ir al infinito). Esto fue bien percibido por Rorty, 1979, pero, por desgracia

un «pasaje» por el sistema «evaluativo-afectivo» (constituido esencialmente por el sistema límbico y la base del cerebro como ya hemos dicho; siendo alguno de sus órganos el hipotálamo, la amígdala, el hipocampo y el tálamo [Hypothalamus, Amygdala, Hippocampus, Thalamus]), que da «luz verde» (o «luz roja») al consecuente proceso categorizador. ¿Cuál es la causa de tener que efectuar tal «rodeo» por el sistema afectivo-evaluativo (el momento *2* del *esquema 1*)? Se trata, nada menos, que de «determinar», «juzgar», «constatar» la manera o el cómo lo categorizado «permite» o «se opone» a la consecusión de la vida (la «sobre-vivencia») del organismo, de la corporalidad como totalidad, y de la cual el propio cerebro es sólo una parte funcional. Cuando un insecto o un mamífero perceptúa otro animal, por ejemplo, debe «captar-*evaluándolo*» como «peligroso» o como «mediación» para la sobrevivencia del organismo en cuestión (debe captar la diferencia entre un «enemigo» o un «alimento», p. ej.). Positivamente «valioso» es lo que permite la reproducción de la vida. El «valor» que mide lo «evaluado» no es más que la relación con el mismo objeto, u otro semejante, «guardado» por la memoria en el repertorio de las experiencias pasadas en ciertos grupos neuronales, que puede ser «llamado de nuevo (*recall*)», «re-cordado» para «juzgar» (de manera intuitiva, sin juicio explícito y menos sintáctico-lingüístico en las especies no-humanas) lo que lo estimula. Si esta «memoria» neuronal se equivocara en su evaluación-afectiva, el organismo (el insecto o mamífero) podría ser destruido por cosas, organismos u otros momentos reales de los que no se advirtió a tiempo su «peligrosidad».[21] Estamos ante una novedad importante: el sistema afectivo-evaluativo

---

no llega a describir positivamente cómo el cerebro procede estrictamente en la categorización. El cerebro ve un color, huele un perfume, toca una textura, capta el contenido perceptual, etc. de la cosa real de manera «global». En una segunda experiencia de la misma cosa «actualiza» las conexiones de los grupos de neuronas que recibieron la primera impresión (*qualia* para Edelman, *somatic marker* para Damasio), las «llama de nuevo (*recall*)» por la memoria, reconectándolas, pero en ese proceso de memorización nunca repite las conexiones neuronales de la misma manera, sino que las reorganiza, resintetiza, mejora u olvida algún momento. No es un proceso semejante a la computadora; no es un proceso de identidad matemática, sino que es un «mapeo (*mapping*)» que permite la creación de lo nuevo, vitalmente.

[21] Desde ya queremos indicar que el antiguo problema filosófico de los «valores» queda así *situado*. La pregunta era: ¿dónde se encuentran los tales «valores», cuyo estatuto ontológico era dudoso? Contestamos ahora claramente: en el sistema límbico o en la base del cerebro principalmente —no en un *cósmos ouranós* a la manera de Platón, ni en una mera estructura cultural como en Scheler, o de manera indefinida como para Moore. Los «valores» no son más que relaciones de grupos neuronales (producto de categorización perceptual, y posteriormente categorización conceptual), que se sitúan en los órganos de la evaluación-afectiva o en ciertos «mapas» del cortex, y que «median» en la determinación de que se oponga o permita la «sobre-vivencia» de los diversos momentos (perceptual, conceptual, decisorio práctico conciente, autoconciente, ético-cultural e histórico institucional) del acto humano evaluado (desde los momentos vegetativos hasta los políticos, económicos o artísticos, por nombrar algunos). Como puede ya sospecharse estamos hablando de un «criterio *universal*» (nada «caprichoso», caótico o sólo movido por el «egoísmo»: sobre-vivencia y egoísmo no tienen nada que ver el uno con el otro) inscripto en la misma afectividad neuro-cerebral (lo que destruiría toda la estrategia argumentativa de Kant en los §§ 1-6 del comienzo del libro I de la *Crítica de la razón práctica*).

(*2* o *5*) es un momento constitutivo originario del acto mismo de la captación empírica por excelencia del categorizar:

> No selectionally based system works value-free. Values are necessary constraints on the adaptive workings of a species [...] Undoubtedly, these value systems also underlie the higher-order constructions that make up individual aims and purposes. *We categorize on value*[22] [...] Science has turned out to be eminently practical, as it must be, given its service to the verifiable truth.[23]

Con la «materia» de la categorización perceptual (momento *5*), el cerebro humano efectúa una segunda función: la «categorización *conceptual*»:

> The brain areas responsible for *concept formation* contain structures that categorize, discriminate, and recombine the various brain activities occurring in different kinds of *global mappings* [...] They must represent a mapping of types of maps [...] The frontal cortex is a prime example of a conceptual center in the brain[24] [...] Given its connections to the basal ganglia and the limbic system, including the hippocampus, the frontal cortex also establishes relations subserving the *categorization of value* and sensory experiences themselves. In this way, conceptual memories are affected by values —an important characteristic in enhancing survival.[25]

Así como el sistema afectivo-evaluativo constituye un momento del proceso de categorización, de la misma manera la categorización conceptual reorganiza el sistema de valores ordenándolos por su parte, también basándose en el criterio de la «sobrevivencia» —para posteriormente ser subsumido en criterios lingüístico-culturales— (momento *8*).

Por su parte, la «conciencia primaria» de algo (en el nivel *6*) se alcanza por el grado de evolución de los mamíferos superiores que cuentan con un sistema límbico y con una memoria conceptual suficiente, y con una conexión neuronal que comunica el cortex con el tálamo, permitiendo el «retorno (*reentry*)» de las señales desde «the value-category memory and the ongoing global mappings that are concerned with perceptual categorization in real time».[26] «Tener-conciencia» de que esto es «un ali-

---

[22] «Categorization is not the same as value but rather occurs *on value* [...] Without prior value somatic selectional systems will not converge into definitive behaviors» (Edelman, 1992, p. 94).

[23] Edelman, 1992, p. 163.

[24] Esto no supone ni produce ninguna «representación» o «imagen» (véase Edelman, 1992, pp. 230, crítica certera contra el «objetivismo» del primer Círculo de Viena y contra reduccionismos racionalistas). Maturana escribe que «cuando describimos con palabras como señalando objetos o situaciones en el mundo, hacemos como observadores una descripción de un acoplamiento estructural que no refleja el operar del sistema nervioso, puesto que éste no opera con una representación del mundo» (Maturana, 1985, p. 138).

[25] Edelman, 1992, pp. 109-110.

[26] *Ibid.*, p. 119.

mento» (o «un peligro» en cuanto tal) supone poder captar la diferencia del «sí mismo (*self*)» (todavía no de un «yo») y de lo «no-sí-mismo (*nonself*)», y el tener la capacidad para confrontar lo que enfrenta al organismo con la memoria de eso mismo recordado (el «remembered present» de Edelman). Lo más relevante para la filosofía es la explicación neurobiológica de la autoconciencia tal como la propone Edelman.

En efecto, la autoconciencia (nivel *12*) —fenómeno exclusivo humano— supone por su parte la lengua (nivel *11* del *esquema 1*) —situada principalmente en las regiones corticales denominadas Broca y Wernicke—, que no se identifica con la función de categorización conceptual y que la supone.

ESQUEMA 1
DISTINTOS MOMENTOS O FUNCIONES CEREBRALES

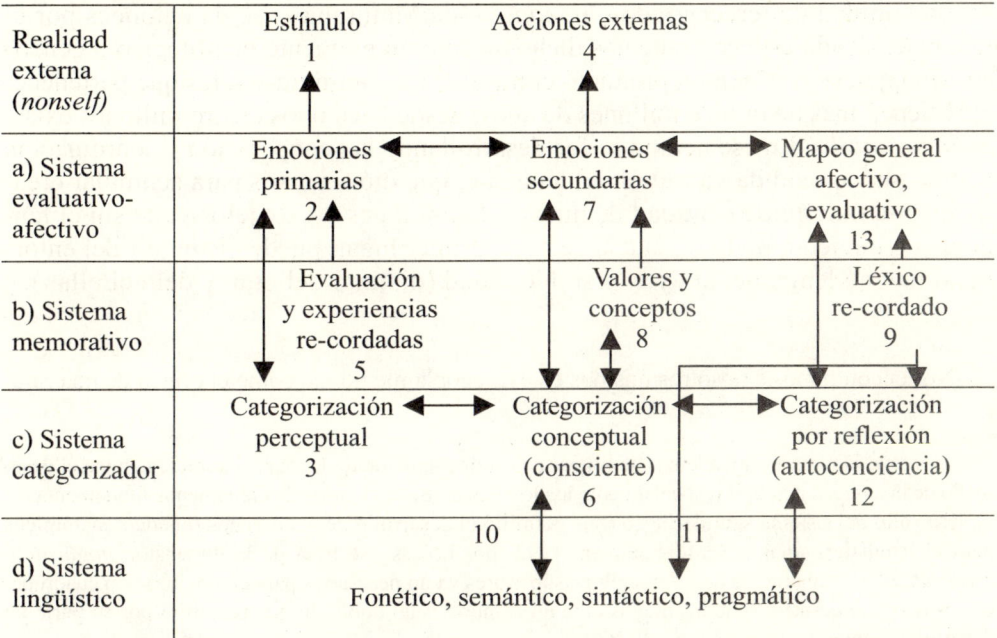

Aclaraciones al esquema: a) Se sitúa en el cerebro principalmente en el sistema límbico y en la base del cerebro (los órganos más antiguos en el proceso evolutivo del cerebro). b) En diversas regiones cerebrales (especialmente en regiones con «mapas»). c) Principalmente en la región tálamo-cortical (frontal, parietal, temporal). d) En la región más reciente cortical, en especial en las áreas Broca y Wernicke. Los momentos del *9* al *13* se desarrollan posteriormente.

La posición erecta del primate superior[27] permitió al Australopithecus, que culmi-

---

[27] En el África oriental, desde el llamado «Rift Valley», y por movimientos telúricos que determinaron la mayor sequedad de la región (pasándose de selvas tropicales a estepas con sólo arbustos), desde hace unos ocho millones de años (véase Coppens, 1975 y 1994), unos primates fueron adoptando la

nará con la especie *homo*, acelerar el proceso evolutivo. En primer lugar, se desarrollan las regiones cerebrales de la capacidad fonética, fruto epigenético del aprendizaje memorativo, que permite acrecentar y re-cordar un léxico con significado, un proceso semántico de contenido perceptivo-conceptual:

> Meaning arises from the interaction of value-category memory [*8*] with *combined* activity of conceptual areas [*6*] and speech areas [*10*].[28]

Para Humberto Maturana el lenguaje no es un modo primario de operar del sistema nervioso.[29] Por el contrario, es un subsistema *ad hoc* inventado filogéticamente por la especie *homo* (que fue desarrollando el córtice cerebral por la evolución), a fin de nombrar y comunicar a un mundo perceptivo *global* que sin la lengua no permitía un manejo de los «objetos» de manera distinta o analítica.

La «unidad de tercer grado» *humana* —de Maturana— se da entonces por el lenguaje, siendo éste como hemos dicho no sólo un momento neurológico o genético, sino que es también un producto cultural.[30] Los homínidos a los que pertenecemos tienen más de quince millones de años; desde hace unos cuatro millones existe el *homo habilis*. En ese tiempo se fue desarrollando la «cooperación y coordinación conductual aprendida» a través del lenguaje, que dió recursos para acumular creativamente indefinida cantidad de nuevas distinciones de «objetos» que sin el lenguaje no hubieran podido manejarse —en primer lugar, puede distinguir del entorno al mismo lenguaje, al «yo» y su identidad (distinto del «tú» y del «el/ella»):

> Nos encontramos a nosotros mismos en este acoplamiento, no como el origen de una refe-

---

forma erecta. Esto permitió, además de liberar por la disminución de la musculatura de la nuca el desarrollo de la cavidad cerebral (especialmente los lóbulos corticales), otros dos fenómenos fundamentales: el desarrollo del sistema supralaringeo (que permitió el desarrollo de los órganos fonético-anatómicos para el lenguaje humano; véase Edelman, 1992, pp. 126 ss.; se trata de la dimensión *lingüístico-pragmática*), y la liberación de los miembros superiores ya no necesarios para el movilización cuadrúpeda (es decir, el desarrollo de las manos ante un campo visual doble, lo que permitirá por su parte un desarrollo técnico-instrumental prodigioso).

[28] Edelman, 1989, pp. 173 ss.; Edelman, 1992, p. 130.

[29] No se podría hablar entonces de una «gramática innata» a la manera de Noam Chomsky —aunque, de todas maneras, el producto cultural de la lengua no puede tampoco desentenderse, por supuesto, de la manera global de habérselas el cerebro con el mundo entorno.

[30] «Las configuraciones conductuales que, adquiridas ontogénicamente en la dinámica comunicativa de un medio social, son estables a través de generaciones, las designaremos como conductas *culturales*» (Maturana, 1985, p. 133). En este punto más allá de un «evolucionismo» ingenuo se deja lugar a la clara determinación de un «salto» cualitativo de la vida en vida propiamente *humana*, importante para no caer en la falacia naturalista. Por ello hablaremos de «sobre-vivencia» y «sobre-vida», donde el «sobre-» significa «supra-vida» (ya que incluye las funciones mentales del cerebro) y «post-» en tanto momento posterior de la evolución (del primate al *homo sapiens*).

rencia ni en referencia a un origen, sino como un modo de continua transformación en el devenir del mundo lingüístico que construimos con los otros seres humanos.[31]

La sintaxis, no sólo genética, así como el proceso de categorización conceptual, va produciendo complejas estructuras de relaciones de grupos neuronales que establecen sus reglas desde una práctica fonética, hablada (mucho antes que como escritura, pienso ahora en Jacques Derrida[32]).

La autoconciencia sólo puede darse cuando la corporalidad por las funciones superiores del cerebro, la llamada «mente (*Mind*)», se comprende y puede nombrarse como un «yo (*self*)»[33] (o un «nosotros») claramente distinto del «no-yo (*nonself*)». Así surge la posibilidad de la reflexión del sujeto sobre sí mismo, tomando conciencia del estar conociendo como un sujeto cognoscente, y de pertenecer a una comunidad de los hablantes distinta de una mera realidad exterior, desde el horizonte del pasado re-cordado lexicalmente en cuanto recurso de una lengua de una comunidad:

> Higher-order consciousness adds socially constructed selfhood to the picture of biological individuality. The freeing of parts of conscious thought from the constraints of an immediate present and the increased richness of social communication allow for the anticipation of future and for planned behavior. With that ability come the abilities to model the world, to make explicit comparisons and to weigh outcomes; through such comparisons comes the possibility of reorganizing plans.[34]

En este momento deseamos tocar un tema que mucho importa a la ética, y se trata del ya indicado sistema cerebral evaluativo-afectivo. En efecto, es un subsistema cerebral complejo estudiado por las teorías de James-Lange, Cannon-Bard (propuesta en 1929), y descrito como el «circuito de Papez» (propuesta en 1937).[35] En él deseamos

---

[31] *Ibid.*, p. 155. Es aquí donde cabría una exposición crítica de las tesis fundamentales que, arrancando con Bertrand Russell (Russell, 1956, p. 192: «El análisis de cosas aparentemente complejas [...] se puede reducir al análisis de datos que son aparentemente sobre esas cosas», que son expresadas en las «proposiciones atómicas»), desembocan en el Círculo de Viena y en el primer Wittgenstein. Éste escribirá después: «Desde que hace dieciséis años comencé a ocuparme de nuevo de filosofía, hube de reconocer graves errores [*schwere Irrtümer*] en lo que había sucrito en ese primer libro» (el *Tractatus*) (Wittgenstein, 1988, pp. 12-13). En 1929, ciertamente habiendo leído *Sein und Zeit* de Heidegger, Wittgenstein comienza el camino que le llevará a la superación de las *falacias reduccionistas* de la filosofía analítica —y que en Estados Unidos significará un volver a las tesis del pragmatismo, en muchos filósofos (véase West, 1992, pp. 182 ss.)—. Es decir, la superación del atomismo de palabras u oraciones (*sentences*), la ilusión del poder abandonar el lenguaje ordinario y aun los conceptos universales trascendentales, exigirán, por último, reimplantar el análisis semántico *abstracto* en la pragmática *práctica* —véase Austin, 1962; Searle, 1969; Apel, 1973.
[32] Véase Derrida, 1967 a y b.
[33] Véase Mead, 1934, pp. 135 ss.; Habermas, 1981, II, pp. 7-170.
[34] Edelman, 1992, p. 134.
[35] Para una introducción inicial véase Bloom, 1988, pp. 210 ss.; y Miller, 1983.

distinguir las meras «sensaciones» (como la de «dolor» o «placer»),[36] de las «emociones primarias» y «secundarias», como las denomina Damasio.

En primer lugar, el estímulo puede causar «dolor» o «placer». Es necesario recordar que estas sensaciones no son emociones; ellas son productos de estímulos que irritan o hieren, que calman o producen estados agradables, es decir, sensibilizan a las células receptoras, sea de una manera traumática o placentera. Ciertas substancias, por ejemplo la endorfina (*endorphin*), pueden inhibir la sensación de dolor; otras, como la cafeína, pueden deshibir la sensibilidad en general. En principio (es decir, como estado objetivo fundamental), produce placer lo conducente a la reproducción de la vida; dolor lo que anuncia la muerte. Para fundamentar la validez ética de las excepciones en la aplicación de este criterio (que Kant entiende sólo como la expresión exclusiva de egoísmo, que lo confunde con la naturaleza misma de las inclinaciones) se debe recurrir a otros criterios, principios o imperativos, como veremos en el capítulo 4. Percibir el estado corporal efecto del placer o del dolor (es decir, tener conciencia, y aun autoconciencia del efecto de esas sensaciones) constituye el fenómeno más complejo de las emociones.

Al percibirse un estímulo éste puede producir, por ejemplo, la «emoción» de «temor» —nivel 2 del *esquema 1*— (a causa de la evaluación de algún momento «peligroso» posible del dicho estímulo), al que le puede seguir una acción (nivel 4) por aptitud innata (como el abrazarse fuertemente de la pierna de su madre del niño, que recuerda el primate aprendido al pelaje de la progenitora) o fruto de aprendizaje (como prepararse para la defensa de la vida):

> Such features, individually or conjunctively, would be precessed and then detected by a component of the brain's limbic system, say, the amygdala; its neuron nuclei possess a dispositional representation[37] which triggers the enactment of a *body state* characteristic of the emotion of fear.[38]

Estos «estados corporales (*body states*)» repercuten en la entera estructura de la corporalidad (en el nivel endocrino, químico, neurológico, muscular, psicológico, etc.), constituyendo el «mecanismo básico» de la emoción primaria.

La «emoción secundaria» (nivel 7 del *esquema*) es una «experiencia refleja de la emoción primaria», que puede producir aceleración del ritmo del corazón, la piel puede ruborizarse, los músculos pueden ponerse tensos, los glándulas endocrinas se activan, el sistema inmune se modifica. En este caso hay actualización (por diversos

---

[36] El «placer» o «dolor» se sienten propiamente en la piel, en la mucosa interna de los órganos, en el tejido que envuelve los músculos y en las membranas externas de los huesos. Es la «pervivencia» de la membrana originaria del unicelular que «recuerda» el límite entre el «dentro» y «fuera» del viviente, y que reacciona ante «lo extraño»: si «sirve» para la vida del organismo como «placer», si es nocivo como «dolor» —en principio.

[37] Edelman hubiera escrito «estructura de los grupos neuronales».

[38] Damasio, 1994, p. 131.

mappings) de lo que estimula; se le conceptualiza, se le somete a una evaluación cognitiva —que «pasa» por la región cortical de la conciencia— produciendo un efecto corporal:

> Emotion is the combination of a mental evaluative process, simple or complex, with dispositional responses to that process, mostly toward the body proper, resulting in an emotional body state, but also toward the brain itself resulting in additional mental changes.[39]

Como puede observarse, las emociones secundarias incorporan el proceso de categorización, conceptualización y ordenación de las mismas emociones, evaluándolas. Se trata de una de las funciones superiores del cerebro, que podríamos llamar «mentales».[40]

Por último, pueden «sentirse las emociones (*feelings of emotions*)» (nivel *13* del *esquema 1*) en un «proceso continuo de monitoreo (*process of continuous monitoring*)» de los efectos causados por estados corporales en las vísceras, músculos, otras partes del cuerpo, fruto de un «mapeo (*mapping*)» efectuado por el subcórtice y el córtice cerebral. De esta manera:

> The essence of sadness or happiness is the combined perception of certain body states with whatever thoughts they are juxtaposed to, complemented by a modification in the style and efficiency of the thought process.[41]

Emociones como la alegría, tristeza, temor o disgusto corresponden a «estados corporales», tanto como el «sentir (*feel*)» felicidad o angustia, que están conectadas a emociones por las «señales» que emanan del cuerpo, igual que la euforia, melancolía o pánico.

Por último, podemos hablar todavía de un «sentimiento fundamental (*background feeling*)» aún más radical:[42]

---

[39] Damasio, 1994, p. 139.

[40] Rorty propone, como ejemplo, una humanidad de los Antípodas sin «mente» (Rorty, 1979, pp. 70 ss.: «Persons without Minds»). En realidad se trata de un equívoco: si mente significa alma sustancial, estamos de acuerdo con Rorty. Si «mente» es una función superior del cerebro, entonces no puede haber una persona sin mente. Las «funciones mentales» del cerebro son las presupuestas y necesarias para una ética, y nada más: categorización conceptual, existencia de procesos lingüístico-culturales y autoconciencia (que es la base de la libertad y responsabilidad). La cuestión no es «mente-cuerpo», sino la existencia de una «corporalidad» en cuya organicidad compleja se da el cerebro como momento interno, que tiene «funciones mentales». Con esto hemos evadido una antropología metafísica del alma sustancial, pero retenemos todas las funciones neuro-cerebrales necesarias para una ética en sentido estricto.

[41] *Ibid.*, pp. 146-147.

[42] Aquí no podemos resistir la tentación de referirnos a Heidegger, cuando analizando el *pathos* ontológico de la «angustia» existencial la coloca en el fundamento general de la ex-sistencia. Sería como un *background feeling* (que incluiría también el «mundo» lingüístico-cultural e histórico). Es la *Befindlichkeit* (el «encontrarse») originario. ¡Es paradójico, y como lo repetiremos en otras partes, que un

I call —escribe Damasio— *background feeling* because it originates in *background* body states rather than in emotional states [...] The feeling of life itself, the sens of being [...] A background feeling corresponds to the body state prevailing *between* emotions.[43]

Cuando se nos pregunta: «¿Cómo te encuentras? ¿Cómo te sientes?», respondemos con un general: «¡Muy bien!». ¿A qué corresponde exactamente lo que decimos que «lo encontramos» o «sentimos» *muy bien*. Se trata de un juicio *general* acerca de la corporalidad como totalidad, ya que «the background state of the body is *monitored continuously*».[44] Se denomina anasognosia[45] cuando alguien está «deprived of the possibility of sensing *current* body state, especially as it concerns background feeling».[46] Un estado general de felicidad («sentimiento fundamental (*background feeling*)», debe entonces distinguirse de la emoción de alegría y de la sensación de placer. Todo esto está relacionado al fin con el conjunto de la corporalidad en sus diversos niveles, en referencia a la permanencia, reproducción o desarrollo de la vida del sujeto. Si a esto agregáramos los «juicios de valor» culturales (los de un egipcio diverso a los de un griego, de un azteca a los de un español, etc.), tendríamos un nuevo «sentimiento general reflejo» (la conciencia moral, o ética), que «monitorea» toda la existencia no sólo en el nivel visceral de la corporalidad, sino en el nivel cultural-histórico de la misma corporalidad en un estado autoconciente de los valores culturales (incorporado cerebralmente en las áreas más desarrolladas y recientes de los lóbulos corticales lingüísticos, perfectamente articulados con el sistema límbico y base del cerebro, produciendo una unidad compleja de los diversos órdenes evaluativo-afectivos[47]). Nuestro neurólogo concluye:

I do not see emotions and feelings as the intangible and vaporous qualities that many presume them to be. Their subject matter is concret, and they can be related to specific systems in body and brain, *no less so than vision or speech*. Brains core and cerebral cortex work together to construct emotion and feeling, no less so than in vision.[48]

Puede ahora considerarse nuevamente la propuesta de Kant. Hablando del «fundamento determinante (*Bestimmungsgrund*)» del arbitrio, niega que pueda ser afectivo

---

filósofo «edificante» —en la denominación de Richard Rorty— haya descrito mejor que ninguno estos estados de la existencia cerebro-corporal del ser humano como totalidad! Véase Langer, 1988.

[43] Damasio, 1994, p. 150.

[44] *Ibid.*, p. 153.

[45] Del griego y significa una falta completa de auto-percepción del propio cuerpo (en alguna parte o en su totalidad; *ibid.*, pp. 62-69).

[46] *Ibid.*, p. 154.

[47] En el *esquema 3.1* numerados en *2, 7, 13*, el último de los cuales debe indicarse que, además del «sentimiento general», debe agregarse ahora el aspecto propiamente moral, ético (cultural-histórico, como veremos posteriormente).

[48] *Ibid.*, p. 164. En el capítulo 11 («A Passion for Reasoning») Damasio describe la articulación co-constitutiva de la afectividad y la razón: sin afectividad no hay razón.

o empírico, y esto porque Kant en definitiva reduce toda la afectividad al «placer (*Lust*)», por lo que concluye:

> Un principio que sólo se funda en la condición subjetiva [léase: afectiva] de la receptividad de un placer (*Empfänglichkeit einer Lust*) o dolor [...] puede servir sin duda de máxima para el sujeto que la posee, *pero no de ley para esta misma* (porque carece de necesidad objetiva que deba reconocerse *a priori*).[49]

Es decir, el sistema evaluativo-afectivo cerebral (nivel *a* del *esquema 1*) no tendría ninguna «necesidad objetiva», pero en cambio sí el sistema de categorización práctico-teórico (nivel *c*). Desde un punto de vista neurológico cerebral ambos sistemas tienen la misma necesidad objetiva: responden, en primer lugar, a las exigencias de la vida (necesidad objetiva primera); en segundo lugar, se articula con el nivel lingüístico-cultural e histórico; y, en tercer lugar, como veremos, responden a las exigencias superiores y culturales, universales (también en el nivel evaluativo-afectivo, y sería, p. ej., el *désir* de Lévinas) de una ética crítica (integrada a las funciones del sistema límbico o base del cerebro, junto al lóbulo frontal del cortex). El dualismo kantiano (como el cartesiano y de tantos sistemas éticos modernos europeos puramente formales) le ha jugado a la ética una mala pasada. La negación del «cuerpo» en favor de un «alma» descorporalizada (desde los griegos hasta las éticas modernas) nos habla de una tradición (la otra, siguiendo la vía de la mítica de la resurrección de la carne con el Osiris egipcio, o con la tradición semita o musulmana, desemboca en las ciencias neuro-cerebrales que nos permiten recuperar la unidad de la corporalidad, dentro de la cual las funciones superiores del cerebro nos exigen descartar definitivamente la simplicación sumamente peligrosa en ética de un «alma» sustancial independiente[50]).

La Ética de la Liberación necesita una comprensión unitaria del ser humano. John Searle[51] indica que es necesario evadirse de falsas alternativas, ya que no es aceptable ni el monismo ingenuamente materialista ni el dualismo. La afirmación unitaria de la corporalidad, que niega el dualismo, puede igualmente no afirmar el materialismo behaviorista o fisicalista. La solución debe ser novedosa, ya que el cerebro se situa en un *sui generis* estrato de la realidad. Maurice Merlau-Ponty escribía:

---

[49] Kant, 1968, A 38-40.

[50] Esta hipótesis filosófica, de fundamento mágico (detrás de buena parte de las filosofías de la Ilustración) y mítico, envenena la ética dualista, descorporalizada, puritana, negadora de la sexualidad, el placer, las emociones, los aparatos evaluativos, y dominadora de la mujer. Todo un síndrome patológico que justifica sistemas de dominación erótica, política, económica, cultural, etc., y que una Ética de la Liberación descartará radicalmente. Véanse sobre la corporalidad unitaria, desde un enfoque filosófico, mis obras Dussel, 1969, 1973b y 1974a.

[51] Searle, 1984, p. 14; 1994, pp. 27 ss.

> Il vaudrait mieux dire dans ce cas que le fonctionnement corporel est intégré à niveau supérieur à celui de la vie [naturelle] et que le corps est vraiment devenu corps *humain*.[52]

Las funciones más complejas del cerebro humano (la categorización conceptual, la competencia lingüística y la autoconciencia, que permiten la autonomía, la libertad y la responsabilidad del sujeto ético-cultural e histórico) *subsumen* las meras funciones físico-vitales de los cerebros menos desarrollados de los animales pre-humanos.

De la misma manera, Xavier Zubiri, en su descripción de la «inteligencia-sentiente» o del «sentido-inteligente», en explícita referencia al funcionamiento cerebral y para evitar dualismos, cuando trata los «sentimientos», escribe:

> El hombre tiene sentimientos, sintiéndose él en la realidad. Por eso el animal tiene ciertamente *afecciones*, modificaciones de su tono vital, pero ningún animal tiene *sentimientos* [...] No es que en el hombre haya por un lado apetitos sensibles y por otro apetito racional, sino que no hay más que un estado sentimental, que es lo tónico de la realidad.[53]

Por su parte Heidegger, que puede acusársele de muchas cosas, no cayó en el dualismo. El «ser-en-el-mundo» del «Ser-ahí» —el sujeto humano ontológico— se abre a dicho mundo como «com-prensión (*Verstehen*)»,[54] acto que no puede confundirse ni con la razón pura de Kant ni con la razón dialéctica de Hegel. Es un «modo» de captar la totalidad de las experiencias existenciales de la vida humana en su conjunto: «mi mundo», «nuestro mundo». Se aproxima mucho a la manera como los científicos del cerebro describen el *global mapping*. Desde la totalidad de las «experiencias» del cerebro como capacidad cognitiva se puede categorizar lo que se presenta a la consideración actual (lo que Heidegger denominaba la «interpretación [*Auslegung*])». No deseamos realizar semejanzas forzadas, pero queremos simplemente indicar que el dualismo ha sido radicalmente evitado por el filósofo de Feiburg.[55]

---

[52] Merleau-Ponty, 1960, p. 218. Véase ese espléndido capítulo sobre «Les relations de l'âme et du corps» (pp. 200-241).

[53] Zubiri, 1992, p. 334. La profundidad propia del pensamiento de Zubiri nos llevaría muy lejos, en ámbitos que el pensamiento anglosajón o germánico no están habituados a llegar hoy —o al menos no es el estilo filosófico en voga—. Escribe todavía: «Los sentimientos son, ciertamente, actos del sujeto, pero no son ni más ni menos subjetivos que las intelecciones o las voliciones: envuelven formalmente un momento de realidad» (*ibid.*, p. 336). Por su parte, Zubiri distingue entre sentimientos (las «pasiones» de los clásicos) y la «voluntad» (pp. 21-82). Volveremos sobre el tema más adelante.

[54] Véase el tema en *Ser y tiempo*, § 31 (Heidegger, 1963a, pp. 142 ss.).

[55] Y por esto pudo servirnos de punto de partida a superar en nuestra *Para una ética de la liberación latinoamericana* de hace casi 25 años (Dussel, 1973a, vol. 1, cap. 1). La «comprensión del ser» siendo un momento «racional», era sin embargo práctico (un «pro-yecto [*Entwurf*], un *télos*, «ser» ante la inteligencia y «poder-ser» para la voluntad o facultad apetitiva). La ciencia del cerebro nos confirma en esta senda unitaria de la corporalidad de la ética.

Para concluir este artículo deseamos volver a los diversos niveles expuestos al comienzo partiendo de Maturana. En efecto, habría por último: d) la *unidad de cuarto grado*, la que denominaremos propiamente como «ética». Es *la relación*[56] dada en el medio lingüístico, pero reconocida como anterior a su ejercicio actual, entre organismos en comunidad que han alcanzado por el sistema nervioso-cerebral, en el mundo del lenguaje y la conciencia reflexiva, el expreso reconocimiento de la autonomía-autopoiética o libre del Otro (y por lo tanto como *Otro* posible sujeto trans-sistémico), como *otro* sujeto ético:

> Por esto, todo lo que hemos dicho aquí, este saber que sabemos, conlleva una ética que es inescapable y que no podemos soslayar [...] La aceptación del Otro [...] en la convivencia, es el fundamento biológico del fenómeno social [...] Cualquier cosa que destruya o limite la aceptación de Otro [...], desde la competencia hasta la posesión de la verdad, pasando por la certidumbre ideológica, destruye o limita el que se dé el fenómeno social, y por tanto lo humano, porque destruye el proceso biológico que lo genera.[57]

Habríamos pasado de la mera naturaleza biológica o social a la ética, ¿se trata de un caso más de la «falacia naturalista»? No es así. George E. Moore critica al evolucionismo, por ejemplo el de Spencer,[58] porque este pretendería producir desde dentro del proceso evolutivo a lo ético como tal, es decir, de la evolución biológica «se sigue el corolario de que la conducta adquiere carácter ético».[59] Nosotros en cambio, con la neuro-biología actual, afirmamos que, en efecto, la evolución (la «deriva natural») produce las condiciones para que pueda darse el fenómeno ético (que se establece en

---

[56] Es interesante observar que, p. ej., G. Moore se pregunta: «La principal división de ellas es —como he dicho— doble: la de saber qué *cosas* (!) son buenas *en sí* (!) y la de saber a qué otras *cosas* (!) se relacionan en cuanto efectos» (Moore, 1968, § 18, p. 27). ¿Y si quizá lo «bueno» o el «bien» no fueran «cosa» alguna sino sólo un *modo* de una *relación* entre sujetos autónomos-autopiéticos (entre sujetos éticos)? Lo «bueno» (con diferencias) no sería entonces ni una cosa ni una cualidad de una cosa, sino la «determinación» o «modo» de una «relación» entre sujetos (por su parte, la «corrección [*rightness*]» o «rectitud» sería una «manera» de alcanzar este «modo»). Sobre esta «relación-ética» nos habla Lévinas, 1968 y 1974b.

[57] Maturana, 1985, p. 163. Es necesario observar que Maturana, al desligar el comportamiento biológico-neuronal del cerebro del horizonte lingüístico —producto cultural— también permite superar el naturalismo ingenuo, y da fundamento para distinguir entre lo que «es» cerebral pre-lingüístico meramente (manejo *global* perceptual del entorno), y el «deber ser» que surge *explícitamente* en el ámbito conceptual, lingüístico y autoconciente de los «objetos» morales (como, p. ej., la «justicia», o la validez ético-universal de un «acto» humano). Por ello, para Maturana y los neurólogos que hemos nombrado, el «deber ser» es un momento constitutivo de la estructura biológico-neuronal del «ser» humano vivo (el cuarto grado de unidad se basa en el tercero).

[58] Véase Moore, 1968, § 29 ss.; pp. 45 ss. (pp. 43 ss.).

[59] Moore, *op. cit.*, § 31, p. 48 (p. 45).

el nivel de un *tipo* muy especial de «relación» entre sujetos autónomos, autopoiéticos, libres, desde las funciones «mentales» del cerebro, y que Moore, en su intuicionismo axiológico ingenuo, ignora[60]).

[60] Cuando habla de «estimación correcta de los valores» (Moore, *ibid.*, § 116, p. 192; p. 181) se ocupa de una axiología a la que no se problematiza suficientemente por su sentido real. Ya Heidegger («Carta sobre el Humanismo»; Heidegger, 1967; y Dussel, 1973b, pp. 126 ss.) criticó la axiología. Es necesario por ello tomarse el trabajo de refundamentarla adecuadamente y en relación con los resultados científicos que hemos sólo esbozado. Es por ello, que la crítica de Moore al utilitarismo es semánticamente dudosa (véase Rabossi, 1979, pp. 83-127), pragmáticamente insuficiente (ya que es una filosofía pre-pragmática, y por ello su semántica es reduccionista), éticamente no relevante (ya que no toca ningún problema ético de importancia, si, como afirma el mismo Karl-Otto Apel, el problema ético n.º 1 de nuestro tiempo es la cuestión ecológica ligada a los problemas sociales, a lo que yo agregaría, por ejemplo, el del hambre de la mayoría de la humanidad como fruto de sistemas injustos político-económicos). Al emotivismo de Ayer o al prescriptivismo de Hare se les podría hacer la misma crítica. Por pre-pragmáticos cometen reduccionismos, como por ejemplo, cuando Ayer escribe: si «digo *Robar dinero es malo*, formulo una sentencia que no tiene sentido *fáctico* [!] [...] Es como si hubiera escrito ¡*Robar dinero!*» (Ayer, 1958, cap. 6; ed. cast., p. 132). Tendría razón Ayer si fuera un enunciado solipsista que se mantuviera en un nivel semánticamente abstracto, si no fuera «fáctico». Pero pragmática, *fáctica* o intersubjetivamente cuando digo: «Yo afirmo que robar dinero *es malo*» (como *speech act* en el sentido de Austin o Searle), con el contenido proposicional de «es malo», agrego algo: enuncio explícitamente, y por ello agrego contenido semántico, la pretensión de defender intersubjetivamente con argumentos los que propongo como verdad práctica, o lo avanzado públicamente con pretensión de validez ética. Considérese el tema, en cuanto a los «actos de habla» *descriptivos,* en Habermas, 1984: cap. 2 («Wahrheitstheorien», pp. 127 ss.; pp. 113 ss.) y cap. 3 («Was heisst Universalpragmatik?», pp. 353 ss.; pp. 299 ss.); Dussel, 1993c, pp. 33-66: «La razón del Otro. La *interpelación* como acto-de-habla». A esto habría que agregar, además, que en concreto cuando alguien argumenta deberá, inevitablemente, considerar «malo» aquello que lo es «en su mundo cultural e histórico» (sea este el de un bantú o de un ilustrado actual en la sociedad de consumo del capitalismo tardío), y por lo tanto al decir «¡Robar dinero es malo!» no es lo mismo para un egipcio en la XXV Dinastía faraónica que para un musulmán en el siglo XX (en el mismo Egipto), ya que quizá para un «fundamentalista» musulmán hoy robar dinero es un acto «bueno», si se lo extrae a algún representante del «infiel» (por ejemplo a una trasnacional). Pero hay todavía más, con pretensión de verdad práctica, robar es, en un sentido que hay que precisar, un acto contrario al criterio material de la ética, contrario a la permanencia y desarrollo de la vida humana. Esto significa ya, como puede suponerse, incluir en la reflexión también una «ética *material*».

9. Dignidad: negación y reconocimiento en un contexto concreto de liberación[1]

La «dignidad»[2] se descubre desde la negatividad; supone el haber sido previamente «negada». El «señor libre» que tiene esclavos, el «señor feudal», el ciudadano metropolitano o el colono, el «macho», el propietario del capital no necesitan afirmar su dignidad, la presuponen, nadie la pone en cuestión: es una dimensión obvia, «dada» como punto de partida. Sólo se clama por la «dignidad» cuando ha sido previamente «negada»; cuando el sujeto grita por una «dignidad» que le ha sido arrebatada; que nunca le ha sido asignada, atribuida. Cuando alguien es tratado como «cosas» (como indio colonizado, esclavo africano en la plantación, mujer en el machismo, obrero en el capitalismo, como de un país «subdesarrollado», etc.) el luchar por el reconocimiento de la propia «dignidad» se transforma en un proceso de liberación, como «devenir», como los momentos en los que la subjetivación del mero objeto que se va descubriendo actor en la afirmación de su «dignidad», en la negación de su negación, manifestándose a sí mismo en el acto de ir caminando de la esclavitud de Egipto hacia la «Tierra prometida». La dignidad, como la identidad a la que se refiere, se conquista, se va construyendo procesualmente. Es un movimiento de «dignificación».

---

[1] En este trabajo uní muchos materiales de lo expuesto en el trabajo 5 de esta colección. Creí conveniente incluirlo porque generaliza la noción de «dignidad».

[2] La palabra de origen latina (*dignitas, -atis*) significa virtud, honor, mérito, autoridad; tiene su raíz común con *digitulus, -i*, que designa el dedo, también una medida romana (la 16.ª parte de un «pie»). En griego se refiere a la palabra *áxia* (valor, precio), *áxios* (digno de aprecio), *axióo* (tener por digno o merecedor, honrar). En el Nuevo Testamento se encuentra frecuentemente (ver *áxios, axioûn, axíos* en *Handkonkordanz zum griech. N. T.*, Wuertt. Bibelanstalt, Stuttgart, 1960, pp. 48). No debe olvidarse la obra de J. Pico de la Mirándola que escribió en 1486, su famosa *Oratio de hominis dignitate*, que marcó el concepto en toda la Modernidad. Entre todos los seres, los «supracelestes» (en visión neoplatónica), los «celestes» y los «terrestres», el ser humano es la obra maestra de la divinidad. En medio de los tres mundos es un microcosmos, que por su *anima* vive las realidades supracelestes, es celeste y está presente en lo terrestre. El ser humano tienen una «dignidad suprema», por su lugar central en el cosmos, entonces, y por ser entre las creaturas la única autónoma, libre: *suipsius plastor et fictor*. Pero no es tanto esta dignidad «metafísica» a la que nos referiremos en este artículo.

9.1. Negación originaria

En todo tipo de «sistema»[3] (sea político, económico, pedagógico, de género, de raza, etc.) los miembros que ejercen la hegemonía del mismo excluyen, frecuentemente no intencionalmente (*unintentional* diría Adam Smith), a sujetos éticos, que sufrirán, al comienzo sin conciencia alguna, dicha dominación como una «negación» a su dignidad.[4] Tomemos un ejemplo de negación de la dignidad cultural de un pueblo, que es al mismo tiempo negación económica, política, etc.

Leamos un texto proclamado el 1 de diciembre de 1993, con toda la dramaticidad de una epifanía sagrada, en la montaña, en la noche, en boca de «los más viejos entre los viejos»:

> Somos herederos de los verdaderos formadores de nuestra nacionalidad [mexicana], los desposeídos somos millones y llamamos a nuestros hermanos a que se sumen a este llamado como el único camino para no morir de hambre.[5]

> Durante años y años cosechamos la muerte en los campos chapanecos, nuestros hijos morían por una fuerza que desconocíamos, nuestros hombres y mujeres caminaban en la larga noche de la ignorancia, que una sombra tendía sobre nuestros pasos. Nuestros pueblos caminaban sin verdad ni entendimiento. Iban nuestros pasos sin destino, sólo vivíamos y moríamos.[6]

Se trata, nada menos, del relato —en negativo— del proceso de expansión europeo en la Modernidad Temprana, bajo la hegemonía española, que con extrema violencia (que después sufrirán igualmente el África y el Asia) pretende imponer la cultura occidental en el mundo que hoy se globaliza. «Negación originaria» («pecado originario») de los últimos cinco siglos civilizatorios y de la aclamada expansión mundial del cristianismo. Pero no sólo se negó la dignidad del Otro en la praxis, sino que se argumentó racionalmente para justificar plenamente dicha negación, en este caso desde el Imperio católico hispano:

> Y será siempre justo y conforme al derecho natural que tales gentes [bárbaras] se sometan al imperio de príncipes y naciones *más cultas y humanas*, para que por sus virtudes y la prudencia de sus leyes, depongan la barbarie y se reduzcan a vida más humana y al culto de la virtud.[7]

De esta manera se justificó aun la negación de la dignidad del indígena americano. De la misma manera aconteció en África. Un John Locke se expresará aun de manera

---

[3] Aun en el sentido de Luhmann, 1988.

[4] El tema del «pecado original» podría se tratado en este horizonte problemático. Véase Dussel, 1998 (varias traducciones), [204-222].

[5] «Declaración de la Selva Lacandona», en *El Despertador Mexicano* (Órgano del EZLN, México), n.º 1, diciembre (1993), p. 1.

[6] «Entramos otra vez a la historia», mensaje del Ejército Zapatista de Liberación Nacional, Chiapas (México), en *La Jornada* (México), martes 22 de febrero de 1994, p. 8.

[7] Ginés de Sepúlveda, 1967, p. 85.

más brutal, ahora desde el horizonte de la potencia anglicana, cuando se refiere a los inocentes campesinos africanos que serán transformados en esclavos en América:

> Sin duda alguna que quien ha perdido, por su propia culpa[8] y mediante algún acto merecedor de la pena de muerte, el derecho a su propia vida, puede encontrarse con que aquel puede disponer de esa vida retrase, por algún tiempo, el quitársela cuando ya lo tiene en poder suyo, sirviéndose de él para su propia conveniencia, y con ello no le causa prejuicio alguno.[9] Si alguna vez cree que las penalidades de su esclavitud pesan más que el valor de su vida, puede atraer sobre sí la muerte que desea con solo que se niegue a obedecer las voluntades de su señor [...] Tal es la auténtica condición de la esclavitud; ésta no es sino la prolongación de un *estado de guerra* entre un vencedor y un cautivo.[10]

El esclavo ha sido destituido de su dignidad de sujeto ético. Se lo ha transformado en «cosa» sin derecho alguno, al que, cínicamente el fundador teórico del liberalismo, le permite graciosamente el poder suicidarse para ahorrarse mayores sufrimientos.

De la misma manera, un Sigmund Freud (sin advertir el machismo de la cultura cotidiana austriaca de su Viena[11] en crisis) escribe que en la primera fase de la sexualidad se manifiesta:

> [... lo] masculino, pero no lo femenino; la oposición se enuncia: genitalidad masculina o castración [...] Lo masculino comprende el sujeto, la actividad y la posesión del falo. Lo femenino integra el objeto y la pasividad. La vagina es reconocida ya entonces como albergue del pene.[12]

Y todavía, en el mismo horizonte machista, el propio Jacques Lacan indica:

> El falo es el significante privilegiado [...] el significante más sobresaliente de lo que puede captarse en lo real de la copulación sexual.[13]

El oír hablar de un «objeto», de algún «significante privilegiado» como «el falo», siendo mujer produce una reacción inmediata; estas expresiones son ya vividas como una negación primera de su propia dignidad.

---

[8] Locke nos quiere hacer creer que dichos campesinos africanos lucharon agresivamente contra los europeos, y es «por su propia culpa» que han sido esclavizados.

[9] Obsérvese que el Otro ha sido despojado de todo derecho humano, aun el que le concedía el *jus gentium*. La dignidad del Otro ha sido absolutamente negada.

[10] Locke, 1976, § 23, p. 20.

[11] De la cual saldrán entre otros Albert Einstein, Ludwig Wittgenstein o un Adolf Hitler.

[12] *Die infantile Genitalorganisation*; en Freud, 1974, t. 5, p. 241.

[13] «La significación del falo», en Lacan, 1971, p. 286. Este autor no descubre su «machismo» en las propias metáforas que usa. ¿Por qué no pudiera ser el «significante privilegiado» la erección del clítoris, la sensibilización del punto G o las mucosas de la vagina? Podría, sin embargo, aceptarse dichas expresiones si se indicara que «*en* el machismo» el falo es el significante privilegiado por encontrarse el ejercicio sexual dentro de un estado generalizado de «patología cultural» machista (la europea o la griega clásica del Edipo) —que no pareciera ser la intención de Lacan, ni Freud—. En estas expresiones ha sido negada de hecho la dignidad de la mujer.

Adam Smith no tiene tampoco ningún escrúpulo en indicar que «el producto del trabajo constituye su recompensa natural o salario del trabajo»,[14] «pero este estado originario (*original state*), en el que el trabajador gozaba de todo el producto de su trabajo, sólo pudo perdurar hasta que tuvo lugar la primera apropiación de la tierra y acumulación del capital (*accumulation of stock*)».[15] En este «segundo estado» los ricos compran el trabajo a los pobres. Esta claro que Smith no se pregunta por las razones históricas por las que fueron empobrecidos los «siervos de la espada» de los feudos, y por qué al huir del feudo y llegar a las ciudades medievales tuvieron que vender su trabajo (su propia subjetividad creadora) a los que tenían dinero (que es trabajo objetivado). Este «salario» que pretende pagar la apropiación del trabajo del prójimo es la «negación originaria», que constituye al sistema capitalista como tal, y que destituye al que «vende su trabajo» de su dignidad creadora, ya que se lo transforma en una mera «mercancía» (que se compra y se vende).

Esta «negación originaria» en diversos «sistemas» (hemos indicado sólo los sistemas culturales históricos del colonialismo, del esclavismo, del machismo, de la economía capitalista, como ejemplos entre muchos otros posibles), sitúa la problemática de la destitución de seres humanos de su dignidad, ya que se los transforma en «mediaciones» de «fines» que otros definen, deciden y manipulan. Los «sin-dignidad» quedan reducidos a objetos. En esto consiste el «pecado», hablando teológicamente en sentido estricto.

9.2. LA «DIGNIDAD» NO ES «VALOR», ES EL FUNDAMENTO DE LOS VALORES

Por lo general se confunde «dignidad» con «valor».[16] A ambos se los refiere a los conceptos tales como en el latín a *bonum* o en el griego a *agathón*. Sin embargo, la Modernidad aportará un nuevo significado que deseamos ahora clarificar.

---

[14] Smith, 1985, p. 167.
[15] *Ibid.*, p. 168.
[16] «Valor» procede del latín: de *valens, -tis* que significa sano, robusto, enérgico; de *valeo, -ere*: estar sano, ser fuerte, vigoroso, tener fuerza; de *validus, -a*: sano, robusto, vigorizo; de *valito, -are*: estar bueno. En las lenguas germánicas en cambio la cuestión en diversa. Es interesante recordar que Karl Marx escribe sobre este tema unas pocas líneas: «Y así del concepto de *valor (Wert)* se deriva en general el concepto de *bien (Gut)* [...] No sólo podía demostrar con el *uso del nuestro lenguaje* que el *distinguir (señalar)* las cosas del mundo exterior, que son los medios para satisfacer las necesidades humanas, como *bienes* también puede ser nombrado *atribuir valor* a esas cosas, sino que tenemos la palabra latina *dignitas* = valía, mérito, jerarquía, etc., que atribuida a las cosas también significa *valor*; *dignitas* viene de *dignus* significa *pointed out* <señalado>; de aquí también viene *digitus*, el dedo con que uno señala a una cosa, la indica; en griego tenemos *deík-nymi, dák-tylos* (dedo); en gótico: *ga-tecta (dico)*; en alemán: *zeigen*; y podríamos todavía llegar a otras muchas derivaciones, teniendo en cuenta que *deíknymi* o *deiknyo* (hacer ver, poner de manifiesto, señalar) tienen en común el redical *rek* (presentar, tomar) con *dekhomai* («Randglossen zu Adolph Wagners *Lehrbuch der politischen Oekonomie*», en Marx, 1956, vol. 19, p. 367). Todavía se refiere largamente a la etimología gótica (p. 372). Marx, ya que en su momento no se había todavía discutido la cuestión, no distingue suficientemente entre «valor» y «dignidad», aunque supone dicha distinción de hecho, como veremos.

Para guiarnos en el bosque de significaciones, observemos lo que nos sugiere un texto de Heidegger en su *Carta sobre el humanismo*, cuando escribe:

> El pensar contra los *valores* no afirma que todo lo que se explica como *valores*, la *cultura*, el *arte*, la *ciencia*, la *dignidad del hombre (Menschenwuerde)*, el *mundo*, *Dios*, no tenga valor. Más bien ha de comprenderse por fin que justamente la caracterización de algo como *valor*, priva de su *dignidad* (*Wuerde*) a lo que así se está valorando.[17]

> Lo que algo es en su ser no se agota en su objetualidad, mucho menos si la objetualidad tiene el carácter del valor. Todo valorar es, también allí donde valora positivamente, una subjetivación [...] Cuando se anuncia a *Dios* como el *más alto valor* se comete entonces un rebajamiento de la esencia de Dios.[18]

Xavier Zubiri también insiste en que el «valor» no es el fundamento, ya que se usa dicho término cuando una mediación práctica (o «posibilidad» existencial para Heidegger) cumple o realiza un fin. Es decir, algo «vale» en cuanto cumple la función de mediación. El agua que calma la sed «vale», en cuanto es útil para tal fin. En el desierto, cuando alguien se encuentra a punto de morir de sed vale más el agua que en medio de una inundación. Lo que vale es un medio que funciona eficazmente como tal; es un momento de la razón instrumental o evaluativa: los medios tienen *sentido* para una razón teórico-interpretativa, tienen *valor* para una razón práctica.

Por ello algunas expresiones deben ser corregidas en su contenido ontológico y ético. Por ejemplo, Agnes Heller explica que «el *valor* más básico (el *bien* más básico) es la vida».[19] En este caso el *valor* se identifica con la vida humana misma, que es lo *digno* por excelencia.

Kant[20] es uno de los que introduce ya la ambigüedad anotada cuando escribe que los medios tienen «un valor condicionado (*einen bedingten Wert*)», mientras que la persona es el único «valor absoluto (*absolute Wert*)».[21] En este caso se confunde «dig-

---

[17] Heidegger, 1947, p. 34.
[18] *Ibid.*, pp. 34-35.
[19] Heller, 1973; también en Heller, 1985, pp. 7 ss. Para mi crítica a la posición de Heller sobre una ética marxista de los valores, véase el capítulo «Proyecto filosófico de Agnes Heller», en Dussel, 2001, pp. 269 ss.
[20] Véanse mis obras Dussel, 1973b, vol. 1, pp. 119-154: «La ética axiológica contemporánea»; Dussel, 1973, vol. 1, § 8, pp. 70 ss.: «Diferenciación y valoración de las posibilidades»; Dussel, 1998, [97-98], pp. 125ss.
[21] *Grundlegung zur Metaphysik der Sitten*, BA 65; *Kant*, 1968, vol. 6, p. 60. El tema se encuentra en Hartmann, 1962, § 36, p. 340: «Der elementarste Wert der ersten Reihe ist der Wert des Lebens». Creo que se ha confundido el *bonum* con el *Wert*. La «dignidad» del sujeto viviente corporal debería ser considerado en el sentido clásico del *agathón*, del *bonum*, trascendental, pero como no un *Wert*, en el sentido moderno de la «constitución» de un «bien (*Gut, good*)» o «cosa-valiosa (*Wertding*)» que tiene o es «portador (*träger*)» de un «valor» ético como correlato de una «intención estimativa» de la subjetividad. El «valor», en el sentido de la «axiología», es *estrictamente* una determinación moderna de la mediación o «posibilidad existencial» (en sentido heideggeriano) práctica, inexistente en el pensamiento griego o latino medieval. Es el *noema* práctico

nidad» de la persona con «valor». Es por ello que Heidegger, y como lo he anotado, comentando en este caso a Nietzsche, indica que «el valor es condición de aumento de vida (*Steigerung des Lebens*)».[22] Es decir, una posibilidad existencial o mediación práctica (un «medio» para un «fin» en el sentido de Max Weber, relación «formal») *tiene* «valor» en tanto posibilidad actual para la vida humana.[23] El criterio absoluto, lo *digno*, es el «sujeto corporal vivo».[24] Por su parte y contra lo que pudiera pensarse, Marx afirma que el sujeto vivo (el «trabajo vivo») no tiene valor económico, sino que tienen dignidad de sujeto creador. Escribe Marx:

> El trabajo [vivo] es la substancia y la medida inmanente de los valores, pero él mismo *no tiene valor alguno (hat keinen Werth)*.[25]

> El valor del trabajo no es más que una expresión *irracional (irrationeller)* para designar el valor de la fuerza de trabajo.[26]

En el Cuaderno 20 de los *Manuscritos del 1861-1863*[27] escribe:

> Hasta ahora nunca hemos hablado del *valor del trabajo*, sino sólo del valor de la *capacidad de trabajo* [...]. El trabajo como proceso, *in actu*, es la substancia y medida del valor, *no valor (nicht Werth)*. Este valor es sólo trabajo *objetivado*.[28]

Para Marx el «trabajo vivo», el sujeto viviente y corpóreo («corporalidad [*Leiblichkeit*]») del trabajo, el trabajador, no puede tener valor de cambio, tiene dignidad, porque es la «fuente creadora del valor».[29] El sujeto vivo, su «vida humana» es lo digno,

---

de una *noesis* ética, para hablar como Husserl. Heller hablará de «valores absolutos» (la vida, la libertad, etc.). Creo que esto sitúa a su ética, hasta el presente, en una «axiología», y le impide descubrir una «normatividad» más radical —como la del Marx histórico, que no fue axiológica—, más allá de los «juicios de valor» (que tendrían menos racionalidad que los «juicios empíricos» de las ciencias naturales). Se trata de construir una ética fundada en «juicios normativos» («Juan *debe* comer») en relación con «juicios empíricos» («Juan come») sin necesariamente pasar por «juicios de valor» —que la meta-ética analítica ha cuestionado desde George Moore, Ayer o Carnap.

[22] Heidegger, 1961, vol. 1, p. 488.

[23] «Wert ist [...] Ermöglichung, *possibilitas*» (*ibid.*, p. 639).

[24] Escribe Ernst Bloch: «Aquello que nos pone como vivientes (*das uns als lebendig setzt*) no adviene a la presencia. Se encuentra en lo profundo, adonde comenzamos a *ser corpóreos (leibhaft zu sein)*», Bloch, 1959, vol. 1, p. 49.

[25] *Das Kapital*, I, sec. VI, cap. 17; Marx, 1975, p. 500.

[26] *Ibid.*, p. 502.

[27] Véase Dussel, 1988.

[28] *Zur Kritik der politischen Oekonomie (Manuskript 1961-1963)*, en Marx, 1975, II, 3, 6, p. 209.

[29] He insistido en mis obras sobre Marx en esta tesis «metafísica creacionista» —contra la opinión sobre el tema de todas las tradiciones cristianas desde la época de la vida del mismo Marx hasta hoy—. Véase la reciente traducción de mi libro *Towards an Unknown Marx* (2001). Marx indica que hay diferencia «entre el trabajo objetivado y el trabajo vivo (*lebendige Arbeit*), entre el valor y la actividad creadora (*wertschaffenden*) *del valor*» (Marx, 1974, p. 356). Es el «trabajo vivo» el que tiene dignidad, pero le ha sido negada. El trabajo

es el criterio de validez del valor, su fundamento, y es desde la vida humana del trabajador que se juzga (se efectúa una crítica ética, una *Kritik* de la economía política, de su «moral») al capital como causa de su muerte, pobreza, desrealización, negación, «el Anticristo». Repito, el «trabajo vivo» no tiene valor, tiene *dignidad*;[30] no es un medio y ni siquiera un fin: «pone» los fines. Algo vale en cuanto es una mediación práctica[31] para la producción, reproducción o desarrollo de la vida humana, en último término de toda la humanidad. La vida humana, el sujeto vivo ni tiene valor ni tampoco tiene *derecho* «a la vida». El sujeto humano viviente tiene dignidad y en tanto tal «funda» todos los valores, aun los éticos, y todos los derechos. Hay derecho a la «sobrevivencia», a la «permanencia» en vida, no «a la vida». ¿Cómo podría un sujeto todavía no viviente (no engendrado, anterior al nacer) tener algún derecho si todavía no existe? Pero desde el momento de su existencia, por ser viviente (sin tener un imposible derecho *apriori* a la vida), un viviente sujeto humano «tiene» ahora derechos fundados en su «dignidad» (no en su valor, ya que el sujeto *digno* es el que «funda» todos los valores, también los morales[32]).

no es el fundamento del capital (que es «el valor que se valoriza»). Por ello, Marx establece una diferencia explícita entre «fundamento (*Grund*)» y «fuente (*Quelle*)», semejante a la crítica de Schelling contra Hegel. Véase el tema en Dussel, 1990, pp. 355 ss. El «trabajo vivo» es la «fuente creadora del valor *desde la nada*» del capital, cuando «crea» plusvalor (en el plus-tiempo del plus-trabajo más allá del «tiempo necesario» o del valor del salario pagado por el capital): «creación» de valor «ex nihilo» (dice Marx).

[30] En *Das Kapital* I, cap. 5, nota 17 (Marx, 1975, II, 6, p. 209), Marx nos habla aquí de adquirir «el sentimiento de dignidad (*Selbstgefühl*)», sobre lo que se extiende en las ya citadas «Notas marginales al *Tratado de economía política* de Adolph Wagner» (sobre la *Dignitas;* Marx, 1956, 19, p. 367).

[31] El «bien (*Gut*)» no «es» un valor (la cosa «es» un bien), sino que «tiene» valor en tanto se encuentra *prácticamente integrado* (como medio a fin) al plexo de mediaciones que en último término es la vida humana, como condición de su reproducción o desarrollo.

[32] Los valores morales no son sino la categorización conceptual-práctica y lexical (a cada valor se le pone un «nombre» en cada lengua, cultura, y se las normativiza en costumbres, tabús, leyes, derecho, y también se imponen por la educación en el *Ueber-Ich*), que, desde el criterio de la vida humana en tanto ética (vida humana, consensualidad práctica válida y factibilidad empírica de la «pretensión de bondad» del acto), «graba» neuronal o corporalmente el cerebro, de aquella mediación que reproducen y desarrollan la dicha humana en cada comunidad histórica. Los valores morales son jerarquizados (en cada cultura, y por cada sujeto concreto) por «cercanía o lejanía» de la posibilidad de la reproducción o el desarrollo de la vida del sujeto humano. Las mediaciones más cercanas y necesarias (y de allí la importancia de los trabajos de Agnes Heller sobre las necesidades) ocupan un lugar superior (así como ante un golpe que se dirige a la cabeza, la mano se levanta para protegerla, arriesgándola a ser destruida: el cerebro tiene memorizado el «más valor» de la cabeza sobre la mano desde el criterio de la vida humana; de la misma manera que un burócrata que tenga «honestidad» realiza un valor ético más alto, que el burócrata que ejerce actos de corrupción con los clientes). Evidentemente los valores morales (categorizaciones conceptuales-prácticas, desde las necesidades y sentimientos —también morales—, ligados al sistema límbico y al neocortex-frontal) tienen una existencia intencional intersubjetivo-comunitaria, lingüístico-cultural. Su «portador *(träger)*» material o neuronal es el cerebro humano; su base ético-psíquica es el *Ueber-Ich* —individual en Freud, colectivo en Jung—; su base intencional son las culturas, sus relatos simbólicos y las lenguas. No hay «entes-reales» ni «cosas-independientes» llamados valores. Los valores tienen existencia neuronal, intersubjetiva, lingüística, psíquica, cultural, comunitaria. Véase el nivel neurológico del problema en Damasio, 1994; Edelman, 1992, sobre los *criteria of value* que tiene el cerebro desde la «vida humana» como última referencia.

10. Algunos principios para una ética ecológica material de liberación
(Relaciones entre la vida en la tierra y la humanidad)[1]

Una *ética ecológica* trata la condición de posibilidad absoluta de los vivientes, que se juega por último en el respeto al derecho universal a la Vida de todos los seres humanos, en especial de los más afectados y excluidos: de los pobres del presente y de las generaciones futuras, que heredarán, de no adquirirse una conciencia pronta y global, una tierra *muerta*.[2] La Vida es condición absoluta de la existencia humana, y por ello la Vida de la tierra es dicha condición ampliada. En realidad la Tierra no puede ser destruida, ni tampoco la Naturaleza (en su mera constitución física, química o meramente material); lo que en ella pueden ser destruidas son las condiciones para la existencia de la Vida. La Vida puede destruirse sobre la Tierra.

Aquí sólo nos referiremos a algunos principios de una ética ecológica en un momento cultural en el que las morales[3] formales universales consensuales parecieran que han refutado la posibilidad de fundamentar la ecología desde una ética material, que es una ética de la vida. Nuestra posición consistirá en asumir la ética material (necesaria, pero no suficiente) y la moral formal (necesaria, pero tampoco suficiente) dentro de un proceso crítico de liberación que las subsume al ponerlas en movimiento crítico, social, histórico, diacrónico. Esto tiene suma actualidad porque *la destrucción ecológica (como condición de posibilidad) y la pobreza (como efecto) son dos fenómenos correlacionados*[4] que tienen una misma causa, y ambos exigen

---

[1] Esta ponencia debe situarse dentro de una *Ética de la Liberación en la edad de la globalización y exclusión* (Dussel, 1998) donde doy en detalle razones para probar lo que aquí se avanzan como meras tesis solamente prospectivas.

[2] Véase el tema en mi obra *Ética comunitaria*, cap. 18 (Dussel, 1986). Para el contexto de la cuestión véase Meadows, 1983 y 1992. Para una visión geopolítica de la hegemonía norteamericana actual, véase Chomsky, 1994.

[3] Usaremos ahora la palabra «moral» para indicar el aspecto formal, y «ética» para su sentido material. La Ética del Discurso, por ejemplo, debería denominarse entonces «Moral del Discurso». Mientras que nuestra «Ética de la Liberación» es «ética» (por material), pero también por ser de liberación (por crítica y procesual históricamente).

[4] Escribe Karl-Otto Apel: «En mi opinión, con el fin de la guerra fría y después de la reducción del peligro de una guerra nuclear, *el problema número 1* de la política mundial y de una macroética [...] será

una comprensión *material* y, simultáneamente, la mediación de la consensualidad *formal* comunitaria.

Con razón, Kant se levantó contra la irracionalidad de la ética empirista inglesa que intentaba fundar el bien sólo en el placer o felicidad, como meras sensaciones, sentimientos o emociones sin intervención de la razón.[5] Pero, sin razón, Kant descartó el significado ético de la lucha por la vida (en su sentido actual ecológico y de justicia):

> *Conservar cada cual su vida* es un deber, y además todos tenemos una inmediata inclinación a hacerlo así. Mas, por eso mismo, el *cuidado angustioso* que la mayor parte de los hombres pone en ello[6] no tiene valor interior, y la máxima que rige ese *cuidado* carece de un contenido moral.[7]

La ética ecológica, que tiene esencialmente que ver con la defensa de la vida, queda aquí situada de tal manera que no podrá ser satisfactoriamente fundamentada. En esta tradición dualista, de decidida negación de la determinación material de la ética, el «cuidado angustioso» por «conservar» la vida no tiene significación ético-material alguna, y se la relega al mero egoísmo o a ser una motivación patológica o caprichosa. Debemos oponernos a esta tesis, so pena de dejar la ética ecológica en el aire.

10.1. Intento de articular en ecología la ética material y la moral formal

El texto egipcio del muerto que es juzgado por Osiris y que exclama, como justificación de su bondad: «di de comer pan al hambriento» (*Libro de los Muertos*, cap. 125), incluye exigencias de ética material: el hambre es un tipo de sensación de dolor, y la comida es fruto del trabajo y la tierra. Por el contrario, las morales formales actuales (como las del pensamiento analítico[8] o positivista, o las de John

---

la cuestión de las relaciones entre el primer y el tercer mundo debido a la *indisoluble conexión entre la crisis ecológica y la crisis socioeconómica*» («La ética del discurso ante el desafío de la filosofía de la liberación», en Dussel, 1993b, p. 116). En edición alemana «Die Diskursethik vor der Herausforderung der Philosophie der Befreiung», en Fornet-Betancourt, 1992b, p. 37.

[5] John Locke escribe en su *An Essay concerning Human Understanding* (Clarendon Press [Locke, 1975]: «El bien y el mal [...] no son sino placer o dolor, o las ocasiones en que se procura placer o dolor» (libro I, cap. 28, § 5). En otro texto expresa: «Las cosas son buenas o malas sólo en referencia al placer y el dolor» (*ibid.*, II, cap. 20, § 2). Posteriormente Jeremy Bentham expresará: «[... El] *axioma fundamental* [consiste en] la mayor felicidad para el mayor número es la medida de todo lo recto y lo incorrecto» (Bentham, 1948, p. 3).

[6] Esta angustia hoy es mucho más espantosa que en el tiempo de Kant, ya que la mayoría de la Humanidad se ve lanzada en el proceso de globalización a una exclusión empobrecedora nunca observada antes.

[7] *Grundlegung zur Metaphysik der Sitten*, I, BA 10 (Kant, 1968, p. 23).

[8] Recuérdese el intento de George Moore en *Principia Ethica* (Moore, 1968).

Rawls[9] o Jürgen Habermas[10]) descartan las éticas materiales (como las del utilitarismo, de la *Sittlichkeit* de Hegel,[11] o la de un Charles Taylor[12]).

Por nuestra parte, teniendo como horizonte la *destrucción ecológica de la tierra* articulado concomitantemente *con la miseria,* la pobreza, la opresión de la mayoría de la humanidad (si se tiene en cuenta fenómenos tales como el capitalismo central y periférico, el racismo, el machismo, etc.), debemos recuperar la referencia material, ya que dichos «hechos» pueden sólo ser descubiertos críticamente por contraste (contradicción o no-cumplimiento) con un criterio *positivo* material enunciado previamente. Por ello necesitaremos reconstruir la verdad de una ética material (donde la destrucción ecológica y la pobreza sean detectadas como problemas éticos en sí mismos) y articularla convenientemente a una moral formal (desde la cual se podrá proceder consensualmente).

La actual neurobiología de manera unánime define el cerebro humano como un órgano de la sobrevivencia. Por ejemplo, Gerald Edelman escribe:

> El córtex frontal es el primer ejemplo de un centro conceptual del cerebro [...] Dadas sus conexiones con el sistema límbico, incluyendo el hipocampo, el córtex frontal establece las relaciones que permiten *la categorización por valores* y las experiencias sensitivas. De esta manera, la memoria conceptual está afectada por valores —una característica importante que permite la sobrevivencia.[13]

«Valorar» o «categorizar por valores» significa evaluar teniendo en consideración la vida y su reproducción y crecimiento. En efecto, éste es el criterio fundamental de toda ética material, que consiste en la satisfacción[14] de las necesidades básicas y también de su desarrollo (que llamaremos «sobre-vivencia»[15]) de dicha vida humana, que puede formularse de la siguiente manera como *principio básico universal ético:*

> El que actúa *seria y honestamente* ya ha presupuesto siempre *a priori* las exigencias éticas de la lucha por la reproducción y crecimiento *de la vida de los sujetos humanos,* en concreto como modos de una *vida buena* (felicidad, sobre-vivencia, etc.), que cumple con to-

---

[9] Véase Rawls 1971 y 1993.
[10] Véase entre sus numerosas obras Habermas, 1983 y 1991.
[11] Véase Benhabib, 1986.
[12] Véase Taylor, 1989 y 1992.
[13] Edelman, 1992, pp. 109-110. Véase de este premio Nobel también Edelman, 1988 y 1989.
[14] Véase mi obra *Ética comunitaria* (Dussel, 1986), cap. 1.
[15] En el «sobre-» de «*sobre*-vivencia» queremos indicar: a) las funciones mentales superiores de la vida (conceptuación, evaluación valorativa, lenguaje, autoconciencia, libertad, autonomía y responsabilidad); b) los desarrollos históricos propios de la cultura, histórica, espiritualidad religiosa, pleno crecimiento estético y ético de la humanidad.

dos los miembros de una *comunidad de vida* cultural e histórica real,[16] y que incluye la pretensión de poder compartirla con toda la humanidad.[17]

Es decir, el que obra (es la *praxis* en su sentido estricto) *humana, seria y honestamente*, lo hace por el motivo racional universal: la reproducción y crecimiento de la vida humana (y concomitantemente de la vida en el planeta Tierra), proyecto que es siempre realizado inevitablemente en el horizonte de una «vida buena», en su comunidad cultural (preconvencional, convencional o postconvencional[18]). Esa «vida buena» incluye todos los «recursos (*sources*)» de racionalidad a disposición (son evidentemente diferentes entre los aztecas, los conquistadores españoles del siglo XVI, los ingleses del siglo XVIII o los norteamericanos hoy[19]), los mejores, y, además, como seria y honestamente acepta dicha «vida buena» como la superior, ideal y universalmente, intrínsecamente debe aceptar también todo diálogo o discusión con otras concepciones de «vida buena», ya que por ser seria y honesta es una «pretensión universal»: válida ideal o potencialmente para toda la humanidad. El que «no entrara» a la discusión retrocedería a una posición dogmática o fundamentalista, y dejaría de obrar «seria y honestamente». Además, la «vida buena» no es principalmente el fin (*Zweck*, *télos*) de una razón instrumental o estratégica; sino que es un *modo de vida* «comunitaria» (ideal o real), que debería ser el cumplimiento del reconocimiento ético-originario intersubjetivo del Otro como otro, desde donde se abre la posibilidad de la comunicación y el ejercicio de la razón discursiva misma. Contra las morales formales hoy de moda, y repitiendo, es posible probar que la conservación y el crecimiento de la vida

---

[16] Aun el disidente «presupone» la «vida buena» a la que se opone eventualmente, y sin la cual no podría ser disidente. Un nihilismo radical es un dejarse morir (y aun el dejarse morir presupondría una motivación para suicidarse): la contradicción performativa aquí es aún más radical que en el caso del escéptico teórico. El escéptico podría «no entrar» a la discusión; pero aquí aún el «no entrar» es todavía una acción: es decir, debe tener un motivo (la razón es teórica, el motivo práctico) para no entrar.

[17] Aquí deberíamos refutar las tres objeciones anotadas arriba contra la ética material. 1. Nunca un proyecto de «vida buena» puede describirse analíticamente, porque es el horizonte («comprensión del ser [*Seinsverstädnis*]» en Heidegger, «totalidad dialéctica» en Sartre, o el «inconciente» de Freud) siempre presupuesto. 2. La «vida buena» es particular, pero tiene la pretensión de universalidad (si es seria y honesta). El 3 lo trataremos en el texto a continuación.

[18] La «vida buena» postconvencional tiene un *contenido* ilustrado de autonomía, argumentabilidad, responsabilidad individual que no deja por ello de ser una «vida buena» con su convencionalidad propia: un ideal humano ilustrado occidental moderno. La actitud «crítica» de liberación puede faltar en una ética «postconvencional», indicando así que no es el último nivel posible del desarrollo de la conciencia ética *à la* Kohlberg.

[19] Para que sea racional la «vida buena» debe contar con los mejores recursos *posibles*. No se puede exigir a los aztecas otros recursos que los propios, por ello Bartolomé de Las Casas demostró que desde su horizonte cultural, desde *sus recursos racionales*, ofrecer sacrificios humanos al dios Sol era perfectamente racional, bueno, válido: no tenían otros *recursos* a su disposición y nadie podría objetarles el no haberlos usado correctamente.

del sujeto humano es la condición absoluta, cuya mediación diferenciada son las «vidas buenas», intentadas *seria y honestamente*, y que están *siempre pre-su-puestas*[20] y tiene *pretensión de universalidad*, aunque sea (y no puede no serlo nunca) particular por su implantación histórica (repitiendo de nuevo, aún en el caso de la pretendida moral postconvencional actual, frecuentemente eurocéntrica y cómplice, porque no crítica, del capitalismo central y hasta neoliberal).

El momento de la moral formal, cuyo criterio de validez es la intersubjetividad efectiva o la consensualidad argumentativa real, tiene un principio básico moral que puede enunciarse así:

> El que argumenta ya ha testimoniado *in actu*, y con ello reconocido [...] una comunidad de comunicación de personas que se reconocen recíprocamente como iguales.[21]

> Solamente pueden ser válidas aquellas normas aceptadas por todos los afectados como participantes virtuales de un discurso práctico.[22]

La dimensión ecológica quedaría así definida material (como condición absoluta de sobre-vivencia) y formalmente (como lo ha decidir intersubjetivamente en el plano privado y público, nacional e internacionalmente). Para una ética ecológica sostenible, el principio moral formal (la discusión democrática consensual) «aplica» el caso concreto (máxima particular a obrar) en el contexto (la «totalidad» social e histórica) desde el principio ético material de sobre-vivencia. De esta manera hemos *invertido* lo que se expone hoy entre los cultores de la norma básica moral formal: no es la moral formal la que se «aplica» en el caso concreto (sin interesar el contenido de la discusión, que siempre es la vida humana, y cuyo acuerdo será válido por el solo hecho del procedimiento), sino que el principio de la ética material de contenido (la condición ecológica de la sobre-vivencia de la comunidad de vida humano-cultural) es mediado por el principio de la moral formal procedimental (la comunidad de comunicación como consensualidad).

Deseamos efectuar una última reflexión material. Marx es considerado por mucho un economista «antropocéntrico» sin sensibilidad ecológica.[23] Podemos al respecto recordar, sin embargo, un texto de 1875:

> Primera parte del párrafo [del Programa de Gotha dice]: *El trabajo es la fuente (Quelle) de toda riqueza y de toda cultura*. El trabajo no es la fuente de toda riqueza —comienza a explicar Marx—. La naturaleza es la fuente de los valores de uso (¡que son los que verdade-

---

[20] «Puesta» antes (*pre-*: por naturaleza y en el tiempo *a priori*) y *debajo* (*sub-*: como fundamento): «pre-sub-puesta».

[21] Apel, «Notwendigkeit, Schwierigkeit und Möglicheit...», ed. cast., p. 161.

[22] Habermas, 1991, p. 12. Los principios, el «U» de Habermas y el de complementaridad «C» de Apel, vienen a intentar permitir su «aplicación».

[23] Recuerdo la discusión con John B. Cobb en California en 1988 al respecto.

ramente integran la riqueza material!), ni más ni menos que el trabajo, que no es más que la manifestación de una fuerza natural, de la fuerza de trabajo del hombre.[24]

Para Marx sólo dos niveles de la realidad no tienen valor de cambio (económico), y son la naturaleza y la persona humana:

> El *precio de trabajo* o el *precio de la tierra o del suelo* (o de las fuerzas naturales en general) son las únicas expresiones *irracionales (irrationellen)* de este tipo. El *precio de la tierra* es irracional, ya que un precio adecuado es la expresión monetaria del valor, pero no puede haber valor [de cambio] cuando no hay trabajo materializado en dicha cosa [...] De la misma manera es irracional la expresión: *Precio del trabajo*.[25]

Paradójicamente, y contra la opinión de muchos, para Marx, la tierra y la humanidad tienen «dignidad» y *no pueden tener valor de cambio*, porque no contienen en cuanto tales trabajo objetivado, ya que son la «fuente (*Quelle*)» de todo valor —y «fuente creadora (*schöpferische*)» desde la nada (*ex nihilo*) del plusvalor[26]—. De donde podríamos proponer el siguiente esquema:

ESQUEMA 1
VALOR ECOLÓGICO, VALOR DE USO Y VALOR DE CAMBIO

Dignidad	*Utilidad*		*Formalmente económico*
Valor ecológico, natural, físico, real	Valor de uso: a. natural		Valor de cambio (económico)
	b. producido		
Nivel 1 (VE)	Nivel 2 (VU)		Nivel 3 (VC)
Naturaleza	Producto del trabajo humano		

[24] *Crítica al programa de Gotha*, I (Ricardo Aguilera, Madrid, 1970, pp. 12-13; *MEW* 19, p. 15).
[25] Marx, 1975 (*MEGA* II, 3, p. 2190, 5-15). Véase mi comentario en Dussel, 1988, p. 172 ss. Debo indicar, sinceramente, que esta doctrina de Marx se encuentra, exactamente, en la línea del principio clave de toda la ética material (!) kantiana o en general de todas las éticas de Occidente, en aquello de que «la persona es un fin y no un medio»; es decir, la dignidad de la persona es el criterio de dichas éticas (y también de la Ética de la Liberación). Pero al mismo tiempo, se habla frecuentemente del «salario» como precio del trabajo, y se pretende que debe ser «justo», lo cual es una *contradictio terminorum*, como pudiendo no ser contradictorio con la dignidad de la persona; o se habla de la propiedad privada como de derecho natural (desde Bodin o Locke), no advirtiendo que se excluye a la mayoría que no tiene propiedad alguna en su pobreza. Y, porque los pobres no tienen propiedad alguna, deben vender su propia corporalidad en el sistema de asalariados. Marx, por el contrario, en una posición más coherente con el criterio ético de la misma ética cristiana, muestra que la tierra y el trabajo no tienen valor «de cambio», sino «dignidad» impagable, infinita (en realidad se encuentran en «otro orden»: en el orden de las *causas*, mientras que el valor «de cambio» o el precio se sitúan en el orden de los *efectos*). ¡Quién hubiera dicho que Marx era más consecuente con la esencia misma de la ética cristiana de Occidente (o con el principio de la prioridad absoluta de la persona humana) que muchos miembros de las Iglesias!
[26] Véase mi obra Dussel, 1990, cap. 10.

Las cosas reales tienen «dignidad» (el *bonum* de los medievales), *son* «valor ecológico» (VE) que pueden producir «valores de uso» (VU) (natural[27] o producido, tanto materiales como culturales, estéticos, etc.). El «valor de cambio» (VC) o «económico» sólo es *tenido* por los productos humanos fruto del trabajo. La ética material considera a los bienes con valor de uso, la riqueza en cuanto tal (bienes objetivos de la felicidad como bien sujetivo). El manejo político de estos bienes es el momento práctico formal consensual público (la democracia, por ejemplo). La ecología y la economía política nos hablan entonces del nivel material de la ética, primeramente, pero manejado en el nivel formal de la democracia o la moral pública.

10.2. LA CRÍTICA ÉTICO-ECOLÓGICA DEL SISTEMA VIGENTE: LA «TOTALIDAD»

Lo que el ser humano intenta honestamente es un sistema cultural vigente, un bien que es válido, ecológicamente sostenible (que debe tener contenido ético material y mediación racional consensual formal). Esta situación de un sistema vigente con consenso, con legitimidad, no se conserva indefinida y diacrónicamente, sino que se dan en ciertos momentos muy privilegiados. El orden social que guarda legitimidad (Habermas) o hegemonía (Gramsci) es aquel que tiene en equilibrio estas dos dimensiones: la vida buena y válida como modo de preservación ecológica e histórico-cultural de la vida para todos. Por el contrario, cuando bajo el manto de una «vida buena» vigente la vida se torna imposible, se torna empíricamente en opresora, dominadora, represora sobre algunos miembros, o es irresponsable sobre los efectos que sufrirán las generaciones futuras, deja de tener validez o legitimidad para los oprimidos presentes o futuros. Se torna a los ojos de los excluidos (o sus defensores) como una *pretendida* «vida buena», porque niega la vida. Surge así, desde la corporalidad sufriente del que no puede reproducir su vida, la *crítica,* que ahora *invalida* el antiguo sistema vigente. Son los «críticos». Los críticos son aquellos que descubren *la contradicción* entre la «vida buena» propuesta como ideal o utopía (por ejemplo: «la libertad, la igualdad y la propiedad para todos» en la utopía del capitalismo naciente) con la imposibilidad de reproducir dicha vida real en el caso de muchos miembros (falta de libertad contra coacción ilegítima sufrida; desigualdad, no-propiedad o pobreza de las mayorías). Aquí comienza a aparecer el sistema vigente como una «Totalidad» (en el sentido negativo de Lévinas). Las morales formales no tienen la posibilidad, al no incluir una referencia material, de descubrir esta *contradicción* entre el principio universal de la vida, en concreto como «vida buena» ideal propuesta y su «validez» pretendida, y lo que real y empíricamente acontece. Sólo la imposibilidad de vivir sufrida en la corporalidad negada de los oprimidos (o de las generaciones futuras), en la destrucción real ecológica sin la que no se pue-

---

[27] «*La tierra* [...], en el estado originario en que proporciona al hombre víveres, medios de subsistencia ya listos para el consumo, existe *sin intervención de aquél*» (*El capital* I, cap. 5 [1873]; Siglo XXI, México, 1979, I/1, pp. 216-217; *MEGA* II, 6, p. 193).

de «*sobre*-vivir» (ni como permanencia, por el hambre, y aún menos como desarrollo o crecimiento, por la educación, por mayores posibilidades espirituales, artísticas, éticas, etc.), viene a ser el origen, el disparo (el gatillar) del proceso crítico. El reconocimiento del Otro en el rostro del in-feliz (la intención ambigua del utilitarismo), del in-justamente tratado, del pobre (de la Filosofía de la Liberación), del dominado en su líbido (Freud), del negado como sujeto ético en las micro-estructuras de poder (Foucault), al que se le imponen valores invertidos (Nietzsche), de la tierra devastada, es el ejercicio primero de una «razón ético-originaria», mediada por los *recursos* racionales críticos de que se disponga desde la utopía de un sistema ecológico de larga duración.

Las morales formales (como las de Habermas o Apel) no pueden tener un criterio suficientemente crítico (ni sobre el nivel material ni para su «aplicación»), ya que el *criterio crítico* tiene un componente *material* y otro formal: la imposibilidad de validez moral de un sistema que impida la reproducción de la vida o la destrucción ecológica ético-materialmente —ante la propia conciencia particular o pública, del azteca, del conquistador, inglés o norteamericano—. El principio crítico podría enunciarse entonces así, al menos en alguna de sus dimensiones:

Obra *críticamente* desde un punto de vista práctico el que, presuponiendo las exigencias éticas de la reproducción y crecimiento de la vida del sujeto humano, en la «vida buena» vigente de la comunidad de vida cultural, descubre su no-cumplimiento o su negación en miembros de la sociedad, por lo que se le impone la no-validez de dicho orden y sus exigencias éticas.

Ahora el crítico queda en la «exterioridad» del sistema, ya que ha perdido la «conciencia cómplice» o la ingenua aceptación de su legitimidad (Habermas) o hegemonía (Gramsci). Al «quedar-fuera» del sistema criticado por el crítico se articula al originario y primer «estar-fuera» de la realidad ecológica[28] de la corporalidad sufriente del oprimido como Otro: como sujeto ético re-conocido en su dignidad como Otro[29] que el sistema, dignidad que ha sido negada en su persona por la negación del cumplimiento de la «vida buena» ideal del sistema.

Albrecht Wellmer ha mostrado la universalidad de las prohibiciones de máximas no generalizables.[30] Pero para poder afirmar que no es generalizable la máxima debe ser confrontada con las exigencias éticas presupuestas y vigentes en una comunidad con una cierta «vida buena». De lo contrario no se puede concluir que es «no-generalizable». La no-generabilidad supone una «vida buena» material vigente. Su prohibición nos refiere a la posibilidad de confrontar la «vida *buena*» propuesta ideal o utópicamente con la no generabilidad de la «vida *injusta*» de alguno de sus miembros, o de la realidad ecológica como su condición material.

---

[28] El pobre sufre en su cuerpo, antes que nadie (ya que «el rico» tiene mediaciones *que posterga* dicho sufrimiento) la muerte ecológica de la naturaleza.

[29] La dignidad ecológica de la naturaleza debe igualmente ser re-conocida, por un momento dado en la naturaleza y no nuestra, y por ser la condición de posibilidad de la vida de la comunidad.

[30] Wellmer, 1986, pp. 20 ss.

La conciencia crítica tiene como límite absoluto una prohibición última de máximas no-generalizables: «¡No se debe destruir la vida de la tierra ni de la humanidad presente o futura!». Y si esto aconteciera, sea cuales fueren las condiciones procedimentales para llegar a esa conclusión, dicho acto sería inválido (*ungultig, invalid*).

El capitalismo actual, según el juicio de Marx (es esto plenamente vigente en la actualidad[31]), con su criterio fundamental de «aumento de tasa de ganancia»[32] (que se opone al criterio de sobre-vivencia), implícitamente propone el siguiente principio:

El que actúa según el criterio del «aumento de la tasa de ganancia» ya ha presupuesto siempre *a priori* que ni el principio ético material de la sobre-vivencia, ni el principio moral formal de consensualidad democrática, pueden ser obstáculos o límites para la obtención de dicha finalidad.

Aquí sí nos encontramos ante una razón instrumental fetichizada, mucho más destructora de lo que opina Max Weber o Jürgen Habermas. El peligro antiecológico de la tecnología es un efecto y no la causa del problema. La tecnología destructiva de la vida (de la tierra y la humanidad) es la elegida y usada desde el criterio instrumental del «aumento de la tasa de ganancia»,[33] y no desde el criterio material de la «permanencia y desarrollo de la vida» de la tierra (ecología) y de la sobre-vivencia de la humanidad. Una tecnología ecológica y ética es posible en abstracto. Hoy la tecnología es un momento, una «determinación» del capital, subsumida en su proceso fetichista y destructor. En general los ecologistas se vuelven contra la tecnología, como los obreros del siglo XIX que intentaban destruir las máquinas, que se les aparecían como la causa de su desempleo. Tanto estos ecologistas como aquellos obreros luchan sólo contra una mera «máscara» del capital (el capital fijo), pero ignoran ingenuamente la causa que, por desconocerla, la dejan como no culpable, en la oscuridad, en el ocultamiento: el capital como proceso de valorización del valor por subsunción de vida humana (la fuerza de trabajo) y por mediación de una técnica (medio de producción) que

---

[31] Véase mi obra comentada por Raúl Fornet-Betancourt, *Ein anderer Marxismus? Die philosophische Rezeption des Marxismus in Lateinamerika,* Grünewald, Mainz, 1994, pp. 272 ss.

[32] Al stalinismo del socialismo real en la Europa del Este se le impuso otro criterio fetichista: el «aumento de la tasa de producción» (véase Hinkelammert, 1994, pp. 136 ss.).

[33] La *tecnología* (véase mis obras Dussel, 1985 y 1983; considérese además mi obra Dussel, 1998, cap. 13, pp. 262 ss.) es un medio de trabajo, una condición de la producción, una mediación cuya finalidad es aumentar la productividad de la fuerza de trabajo para disminuir el valor del producto o para bajar el costo de la capacidad de trabajo; es decir, aumentar el plusvalor relativo (y su tasa). Pero, y aquí se encuentra el punto central, el *criterio* para subsumir una nueva tecnología (el automóvil a explosión a gasolina y no el automóvil eléctrico) tiene que ser siempre «el aumento de la tasa de ganancia». Si una nueva tecnología, descubrimiento, etcétera, da a un capital mayor tasa de ganancia que otro, esa tecnología será elegida. De manera que la tecnología, tal como hoy la conocemos, no es sino *una* tecnología *de las posibles* y cuyo criterio de realidad o existencia queda determinado por ser la que *mayor tasa de ganancia* produjo a corto plazo (y debe ser a corto plazo, porque la «competencia» no permite largos plazos, porque en ese lapso el capital en cuestión habría sido aniquilado por la dicha competencia por otros capitales individuales, ramas o naciones más desarrollados, o tecnológicamente mejor equipados en cuanto a producir por unidad de producto *menor* valor y proporcionalmente más plusvalor).

es destructora por haber operado sólo *a partir del criterio del aumento de la tasa de ganancia*. La perversidad de la técnica —contra lo que pensaba Heidegger sobre la «técnica», y muchos otros— es el capital como proceso valorizador. George Bush Sr en Río de Janeiro y Kyoto no pudo firmar el protocolo ecológico: una crisis económica (disminución de la tasa de ganancia) en Estados Unidos era para él (para el capitalismo) a corto plazo más importante que la destrucción ecológica de la tierra y de la humanidad a largo plazo.

La misma «tierra» —la *physis* de los griegos, la Pacha mama de los kechuas, o la creatura del Yahveh de los hebreos— es ahora un «medio de producción», secularizado, explotable, «a la mano». Su «dignidad», que no tiene valor de cambio (por ser la fuente del «valor de uso», para Marx), es ahora un objeto aunque no renovable destruible para la razón instrumental, mediación de aumento de ganancia, consumido y acumulado como sobrante, residuo, basura. El mismo Horkheimer o Adorno no llegaron a tanta claridad como Marx: el capital es Moloch, el fetiche.[34] La vida es medida (no es la medida) por el capital. El suicido colectivo de la humanidad será el efecto inevitable de no cambiarse el criterio del uso de la tecnología. Es decisión de vida o muerte.

---

[34] Véase mi obra Dussel, 1993c.

11. El «Principio de Coherencia»
(Articulación de los principios normativos de los diferentes «campos» prácticos)

Habiendo expuesto este tema en un seminario que impartí en agosto de 2002 en la sede central del Partido Sandinista en Managua (Nicaragua), invitado por Miguel Escoto y en presencia de varios comandantes, inclusive Ortega, indicaba que frecuentemente, y como un ejemplo relevante, los «revolucionarios» de izquierda habían sido hasta heroicos en sus actos políticos (o en su estrategia militar como guerrilleros en las inhóspitas montañas), pero se conocían casos de «doble moral» (*incoherencia* ética) con respecto a las «compañeras», en el nivel de las relaciones de género, con las que se ejercía un machismo tradicional; o en la cuestión de la raza, discriminando a los de raza afro-latinoamericana; o en la cuestión de la propiedad ocupando residencias del antiguo régimen y contando dichos bienes como propiedad privada de algún comandante sin el pago respectivo, etc. De allí surgió la hipótesis del «Principio de Coherencia».

Llamo «Principio de Coherencia» a aquel que obliga (*normativamente* con fuerza de «deber») al sujeto ético, situado y concreto, a aplicar (subsumir o justificar) *de manera semejante* por analogía de proporcionalidad, los mismos principios prácticos y los mismos criterios universales en cada «campo», en referencia sistémica, institucional, y en las acciones de los que participan y cumplen funciones específicas. Por ejemplo, si se aplica el *principio ético material crítico*[1] en el «campo» económico-político (tal como: «Debes siempre auxiliar al que sufre un efecto negativo del orden económico-político vigente», p. ej., al obrero cuando no le son reconocidos ciertos derechos humanos fundamentales —tal como tener siempre los medios suficientes para reproducir su vida— en un sistema liberal o capitalista[2]), para ser *coherente éticamente* (dentro del horizonte de la propia y singular trama intersubjetiva) debe aplicárselo igualmente, de manera analógica proporcional, en el «campo» práctico familiar (relación de género mujer-varón, padres-hijos, etc.: «Debes siempre auxiliar al que sufre un efecto negativo del orden familiar vigente»; p. ej., a la mujer en el machismo o a los hijos en el autoritarismo de una familia patriarcal[3]).

---

[1] Véase el «cuarto» principio en Dussel, 1998, cap. 4, pp. 309 ss.

[2] Sabiendo que la «esencia» del efecto negativo es la extracción de «plusvalor» (*Mehrwert*) (véase Dussel, 1998).

[3] Véase mi obra Dussel, 1980.

Es obligatoria esta *coherencia*, entonces, para el sujeto concreto de la acción (ligado inevitablemente por la intersubjetividad a diversas comunidades sistémicas o institucionalizadas), y es la cuestión central en nuestro tiempo de la aparente contradicción entre «ética y política». Lo es igualmente en el tema de «ética y empresa». Piénsese en la falta de ética de los que manejan corporaciones trasnacionales, como en el caso de la empresa eléctrica Enrom, que carcome la misma «ética del mercado», aun en el sentido restrictivo de F. Hayek,[4] mercado que, fetichistamente considerado, es por sí inmoral al no articular con coherencia sus principios específicos con principios más fundantes.[5] De la misma manera es necesario que se actúe en el nivel privado (p. ej. la familia, y otros) con coherencia al aplicar de la misma manera los principios normativos en el accionar en el nivel público (p. ej. el político o económico). Y aun es debido ser coherente en la acción práctica en los restantes «campos» específicos de lo público (siendo «lo público» sólo *otra manera* de la *existencia intersubjetiva* a diferencia de «lo privado»).

Esta temática no tiene casi interés para la Ética del Discurso, porque afirmando *un solo* principio de validez normativa para los diversos niveles de lo práctico, de la ética y la política, la coherencia es obvia e inevitable. Al no poseer un principio material de «orientación» en la discusión del *contenido* («orientación» dejada en manos de los «expertos» sin criterios ni principios éticos que guíen materialmente la discusión) en cada uno de los niveles prácticos, ni tampoco tener un principio de factibilidad, ni principios críticos (material, formal o instrumental), toda la reflexión ética se reduce (y por esto cae ya en una «falacia *reductivista*») a la cuestión cuasi-epistemológica de la fundamentación última (que tiene sentido e importancia ciertamente) o a la aplicación del principio en el campo de la política. La obra *Facticidad y validez* de J. Habermas muestra bien cómo la política al final se reduce a una mera «filosofía del derecho», al «estado de derecho», momento real pero sólo formal de la política —faltándole todos los niveles materiales (ecológico-económico) o de factibilidad (las instituciones en todos los ámbitos prácticos y una teoría de la acción estratégico-política que simplemente desprecia por imposibilidad de tratarla). La filosofía práctica discursiva se reduce a ser exclusivamente formal, privilegiando sólo la cuestión de la relación de los principios y la hermenéutica (la «Teil B», siendo ésta, además, sólo considerada en el ámbito de la acción comunicativa, dejando de lado igualmente todas las otras dimensiones de lo material, instrumental, estratégico y crítico de la acción política como ya hemos anotado arriba). La coherencia de los diversos niveles prácticos no es entonces para la «Ética del Discurso» un problema relevante. No así para una ética más compleja, no solamente formalista, procedimental o de la mera «pretensión de validez normativa» —porque si se habla en esta Ética de «pretensión de verdad» no

---

[4] Véase la obra de Gutiérrez, 1998.

[5] El caso de la Enrom no cumple siquiera con la «ética de una comunidad de ladrones», o de una «familia» de mafiosos de la droga, mínima fraternidad interna del grupo. Véase «Adam Smith y la ética de la banda de ladrones», en Hinkelammert, 1998, pp. 183 ss.

deja de ser sólo dentro de un horizonte consensualista⁶—, que tendrá en cuenta muchos principios —no sólo uno— (en el nivel *C*), el nivel hermenéutico e *institucional* más concreto (en el nivel *B*), y el de la estructura de la acción práctica concreta (en el nivel *A*), todo lo cual se da en diversos «campos» prácticos (económico o político, estatal-nacional o global, del centro o la periferia, ecológico, familiar, racial, de género, de clases, pedagógico, religioso, de la tercera edad, de las generaciones futuras, de los marginales, del deporte, de la comunicación, etc.; diversos «frentes», campos sistémicos⁷ de totalización o liberación), y no sólo en los «dos» sistemas (económico y político) que «colonizarían» (un eufemismo) el «mundo de la vida cotidiana» (la *Lebenswelt*).

11.1. Los diversos «campos» prácticos

En un sentido aproximado al de Pierre Bourdieu,⁸ usaremos el concepto de «campo» para denominar los diversos niveles o ámbitos posibles de las acciones que el sujeto como «actor» opera como participante de múltiples horizontes prácticos, con numerosos «sistemas» —en un sentido aproximado al de N. Luhmann—. La totalidad del «mundo de la vida cotidiana» (en el sentido heideggeriano y no de Husserl, Schultz o Habermas con su «Lebenswelt»)⁹ es el suelo sobre el que se «recortan» (y se desarrollan) los «campos» y sus respectivos «sistemas», incluyendo además la subjetividad irreductible a la comunicación plena del sujeto singular (el *S* del *Esquema 1*, más adelante). El «mundo cotidiano» no es la suma de todos los «campos», y éstos de los «sistemas», sino que los engloba y sobreabunda siempre (como la «realidad» sobreabunda todos los posibles «sistemas», porque se establece como la «red» de los sujetos corporales intersubjetivos, en sus múltiples relaciones existenciales en las que son los «nodos»¹⁰ —en el sentido de Castells— vivientes y materiales insustituibles¹¹).

Todo «campo» está delimitado. Permítaseme presentar un ejemplo trivial de lo que significa el «límite» de un «campo» que las «reglas» (los «principios») definen para fijar la esfera del cumplimiento de su contenido, diferenciando lo posible de lo imposible.¹² Si diez deportistas juegan un partido de baloncesto, en un «campo» deportivo, deben

---

⁶ Aun en la reciente obra de Habermas *Verdad y justificación* (Habermas, 1999).
⁷ Mucho más complejo de los «sistemas» que colonizan una reducida *Lebenswelt* habermasiana.
⁸ Véase Bourdieu 1984, 1989, 1992.
⁹ La noción de *alltäglich Welt* (*Sein und Zeit*, § 14; Habermas, 1963, pp. 63 ss.) es mucho más rica y menos reductiva que la *Lebenswelt* del viejo Husserl. En el «mundo cotidiano» de Heidegger hay también al menos «martillos» *a-la-mano*, no sólo objetos con «sentido» ante «intenciones» frecuentemente sólo cognitivas.
¹⁰ Véase Castells, 2000, vol. 1: *La Sociedad Red*.
¹¹ Véanse muchas definiciones sobre «subjetividad», «intersubjetividad», etc., en mi trabajo «Sobre el Sujeto y la Intersubjetividad», Dussel, 2001, pp. 319 ss.
¹² En el sentido de que, por ejemplo, «analizando la sociedad burguesa en términos de posibilidad, Marx la declara imposible» (Hinkelammert, 1984, pp. 22).

cumplir para ser tales con las reglas de ese deporte. Si dos boxeadores, en otro «campo» deportivo, en el ring, cumplen las reglas del boxeo, triunfa el que acierta más golpes en el «enemigo» («enemigo» deportivo, ciertamente), y, de manera sobresaliente triunfa el que deja sin conciencia a su oponente de turno —no considerando aquí lo anti-ético de este deporte—. Es decir, en el boxeo se debe vencer físicamente al «oponente» hasta dejarlo «fuera de combate». La intención no es asesinarlo, sino dejarlo indefenso, inerme, y por lo tanto vencido. Si, en el caso anterior, un jugador de baloncesto dejara «fuera del juego» a un «antagonista» en un partido de baloncesto propinándole golpes como en el caso del boxeador, había dejado de ser jugador de baloncesto (al ultrapasar el límite de lo «posible» le es ya «imposible» seguir siendo jugador de baloncesto), pero no sería por ello boxeador, sino que recibiría, según la regla del baloncesto, una pena por la infracción. Si insistiera en golpear al contrario, entonces habría dejado de ser deportista, habría ultrapasado el «límite» del «campo» deportivo, y desde el «campo» de la vida cívica sería necesario llamar a la policía para que lo tratara como un simple infractor de la ley, ya que estaría agrediendo a otro ciudadano. El jugador de baloncesto, al agredir sin intención a un antagonista (acto que el boxeador hace con intención válida en su campo de boxeo) es objeto de una pena según la regla del baloncesto, y todavía es deportista si acepta la pena en su contra. Si no la aceptara y agrediera al árbitro, sería suspendido; es decir, habría dejado de ser deportista, como hemos dicho. Lo mismo si el boxeador, después de derrotar al enemigo deportista, quisiera seguir propinándole golpes. Habría igualmente sobrepasado el «límite» del «campo» del deporte del boxeo.

De manera muy inicial y analógicamente, deseamos describir un «campo» práctico, por ejemplo el «campo» político, en el que es necesario aclarar ¿qué es eso de «lo político»? Para ello sería necesario comenzar por alguna determinación, ya que para entrar en el «círculo hermenéutico» hay que decidirse por alguna de dichas determinaciones como su inicio (*Anfang*), sabiendo que dicho punto de entrada supone todos los otros no analizados todavía. Iniciaremos por ello reflexionando sobre el «campo» específico de la política: el «campo» político, partiendo de la metáfora espacial ya indicada, gracias a la cual podamos imaginarnos una esfera o una superficie (puede ser territorial, pero siempre virtual o intencional, sistémica), está limitada por una «línea» o «frontera» que permite considerar numerosos momentos como situados «dentro» o «fuera» de dicho campo. En un sentido analógico al «lugar» de un «sistema» (como mundo de sentido, tanto para Niklas Luhmann,[13] como de manera más compleja para Heidegger), como un espacio, por una parte, a) «lleno» de fuerzas que lo atraviesan y estructuran (como si fuera un «campo magnético», o como una red que tiene innumerables nudos, donde las cuerdas que la forman se cruzan y se aseguran);[14] pero, por

---

[13] Aceptamos en parte la crítica de Habermas contra Luhmann, en el sentido de no tener suficiente claridad en el momento comunicativo discursivo del acuerdo político, pero de todas maneras es útil la obra Luhmann, 2000, que habría que compararla con el concepto de la estructura del «Poder» en Michel Foucault.

[14] Tal es la idea de Foucault, pero igualmente de Carl Schmitt, para quien lo político se encuentra ya siempre «en tensión» entre un «amigo» y un «enemigo» político (*hostis*) (que no es un «enemigo» total: *inimicus*); como enemigo «público» (*polémos*), y no meramente «privado» (*ekhthrós*). Véase

otra, b) «vacío» (como la red que en la mañana todavía no ha apresado los pescados del atardecer[15]). Los puntos donde se tocan las relaciones de la estructura, los «nodos» de la red (de Castells) o los «cuerpos» intersubjetivos dentro del campo de fuerzas (como lo sugiere Foucault), son los agentes funcionales, los *actores* que representan su papel en el teatro, en el «campo» político, en el *ágora* donde los ciudadanos participantes de la asamblea en Tiro o Sidón antes, o después en el *démos* griego, junto a la Acrópolis, cumplían retóricamente las acciones de aquel «viviente que habitaba la ciudad helénica» —*zoón politikón*—. «Campo» siempre precario constituido por redes o estructuras de «Poder»; y por ello campo minado, ya que cualquier punto puede explotar como un conflicto de intereses. «Campo» pragmático y retórico, lingüístico, como «teatro» donde se «actúa» —como lo hace el artista o el actor ante espectadores actuales o virtuales—. «Campo» político que se amplía, cuando se dan las condiciones (vigencia plena de los principios o marcos referenciales adecuados), o que se estrechan hasta desaparecer (como en las dictaduras totalitarias, que no son estrictamente políticas ni necesitan serlo, porque su acción es puramente tecnocrática, represiva, militar, devastadora de lo político *como político*[16]). Cuando el «campo» político se reduce a «0», evidentemente, no hay más política. Se habría pasado a otro tipo de acción que es políticamente «imposible». Se habría sobrepasado la «línea» de lo políticamente «posible».[17] Esa acción, que ya no es política, podría ser de otro tipo; podría ser una acción puramente violenta, dominadora y negadora extrema de la autonomía, la libertad o simplemente de la vida del Otro, cuando éste intentaba o luchaba por el reconocimiento a ser participante de un nuevo «campo» político. La acción violenta que excluye al Otro, no es política, es irracional, injusta; es negación de fraternidad.

Cuando nos referimos a este «campo» político lo hacemos tomando este espacio en el que los actores políticos actúan públicamente *en tanto políticos* —en primer lugar, el sujeto político propiamente dicho: los ciudadanos; y, en segundo lugar, los representantes de los ciudadanos en las instituciones políticas.

11.2. LOS PRINCIPIOS IMPLÍCITOS DE LOS RESPECTIVOS «CAMPOS»

El «campo», por su parte, está estructurado desde los límites que fijan sus principios respectivos. Atendiendo a las razones de los pensadores «anti-fundacionalistas» debe-

---

Schmitt, 1996. Jacques Derrida le dedica buena parte de sus reflexiones en Derrida, 1994. Nos encontraríamos en el nivel C (*¿Teil C?*) de la acción política estratégica, que tiene ciertamente un sentido ético *positivo* (y no meramente peyorativo, como para Habermas).

[15] Posición de Ernesto Laclau. Véase sobre este tema mi artículo «Pueblo y hegemonía: una conversación con Ernesto Laclau», en Dussel, 2001, pp. 183-220.

[16] Véase la obra Arendt, 1974.

[17] Cuando el jugador de baloncesto agrede físicamente a su antagonista, el baloncesto deja de ser baloncesto, aunque tampoco es propiamente boxeo. Cuando un político, por ejemplo, mata a su antagonista deja de ser político, pero tampoco es un militar.

mos elaborar un concepto de «principio» que sea «post-anti-fundacionalista». Sería el caso de principios que cumplen implícitamente en la práctica política la función de definir, como un *«marco» de referencia,*[18] el indicado «campo» entre lo «posible» e «imposible» de lo político propiamente dicho. Estos principios se dan siempre integrados *implícitamente* en las prácticas políticas concretas —aunque pueden también ser *explicitados*—. Acontece como las reglas lingüísticas, no se las aprende primero y después se las aplica. En la práctica empírica de la regla se descubre que el principio gramatical se aplicó inadecuadamente cuando se enfrenta con un uso práctico errado, que es anterior al conocimiento posterior teórico explícito de la regla de la lengua. De la misma manera, en el «campo» político el principio práctico (por ejemplo, el principio ético subsumido en el principio político, y éste asumido prácticamente y en concreto en la actuación efectiva) permite la coherencia de la acción en su ejercicio dentro del «campo». Si, por ejemplo, un político asesina a su antagonista («antagonista» en el sentido de Ernesto Laclau), además de la eliminación física del oponente se crea un «clima» de «enemistad» creciente de todos los «amigos» del asesinado: ahora se enfrenta al «enemigo» (*inimicus* y no sólo *hostis* en el sentido de Carl Schmitt; no sólo al antagonista), y en mucho mayor número y potencialmente «enemigos» en un posible «campo» militar (más allá del «campo» político, en el sentido de Clausewitz[19]). Además, sus propios «amigos» comienzan a sentirse inseguros, y ocultan posibles críticas para no transformarse en «enemigos». Crece la tensión en el campo político, y el político asesino deberá comenzar a crear un sistema de terror para inmovilizar a antagonistas, enemigos, y también a los amigos inseguros. El «campo» político» se va transformando lentamente en un «campo» de guerra (en el «estado de guerra» con el que comienza *Totalidad e infinito* de E. Lévinas[20]; que no es sino el «estado de guerra» de John Locke), o meramente policial, de mutua manipulación, espionaje e insostenible desconfianza mutua. El «Poder comunicativo» es imposible en esa situación límite. Se ha perdido el consenso mínimo necesario para que sea posible una política lucha por la hegemonía (ahora en el sentido gramsciano). El totalitarismo destruye entonces las condiciones de posibilidad del «campo» político como político.

---

[18] «Marco» en el sentido de Rosa Luxemburg, cuando escribe contra los social-demócratas: «[...] los principios del socialismo [...] imponen a nuestra actividad práctica *marcos estrictos* (*feste Schranken*), tanto en referencia a los fines a alcanzar, como a los medios de lucha que se aplican, y finalmente a los modos de lucha» (en Luxemburg, vol. I, 1966, p. 128). Estos «marcos», «límites», «fronteras» que definen o delimitan lo «político» de lo que ha dejado de ser político es una de las funciones de los «principios». Por ello Rosa escribía todavía en la misma página: «Naturalmente, los que buscan sólo los éxitos prácticos [hoy diríamos: la hegemonía a toda costa] pronto desean tener las manos libres, es decir, separar la praxis de la teoría [principios], para obrar independientemente de ella». Pero en este último caso la acción política ha perdido su sentido, se ha transformado en otra cosa.

[19] Aquel adagio de que la política es la guerra por otros medios (y la guerra la política por otros medios), no deja de indicar claramente la diferencia de estos «campos» (véase Clausewitz, 1973).

[20] Véase mi artículo sobre «La política en Emmanuel Lévinas» en Dussel, 2004, pp. 271-293.

El principio enunciado, a modo de ejemplo y como negación de una máxima no generalizable,[21] que se refiere al principio político material universal:[22] «¡No mates al antagonista!», muestra en las prácticas políticas mismas «implícitamente» su sentido político, a largo plazo y empíricamente, dando estabilidad en el tiempo al ejercicio institucional del poder, en sus diversas modalidades y estructuras, pero, y en segundo lugar, manifiesta también en su misma constitución la posibilidad del «campo» y de la acción política, permitiendo la existencia del antagonismo dentro de la lucha democrática por la hegemonía en el ejercicio político posible del poder (antagonismo político que no es la «enemistad» del oponente en la guerra, aun en el sentido de C. Schmitt, como hemos ya indicado).

La crítica de la posición anti-fundacionalista es adecuada con respecto a un *principialismo explícito*, predicativo, abstracto. Pero no sería justificable si se definen los principios que de una manera mucho más flexible o compleja tienen contenido pragmático y procedimentalidad normativa. En ese caso el anti-fundacionalismo adopta una posición que le impide tener criterios y límites consistentes de la misma acción. La política se torna irracional: pura estrategia sin sentido a largo plazo.

Cuando se niegan simplemente los principios de la razón práctica desde un escepticismo radical, con ello no sólo se niega toda fundamentación posible —a la manera de Richard Rorty—, sino igualmente todo ejercicio de la racionalidad, y en especial la racionalidad crítico-emancipatoria, que me interesa particularmente. Este aspecto reaccionario del escepticismo radical es olvidado frecuentemente.

Otra cosa es negar que puedan fundamentarse trascendentalmente los principios —como en el caso de J. Habermas—. Es necesario, sin embargo, buscar también nuevas maneras de fundamentar los diversos principios. Algunos niegan, como E. Laclau, que haya principios *a priori*, con el argumento de que el «antagonista» aparece empíricamente de manera inesperada y sin condiciones en cualquier lugar y circunstancia del «campo» político, por lo que parecieran inútiles y innecesarios dichos principios porque no otorgan claridad alguna a la lucha por la hegemonía. También se opone a la existencia de principios una cierta posición crítica postmoderna al afirmar la fragmentariedad de la política y la imposibilidad de toda universalidad de principios, porque negaría la complejidad de la incertidumbre, de la contingencia,[23] de la indecidibilidad, de la Diferencia en la política. Por último, algunos no aceptan principios al pensar que el actor político

---

[21] Véase A. Wellmer, 1986.

[22] Véase mi artículo: «Six Theses toward a Critique of Political Reason», en Dussel, 1999, pp. 79-95.

[23] Pienso que los principios universales son la mejor garantía para asegurar la inevitable «contingencia» de las decisiones políticas responsables y consensuales. La «contingencia» o el «falibilismo práctico» es propio de una razón política *finita*. Los principios universales fundan la honesta y seria «pretensión de justicia política» que, debiendo corregir sus decisiones empíricas, tendrá (en la misma corrección inevitable) criterios y principios coherentes de «corrección». Si el político aprende por sus errores, esto no le exime de corregir sus errores coherentemente, en una «línea» donde se vea su racionalidad práctica eficaz. El ser un político «de principios» no le quita para nada eficacia «estratégica», sino que la aumenta en el largo plazo.

deba conocerlos explícitamente para poder actuar. Entendiendo todas estas razones, y muchas otras, que posibilitan una posición anti-fundacionalistas (frecuentemente «anti-principialistas»). Por ello es necesario desarrollar una estrategia argumentativa que permita sin embargo mostrar la conveniencia y necesidad crítico-política de ciertos principios políticos siempre *implícitos* en las prácticas políticas.

Robert Brandom muestra cómo las «reglas (*rules*)» (o los «principios» en nuestro caso) pueden ser interpretados por los racionalistas (como Platón, Kant o Frege) como reglas o principios «explícitamente» conocidos (y enunciados) como tales, y que se aplican con posterioridad:

> Wittgenstein argues that [...] proprieties governed by explicit rules rest on proprieties governed by practice. Norms that are *explicit* in the form of rules presuppose norms *implicit* in practices.[24]

Sellars argumentó contra el «regulismo» (que en política sería «principalismo» o «fundacionalismo») en el sentido de mostrar que si se necesitara conocer la regla para usarla en las prácticas lingüísticas, habría que poder conocer antes otra meta-regla para enunciar la misma regla (porque ella consiste también un enunciado lingüístico) para saber si su enunciado es correcto, pero esto nos llevaría a un regreso al infinito.[25] Brandom concluye:

> The norms implicit in regularities of conduct can be expressed explicitly in rules, but need not be so expressible by those in whose regular conduct they are implicit.[26]

El fundacionalismo principista piensa los principios políticos como enunciados *explícitos* proposicionales de los que se debería tener conciencia para poder aplicarlos. El anti-fundacionalismo (o anti-principialismo) niega simplemente dichos principios al no poder imaginar un ejercicio necesario, pero implícito, de los principios en las instituciones y las prácticas de los diversos actores del campo político. Por nuestra parte, en cambio, afirmaremos los principios como normas (o reglas práctico-políticas) constitutivas, como «límites» del campo político, donde se dan las instituciones o se ejercen acciones políticas, frecuentemente de manera no-intencional, invisibles o encubiertas a la conciencia del agente como implícitas en la institución o acción misma. El agente «enmarca» de hecho, empíricamente, el «campo» político, donde organiza las instituciones y efectúa su acción, incluyendo así implícitamente los principios en todo lo político. De no hacerlo, la institución o la acción se desarrollará dentro de las estructuras del Poder de manera patológica, desde un punto de vista estrictamente político, y comenzaría a producir

---

[24] Random, 1998, p. 20.
[25] «Empiricism and the Philosophy of Mind», en Sellars, 1963, p. 321.
[26] *Op. cit.*, p. 27. Y agrega: «The problem that Wittgenstein sets up, then, is to make sense of a notion of norms implicit in practice that will not lose either the notion of implicitness, as regulism does, or the notion of norms, as simple regularism does» (*ibid.*, p. 29).

efectos negativos inesperados que crearán tanto «ruido» en el corto y largo plazo, que el campo político, la institución o la acción política desaparecerían negada o destruida por otros tipos de instituciones o acciones que sepultan lo político desde otro campo de la acción (por ejemplo, al campo de la guerra o al de la mera manipulación totalitario-policial). Si alguien elimina físicamente la posible simetría del oponente, si se le niega una adecuada participación en el campo político (por ejemplo, encarcelando injustamente al antagonista), la pérdida del consenso, de la validez, de la legitimidad de su acción roerá el impacto o sentido político de su acción (se tornará autoritaria), y el ejercicio del poder ya no será el de un «poder comunitativo» —en el sentido de Hannah Arendt—, sino meramente el ejercicio de una coacción violenta, policíaca. La permanencia a largo plazo del campo político no tendrá posibilidades, sostenibilidad, condición necesaria para su vigencia. Habrá desaparecido el orden político propiamente dicho. El no cumplimiento empírico de ciertos principios implícitos lleva al fracaso de la acción como política, aunque puede ser, como ya hemos indicado, una acción de otro tipo (por ejemplo policial o militar), pero habría dejado de ser política.

Los principios pueden ser mostrados como necesarios (en el sentido implícito de su ejercicio integrados a las prácticas concretas políticas) por su contradicción dialéctica al absurdo, y en esto consistiría una posible fundamentación. De no respetarse de hecho en la acción los principios políticos desaparece la política como tal. Son sus condiciones absolutas de posibilidad. Cada principio tendrá oponentes diferentes para su fundamentación, y produciría su negación una patología política específica. A la negación del principio material de la política, le seguiría la patología totalitaria; a la del principio formal o democrático: la autoritaria; y a la del principio de factibilidad política: la patología anarquista (que intenta lo imposible políticamente) o decisionista (que niega los principios desde una acción política estratégica que se auto-define como teniendo en su misma acción el sentido último de su lucha por la hegemonía contra sus antagonistas, cuyo contenido y forma quedan indefinidos y sin criterios ni límites para su coherencia a corto y largo plazo).

Una fundamentación dialéctica, no excluyendo la trascendental, permite mostrar que es imposible negar el principio sin caer en una contradicción performativa. Es decir, sin negar la política como tal al negar el principio. Claro que esto exigiría diferenciar entre la violencia como principio del totalitarismo, que aniquila al campo político como posibilidad de producción y reproducción de la vida humana en el consenso libre, no sólo de los habitantes de un territorio o de un Estado, sino en principio de toda la humanidad. La universalidad es la condición necesaria de la definición de estos principios. La violencia, ahora como negación del ejercicio de la libertad, la autonomía[27] o la igualdad de los miembros de la comunidad política, mostrará en la contradicción performativa del autoritarismo, la negación del «principio democrático». De la misma manera, contra el mero decisionismo (de un C. Schmitt, R. Rorty o E. Laclau, que por la eficacia o la necesaria incertidumbre de la acción niegan todo princi-

---

[27] Véase Schneewind, 1998.

pio como innecesario), el anarquismo radical (que por la falta de afirmación de un principio de factibilidad intenta lo imposible, ultrapasando el límite del campo político estratégico y cayendo inesperadamente en un «campo de guerra» por la acción directa), u otras posiciones posibles, será necesario mostrar la necesidad de principios de posibilidad empírica de la acción, como eficaz acción estratégica, que no caiga ni en el conservadurismo (que cree como única posibilidad lo vigente) ni en el nombrado anarquismo (que cree posible políticamente lo empíricamente imposible).

Podrían estudiarse las posiciones adoptadas ante la posibilidad o no de principios, y el modo de tratarlos, en el pensamiento clásico griego o latino-medieval, en el racionalismo spinozista, en el empirismo inglés, en el utilitarismo, en la axiología, en el pensamiento post-moderno, etc.

11.3. DE LA «SUBSUNCIÓN» DE LOS PRINCIPIOS ÉTICOS EN LOS PRINCIPIOS POLÍTICOS

Los principios políticos, implícitos en las instituciones y acciones, subsumen a los principios éticos. Si se los «explicita», aparecen en primer lugar como principios políticos y no como éticos. Sólo ante un segundo análisis de explicitación aparece el momento ético implícito, por su parte. El simple «¡No matarás!» en general (principio abstracto ético) está implícito en el «¡No matarás al antagonista político!». Y este segundo está implícito en toda práctica política, sin tenerse conciencia explícita o en forma predicativa de su existencia ni de su aplicación. Sin embargo, se lo «usa» de hecho en las prácticas y cumple su «eficacia» política a largo plazo, dando consistencia interna del acto político y justificando su constitución. Por ejemplo, la diferencia entre el antagonista como «enemigo» político («enemistad» dentro de los límites definidos por el campo político) y no como «enemigo» militar (antagonista absoluto, a ser eliminado dentro del arte de la estrategia-técnica del campo de guerra), depende de la aplicación del principio material indicado («¡No matarás a ningún participante de la comunidad política!»).

El acto político, si es auténticamente político, es también implícitamente ético; pero es ético en tanto acto político. Si no es ético, tampoco es político —en su sentido estricto y fuerte—. Así el ejercicio implícito de los principios éticos subsumidos en un campo práctico «privado», como en la familia (que no es el de la moralidad solipsista kantiana, que consistió en una reducción individualista que definió ambiguamente lo ético; es decir, no como la «moralidad» ante lo político), deben distinguirse del ejercicio implícito de los principios éticos subsumidos en el campo «público-político». Los principios éticos no tendrían como tales un «campo» propio (por ser abstractos).[28]

---

[28] J. Habermas ha distinguido en *Facticidad y validez*, III (Habermas, 1992, pp. 109 ss.) entre un «principio discursivo» no-moral, y un principio moral del individuo privado antepuesto al principio político (el «Principio democrático»). Con razón K.-O. Apel indica que el principio discursivo es ya moral (véase sobre el tema en K.-O. Apel «Aufloesung der Diskursethik? Zur Architektonik der Diskursdifferenzierung in Habermas' *Faktizitaet und Geltung*», en Apel, 1998, pp. 727 ss.). La cuestión es mostrar que ese principio en abstracto no tiene «campo» alguno de vigencia, y el principio discursivo normativo

Los principios éticos se ejercen siempre y sólo en un «campo» específico más concreto, aun en el «campo» íntimo, privado, que no es ni el campo ético privilegiado (como pareciera ser el «principio moral» de Habermas opuesto al «principio democrático», el único principio público) ni lo ético en cuanto tal. El «¡No matarás!» en general, en su dimensión universal, no tiene contenido concreto, es sólo indicativo para todos los casos. Es un principio de principios. El «¡No matarás a la mujer!» es un imperativo ético subsumido en el «campo» del género o la familia, y en tanto específico y concreto tiene ahora «contenido» diferencial. De la misma manera en el caso de los principios políticos en su formulación normativa más abstracta. La *ética filosófica* estudia los principios éticos en general, abstractamente. La *filosofía política* estudia los principios políticos que, como todos los principios prácticos de un «campo» específico (el «campo» económico, pedagógico, del género, de las razas, etc.), subsumen los principios éticos y los aplican y ejercen en las prácticas constitutivas (sería una manera específica de «no matar») e implícitamente (como normatividad ejercida en concreto, sin necesaria conciencia, enunciado o definición explícita) de uno de los «campos» indicados.

Ha habido tres maneras parciales o reductivas de describir la relación entre ética y política. En primer lugar, a) por mutua exclusión, o como negación de la moralidad intrínseca de lo político, separando tajantemente entre moral y política. Sería aproximativamente la tradición desde Maquiavelo a Kant (guardando las diferencias en cada caso). El ámbito de la ética y la política se excluyen analíticamente, y es una posición que tiene hoy mucha audiencia.

O, b) por especificación de un género, pero excluyendo la otra especie: la ética general se divide en ética individual y ética política, posición que constituye la larga tradición aristotélica latina. La «Ética Política» sería la parte comunitaria de la ética.[29] En este caso nuevamente, la política en cuanto tal o no es ética o desaparece.

Por último, c) la solución de J. Habermas, de la que ya hemos indicado más arriba su sentido, para quien un «principio discursivo» abstracto y no normativo, se aplicaría

«individual» (imposible) es siempre intersubjetivo y comunitario, aunque puede ser «privado» (en la familia), y por esto se distingue del principio político. Otra cosa es que el sujeto *singular* (*einzeln*) sea el punto necesario de referencia de todos los principios, y el que decida en último término (sin dejar de cumplir un ejercicio de la *frónesis*, aun en el consentimiento de aceptación del consenso acordado comunitariamente).

[29] En su monumental *Moral und Politik* (Hoesle, 1997) habla siempre de una «ética política». La *ética política* es una parte de la ética, tratada disciplinar o epistemológicamente por la ética filosófica. Mi intención es en cambio mostrar que la política, como tal, tiene *principios normativos* que subsumen los principios éticos universales y abstractos. Los nuevos *principios normativos,* fruto de la subsunción, son estrictamente «políticos». Si no se cumplen, la acción no es más una acción *política*. La «Ética política» (parte de la ética, y de la filosofía) deja a la «Política» en cuanto tal (que es una acción diferente a una mera acción ética) sin principios normativos (porque toda la normatividad es ética). Es necesario entonces, en la política (aun de las ciencias políticas y de la mera acción política estratégica empírica), mostrar el momento *normativo* (que siendo político tiene su origen en la subsunción de principios éticos). El «principio democrático» de Habermas, aunque meramente formal, tiene la ventaja de asumir la normatividad política en cuanto tal. Es el comienzo de la solución adecuada.

«hacia abajo» a un «principio moral» (en el ámbito de la *Lebenswelt*) y un «principio democrático»; estos últimos dos son normativos.

Las tres soluciones son inadecuadas en mi criterio. Pienso que es posible llegar a una solución más comprensiva, que no mezcla lo abstracto ético con lo individual ni con lo político (y donde la ética política dejaría de tener sentido, siendo asumida su temática en el nivel normativo de la política en abstracto o empírico y en cuanto política[30]), ni deja a la política en una situación de no-normatividad absoluta (porque niega aun la posibilidad de una ética política, como en Kant). Hemos indicado arriba someramente cómo se realiza la subsunción de los principios éticos en los principios políticos implícitos en las prácticas políticas.

En mi *Ética de la Liberación*[31] he expuesto seis principios éticos, los que se me fueron imponiendo como necesarios en ese discurso normativo (lejos de todo fundacionalismo). Si los principios políticos implícitos en la acción política subsumen a los éticos, se deben analizar cuáles son sus contenidos.

En dicha *Ética* hemos ordenado la exposición comenzando por el principio material. En la política daremos otro orden a la exposición de los principios, ya que (y esto lo hemos indicado en otro trabajo[32]) el principio material universal de la ética no es la *última instancia* ni necesariamente el primero de los principios. El principio material y el formal se articulan y se determinan mutuamente. Es verdad que si se parte en la exposición desde el principio material, el formal o el del ejercicio de la razón discursiva puede jugar la función de aplicación del primero. Pero si se comienza, como lo haremos en la política que estamos elaborando en el presente, por el principio formal (que en política es el «Principio democrático») el principio material juega la función de «orientación» en el tratamiento del contenido de la discusión en vista de las decisiones, los consensos o acuerdos a los que se lleguen legítimamente, que serán justificados desde el principio político discursivo y material. Y lo hacemos así para superar el antiguo economicismo estándar (donde el «materialismo» consistía en situar el principio material como único y determinante) que olvidó la importancia de lo político —como adecuadamente lo anota en numerosas obras Ernesto Laclau—, aunque también nos volvemos críticos de un cierto politicismo que olvida el momento material —como en la posición liberal de un J. Rawls, como también en el caso del tratamiento reduccionista de «lo social», que hace referencia al aspecto material de lo político, por parte de Hannah Arendt.

---

[30] Paradójicamente, como hemos ya indicado, la afirmación de una ética política deja a las restantes disciplinas políticas en la no-normatividad. Si la parte ética o normativa de la política fuera la ética política, la ciencia política empírica, por ejemplo, tratarían un objeto que no tendría ya normatividad intrínseca, aunque implícita. Es una manera sutil y radical de separar la ética de la política. En mi caso, pienso la política incluyendo, al menos implícitamente, una normatividad que le es esencial en tanto política, aun en el caso del objeto empírico de las ciencias sociales políticas, o de la acción política empírica del político que no conoce nada explícitamente de ética.

[31] Dussel, 1998. Véase además Dussel, 1999.

[32] Véase en Alcoff, 2002, pp. 272 ss.

Esquema 1:
El sujeto (*S*) actúa en diversos «campos» (A, B, C, D, N)

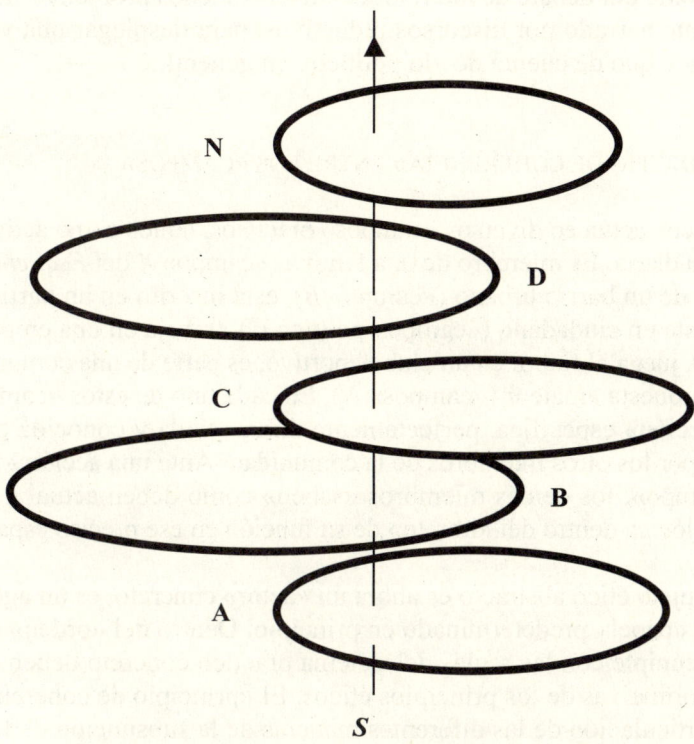

En general las filosofías políticas intentan fundar la acción política partiendo de *un solo* principio. El utilitarismo desde un criterio material, como el placer o la felicidad; el formalismo consensual desde un principio de validez práctico, que puede ser contractualista o discursivo; el decisionismo de un C. Schmitt desde la oposición estratégica amigo-enemigo; un cierto conservadurismo que piensa que lo político se encarga de resolver conflictos para la permanencia del orden político vigente (como si dicho orden fuera un límite de imposible superación); etc. Pienso que dichas posiciones son reductivistas, porque lo político es mucho más complejo, tiene muchos principios, diversos niveles de su ejercicio; no sólo el de las mediaciones hermenéuticas, sino igualmente el de las estructuras institucionales de la sociedad política y civil, y, por último, el campo propiamente estratégico (donde puede iluminar a la acción política las propuestas desde un N. Maquiavelo, hasta C. Schmitt, S. Žižek, o un Enrique Serrano en América Latina). El campo concreto estratégico de la acción política como lucha por la hegemonía, como campo «vacío» que habría que llenar (en la compleja e interesante propuesta de E. Laclau a partir de J. Lacan), no es de ninguna manera el único horizonte de «lo político». Todas estas posiciones son reductivas. Abordan aspectos que ciertamente son *necesarios*, pero de ninguna manera *suficientes* para abarcar todo el significado, todo el «concepto de lo político». Abogamos entonces por abrir el horizonte del debate de «lo político» hacia muchos problemas hoy dispersos, unilateralmente narrado por discursos reductivos, para desplegar una visión mucho más compleja y que dé cuenta de «lo político» en general.

11.4. El «principio de coherencia» entre los «campos»

El «sujeto ético» actúa en diversos «campos» prácticos, tantos como actividades cumple en su vida diaria. Es miembro de una familia («campo» *A* del *Esquema 1*), participa en la vida de un barrio urbano («campo» *B*), está inscrito en un partido político y es simplemente un ciudadano («campo» político *C*), trabaja en una empresa química («campo» *D*), juega al fútbol en un club deportivo, es parte de una comunidad religiosa o de una orquesta amateur («campos» *N*). En cada uno de estos «campos» desempeña una «acción» específica, perfectamente diferenciada y conocida por el mismo sujeto como por los otros miembros de la comunidad. Ante una acción «funcional» al todo del «campo», los demás miembros «saben» cómo deben actuar y esperan una consecución lógica dentro del «libreto» de su función en ese preciso espacio intersubjetivo.

El mero sujeto ético abstracto es ahora un «actor» concreto, es un agente que «representa» un «papel» predeterminado en principio. Dentro del «orden» del «campo» el actor que cumple con las reglas del sistema práctico concreto deben subsumir las exigencias normativas de los principios éticos. El «principio de coherencia» ético se juega en la articulación de las diferentes maneras de la subsunción de los principios universales éticos por el sistema específico de acción de cada «campo», de las acciones dentro del horizonte de dicho «campo». La «incoherencia» ética consistiría en constituir los principios normativos de las acciones en los diferentes campos a partir de principios contradictorios; o en aplicar los principios éticos de manera inconsistente. De lo que se trata es de una justificación, aplicación o subsunción que opere por *semejanza analógica*, ya que en cada «campo» son vigentes otros principios (los principios normativos políticos no son los económicos) y con otros fines específicos (los de la estrategia política o de la eficacia económica), pero deben organizarse analógicamente de la misma manera.

Para una Ética discursiva esta problemática sobra, ya que el consenso racional práctico que acuerdan los participante afectados simétricamente situados no cambia formalmente aunque cambie la temática de la discusión racional. A una ética más compleja, que tiene principios para «orientar» éticamente el contenido de la discusión, se la presenta la dificultad de una subsunción coherente de la misma «orientación» a «campos» prácticos diversos. Pero aun la Ética discursiva puede enfrentarse al caso de un político que aplica el principio moral consensual en el campo político, con otros ciudadanos miembros de un partido político, pero, en el mismo momento, no lo aplica en el «campo» familiar, al no discutir los problemas hogareños con su mujer, y guardando proporción, con sus hijos. Aun en ese caso no habría coherencia.

Pero el tema cobra mayor complejidad cuando se opera con varios principios, y en especial con el «Principio ético-crítico»,[33] que se sitúa desde el «lugar» de los que sufren efectos negativos de las acciones de un sistema, de una institución, de un «orden», y que aunque tengan sus actores hegemónicos «pretensión de justicia», sin embargo (por la mera existencia de víctimas que sufren los indicados efectos negativos) se trata de un «orden» injusto (por tener víctimas) y los que actúan como sujetos (actores) del tal «orden» comenten actos injustos (aunque tengan conciencia tranquila de estar actuando con «pretensión de justicia» o «bondad»). En cada «campo» habrá sistemas específicamente diferenciados, y en cada uno de ellos habrá «otro» tipo de víctimas (en la familia, la dominación o exclusión de la mujer; en la economía de los pobres excluidos; en la política de minorías o mayorías dominadas; etc.). Para ser «coherente» habrá que descubrir en cada «campo» concreto el tipo de estructura, y dentro de ella la dominación, y por lo tanto definir con precisión el tipo de «víctima». La Ética (como el fundamento de la Filosofía) de la Liberación situó al Otro, a la víctima primeramente como «pobre». Pero de inmediato fue analizando los diversos tipos de victimación (el niño y la cultura popular en el «campo» pedagógico; la mujer en el erótico; las naciones periféricas subdesarrollas, y explotadas por un capitalismo del centro metropolitano desarrollado; etc.).

De nuevo, sería incoherente ser «crítico» en el nivel político o educativo, luchando por la liberación de las víctimas de estos «campos», pero en cambio conservador en el nivel familiar o económico. En los primeros casos lucharía por el reconocimiento de las víctimas políticas o pedagógicas, pero en las últimas se inclinaría, en cambio, por aconsejar acciones que respeten el «orden» imperante (de dominación machista de su mujer o de extracción de plusvalor de los trabajadores de su empresa productiva).

El *sujeto*, que se hace presente en todos los «campos» en donde actúa cotidianamente (a los que atraviesa en un punto, como un «nodo»), y en los que cumple diferentes papeles (por su «actoría» perfectamente diferenciada), debe éticamente justificar y aplicar analógicamente (en proporción a la estructura práctica de cada «campo») los mismos criterios y principios éticos (subsumidos por los respectivos principios normativos de cada «campo») en toda acción estratégica, en la generación de instituciones específicas, en la hermenéutica de textos de cada uno de los «campos» prácticos (sistémicos siempre, a veces institucionalizados), o en otros modos de su presencia activa.

Es importante indicar que la *coherencia* en la articulación de la aplicación de los principios éticos, subsumidos en los principios de cada «campo», no puede reposar simplemente en un consenso discursivo concreto, ya que aunque pueda en cada «cam-

---

[33] De este principio «crítico» la primera Escuela de Frankfurt tuvo clara intuición, en todos sus miembros (en Horkheimer, Marcuse, Adorno y Benjamin ciertamente), aunque no construyó una ética propiamente dicha. Partía la «Teoría crítica» de la «negatividad material» de la víctima, del dolor de su corporalidad sufriente de un sistema injusto que causaba dicho efecto negativo, lo cual suponía para poder exponerse una ética otros principios normativos previos. Es lo que he intentado mostrar en el capítulo 4 de mi *Ética de la Liberación*.

po» contar con la intersubjetividad discursiva de los diversos miembros de las comunidades que actúan en ellos, sólo el sujeto singular (*einzeln*) y único puede «situar» coherentemente su actividad en cada «campo» en vista de su «proyecto» (*Entwurf*, el «*Sein-koennen*» de Heidegger) biográfico, que a veces le obliga a asumir la disidencia, aun heroica como en el caso de Sócrates ante el *démos* ateniense. Puede en cada caso tomarse «a sí mismo como otro», y dialogar consigo mismo en un monólogo «actuado» como ante una comunidad virtual,[34] y por ello «argumentar» a favor de la coherencia o no de su acción en los diversos «campos», pesando las razones de usar o no los mismos criterios y principios éticos en los niveles específicos de cada «campo». De todas maneras, aunque pudiera pedir «consejo» a amigos, familiares, terapeutas psicólogos o psicoanalistas, asesores morales, etc., la responsabilidad final es inalienablemente singular, y aquí la *frónesis* retorna mostrando su importancia ética y específica en cada «campo». Porque si un Aristóteles analizaba el caso de la *frónesis* del individuo y la *frónesis* política, ahora debemos extenderla analógicamente a todos los «campos» posibles: *frónesis* económica, deportiva, religiosa, etc.

Es exactamente desde la posición singular del sujeto ético, como teniendo un proyecto práctico-normativo biográfico, pero igualmente una inserción sistémica e intersubjetiva (en lo económico, cultural, de género, de raza, de nación, etc.), desde donde puede surgir el «disenso» en la discusión racional que intenta alcanzar un consenso práctico. La «coherencia» en los diferentes tipos de acciones que un sujeto ético efectúa, puede obligarle en un «campo» a no cumplir con lo que se esperaba que actuara según lo acordado por el consenso acordado entre sus iguales.

No se trata de la contradicción que puede producir una obligación de un «campo» que entra en oposición con la de otro. Como en el caso de un miembro de una comunidad del «campo» religioso que se encuentra en el tiempo del año en el que debe guardar ayuno (por ejemplo, para un musulmán de la época del Ramadán), quien debe decidir si participa o no en un banquete político de una fecha patria (por ejemplo en Francia) que se lleva a cabo al mediodía. En este caso la decisión que se adopte será la conclusión de una deliberación propia de la *frónesis*, que «sabe prácticamente decidir» (*orthós lógos praktikós*) cuál de las dos posibles acciones tiene mayor relevancia en vista de su «proyecto práctico-biográfico» (*télos*).

El «Principio de Coherencia» se aplica en cambio a diferentes acciones que tienen el mismo principio normativo por fundamento pero que se cumple en diversos «campos». Por ejemplo, desde el principio material ético-universal, por el que se debe pro-

---

[34] Éste es el sentido de la narrativa simbólica del «Juicio final», en la gran sala de Maat en la presencia de todos los dioses, del egipcio «mito de Osiris». El egipcio (y posteriormente muchos semitas, como un hebreo, cristiano, musulmán, bizantino, ruso o europeo occidental), al cumplir una acción solitaria, singular, única, sin espectadores, en privado, «se veía visto» por Osiris, nacía así la conciencia ética (que en las pirámides y papiros se representaba con el jeroglífico del «ojo» abierto que mira). El acto monológico era virtualmente intersubjetivo siempre. El acto empírico *privado* «era visto» sin embargo a la luz de un Juicio *público*.

ducir, reproducir y desarrollar la vida humana,[35] se intenta tener una actitud ecológica de ahorro de energía. En un «campo» práctico, el familiar, se edifica una casa ecológica usando concientemente energía solar para la calefacción y el agua caliente; pero en el «campo» del transporte urbano se usa un automóvil privado, y aún más grave, se elige un modelo que usa excesiva gasolina. En la empresa productivo-económica capitalista se utiliza poca calefacción por los motivos indicados (aunque los trabajadores sufran frío), y se exige en cambio en la universidad de sus hijos excelente calefacción en las aulas, las instalaciones deportivas o los dormitorios. Estas decisiones contradictorias en diversos «campos» deben modificarse hasta articularlas por semejanza analógica gracias a una aplicación «coherente» de los principios.

En cada «campo» el *contenido* de la acción es diverso, pero el *modo* y el *sentido* de la aplicación y subsunción de los principios deben ser analógicamente semejante.[36] Las acciones en este caso no tienen sólo, y cada una por separado, «pretensión de bondad»[37] (con respecto a cada «campo» específico), sino que tienen al mismo tiempo «pretensión de coherencia», en el nivel singular, biográfico y complejo del sujeto ético concreto —que atraviesa los «campos» sistémicos donde juega sus diferentes «papeles» o funciones como «actor», adoptando diversos «disfraces» y «caretas» (el concepto de «persona» en latín significa exactamente el *sonar*, *personare*, la voz del actor a través de la careta en el teatro[38] romano).

Cuando se habla hoy en día, ante la corrupción generalizada en las burocracias público-políticas y privado-empresariales, de *la necesidad de la ética en la política o en la empresa*, o, por el contrario, del abandono en la filosofía política moderna del componente ético, ya que la ética no abarcaría el «campo» de la política como en el pensamiento clásico, pienso que se están refiriendo, no sólo al problema de ausencia de la ética en el «campo» político, en sus principios, instituciones o acciones políticas empíricas (es decir, una falta de ética política[39]), sino que se está haciendo referencia directamente al *principio de coherencia* sin advertirse. Cuando el ciudadano desconfía políticamente del profesional de la política, no se trata sólo de que lo critica porque

---

[35] Véase Dussel, 1998, cap. 1.

[36] Nunca hemos dicho «idénticos», porque la aplicación y subsunción de los principios éticos no es «idéntica», sino que tiene en consideración la «distinción analógica» de cada «campo». El ayudar a un obrero en el nivel económico (la víctima en el nivel de la empresa) no es «idéntico» con el ayudar a una mujer en el nivel del género (la víctima en la familia occidental).

[37] En nuestra *Ética* hemos distinguido pretensión de verdad (en referencia material a la realidad), de validez (en referencia a la aceptabilidad de la comunidad de comunicación), de eficacia (en referencia a la factibilidad de la acción), etc. La «pretensión *de bondad*» es la síntesis de todas las indicadas «pretensiones», no es el *good* de los comunitaristas, ni tampoco la «validez» lo *right* de los kantianos.

[38] Cada «campo» es un «teatro», pero donde los actores no «representan» papeles de ficticios personajes, los del libreto escrito inventados por el artista de la obra de teatro, sino donde cada actor «representa» su auténtico «papel» biográfico, el del libreto de la historia real, en el «teatro de la vida cotidiana»: eso es un «campo» práctico.

[39] Véase la referida obra de Vittorio Hoesle.

no haya subsumido los principios éticos en sus acciones, sino que aunque los subsuma «aparentemente» en el «campo» político, al no hacerlo en los otros «campos» —como en el caso de Clinton en su vida sexual privada, pero usando para ello espacios públicos[40]— crea «inseguridad» de la autenticidad de su «pretensión de justicia», al no aplicar los mismos principios en «todos» los «campos» de su conducta. El ciudadano exige «coherencia» de su representante, tanto del político conservador como en del revolucionario, porque a quien se le tiene «confianza» como «representante» es a un sujeto ético concreto, que se espera actúe previsiblemente como lo ha prometido en su campaña pública anterior a su elección. Por ello se espera que no sea sólo «pura apariencia», cambiable y contradictorio ante acontecimientos críticos. Se tiene por ello expectativa de que «represente» al ciudadano que lo elige siempre de manera veraz, donde la realidad de su accionar en todos los «campos» sea idéntica con su «apariencia», y esta expectativa se «asegura» cuando se verifica en los diversos «campos» de su acción obrando *coherentemente*.

[40] Se dice que es propio de una conciencia conservadora exigir esta coherencia. Igualmente se piensa que se aproxima el tiempo que las acciones públicas deben ser juzgadas como públicas, con total independencia de las acciones privadas. Sin embargo, los «campos» público y privado «aseguran» al ciudadano de la seriedad y honorabilidad práctica de la convicción del que los «representa». La crisis de la «representación» política es también crisis de confianza del representado con respecto al representante. Si éste quiere garantizar honestamente la confianza de su electorado debe el representante manifestar coherencia en sus convicciones en todos los «campos». No sólo el conservador, sino igualmente el revolucionario debe ser coherente. El sandinismo es un buen ejemplo. «La corrupción de lo mejor es lo pésimo» dice el antiguo adagio. Esta conferencia fue dictada en la Escuela de cuadros del Sandinismo en Nicaragua.

12. Aplicación de los principios éticos a la política. Sobre algunas críticas a la *Ética de Liberación*[1]

El año siguiente de [1]445, envió el infante [Enrique] un navío [para hacer más esclavos...] Viéndolo la gente [africana] de la tierra, vinieron contra él [el capitán portugués] doscientos hombres [africanos] y matáronlo a él y a siete de los doce [...] Estos fueron los primeros que *mataron justamente* de los portugueses.[2]

Mi apreciado colega Julio Cabrera (en adelante J. C.) se ocupa de mi *Ética de la Liberación en la edad de la globalización y la exclusión* en su escrito crítico «Dussel y el suicidio». Desde ya le agradezco el tiempo que ha usado en la lectura de mi trabajo, y en especial por haberse centrado en el tema del «principio de la vida» (en el que consiste el primer capítulo de los seis de la obra). Ello me obliga a comenzar un diálogo al respecto. Deseo iniciar indicando cuatro aspectos.

En primer lugar, la filosofía, y aún en mayor medida la ética y la filosofía política, no puede descartar un tema por la complejidad que supone, o por la novedad del mismo. En estos casos no se encuentran frecuentemente a la mano argumentos conocidos. A tales temas reales, desafiantes, impostergables, que exigen ser abordados filosóficamente, es necesario encararlos con toda responsabilidad. Habrá que encontrar nuevos argumentos o mejorar los existentes. De allí que objeciones como las de J. C. no puedo sino recibirlas de buen grado, porque me exigen mejorar los argumentos que deberé ir creando si no existieran. La pertinencia de una filosofía se manifiesta en el intento de reflexionar sobre las cuestiones más acuciantes. Pienso que el problema central que enfrentamos hoy es el peligro que se cierne *sobre la vida de la especie humana*, cuestión ético-material fundamental en este momento histórico, y sin comparación con ningún otro momento de la historia universal (porque la capacidad técnica de poder aniquilar la vida definitiva, totalmente, es una posibilidad empírica).

En segundo lugar, quiero resaltar nuestras coincidencias, en problemas tales como a) la importancia del «principio de la vida», que sin embargo para J. C. guardaría exigencia ética sólo formulada de manera abstracta y con respecto al otro; b) la impostergable obligación de la liberación de los oprimidos, pero reducida por J. C. a ser un deber político —pero no ético—; c) la importancia de lo negativo, claro que con diver-

---

[1] Me refiero a mi obra *Ética de la Liberación en la edad de la globalización y la exclusión* (Dussel, 1998; 5.ª edición 2005).

[2] Las Casas, 1957, vol. 1, p. 95. Y continúa el texto: «Ninguno que tenga razón de hombre, y mucho menos de los letrados, dudará de tener aquellas gentes todas contra los portugueses guerra justa» (*ibid.*).

so sentido: en J. C. como negación de los principios afirmativos; en mi posición, como exigencia de negar la negación de la vida de la víctima.

En tercer lugar, deseo explicitar algunas de nuestras posiciones opuestas. La más contundente: a) que la ética debe limitarse al horizonte del cumplimiento abstracto del principio de la vida y ser *separada* de la política, quedando situada esta última, *fuera* de la ética. Esta tesis es la más grave. Por mi parte, buscaré la manera de articular las exigencias éticas con la normatividad política. Llamaré «falacia abstractiva» —que se encuentra en la base de casi todas las objeciones que me hace— el reducir la reflexión ética al puro nivel abstracto, sin desarrollar «mediaciones» categoriales que permitieran pasar del enunciado válido abstracto del principio a las condiciones de su «aplicación» más concreta, empírica, compleja (donde pueden presentarse contradicciones con otros principios y circunstancias que habrá que saber resolver éticamente en un nivel discursivo o prudencial; ámbito del consenso o de la *phrónesis*). La segunda oposición, b) se centra en torno a la cuestión del «suicidio» y del «heterocidio», imposible este último éticamente para J. C. (ya que todo quitar la vida a otro es para J. C. siempre injustificable, lo que no puede admitirse como solución de ciertos casos concretos de mayor complejidad).

En cuarto lugar, deseamos referirnos, como punto de partida de nuestra réplica, a ciertos ejemplos privilegiados que muestran algunas situaciones de extrema complejidad, en un nivel concreto, empírico, histórico que deben ser evaluados éticamente. Por ejemplo, las acciones de un G. Washington en Estados Unidos o de M. Hidalgo y Costilla (quien aceptó, además, la muerte *propia* antes de traicionar el proyecto ético-político *de la comunidad*) en México, que debieron decidir válidamente (discursiva y prudencialmente) el entablar guerras emancipatorias contra poderes metropolitanos, en concreto contra soldados ingleses o españoles, acciones que han sido juzgadas históricamente como actos éticos y políticamente heroicos, plenamente legítimos, justificables. De igual manera, la acción de una madre, que se enfrentara a un secuestrador que intentara sustraerle a su hijo pequeño (situación posible y frecuente en las naciones del mundo periférico), y que en la defensa de su niño quitara la vida al secuestrador, sería considerada no sólo una acción justificable, sino éticamente meritoria (por el hecho de defender la vida del inocente y no por eliminar la vida del secuestrador, lo cual dada las circunstancias no es reprochable si fue la última instancia no prevista). Pensar filosóficamente este tipo de «heterocidios» (en lenguaje de J. C.) abre todo un campo de necesarias distinciones que las objeciones de J. C. parecieran no haber supuesto, ya que manifiesta que no cuenta con la complejidad hermenéutica requerida para poder descubrir el sentido ético de la problemática que estas acciones presentan —y, el primero de los ejemplos que está enmarcado en un horizonte político, es negado en cuanto ético por J. C., porque J. C. restringe lo moral a un horizonte demasiado estrecho: caería así en lo que denominaré una «falacia reductivista»—. Intentaré pensar el tema.

12.1. Los principios y su «aplicación»

Valga en primer lugar una distinción metodológica para indicar lo que significa considerar en la reflexión ética ciertos niveles de profundidad, que permiten un «pasar de lo abstracto a lo concreto»,[3] de lo simple a lo complejo.

ESQUEMA 1
NIVELES DE PROFUNDIDAD

	a. Abstracto 1	b. Concreto 1 Abstracto 2	c. Concreto 2
1. Lo simple 1	1.a		
2. Lo simple 2 Lo complejo 1		2.b	
3. Lo complejo 2			3.c

Los tres primeros «principios» éticos que tratamos en nuestra *Ética de la Liberación* se encuentran en el nivel *1.a*, y del cuarto al sexto en los niveles *2.b*. Los «principios» en sus enunciados más universales y primeros son «abstractos» (en *a* como *abstracto 1*, en *b* como *abstracto 2*; en *1* como «*simple 1*», en *2* como «*simple 2*»). Su «aplicación» nos abre al amplio nivel de lo «concreto-complejo» propiamente dicho (nivel *3.c*). Usaremos estas distinciones mínimas en nuestra explicación que sigue a continuación.

Empecemos nuestra respuesta considerando los últimos ejemplos del artículo crítico de J. C. (cuando nos habla de que «las super-potencias» no están «desarrollando una política *suicida*»), en los que la «complejidad» (*3.c*) de los mismos exige echar mano de ciertas mediaciones necesarias para poder *aplicar*[4] el principio «abstracto» a lo «concreto». Así, después de citar parte del enunciado de un principio, J. C. escribe que yo no hago «distinciones, en principio, entre la vida de la víctima y la del verdugo. De esta manera, el *principio de la vida*[5] debería estar también preocupado con la producción, reproducción de las vidas de Calígula, Nerón [...] Videla, Saddam Hussein [...]». A lo que comienzo respondiendo que en los capítulos 1, 2 y 3 de mi *Ética de la Liberación* enuncio los principios abstractos, sin restricciones, universales (*1.a*), por ello pareciera que no llego a ejemplos concretos como los que me propone. Pero, en los capítulos 4, 5 y 6, dichos principios se «articulan» con otros principios (*2.b*) más concretos, complejos, también universales. En el capítulo 1, más abstracto, no se espe-

---

[3] Véase Dussel, 1985.
[4] Es toda la cuestión clásica de la *applicatio* (medieval, siguiendo a Aristóteles) o la *Anwendung* (kantiana en la *Crítica del Juicio*, o apeliana).
[5] Es un «principio» en abstracto (*1.a*).

cifica diferencia alguna entre la víctima y el verdugo (se enuncia un irrestricto: *1.a*. «No matarás»). En el capítulo 2 se describe el principio formal (el «principio de validez» o del consenso práctico) que determina al principio material (que es el «principio de la vida»). La mutua determinación de ambos principios (sin última instancia), como veremos, nos conduce a un nivel de mayor complejidad. En los capítulos 4 al 6, se llega a un nivel *más concreto* y, a partir de ellos, se podrían formular nuevas especificaciones que permitirían comprender situaciones de mayor complejidad (por ejemplo en *3.c*: «Defenderás la vida de tu hijo, hasta el riesgo de tu vida de madre responsable, y hasta la eventual negación no deseada de la vida del secuestrador»). Son enunciados[6] que se encuentran en dos niveles distintos de abstracción (*1* y *3*), por ello no hay contradicción entre ambos. En el caso del principio «en abstracto» (*1.a*) se encuentra el enunciado sin las circunstancias o determinaciones concretas. En el segundo ejemplo dado, en cambio, se trata de una «aplicación» posible del principio en el que ahora se enfrentan «tres» vidas[7] en una articulación más compleja. Todos los principios deben iluminar las circunstancias numerosas concretas, y un juicio práctico, ciertamente falible y con inevitable incertidumbre, resolverá la cuestión (es la temática sugerida bajo la denominación de *hypólepsis* por Aristóteles).

En estos casos hay que echar mano del «principio de aplicación», que es otro que el mero principio material o de «contenido» ético. Se trata del ya indicado segundo principio que se estudia en el capítulo 2 de la *Ética de la Liberación* (J. C., no hace referencia a los otros principios que permiten la «aplicación» del principio material, lo que le impide contar con «mediaciones»[8]). Se trata del «principio discursivo» que

---

[6] Me refiero al anterior ya propuesto: «¡No matarás!».

[7] La de la madre, del hijo y del secuestrador. Habrá que comenzar a evaluar la importancia ética de cada sujeto en función de su acción. Como «actores» éticos (no como sujetos éticos abstractos) en la situación concreta y compleja, «éticamente» *no es lo mismo* ser «una madre responsable de su hijo», que «un secuestrador de un niño», o que ser el hijo de la madre: una «víctima inocente». Decir simplemente que los tres son vivientes y que tienen la misma dignidad es situarse simplísticamente en un plano abstracto sin entrar a la complejidad ética de la situación descrita. Sería un caso de «falacia abstractiva», en la que cae continuamente J. C.

[8] Explícitamente indico en mi obra que es un error frecuente el pensar que existe *un solo principio*. Con un sólo principio no puede construirse una ética. Toda mi obra argumenta a favor de la articulación compleja de muchos principios *sin última instancia*. La argumentación de fondo, no los detalles a los que después me referiré, se apoya sobre esta tesis fundamental de mi ética. Por tener *un solo principio* y además en un nivel abstracto, sin desarrollar las reglas de la *aplicación*, se deja la política *fuera* de la ética, siendo que simplemente es un nivel más complejo y específico (un «campo práctico» particular). Como en el caso de Kant: «No debes mentir» es un principio universal ético. En un plano concreto, si un miembro del servicio policial de inteligencia le pregunta a alguien si está en su casa un perseguido por una dictadura militar, gracias a cuya información será detenido y torturado, ¿podría responder con Kant *fiat justitiam, pereat mundum*, y delatar al inocente que ocultó? ¿Sería un acto estratégico *fuera* de la ética el no decir la verdad? ¿Sería ético decir dónde se encuentra el escondido inocente? Por lo dicho, es falso, según mi postura, el siguiente enunciado que J. C. me atribuye: «Toda acción tendiente a producir, reproducir o desarrollar la vida es moralmente buena». En primer lugar, ninguna acción puede ser

argumenta sobre las diversas posibilidades de la acción, y que comunitariamente (al menos potencialmente en referencia actual o posible, o recordada o habitual, o por leyes o costumbres, etc.) llega a un consenso moral con validez intersubjetiva que podría enunciarse así: «En el caso de que la vida de la comunidad o la vida del inocente (o de la víctima) sean puestas en peligro injustamente, será necesario siempre consensualmente, por el principio de necesidad de las instituciones[9] (exigidas por el principio de sobrevivencia del propio sujeto vivo), *defenderse* del tal peligro». El «peligro», en último término, es la muerte (de la comunidad colonial, del niño inocente, etc.). La coacción fundada en el consenso de la comunidad para la defensa de la vida es ética (en el caso del secuestro), y en el caso de G. Washington (una comunidad de colonias explotadas) es también *políticamente* legítima. Dicha decisión consensual o prudente puede tener como efecto el quitar no-intencionalmente la vida al secuestrador o al soldado invasor colonialista inglés; el defensor de la vida o el emancipador de la víctima nunca desea ni intenta intencionalmente esa muerte (heterocidio); jamás tiene su acción como fin el intentar quitar la vida del otro; tampoco se intenta perder la propia (aunque Hidalgo termina por perderla, pero no es suicidio *formalmente* —en el sentido que definiré más adelante). Se intenta defender la vida del inocente en el caso del secuestro, o la vida de la sufriente población de la colonia, que se rebela desde el *consenso válido* (segundo principio) de la población colonial (ilegítimo *todavía* para los ingleses metropolitanos).[10] Pero aún esta «aplicación» o conclusión práctica no es suficiente. Una «banda de ladrones», o la comunidad metropolitana en Gran Bretaña en referencia a sus colonias, podría tener consenso en la defensa de su propia vida (el

«perfecta o absolutamente» buena; sólo tiene siempre, en el mejor de los casos, «pretensión de bondad»; segundo, toda acción materialmente verdadera prácticamente (porque reproduce la vida, etc.) sólo cumple la condición «material», y si no cumple la condición «formal», de «factibilidad», etc., no puede siquiera tener pretensión de bondad (menos ser buena); tercero, siempre hablo de vida «humana»; cuarto, en mi terminología no sería «*moralmente*» buena (sino «*válida*»; porque el aspecto moral, como para la ética del discurso, es lo formal) sino «éticamente» buena (porque bajo la denominación de «ético» además me refiero a la pretensión *integrada* por los diversos aspectos: al menos los seis que considero en mi *Ética*). J. C. pareciera que ha leído *partes* de mi *Ética*. Es decir, alguien puede pretender «reproducir y desarrollar la vida humana» de los alemanes como Hitler, como Sharón de los israelitas, pero sin el consentimiento del otro (de los judíos en el primer caso; de los palestinos en el segundo). No se cumpliría el segundo principio (que en política es el «principio democrático»); la acción *no podrá tener* así «pretensión de bondad».

[9] Cuestión central para David Hume, que trataré muy precisamente en mi *Política de la Liberación*, que estoy redactando en este momento.

[10] Se me criticará de usar una secuencialidad temporal; claro que sí. Aún los principios en abstracto suponen una cierta diacronía, de lo simple a lo complejo, de lo abstracto a lo abstracto-concreto. El principio de la vida humana o del discurso válido práctico (*1.a*) son subsumidos en los principios más complejos (*2.b*) de discursividad crítica o el principio liberación (este último subsume a los otro cinco). J. C. no ha advertido la temática de la «constitución» de los «principios». Véanse mis artículos «Principles, Mediations and the Good as Synthesis», en Dussel, 1998c, pp. 55-66, y «Six Theses toward a Critique of Political Reason», en Dussel, 1999, pp. 79-95.

cinismo de los poderosos, al que J. C. se refiere al negar mi enunciado acerca del suicidio colectivo de la humanidad[11]). Aquí es donde la universalidad del enunciado abstracto viene en nuestra ayuda: la banda de ladrones o la comunidad imperial no puede justificar que su acción involucra *la defensa de la humanidad en cualquiera de sus partes* (ya que el ladrón roba a otros cuya vida niega; el imperio domina a colonias cuya vida explota). Es por ello que el principio de vida «abstracto» debe ser «aplicado» desde reglas cuyo ejercicio partan del respeto a la *víctima* de toda acción o institución (cuarto principio de mi *Ética de la Liberación*) y por el consenso de las mismas víctimas (quinto principio o del consenso *crítico*). El «principio de la vida» exige la defensa de «mi», «nuestra», «tuya», «vuestra» vidas: las de todos. J. C. ha caído en una «falacia reductivista por abstracción»; debería entonces emprender una tarea más compleja: hay muchos principios, hay muchos niveles de abstracción en la «aplicación» de los principios éticos. Desde Aristóteles a Kant o K.-O. Apel se habla del «silogismo práctico» que parte de principios, delibera premisas menores —gracias a las *phrónesis* o al *consenso* intersubjetivo— y saca conclusiones prácticas *hic et nunc* (la ya indicada *hypólepsis* del Estagirita, o el consenso apeliano): la máxima de la acción ahora y aquí, que partiendo del «No matarás» puede ética y *políticamente* (mediando todos los momentos complejos de la dicha «aplicación») llegar a la inevitable situación de tener que «quitar la vida a este soldado inglés concreto en la batalla de Boston», en defensa de la vida de la comunidad que se emancipa, por parte del héroe G. Washington. Negar la eticidad de este acto dejando a la política *fuera* de la ética, simplemente por no conocer las reglas complejas de la «aplicación» de los principios, me parece equivocado. Por *la vida de la comunidad* de los colonos *inocentes y dominados* Washington enfrenta la posibilidad de *la eliminación de la vida* del soldado británico que ejerce *un poder injusto*, ilegítimo (ante el tribunal del consenso naciente de los patriotas de las colonias, y de toda la humanidad anticolonialista, que se emancipan legítimamente). No sólo la argumentación filosófica y ética, sino también el sentido común han dado la razón ética al héroe (a la víctima), comparando a los dos actores (metropolitano y el colono).

---

[11] En nuestros días, en efecto, los dominadores (el Grupo de los 7) puede decidir en su favor la destrucción de los pueblos periféricos postcoloniales, y pretender «salvarse» ellos. Pero la lógica de la destrucción ecológica no permite excepciones en el «pequeño» planeta Tierra. La *logística* del capital que mata al otro (heterocidio), a los pueblos indefensos postcoloniales, esa *logística* no puede ser detenida ya por el «Grupo de los 7» (y de allí la negativa de USA de firmar el Protocolo de Kyoto sobre ecología), que terminará por suprimirlos a ellos mismos. «El asesinato es suicidio» dice Fanz Hinkelammerte en esta cuestión precisa. Los efectos negativos tienen progresión geométrica y ya comienzan a manifestar resultados irreversibles por siglos. Me extraña que J. C., que propone con tanta valentía el principio de la negatividad, de pronto sea optimista y hasta *afirmativo* en la salvaguarda del sistema capitalista de dominación. ¿Es una contradicción preformativa? o ¿de pronto el escéptico se ha tornado reaccionario? (no lo creo, y por ello pregunto). «El que a hierro mata a hierro muere» dice sabiamente el dicho popular; y éste es un caso ejemplar.

Es entonces una «falacia abstractiva» la que lleva a J. C. a dejar fuera de la ética a la política; al mostrar como contradictorio el defender el principio ético abstracto de la vida humana válido para toda la humanidad y el pretender justificar la posibilidad de la eliminación no-intencional de la vida del secuestrador o del soldado invasor o colonialista. El heterocido en estos casos está justificado éticamente, tratándose de situaciones de complejidad concreta (nivel *3.c*), en los que la decisión compleja (y por lo tanto falsable, nunca exenta de incertidumbre y posible de ser corregida, y por ello la decisión tiene también «pretensión» de bondad y no certeza irrefutable, esta última propia de los dogmáticos, de los fanáticos o de los ingenuos) no se opone al principio abstracto universal de la vida humana (*1.a*).

Resumiendo un aspecto de lo indicado en este primer parágrafo, propongo el siguiente argumento que explica la «defensa del *orden* exigido para la *reproducción sistémica de la vida*»: 1) Siendo el principio de la vida humana *en abstracto* de vigencia universal, 2) en su «aplicación» se sitúa como premisa mayor del silogismo práctico que, teniendo en cuenta la *reproducción* de la vida humana de los sujetos concretos, exige *instituciones* que deben ser organizadas legítimamente por la participación simétrica de los afectados. 3) Nace así un *orden* comunitario complejo que debe ser garantizado por la obediencia de todos sus miembros (porque si algunos no aceptaran las exigencias de dicho *orden*, se volvería al estado de naturaleza, que pondría nuevamente a riesgo la *reproducción* de la vida), 4) por lo que legítimamente los que deciden organizar el *orden* determinan igualmente las instituciones para *proteger tal orden* (poder judicial, códigos de crímenes, la policía, el ejército, etc.). 5) Los miembros de la comunidad que no cumplan lo establecido por ellos mismos, como miembros soberanos origen de la ley, serán objeto del ejercicio de una coacción legítima, y pudiera llegar al caso que, en la refriega para reglamentarlos, pudiera quitárseles la vida debido a su resistencia desesperada e irracional (como en el caso de un ladrón o un secuestrador). 6) En estos casos el heterocidio cumplido por la institución legítima no es asesinato, ya que ha sido el efecto no deseado del cumplimiento del principio de la vida humana, en el momento institucional de la necesidad de garantizar comunitariamente la *reproducción* de la misma vida.

12.2. COACCIÓN LEGÍTIMA, VIOLENCIA Y POLÍTICA

Expliquemos con mayor detalle esta nueva distinción sugerida en el argumento anterior, y para ello diferenciemos ahora el nivel abstracto de los «principios» (*A*), del nivel más complejo y concreto de las «instituciones» (*B*) y el de la «acción estratégica» (*C*), siguiendo en parte la sugerencia de J. Rawls (que divide su obra *Teoría de la Justicia* en estos tres niveles, que son las tres partes de su exposición), o de K.-O. Apel (con su *Teil A* y *B*).

ESQUEMA 2
TRES NIVELES NECESARIOS DEL «CAMPO» POLÍTICO

A. Nivel de los principios (implícitos en la acción)
B. Nivel de las instituciones (más concretas y complejas)
C. Nivel estratégico (con el máximo de concreción y complejidad)

Cuando se escribe que: «lo que no permitiría, según Dussel, llamar *violencia* a la *coacción legítima* es, primordialmente, el objetivo final de la coacción, o sea, el guiarse por la *vida buena* y el *principio de la vida*» (texto de J. C.), no expresa enteramente mi posición. En primer lugar, porque la cuestión de la «vida buena» no es para mí un último criterio material (ya que está determinada particularmente en cada cultura), sino la vida humana misma (las diversas concepciones de la *vida buena* están al final fundadas en ser diversos modos de producir, reproducir o desarrollar la *vida humana*: se trata de un momento fundado y no fundamental). En segundo lugar, porque no es sólo el *fin material* de la acción en este caso el momento de la determinación moral del acto, sino también el *modo o procedimiento* de su origen: si es libre, autónomo, procedente de una decisión fruto de la discursividad consensual (segundo principio). La coacción es *legítima* si los afectados han sido participantes racionales simétricos (en política es el principio democrático y de la soberanía de la comunidad política). La legitimidad del monopolio del uso de la coacción por parte del Estado (cuando ha sido decidido democráticamente, en sentido fuerte) no puede llamarse *violencia*. No *viola* el derecho de nadie, porque usa un poder previamente determinado por todos para hacer posible en el tiempo la vigencia de la decisión política de la comunidad (origen y destinataria de la decisión, de la ley). En el nivel *B*, de las instituciones, el «sistema de derecho»[12] es una exigencia de la defensa de la vida (ya que en el «estado de naturaleza», sea como fuere que lo definamos, hay lucha a muerte o, al menos, no hay un juez equitativo para enjuiciar casos conflictivos, que desde Hobbes, Locke, Hume o Kant obligan al establecimiento de un «estado civil»). Es decir, el «estado civil» está siempre fundado mediatamente en el «principio de la vida».[13]

Pero, en la situación en que nacen o se originan «nuevos derechos» (p. ej. recientemente han surgido los derechos de la mujer, del niño, de la tercera edad, de las generaciones futuras en la ecología, o en los siglos XVIII y XX el derecho a la emancipación de las colonias, etc.), se establece una situación de complejidad que la *Ética de la Liberación* sabe enfrentar. En principio, en abstracto, el «sistema del derecho» debe garantizar los derechos, y, por ello, deber ejercer una monopólica coacción o fuerza

---

[12] Cada expresión entre comillas o *en versalitas* exige definiciones dadas en mis obras, pero no obvias ni de fácil construcción.

[13] Este hecho pasa desapercibido en la filosofía política. Es la sobrevivencia la que exige pasar del «estado de naturaleza» al «estado civil».

legítima contra los que se opongan a las leyes que fueron promulgadas por consenso, con la participación simétrica de todos de los miembros de la comunidad política (si es que fueron participantes simétricos, y lo suponemos en principio). Si alguien con armas ataca un banco, en principio, debe ser reducido por la policía, y es necesario que se usen instrumentos equivalentes a los que se supone usa el ladrón. Si un ladrón muere en un enfrentamiento que ha iniciado, no puede decirse que dicha situación está *fuera* de la ética, ni que el policía que le quita la vida es un criminal; lo sería si usó fuerza desproporcionadamente, fuera de la ley, etc. En el caso del ladrón se trata de la violación de una ley dentro del «estado de derecho».[14]

Pero la situación es mucho más compleja cuando una acción del excluido pone en cuestión *el actual estado de derecho* (a veces en totalidad, otras parcialmente), como en el caso del que tiene conciencia de ser sujeto de «nuevos derechos». Por ejemplo, de las mujeres sufragistas en el comienzo del siglo XX (o del colono de Nueva Inglaterra llamado G. Washington, a finales del siglo XVIII) a partir del «consenso» de las víctimas acerca de los derechos propios recientemente descubiertos (los de la mujer contra el patriarcalismo vigente, que por tener todo el cuerpo de las leyes a su favor es *legal*, y *legítimo* por haber sido promulgado dentro del consenso *posible* de su época, siendo los varones los únicos participantes de la comunidad política que dictaban las leyes). Si la policía reprimiera una manifestación de mujeres y matara a una de ellas, la situación sería ética y *políticamente* injusta ante la conciencia ética y política *de las mujeres* que tienen consenso y conciencia de sus *nuevos* derechos, pero no reconocidos *todavía* por el «estado de derecho *vigente*»; para este último la acción coactiva es legítima; para aquéllas es injusto. Estamos en el nivel *C,* el de una acción estratégica antihegemónica, desde el horizonte de las instituciones vigentes (*B*), que se «tambalean» ante la necesidad de modificaciones futuras. Es lo que A. Honneth llama «lucha por el reconocimiento» (*Kampf um Anerkennung*) de nuevos derechos. Es decir, desde la posición machista la acción coactiva pudo ser también legítima (del mismo modo que un inglés metropolitano pudo juzgar a G. Washington como un rebelde ilegal, un revolucionario o un terrorista, porque su acción consistía en una lucha contra las leyes imperiales vigentes de la Gran Bretaña). Desde la «nueva» conciencia ética y política de las víctimas (mujeres o comunidad colonial) la acción tenía legitimidad; es decir, desde el «consenso» de la comunidad *crítica* feminista *naciente* (o de los colonos constituidos como colonias con aspiración de ser libres). La coacción monopólica legítima (*vigente*, pero lentamente superada por la historia, y que será muy pronto ilegítima) enfrenta a la coacción (manifestación de mujeres o ejército colono

---

[14] Claro que puede darse, y es el modo histórico como se dio la cuestión, que la comunidad de los propietarios (idéntica a la comunidad política con poder) determine que la propiedad privada positiva es inviolable y organiza el Estado en su defensa, ante los no-propietarios, que no sólo no tienen propiedad alguna, sino que por no tenerla no son participantes de la comunidad política. En este caso los no-propietarios con razón podrían alegar que dicho dictamen de inviolabilidad de la propiedad privada es ilegítimo, ya que fueron excluidos tanto de la comunidad de decisión como de la propiedad. Es el caso de la doctrina expresada por Locke, Hume, Kant, etc.

organizado en Cambridge) ilegítima *para el poder vigente*; legítima para el nuevo consenso de las víctimas.[15] En la aplicación de los principios (*A*) en el nivel de las instituciones (*B*) (necesarias para la vida, pero con una entropía que exige su superación debido a su «desgaste» histórico) y en el propiamente estratégico concreto (*C*), hay que tener principios y criterios éticos más concretos para resolver estos casos específicos, y singulares. Se trata de los principios y criterios específicos del «nivel» del género o del «campo» político, donde los principios éticos son *subsumidos* como la «normatividad» del campo del género o de la política.[16] El policía ante la manifestación de mujeres, y los soldados ingleses ante los colonos, no pueden ser evaluados *éticamente* como sujetos *equivalentes* a las mujeres feministas y los colonos en armas (la acción represora de los Césares no puede ser igualada al proceso del emancipación de Espartaco). Los primeros ejercen violencia (coacción contra el derecho *naciente* del otro), mientras que los segundos ejercen una coacción o fuerza justa (a partir de los derechos cuya toma de conciencia *naciente* se manifestarán como el fundamento de los derechos *futuros*, y no violan ningún derecho *del otro*). El «quitar la vida» no-intencionalmente a un policía antimotines o un soldado inglés no tiene *el mismo sentido ético* que el quitársela a una mujer feminista o a M. Hidalgo y Costilla. De no tener principios complementarios de *aplicación* no sólo la política, sino la misma ética, quedaría *fuera* de toda normatividad. J. C. no considera para nada estos niveles, estas oposiciones con sentido ético por caer en una «falacia abstractiva».

Resumamos nuevamente lo ganado en los dos últimos parágrafos con un nuevo argumento, que denominaré «crítica del orden *dominador* exigido por el nuevo *desarrollo* de la vida»: 1) Siendo el principio de la vida humana *en abstracto* de vigencia universal, 2) y teniendo en cuenta que la *reproducción* de la vida humana de los sujetos concretos exige *instituciones*; 3) cuando el *orden institucional* se ha tornado injusto (como el machista), tiránico, dominador (como el colonialista) o excluyente de posibles miembros de dicho *orden*, negando por ello la vida o cualidad necesaria de la vida humana de las víctimas, 4) éstas *estratégicamente* en sus luchas tienen derecho a oponerse al *orden dominador* en totalidad (o parcialmente: contra el machismo, el racismo, etc.). 5) La eliminación de la vida de los que defienden el *orden injusto* en la lucha de las víctimas por liberarse de la dominación que sufren, para permitir así el *desarrollo* de su vida *de víctimas* (posibilitando también desde ese momento la honesta *reproducción* de la vida de los dominadores, que han dejado de serlo) no puede juzgarse como asesinato culpable (heterocido en sentido estricto), sino como un efecto no deseado inevitable ante la decisión del dominador de continuar su praxis heterocida (de las víctimas). Esto no deja a la política *fuera* de la ética, sino que es una decisión

---

[15] Véase esta problemática en «Derechos humanos y ética de la liberación» y «La transformación del sistema del derecho», en Dussel, 2001, pp. 145 ss.

[16] El modo como los principios éticos son subsumidos, por ejemplo, en la «normatividad» del «campo» político, es parte de un capítulo de la *Política de la Liberación* que estamos escribiendo. Pero, de ninguna manera, la política queda *fuera* de la ética, ya que la ética tiñe, determina, todo acto humano *práctico* (económico, deportivo, de género, pedagógico, terapéutico, etc.).

política perfectamente posible éticamente, aunque dolorosa e inevitable (ante la voluntad tiránica del dominador).

12.3. Eticidad del «suicidio»

Me agrada, y me parece un aporte, el distinguir con J. C. entre «homicidio» (ambiguo), «suicidio» (muerte por sí mismo, todavía indeterminado) y «heterocidio». En mis obras he considerado el uxoricidio, filicidio y fratricidio, ahora con J. C. diría que son tipos de heterocidio; y es correcto. La «muerte del Otro» —míticamente de Abel, por medio de las manos de Caín— se debe distinguir de la «muerte de sí por sí mismo». No toda muerte «por sí mismo» debe considerarse como un suicidio *en su sentido estricto*, en abstracto, en su caso límite. Denominaré *estrictamente* suicidio,[17] y éste es el caso considerado en mi *Ética de la Liberación* abstractamente, como lo opuesto al «principio de la vida», al acto por el que alguien se quita la vida sin referencia *ninguna* a la vida misma; es decir, *sin contenido*, porque en los otros casos, cuando el acto tiene una motivación o «contenido», será la vida misma humana *propia* o *de la comunidad* la que puede justificar el quitarse la vida. En la eutanasia, cuando alguien decide eliminar su propia vida motivado por horribles sufrimientos irreversibles, inevitables, definitivos, tendría el anticipar su muerte un «contenido» que lo justifique: la vida humana (por faltarle una *calidad* mínima de la vida misma) permitiría, ante la imposibilidad de ser vivida, el poder ser eliminada. Pero en este caso es la vida la que justifica su eliminación, y ha sido motivado el acto por la imposibilidad de un nuevo *desa-*

---

[17] El suicidio al que se opone el «principio de la vida», el «suicidio» de manera paradigmática, se presenta cuando se enfrentan de manera abstracta los dos primeros principios. Como cuando alguien expresara: «Para demostrar que somos libres decidimos quitarnos la vida a nosotros mismos». Aquella comunidad de israelitas en Masada o de iberos ante romanos que se quitaron la vida antes que ser esclavos de los vencedores, tuvieron una motivación con «contenido». En el ejemplo anterior que hemos dado, se trata de un «puro» manifestar sin fundamento el quitarse la vida. En ese caso extremo no habría derecho, no deberían, sería inválido moralmente suicidarse colectiva o individualmente (porque sería una negación frontal del principio material de la vida), y sólo para demostrar que se es libre y autónomo consensualmente (principio formal discursivo). En este caso no habría ningún «contenido» en la motivación de este suicidio, sino el principio formal vacío mismo. El principio formal del discurso moral intentaría mostrar así ser última instancia sobre el principio material ético de la vida. Franz Hinkelammert en la discusión con K.-O. Apel en São Leopoldo (Brasil), mostró que si una comunidad decidía consensualmente quitarse la vida sin motivación material alguna, dicha decisión era *inválida moralmente*, porque quitaba la posibilidad misma del ejercicio del consenso. Era inválida, agrego ahora, porque toda decisión consensual formal debe estar de acuerdo acerca de algún «contenido» material referido a la vida humana. La afirmación de la dignidad, *cuando es negada*, es un «contenido» válido. Si no tiene «contenido» alguno, sino que se trata de la pura referencialidad de la libertad consigo misma, en este caso el consenso que se alcanzaría no trataría de nada material; sería lo irracional (ya que, además, eliminaría a la vida, que es el criterio último de racionalidad material, de toda verdad). Véase el capítulo «La vida humana como criterio de verdad», en mi obra Dussel, 2001, pp. 103 ss. Volveremos sobre el tema.

rrollo de la vida la que hace posible éticamente tal acción, que, evidentemente, debería tener pretensión de validez, es decir, ser una decisión actual o potencialmente intersubjetiva —porque involucra a la comunidad de comunicación siempre, al menos virtualmente.

La pura eliminación de la propia vida «sin contenido», para probar que se es libre y autónomo, sería como la inversión del caso planteado por Sartre, cuando se rebela por el hecho de no haber podido elegir su propio existir; el no haber podido elegir ser un sujeto vivo. Merleau-Ponty muestra el absurdo de tal pretensión de un *a priori* absoluto (sería necesario existir ya como un sujeto para poder elegir algo: el propio existir; de la misma manera el vivir primero, no pueden elegirse). Así el intentar probar lo absoluto de la propia libertad incondicionada, por el hecho de poder quitarse la vida sin otro motivo que usar su libertad, es un absurdo inverso, *a posteriori*. El principio formal (segundo principio de la ética, el principio moral consensual de validez) demostraría ser *última instancia* y superior al principio de la vida humana. En este caso la decisión es inválida y manifiesta una contradicción, que K.-O. Apel llamaría «preformativa», ya que el enunciado destruye su pretensión de validez (y en este caso de verdad). La pretensión de validez de un consenso se refiere a «algo»; pero la eliminación de la vida no es «algo» sino la pura negación de la condición de posibilidad de todo «algo». El sujeto muerto no es «algo», sino que es el límite mismo de la «objetividad» del «algo», porque es la aniquilación del sujeto mismo. Siendo la vida el criterio de verdad, el consenso no puede tener pretensión de verdad, porque ha eliminado su criterio mismo; es lo irracional por definición. El acto formalmente libre no es *realmente* libre en este caso, porque al no tener «contenido» (y todo «contenido» de un enunciado es una cierta referencia a la vida) o «materia» del acto; la pura libertad formal de poder decidir se disuelve en la nada, ya que la *realidad* de la libertad exige «materia» y «forma» (es decir, la forma como «acto incondicionado» de elección sobre «algo», la materia de la elección). El puro «acto incondicionado» sobre nada no es ejercicio de la libertad sino pura espontaneidad vacía, irracional, sin fundamento. Es en este sentido que el suicidio es lo opuesto al principio de la vida, porque es lo absurdo por excelencia.[18]

---

[18] Este ejemplo articula los dos primeros principios de la *Ética de la Liberación*. Podría articularse el primero con el tercero (el de factibilidad o razón instrumental o estratégica). En este caso se explicitaría así: «Debes quitarte la vida para manifestar no tener miedo a nada o para mostrar tu inmensa valentía». El puro vencer el miedo ante la muerte o el mostrar la pura valentía de afrontar la muerte no es un motivo de justificación ética para eliminar la propia vida. Es absurdo. Ahora no se trata de una contradicción formal sino estratégica o instrumental. La eliminación de la vida propia no manifiesta valentía sino irracionalidad. Aun podríamos articular directamente el primer principio (de la vida) con el cuarto (el principio crítico), lo que se enunciaría: «Debes arriesgar tu vida ante el sistema dominador simple y puramente para mostrar lo crítico que eres ante él». Éste es el argumento que tienta a la juventud pequeño burguesa que quiere mostrarse a sí misma cuán revolucionaria es, y que se arriesga indebidamente, sin razón, ante el monopolio coactivo legítimo (aunque vaya perdiendo legitimidad) del Estado. Su muerte (suicidio buscado) no muestra ni lo fundado de su crítica, ni su heroicidad, sino, por desgracia, su irracionalidad, su imprudencia (aunque se haya hecho con la mejor voluntad altruista).

Sólo en este caso el suicidio es *estrictamente* suicidio, abstracta eliminación de la vida por un motivo *externo a la vida*, sin referencia a ella, y por lo tanto inmoral, o, como diría Wittgenstein, sin referencia a la moral: «Si el suicidio fuera permitido, todo entonces está permitido. Si algo no está permitido, entonces el suicidio no está permitido. [...] ¡Aunque acaso el suicidio tampoco sea, por sí mismo, ni bueno ni malo!». Es más bien el límite de la ética, porque la ética es lo racional práctico, y el suicidio, en el sentido estricto indicado, es lo irracional.

Pero, de nuevo, si podemos enunciar: «Nunca te mates a ti mismo ni mates a otro ser humano por el mero hecho de poder manifestar tu libertad», *en abstracto*, esto no significa que en casos más complejos, y como «aplicación» del principio de la vida (del cual el anterior es un enunciado universal negativo), se deba en ciertas situaciones «aceptar que alguien se quite o permitir que se le quite la vida», como cuando el héroe «da la vida por la patria», o «para defender la vida de otro» (como el que se lanza al río torrentoso para salvar a un niño) o «de los otros» (como cuando M. Hidalgo acepta ser fusilado). Éstos no son suicidios *en sentido estricto*; o estaríamos dando a las palabras otro significado del que deseamos darle en nuestra *Ética de la Liberación*.[19]

Hay entonces mucha diferencia entre el suicidio, así delimitado *en abstracto*, y otros casos *concretos* y *complejos* en los que los seres humanos pueden verse obligados éticamente a afrontar la propia muerte (efectuada aun por sus propias manos, como en el caso en el caso dado por J. C. de Sócrates). Debe nuevamente tenerse conciencia de las dificultades del pasar del nivel abstracto (del «Nunca debes suicidarte porque sí») al nivel complejo concreto («En ciertos casos debes sin escapatoria afrontar la entrega de la vida éticamente»).

Dicho pasaje, como hemos ya repetido, exige tener en cuenta criterios (y principios) de *aplicación* de los principios. Pero nunca esto permitiría el siguiente enunciado: «Se puede matar a todos los que se oponen al principio de la vida».[20] Este enunciado sin mediaciones es absurdo, irracional, contradictorio, tanto en el nivel abstracto como en el concreto, y jamás podría deducirse de mis enunciados. Si se tienen en cuenta los niveles indicados y se consideran más complejas categorías (como la del «sistema del derecho», del ser víctima, de la coacción legítima que pierde legitimidad, del consenso ilegal inicial de las víctimas como en el caso de G. Washington con respecto a las leyes coloniales inglesas que se tornan legitimidad crítica o nueva, etc.) se pueden evadir ciertas aparentes paradojas.

---

[19] Emile Durheim, en *Sobre el suicidio*, da a la palabra otros significados, en muchos casos sumamente ambiguos. En mi caso, el héroe entrega su vida por la vida; Sócrates también la entrega. En este último caso no intentó la muerte para manifestar su pura libertad formal sin contenido. Dio su vida para manifestar al *demos*, a sus discípulos, que la ley (institución necesaria de la vida *común*) debe ser respetada aun a precio de la propia vida *individual*, a fin de mostrar la injusticia de los jueces (que ponen a riesgo la vida *común*).

[20] J. C. escribe: «Los que se oponen a la defensa irrestricta de la vida deben morir».

Por el contrario, cuando un campesino de Corea del Sur entrega su vida en la manifestación política en Cancún de 2003 de la OMC, para mostrar su desacuerdo con el proyecto de las grandes potencias que niegan la vida del campesinado del mundo periférico, y se quita efectivamente la vida *individual*, lo hace como protesta, y entonces afirma la vida de la *humanidad* como fin. Sería el caso límite de la «aplicación» del principio de vida, del que da la vida *propia* por la vida *de la comunidad*. Claro está que se trata en este caso de un cierto tipo de «muerte de sí por sí mismo», pero no como mero suicidio formal —tal como lo hemos definido.

12.4. Eticidad del «heterocidio»

Aunque ya hemos tocado repetidamente el tema, volvamos a la acusación de J. C. cuando escribe: «La noción de *coacción legítima* se torna aquí fundamental, ya que es ella la que debe permitir el tratamiento desconsiderado [...] de aquellos que se niegan a integrarse al proyecto guiado por el principio de la vida». Esto sería nuevamente, y por lo ya dicho, una errada conclusión de mis premisas. Para J. C. la coacción o uso de la fuerza legítima se opone al principio de la vida. Por mi parte pienso que el «No matarás» del enunciado abstracto no se opone, sino que funda la «coacción legítima». Esto aun lo ha demostrado David Hume. El argumento humeano se expresa así: En el estado de naturaleza los seres humanos no pueden garantizar la reproducción de la vida, ya que se oponen unos a otros (al menos por no tener jueces, como en el caso de Locke). La pasión de la infinita acumulación de bienes o la avaricia es (estamos en el nivel del *to be*) *la más destructiva entre todas las pasiones* del ser humano. Hay que ponerle límites. Para ello debe reinar (el *ought to be*) en el nivel moral un «principio de justicia» (nivel *A*) (equivalente al «principio de causalidad» en el plano teórico), que exige la creación de *instituciones* (nivel *B*.) que permitan la conservación regulada de la vida. El «ser» de la pasión destructiva permite, por defecto, la «inferencia de la mente» como «deber ser»:[21] el «principio de justicia».[22] La justicia justifica (en el

---

[21] Véase mi artículo «Algunas reflexiones sobre la *falacia naturalista*», en Dussel, 2001b, pp. 65 ss.
[22] Contra la tradición analítica demostraré en mi *Política de la Liberación*, primera parte sobre la Historia de la Filosofía Política, que Hume infiere del «ser» de la pasión de la acumulación o la avaricia (destructiva de la vida humana) la necesidad de ponerle límites, y por ello infiere también la necesidad del principio de justicia. Su error consiste en que el «proceso de especificación» de la justicia, tal como él lo concibe, no le debió permitir concluir *este tipo de propiedad privada capitalista,* que es uno de los posibles, y no es el necesariamente exigido por el «principio de justicia» universal. Además, ante la inestabilidad y el caos Hume afirma una institución firme de la propiedad privada al comienzo del capitalismo industrial, entre los siglos XVII y XVIII. En el siglo XXI, al final de la entropía de la institución de la propiedad privada (que garantiza no un límite a la pasión de la acumulación o avaricia, sino por el contrario la infinita apropiación de riqueza en manos de pocos, asignando el destino de la extinción a la mayoría de la humanidad —y por esto tiene razón Hume en mostrar el peligro de la pasión de la acumulación o avaricia—, se hace necesario pasar a otro régimen de propiedad no ya capitalista para garantizar

mundo concreto y posible de la experiencia, que no es un mundo imposible fruto de milagros o de infinita abundancias, sino de escasez) la necesidad de las *instituciones*, y en concreto de la propiedad privada, como la fundamental entre todas las que permiten la sobrevivencia. Quien se opone a ella destruye la vida. Por defensa de la vida debe establecerse la coacción legítima para defender la propiedad. Hasta aquí la esencia del argumento de Hume. Como puede verse, el argumento de J. C. cae en la «falacia abstractiva» nuevamente, porque piensa que dicha coacción es opuesta a la vida.

Como he indicado, además, y por el segundo principio de la *Ética de la Liberación*, la «coacción», que es una exigencia necesaria de toda institución, es «legítima» si se la ha programado con la participación *simétrica* de los afectados. Pero la complejidad reaparece, no cuando se niegan (o matan) a «aquellos que se niegan a integrarse al proyecto guiado por el principio de la vida» (como escribe J. C.), sino, muy por el contrario, cuando por otra coacción al menos equivalente se niega a los que son dominadores el poder llevar a cabo su proyecto de dominación, que niega la vida de sus víctimas (mujeres o colonos). Las víctimas no deben ejercer la «coacción *crítica legítima*» contra los varones patriarcalistas o los ingleses colonialistas por el mero hecho de que éstos niegan *en abstracto* el principio de la vida, sino, por el contrario, porque *en concreto* ejercen un pretendido derecho en la acción por la que niegan la vida de sus víctimas (a las que J. C. no les concede el derecho ético de la defensa de los inocentes bajo la forma de coacción emancipadora, que posteriormente será reconocida públicamente como legítima, desde el derecho a la sobrevivencia de estas últimas). Hay entonces una «coacción legítima» *segunda* que obliga a los dominadores a dejar de ser dominadores (heterocidas, negadores de la vida). Si los dominadores dejaran de dominar a las víctimas (negar sus vidas, en cuanto tal o en cuanto a su cualidad), éstas no se verían obligadas a ejercer sobre ellos la praxis de liberación como afirmación de su vida de víctimas negadas. Ésta es la «lucha por el reconocimiento» de la dignidad negada de las víctimas, de sus vidas, de sus derechos.

Intentar matar a alguien, de manera directa o indirecta, es «heterocidio». El quitar la vida a otro sin intención de hacerlo, puede acontecer por un efecto sistémico no-intencional (lo *unintentional* de A. Smith, y aquí cabría responsabilidad «sistémica», como en el caso de la pobreza de los asalariados que producen plusvalor); puede ser por simple accidente (pasaba alguien, tiré una piedra, le quité la vida; lo que no suprime cierta responsabilidad); puede producirse como efecto de una acción consciente, pero que no se había planeado explícitamente (la muerte del secuestrador por parte de la madre del niño); puede ser intentado en una acción de guerra de defensa o liberación,[23] donde la defensa del inocente colono es la finalidad de la acción y no el qui-

---

la vida de todos. Marx ya vio el peligro de la propiedad como *garantía de la acumulación* injusta y no como *límite* de la acumulación o avaricia.

[23] Una guerra de liberación es lo opuesto a una guerra de conquista o dominación. La primera es justa, como las guerras de Washington o de Hidalgo, pero no la de los ingleses o españoles contra ellos. No siempre la situación se presenta con tanta claridad, pero de todas maneras es una ardua cuestión que el que cae en la «falacia abstractiva» no puede ni siquiera intentar resolver.

tarle la vida al enemigo;[24] etc. La eticidad del acto, sin embargo, no se funda sólo ni principalmente en el tener o no conciencia, sino en los motivos reales que lo justifican (en el intentar la afirmación de la vida humana desde el consenso libre y simétrico de los afectados).

Es por ello que reservo el nombre de «violencia» sólo para la coacción ejercida *contra el derecho del otro*. Esta coacción, puede acontecer en ciertas situaciones límites, que de legítima se puede transformar en ilegítima, como cuando se opone a «nuevos» derechos (por ahora no vigentes y por ello en el presente sin legalidad) que se tornarán con el tiempo legítimo. El proceso de *ilegitimación de lo legítimo* (en el ejercicio del poder que se ha tornado injusto) es simultáneo a lo aparentemente ilegítimo que se tornará *nueva* legitimidad futura como *proceso de legitimación*. El que se levanta en nombre de su puro capricho nunca tendrá legitimidad, y el monopolio de la coacción legítima, aplicada con moderación legal y cuando no hay todavía conciencia de nuevos derechos,[25] debe ser aceptada (o no habría «sociedad política» alguna). Pero no hay que «dormirse sobre los laureles», porque lo que hoy es legítimo puede mañana tornarse ilegítimo. En nuestros días, la ilegitimidad de los partidarios del tirano S. Hussein puede transformarse en la legitimidad de la defensa de la patria irakí ante la invasión de un ejército extranjero. Lo mismo aconteció en Vietnam. La heroicidad de la nación invadida se manifiesta paulatinamente, poco a poco, y de ilegítima para la opinión pública hegemónica (como el ejército de G. Washington o M. Hidalgo) se transforma en legítima, aun para la población del ejército invasor. De manera que la coacción en apariencia legítima del ejército invasor, al comienzo (es una cuestión secuencial, temporal), que proclama liberar a la población del terror del dictador Hussein, se va transformando en pura «violencia». J. C. no puede contar para su argumentación con estos diferentes niveles de profundidad (de lo abstracto a lo concreto, de lo simple a lo complejo, de los principios a las instituciones y a la acción estrategia), ni construye las «mediaciones» categoriales que le permitirían describir una ética y una política con normatividad (que subsume los principios éticos) concretas.

---

[24] San Martín, el libertador de comienzo del siglo XIX en El Plata, Chile y Perú, estando en Lima, sitió la ciudad ocupada por los españoles; fue estratégicamente presionando por todos puntos cardinales, hasta que «los realistas» dejaron Lima sin que el ejército de la libertad dispararse un solo tiro. Logró vencer al enemigo y emancipar el Perú sin quitar la vida a ningún español. Éste es el ideal del libertador.

[25] Antonio Gramsci definió como «hegemonía» la dominación que se ejerce sobre los dominados, en el tiempo en que éstos aceptan la dominación «como naturaleza». La coacción legítima no ha sido puesta en cuestión. Cuando los dominados descubren sus nuevos derechos, la «hegemonía» se transforma en simple «dominación»; la coacción legítima se torna *violencia*: coacción ilegítima ante los *nuevos* derechos del otro.

12.5. Otros aspectos de la crítica de Julio Cabrera

En el artículo critico[26] casi todas las objeciones (considérense estos enunciados de J. C.: «la condenación inicial del heterocido es paradójica»; «la coacción legítima es necesaria sobre bases pesimistas»; «el término *violencia* es reservada por Dussel para la desconsideración y el heterocido cuando ejercidos no teniendo como objetivo final el Principio de la Vida»; «dos cuerpos que caen en la calle, el del obrero reprimido y el del policía cruel y represor, no son cuerpos del mismo tipo» (?); «hay que restringir el alcance de los principios»; «el principio de la vida, aquel impulso instintivo (?) a querer preservar al propia vida»; «creo que aquí Dussel no escapa a la acostumbrada superficialidad con que los filósofos han abordado la cuestión del suicidio», y muchas otras) se deben a una lectura parcial de mi *Ética de la Liberación*.

Aquí deseo responder solamente a algunas de esas objeciones. Respondo:

a) J. C. da mucha relevancia a la «mortalidad del ser». Para que un ser sea mortal debe *antes* ser viviente. La vida es la condición de posibilidad de la muerte. El que desde su nacimiento considera lo más importante contar los días que lo van acercando a la muerte, como una cuenta recesiva, toma la forma por el contenido.[27] La vida se la ha recibido para ser vivida. Como escribe Neruda: «Confieso que he vivido». O como lo expresa García Márquez: «Vivir para contarla» (como relato, y no para «contar» cuántos días me quedan de vida hasta la muerte). En mi *Ética* se tiene muy en cuenta la muerte (en especial la muerte injusta de la víctima, de cuyo dolor, indignidad y olvido somos responsables). Pero más que de la «mortalidad del ser» prefiero hablar de la «finitud del ser» y de la «vitalidad del ser». La vida se nos ha dado para vivirla y no para desvivirla desde el mero horizonte negativo de la muerte, que no agrega nada a la vida sino tristeza, pesimismo, pasividad... E. Bloch nos enseñó la importancia del «Principio Esperanza».[28]

---

[26] Hemos contabilizado 72 puntos que merecerían una respuesta precisa, y 8 tesis explícitas críticas (la primera se explicita con las siguientes palabras: «Mi propósito es aquí evaluar, dentro de este programa, las cuestiones del suicidio y el heterocidio...»; la segunda: «Lo que trataré de demostrar en lo que sigue es que Dussel cambia la noción de *vida*, y la propia interpretación del Principio de la Vida...»; la tercera: «Voy a tratar de mostrar que Dussel entiende el PV en la versión [4]: contra las primeras apariencias...»; y así otras tesis subsiguientes). La mayoría las he respondido por medio de las aclaraciones metodológicas ya avanzadas en este trabajo. Tocaré sólo algunos nuevos casos más pertinentes y en el orden de su aparición en el artículo crítico de J. C.

[27] Como el que dice: El sentido de mi vida son mis hijos. Sus hijos dirán lo mismo, y así al infinito. La vida no tendría sentido. El sentido de la vida es la muerte; o Hay que tener siempre la muerte ante los ojos. Son expresiones nihilistas; en último término absurdas, sin sentido.

[28] Véase § 5.4 de la *Ética de la Liberación*, donde respondo por anticipado a J. C. Aun el «temor» como principio de sabiduría, de Hans Jonas, no puede ser aceptable en una *Ética de la Liberación*.

b) Se dice, además, que «el *terrorismo*, por un lado, y la política *imperialista* por el otro [...] son lenguajes externos» el uno del otro. En abstracto, de acuerdo. En concreto, de ninguna manera, ya que uno produce el otro lenguaje: las naciones centrales y colonialistas tienen otra responsabilidad que las naciones empobrecidas y explotadas. Francia ante Vietnam o Estados Unidos ante Irak producen el lenguaje del Vietkong y del fundamentalismo musulmán, como respuesta ambigua ante la violencia y la explotación en nombre de la democracia y la modernización. Ver que son «lenguajes mutuamente constituyentes», *en concreto*, es la cuestión ética esencial. «Es difícil describir estas oposiciones con categorías exclusivamente morales» (escribe J. C.). En efecto, son necesarias categorías de las ciencias sociales *críticas* para permitir transitar por las mediaciones entre lo abstracto de los principios y lo concreto de las situaciones éticas. La ética usa dichas mediaciones sin dejar de ser éticas sus conclusiones concretas. Para J. C. pareciera que la necesidad de «otro tipo de categorías» indicaría que la cuestión se sitúa *fuera* de la ética. Otra ambigüedad metodológica.

c) Un momento central de su crítica es el intento de refutar la formulación del argumento con cinco momentos (que comienza por: «1. Juan, que es un sujeto humano viviente...», y termina: «5. Juan debe continuar comiendo») de donde se derivaría el principio ético material, y J. C. intenta refutarlo indicando que «el paso inferencial desde (1) x está vivo, a (2) por tanto, x debe continuar vivo» es falacioso. En primer lugar, el «2. Para vivir, es *necesario* comer» no es un momento ético propiamente dicho, porque dicha «necesidad» es puramente física o biológica (los vivientes *necesitan* alimentarse o mueren). El momento ético es el «4. Como auto-responsable por su vida no debe...». He estudiado este argumento en mi artículo publicado en *Dianoia*,[29] y he intentado mostrar en este artículo posterior a mi *Ética* que al expresar «Juan, que es un *sujeto humano*», ya contiene *implícitamente* una connotación ética, porque todo ser humano, por la autoconciencia (en el nivel teórico) se presenta como responsable (en el nivel práctico), y por ello todos sus actos humanos son ya siempre éticos: están bajo su responsabilidad (al menos potencialmente). De manera que no hay que deducir del «ser» el «deber ser», sino que al «ser» humano se le impone su propio ser como «deber ser»; el sujeto práctico desde el inicio se descubre ya siempre e inevitablemente bajo su propia responsabilidad. Mucho más su propia vida, que es más vulnerable que el puro ser. El «continuar comiendo», como condición física y biológica de sobrevivencia, es una *obligación* ante la conciencia responsable del ser humano en su nivel práctico. Es decir, el momento «4. Como auto-responsable...» no se sigue de «3», sino que *explicita* una determinación ya contenida en «1». No se cae por lo tanto en la falacia naturalista si se plantea adecuadamente la cuestión.[30] Y es claro que lo propio del ser humano

---

[29] Dussel, 2001b, pp. 65 ss.
[30] Es decir: se disuelve la falacia naturalista. Además, y como he indicado más arriba, David Hume no sólo no cae en la falacia naturalista sino que simplemente la niega. Se le impone en el nivel moral (que

es el poder «decidir si vamos o no a conservar» la vida, pero desde principios éticos que no se fundan en el hecho de que «estamos vivos», sobreviviendo, sino en el hecho de que estamos vivos *bajo nuestra responsabilidad*. Eticidad o responsabilidad (al menos implícita) recortan el mismo campo. Somos siempre e inevitablemente seres éticos porque somos seres reflexivos en el nivel práctico: estamos-a-nuestro-cargo (eso significa *spondere*: estar a cargo; *re-*: reflexividad).

d) Por otra parte, la aceptación de principios universales éticos no niega la incertidumbre de la conclusión en la aplicación. Es más, la incertidumbre es siempre inevitable y por ello se tiene *«pretensión* de bondad» solamente. También hay incertidumbre en la validez ética de la entrega de la propia vida en situaciones concretas, o del eliminar la vida de otro (como la del secuestrador o del soldado inglés que se opone a la lucha por la emancipación de los colonos de Nueva Inglaterra). Por la misma razón, también debe concluirse la imposibilidad de la imposición de la pena de muerte como castigo (ya que la muerte es irreversible, no corregible). Dicha imposibilidad se deriva de la necesaria finitud de todo juicio humano ético concreto, de la imposibilidad de la perfección de toda decisión, consenso práctico posible; la posibilidad siempre existente de cometer un error en el juicio práctico. Si no hay juicio práctico perfecto, absoluto, no puede haber castigo irreversible, absoluto, porque a todo juicio falsable debe corresponderle un castigo revertible.

e) Me critica J. C. que, sabiendo que nunca podrá haber un estado futuro sin ninguna dominación, un estado de perfección final, pareciera que todo lo que explico en mi *Ética de la Liberación* sería «claramente ilusorio [... sobre todo] el pensar que las actuales guerras de liberación de los oprimidos deban ser las últimas». Jamás he afirmado algo parecido. Al contrario, he repetido frecuentemente que ninguna lucha puede ser la última, porque sería algo así como «la Paz perpetua» alcanzada o el «Reino de Dios» de Kant, en *La religión dentro de los límites de la pura razón*, o el «Reino de la Libertad» de Marx (que está «más allá de todo modo de producción *posible*»), ya que para ambos (y para mí) esos horizontes futuros son *postulados de la razón práctica*, y no un momento posible futuro, empírico, histórico. Nuevamente J. C. me lee parcialmente.

Acepto, por último, que las *éticas de la liberación* son «procedimientos adecuados para tiempos duros» (como todos los tiempos, pero muy especialmente los actuales), aunque después de lo escrito no puedo aceptar que sean «inconsistentes».

Valgan estas líneas como inicio de un debate.

---

sigue al de las pasiones) como una «inferencia de la mente» el principio de justicia como «deber ser» (y a partir de ella deduce la necesidad de las instituciones, en especial de la propiedad privada); es decir, desde el hecho, el «ser», de la «pasión» destructiva de la avaricia o acumulación desmedida de bienes pasa al «deber ser».

III

FILOSOFÍA POLÍTICA

13. Modernidad, imperios europeos, colonialismo y capitalismo (Para entender el proceso de la transmodernidad)[1]

Ésta será una corta ponencia, donde se exponen tesis sostenidas en otros trabajos a los que remitiré. Se trata sólo de las tesis fundamentales, de las cuales la primera es que los cuatro temas que incluimos en el título se originan simultáneamente, se coimplican, se determinan mutuamente.

En efecto, estos cuatro temas, que deseo articular, tienen diversos tratamientos, problemática propia, especialistas y bibliografía. Por supuesto, se refieren a realidades históricas que nadie puede negar su existencia y relevancia. Lo que intento, sin embargo, es *cruzar, articular*, las *cuatro* problemáticas en un *solo argumento* que cobre así mayor importancia a) en la crítica de la ideología eurocéntrica (fundamento invisible de las ciencias humanas todavía en la actualidad en Europa y Estados Unidos, y por desgracia en gran parte de la periferia mundial), y b) en el discernimiento de las tesis fundamentales de un pensamiento postcolonial de liberación (la cuestión «transmoderna»), que se compromete para que «Otro mundo sea posible» (el novel *Altermundismo*, al que la *Filosofía de la Liberación* ayudó a formular).

13.1. El «mercado-mundo» abandonado por la China

Desde hace cuarenta años[2] me hice cargo en primer lugar de la pregunta: ¿Qué lugar ocupa América Latina en la historia universal?, porque estábamos *fuera* de las interpretaciones estándar de la historia. Para ello era necesario reconstruir desde el comienzo esa historia «fabricada» por los románticos alemanes, y que Hegel expresó en sus famosas *Lecciones sobre la filosofía de la Historia Universal*.[3] Mi primera intención fue relativizar la centralidad de Europa, situándola como *una* de las civilizaciones de

---

[1] Ponencia presentada en el Seminario «Colonialism and Its Legacies» (University of Chicago), 24 de abril de 2004.

[2] En un artículo titulado: «Iberoamérica en la historia universal», en Dussel, 1965, pp. 85-97, ya comencé a situar la temática.

[3] Por mi parte dicté un curso universitario en el semestre de invierno de 1966 (en la Universidad del Nordeste, Resistencia, Argentina) sobre *Hipótesis para el estudio de Latinoamérica en la Historia Universal*, editado por primera vez en un CD que ha sido producido recientemente (*Obra filosófica de Enrique Dussel, 1963-2003*) (consultar en <www.clacso.org>). Algo de ello se observa en Dussel, 1993.

la historia universal, y que ella, de todas maneras, las había puesto en contacto desde finales del siglo XV, dando origen en 1492 a la Cristiandad colonial latinoamericana, con una fisonomía única en dicha historia universal.

Pero esta visión debió ser superada. En primer lugar, la crítica del eurocentrismo nos enfrentó a la mayoría de los intelectuales europeos y norteamericanos, y en filosofía, que es lo que yo practicaba, se concretó al final de los sesenta en una *Filosofía de la Liberación*, que fue poniendo ahora en cuestión no sólo el eurocentrismo de tipo weberiano, que es el tradicional, sino igualmente, los eurocentrismos parciales que se ocultaban en el ataque a esta ideología. El argumento puede sintetizarse aproximadamente de la siguiente manera.

La posición tradicional «eurocéntrica» creyó que Europa tenía ciertas potencialidades muy antiguas (Max Weber se remonta hasta el origen del cristianismo y aun hasta el pensamiento de los profetas de Israel), que atravesando la llamada «Edad Media», irrumpieron con fuerza creadora en la Modernidad. En cierta manera Europa podía probar desde antiguo su «superioridad» cultural sobre las otras culturas (aun sobre la indostánica, la china o islámica, y por ello había originado el capitalismo, cuestión histórica a la que M. Weber dedica extensas obras).

Desde la «Teoría de la dependencia» latinoamericana (formulada explícitamente desde 1966 al menos, y como base epistémica de la indicada *Filosofía de la Liberación*[4]), después generalizada por la teoría del *World-System* de I. Wallerstein, se entendió que la expansión de Europa a finales del siglo XV significaba el comienzo del proceso de la colonización, del Imperio español y portugués, se ponía en duda que fuera dicha colonización un factor esencial en el origen del capitalismo (en su momento mercantil-dinerario, tesis afirmada por Pierre Chaunu), pero ciertamente no fue el comienzo de la Modernidad (al menos Wallerstein la postergaba hasta la Ilustración del siglo XVIII).

Por mi parte,[5] pretendí anticipar la Modernidad hasta fines del siglo XV, articulando y situando a los cuatro fenómenos indicados como originándose simultáneamente: la Modernidad, los imperios europeos, el colonialismo y el sistema capitalista. La Modernidad (fenómeno cultural, histórico, filosófico, literario y científico) comienza, según mi tesis, y se desarrolla, cuando Europa deja atrás el Mediterráneo renacentista y se «abre» al Atlántico; entra al «ancho mundo» que supera el enclaustramiento latino-germánico al que le había sometido el mundo islámico-otomano en la llamada «Edad Media» (desde el siglo VII).

Todo parecía indicar que desde finales del siglo XV Europa, Lisboa y Sevilla primero, después Ámsterdam y posteriormente otros puertos atlánticos, se habían constituido como el «centro» de la historia «mundial», *mundial por primera vez en la historia.*

---

[4] Véase Dussel, 1977; Alcoff, 2000; «Introduction» (pp. 1-26); y la «Introduction» de E. Mendieta en Dussel, 2003, pp. 1-18. Bibliografía en Barber, 1998, pp. 161-167.

[5] «Beyond Eurocentrism», en Dussel, 1998e, pp. 3-31. También véase mi artículo «World-System and Trans-Modernity», en Dussel, 2002, pp. 221-244.

Poco a poco, primero América latina, después América anglosajona, el mundo indostánico o islámico y por último el África bantú, iban a transformarse en «colonias» de la Europa moderna, metropolitana, capitalista. Era un proceso que duró cinco siglos.

El libro de André Gunder Frank,[6] que fue muy criticado por sus propios colegas,[7] planteó *correctamente*, aunque algunos hechos puedan ser corregidos, que había que incluir a la China en todo este debate. Frank indica que la Revolución industrial pudo realizarse perfectamente en el siglo XVIII en la China, y que por eventuales causas fracasó ese proceso, adelantándose el Reino Unido por condiciones ocasionales coyunturales (no por ninguna superioridad cultural, técnica, económica, política, etc.). Esto ha sido probado con nuevos argumentos, en la comparación concreta del grado de desarrollo de Inglaterra y el valle del Yanze (en China) por otros investigadores.[8] De manera que, aunque la Modernidad, los imperios europeos, el colonialismo y el capitalismo mercantil tienen cinco siglos, *la hegemonía europea* no tiene más que *dos siglos* (desde fines del siglo XVIII o comienzos del XIX), porque habría *siempre* compartido en los tres primeros siglos de la Modernidad, la presencia de *mayor peso* en el mercado mundial del Indostán y la China. El eurocentrismo podría todavía argüir que aunque hegemónica durante los últimos doscientos años, Europa, sin embargo, había acumulado una larga superioridad cultural durante siglos que se expresó en la Revolución industrial y científica. Pero aun esto puedo ser interpretado de otra manera. Pero deberemos evaluar un nuevo argumento que pondrá nuevamente en tela de juicio el eurocentrismo.

En el presente se ha descubierto un nuevo hecho, sobre el que deseamos reflexionar, en referencia a un estudio de Gavin Menzies,[9] que demuestra que, aunque se tenía conocimiento de que la China se había adelantado en siglos a Europa de un punto de vista político, comercial, tecnológico y hasta científico,[10] ahora se agregaba el tener pruebas sobre el trayecto que habían seguido las escuadras conformadas por enormes y numerosas naves, que recorrieron todos los Océanos (gracias a sus experiencias oceánicas de más de ochocientos años en el océano Índico, y por el desarrollo de la astronomía, cartografía, instrumentos de medición de la latitud y longitud de la tierra, etc.). El navegante Zheng He (1369-1431), y los cuatro almirantes a su mando y con

---

[6] Frank, 1998. Como el libro de Martin Bernal, 1987, que destronó el «helenocentrismo», y por ello fue mal recibido en los medios académicos universitarios, que «viven» de su conocimiento erudito de la «edad clásica» heleno-romana.

[7] Considérense las reacciones de I. Wallerstein, G. Arrighi, Samir Amin, etc.

[8] Véase la obra de Pomeranz, 2000.

[9] Menzies, 2003. Esta obra, como la de Martin Bernal y A. G. Frank es recibida con recelo por la academia. Sin embargo, por mis estudios históricos (véase Dussel, 1993, donde utilizaba el mapa de Henricus Martellus de 1487, de la cuarta península del Asia), sus argumentos en cuanto a su tesis fundamental son irrefutables (pueden haber detalles menos fuertes, pero que no le quitan su contundencia). ¡Hay que contar con esta obra para la nueva visión histórica de una Modernidad europea más *humilde*, ciertamente no weberiana!

[10] Los trabajos de Needham abrieron el camino...

sus respectivas escuadras, cartografiaron entre 1421 a 1423 el Atlántico sur (desde el África occidental hasta América del Sur incluyendo la Antártida y las islas Malvinas, para situar la estrella Canope) y norte (desde el Caribe hasta Groenlandia, navegando entre el Polo Norte y Rusia), además del Pacífico oriental sur (costas desde Chile a Perú) y Norte (desde California hasta México), el África oriental y el océano índico hasta Australia. Cuando en 1424 los emperadores Ming (1368-1644) resuelven abandonar[11] el dominio indiscutido de todos los océanos, dejando, por un error estratégico histórico, un «mercado-mundo» con un vacío de poder naviero y comercial, pocos decenios después (y usando, a veces sin saberlo, los mapas chinos llegados por Venecia a Occidente), Portugal llenará ese «vacío», en el océano índico, y España, en el Atlántico.

La cultura europea, menos desarrollada (en comparación a la islámica, indostánica, y especialmente a la china), separada por el «muro» otomano-islámico de las regiones centrales del continente asiático-afro-mediterráneo,[12] periférica entonces, emprenderá un lento desarrollo que describiré articulando los cuatro temas indicados en el título de esta ponencia. Débese entonces aclarar que, contra Weber, Europa nunca tuvo ningún tipo de superioridad sobre la China y el Indostán o la cultura árabe, antes del siglo XVIII, muy por el contrario, hasta el siglo XV sufría un secular subdesarrollo que ciertas coyunturas favorables, entre las que se encuentra su situación geográfica (cercana al continente americano, para así desplegar un sistema colonial que nunca hubiera desarrollado China), se encargarán de remediar.

13.2. LA MODERNIDAD TEMPRANA

He ya insistido en periodizar la Modernidad de una manera más integral. Veamos ahora cómo concebirla de manera global y no simplemente como un fenómeno europeo. En efecto, la Modernidad es un acontecer dialéctico en el que Europa es frecuentemente descrita como la referencia creadora, siendo que, en frecuentes aspectos, sufre la influencia de otras culturas y es transformada desde afuera. Una visión «provinciana» y sustancialista, opinaría que la Modernidad es un fenómeno exclusivamente europeo que después *se expande* a todo el mundo y constituye la cultura mundial hegemónica. El resto es pre-moderno, atrasado, primitivo, a ser modernizado. Hemos denominado a esta ideología la «falacia desarrollista» (visión lineal de la historia en la que Europa sería la vanguardia creadora de civilización universal). Consideremos la cuestión de otra manera.

La Modernidad, como un fenómeno cultural (también, técnico, político, filosófico, literario, etc.), se va originado por la confrontación creativa de una cultura que se va

---

[11] Fue el emperador Zhu Gaozhi, por el decreto del 7 de septiembre de 1424, el que decidió «interrumpir todos los viajes de los barcos del tesoro» (Menzies, 2003, p. 79).

[12] Véase la «Introducción histórica» en Dussel, 1998.

transformando en «central», pero nutriéndose de los elementos de las otras culturas que cree simplemente dominar, explotar, obtener riquezas. Colón llevaba probablemente un mapa (de Henricus Martellus, que procedía de China) que garantizaba su viaje a China por el este. Imperceptiblemente se nutría de otra cultura sin tener conciencia de ello. Magallanes «sabía» que había un estrecho en el sur de América del Sur a los 52 grados latitud sur, gracias a ello tranquilizó la exaltada tripulación, porque contaba con mapas (extraídos en Portugal), pero igualmente procedentes de China. Los «descubridores» en realidad eran simple «ejecutores» de conocimientos procedentes de otras culturas.

Llamaré Modernidad a ese «estampido» interpretativo por el que el sentido de la vida cotidiana de Europa cambió radicalmente de rumbo. La «apertura al Atlántico» situó el Norte de Europa (último horizonte del sistema antiguo, que se originaba en Japón y China por el este, culminaba en el oeste por Europa, Portugal o Inglaterra) en el «centro» geopolítico (el Atlántico) de un nuevo mundo: el mundo Moderno europeo, que sabrá manejar la «centralidad» que le otorgará el colonialismo.

El mundo italiano-renacentista, por ser un fenómeno cultural del Mediterráneo, que gracias a las bizantinas Venecia y Génova se conectaban hacia el Este al mercado cuyo mayor peso estaba en el mundo islámico, indostánico y chino, *prepara ciertamente la Modernidad*, pero no es todavía moderno; vive la experiencia «provinciana» de una Europa del Sur sitiada por el mundo otomano. Si la Reforma luterana tendrá importancia es porque ese Norte de Europa no necesitará ya ni de Roma ni del Mediterráneo para *conectarse* con el «mercado-mundo». El Báltico se abría al Atlántico, y el Mediterráneo (y con él Roma), que era un mar interior, había muerto con la «Edad Media». La Modernidad comienza con el Atlántico.

Por ello, para periodizar la Modernidad, y los imperios europeos, debo hacerlo teniendo en cuenta este criterio fundamental. Llamaré *Modernidad temprana* el acontecer histórico europeo anterior a la Revolución industrial (1492-1815[13]), *todavía bajo la hegemonía china e indostánica*, que producen el *contenido* en mercancías del mercado asiático-afro-mediterráneo. La *Modernidad madura* ocupará desde la fecha de la indicada revolución hasta la etapa del imperialismo y las dos guerras mundiales, donde se deja ver la centralidad firme de Europa y el derrumbe del Asia. Por *Modernidad tardía* me referiré a la etapa de postguerra, desde 1945.

13.2.1. Primera fase de la Modernidad temprana

Situar a España o Portugal como las primeras naciones modernas puede parecer un atrevimiento. Sin embargo, se trata justamente de justificar la «modernidad» del siglo XVI.

---

[13] Podría usar el 1789 de la Revolución francesa, o el 1776 de la obra de Adam Smith, pero prefiero aquí situar la fecha del comienzo de la hegemonía no compartida de Gran Bretaña, fruto en realidad de la Revolución industrial, comenzada unos cincuenta años antes.

Diacrónicamente, el Portugal comenzará la exploración de los Océanos después del repliegue chino, a partir del Atlántico sur por la costa africano-occidental. En 1415 ocupan los portugueses Ceuta en el continente afro-musulmán. En 1498 Vasco de Gama llega a la India. Ocupan Malaca y tienen el control del movimiento en Calicut en el sudoeste de la India. Se transforman en los que cuidan la antigua ruta del océano índico dominada por los chinos hasta hace pocos decenios. Pero poco o nada tienen de mercancías que ofrecer a la China y el Indostán. Hasta el 1492 es todavía el «modelo antiguo» de la Europa periférica y del «Oriente» codiciado y rico.

Con España (1492-1630), por la pretendida travesía hacia la China por el Atlántico tropical (ésa fue la intención de Cristóbal Colón), ruta hacia el «Oriente» por el occidente, se «tropieza» con el continente desconocido por el europeo (pero ciertamente cartografiado por los chinos en sus costas del Océano Atlántico y del Pacífico), el *Abia Yala*[14] de los kunas de Panamá. La incorporación de este nuevo continente a Europa significa una ruptura mayor en la historia de la Cristiandad latino-germánica. Nace así propiamente la Modernidad, el primer imperio moderno, el colonialismo y el capitalismo propiamente dicho. La América hispana (no la anglosajona) es la periferia de donde procede la riqueza originaria que se acumulará como capital. La plata y el oro, el trabajo de los indígenas explotados en la hacienda y la mita, y de los esclavos africanos comprados para las producciones tropicales, se acumula en Europa (junto al exiguo plusvalor del obrero europeo). Por España, Europa comienza a ser «centro» de su primera «periferia» *colonial*. Estaríamos en el «Imperio-mundo» (*World-Empire*) de Wallerstein.[15] Se trata de la *primera* fase de la *Modernidad temprana*.

Correlativo a los imperios de turno, fueron naciendo colonias que los indicados imperios organizaron en la periferia, en el Sur. Es necesario no olvidar la diacronía en su constitución, porque nos mostrará un fenómeno de fondo a tenerse en cuenta: la diferente duración de la colonialidad y la postcolonialidad, porque no son contemporáneos.

Las primeras colonias, como es obvio, fueron el fruto de la conquista del primer imperio moderno. Hace cinco siglos (desde 1492), América latina (y buena parte del actual Estados Unidos, pero en tanto territorio de Nueva España, México, o el Caribe español), y algunas islas, territorios de poca extensión en África y Asia, fueron ocupados según el modelo del «Imperio-mundo» (*World-Empire*). Presencia militar, de po-

---

[14] En América Latina algunos denominamos a nuestro continente bajo el nombre de los indígenas kunas: *Abia Yala*.

[15] El modelo chino de Imperio podría definirse como el «Mercado-mundo» bajo hegemonía china. La China no ocupaba otros países o reinos, sino que comerciaba favorablemente con ellos, imponiendo cuotas en plata para poder entrar en su mercado. Era un «Mercado-mundo» (*World-Market*) sin ocupación militar. No constituía a su periferia como colonias, sino como regiones con las que comerciaba ventajosamente. Era ya un proto-capitalismo-mercantil, habiendo impreso papel-moneda en el siglo IX, e impulsado la producción artesanal (¿con subsunción formal del proceso de trabajo?) que incorporaba millones de trabajadores en la producción de la porcelana y los tejidos de seda, entre otros productos que no tenían competidores en el mercado asiático-afro-mediterráneo.

blación de colonos europeos, organización de las estructuras políticas coloniales, imposición de la lengua, cultura y religión, en fin, una colonización territorial integral. La colonialidad del poder, basándose en el dominio racial (del blanco sobre los no-blancos), duró tres siglos. La emancipación latinoamericana se cumplió desde 1810, por lo que abrió una etapa postcolonial de dos siglos, en donde se organizaron los nuevos Estados neocoloniales.

El sistema capitalista como acumulación de plusvalor en las ciudades libres de Europa, India o China, tenía un desarrollo lento, regional, homogéneo. Para acelerar dicha acumulación se debió contar con riqueza proveniente del mercado externo, del comercio. La producción artesanal que subsumía formalmente al trabajo, debía incrementarse con nuevas riquezas obtenidas del intercambio. Europa, en la *primera* fase de la *Modernidad temprana*, obtiene en América Latina miles de toneladas de plata y oro, dinero extraído en las minas por el trabajo del indio americano, exterminado en el sistema de la *mita*. Estos metales preciosos, sumados a los productos tropicales propios de la esclavitud africana (tales como el azúcar, el tabaco, etc.), produjo una *acumulación originaria* principalmente en Holanda (provincia española), e irrigó a toda Europa (aunque, por el comercio de las caravanas, del Mediterráneo oriental o del océano Índico, se volcó al final en China). Se trata del capitalismo mercantil, en su etapa dineraria, que se dio simultáneamente y de manera con mucho más peso en el Indostán y China, a través del mundo islámico (que unía a Mindanao en Filipinas, con Indochina, los reinos mogoles del norte de India, con el Irán, Oriente cercano, Egipto, el Magreb hasta Marruecos, y el río Congo al sur del Sahara). Los metales preciosos latinoamericanos devaluaron la plata, produciendo una crisis en los reinos musulmanes de la sabana africana, incrementando la trata de esclavos hacia las plantaciones del Caribe y Brasil. Es el momento del incosteable «Imperio-mundo» (*World-Empire*).

La Modernidad, mientras tanto, había comenzado una revolución filosófica (muy anterior a la de R. Descartes) que desde Bartolomé de Las Casas (1484-1566) hasta Francisco Suárez (1548-1617) innovarán la problemática del pensamiento europeo, teniendo en cuenta el enfrentamiento habido con otras culturas.[16]

13.2.2. Segunda fase de la Modernidad temprana

El ciclo de la hegemonía hispánica durará aproximadamente hasta que las Provincias de Holanda se independicen del poder ibérico y constituyan por su parte un imperio naviero (1630-1688). Ahora el proyecto de imperio territorial se muestra imposible, y es reemplazado por un modelo puramente comercial, mercantil. Primera etapa del «Sistema-mundo» (*World-System*), pero *segunda* fase de la *Modernidad temprana*.

---

[16] Entre otros numerosos trabajos véase mi trabajo más reciente sobre «Modernidad y alteridad (Las Casas, Vitoria y Suárez: 1514-1617)», en Dussel, 2003b, pp. 690-720.

Los holandeses se hacen presentes en Brasil, en ambas costas del África, en Sri Lanka, Borneo, Indonesia. En el siglo XVII, es decir, hace cuatro siglos, Gran Bretaña, Francia y las otras potencias europeas conquistan con igual violencia colonias en Norte América (Nueva Holanda y Nueva Ámsterdam se transformarán en Nueva Inglaterra y Nueva York), el Caribe, algunos pequeños territorios del África y Asia.

Con Holanda, y ante la imposibilidad de obtener tal cantidad de «dinero» (plata) en bruto, se debe incrementar el intercambio propiamente mercantil, y se comienza a organizar un «Sistema-mundo» (*World-System*) capitalista propiamente dicho. Las Compañías de las Indias Occidentales y Orientales son empresas comerciales y no instituciones estatales de monopolio del intercambio. Además, la tarea de propagar la lengua, la cultura o la religión del naciente Estado metropolitano pasa a segundo nivel. Nace así el capitalismo mercantil que ocupa el «mercado-mundo» (*World-Market*) que había abandonado la China en el comienzo del siglo XV. El capitalismo mercantil instala nuevos puertos, nuevos puntos de contacto comercial, pero en definitiva todavía sólo compra con «dinero» (plata) latinoamericano en los mercados del Indostán y la China. Es totalmente dependiente en cuanto al *contenido* del intercambio comercial. No tiene mercancías propias que se impongan por estar fuera de toda competencia, como las mercancías chinas. Inglaterra (Gran Bretaña), Francia y otras potencias europeas, siguen por el mismo camino.

El pensamiento filosófico depende de su herencia. Será en la Ámsterdam holandesa, en la que Descartes, estudiante en La Flèche de jesuitas hispanos, y que recordará en su edad adulta que las primeras obras filosóficas que había leído fueron las *Disputaciones Metafísicas* de Francisco Suárez, donde escribe el *Discurso del Método* en 1637. Igualmente Baruch Spinoza, judío sefardita (habiendo vivido su familia en Portugal después de su expulsión de España), que hablaba y leía la lengua española, será la expresión de la cultura hispana en torno a la sinagoga del nombrado puerto holandés. La Modernidad se afianza en el mundo mercantil del norte de Europa.

13.2.3. Tercera fase de la Modernidad temprana

El poderío holandés no tiene sin embargo respaldo de una plataforma continental, ni población suficiente. Con la revolución burguesa de Inglaterra, Gran Bretaña, acompañada de Francia y otras potencias nórdicas, tomarán el relevo de la corta hegemonía holandesa. Es el *tercer* momento de la *Modernidad temprana* (desde el 1688). Nace así un interregno compartido entre el Imperio inglés y el francés, siempre bajo la sombra de la China y el Indostán, que siguen guardando mayor peso en el mercado mundial.

Se afianzan las colonias americanas y del Caribe. América Latina vive un período de autonomía relativa, de vigencia del barroco. Se afirma el colonialismo, el esclavismo tiene un auge inusitado.

Es el siglo del empirismo inglés, desde Hobbes, pasando por Locke.

13.3. LA MODERNIDAD MADURA

En un estado de semejante desarrollo pre-industrial, regiones tales como Inglaterra y Escocia, y el valle del Yanze[17] en China (estando este último mucho más poblado), dadas las dificultades ecológicas, la falta de carbón y el costo de la alimentación en las ciudades, la China no pudo liberar campesinos para que se integraran en la producción de mercancías según los criterios de la Revolución industrial, a finales del siglo XVIII. Inglaterra, y otros puntos significativos de Europa, con existencia de carbón y alimentos de bajo costo (traídos de las colonias inglesas de Norte América), pudo liberar campesinos que se fueran subsumidos en el proceso de producción como obreros asalariados. Por factores eventuales no estructurales, Europa pudo realizar entonces la Revolución industrial, y no la China (ni la India). La «gran divergencia» se había producido. Además, las colonias inglesas (en menor medida las francesas y otras potencias del Norte de Europa), gozarán las ventajas de tener una metrópoli industrial. Por el contrario, Portugal y España, habiendo perdido el proceso de la industrialización (quizá por la eliminación de su burguesía desde el siglo XVI), dejarán a sus colonias latinoamericanas (y otras) en un estado de subdesarrollo pre-industrial que les será difícil de superar hasta el presente (ya que dicha Revolución industrial en dichas regiones postcoloniales acontecerá bien entrado el siglo XX).

La Revolución industrial permitirá que en Waterloo el Imperio inglés alcance definitiva hegemonía (1815-1945), compartiendo el poder con las otras potencias coloniales europeas. La Revolución industrial lanza a Europa a un desarrollo inesperado, lo que derrumba lentamente la competencia asiática (China, Indostán, Imperio otomano, etc.), y un colonialismo de nuevo tipo (ya que incorpora la máquina en la guerra, en la navegación, y en todo instrumento útil para la producción) avanza en la India (1750-1858), en el Sudeste asiático, el Medio Oriente (ante la crisis del Imperio otomano), y en Australia. Cuando en 1830 los franceses ocupan Alger, indica la crisis del Imperio otomano, que lentamente dejará su lugar a las potencias metropolitanas europeas. Se trata de la *Modernidad madura*.

La burguesía triunfante produce el movimiento filosófico de la Ilustración. Alemania, que no es potencia colonial, produce una reforma universitaria de las mayores proporciones e impone su modelo en Francia, Inglaterra y posteriormente hasta en Estados Unidos. Se trata de dos siglos de hegemonía científica, tecnológica y política. Kant y el Idealismo alemán gozarán de un enorme respeto en toda Europa.

En el Congreso de Berlín de 1884 a 1885, el África es repartida por las potencias europeas. El colonialismo en África, e igualmente la ocupación territorial del antiguo Imperio otomano, no tendrá ni siquiera un siglo, cuando se producirá hace medio siglo de época postcolonial.

---

[17] Véase la obra de K. Pomeranz ya citada, en la que compara sistemáticamente estas dos regiones, una en Europa y otra en la China, para llegar a resultados completamente nuevos, con respecto a las hipótesis weberianas sobre el origen de la Revolución industrial.

Durante el siglo XIX, partiendo de la Revolución industrial hasta el momento de su aceleración por el fenómeno del imperialismo (en el sentido dado por Lenin) en torno al 1870, Europa logrará una supremacía de instrumentos técnicos y militares, apoyados en una revolución científica, cultural y religiosa, que le permitirá ejercer un dominio político y militar sobre todo el mundo postcolonial latinoamericano, y el colonial americano y asiático por parte de Inglaterra, pero igualmente de Francia, Holanda, Dinamarca, etc. La extracción de riqueza de las antiguas y nuevas colonias se acelera, incluyendo además el ferrocarril como medio de transporte de productos que antes habría sido imposible comerciar.

Sólo en el interregno del 1919-1945, desde el comienzo de la Primera hasta el final de la Segunda Guerra Mundial y algo después, el mundo periférico intentará comenzar una revolución industrial, hegemonizada por una burguesía nacional (de mentalidad neocolonial), que producirá el fenómeno político que pudiéramos llamar «populismo» (en América Latina con un L. Cárdenas, G. Vargas o J. Perón; en la India con el Partido del Congreso; en Egipto con un A. Nasser; en Indochina con Sukarno, etc.). Un cierto capitalismo independiente había intentado nacer en el mundo periférico. Dicho intento de un capitalismo nacional en algunos países de África, Asia y América Latina, será rápidamente frustrado por una competencia completamente desigual del Norte contra el Sur. De todas maneras, gracias a golpes de Estado patrocinados por el poder emergente de Estados unidos, se cambian los gobiernos por una intervención directa. En América Latina el 1954 es el año inicial, con el golpe de Estado preparado por la CIA contra Arbenz en Guatemala, en Asia contra Sukarno en Indonesia, y posteriormente contra Nasser en Egipto.

13.4. LA MODERNIDAD TARDÍA

En el final de la llamada Segunda Guerra Mundial se hace presente el naciente Imperio americano, que se venía gestando desde su emancipación del Reino Unido. Comparte durante cincuenta años la bipolaridad de la «Guerra Fría» con la Unión Soviética, hasta que el derrumbe del régimen de los países del socialismo real lanza a Estados Unidos a una nueva etapa de expansión: la de la globalización neoliberal (desde 1989). Las sucesivas guerras de Irak, Kosovo, Afganistán, y nuevamente Irak han minado su hegemonía, debiendo ejercer una dominación militar que no podrá sostener por mucho tiempo.

La emancipación de las colonias asiáticas y africanas se efectuará, en general, después de la Segunda Guerra Mundial (desde 1945), cuando se produzca la transferencia de la hegemonía mundial de los imperios europeos a Estados Unidos. De todas maneras, en el mundo postcolonial quedarán fuertes marcas de la etapa colonial, signos indelebles de difícil superación en la actualidad, sobre todo si se tiene en cuenta que la dependencia económica y política se sigue ejerciendo de otros modos que el de la simple colonialidad. El tema de la liberación de una neocolonial postcolonialidad sigue al orden del día en toda la periferia mundial todavía en el 2004, y la Guerra de Irak es una prueba.

Primeramente Estados Unidos debió afianzar su hegemonía sobre Occidente, desde el inicio de la «Guerra Fría» (1945-1954). En segundo lugar, al observar hacia el Sur la pretensión de un cierto populismo, lo destruye en nombre del «desarrollo», indicando que en dichos países faltan capitales y tecnología. Se trataba en realidad de la lucha por la competencia mundial, entre la burguesía de los países metropolitanos, contra las débiles burguesías de las antiguas colonias, que se liberaban políticamente en África y Asia en ese momento de sus antiguas metrópolis europeas, anunciando un nuevo tipo de dependencia en favor de Estados Unidos.

En este momento nacen las Corporaciones Trasnacionales, que colocan en la periferia (y en todo otro espacio favorable) el cuerpo productivo del capital (la empresa productiva misma), comenzando una nueva etapa del capital ahora transnacionalizado. Los países postcoloniales (unos con dos siglos de postcoloniales y con pocos años desde su emancipación política, sufren ahora la penetración, que transfiere plusvalor hacia el «centro», de esas empresas transnacionales, que revolucionan el proceso de planificación de la producción y la distribución en el mercado mundializado. La dependencia postcolonial se acelera geométricamente.

Cuando se produce el colapso de la Unión Soviética en 1989, el capitalismo trasnacional se globaliza sin límites, garantizado por el poder político y militar norteamericano. La etapa de la transnacionalización del capital productivo se generaliza ahora en las esferas de la comercialización y de la movilidad del capital financiero. Los efectos devastadores en los países postcoloniales, que no pueden competir en pie de igualdad, producen una pobreza masiva en la periferia, junto a una destrucción ecológica que toca a toda la humanidad. El proceso de globalización del capital trasnacional cambia igualmente muchos factores de la reflexión crítica.

El pensamiento romántico conservador (expresado en el pensamiento de un Heidegger, por ejemplo), profundamente antiliberal, es imitado en la periferia por los movimientos nacionalistas de la burguesía. De la misma manera, la ideología socialista (otra vertiente del pensamiento europeo moderno), que ha triunfado en la Revolución rusa, llega a la periferia. Las revoluciones china, vietnamita, y de Cuba, entre muchas otras, hace pensar que el capitalismo colonialista puede ser superado en el mediano plazo. El derrumbe indicado de la Unión Soviética sume a los movimientos de vanguardia en la periferia en una crisis que lentamente ha sido necesario reformular.

13.5. LA TRANSMODERNIDAD Y LA POSTULACIÓN DE UN PLURIVERSO PLANETARIO COMO REALIZACIÓN DE LA ASPIRACIÓN DE QUE «OTRO MUNDO ES POSIBLE»

Un fenómeno ha pasado desapercibido en la visión panóptica del «punto cero» de perspectiva europea. Pareciera que el impacto de la Modernidad, el colonialismo y el capitalismo, bajo el control de los sucesivos imperios europeos y hoy norteamericano globalizándose, hubieran *subsumido por entero* a la Humanidad con sus antiguas culturas tradiciones, con *universalidad regional*,[18] tales como la China, el Indostán, el Sudeste asiático, el mundo árabe-islámico, el África bantú y América Latina (a lo que quizá habría que agregar algunos países periféricos de la Europa oriental). *Subsumir*[19] *por entero* es pretender haber eliminado en las culturas dominadas y periféricas de la Modernidad madura o tardía todo momento propio *externo* a la lógica de la cultura occidental. Habría sido una *domesticación* sin posible futura liberación ni desarrollo autónomo de las otras culturas.

Por su parte en la periferia postcolonial, la *postmodernidad*, condición cultural de las sociedades occidentales, contra-fenómeno entonces de la propia Modernidad, puede darse sólo en las sociedades «modernizadas». Aquellas culturas, o estratos culturales no modernizados, modernizados a media, contra-modernos, o simplemente abandonados por la Modernidad como inasumibles, descartables en su miseria, no pueden ser *postmodernos*, y dichos fenómenos no le tocan o producen monstruos Kitsch, subculturas imitativas del plástico.

Pareciera entonces que el dilema es: occidentalizarse en la globalización postmoderna o desaparecer irremediablemente.

Es ante este dilema falso que he comenzado desde hace años a proponer el esclarecimiento de otra alternativa que de hecho se desarrolla ante nuestros ojos pero que no logra diagnosticarse claramente. La problemática es la siguiente.

El impacto de la cultura europea, al llenar el «mercado-mundo» dejado libre por la ausencia del poderío comercial y naviero chino en el inicio del siglo XV, destruyó en parte a las culturas por la violencia de las armas, que fueron *siempre* el inicio de la presencia occidental ante las culturas extrañas. Las culturas amerindias (Mesoamericanas, azteca, mayas y tantas otras; las culturas chibchas, andino incaicas quechua o aymara, los tupi-guaraní y otros grupos de plantadores, y los nómades del sur y del norte del continente) no pudieron resistir el ataque, no tenían armas de hierro ni podían desplazarse con caballos (como los africanos y asiáticos). El genocidio fue mayor pero sobrevivieron millones, y con ellos sus lenguas y elementos culturales despreciados, y por ello pudieron oculta miméticamente y llegar hasta el siglo XXI. A esto habría que agregarle una numerosa población africana que fue arraigada en América (el Caribe, principalmente Cuba, Brasil y las colonias del Sur de Nueva Inglaterra), de características culturales propias. Su postcolonialidad tiene dos siglos.

---

[18] Las «grandes» culturas como las nombradas, son «universales» en cuanto han sido gestadas y desarrolladas a partir de centenas de culturas particulares. Esta «universalidad» la llamo «regional», por cuanto se circunscribe a un ámbito específico, no propiamente planetario.

[19] «Subsumir» (del latín *subsuntio*, del alemán *Subsumption*) es el verbo usado por Kant que indica el acto de «inferencia» de las premisas mayor y menos del silogismo en la conclusión. Hegel usó la palabra «*Aufhebung*», Marx en cambio la de «*Subsumption*». Se trata de «in-corporar» un momento exterior en la Totalidad: suprime la *exterioridad*, *transubstancia* el momento exterior, y lo totaliza como determinación *interna* de la Totalidad.

Mucha mayor resistencia ofrecieron las grandes culturas asiáticas (china, indostánica, del Sudeste asiático), el mundo islámico (desde el Océano Pacífico hasta el Atlántico), y en menor medida las culturas africanas. De todas maneras entres ellas el mestizaje racial no fue posible, sea por la gran natalidad de la población autóctona, sea por el tipo de colonización propia del capitalismo posterior a la Revolución industrial, que explotaba las colonias sin «mezclarse» racistamente con la población autóctona. Esto significó la sobrevivencia poblacional y cultural mucho más estructurada en el colonialismo asiático-africano y su fácil presencia distintiva en la etapa postcolonial, de algo más de medio siglo.

Repitiendo la pregunta: ¿Desaparecerán todas esas culturas periféricas y postcoloniales que han sobrevivido hasta el siglo XXI, serán en definitiva totalmente subsumidas (lo que es lo mismo), o hay alguna alternativa?

Más allá de la condición *postmoderna* (propia de las culturas modernas del «centro»), pienso que ante nuestros ojos se desarrolla un fenómeno que deseo llamar *transmoderno*. Lo de «*trans*» quiere indicar que no sólo es posterior a la Modernidad central occidental (que la partícula «*post*» indica igualmente), sino que nace *fuera*, *más allá*, desde una «fuente creadora» (*schoepferische Quelle* dice Marx con respecto al «trabajo vivo» en referencia al «capital» como totalidad) «desde la nada» de la cultura occidental y aun de su «condición postmoderna» (último momento crítico *interno* de la misma Modernidad).

El momento cultural despreciado, no aniquilado porque desvalorizado, permitido de sobrevivir porque inútil, no peligroso, y por último por estar *más allá de todo mercado*, ya que tenían como referencia masas o comunidades humanas empobrecidas, no solventes (sin dinero), y por ello «no-compradoras»,[20] comienza a tomar conciencia de su dignidad, de su valor, de su exterioridad. La mera existencia de su propia tradición, no apreciada por propios y extraños, ante la eficacia impresionante de la tecnología de la cultura occidental moderna, del poder político y militar de los imperios de turno, del capitalismo que domina y extermina a sus enemigos en el mundo postcolonial (pero en su mentalidad, en sus élites, culturalmente colonial), periférico (que se empobrece en la trasferencia sistémica de plusvalor por diversos mecanismos del intercambio y las deudas contraídas inmoralmente ante el capital financiero ilegal[21] internacional), comienza a tenerse como punto de referencia.

---

[20] El «mercado» no supone sólo necesidades de bienes, sino que exige «necesitados con dinero» (solventes), que puedan comprar mercancías. Los pobres sin dinero no son mercado, son miserables suprimibles, in-significantes para la «mercadotecnia».

[21] El capital financiero trasnacional, como niega con Estados Unidos el «Estado de derecho» internacional, que debiera regular las transacciones financieras entre países, eliminando los «paraísos fiscales», la movilidad indiscriminada de las inversiones, y ante la imposibilidad de castigar los crímenes «de cuello blanco» (como el robo a los ahorristas por parte de los bancos extranjeros en Argentina) ante Tribunales de Crímenes Internacionales, es en este momento una estructura «ilegal»: no tiene ley que lo regule e impide que se dicten tales leyes. Está en lo que se denominaba en el siglo XVII y XVIII en «estado de naturaleza», en la barbarie, bajo la pura ley del más fuerte.

Las grandes culturas asiáticas (como la china, indostánica) o mediterráneas orientales (como la árabe-islámica[22]) han como desaparecido de la escena de la historia «contada por la Modernidad europea» (el eurocentrismo). Pero esa «fabricación» (*the Making*) que hace desaparecer culturas (como los «desaparecidos» eliminados por los dictaduras militares en América Latina guiadas por el Pentágono y el Departamento de Estado) terminó por ser aceptada por las élites occidentalizadas del mundo colonial, periférico. Terminaron por convencerse a sí mismos, y enseñaron su «propia desaparición», ya que esas élites comenzaron a tener poder y control sobre las masas «in-cultas» (de la cultura occidental) por ser las *mediaciones* del Poder metropolitano sobre sus propios pueblos colonizados. Las clases dominantes se occidentalizan, traicionan su historia, y crean el espejismo de que hay una cultura universal, la de la Modernidad europea, ya que está presente en todo el mundo, primero colonial, y, posteriormente, postcolonial.

La tarea de los que *toman conciencia* del valor de la propia cultura ancestral, de la dignidad de la propia tradición, corren varios peligros. Por una parte, despreciar irrealistamente los valores y el poder de la cultura dominante Moderna. Por otra, exaltar a tal punto la propia cultura, la propia tradición anterior al choque con la Modernidad europea, que se la mistifica hasta enarbolarla como ejemplar, sustantivamente idéntica a sí misma, y como punto de arranque de toda «salvación» ante la violencia y soberbia de la cultura occidental. La alternativa, por el contrario, debe ser «realista», «históricamente» situada, inteligente en cuanto al diagnóstico de la situación, creativa en la solución al pretendido dilema, ya que no se trata de: ¡asimilación o extinción!

Ante una globalización sin freno, que pretende (*claim*) homogenizar a toda la humanidad bajo los criterios y valores de una sola cultura que habla inglés, la de la Modernidad madura, o ante el fundamentalismo integrista[23] del retorno a la sustantividad de una identidad cultural ya alcanzada en el pasado (y por ello en el presente y futuro), que ve el peligro de tal homogenización destructora, pero lo opone un tipo opuesto de

---

[22] La lengua árabe, no la raza, fue profundamente reconstruida desde finales del siglo VII, tanto por el renacimiento de la filosofía griega como por las tradiciones antiquísimas del Medio Oriente, y se constituyó en una lengua técnica, matemática, filosófica, que por traductores de Toledo en España, producirá el renacimiento latino-germánico del siglo XIII en torno a París. La cultura latino-germánica, europea, es impensable sin el mundo árabe-islámico, heredero de los griegos y los bizantinos (el más culto Imperio romano griego oriental, en comparación con el occidental latino).

[23] Este «fundamentalismo integrista» hoy en día es tanto cristiano (como parte del gobierno de los Estados Unidos en su política seguida en la segunda guerra en Irak), como judío (posición sostenida por el sionismo de Ariel Sharón, que es antisemita, si por semita comprendemos la gran tradición crítica de los profetas de Israel, el Talmud, los rabinos sefardistas y azquenasis, etc.), e igualmente islámico. Este último es juzgado de «terrorista»; mientras que los otros dos, como tienen el poder de definir quién es terrorista, pasan por no serlo, y aun pretenden ser fuerzas progresistas, moralizantes, democratizadoras, no descubriendo su propia barbarie fuera de toda legalidad civilizada. Torturar a un terrorista en Guantánamo o matarlo sin juicio en Gaza, destruir las casas de sus familiares sin un juez que dicte sentencia previa presentación de pruebas, es terrorismo de Estado, y se ha hecho tan habitual que ya no advertimos su barbarie.

fijación anti-dialéctica que no puede defender sola ante el poder de la técnica y el capital que se globaliza (en especial en su nivel puramente militar), proponemos otro paradigma (y el *postulado político-cultural*) de la «*trans*-modernidad», que señala una alternativa *imposible* a la Modernidad y Postmodernidad (por estar *fuera* de sus posibilidades), y *posible* y *creativa* a partir de la «exterioridad» de dicha Modernidad, pero en diálogo permanente con ella. No se trata ni de un rechazo de *lo mejor*[24] que la Humanidad produjo en la Modernidad (fruto del trabajo creativo de europeos y de todas las culturas de la Tierra) ni de lo mejor que la tradición de las culturas *atacadas* por la Modernidad hubieron producido *antes del choque*, pero que siguieron reaccionando *durante los últimos siglos*, en intercambio inevitable con dicha Modernidad. Los aspectos *excluidos* de las culturas clásicas, hoy afirmativas de su Diferencia, nunca dejaron de continuar un proceso de cambio continuo. Dichas culturas no conservaron intacta una identidad sustancia *ya constituida*, sino que fueron desarrollando potenciales de su propia cultura, ante y con la Modernidad, en una *identidad como continuo proceso* de gestación creativa.

Llamo por ello un programa «*trans*-moderno» al intento de partir del núcleo generador de nuevos desarrollos culturales, de la tradición viviente de las culturas Diferentes de la Identidad moderna, en diálogo con la Modernidad. El proyecto futuro no sería una cultura universal homogénea, única; sino un *pluriverso diferenciado* creación del indicado diálogo entre la tradición excluida de las grandes culturas (y aun las menos universales o secundarias) de la periferia postcolonial con al Modernidad occidental (una de las culturas hoy existente, la dominante y la que por su propia tendencia intenta *destruir* todas las otras culturas, aun por su mercado global, en el que las mercancías del capital trasnacional son igualmente portadores materiales de cultura espiritual).

De esta manera, la cultura árabe-islámica, por ejemplo, deconstruye críticamente su herencia, la estudia y valora por medio de una hermenéutica que es fruto de una actitud metodológica de la Modernidad (en este caso desde Schleiermacher), logrando entender mejor su pasado, evaluar sus aportes en la construcción de la Modernidad hegemónica (que el europeo cree haber producido solo), y descubrir posibilidades contemporáneas que son, al mismo tiempo, *actualizadas* (por los elementos escogidos libremente desde la exterioridad de la propia cultura con respecto a la Modernidad), *fieles* a la tradición más radical (en cuanto autoconciencia de una historia reconstruida críticamente), y *gestadora* de alternativas que resisten el ataque, por una parte, de la

---

[24] Marx hablaba del *civilizing power of capital*. Con respecto al sistema feudal y medieval europeo, el capitalismo fue un gran paso delante de dicho continente y a favor de su población. Pero aunque haya muchos *valores positivos*, no pueden dejar de verse *efectos negativos* cada vez más presentes en especial cuando las instituciones de un tal sistema comienzan a no responder a las exigencias de la permanencia y crecimiento de la vida de la humanidad. El discernimiento entre *lo mejor* de una cultura y *lo peor* no puede hacerlo la misma cultura, sino aquellos que deben *adoptar* sus elementos en su propio desarrollo. Toda la cuestión estriba en la libertad del sujeto comunitario que debe tener el *Poder* de usar un criterio *propio* (no el de la cultura occidental) de discernimiento.

globalización trasnacional homogeneizante, y, por otra, del fundamentalismo paralizante. Tal es el programa intelectual de Mahomed Abel Al-Yabri, filósofo de Marruecos,[25] donde prueba que la escuela filosófica del Al-Andalús (del califato de Córdoba, que incluía a España y Marruecos), llegó en su escuela «occidental» (siendo la «oriental» la fatimita de El Cairo y la del califato de Bagdad, con sus centros intelectuales de nivel mundial, como Samarcanda o Bújara, donde produjo su obra Avicena, por ejemplo), logró con Ibn-Rush (Averroes) distinguir plenamente el nivel teórico de la verdad racional del nivel hermenéutico de la interpretación a partir de la fe en *El Korán*. La doctrina de «las dos verdades» o el averroísmo latino quedó claramente expresado en la filosofía del profesor parisino Thomas de Aquino, y se desarrolló plenamente en la Ilustración moderno-europea. Al-Yabri pueba claramente cómo las raíces de la Ilustración fueron expresadas de manera explícita por Averroes.

Sería interesante comenzar entonces el diálogo Sur-Sur, ya que deberíamos preguntarle al filósofo marroquí como latinoamericano, hasta qué punto la crisis del Mediterráneo (y por lo tanto del Magreb) fue un efecto indirecto de la conquista de Latinoamérica (con su abundante plata que puso en crisis todos los reinos de la sabana sud-sahariana, y al mismo Mediterráneo otomano) tiene que ver con el *estancamiento* y la *decadencia* del pensar árabe a partir del siglo XVI. La pérdida de «centralidad» del Mediterráneo («centralidad» ciertamente regional, no mundial) y la apertura del Cabo de Buena Esperanza al sur del África debilitará la «conexión» de las caravanas de la cultura árabe (ya fracturada por las invasiones turcas), con el Indostán y la China, y producirá que la *excluida* cultura árabe caiga en el sopor de su estancamiento. En el presente, y su obra es un ejemplo, el mundo de lengua árabe renace, comienza a desarrollar desde su tradición sus mejores aportes pasados y presentes, y podrá integrarse rápidamente en la construcción del «*pluri*-verso» (ni el «*uni*-verso» homogeneizante), donde el respeto a la Diferencia no está reñido con la crítica estricta y la precisión científica de la interpretación cultural, artística, política, económica, técnica, etc.

Lo mismo podemos indicar acerca de la China. Si es verdad que Mao Tse-tung se inspiró profundamente en la filosofía neoconfuciana,[26] en especial en las doctrinas de Wang Yang-ming (1472-1529),[27] hubo un cierto descuido de la milenaria tradición cultural y filosófica de China por parte de la revolución maoísta. En el presente, la China, como el mundo árabe, el indostánico o latinoamericano —yo mismo soy parte de una generación que reconstruye el propio pensamiento en diálogo con la Modernidad, sin perder el sentido de la Diferencia ni de lo planetario de la responsabilidad del intelectual militante—, emprende una tarea de profunda revisión de su pasado cultural, que *solamente se adormeció durante los dos últimos siglos*, y que resurge pujante en todos los niveles. Personalmente expongo, en lugares estructurales diacrónicos de una obra de próxima publicación sobre *Política de la liberación. Historia mundial y crítica*,

---

[25] Véanse por ejemplo de Al-Yabri, 2001 y 2001b.
[26] Véase Wakeman, 1973.
[27] Véase entre otras obras Yang-ming, 1973.

la presencia de filósofos chinos, desde antes de los «Estados guerreros» y el famoso *Sunzi* y sus desarrollos y comentadores, como los clásicos (desde el *I Chang*, hasta Confucio, Mo'i, Mencius, etc.), pero igualmente el desarrollo simultáneo a la filosofía moderna europea, con autores tales como el nombrado Wang Yang-ming con su doctrina del *Zhu Xi* («gran aprendizaje»); Li Zhi (1527-1602), de una familia de comerciantes internacionales que cayeron en desgracia por la pésima decisión de los Ming de cerrar las puertas «al exterior» y por ello produce una despiadada crítica escéptica al imperio;[28] Huang Tsung-hsi (1610-1695), contemporáneo de Hobbes, escribe un tratado político (el *Ming-i tai-fang lu* [Plan para la espera de la aurora]),[29] donde el horizonte de la problemática guarda tal desproporción con los autores europeos de la época, que tornan casi ridícula una comparación con estos últimos;[30] Lü Liu-liang (1629-1683), T'ang Chen (1620-1704), Ch'üan Tsu-wang (1705-1755), etc.

Lo «trans-moderno» no es el último momento crítico y debilitante —pensando en el *pensiero debole* de Gianni Vattimo— de la Modernidad, sino que es un proceso auroral, un primer momento de un acontecer *más allá* que la Modernidad. Surge desde la *nada* de la cultura hegemónica, desde el *no-ser* de la Modernidad, desde el *más allá* del límite de su ontología; surge desde la *exterioridad del Otro*, de la otra cultura, la que *nunca* fue occidental. Por ello, el desarrollo de esa posibilidad del Otro es una *imposibilidad* de la Modernidad. Es «*trans*-(moderna)» porque viene *después* en el tiempo, porque viene *desde afuera* en la espacialidad sistémica, y porque *va hacia* una

---

[28] «Confucio nunca dijo que había que estudiar a Confucio», en el *Fenshu* I: 17 (cit. Bary, 1999, p. 870).

[29] Véase Tsung-his, 1993.

[30] Huang reflexiona sobre una estructura política de 150 millones de personas (Hobbes, por ejemplo, sobre una Inglaterra de unos 3 millones). Huang, inspirándose en autores de más de dos mil años, citando frecuentemente a Confucio, Mencius, Hu Han, etc., se refiere a las experiencias del 477 a. C. según los *Doce ciclos*; repasa la historia política desde el comienzo del Imperio desde el final del tercer siglo a. C. El universalismo de «todos-los-bajo-el-cielo» le permite plantear una teoría y experiencia de la «ley», de la reforma de las escuelas de los más de cien mil mandarines, de la ubicación de los ejércitos en las fronteras (sobre todo del norte) con un millón de soldados (¡compárense estas cifras con las que Maquiavelo o Hobbes pensaban en cuanto a los ejércitos de sus respectivos Estados!), con soluciones a la cuestión de inflación monetaria (ya que desde el siglo IX d. C., la China había impreso papel moneda, logro económico-técnico que Europa lo imitará mil años después), régimen de impuestos agrícolas, urbanos, y al comercio; sistema de irrigación de grandes canales de cientos de kilómetros, de reparación y desarrollo de la inmensa muralla de miles de kilómetros ante los pueblos bárbaros del norte; en fin, un tratado político demasiado avanzado para la Europa del siglo XVII. Es evidente que todo esto tiene también aspectos negativos, que la crítica china contemporánea debe realizar, para comprender el lamentable estado en que decayó el Imperio, despedazado por las potencias europeas, Rusia y Japón, que se habían internado en la Revolución industrial. El maoísmo producirá una revolución política, económica y tecnológica, dentro de lo que pudiéramos llamar un proyecto «trans-moderno». Los chinos adoptan elementos de la cultura moderna occidental (y el marxismo es uno de ellos), desde una tradición propia, que de pronto comienza a mostrar una fisonomía Diferente, más allá de la Modernidad, adoptando dicha Modernidad y desde una tradición cultural propia. De todas maneras esa alternativa no es *perfecta*, no puede haberla. Está ahí, hay que interpretarla con nuevas categorías, que son las que pretendo desarrollar.

cultura futura pluriversa, por una vía que recorre un camino *por fuera* del proceso que desarrolló la Modernidad.[31]

Todo esto abre un marco teórico a muchas tareas apremiantes. Por parte de los gestores, creadores de las culturas Diferentes excluidas por la Modernidad, crear nuevos productos que cumplan con las condiciones indicadas [a] ser fieles a lo mejor de la tradición propia, de donde se extraen criterios de una identidad procesual y nunca sustantiva; b] saber adoptar de manera crítica y autónoma lo mejor de la Modernidad; c] responder creativamente a la novedad de los desafíos contemporáneos). Por parte del diálogo crítico necesario para compartir experiencias, será necesario todo un proyecto de *intercambio discursivo* para llegar a consenso desde una simétrica participación de los afectados. Un diálogo intercultural Sur-Sur, Sur-Norte. Sin embargo, los que emprendan ese diálogo deberán hablar en nombre, no sólo de sus propias culturas en estado de «despertar», del estudio creador de sus tradiciones y de producción de novedad trans-moderna, sino que lo deberán hacer desde las víctimas de sus propias culturas. Es un último punto que debo clarificar.

Las culturas periféricas postcoloniales, como tales, tienen en parte un momento explotado, extraído, robado, dominado; y otro aspecto despreciado, excluido, desvalorizado. Se trata de negar por la descolonización lo de colonial que tengan las culturas postcoloniales. Pero, no hay que olvidar, toda cultura inevitablemente tiene sus propias víctimas; no es necesario pero es un efecto negativo de los errores siempre posibles de decisiones falibles, no perfectas. Cuando los Ming deciden «cerrarse» al exterior para «ordenar el interior de la China», al mismo tiempo habían sellado su suerte futura, y deberán sufrir el descalabro de la casi desaparición de la China en el siglo XIX. Los efectos inmediatos no son perceptibles, pero son inevitables en el largo plazo.

El diálogo entre culturas no debe ser hegemonizado ni por los mandarines, ni por los brahmines, ni por los jeques, ni por los magnates capitalistas que explotan a sus respectivos pueblos, ni por las élites intelectuales de las respectivas culturas periféricas postcoloniales. Deben ser *la víctimas de las propias culturas* (los campesinos chinos, los «parias» de la India, los empobrecidos miembros de las tribus árabes e islámicas, los esclavos africanos, los indígenas latinoamericanos, junto a los obreros asalariados, a los «condenados de la tierra» de F. Fanon) *la referencia que oriente, que ilumine este tipo de diálogo*. El diálogo de las élites oculta el proyecto futuro de un pluriverso o sinfonía de Diferencias en consenso; sólo las víctimas, en su propio sufrimiento, como

---

[31] Repito: la «falacia desarrollista» consiste en pretender obligar a ese proceso *externo* de las culturas excluidas, ser simplemente una imitación del mismo proceso seguido históricamente por la Modernidad. Todas las culturas periféricas y postcoloniales seguirán *otro camino de desarrollo hacia el pluriverso cultural futuro* que la Europa moderna. Éstos son los temas que filosóficamente expusimos con extrema precisión, ontológica, ética y política, desde el final de la década de los sesenta. del siglo pasado. En inglés véanse mis obras ya citadas, en especial la síntesis expresada en la denominada *Philosophy of Liberation*, que a partir de la práctica política, e inspirada un parte en los supuestos filosóficos de la visión semita de la existencia (babilónica, fenicia, judía, judía, cristiana, árabe), quedó claramente expresada en la fenomenología de E. Lévinas —cuya política tiene muchas limitaciones.

lo enuncia la *Filosofía de la Liberación*, la obra de E. Lévinas o W. Benjamin; sólo la pobreza e incultura de las culturas dominantes (la mundial que se globaliza y las regionales que han dominado tradicionalmente por siglos a sus propias masas), pueden marcar el «camino», el *Tao*. La *cultura popular de la Diferencia*, de la Exterioridad de la Modernidad, periférica y postcolonial, permitirá vislumbrar las condiciones de la *Culturalidad Trans-moderna* en el pleno sentido de la palabra.

14. La «fuente creadora *de la nada*» del plusvalor en Marx

Se trata en esta corta ponencia de proponer dos tesis desde una visión no habitual en el tratamiento de las mismas. § 1) La crítica de la economía política en *El capital* de Marx se construyó teniendo en cuenta de una manera muy precisa (y en mayor grado del comúnmente aceptado) el marco teórico de Hegel, en especial de su *Lógica*, § 2). Sin embargo, produjo una *total reconstrucción* del sistema de las categorías de Hegel, introduciendo una categoría nueva imposible para Hegel: la de «fuente creativa de valor», en el tema absolutamente esencial del «plusvalor» (en noviembre de 1857). La irrupción constante del concepto del origen «desde la nada (*ex nihilo; aus Nichts*) *del capital*» da a la reproducción del capital una fisonomía cualitativa muy especial.

14. 1. El orden categorial en la *Lógica* de Hegel y del *Capital* de Marx

La semejanza del «orden» de las categorías en la *Lógica* de Hegel y *El capital* de Marx es mucho más asombrosa de lo que se ha opinado frecuentemente. En la *Lógica*, Hegel, y en *El capital*, Marx, ordenan sus categorías en el siguiente «orden»:

a) *El ser y el valor.* En primer lugar, «la doctrina del Ser»,[1] ya que desde el Ser todo comienza: «El puro Ser es el comienzo».[2] El Ser del capital es para Marx el «*valor (Wert)*». Desde los *Grundrisse*[3] puede verse cómo Marx pasó del dinero como «comienzo (*Anfang*)» —contra Proudhon o Marimon— a colocar el valor como el «comienzo» absoluto del discurso crítico. En *El capital* leemos: «La forma-valor [...] es absolutamente sin contenido y simple»,[4] como el Ser. El Ser es para Hegel «el funda-

---

[1] *Enzykl.*, § 84 ss. (Hegel, 1971, v. 8, pp. 181 ss.). Nos referiremos a la *Enciclopedia* de Hegel para simplificar las referencias.
[2] *Ibid.*, p. 182.
[3] Véase Dussel, 1985. Allí leemos: «El capital no es sino valor simple» (*Grundrisse* II, Marx, 1974, p. 177).
[4] *Capital* (1867) I, Preface (Marx, 1975, *MEGA* II, 5, p. 12); en alemán: «Die Wertform [...] ist sehr *inhaltslos* und *einfach*». En la *Gran Lógica* Hegel escribe sobre el Ser: «[...] ganz Form ohne allen *Inhalt*» (Hegel, 1971, v. 5, p. 6). El mismo Hegel habla igualmente de la simplicidad del Ser: «das Unmittelbare [...] *einfach*» (*ibid.*, p. 79).

mento (*Grund*)»,[5] y Marx repite frecuentemente que la producción, el trabajo, el valor es lo que se retorna «al fundamento (*zurück als in ihren Grund*)».[6] El Ser es (para Hegel y para Marx) permanencia y proceso: el Ser es y deviene (el valor permanece y se desarrolla como «valorización del valor [*Verwertung des Werts*])».

b) *El ser y el ente (Dasein)» y el valor y la mercancía*. Para Hegel el «Ser» (*Sein*) deviene el «este-Ser» (*Dasein*).[7] El «ser determinado» es el «ente» (*Da-sein*) como «algo». Para Marx la «entidad» (*Dasein*) del valor es la mercancía: «Nuestro análisis ha mostrado que la forma de valor (*Wertform*) o la expresión de valor (*Wertausdruck*) de la mercancía se origina en la naturaleza del valor».[8] El valor (el Ser y el Fundamento) se muestran en la mercancía (el Ser aparece en el fenómeno: *Dasein*).[9]

c) *Cantidad y valor de uso*. Para Hegel, la primera determinación del Ser es la «Cualidad»: «El ente (*Dasein*) es el Ser (*Sein*) con una determinación, que como inmediata y como determinación es la *Cualidad*».[10] La cualidad determina el Ser como ente, como algo, con algún contenido. Para Marx la primera determinación del Ser (valor) es el valor de uso: «Toda cosa útil[11] [...] debe ser considerada como [...] cualidad [...] La utilidad de la cosa la hace tener valor de uso [...] El valor de uso es el contenido material (*stofflichen Inhalt*) de la riqueza».[12] La «cualidad» hegeliana es entonces el «valor de uso» en la crítica económica de Marx.

d) *Cualidad y valor de cambio*. La segunda determinación del Ser, en Hegel, es la «Cantidad».[13] La «Cantidad» es una relación del Ser consigo mismo. De la misma manera, para Marx el «valor de cambio» es la segunda determinación del valor: «El valor de cambio [...] se presenta él mismo como relación cuantitativa, como la proporción en la que el valor de uso es cambiado por otros valores de uso».[14] Lo interesante es que el valor de uso no es el valor en cuanto tal: sólo es un «modo de expresión (*Ausdrucksweise*)» o «forma de manifestación (*Erscheinungsform*)» (un fenómeno, un ente: *Dasein*) del valor (el Ser: *Sein*).[15]

---

[5] Hegel, *Enzykl.*, § 121 ss. (Hegel, 1971, v. 7, pp. 247 ss.).
[6] *Grundrisse* II, p. 166.
[7] *Enzykl.*, §§ 89 ss.; p. 193 ss.
[8] *Capital* (1872) I, 1, 4 (Marx, 1975, en *MEGA* II, 6 (1987), p. 92.
[9] Véase Dussel, 1988, cap. 1, pp. 27 ss. Escribe Marx que la mercancía tiene «el carácter (*Charakter*), el ente (*Dasein*) del valor de cambio» (*Manusc. 61-63*, 1; Marx, 1975, *MEGA* II, 3, 1, p. 15).
[10] *Enzykl.*, § 90; p. 195.
[11] Aquí «Cosa» ya no es simplemente el «ente» (*Dasein*) sino desarrollado: *Dasein — Existenz — Ding*, momento de la tercera parte de la *Lógica*, pero se haría muy largo explicar todos el desarrollo del tema.
[12] *Capital* I, 1 (Marx, 1975, *MEGA* II, 6, p. 7).
[13] *Enzykl.*, § 99 ss.
[14] *Capital* I, 1 (p. 70).
[15] *Ibid.*, p. 72.

e) *Medida y Dinero*. El nuevo momento en el desarrollo de la *Lógica* de Hegel lo constituye «la medida (*das Mass*)»:[16] «en la Medida la cualidad y la cantidad son [...] una unidad inmediata».[17] Para Marx, de la misma manera, «el dinero como medida del valor (*Wertmass*) es la necesaria forma de aparición (*Erscheinungsform*) de la medida inmanente del valor de la mercancía, que es el tiempo de trabajo».[18] El dinero es medida del valor de uso de una mercancía por medio del valor de cambio de la otra mercancía: es una relación cuantitativa-cualitativa.

f) *El sobre-pasarse (Uebergehen)*[19] *del Ser en la Esencia; la transformación del Dinero en Capital*. Hegel debe «pasar» del Ser a la Esencia. La Esencia es la reflexión sobre sí mismo del Ser: es el Ser como Fundamento (*Grund*) del «mundo de las apariencias (*Welt*) y de la Realidad (*Wirklichkeit*)». Por el momento nos interesa el «pasaje» del Ser a la Esencia. Para Hegel es un «sobre-pasar» sin dificultad: se «pasa» de lo Mismo (el Ser) a lo Mismo (la Esencia). Para Marx, la transformación (*Verwandlung*) (el «sobre-pasar» dialéctico: *Uebergehen*) del Dinero en Capital es un salto al infinito: es un cambio *absoluto* de naturaleza.[20] Volveremos en el § 2 sobre esta cuestión fundamental. Por el momento observemos que Marx, siguiendo a Hegel, «pasa» del valor Dinero (el Ser) al Capital (Esencia).

g) *Esencia y capital*. La «Esencia» para Hegel es permanencia y proceso; es la totalidad de múltiples determinaciones con diferentes niveles de profundidad (tales como: la Identidad y la Diferencia, la Fundación y lo fundado: la cosa-existente (*Ding*) o el Mundo de las Apariencias, Realidad y Substancia,[21] etc.). La «estructura» de la Esencia de Hegel es el paradigma desde el cual Marx piensa la «estructura» del «concepto» (*Begriff*) del capital. Las determinaciones de la Esencia del Capital son el Dinero, la Mercancía, el Trabajo, los Medios de producción, el Producto, etc. Ellos transitan como un permanente proceso (producción, acumulación, circulación, rotación, reproducción, etc.). Un círculo, o mejor un círculo de círculos en creciente espiral: la valorización del valor (*Verwertung des Wertes*): un huracán que se globaliza:

---

[16] *Enzykl.*, § 107 ss. En la *Gran Lógica* no se ocupa del «grado» sino directamente de la «medida» (véase Hegel, 1971, v. 5, pp. 387 ss.), y que es el texto que estudió con mayor atención Marx.

[17] *Enzykl.*, § 108; pp. 22-226.

[18] *Capital* I, 3 (1872), p. 121.

[19] *Enzykl.*, § 84: «sus determinaciones posteriors (la forma dialéctica [*die Form des Dialektischen*]) es el pasaje *(Uebergehen)* en otra determinación» (p. 181).

[20] Hemos estudiado esta «transformación» en todas nuestras obras (Dussel, 1985, pp. 137 ss.; 1988, pp. 57 ss.; 1990, pp. 138 ss.).

[21] En este sentido «el trabajo es la substancia del valor». Porque: «La substancia es la causa» (*Enzykl.*, § 153). Es todo el problema de la cusalidad real: la Cosas (*Sache*) puede causar efectos (en Marx: el valor).

El valor es aquí el sujeto (*Subjekt*) del proceso, en el cual constantemente asume de nuevo la forma de dinero y mercancía, y al mismo tiempo cambia de magnitud [...] El valor original se valoriza a sí mismo (*selbst verwertet*).[22]

La diferencia, sin embargo, se encuentra en que para Hegel la Esencia es «idéntica consigo misma»;[23] la Esencia es la Identidad originaria. Para Marx, en cambio, el capital no es idéntico a sí mismo. En el momento de la acumulación hay más valor (plusvalor) que en el origen del proceso de producción. El Capital-A (en el inicio) no es idéntico con el Capital-B (al final del proceso). En esta no-identidad estriba la distancia entre Hegel y Marx, como veremos.

h) *Fundamento y producción*. Para Hegel la Esencia es el Fundamento (*Grund*).[24] Para Marx el momento «fundamental» del capital es un Proceso de producción.[25] La producción es el Fundamento del valor de cambio, de la circulación, del mercado, del precio, etc. Marx toma de Hegel el concepto de Fundamento y lo aplica a la producción:

Ahora debemos abandonar por un momento la ruidosa esfera donde todo aparece en la superficie (*Oberflaeche*)[26] y debemos internarnos en lo oculto (*verborgne*)[27] de la producción.[28]

La esfera de la producción es el nivel del Fundamento del capital.

i) *El mundo de las apariencias y la circulación en el mercado (Market)*. Para Hegel la totalidad es el mundo de las apariencias.[29] De la misma manera, lo «fundado» en el Fundamento (valga la aparente redundancia) es lo que «aparece»; la «apariencia» es el fenómeno de la filosofía de Kant y Hegel: *die Erscheinung*. La circulación o el Mercado es el «Mundo de las Apariencias»; para Marx el «Mundo de las mercancías». En lo oculto, más allá de la apariencia está lo invisible, lo que está fuera de la vista; es el Fundamento o la esfera de la Producción (la fábrica). De nuevo es una directa aplicación a la crítica económica de la diferencia hegeliana entre Esencia-Apariencia, Fundamento-Fenómeno, Producción-Circulación. Lo que aparece es la circulación: «el Mundo de la mercancía (*Warenwelt*), la circulación de las mercancías».[30]

---

[22] *Capital* I, 4, 1 (4); p. 172.
[23] *Enzykl.*, § 115; p. 236.
[24] *Enzykl.*, «La Esencia es Fundamento de la Existencia» (*das Wesen als Grund der Existenz*): §§ 115 ss.
[25] *Capital* I, sec. 3-5, cap. 5-16 (7-18); pp. 163 ss.
[26] La «superficie» es el Mercado, el Mundo de la Apareicnia, los fenómenos, al Diferencia.
[27] Lo «oculto» es el Fundamento, invisible, la Esencia, la Identidad.
[28] *Ibid.*, cap. 4, 3 (6); p. 191.
[29] *Enzykl.*, §§ 132 ss.; pp. 264 ss.
[30] *Capital* II, cap. 18; Marx, 1956, *MEW* 24, p. 352.

j) *Unidad de Esencia y Existencia (Realidad[31]) y realización del capital*. Para Hegel la «Realidad es la unidad [...] de la Esencia y la Existencia».[32] Para Marx la «realización (*Verwirklichung*)» del valor (del Ser) es el proceso de unidad entre la Producción y la Circulación: el valor (también el plusvalor) aparecen como precio: «La totalidad del proceso capitalista de producción se efectúa en la unidad (*Einheit*) del proceso de producción y circulación».[33]

Con lo dicho creo que es suficiente para probar la presencia masiva hegeliana, que se presenta como el marco teórico abstracto tenido en cuenta en la elaboración de *El capital*. Pasemos ahora al tema más novedoso.

14.2. La «fuente creadora» en el concepto de plusvalor en Marx[34]

Es sabido que Marx escribe que «me he tomado la libertad de adoptar hacia mi maestro [Hegel] *una actitud crítica*, de desembarazar su dialéctica de su misticismo y hacerle experimentar un cambio profundo».[35] Veamos ahora en qué consiste la ruptura de Marx con respecto a Hegel. Se trata de una transformación global de la lógica de la *Lógica* de Hegel. Esta transformación se manifiesta en el ya indicado «sobre-pasar» (*Uebergehen*) del Dinero al Capital. Es el pasaje de una determinación a otra determinación del capital, pero es el pasaje abismal, propiamente marxista.

a) Desde el Ser como Fundamento a la Fuente Creativa del Ser. Tómese la siguiente reflexión como una sospecha; como el posible origen de una hipótesis que «estaba en el aire» berlinés en el momento que Marx vivía en la capital prusiana. En efecto, en 1841 Schelling dictó en la Universidad de Berlín unas famosas lecciones sobre *Filosofía de la Revelación*. Había más de quinientos estudiantes (entre ellos Feuerbach, Kierkegaard, Bakunin, Savigny, Burckhardt, A. von Humboldt, Engels y tantos otros). Fue una ruptura generacional ante Hegel. De allí parten las obras críticas de Kierkegaard y en parte de Feuerbach, y a través de éste de Marx. El tema que Schelling expuso se le apareció a Engels como extremadamente reaccionario —y el mismo Lukács piensa que es el origen del irracionalismo del siglo XIX—. Sin embargo, Schelling elaboró contra Hegel un tema muy simple y que hará historia:[36] «Lo que es comienzo

---

[31] *Wirklichkeit* puede ser traducido de otra manera, pero prefiero usar la palabra «realidad». «Este proceso de realización (*Verwirklichungsprozess*) es el mismo tiempo proceso de des-realización (*Entwirklichungsprozess*) del trabajo» (*Grundrisse* IV; p. 358).
[32] *Enzykl.*, § 142; p. 279.
[33] *Capital* III, cap. 1; Marx, 1956, *MEW* 25, p. 33.
[34] Véase Dussel, 1991, § 3.
[35] *Manuscript IV* (A 65, 1867; véase Dussel, 1990, pp. 200-201) del segundo volumen de *El capital* (Rubel, Apéndice I, *Capital*, Siglo XXI, México, 1987, v. II/5, p. 658, nota 20).
[36] Véase el tema en «Del Hegel definitivo al viejo Schelling» (en Dussel, 1974, pp. 116 ss.).

(*Anfang*) de todo Pensar, no es todavía el *Pensar*».[37] «El comienzo de la filosofía *positiva* es que todo Pensar presupone el Ser».[38] Pero, en último término, aun *antes del Ser* se da la *Realidad*, como un *prius* del Pensar y del Ser, cuando afirma, desde una doctrina creacionista: «Lo Absoluto consiste en ser el Señor del Ser (*Herrsein über das Sein*), y es la mayor función de la filosofía el «pasaje» desde el puro Ser (*tò ón*) al Señor del Ser (*Herrn des Seins*)».[39]

Para Schelling, entonces, existe una «Fuente creadora del Ser desde la nada del Ser»,[40] que por la «revelación positiva» se manifiesta en la historia como una «fuente de conocimiento (*Erkenntnissquelle*)»,[41] «que no debe ser representada como un saber no fundado, sino que más bien habría que decir que es lo mejor fundado de todo».[42] Se trata entonces, siguiendo una antigua tradición, de comenzar todo el discurso filosófico desde el Absoluto mismo.[43] Partiendo de los neoplatónicos, se refiere a la doctrina de Nicolás de Cusa sobre la *contractio Dei*. Schelling no afirma la Identidad absoluta; defenderá la no-identidad del Ser y la Realidad. El Absoluto opera como fuente creadora desde la nada del Ser. El Ser es el Fundamento, pero hay una Realidad que es anterior, y que es la fuente (*Quelle*) del Ser. El Ser sería un efecto del acto creador de la Fuente creadora. Marx usa este tipo de categoría en su *Crítica de la Economía Política*, pero no puede probarse ninguna relación explícita o directa con Schelling. Era una temática que «flotaba en el aire» de los temas discutidos en el Berlín del momento, pero que de todas maneras nos advierten de una cuestión que ha pasado desapercibida por toda la tradición marxista.

b) *Producción de valor y Creación de plusvalor*. Para Marx el valor que se valoriza es el Fundamento (el Ser) del capital. Este Fundamento (o la Esencia) es un proceso: el proceso de la valorización del valor. El Trabajo es la «sustancia» (en sentido estricto hegeliano) de todo valor. En el «tiempo necesario» el asalariado trabaja «reproduciendo» el valor del salario, que es un momento del capital (capital variable). La reproducción del valor del salario es producción desde el Fundamento del capital (el valor del salario sale del capital). En el caso del «plus-tiempo de trabajo», cuando el «plustrabajo» del asalariado *pone* plusvalor, Marx usa el concepto de *creación*: el obrero *crea* plusvalor *desde la nada* del capital, porque no tienen ningún valor-capital como Fundamento (trabaja sin salario, gratis, desde su propia subjetividad como «trabajo

---

[37] Lección 1 (15 de noviembre de 1841), XII (Schelling, 1977, p. 161).

[38] *Ibid.*, IX, p. 156.

[39] *Ibid.*, XII, p. 172.

[40] Véase el tema en mi obra ya citada, Dussel, 1974, pp. 116-128. En este sentido, igualmente, «Dios (el real y creador) está *más allá* de la Idea absoluta» (Schelling, 1927, vol. 5, p. 744).

[41] Schelling, 1927, v. 6, p. 398.

[42] *Ibid.*, p. 407. Schelling escribe que «la filosofía negativa nos dice *en qué* consiste ciertamente la beatitud, pero no nos ayuda a conseguirla» (*Einleitung in die Philosophie der Mythologie*, II, lec. 24; *ibid.*, v. 5, p. 749, nota 4). ¿No nos parece escuchar la *Tesis 11* de las *Tesis sobre Feuerbach* de Marx?

[43] Véase Habermas, 1963, cap. 5, pp. 172 ss.

vivo» impago). Este modo de «poner» el valor de la mercancía sin estar fundado en el capital es lo que Marx denomina técnicamente: «creación de valor» (*Wertschoepfung*). Marx comienza sistemáticamente su discurso, en el capítulo 1 sobre la «Transformación del dinero en capital», de los *Manuscritos del 61-63* e igualmente en los *Manuscritos del 63-65*, que se transformará en el capítulo 2 de 1866, y en la sección 2, capítulo 4, del 1872:

> Nuestro amigo [...] es tan feliz de encontrar [...] una mercancía cuyo valor de uso posee la peculiar propiedad de ser una *Fuente (Quelle) de valor*, cuyo actual consumo, entonces, es [...] una *creación de valor (Wertschoepfung)*.[44]

El «trabajo vivo» es la «Fuente» (*Quelle*) de la que procede la «creación» (*Schoepfung*) del valor. Es el tema que también trató Schelling en el plano de la *Filosofía de la Religión*, mientras que Marx hace uso de las mismas categorías en la Economía Política (sin probada relación directa). Es la teoría creacionista hecha economía crítica. Escribe Marx que «la *creación (Schoepfung)* del valor» no es la mera reproducción del capital. La mera «*reproducción* del capital no se presenta como *Fuente (Quelle)* de plusvalor».[45] O: «El trabajador [...] tiene la posibilidad de comenzar nuevamente desde el comienzo, porque su vitalidad (*Lebendigkeit*) es la Fuente (*Quelle*) en la que su mismo valor de uso constante confronta al capital de nuevo en orden a recomenzar de nuevo el intercambio».[46] De tal manera que el plusvalor es una creación «desde la nada (*ex nihilo, aus Nichts*)»[47] del capital. O, y *es mi tesis*:

> Lo que es producido como excedente [el plusvalor] no es *reproducción (Reproduktion)*, sino más bien *nueva creación (neue Schoepfung)*, y, más específicamente, *creación de nuevo valor (neue Wertschoepfung)*, porque es objetivación de nuevo tiempo de trabajo en el valor de uso.[48]

c) *Negatividad de la pobreza*. Sólo desde la positividad del trabajo vivo (que además incluye la dignidad de la «corporalidad [*Leiblichkeit*]», «la personalidad viva [*lebendigen Persoenlichkeit*]»[49]) puede ahora comprenderse el sentido de la primera «negación», como condición de posibilidad del capital:

> El trabajo puesto *como no-capital (Nicht-Kapital)* en cuanto tal es: [...] No trabajo objetivado, concebido *negativamente* [...] no material de trabajo, no instrumento de trabajo, no materia prima [...] Este *trabajo vivo (lebendige Arbeit)* [...], esta denudez completa,

---

[44] *Capital* I, 4 (6); (1872) p. 183.
[45] *Grundrisse* II; Marx, 1974, p. 451.
[46] *Ibid.*, p. 194.
[47] Véase *Capital* III, cap. 1; *MEW* 25, p. 48: «... Schoepfung aus Nichts...».
[48] *Ibid.*, p. 264.
[49] *Capital*, p. cit.

la pura existencia subjetiva del trabajo. Trabajo como *absoluta pobreza (absolute Armut)*: pobreza no como falta de, sino como *exclusión total (voelliges Ausschlissen)* de la riqueza objetiva.[50]

Categorialmente, antes del capital, del «sistema» o totalidad (del «Ser» o del «Fundamento»), en la Exterioridad anterior, se encuentra ya el *pauper ante festum*,[51] en su absoluta negatividad: no tiene nada fuera de su propia viviente corporalidad personal, su materialidad empírica (punto de partida y de llegada del «materialismo ético» de Marx). La *crítica* parte entonces de la negatividad primera de la víctima: el futuro creador de la riqueza *nada tiene*; o sólo tiene «una objetividad que consiste sólo en la inmediata existencia (*Dasein*) de su individualidad misma»:[52] es el pobre desnudo;[53] es la «nada»[54] o negatividad anterior, fruto del haber abandonado la «comunidad rural» e ingresado a la relación «social» urbana extraña.

d) *La positividad creativa de la Fuente del plusvalor*. El trabajo vivo, siendo por una parte la «pobreza absoluta», es por otra la «Fuente creativa» de todo plusvalor:

> No-trabajo-objetivado, no-valor, concebido *positivamente* [...] es la existencia subjetiva del trabajo mismo. Trabajo [...] como actividad, no como valor, sino como la *Fuente viviente del valor (lebendige Quelle des Werts)*.[55]

El capital, en su totalidad, es valor que por el plusvalor es «valorización del valor». Pero esta «valorización» es creación desde la nada del capital; es decir, desde la Fuente creadora viviente del nuevo valor: del trabajo vivo y no desde el capital. En lo contrario consiste la pretensión fetichista del capital, en presentarse como siendo la fuente creadora del plusvalor (y de la ganancia):

---

[50] *Grundrisse* II (Marx, 1974, p. 203).

[51] Véase mi obra Dussel, 1985, pp. 137 ss., donde efectuamos un comentario preciso de todos estos textos.

[52] *Grundrisse* II, p. 203. Pareciéramos estar leyendo a Kierkegaard: «del individuo mismo (*des Individuums selbst*)».

[53] Metáfora usada por Marx, por el *Libro de los muertos* de Egipto o posteriormente por Emmanuel Lévinas. La corporalidad inmediatamente desnuda de la piel. Escribe Marx: «Uno, con un aire de importancia, sonríe, haciendo su negocio; el Otro, tímido y receloso, como el que lleva su pellejo al mercado, en el que no puede esperar sino que lo esquilmen» (*Capital*, I, cap. 4 [1972]; Marx, 1975, *MEGA* II, t. 6, pp. 191-192).

[54] «La existencia abstracta del ser humano que trabajo que diariamente cae desde su *nada* (*Nichts*) en la *nada absoluta* (*absolute Nichts*)» (*Manusc. 44*, II; Marx, 1956, *MEW* 1 EB, pp. 524-525). La primera «nada» es la del trabajador en la Exterioridad anterior al estar empleado, en la pobreza, el hambre, el peligro de muerte si no es «comprado» por algún capital (el no asalariado es nada). La segunda «nada» (la absoluta) es el efecto de la «subsunción» en el capital del ser humano como asalariado (negación activa: alienación propiamente dicha).

[55] *Grundrisse* II, p. 203.

El [capital] se relaciona al Fundamento (*Grund*) del plusvalor como el productor del plusvalor. Se relaciona como el fundamento del plusvalor en el cual [capital] el valor está fundado (*Begruendetem*) [...] El plusvalor ya no aparece como puesto de manera simple y en relación directa con el trabajo vivo (*lebendige Arbeit*) [...] El [capital] se relaciona con el plusvalor [...] como la Fuente (*Quelle*) de producción, se relaciona a sí mismo como producto.[56]

Creo que he sugerido suficientemente la tesis de que el trabajo vivo es la Fuente creadora del plusvalor desde la nada del capital. Para mí es el tema esencial de toda la construcción crítica del sistema de las categorías de la Economía Crítica intentada por Marx. No se puede probar que haya una relación explícita y directa con Schelling, pero de todas maneras se separa ontológicamente de Hegel en el mismo nivel ontológico. Para Hegel la Esencia (para Marx: del valor del capital) es lo mismo que el Ser (valor para Marx) en todo el proceso.[57] Para Marx el capital en el comienzo del proceso de producción no es el mismo que al final. En el proceso de producción el capital subsume (incorpora) el plusvalor que ha sido creador por una Fuente externa (o al menos que no es el capital mismo). El trabajo vivo crea en el capital algo que surge, para el capital, desde afuera, de la nada del capital, más allá del Fundamento del capital. El trabajo vivo es esa Fuente creadora del plusvalor y no el capital.[58]

---

[56] *Grundrisse* VII; pp. 631-632.

[57] En Economía Política se enunciaría así: a) Para la ontología hegeliana el capital tendría como Fundamento al valor y la ganancia sería producida desde el Fundamento. Para Marx, en cambio, el capital tiene como Fundamento al valor, pero la ganancia no es producida desde el Fundamento; la ganancia es la apariencia o la aparición superficial del plusvalor (su fundamento) creado por el trabajo vivo en el nivel oculto del proceso productivo. El trabajo vivo es la Fuente creadora del plusvalor más allá del Fundamento del capital.

[58] El trabajo vivo (*lebendige Arbeit*) no es la «capacidad» o «fuerza de trabajo» (*Arbeitsvermoegen* or *Arbeitskraft*). La «fuerza de trabajo» tiene valor (está entonces fundada en el capital y se reproduce en el tiempo necesario = valor del salario); pero el «trabajo vivo» tiene *dignidad*, no valor; es la substancia del valor (y por ello no puede *tener* valor) y la Fuente creativa del plusvalor: «El trabajo es la substancia y la medida inmanente del valor, pero él mismo no tiene ningún valor *(keinen Wert)*» (*Capital* I, sec. VI, cap. 17; *MEGA* II, 6, p. 500).

15. La crítica de la religión en el pensamiento de Marx
(De la crítica de la religión a la crítica religiosa de la economía)

En los 150 años de *La cuestión judía* de Karl Marx.

Hoy deseo referirme a un tema de un pensador clásico que algunos consideran «un perro muerto», pero que se está tornando más pertinente que nunca, si es que, desde la crisis de la Europa del Este de 1989, el fracaso del socialismo ha llevado al mundo capitalista a echar campanas a vuelo y proclamar el «fin de la historia» —con Francis Fukuyama—. En realidad, el capitalismo desde su origen viene produciendo un desequilibrio gigantesco en el sistema mundial, y se hace más perentorio que nunca una crítica de ese «sistema-mundo» iniciado con la modernidad. Por ello, nos ocuparemos de una reconstrucción del pasaje de la crítica política de la religión a la crítica religiosa de la economía, tal como la practicó Karl Marx.[1]

15.1. LA CRÍTICA DE LA RELIGIÓN COMO CRÍTICA POLÍTICA DE LA CRISTIANDAD EN EL JOVEN MARX

La crítica de la religión en Marx ha sido por demás tratada durante años. Sin embargo, no concuerdo con lo que se ha interpretado en la cuestión y por ello vuelvo sobre el asunto. En efecto, es sabido que el joven Marx critica la religión (y me refiero a la manera como se efectúa esta crítica hasta el 1843). Se ha interpretado dicha crítica como antirreligiosa y, desde un punto de vista cristiano, como anticristiana. Opino que la cuestión es más compleja y deseo probarlo.

Marx critica, como los poshegelianos que escucharon las clases universitarias de Schelling en 1841 en Berlín contra Hegel (estoy pensando especialmente en Feuerbach o Kierkegaard), a la «Cristiandad», que no puede confundirse con el «cristianismo». O, de otra manera, es una crítica del cristianismo «de Hegel», para quien la religión era el fundamento del Estado, y el Estado prusiano (o inglés) era la manifestación de Dios en la historia (una auténtica Teodicea). Veamos algunos textos.

Marx trata la cuestión de la religión de dominación, luterana, desde la tradición crítica pietista, en la línea de Spener. En cuanto la «religión es el *fundamento* del Esta-

---

[1] En mi obra *Las metáforas teológicas de Marx* (Dussel, 1993c), expongo este tema con mayor detalle.

do»,[2] la *crítica del Estado* supone la crítica a su fundamento: la religión hegemónica. Para ello, Marx distingue entre «los principios generales de la religión»[3] como «esencia» (*Wesen*), y su «manifestación (*Erscheinung*)», su determinación particular, concreta. El cristianismo luterano, como religión positiva hegemónica, es una de las «manifestaciones» de la religión en general. Marx ataca aquí a una religión en concreto, ataca a la *Cristiandad luterana*, como confusión entre el Estado policiaco, censor, y la religión cristiana:

> La *confusión* del principio político con el principio religioso-cristiano ha pasado a ser una confesión oficial [...] Vosotros queréis un *Estado cristiano* [...] Queréis que la religión ampare a lo terrenal [...] Entendéis por religión el culto de vuestro poder absoluto y vuestra sabiduría de gobierno [...].[4]

Y Marx comenta, en concordancia con la tradición cristiana profética, crítica, pietista, de liberación:

> ¿Acaso no ha sido el cristianismo el primero en separar la Iglesia del Estado? Leed la obra de San Agustín *De civitate Dei* o estudiad a los demás Padres de la Iglesia y el espíritu del cristianismo [...] volved y decidnos cuál es el *Estado cristiano* [...].[5]

Aquí Marx critica duramente a la Cristiandad, desde el «Estado teocrático judío» —la monarquía a la que se enfrentan los profetas de Israel— hasta el «Estado bizantino» —origen histórico de la Cristiandad, criticada por el pietismo ante el luteranismo dominante, y por Kierkegaard en Dinamarca en el mismo momento. Hay también un primer pasaje desde el tema del Estado al del dinero, cuestión nueva ciertamente para Marx:

> ¿O acaso, cuando decís que hay que dar al César lo del César y a Dios lo de Dios, no consideráis como Rey y *Príncipe de este mundo*[6] [...] al Mammón de oro.[7] [8]

---

[2] Expresión de Hegel en *Vorlesungen über die Philosophie der Religión* I, C, III (Hegel, 1971, t. XVI, pp. 236-237), que Marx cita en «El Editorial del n.º 179...» (*Obras Fundamentales* [= *OF*], 1982, I, p. 224; *MEW*, 1, p. 90).

[3] *OF*, I, pp. 155-156; *MEW*, I, pp. 10-11: «... die allgemeinen Grundsätze der Religion, auf ihr Wesen... Erscheinung des Wesen...». Cfr. *ibid.* (*OF*, I, p. 168; *MEW*, 1, p. 23).

[4] *Ibid.* (*OF*, I, pp. 156-157; *CW*, I, pp. 117-118; *MEW*, 1, pp. 11-12.)

[5] Del artículo citado «El Editorial del n.º 179 de la Gaceta de Colonia», en *OF,* I, pp. 233-235; *MEW*, 1, pp. 100-103.

[6] El «Príncipe de este mundo» (Juan 12, 31) es un tema siempre presente en las «metáforas» de Marx. Es el «Señor del mundo» (véase mi obra *Ética comunitaria*, Paulinos, Madrid, 1986, cap. 2.10: «El *Príncipe de este mundo*»).

[7] Sólo en el Nuevo Testamento aparece el tema de Mammón (Lucas 16, 9, 11 y 13; Mateo 6, 24): «No podéis servir a Dios y a Mammón». Mammón significa, el oro, el dinero.

[8] *OF*, I, p. 233; *MEW,* 1, p. 42.

Junto al Moloch de la juventud aparece ahora otro nombre del ídolo: Mammón. Marx adopta la posición de los profetas de Israel, explícitamente, ya que se compara como periodista a ellos, presentándose como «polilla para Judea y larva de carcome para Israel» —referencia al texto del profeta Oseas, 4, 12, cambiando Efraín por Judea y Judea por Israel (pareciera que Marx cita de memoria y se equivoca):[9]

> La provincia tiene el derecho de crearse [...] estos dioses, pero, una vez que los ha creado, debe olvidar como el adorador de los *fetiches*, que se trata de dioses salidos *de sus manos*.[10]

Es la primera vez que toca el tema del fetichismo, y ya no lo abandonará hasta el fin de sus días. Si Moloch es el dios fenicio al que se le ofrecen vidas en sacrificio, si Mammón es el dinero, ahora el Fetiche es obra o producto de las manos del hombre mismo, objetivando en él su propio poder:

> La fantasía de los apetitos hace creer al adorador del *fetiche* que una cosa inanimada abandonará su carácter natural para acceder a sus apetitos.[11]

De los muchos textos que Marx debió conocer en la Biblia sobre este tema, no pudo dejar de inspirarse en el *Salmo* 115 (114), que profiere en defensa de Israel contra los fetiches extranjeros:

> Sus ídolos, en cambio, son plata y oro, *hechos de la mano* de los hombres, tiene boca y no hablan, ojos y no ven, orejas y no oyen [...].[12]

El tema cobra todo su sentido en el magnífico artículo sobre «Debates sobre la ley castigando los robos de leña», donde Marx plantea la «metáfora» de la leña o madera, propiedad privada de los poderosos, a la que los campesinos son sacrificados:

> Existe la posibilidad de que se maltrate a unos cuantos árboles jóvenes, y huelga decir que los ídolos de madera triunfarán, ofreciéndose a ellos en sacrificio a los hombres (*Menschenopfer*).[13]

Marx no podía dejar de tener en mente el texto de *Isaías* 44, 15:

> A la gente le sirve de leña, toman para calentarse y también para cocer pan; pero él hace un dios y lo adora, fabrica una imagen y se postra ante ella.

---

[9] «Los debates de la VI Dieta renana» (*OF*, I, p, 184; *MEW*, 1, p. 40).
[10] *Ibid.*, (*OF*, I, p. 187; *MEW*, 1, p. 42).
[11] Art. sobre «El Editorial...» (*OF*, I, p. 224; *MEW*, 1, p. 91).
[12] Cfr. Isaías 40, 18-29; 44, 9-20; etcétera. En especial Éxodo 32, 31.
[13] *OF*, I, p. 250; *MEW*, I, p. 111.

En el *Cuaderno de Bonn*, de 1842, vemos los apuntes sobre este tema, que se lo había sugerido Charles Debrosses, en su obra *Sobre el culto de los dioses fetiches* (edición de Berlín, 1785),[14] y Marx retendrá la palabra y el concepto «fetiche» —del portugués *fetiço*: «hecho» de la mano del hombre— en su discurso teórico esencial posterior, por adecuarse a dicho concepto de fetiche a un doble proceso: ser fruto del trabajo del hombre, objetivación de su vida, y constitución de dicha objetivación como un Poder autónomo extranjero, ajeno.

Pareciera que la *Introducción a la crítica de la Filosofía del Derecho de Hegel*, y al menos la primera parte de *La cuestión judía*, las escribió Marx en Kreuznach antes de trasladarse en exilio a París. Son obras presocialistas (precomunistas) y políticas, todavía no económicas.[15]

En esta época presocialista «el comunismo es una abstracción dogmática [...] (y) *la religión* y luego la política constituyen temas que atraen el principal interés de la Alemania actual» —de la carta a Ruge, desde Kreuznach en septiembre de 1843.[16]

Los temas de la *Introducción*, quizá los más utilizados en la cuestión de la religión posteriormente, siguen siendo políticos (menos la última página que correspondería al período de París), pero anunciando ya el agotamiento de la crítica de la religión:

> La crítica de la religión ha llegado en lo esencial a su fin en Alemania, y la crítica de la religión es la premisa de toda crítica [...] El fundamento de toda crítica irreligiosa es que el hombre hace la religión [...] La religión (es) una conciencia del mundo invertida [...] La miseria religiosa es por una parte la expresión de la miseria real y, por otra, la protesta contra la miseria real [...] La religión es el opio del pueblo [...] La crítica de la teología (se trueca) en la crítica de la política.[17]

Evidentemente Feuerbach estaba detrás de más de una expresión:

---

[14] «Cuaderno de Bonn» (1842) (*OF*, I, p. 540; *MEGA*, IV, 1 [1976], pp. 320-333). Marx anota: «Fetisch von den nach Senegal handelnden Europäern erdacht, nach dem portugiesischen Worte *Fetisso*, d. h. eine bezauberte, göttliche Sache, von Fatum, fari. <Die Priester wehen den Fetisch>, S. 11» (*MEGA* IV, 1, p. 320). Marx toma como ejemplos hechos de Yucatán, Cozumel y Copal; y allí anota Marx el texto de Bartolomé de Las Casas sobre el oro como fetiche de los españoles en Cuba: «Die Wilden von Cuba hielten das Gold für den Fetisch der Spanier» (*MEGA*, p. 322), de donde lo toma para su artículo sobre el robo de la leña en 1842, del «oro como fetiche en Cuba» (cfr. *OF*, I, p. 283; *MEW*, 1, p. 147). Pienso que Marx no sabía que se trataba de un texto de Bartolomé, que tuvo clara conciencia en pleno siglo XVI de la idolatría de la Modernidad naciente. El texto se encuentra en la *Brevísima relación de la destrucción de las Indias*, «De la Isla de Cuba», en *Obras escogidas*, BAE, Madrid, 1958, t. V, p. 142. Marx, en todo este «Cuaderno de Bonn», se ocupa de la religión comentando las obras de C. Meiners, *Crítica histórico general de las religiones*, donde estudia diversos tipos de sacrificios a los dioses; J. Marbeyrac, *Tratado moral de los Padres de la Iglesia;* C. Böttiger, *Ideas sobre mitologías artísticas*; etcétera.

[15] Véanse las obras Maduro, 1981, pp. 188 ss. y 1981b.

[16] *OF*, I, p. 458; *MEW*, 1, pp. 344.

[17] *OF*, I, pp. 491-492; *MEW*, 1, pp. 378-379.

La crítica de la religión desemboca en el postulado de que el hombre es la suprema esencia para el hombre [...].[18]

Desde ahora Marx comienza un lento cambio de perspectiva. En la primera parte de *La cuestión judía* el asunto sigue siendo todavía el «Estado cristiano»;[19] es una crítica de la religión para liberar a la política. Pero allí observamos un cambio de perspectiva en un texto desconcertante y novedoso.[20] La tesis la expone Marx clara y expresamente, la dividiremos en seis momentos para su mejor comprensión:

El Estado que hace que el Evangelio se predique en la letra de la política, en otra letra que la del Espíritu Santo, comete un sacrilegio (*Sakrilegium*), si no a los ojos de los hombres, sí a los ojos de su propia religión.

[1] Al Estado que profesa
[2] como norma suprema el cristianismo, que profesa la *Biblia* como su *Carta*,
[3] hay que oponerle (*entgegenstellen*) las Palabras de la Sagrada Escritura, que, como tal Escritura, es sagrada hasta en la letra.
[4] Este Estado [...] cae en una dolorosa *contradicción (Widerspruch)*, irreductible en el plano de la conciencia religiosa, cuando se enfrenta con aquellas máximas del Evangelio que no sólo no acata, sino que no puede tampoco acatar [...]
[5] Ante su propia conciencia, el Estado cristiano oficial es un *deber ser* de imposible realización, sólo puede comprobar la *realidad* de su existencia mintiéndose a sí mismo [...].
[6] De ahí que la *crítica* esté en su perfecto derecho cuando obliga al Estado que invoca la Biblia a reconocer lo torcido de su conciencia ya que ni él mismo sabe si es una *figuración* o una *realidad*, desde el momento en que la vileza de sus fines seculares (*weltlichen*), que trata de encubrir con la religión, se hallan en flagrante contradicción con *la pureza de su conciencia religiosa*.[21]

En este texto encontramos *explícitamente la estrategia argumentativa* del Marx definitivo, que dista mucho de ser simple, y que exige algunas distinciones que han pasado desapercibidas. Marx, contra toda la tradición marxista y antimarxista, practica un argumento donde la crítica de la religión se torna crítica religiosa de la política,

---

[18] *Ibid.*, p. 497; p. 385. De su influencia feuerbachiana de esta época escribirá el «viejo» Marx, el 24 de abril de 1867: «el culto a Feuerbach produce en uno un defecto muy humorístico» (*MEW*, 21, p. 290). Marx sabía hacer autocrítica hasta con humor.
[19] *OF*, I, p. 463; *MEW*, 1, p. 347.
[20] Leyéndolo en un seminario que organizamos en 1991 en Berlín, el mismo Prof. Hauck mostró su admiración por la precisión de Marx en plantear la cuestión.
[21] K. Marx, «Sobre la cuestión judía», I (*OF*, I, p. 474; *MEW* 1, pp. 359-360). Este texto pertenece todavía al período pre-socialista, en Alemania, de la crítica «política» y no aún «económica», del pequeño burgués crítico que era Marx.

pero, contra la interpretación estándar, se trata de una crítica religiosa que debe situársela dentro de la más antigua tradición hebreo-cristiana, de la iglesia primitiva y la de los Padres de la Iglesia. Sus pasos son los siguientes:

[1] Al Estado (después será el capital),
[2] que se afirma como cristiano (luterano, puritano, presbiteriano, calvinista, anglicano, católico, etcétera),
[3] se le opondrá su propia «Sagrada Escritura» (pero tomada ahora en sentido «crítico»),
[4] para que se manifieste una «contradicción» esencial consigo mismo (entre su *deber ser* cristiano y su *ser* real cotidiano). Hay aún más. Marx llegará a describir dicha contradicción, por una parte,
[5] mostrando que en la realidad es una conciencia cotidiana fetichista y mentirosa, es decir, hipócrita.[22] En segundo lugar,
[6] criticará desde la «*pureza* de su conciencia religiosa», en un «sentido» *crítico*, a la «religiosidad fetichista» que de hecho se afirma con los actos.

La «construcción» de una crítica cuasi-teología negativa Marx la efectúa teniendo como referencia a la misma «Sagrada Escritura» opuesta contrafácticamente a la vida cotidiana cristiana fetichizada. Intenta así oponer al cristiano consigo mismo.

Léase todavía con atención este texto muy conocido:

> La misión de la historia consiste, según esto, en descubrir la *verdad más acá (Diesseits),* una vez que se ha hecho desaparecer al *más allá (Jenseits) de la verdad.* Y, ante todo, la misión de la filosofía, puesto al servicio de la historia, después de desenmascarar la *forma de santidad* de la autoenajenación del hombre, está en desenmascarar la autoenajenación bajo sus *formas profanas.* La crítica del cielo se trueca, de este modo, en la crítica de la tierra, la crítica de la religión en la crítica del derecho, *la crítica de la teología en la crítica de la política.*[23]

Marx sitúa la crítica religiosa en el nivel profano, cotidiano. Hay que «pasar» del plano reconocido de la «religión», como justificación del Estado (el de Hegel, «el Estado cristiano», luterano, o «del puritanismo» posteriormente), al nivel secular, tenido por «profano». Pero en el nivel empírico, de la existencia cotidiana y profana, Marx descubre un nuevo sentido «religioso», oculto a la vista de los creyentes alienados, enajenados (cristianos, judíos,[24] etc.). En efecto, al tomar la crítica «en su perfecto

---

[22] Obsérvese esta expresión: «Predican como algo necesario la minoría de edad del hombre; es la *hipocresía* la que pretexta la existencia de un Dios en cuya realidad no cree para creer en su [propia] omnipotencia; el egoísmo, para el que la salvación privada está por encima de la salvación de la humanidad» («Sobre la libertad de prensa», en *OF*, I, p. 207; *MEW*, 1, p. 65).

[23] «Introducción» a la *Crítica de la Filosofía del Derecho de Hegel* (*OF*, I, p. 492; *MEW*, 1, p. 379).

[24] De ahí hablar del antijudaismo (como del anticristianismo) de Marx, sería situarse —a la defensiva— desde una religión judía o cristiana alienadas y dominadoras, como veremos. Un judío o cristiano

derecho» en serio a la «Biblia» (a la «Sagrada Escritura») y al «oponerla» a la cotidianidad pretendidamente «profana» o «secular», Marx formula una «contradicción» que se produce en la realidad empírica.

No se había advertido que Marx *sitúa* ahora lo religioso (y, por ello es posible desde esta hipótesis desarrollar una nueva reflexión teológica *explícita*) en el nivel profano, cotidiano, en la «Realidad Mundana». Y —tal como hacen los profetas de Israel, el fundador del Cristianismo, y posteriormente la Teología de la Liberación latinoamericana—, en lugar de considerar dicho mundo cotidiano como profano, no-religioso, Marx descubre allí una dimensión «religiosa» oculta. En ese nivel profano es donde desarrollará una crítica religiosa de la política y la economía.

Por ahora Marx es un pequeño burgués demócrata, racionalista, crítico, antisocialista. Casi sin advertirlo, Marx ha pasado de una crítica *de la religión* como fundamento de la política, del Estado cristiano luterano, a la crítica religiosa *de lo político*.

15.2. La crítica religiosa de la economía, del capital

Habiendo llegado Marx a París en octubre de 1843, toma contacto con la clase obrera industrial; habiendo leído el artículo de Engels «Esbozo de una crítica de la economía política»,[25] se produce la *ruptura* a finales de 1843 o comienzo de 1844:

> Intentemos *romper* (*zu brechen*) la formulación *teológica* del problema. Para nosotros, el problema de la capacidad del judío para emanciparse es otro: es el problema del elemento *social* específico que es necesario vencer.[26]

Marx efectúa un doble proceso. Por una parte deja la crítica de la religión y se lanza a la crítica de la economía. Es decir, pasa de una crítica *teológica* baueriana (obsérvese que para Marx el problema había sido teológico) contra la religión positiva en favor de un Estado como expresión del hombre genérico según Feuerbach. Ahora lanza una crítica económica contra la religión práctico-fetichista en favor del proletariado.[27] Pero, al mismo tiempo, comienza también una *crítica religiosa* de la misma economía recién descubierta:

críticos estará de acuerdo con Marx, si es que entiende bien su estrategia argumentativa (que no se comprendió siempre adecuadamente). Las profecías contra Israel de Isaías, Jeremías, Jesús de Nazaret, etcétera, serían anti-semitas (como anti-españolas las críticas de Bartolomé de Las Casas, etc.). Debemos distinguir entre las críticas «proféticas» contra el «pecado» de un pueblo, sintiéndose parte de dicho pueblo (y Marx se «sentía» judío), y la crítica contra el pueblo como tal.

[25] Engels, 1966, pp. 3 ss.; *MEW*, 1, pp. 499 ss.
[26] *La cuestión judía*, II, (*OF*, I, p. 485; *MEW*, 1, p. 372).
[27] El movimiento pietista de Wüttemberg, en la posición de un Spener por ejemplo, no podía confiar en un Príncipe o Rey elegido por Dios, sino en un «Pueblo consagrado», que debía actuar para lograr el «Reino de Dios en la tierra». La secularización de dicho principio histórico, bien podría ser el proletariado. Véase Dickey, 1987, pp. 72-74.

No busquemos el misterio del judío en su religión,[28] busquemos el misterio (*Geheimnis*) de su religión en el judío real [...] ¿Cuál es el culto mundano (*weltliche Kultus*) que el judío practica? La *usura*. ¿Cuál su dios mundano? El *dinero*.[29]

Ahora, como nueva etapa en la vida teórica de Marx, no es necesario abolir la religión para intentar una nueva fundamentación del Estado racional, ahora en cambio es necesario descubrir la esencia del dinero desde una crítica religiosa: el dinero es dios, es un fetiche.[30] Y esto porque:

El dinero es la esencia alineada (*entfremdete*) —como pensaba Moses Hess[31]— de su trabajo y de su existencia, y esa esencia ajena lo domina y es adorada por él.[32]

Tenemos ya explícita, aunque no desarrollada, la categoría de «fetichismo» en su sentido económico definitivo. Marx se apoya, y con ello se coloca en la tradición, en la intuición de Thomas Münzer —así como también reconocerá a Lutero por su acierto sobre la cuestión del dinero, el préstamo a interés, etcétera—. Paradójicamente, Marx torna «religiosa» (torna objeto de crítica religiosa con categorías *intrínsecamente* religiosas: tales como «el dinero es el celoso Dios de Israel») a la economía política que acaba de descubrir.

---

[28] Como «crítica de la religión».

[29] *Ibid.*, (p. 485; p. 372). En el capítulo 4 de Dussel, 1993c, hemos tratado sistemáticamente las cuestiones aquí sólo indicadas.

[30] Pero, entonces, el dinero es una forma religiosa, fetichista. Estamos ya en una crítica religiosa de la economía.

[31] Hess, 1845, expresa muchas de estas ideas. «La vida es intercambio de vitalidad productiva» (p. 2). Hess llama la atención sobre el «cuerpo (*Körper*) de todos los seres vivos (*lebendigen Wesens*)» (*ibid.*), como el lugar orgánico del intercambio; pero como un «cuerpo social (*socialen Körpern*)» (p. 3). «Cada persona individual se comporta aquí como conciente y como individuo práctico conciente en la ámbito del intercambio de su vida social (*gesellschaftlichen Lebens*) [...] Ella se comporta con el cuerpo-social (*Gesellschaftskörper*) como un miembro singular [...] Ellas mueren cuando se aislan unas de otras [...] Su vida real consiste solamente en el intercambio mutuo de su vitalidad productiva, sólo en la mutua interacción, sólo en la conexión con el Cuerpo social» (p. 3). Y todo esto como intercambio con la atmósfera y la tierra (una filosofía ecológica, diríamos hoy), y como culminación geológica y vital evolutiva. «La persona ofrece en sacrificio con conciencia sus vida individual por la vida comunitaria, si se produce una contradicción entre ambas [...] El amor es más poderoso que el egoísmo» (p. 9). Para Hess, por naturaleza, el individuo muere pero no la especie (*Gattungswesen* de Feuerbach); mientras que, opina Hess, el cristianismo promete a cada individuo la vida eterna. Y, en este sentido, «el Cristianismo [de dominación o fetichizado] es la *teoría*, la *lógica* del egoísmo» (p. 10). De manera que ahora el individuo no es para la «especie» sino la «especie» para el individuo, y por ello «debe crearse también un mundo práctico invertido (*verkehrte Welt*)» (p. 10). Y es aquí donde aparece el dinero, como garantía del individuo ante la especie: «Lo que es Dios para la vida teórica, lo es el Dinero para la vida práctica del mundo invertido» (p. 10). Y desde el punto 5, pp. 11 ss., Hess escribe unas páginas que tendrán enorme influencia en el pensamiento de Marx, y que tienen igualmente gran pertinencia en el presente —si tradujéramos a nuestra realidad lo que se decía en el siglo XIX.

[32] *Ibid.*, p. 487; p. 375.

Y, por ello, no se trata ya de la cuestión del Estado libre (del pequeño burgués radical de la primera parte de *La cuestión judía*), sino de la cuestión del saber articularse a lo que realmente puede ser «la recuperación total de hombre [...]: el proletariado» —en la página que ciertamente debió agregar al final de la *Introducción a la crítica de la Filosofía del Derecho de Hegel* en París.[33]

Esta manera cuasi-teológica de tratar las cuestiones económicas era usual en la comunidad intelectual judía. Veamos un texto de Moses Hess sobre el dinero:

> El dinero debería ser [...] un tesoro para la humanidad. Si este tesoro objetivado correspondiera realmente a esto, cada persona tendría tanto valor cuanto dinero poseyera, y como toda *Teología* consecuente medía al hombre por su ortodoxia, así la *Economía* lo mediría según el peso de sus haberes en dinero. En los hechos, sin embargo, no se ocupa de ninguna manera la *Economía* ni la *Teología* del hombre. La *Economía Política* es la ciencia de los bienes terrestres, así como la *Teología* la ciencia de los bienes celestes. Pero los hombres no son bienes. Los hombres no tienen ningún valor para los puros científicos *economistas* o *teólogos* [...], para esas *ciencias sagradas (heiligen Wissenschaften)*.[34]

Vemos entonces que los contemporáneos de Marx, como él mismo, se ocupaban profusamente de nuestro tema.

Desde sus primeros estudios económicos Marx descubre, desde una crítica religiosa al dinero (después al capital), un fetiche, una potencia de muerte que niega la vida. La esencia alienada del trabajo como muerte del trabajador, producida por sus propias manos en su opuesto, en su enemigo. Es el fetiche al que se le rinde culto, a ese «dios» se le ofrece un sacrificio:

> [...] El capital *muerto* (*tote*) va siempre al mismo paso y es indiferente a la real actividad individual [...] El obrero sufre en su existencia y el capitalismo en la ganancia de su Mammón *muerto* (*toten Mammons*).[35]

> [...] sólo mediante el *sacrificio (Aufopferung)* de su cuerpo y de su espíritu (del obrero) puede saciarse [...].[36]

El objeto que el trabajo produce, su producto, se enfrenta a él como un *ser extraño*, como un *Poder (Macht)* independiente del productor. El producto del trabajo es el trabajo que se ha fijado en un objeto, que se ha hecho cosico (*salchlich*).[37]

---

[33] Esta página, pensamos que fue agregada en París en 1844, comienza con la pregunta: «¿Dónde reside pues la posibilidad positiva de la emancipación alemana?» (*OF*, I, p. 501-502; *MEW*, 1, p. 390). Volveremos sobre esta «posibilidad positiva (*positive*)», fuente de la negación de la negación, la contradicción total en la pobreza radical del proletario.

[34] Hess, 1845, pp. 11-12.
[35] Marx, 1968, p. 53; *MEW*, EB I, pp. 472. 473.
[36] *Ibid.*, p. 55; p. 474.
[37] *Ibid.*, p. 105; p. 511.

Marx resume todo lo dicho de la siguiente manera:

> Respecto al trabajador, que mediante el trabajo se apropia de la naturaleza, la apropiación aparece como enajenación, la actividad propia como actividad para otro y de otro, la *vitalidad* como *sacrificio (Aufopferung) de la vida*, producción del objeto como pérdida del objeto en favor de un Poder extraño.[38]

La negación de un tal «dios» es la cuestión del ateísmo:

> El ateísmo, en cuanto negación de esta carencia de esencialidad, *carece ya totalmente de sentido*, pues el ateísmo es la negación de dios y afirma, mediante esta negación la existencia del hombre; pero, el socialismo en cuanto socialismo, no necesita ya de tal mediación [...] Es autoconciencia *positiva* no mediada por la superación de la religión.[39]

Es decir, desde este momento en adelante el ateísmo no es más necesario, o es, simplemente, la negación de la divinidad del fetiche, del Poder del dinero o del capital. Ésta es la posición definitiva de Marx sobre la cuestión.

Ya en Londres, desde 1849, Marx inicia una etapa de profundo estudio de la economía. Sólo en 1857 comienza con los *Grundrisse* el desarrollo de su producción teórica.[40] Sus trabajos posteriores, hasta 1867,[41] irán desarrollando su crítica religiosa del capital como fetiche, como Moloch, pero aún más, como el Anticristo. Considérese sólo este texto citado por Marx al comienzo casi de *El capital*, sobre el dinero:

> Estos tienen un mismo propósito, y entregarán su poder y su autoridad a la Bestia [...] Y que ninguno pudiese comprar ni vender, sino el que tuviese la marca o el nombre de la Bestia, o el número de su nombre (Apocalipsis 17, 13 y 13, 17; texto citado en *El capital* I, cap. 2 [1873]).[42]

---

[38] *Ibid.*, p. 119; p. 522.
[39] *Ibid.*, p. 156; p. 546.
[40] Véase Dussel, 1985.
[41] Véanse mis tres obras: el comentario a la primera redacción de *El capital* (*La producción teórica de Marx. Un comentario a los Grundrisse*, ya citada); a la segunda redacción: *Hacia un Marx definitivo. Un comentario de los Manuscritos del 61-63* (Dussel, 1988); y un comentario a la tercera y la cuarta redacciones: *El último Marx (1863-1882) y la liberación latinoamericana* (Dussel, 1990). Allí hemos expuesto muchas interpretaciones no usuales de la obra de Marx.
[42] Citamos Marx, t. I/1, 1979, p. 106; y de *Marx-Engels Werke* (*MEW*), t. 23, p. 101. El texto de Marx está citado en el latín de la Vulgata católica. Ya lo había copiado en los *Grundrisse* junto al texto de Shakespeare sobre el «oro dorado» (Marx, 1980, p. 173; 1974, p. 148). El tema había sido relacionado con el «dinero como moneda mundial». Cabe destacarse que Engels, años después, cuando en su obra *El libro del Apocalipsis* (1883) se refiere al tema, y escribe: «Esta crisis es el gran combate final entre Dios y el Anticristo, como lo han llamado otros. Los capítulos decisivos son el 13 y el 17» (Texto incluido en la obra de Assmann, 1974, p. 326; *MEW*, 21, p. 11). Engels cita el mismo texto de Marx en *El Capital*, y comenta algo antes: «El cristianismo, como todo gran movimiento revolucionario, fue establecido por las masas» (*ibid.*, p. 324; p. 10).

Como hemos dicho más arriba, en la obra de Marx hay entonces una estrategia argumentativa, y que tal como nos sugiere St. Toulmin,[43] le daremos la siguiente representación:

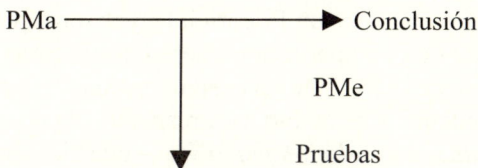

Para Marx, entonces, el silogismo podría enunciarse así:

1) *PMa* (premisa mayor): si un cristiano es capitalista.
2) *PMe* (premisa menor): y si el capital es la «Bestia» del Apocalipsis, el «demonio visible».[44]
3) *Conclusión*: dicho cristiano se encuentra en contradicción práctica.

Todo esto exigirá «pruebas» (y las hemos aportado a lo largo del libro *Las metáforas teológicas de Marx*), pero, a fin de comprender por ahora el argumento en un primer nivel, son necesarias ciertas definiciones. El «cristianismo» del cristiano de la *PMa* (premisa mayor) es el realmente existente, el cotidiano, el luterano, y aun el puritano de la Europa en la época de Marx (o actualmente en el mundo capitalista europeo, norteamericano y latinoamericano). El «capitalismo» es igualmente el realmente existente, el comprendido cotidianamente por todos (libre cambista en la época de Marx, y el actual a finales del siglo XX, que en cuanto relación esencial trabajo-capital es abstracta o esencialmente el mismo).

La *PMe* exigirá mayores consideraciones. Si se acepta que el capital es el «Moloch», el «fetiche», el «demonio visible», como desarrollo de la doctrina del Anticristo del joaquinismo pietista,[45] el cristiano se encontraría en una contradicción clara, porque el ejercicio cotidiano de la praxis en el sistema capitalista involucraría éticamente una acción satánica, demoníaca. Si esto fuera así, el tal cristiano podría evadir dicha contradicción de cuatro maneras: o 1) afirmando su cristianismo y renunciado al ejercicio del capitalismo (que es lo que intentaba Marx); o 2) afirmando el capitalismo y renunciando al cristianismo (que acontecía y acontece con poca frecuencia); o 3) inventando una religión fetichista, con el nombre de cristiana, modificada de tal

---

[43] Toulmin, 1964.

[44] Puede parecer malsonante, expresión de mal gusto o francamente falta de imaginación. O puede parecer que ahora, desde la crisis del socialismo real, todo es posible. Desde hace mucho tiempo hemos pensado que el tema valía la pena de ser tomado en serio. Por ejemplo, en 1970 escribimos, a manera de artículo, el capítulo 6 del libro *Las metáforas teológicas de Marx* sobre «El ateísmo de los profetas de Israel y de Marx».

[45] Véase Dickey, 1987, pp. 52-78.

manera que no fuera contradictoria con el capital (y de allí la producción, por ejemplo, del puritanismo holandés o inglés, de una actitud religiosa que el capital necesita para su reproducción con «buena conciencia»);[46] o, por último, 4) interpretando de tal manera al capital (y ésta es la función de la economía política capitalista de Smith, Ricardo, Malthus, y en nuestra época de un Friedrich Hayek, ocultando la no-eticidad esencial del capital) a fin de que no aparezca como contradictorio al cristianismo.

Y bien, las posibilidades 1) y 2) no necesitan crítica alguna, porque solucionan la contradicción objetivamente. En cambio, con respecto a la posibilidad 3), existente de hecho, exigiría una *crítica a la religión fetichista* —cuestión que de hecho no desarrolló Marx íntegramente, pero de la cual nos ha dejado muchas sugerencias, y que fue entendida por la tradición marxista y anti-marxista como la crítica a la religión *sin más*—.[47] Debo indicar que dicha crítica a la religión fetichista es perfectamente aceptable para una conciencia cristiana auténtica, profética, de liberación. Marx hubiera podido afirmar con Justino, lo que éste escribió en el siglo II contra los grupos hegemónicos del Imperio romano:

> De ahí que se nos pongan también el nombre de ateos (*átheoi*). Si de esos supuestos dioses [romanos] se trata, confesamos ser ateos (*átheoi éinai*).[48]

Con respecto a la posibilidad 4), Marx se extiende sobre ella en toda su obra por metáforas, pero principalmente en *El capital*, impidiendo permitir escapar al cristiano de la contradicción indicada arriba, al mostrar frecuentemente que el capital es plusvalor acumulado, y como el plusvalor es objetivación de trabajo *impago*, no puede ocultarse en una visión crítica la no-eticidad del capital. Pero, por otra parte, para desarrollar su argumento, muestra también Marx que el capital intenta ocultar dicha

---

[46] En nuestra época, no ya en la de Marx, tenemos ahora un buen ejemplo explícito católico, en la obra de Novak, 1982, donde pretende mostrar la coherencia entre capitalismo y cristianismo, en cuestiones como el «pecado» (pp. 82 ss.) o el «Mercado» (pp. 104 ss.).

[47] Toda la crítica de la tradición reciente cristiana (católica y protestante) se endereza contra esta crítica de Marx «contra la religión». No se advirtió (¿quizá por la legitimación explícita o implícita que el cristianismo otorgó al capitalismo?) que se trataba de una crítica a una religión «fetichista» (de hecho «anti-cristiana» en su sentido fuerte). La más clásica de estas obra fue la de Calvez, 1956, 1956, que abrió toda una polémica sobre el «humanismo» del joven Marx. Aun la reciente obra de Kee, 1990, pp. 3-128, cae en esta visión parcial. Por otra parte, es bueno indicarlo desde el comienzo, nuestra posición difiere de la de nuestro colega (aunque trabajamos en el mismo Departamento de Filosofía de la Universidad Autónoma Metropolitana, Iztapalapa, México) José Porfirio Miranda, que en su famosa y mundialmente conocida obra *Marx y la Biblia* (Miranda, 1969), y posteriormente en *El cristianismo de Marx* (Miranda, 1978), se inclina a probar que Marx fue *subjetivamente* cristiano. No es ésta nuestra estrategia argumentativa. Hemos demostrado en nuestra obra *Las metáforas teológicas de Marx* —y sobre todo en su obra madura, a partir de los *Grundrisse*, y teniendo en cuenta la «lógica» filosófico-económica de *El capital*— que Marx tiene y sostiene *objetivamente* un discurso cuasi-teológico implícito, negativo, «metafórico», pero no por ello menos pertinente.

[48] *Apologia I*, 6 (*Patrologia latina*, Migne, t. VI, p. 336).

no-eticidad por medio de la pretensión de «crear ganancia desde sí mismo», «de la nada». Esta pretensión es interpretada por Marx ahora como *fetichista*. El *carácter fetichista* del capital es la otra cara de la interpretación económica política ideológica ocultadora de la esencia no-ética del capital: es la afirmación del capital como «Absoluto». La crítica del carácter fetichista del capital es, epistemológicamente, una tarea económico filosófica propiamente dicha.

Nos queda todavía el tema central de esta ponencia. El argumento, como todo argumento, se despliega a partir de la premisa menor (*PMe*): «y si el capital es el Anticristo, el *demonio visible*». Este enunciado puede sonar de muy mal gusto; de querer torcer el discurso de Marx; de ser malsonante y hasta ridículo para algunos; además, pareciera como muy poco de Marx. Sin embargo, nos ocuparemos de probar que es muy de Marx. En efecto, el cristiano no está en contradicción consigo mismo sólo ni principalmente por el carácter fetichista del capital, desde un punto de vista filosófico o económico, y debemos aclarar esto, porque todavía el asunto no ha sido explícitamente enunciado de manera comprensible para el «juego de lenguaje» o la terminología propiamente cristiana. Marx la desarrolla continuamente, aunque de manera «metafórica», al referirse al capital con predicados o determinaciones relacionados al «fetiche», al «demonio»,[49] a la «Bestia» del Apocalipsis, o bajo otras advocaciones (Moloch, Mammón, Baal, etc.). Estas referencias «metafóricas», si se las toma *sistemáticamente* en serio, producen como resultado un discurso paralelo al discurso económico-filosófico central de Marx. Denominaremos a este discurso «metafórico» paralelo: la *teología «metafórica» de Marx*, una cuasi-teología que abre el camino a la futura Teología de la Liberación latinoamericana (aunque algunos de sus promotores hoy, en 1993, intenten tímidamente negarlo). El tema nunca ha sido tomado en serio, y, al menos y por ello, creemos que vale la pena correr el riesgo de lanzar la hipótesis. Pero, téngase en cuenta, la metáfora, el símbolo, no producen nuevo conocimiento filosófico-económico, pero «abren» un *nuevo mundo* —como dirá Paul Ricoeur—, y justamente «abren» un nuevo horizonte teológico.[50] Si fueran metáforas sueltas, caóticas, puramente fragmentarias, podríamos hablar de que hay sólo metáforas teológicas en la obra de Marx. Pero si las metáforas tienen una *lógica*, entonces sí podemos hablar de una cuasi-teología o de una teología *implícita*. Marx no tuvo intención de producir una teología formalmente explícita —es necesario que esto quede claro desde ahora—. No fue, en el sentido estricto del término, un teólogo. Abrió el horizonte para una nueva teología —lo que es muy diferente.

---

[49] Ya Künzli, 1966, p. 587, nos dice: «Esto no es ya economía, sino *demonología (Dämonologie)*». O Friedrich Delekat escribía en «Vom Wesen des Geldes. Theologische Analyse eines Grundbegriffes in Karl Marx», en *Marxismusstudien* I (1954), p. 71: «Dämonisierung des Kapitals». Véase, Delekat, 1957. En Demetz, 1969, expresa aún su opinión sobre esta demonología (en pp. 156 y especialmente en 417).

[50] El símbolo (S), aunque con menor precisión analítica, tiene una extensión y significado metafórico mayor que el puro concepto (C) unívoco ($S > C$). En ese plus (x) del símbolo ($S = C + x$) estriba justamente su capacidad de sugestión, de apertura, de doble sentido, de producir una «referencia» semántica connotativa más rica (aunque menos precisa).

Valga, como ejemplo, el siguiente, que puede hacer sospechar al lector que la hermenéutica de tales «metáforas» tiene frecuentemente muchas dificultades de interpretación, y por ello pasó desapercibida la práctica cuasi-teológica de Marx. En los *Grundrisse*, hablando del dinero, Marx expresa:

> [El dinero] de su *figura de siervo (Knechtsgestalt)* en la que se presenta como simple medio de circulación, se vuelve de improviso soberano y *dios del mundo* de las mercancías.[51]

Marx se está refiriendo (pero a la tradición marxista, por falta de conocimientos en esta materia, y a la tradición antimarxista, por el prejuicio del Marx antirreligioso, se les pasaba desapercibido) al texto de Pablo Filipenses 2, 6-7, cuando leemos:

> Él, a pesar de su *figura divina (Gestalt Gottes)*,[52] no se aferró a su categoría de Dios; al contrario, se alienó[53] a sí mismo y tomó la *figura de siervo (Knechtsgestalt)*.[54]

Puede verse cómo usa Marx el Nuevo Testamento, de manera muy sutil y versada. Toma al dinero como la «inversión» de Cristo, como el Anti-cristo. Mientras Cristo era de «figura divina» y se alienó asumiendo la «figura de siervo», el dinero (en movimiento contrario) siendo de «figura de siervo» se transforma en «dios» (el fetiche). Cristo se humilló, bajó; el dinero sube, se diviniza. Se trata de una inversión. Esta manera «metafórica» de usar temas bíblicos y teológicos, por parte de Marx, obliga a una atenta lectura oblicua, que exigía una doble competencia: filosófico-económica y teológica, que nunca se daba (ni entre los marxistas, ni entre los antimarxistas prejuiciados *a priori* contra Marx). Sólo una lectura atenta, abierta, que descubra la *lógica* del discurso filosófico-económico de Marx podía imaginar esta hipótesis interpretativa.

Por ello, y deseamos dejarlo claro, no es lo mismo el carácter fetichista del capital desde un discurso filosófico y económico-político, que el desarrollo de un discurso «metafórico», simbólicamente con sentido implícito o cuasi-teológico. Se trataría de una teología implícita, negativa, «metafóricamente» fragmentaria.

En el segundo siglo posterior a la muerte de Marx (desde el 1983), y después de la caída del muro de Berlín en noviembre de 1989 y del colapso del socialismo real de la Europa del Este, los estudios sobre Marx deberán cobrar nueva fisonomía, como

---

[51] Marx, 1974, p. 133, ed. española, 1971, p.156.

[52] En la traducción de Lutero se usa «Gestalt» para traducir griego *morfé* (forma). Véase, por ejemplo, el Nuevo Testamento, Ed. Paul Pattloch, Aschaffenburg, 1963, pp. 260-261, donde se sigue usando las mismas palabras alemanas. Es decir, Marx está usando «las mismas palabras», es decir, se está refiriendo *explícitamente* al texto paulino.

[53] Lutero traduce *ekénose* por «entaüssen sich» (es decir, «se alienó a sí mismo») de donde los maestros de teología de Tübingen enseñarán a Hegel la doctrina de la «alienación», de donde se inspirará Marx para definir su propio concepto de «alienación», que tiene históricamente un origen cristológico.

[54] En el Nuevo Testamento citado, p. 261.

frontal crítica de un capitalismo que se autodefine como triunfante —aunque el 80% del capitalismo mundial,[55] en el «Sur», en el antiguamente llamado Tercer Mundo, gime en la miseria de un proceso de creciente empobrecimiento sin solución en la economía-mundo bajo la hegemonía de un pretendido mercado libre (en realidad monopolizado por los «siete grandes»)—, que encubre una necrofilia que le es esencial. Marx es el mayor de los críticos del capital, y su *crítica religiosa* o por «metáforas» teológicas está llamada a tener, opino, una creciente relevancia y profunda pertinencia en el próximo futuro.

Contra las profecías del «fin de la historia»,[56] del triunfo del capitalismo, Marx se levanta contra Nietzsche cuando este último escribe:

El nihilismo como síntoma de ello, indica que los desheredados ya no tienen ningún consuelo, que destruyen para ser destruidos: que privados de la moral ya no tienen ninguna razón para *entregarse,* que están afincados en el terreno del principio opuesto y también quieren Poder por su parte, *forzando a los poderosos* a ser sus verdugos.[57]

En efecto, Marx no dirá que «Dios ha muerto», muy por el contrario, el capital es un «dios» bien vivo y que exige víctimas humanas. Y ante la gigantesca «deuda» («interés» que se paga al «Norte») del «Sur», hoy pareciera más actual que nunca este texto antinietzscheano —«dios» (el «fetiche») vive de la vida de los pobres del mundo:

La total cosificación, inversión y el absurdo [es] el capital como capital [...] que rinde interés compuesto, y aparece como un *Moloch* reclamando el *mundo entero*[58] como *víctima ofrecida en sacrificio (Opfer)* en sus altares.[59]

En este texto tenemos, de «cuerpo entero», al Marx que expresa una crítica religiosa «metafórica» de la economía capitalista, una «metáfora» cuasi-teológica, como mejor se quiera. Y no es el Marx juvenil, es el Marx tardío, de la segunda redacción de *El capital.*

---

[55] El informe de la ONU sobre el *Informe sobre el desarrollo humano 1992* (Human, 1992), indica que el 20% más rico de la humanidad consume el 82% de los bienes producidos, mientras que el 20% más pobre sólo consume el 1.4% (el 60% más pobre sólo consume el 5.6% de los bienes producidos).

[56] Véase Fukuyama, 1989.

[57] Nietzsche, 1981, p. 61. Es decir, para Nietzsche los pobres deben resignarse a la desaparición, a la muerte; no hay esperanza que pueda alentarlos, y una tal Esperanza es «contra-natura». No es extraña la moda nietzscheana, tanto en Estados Unidos como en Europa, y aun en América Latina.

[58] Es interesante anotar que en este aspecto («el mundo entero») es hoy más pertinente que en el siglo XIX, donde todavía el capitalismo no había llegado al horizonte mismo del «mundo» como totalidad.

[59] *Manuscritos del 61-63*, cuaderno XV, folio 893 (*Teorías sobre la plusvalía*, FCE, México, 1980, t. III, p. 406; *MEGA* II, 3, p. 1460).

16. Thomas Hobbes: el nuevo paradigma del discurso de fundamentación de la política

En Inglaterra, la última isla del «sistema antiguo» que ahora se situaba en el Atlántico (futuro «centro» geopolítico del «sistema-mundo»), tenía una monarquía sumamente débil; era necesario para los conservadores, que se oponían a los reformadores radicales y sectas milenaristas en la «guerra civil» del 1642-1646, apoyar decididamente al régimen monárquico contra los partidos «parlamentaristas». Thomas Hobbes (1588-1679) era uno de ellos.[1] Mezclaba un «humanismo cívico» con cierta dosis de calvinismo individualista, junto a la creencia de que Inglaterra era la Nueva Nación electa por Dios. Concebían la *Petition of Right* del 1628 (en la que el rey impotente debió conceder al parlamento el no recaudar los impuestos sin mediación del indicado parlamento, el reconocer el *Habeas corpus*, y el no poder declarar la ley marcial en tiempos de paz) como una concesión de «derechos civiles» inaceptable para la soberanía del rey —en una posición muy semejante a la de la tradición de Jean Bodin—. Al ser decapitado Carlos I en 1649 parecía darles la razón, ya que el caos de la guerra civil se había hecho presente como un estado permanente negativo, caótico.

Antes de comenzar la exposición de nuestro tema, detengámonos un instante en un pensador que tendrá gran influencia sobre Hobbes, Locke y muchos de sus contemporáneos. Se trata del anglicano Ricardo Hooker (1553-1600). En efecto, la filosofía política inglesa lo tendrá siempre presente de alguna manera. En su *The Laws of Ecclesiastical Polity*[2] critica la posición puritana calvinista. Ellos negaban la validez de la razón humana. John Knox, fundador del presbiterianismo aceptaba sólo las escrituras como única fuente de argumentación política o jurídica. La Iglesia era entonces la guardiana de la Palabra divina y por ello estaba sobre el Estado. Como los hugonotes en Francia, justificaba ampliamente el tiranicidio. Hooker, por el contrario, y conociendo los Padres de la Iglesia, a la filosofía medieval, apoyándose especialmente en Tomás de Aquino, y la escolástica moderna española, opina que aunque la escritura es luz permanente, no niega por ello la de la razón humana. En las cuestiones naturales la razón puede referirse a los grandes pensadores que la han usado, aunque no fueran

---

[1] Véase Popock, 1975, pp. 333 ss. También Walzer, 1965; Schmitt, 1995; Strauss, 1994, pp. 433-459; Wolin, 2001, pp. 257-306.

[2] Véase Hooker, 1977. Consúltese Strauss, 1994, pp. 387-397.

cristianos. El ser humano es por naturaleza social.³ El poder político pertenece al pueblo y éste confía en el gobierno por consentimiento y contrato.⁴ Los tipos de gobierno no son naturales y deben decidirlo los participantes, como una elección arbitraria.⁵ Las cuestiones políticas de la Iglesia deben ser resueltas por el uso de la razón —no hay revelación particular sobre el tema⁶—. Aunque la religión sea útil para la política, no debe usársela como sugiere Maquiavelo con fines políticos —que será, como veremos, la posición de Hobbes, aún mucho más radical que el italiano—. En las naciones donde los cristianos son minoría hay separación de Estado e Iglesia. Pero en las «Repúblicas cristianas» son como una misma substancia por tener un mismo pueblo, pero deben ser diferentes en funciones,⁷ tanto como la fe y la razón. Niega, con Wyclif o Lutero, la autoridad del Papa. En la Iglesia como en el Estado la autoridad debe basarse en el consentimiento.⁸ En el Nuevo Testamento es desconocido el concepto de «República cristiana», pero en el Antiguo, Israel era una nación civil y eclesiástica. Tenía una visión restringida de la tolerancia, por la que los herejes y papistas católicos podían vivir en un Estado anglicano, ya que las leyes humanas obligan sólo exteriormente, pero no podían hacer pública su disidencia para mantener el orden estable y harmonioso del Estado.⁹ Como podremos ver, las diferencias con Hobbes son mayores.

En efecto, en el año crucial de 1642, año de la muerte de Galileo Galilei, del nacimiento de Isaac Newton, cinco después de la aparición del *El discurso del método* de René Descartes en Amsterdam, aparece *De Cive (Del ciudadano)*, la primera obra política fundamental de Hobbes. Si el siglo XVI transcurrió creativamente al deconstruirse toda la visión geopolítica del «antiguo sistema», en la primera parte del XVII se *formuló* el nuevo modelo de la Modernidad. En ontología será Descartes el que explicite la nueva fundamentación, en astronomía Galileo (siguiendo las hipótesis de Kepler, Copérnico y los árabes), en física Newton. En política, fue Hobbes el primero en formalizar el nuevo paradigma. Propuso un modelo solipsista, fundado en las pasiones más que en la razón —siguiendo el voluntarismo franciscano de Oxford y Cambridge—, donde el poder procedía de la fuerza en «estado de naturaleza» en el soberano, y no de la civilidad del súbdito, ya que éste permitía al rey el ejercicio del poder, quedando el ciudadano inerme, gracias a un contrato fundado en el común interés de la pura sobrevivencia de todos, que daba legitimidad sobre nueva base al Estado, a las instituciones civiles y a la acción política. Hobbes es el iniciador, en tanto que formula claramente un tipo de problemática original, de una tradición moderna que será tenida en cuenta durante los siglos posteriores. Existe una enorme diferencia con Maquiavelo. Este último expone en *El Príncipe* un tratado sobre la estrategia pruden-

---

[3] *Op. cit.*, lib. I, x, 1.
[4] *Ibid.*, VIII, 5, 9.
[5] *Ibid.*, I, x, 5.
[6] *Ibid.*, III, ix, 1-2.
[7] *Ibid.*, VIII, i, 5.
[8] *Ibid.*, VIII, i, 8.
[9] *Ibid.*, VIII, vi, 5.

cial, como astucia, de la acción política; Hobbes, en cambio, propone una nueva *fundamentación ontológica* de la política. Y, contra la opinión corriente actual, en vez de pensar en la macro estructura estatal o política de manera secularizada, separando la política de la religión, ocupa por el contrario la mitad de su obra cumbre del 1651, *Leviatán o la materia, forma y poder de una República eclesiástica y civil* —dentro de un tratamiento tradicional en su época, como la de Hooker—, para mostrar también *more theologico* (como puede verse en el uso continuo de la escritura cristiana) la conveniencia de un Estado que ejerza el poder sobre la Iglesia (en este caso la anglicana) dentro del modelo de Cristiandad, inaugurado en Bizancio por Constantino (en el siglo IV), o por Teodosio poco después y jurídicamente estructurado. Modelo practicado de «Cristiandad» ya en el siglo XVI, sea como Cristiandades católicas en España,[10] Portugal, Francia o Italia en el siglo XVI, o ahora como Cristiandades anglicana (de Inglaterra) o luterana (de la Prusia posterior a Lutero, de la Dinamarca de Kierkegaard, de los países escandinavos). A Hobbes le preocupa el estado de debilidad del Estado, de la monarquía inglesa, que dejaba un vacío de poder y favorecía el caos, la «lucha de todos contra todos». Para poder *fortalecer* el Estado era necesario otorgarle la potestad de dirigir igualmente a la Iglesia —una mera secularización, como a veces sugieren los intérpretes, hubiera significado perder un recurso estratégico del poder de extrema importancia:

> Ahora bien, [...] lo que a continuación me propongo tratar [...] es la naturaleza y derechos de un *Estado cristiano* [...].[11]

> Para la comprensión del *Poder eclesiástico*, es decir, qué es y en quién reside, hemos de distinguir dos partes en la época anterior a las Ascensión del Señor: una, antes de la conversión de los Reyes, y de los hombres provistos de poder civil soberano; la otra, después de su conversión.[12]

La Iglesia primitiva, anterior a la Cristiandad, era crítica y por ello perseguida por el Imperio. Pero una vez que hubo reyes cristianos, los primeros entre todos los armenios y georgianos anteriores ciertamente a Constantino, se planteó el tema de la «justificación» *cristiana* del Estado, y el cristianismo pasó de un mesianismo crítico-profético de la política a la fundamentación misma del Estado —como lo enunciaría claramente Hegel—. Se planteó por primera vez la posibilidad de que la Iglesia dominara al Estado (como posteriormente acontecerá en el Estado pontificio en Italia) o que el Estado manejara en su provecho a la Iglesia (como indica el modelo de «Cristiandad»). Éste es el caso propuesto por Hobbes:

---

[10] El «Patronato hispánico» o «lusitano» constituía políticamente la concesión romana al Estado español o portugués de un efectivo poder sobre la Iglesia. Hobbes fundamentaba filosófica (teológicamente) dicho derecho del Estado sobre la Iglesia, en largos capítulos de la III y IV parte del *Leviatán*. Véase Dussel, 1967, 1970, 1978 y 1983c.

[11] *Leviatán*, parte III, cap. 32 (Hobbes, 1998, p. 305).

[12] *Ibid.*, cap. 42; p. 408.

En todos los Estados de los paganos, los soberanos tuvieron la denominación de pastores del pueblo [...] Por esta razón los reyes cristianos siguen siendo los pastores supremos de su pueblo [...] y, por consiguiente, todos los demás pastores son instituidos en virtud de la autoridad de dicho soberano.[13]

Por consiguiente, nadie sino los reyes pueden poner entre sus títulos (como signo de sumisión a Dios, solamente) *Dei gratia Rex*,[14] etc. Los obispos deben proclamar al comienzo de sus mandatos: *Por la gracia de la Majestad real, Obispo de tal diócesis*.[15]

Como puede observarse, lo que Hobbes intenta explicar no es la secularización del Estado, sino, muy por el contrario, justificar la existencia de un «Estado *cristiano*» —que Kierkegaard denominó *Cristiandad*, y que Marx ridiculizó en sus artículos críticos juveniles sobre las prácticas de censura del Emperador prusiano luterano—. Pero todo esto lo expone Hobbes porque se propone otorgar más poder a un Estado demasiado débil como el inglés, criticado por los grupos parlamentaristas o los católicos (que serán perseguidos por los reyes en favor del anglicanismo), comunidades a los que nuestro autor se oponía.

En efecto, nuestro filósofo no aceptaba una concepción mixta del poder.[16] En su lugar justificaba una monarquía absoluta. El argumento contará con nuevas categorías, teniendo una gran originalidad, y obtendrá además una larga tradición posterior en la filosofía política anglosajona.

Todo comienza con la hipótesis de un «estado de naturaleza» —que de alguna manera seculariza, ahora sí, el término *ex quo* de la filosofía política medieval, que colocaba como premisa mayor de todo argumento político la situación del agente en el «Paraíso terrenal» (el tipo ideal) anterior al pecado original (el estado empírico).[17]

---

[13] *Ibid.*, pp. 447-449,
[14] «Rey por la gracia de Dios.»
[15] *Ibid.*, p. 450.
[16] Es sabido que en 1642 el rey (en las *Nineteen Propositions of Both Houses of Parliament*) debió aceptar dicha concepción mixta: «In essence, it asserts that the government of England is vested in three estates, the king, the lords, and the commons, and that the health and the very survival of the system depend upon maintenance of the balance between them» (Popock, 1975, p. 361). La corriente «mixta» se inspira en Venecia. Hobbes está en contra de esta «distribución» del poder. Philip Hunton, en su *A Treatise of Monarchy* de 1643, acepta que el gobierno de la república debe ser «mixto», como en el caso de Venecia. En esta tradición se inscribirá John Locke. Toda esta separación y limitación del poder de los diversos momentos de la estructura de la República intenta oponerse al mismo tiempo a la tiranía (de la monarquía absoluta defendida por la naciente burguesía) y la «corrupción» de los cuerpos parlamentarios (representantes de la «cámara de los *comunes*»), la enemiga de la libertad y la virtud —«corrupción» que se ataca, no tanto por una ética (como en la tradición), sino por una equilibrada *institucionalidad*.
[17] La filosofía política medieval se preguntaba, metódicamente: ¿Habría propiedad privada en el Paraíso terrenal anterior al pecado original? Evidentemente no, porque un ser sin defecto no necesitaría esta institución. Pero desde la existencia del pecado esta institución, un mal menor, se hace necesaria. Ahora, analógicamente, se reemplaza «Paraíso terrenal» (situación anterior al orden concreto histórico, empírico, objeto de la reflexión) por un hipotético «estado de naturaleza», que también dice relación a un cierto «derecho» o «ley natural» anterior a la ley positiva dictada en un orden político empírico dado.

Ahora en cambio se trata de una «hipotética» (o histórica)[18] situación como punto de partida:

> En el *estado de naturaleza*, todos los hombres tienen el deseo y la voluntad de hacer daño.[19]

> [...] En el mero *estado de naturaleza*, antes[20] que llegara el momento en que los hombres establecieran entre sí pactos o convenios, era legal para cada hombre hacer lo que los viniese en gana contra quien le pareciese oportuno [...] Y esto es lo que viene a significar el dicho común de que *la naturaleza ha dado todo a todos*. De lo cual podemos también deducir que en el *estado de naturaleza* el beneficio es la medida del derecho.[21]

La «Naturaleza» ha originado a los seres humanos,[22] situándolos en un «estado de naturaleza», con un «derecho de naturaleza» o *ius naturale* (que «es la libertad que cada ser humano tiene de usar su propio poder»[23]), y bajo una «ley de naturaleza» o *lex naturalis* (que «es el precepto o norma general, establecida por la razón, en virtud de la cual se prohíbe a un ser humano hacer lo que puede destruir su vida o privarle de los medios de conservarla»[24]). El «estado de naturaleza» tiene para Hobbes un contenido peculiar:

> Con todo ello es manifiesto que durante el tiempo en que los hombres viven sin un poder común que los atemorice a todos, se hallan en la *condición* o *estado* que se denomina *guerra*;[25] una guerra tal que es la de todos contra todos[26] [...] La naturaleza de la guerra con-

---

[18] Hobbes inicia entonces una cierta «metodología» en la filosofía política que parte de niveles «contrafácticos» hipotéticos, que permiten pensar posibilidades. Es una «idea regulativa negativa». En la Edad media se decía: «Sólo Dios tiene un conocimiento perfecto, *intellectus archetypus* diría Kant; la omnisciencia». Esa premisa se seculariza cuando expresamos: «Un conocimiento perfecto es imposible»; por lo que, en política, «todo conocimiento práctico que la decisión presupone, siendo imperfecto, finito, empírico» tiene que tener estas u otras limitaciones (en primer lugar, la indecisibilidad o incertidumbre, es decir, la imposibilidad de una certeza absoluta en las decisiones concretas). La filosofía política usa continuamente estas mediaciones metodológicas y categoriales necesarias. Hobbes las usó creativamente.

[18] La situación caótica inglesa del momento, era de alguna manera retratada en ese «estado de naturaleza», que se manejaba ambiguamente como «hipótesis», estado histórico originario, situación prototípica aplicable a cualquier situación caótica o de lucha civil (como la vivida por Inglaterra). Pienso que este «estado de naturaleza» es un recurso retórico de excelente capacidad en el proceso de validación de una hipótesis. Es entonces un «recurso» argumentativo.

[19] *De Cive*, Libertad, cap. 1, 4; Hobbes, 2000, p. 58.

[20] Este «antes» nos remite al «*antes* del pecado original» del modelo teórico medieval, ahora secularizado metódicamente.

[21] *Ibid.*, 10; pp. 61-62.

[22] *Leviatán*, parte I, cap. 13; Hobbes, 1998, p. 100.

[23] *Ibid.*, cap. 14; p. 106.

[24] *Ibid.*

[25] Es decir, es un «estado de guerra».

siste no ya en la lucha actual, sino en la disposición manifiesta a ella durante todo el tiempo en que no hay *seguridad* de lo contrario.[27]

El pensamiento conservador, en general[28] y nuestro autor en particular, parte siempre de una «realidad precaria» o extremadamente negativa. Utiliza al mismo tiempo el «principio de imposibilidad»,[29] refutando así a presbiterianos, pietistas y parlamentaristas, llevando sus posiciones al absurdo en una especie de «tipo ideal» (como lo llamaría Max Weber). En efecto, en el «estado de naturaleza» el individuo se encuentra enteramente libre, con todos los derechos, sin propiedad alguna, tal como los utópicos sociales de su época (anticonservadores) lo sustentaban. Hobbes, partiendo de sus premisas, muestra que esa situación ideal se torna sin embargo imposible, se invierte en su contrario: teniendo todos los derechos y libertades, siendo igualmente egoístas, todos luchan contra todos y la conservación de la vida se torna *imposible*. Este «mal mayor» justifica el «mal menor» (la sociedad civil como la describe en el *Leviatán*).

Este «estado de guerra» produce además el «miedo mutuo»,[30] pero el nuevo estado civil igualmente «atemoriza a todos» —como se lee en el texto citado—. Por lo que se pasará de un estado de temor mayor generalizado a un temor menor institucionalizado (en el «estado civil»). Es decir, el «Paraíso terrenal» medieval era una «idea regulativa *positiva*» —porque no era una idea regulativa conservadora—; mientras que el «estado de naturaleza» de Hobbes, por el contrario, era una «idea regulativa *negativa*» (una especie de infierno *ex quo*). «Salir» de ese infierno debía ser contabilizado como un «menor costo»; por lo que los dos sufrimientos debían ser comprados, contabilizados o calculados desde el estado *posterior* en referencia a las mayores penas del estado *anterior*.[31]

En *primer* lugar, el poder lo ejerce, lo transfiere o lo renuncia cada individuo. Hobbes no tiene ya como punto de partida a la «comunidad». Cada ser humano es como una mónada (un móvil con fuerza que se mueve por inercia), que al moverse

---

[26] En el *De Cive*, I, cap. 1, 12 (p. 63) escribe: «El estado natural de los seres humanos *antes* de que entraran en sociedad fue un *estado de guerra*, no una guerra simple, sino una guerra de todos contra todos».

[27] *Leviatán*, I, cap. 13; p. 102.

[28] Véase Hinkelammert, 1984, pp. 33 ss.

[29] *Ibid.*, pp. 182-228.

[30] *De Cive*, cap. 1, 13; p. 63.

[31] Antonio Vieira, como todo conservador, predicaba en el Brasil que los inocentes campesinos bantúes estaban en el África como en el «infierno» (ya que se perderían por su paganismo), y pasaban a una situación de «mal menor» en el Brasil cuando sufrían la esclavitud, a manera de un «purgatorio». El «estado civil» de Hobbes era como un «purgatorio», una mejor situación que el «infierno» de las luchas caóticas y revolucionarias de la Inglaterra de su época (vistas desde su interpretación conservadora como el mal mayor, y no como «dolores de parto» del pasaje de la monarquía, el mal mayor, hacia una situación mejor, la república con un gobierno parlamentario).

puede ser atraída por otros móviles o chocar o sufrir repulsión por otros.[32] Una especie de «física» atomística de cuerpos móviles en el espacio vacío —que ciertamente hace referencia a Galileo, Newton y otros astrónomos o físicos de su época— que se aplica ahora al discurso político. Como los cuerpos en movimiento cada individuo goza de una extrema libertad primigenia:

> Por libertad se entiende, de acuerdo con el significado propio de la palabra, la *ausencia* de impedimentos externos, impedimentos que con frecuencia *reducen*[33] parte del poder que un ser humano tiene de hacer lo que quiere.[34]

Hobbes parte, como en la física moderna del principio de imposibilidad, como en el ejemplo del «móvil perpetuo», que de no oponérsele «impedimentos» podría continuar por inercia infinitamente en movimiento. De la misma manera el ser humano es movido por una fuerza interior, ya que parte de una antropología que considera cuatro dimensiones,[35] pero el momento motor de la política son las «mociones» de las pasiones (dentro de la tradición voluntarista y nominalista franciscana anglosajona). El móvil natural se moverá siempre si no hay «impedimentos», he indicado, por ello el argumento central hobbesiano puede reducirse en su esencia al quitarle «impedimentos» al soberano, como veremos.

Por otra parte, aun en el estado de naturaleza, es el lenguaje el que posibilita la comunicación entre los individuos, «sin él no hubiera existido entre los seres humanos ni gobierno ni sociedad, ni contrato ni paz, ni más que lo existente entre leones, osos y lobos».[36] Pero el lenguaje no es motor ni el «poder» del ser humano, ni mueve a la acción política y menos a la paz, ya que el motor son las «pasiones» pero en contradicción. Por ello en el estado de naturaleza *la vida no puede conservarse*, y el miedo de perderla se hace general. Es necesario superar este estadio negativo originario.

Por ello, en *segundo* lugar, todos (menos el soberano, el rey, como veremos) deben tender a la paz, pero para lograrla deben negarse a sí mismo, estoicamente:

---

[32] Aquí se deja ver el neoestoicismo que será tradicional posteriormente, cuando se escribe que «los griegos tienen palabras para expresar las mismas ideas, *hormè* y *aphormè*» (*ibid.*, cap. 6; p. 41). Este capítulo es resumidamente un tratadito de los sentimientos o pasiones humanas, tan usado por los utilitaristas.

[33] Como el móvil en movimiento que, cuando tiene *ausencia* de resistencia, sigue en movimiento; pero que, cuando hay resistencia, *reduce* su velocidad.

[34] *Leviatán* I, cap. 14 (Hobbes, 1998, p. 106). Esto supone que «el derecho de naturaleza, lo que los escritores llaman comúnmente *jus naturale*, es la libertad que *cada ser humano* tiene de usar su propio poder como quiera, para la conservación de la propia naturaleza, es decir, de su propia vida» (*ibid.*). Véase Wolin, 2001, pp. 266 ss.

[35] «Las facultades de la naturaleza humana pueden reducirse a cuatro especies: fuerza corporal, experiencia, razón, pasión» (*De Cive*, I, cap. 1; p. 53).

[36] *Ibid.*, cap. 4; p. 22.

> Cada ser humano debe esforzarse por la paz [...] De esta ley fundamental de naturaleza [...] se deriva esta segunda ley: que uno acceda, si los demás consienten también, y mientras se considere necesario para la paz y defensa de sí mismo, a *renunciar* al [...] derecho a todas las cosas [...] *Renunciar* un derecho a cierta cosa es *despojarse* a sí mismo de la libertad de impedir a otro el beneficio del propio derecho a la cosa en cuestión.[37]

No hay que constituirse en «impedimento», porque la posibilidad de un poder político o civil será el fruto de la restricción o renunciamiento del propio derecho natural a ejercer el poder. Es entonces, en cuanto al individuo en estado natural, un momento negativo. Es un dejar de actuar a otro, como veremos.

En *tercer* lugar, la restricción que se impone a sí mismo el individuo aparece como una *transferencia*, en cuanto la renuncia se deposita en la voluntad de otro elegido, el soberano (el rey). No es propiamente «transferir» (como acto positivo), sino más bien un prohibirse, negarse, restringirse, impedirse, no ofrecer resistencia, «dar camino libre» a la voluntad natural del soberano:

> Se abandona un derecho [...] por transferencia cuando desea que el beneficio recaiga en una o varias personas determinadas. Cuando una persona ha abandonado o transferido su derecho [...] se dice que está obligado o ligado a *no impedir* el beneficio resultante a aquel a quien se concede o abandona el derecho.[38]

El *perpetuum mobile* (sólo el rey) —según la ley de conservación de la energía como categoría básica mecánica— puede ahora seguir en movimiento con su inercia natural.

Para que esto sea posible es necesario un *cuarto* momento: «la mutua transferencia de derechos es lo que los seres humanos llaman *contrato*».[39] El pacto que constituye la «sociedad civil» (o política propiamente dicha) abre un nuevo espacio (el campo propiamente político) donde ya no se ejercen las fuerzas antagonistas de las pasiones de los individuos naturales (de manera muy diferente a la propuesta de M. Foucault[40]), ya que los ciudadanos o súbditos (y son tales por haber negado sus derechos disciplinadamente, estoicamente) renuncian a ejercer su fuerza, dejan de impedir con su poder el ejercicio del poder soberano, y en esto consiste el contenido del contrato, en el que consta que sólo le permiten ejercer su libertad al soberano (al rey) como «Poder político», lo que sigue siendo para el soberano un ejercicio de su poder en el estado de naturaleza, y por ello lo ejercita despóticamente. El contrato tiene un límite, una condición, de no poner en juego la sobrevivencia de los ciudadanos obedientes. Y en esto consiste el Estado:

---

[37] *Ibid.*, cap. 14; p. 106. Lo mismo se lee en el *De Cive*, I, cap. 2, 2.3; Hobbes, 2000, p. 68.
[38] *Ibid.*, p. 108.
[39] *Ibid.*
[40] Para Foucault el «poder» se juega en un campo de fuerzas, en el que ninguna tienen una hegemonía absoluta, aunque si relativa, pero coadyuvada por todas las otras. No hay inmovilización de todas las fuerzas ajenas para que una sola fuerza ejerza todo su «poder». Es algo entonces más complejo.

[Es] una persona de cuyos actos una gran multitud, por pactos mutuos, realizados entre sí, ha sido instituida por cada uno como autor, al objeto de que pueda utilizar la fortaleza y medios de todos, como lo juzgue oportuno, para asegurar la paz y la defensa común. El titular de esta persona se denomina *soberano*, y se dice que tiene *poder soberano*; cada uno de los que le rodean es súbdito suyo.[41]

Cuando esto acontece voluntariamente, «en este [...] caso puede hablarse de Estado político, o Estado por *institución*».[42] Y «de esta *institución* de un Estado derivan todos los *derechos* y *facultades* de aquel o de aquellos a quienes se confiere el poder soberano por el consentimiento del pueblo reunido».[43]

El soberano tiene entonces la suma de todos los derechos y la libertad plena. Hobbes, como conservador decidido y opinando políticamente que la única garantía de la paz en Inglaterra era la monarquía (contra todo «parlamentarismo»), da al rey, al soberano, nada menos que los siguientes derechos:

El poder acuñar la moneda; de disponer del patrimonio y de las personas de los infantes herederos; de tener opción de compra en los mercados, y todas las demás prerrogativas estatutarias, pueden ser transferidas por el soberano, y quedar, no obstante, retenido el poder de proteger a sus súbditos [...] Si el soberano transfiere la *militia*, será en vano que retenga la capacidad de juzgar [...]; o si cede el gobierno de las doctrinas, los hombres se rebelarán contra el temor de los espíritus [...] Un reino intrínsecamente dividido no puede subsistir.[44]

Como vemos, Hobbes da todos los poderes a la monarquía, incluyendo el poder legislativo, judicial y ejecutivo, indivisamente. Es una «Voluntad de Poder» absoluta, un «Yo puedo» (sujeto constituyente del campo político) —correlativo al «Yo pienso» cartesiano (del campo ontológico), o al «Yo produzco» (por el trabajo e intercambio mi producto en el campo económico)—. El «Yo, el Rey» (firma de todas las «Reales cédulas» de los reyes hispánicos) se ha generalizado a toda Europa.

Por otra parte, para Hobbes, y en *quinto* lugar, una vez que se ha restringido a sí mismo voluntariamente el individuo en el ejercicio del propio derecho natural para aparecer como un ciudadano o súbdito, todos los derechos le son irrecuperables, el ciudadano

---

[41] *Leviatán*, I, cap. 17; p. 141. En *De Cive,* I, cap. 5.11; p. 119.
[42] *Ibid.*
[43] *Ibid.*, cap. 18; p. 142.
[44] *Ibid.*; p. 148. Hobbes enuncia en doce apartados (cap. 18; pp. 142-148) la lista completa de derechos del soberano. Además de los indicados, tiene el derecho de «representar la persona de todos», de ser obedecido por el súbdito aunque disienta, de que se acepte que todo acto del soberano nunca es injusto, que nunca pueda ser muerto por rebelión (contra el tiranicidio), que sea juez de toda causa, que dicte todas las leyes incluyendo la institución de la propiedad (que el soberano concede, pero que se guarda el derecho de redistribuirla), el derecho a la judicatura, el declarar la guerra y la paz, elegir los consejeros, ministros, magistrados y funcionarios, recompensar con honores los méritos. Como puede observarse el emperador chino tenía menos derechos que el rey hobbesiano, verdadero ejemplo de «despotismo *occidental*».

queda sin derechos.⁴⁵ En el «Estado por *adquisición*», en donde se encuentran las colonias, se ejerce además un «poder despótico»,⁴⁶ donde la situación del súbdito es aún más precaria. De todas maneras, la libertad del súbdito se encuentra encuadrada fixistamente por la necesidad de lo que el soberano, el rey, dispone.⁴⁷ «La libertad del súbdito radica, por tanto, solamente, en aquellas cosas que en la regulación de sus acciones ha predeterminado el soberano».⁴⁸ Es entonces una política legalista donde la «libertad del soberano» es la única libertad absoluta, aunque con una única restricción:

> Si el soberano ordena a un hombre que se mate, hiera o mutile a sí mismo, o que no resiste a quienes le ataquen, o que se abstenga del uso de alimentos, del aire, de la medicina o de cualquier otra cosa *sin la cual no puede vivir*, ese hombre tiene libertad para desobedecer.⁴⁹

Habiendo expuesto por primera vez el origen del Estado dentro de una concepción solipsista del sujeto, gracias al surgimiento de la experiencia del individuo como actor principal de la política, desde el paradigma de la conciencia, desde las pasiones que movilizan el campo político, Hobbes pasa al *nivel B* (de nuestra «arquitectónica») describiendo las instituciones fundamentales del Estado. Todo se deduce del Poder absoluto del soberano, como en Bodin. Los «ministros públicos»,⁵⁰ del «Consejo»,⁵¹ etc. Expone su posición sobre «las leyes civiles»,⁵² para concluir sobre las causas que

---

⁴⁵ Es como el «sin derecho» (*Rechtsloss*) de Hegel de los Estados dependientes del «Estado Absoluto» que es el Portador del Espíritu del Mundo en ese momento de la historia universal.

⁴⁶ *Ibid.*, cap. 20; pp. 162 ss. «El dominio adquirido por conquista o victoria en una guerra, es el que algunos escritos llaman *despótico*, de *despótes* [en griego], que significa *señor* o *dueño*, y es el dominio del dueño sobre su criado» (*ibid*, p. 165). Aquí Hobbes repite una vez más la «dialéctica del señor y el esclavo», ya expuesta el siglo anterior por Bartolomé de Las Casas, como hemos visto.

⁴⁷ Es interesante anotar que se opone a Duns Scoto (Duns, el escocés) cuando dice: «Las acciones que voluntariamente realizan los hombres [... teniendo a] Dios, la primera de todas las causas, proceden de la *necesidad* [...] La libertad del hombre, al hacer lo que quiere, va acompañada por la *necesidad* de hacer lo que Dios quiere» (*ibid.*, cap. 21; p. 172). Duns Scoto difiere de Hobbes, porque piensa que Dios opera *libremente, contingentemente* (no por *necesidad*), e igualmente el ser humano obra libremente, contingentemente, y la Providencia divina no es un proceder de *necesidad* sino de *contingencia*. Hobbes es ontológica y políticamente más conservador que Duns Scoto, ciertamente.

⁴⁸ *Ibid.*, p. 173.

⁴⁹ *Ibid.*, p. 177.

⁵⁰ *Ibid.*, cap. 23; pp. 197 ss.

⁵¹ *Ibid.*, cap. 25; pp. 209 ss.

⁵² *Ibid.*, cap. 26; pp. 217 ss. Aquí critica clara y duramente el parlamentarismo. Léase el texto siguiente: «El uso de las leyes [...] no se hace para obligar al pueblo, limitando sus acciones voluntarias, sino para dirigirle y llevarlo a ciertos movimientos que no les hagan chocar con los demás, por razón de sus propios deseos impetuosos, su precipitación o su indiscreción; del mismo modo que los cercos se alzan no para detener al viajero, sino para mantenerlo en el camino» (*ibid.*, cap. 30; p. 30). Puede observarse el paternalismo ante el pueblo de un Hobbes conservador. Por otra parte, se asemeja a Maquiavelo en aquello de conducir a la *fortuna* por los cauces seguros de la *virtù*.

«debilitan o tienden a la desintegración de un Estado»,[53] que, en el fondo, es la razón del haber escrito el *Leviatán*. Hobbes describe dichas causas de la destrucción del Estado, en alguno de sus aspectos, de la siguiente manera:

> Las enfermedades de un Estado, procedentes del veneno de las doctrinas sediciosas, una de las cuales afirma que *cada hombre en particular es juez de las buenas y de las malas acciones* [...] Otra doctrina repugnante [...] es que *cualquiera cosa que un hombre hace contra su conciencia es un pecado* [...] Una cuarta opinión repugnante a la naturaleza de un Estado es que *quien tiene el poder soberano esté sujeto a las leyes civiles* [...] En cuanto a la rebelión, en particular contra la monarquía, una de las causas más frecuentes de ello es la lectura de los libros políticos y de historia [...] Así, en cuanto una monarquía ha sido mordida en lo vivo por esos *escritores democráticos* que continuamente ladran contra tal régimen, no hace falta otra cosa sino un monarca fuerte, a quien, sin embargo, aborrecen cuando lo tienen, por una cierta *tiranofobia* o terror de ser fuertemente gobernados.[54]

Cabe indicarse un capítulo importante, a nuestros fines, sobre «la nutrición» de los habitantes de un Estado,[55] porque «la nutrición de un Estado consiste en la abundancia y distribución de *materiales* que conducen a la vida»,[56] y el soberano ha de ocuparse de este aspecto de manera privilegiada. Con respecto a los medios de reproducción de la vida se hace necesaria «la institución de la propiedad [que por ello] es un efecto del Estado».[57] Para Hobbes, entonces y como para los Padres de la Iglesia, la propiedad no es de derecho natural sino positivo (de *jus gentium* para otros) y en relación con el Estado. Por ello, el soberano (que no pierde su derecho natural sobre la tierra) puede redistribuirla en casos de necesidad (como en la guerra, por ejemplo). Hablando de estos temas Hobbes, además, se sitúa en el «sistema-mundo» que han abierto los países hispánicos desde hacia más de siglo y medio, desde un horizonte mercantilista ingenuo que Marx habrá de criticar:

> Y así como la plata y el oro tienen su valor derivado de la materia misma [sic], poseen en primer lugar el privilegio de que el valor de esas materias no puede ser alterado por el poder de uno ni de unos pocos Estados, ya que es una medida común de los bienes *en todos los países*.[58]

---

[53] *Ibid.*, cap. 29; pp. 263 ss.
[54] *Ibid.*, p. 269. Es notable que Carl Schmitt, que tiene un interesante opúsculo sobre Hobbes (Schmitt, 1995), no se refiera a estos textos verdaderamente aterradores de Hobbes.
[55] *Ibid.*, cap. 24; pp. 202 ss.
[56] *Ibid.*, p. 202.
[57] *Ibid.*, p. 203. «Por ello podemos inferir que la propiedad que un súbdito tiene en sus tierras consiste en un derecho a excluir a todos los demás súbditos del uso de las mismas, pero no a excluir a su soberano» (p. 204).
[58] *Ibid.*, p. 207.

En este capítulo se refiere, de manera inevitablemente eurocéntrica, a «las creaciones filiales de un Estado, [que] son lo que denominamos *plantaciones* o *colonias*, grupos de personas enviados por el Estado [¡europeo!], al mando de un jefe o gobernador, para habitar un país extranjero que o bien carece de habitantes [la tierra vacía] o han sido éstos eliminados por la guerra».[59] Hobbes no da ninguna importancia a esa violencia que «elimina» poblaciones enteras, convirtiéndolas, como el Josué que ocupa la «tierra prometida», en «tierra vaciada».

Y después de describir el origen y estructura del Estado, el soberano, pasa a un extraño capítulo sobre «Del Reino de Dios por naturaleza»,[60] que siendo filosófico en pretensión, por el uso de la Sagrada Escritura cristiana como autoridad, se confunde inmediatamente como un discurso propiamente teológico, positivo. En realidad se trata de un texto político, donde se usa la narrativa positiva del texto sagrado para los cristianos anglicanos, desde donde se funda igualmente el derecho del soberano, el rey, a ejercer su poder, gobernar, a la Iglesia de Inglaterra. El «Reino de Dios» no es la Iglesia; Dios da también al soberano el supremo poder político, sobre la Iglesia. Su Poder entonces, e igualmente, es sagrado, y Hobbes no quiere que a «su soberano» le falte dicha cualidad, en especial ante el pueblo concreto, histórico, cristiano inglés:

> En virtud de la diferencia que existe entre las dos especies de palabra divina, la *racional* y la *profética*, puede atribuirse a Dios un doble reino, *natural* y *profético*: natural en que gobierna a aquellos seres del género humano que reconocen su providencia, por los dictados de la razón auténtica; profético en cuanto que habiendo elegido como súbditos a los habitantes de una nación peculiar (los judíos) los gobernó [...] por leyes positivas que le fue comunicando por boca de sus santos profetas.[61]

Inglaterra prolonga las promesas de Israel. Hobbes entonces expone una política del «reino *natural* de Dios», no es positiva o teológica, sino racional; es sacra pero no sagrada; es divina pero no religiosa; es el ejercicio de «la soberanía de Dios como exclusivamente basado en la naturaleza».[62] El Estado investido de la soberanía de Dios es objeto de la veneración *pública*, mientras que la religiosa es sólo *privada*. El Estado, por su parte, venera a Dios de manera *pública*. Pero Hobbes, como hemos visto, pretende hablar todavía de un «Estado cristiano»,[63] y aquí el discurso hobbesiano pasa a la positividad del discurso teológico explícito, ya que toma las escrituras cristianas para probar sus conclusiones ante un pueblo cristiano. Estamos en un «régimen de Cristiandad» moderno, anglicano, ya aquí la ambigüedad se torna inevitable. Hobbes ha caído en toda las incertidumbres de una «Teología política», que atravesará toda la Modernidad hasta el presente.

---

[59] *Ibid.*, p. 208.
[60] *Ibid.*, cap. 31; pp. 292.
[61] *Ibid.*, pp. 293-294.
[62] *Ibid.*, p. 295.
[63] Toda la segunda parte del *Leviatán* (parte III; pp. 305 ss.).

Puede observarse la diferencia con la filosofía política del período hispánico. Un Bartolomé de Las Casas, con una experiencia directa del mundo periférico, impensable en Bodin o Hobbes, acepta la existencia de derechos propios de los pueblos ajenos a Europa, de las lejanas provincias americanas (cuestión central negada en la filosofía política inglesa y norteamericana), y en una matizada doctrina del pacto muestra que las decisiones del rey, «sin haber tenido consenso (*consensu*) de ellos»[64] («consenso del pueblo»: *consensu populi*) «serían nulas dichas decisiones». El soberano, por ejercer el poder condicionado por un pacto, ante comunidades que no pierden sus derechos, debe seguir teniéndolos en cuenta siempre (ya que sus mismos reyes siguen siendo «legítimos»). Es decir, el conservadurismo de Hobbes choca en este punto con la filosofía política crítica y universalista en referencia a otras naciones de Las Casas.

Por su parte Suárez, defendiendo al *jus gentium* no deja desguarecidas de derecho a las naciones no europeas. Pero lo que es más interesante en Suárez es que el «sujeto» del poder[65] no es el individuo directamente ni la comunidad sin conciencia de ser tal, sino cuando «la multitud humana [...] por una voluntad especial [*speciali voluntate*] o consenso común [*communi consensu*] se reúne en un cuerpo político»; es decir, el sujeto comunitario es cuerpo político autónomo por un acto reflejo y segundo de «querer» estatuir dicho cuerpo; oponiéndose en muchos aspectos a Hobbes (ya que parte de una comunidad y no de un individuo; de una comunidad pero conciente de su desarrollo; que efectúa un consenso segundo aunque no necesariamente escrito; que transfiere el poder [*translata potestatae*] al rey, pero lo recupera en caso de tiranía «porque nunca ha sido privado de éste»). Es decir, el rey en el «pacto» acepta el ejercicio del derecho permanente de los «reinos» o de las comunidades, queda entonces condicionado. No es una monarquía tan absoluta como en el Leviatán hobbesiano. Estas diferencias tienen potencialmente muchas virtualidades en el presente. De todas maneras en la filosofía política hispano-latinoamericana no había todavía *explícita* conciencia de la aparición del individuo mismo como actor político decisivo. En esto Hobbes marca un inicio irreversible.

Por su parte Carl Schmitt, que simpatiza a todas vistas con Hobbes (siendo ambos conservadores), y lo defiende ante liberales, judíos (desde Spinoza, pasando por Mendelssohn, hasta el odiado Julius Stahl-Jolson[66]), que han escindido lo interior-privado de lo exterior-público, y otras posiciones de izquierda (que para Schmitt «vacían» los fundamentos sustantivos del Estado), indica la conveniencia de la «unidad del Estado» o de la «unidad vital originaria» propugnada por Hobbes, en aquello del manejo que

---

[64] Véanse las citas en lo expuesto en el volumen histórico de mi *Política de la Liberación* (Trotta, Madrid, 2007).

[65] Véase en [113-115].

[66] Que «cooperó con su parte para castrar un Leviatán lleno de fuerza vital (*lebenskraeftigen*)» (*op. cit.*, 6, p. 110; p. 134). Schmitt está con Hobbes en lo de un Estado «fuerte». Escribe, «el pueblo inglés se decidió contra esta forma de Estado» (*ibid.*, 7, p. 119; p. 145).

el soberano debe hacer del nivel religioso.[67] Reafirma decididamente que «un derecho de resistencia como *derecho* colocado en el mismo plano de un derecho estatal es, desde cualquier punto de vista,[68] tanto fáctico como legal, un contrasentido y un absurdo».[69]

---

[67] Schmitt, 1995, 1, pp. 21-23 (trad. cast., 1997, pp. 50-51). Puede verse la interpretación de Schmitt sobre la cuestión religiosa (mostrando desde el comienzo que en la propia tapa del libro, el gran Leviatán con la espada [el poder civil] y el báculo [el poder eclesiástico], representa a la izquierda la fuerza, el cañón, las leyes de la ciudad política, y a la derecha la Iglesia, los ornamentos sagrados, los concilios). Estamos lejos de la tan explicada secularización (p. ej. Wolin, 2001, pp. 257 ss.).

[68] El caso de los «nuevos» derechos no considerados en la Constitución son casos que Hobbes o Schmitt no podrán nunca explicar.

[69] *Op. cit.*, 4; p. 71; p. 95.

17. «Lo político» en Lévinas
(Hacia una filosofía política «crítica»)

Deseamos establecer un diálogo con Emmanuel Lévinas, desde *Totalité et Infini* (1961) hasta sus trabajos más recientes, con respecto a «lo político», partiendo de la tan saludable crítica a la política como dominación estratégica totalizada, pero mostrando también la dificultad en la construcción de un concepto político positivo, creador, liberador en el ámbito de la exterioridad.

17.1. Crítica ética de la política como totalidad en «estado de guerra»

Lévinas sitúa perfectamente el sentido negativo de la «política», cuando se torna tautológica autorreferencia de la acción heroica y pública con respecto al Estado como Totalidad, como «estado de guerra» permanente. Partiendo de la «ética» deconstruye la política. Su política es *negativa* y por ello *crítica* de la política. No cae en la ingenuidad hegeliana que confunde el Estado luterano, la Cristiandad, con el mesianismo cristianiano. A ese Estado se endereza su crítica como su oponente habitual, siguiendo los pasos de Franz Rosenzweig.[1] Veamos alguna de sus posiciones, que en parte surgen de su experiencia dolorosa del Estado totalitario nazi en la Europa que le tocó vivir, dentro de la tradición centenaria de la comunidad judía.

La ética critica a la política:

> Aux antipodes du sujet vivant dans le temps infini de la fécondité, se situe l'être isolé et héroïque qui produit l'Etat par ses viriles vertus. Il aborde la mort par pur courage et quelle que soit la cause pour laquelle il meurt.[2]

De una manera casi irónica, Lévinas se refiere a las «virtudes» políticas del héroe nazi (y de otros patriotismos fundamentalistas). Con respecto a esta política así entendida se define la posición de la ética:

---

[1] Véase de Rosenzweig, 1920; Gibbs, 1992, pp. 129 ss.; y Cohen, 1994.
[2] Lévinas, 1968, p. 284.

> L'ethique, par-delà la vision et la certitude, dessine la structure de l'extériorité comme telle. La morale n'est pas une branche de la philosophie, mais la philosophie première.³

La visión y la certeza son del dominio de la Totalidad ontológica, bajo el Poder del Estado. La ética es la «anterioridad» o el «más allá» de la Totalidad del ser:

> Ainsi une existence politique et technique assure à la volonté, sa verité, la rend comme on dit aujourd'hui objective, sans déboucher sur la bonté, sans la vider de son poids égoiste.⁴

Y llegamos así a una primera definición negativa de la política levinasiana:

> L'art de prévoir et de gagner par tous les moyens la guerre —la politique— s'impose, dès lors, comme l'exercice même de la raison. La politique s'oppose à la morale, comme la philosophie à la naïvité.⁵

La política es la guerra misma. La guerra es sólo el rostro puro de la política. Pero Lévinas ama mostrar esta acción violenta como expresión de una ontología de la luz (*tò fôs*), cuando expresa más claramente todavía:

> La lucidité —ouverture de l'esprit sur le vrai— no consiste-t-elle pas à entrevoir la possibilité *permanente* de la guerre? L'*état de guerre* suspend la morale. [...] La guerre ne se range pas seulement —comme la plus grande— parmi les épreuves dont vit la morale. Elle le rend dérisoire.⁶

Lo más original de Lévinas se encuentra en el definir la política como el «estado de guerra» mismo, modificando en este punto la posición de Locke,⁷ y lo muestra como el estado «normal», permanente, el modo mismo de operar de la Totalidad:

> La face de l'être qui se montre dans la guerre, se fixe dans le concept de totalité qui domine la philosophie occidentale [... Les philosophes] fondent la morale sur la politique.⁸

La política sería la acción estratégica por la que los miembros de una comunidad, todos considerados como parte, son afirmados como funcionales, como «lo Mismo»,

---

³ *Ibid.*, p. 281.
⁴ *Ibid.*, p. 219.
⁵ *Ibid.*, p. ix.
⁶ *Ibid.*
⁷ Para Locke había tres «estados»: el estado de naturaleza, el estado civil (y en esto consiste lo político) y el «estado de guerra» que suspende el estado político y sitúa al «civilizado» en relación «despótica» ante el esclavo, el indio, el bárbaro colonial o el enemigo intra-europeo: el «fuera» del orden de la política. Lévinas, en cierta manera, unifica el estado natural, civil y el estado de guerra, y los articula de manera «permanente».
⁸ *Ibid.*, p. x.

y negada su alteridad, su exterioridad, no pueden ser considerados como «el Otro». Es esto lo que Lévinas denomina «l'ontologie de la totalité issue de la guerre».⁹ La ontología de «lo Mismo» continuamente se cierra sobre sí misma:

> [...] l'être, la totalité, l'Etat, la politique, les techniques, le travail, son à tout moment sur le point d'avoir leur centre de gravitation en eux-même, de peser pour leur compte.¹⁰

Entre el que es responsable por el Otro y el Otro, Lévinas describe la irrupción «del Tercero»:

> Le tiers est autre que le prochain, mais aussi un autre prochain, mais aussi un prochain de l'Autre et no pas simplement son semblable.¹¹

Abre así el mundo de la simetría, de las mediaciones, de la conciencia, de la justicia, «nécessaire interruption de l'Infini se fixant en structure, communauté et totalité [...] L'acte de la conscience serait ainsi simultanéité politique».¹² Sin embargo, a esta totalización autorreferente de la política, le opone Lévinas su decentramiento:

> La justice, la société, l'Etat et ses institutions —les échanges et le travail compris à partir de la proximité— cela signifie que rien ne se soustrait au contrôle de la responsabilité de l'un pour l'autre.¹³

Esta «responsabilidad» es anterior a toda estructura política, e interior a ella misma, desde donde se podría instaurar una «nueva» instancia. A «la política» como el orden de la dominación le opondrá Lévinas «la ética»:¹⁴

> Elle est relation avec *un surplus toujours extérieur à la totalité* [...] Cet *au-delà* de la totalité et de l'experience objective, ne se décrit pas cependant d'une façon purement negative. Il se reflète à l'intérieur de la totalité et de l'historie, à l'intérieur de l'experience [...] La vision eschatologique rompt la totalité des guerres et des empires où l'on ne parle pas.¹⁵

El «más acá» (*aquende* en español antiguo) y el «más allá» (*allende*) de la totalidad, de la guerra, de la política, del Estado, se establece desde su mismo interior y a partir de la irrupción del rostro del pobre, de la viuda o el huérfano que suplicante pide limosna. De alguna manera es el *Jetztzeit* de Walter Benjamin; la irrupción mesiánica

---

⁹ *Ibid.*
¹⁰ Lévinas, 1974, p. 203.
¹¹ *Ibid.*, p. 200.
¹² *Ibid.*, pp. 204-205.
¹³ *Ibid.*, pp. 202-203.
¹⁴ Pero no una «política de liberación», mesiánica, crítica.
¹⁵ *Totalité et Infini*, p. xi.

de la discontinuidad. Es la interpelación *dentro* de la Totalidad de un *afuera* del sistema, desde la Exterioridad.[16] Esta relación del situado «cara-a-cara» ante la Alteridad del «alguien-Otro» (*Autrui*) es la relación ética por excelencia, que rompe la funcionalidad de los actores (lo óntico) en el sistema (lo ontológico), y los sitúa uno frente al Otro, como responsables por el Otro (la meta-física).

De esta manera Lévinas opone la ética a la política. La ética es esta relación de «responsabilidad», por sustitución, por el «tomar a cargo al Otro» como una «obsesión», en donde el hambriento se impone con su «hambre» como una exigencia irrecusable de justicia. «¡Dar de comer el hambriento!» es un imperativo ineludible. Todo esto lo hemos largamente explicado en decenas de obras que nos han permitido analizar de muchas maneras en estos últimos treinta años la posición levinasiana.[17]

Sin embargo, la cuestión crítica se abre cuando le preguntamos a Lévinas ¿«cómo» *dar de comer al hambriento*?, ¿cómo hacer justicia con la viuda, cómo edificar un orden económico para el pobre, cómo reconstruir la estructura del derecho de un orden político que como una totalidad cerrada sobre sí misma es inhospitalaria ante el extranjero...? Es decir, su crítica a la política como la estrategia del estado de guerra es correcta, valiente, clarividente, pero esto no evita las dificultades que tiene el gran pensador judío para reconstruir el sentido *positivo* y *crítico liberador* de la una «nueva» política.

Hace treinta años escribía:

Cuando leí por primera vez el libro de Lévinas *Totalidad e infinito* se produjo en mi espíritu como un subversivo desquiciamiento de todo lo hasta entonces aprendido.[18]

Pero expresaba más adelante:

Pero lo que meta-físicamente me iba alejando de Lévinas es algo más grave. El gran filósofo de Nanterre describe magistralmente [...] la posición del cara-a-cara, la relación irrespectiva del rostro ante el rostro del Otro, sin embargo no logra terminar su discurso [...] El Otro interpela, provoca, clama... pero nada se dice, no sólo de las condiciones empíricas (sociales, económicas concretas) del saber oír la voz del Otro, sino sobre todo del saber responder por medio de una praxis liberadora [...] Lévinas muestra genialmente la trampa

---

[16] Franz Rosenzweig escribe: «La revelación se introduce como una cuña en el mundo; el *esto* lucha contra el *esto*. De ahí que la resistencia de los profetas a su misión [...] resulte inconfundible como combates morales. [...]; es su totalidad, su secreta voluntad de *sistema*, la que se defiende contra la irrupción de la palabra ordenante» (*El nuevo pensamiento*, Visor, Madrid, 1989, pp. 35-36).

[17] Todas mis obras (desde el capítulo 3 de mi *Para una ética de la liberación latinoamericana*, Dussel, 1973, parágrafos 16 ss.; vol. 1, pp. 118 ss.) se refieren a este tema originario (desde 1970 hasta hoy, 2002). La Alteridad del Otro abre el mundo (la Totalidad) a su Exterioridad. Véase Dussel, 1977. Mi posición ha sido comentada (p. ej. Barber, 1998, pp. 18 ss.: «Dussel's [...] Integration of Lévinas's Thought»; and pp. 50 ss.: «Overcoming Lévinas»), y también criticada o aclarada (p. ej. Habbel, 1994, pp. 163 ss.: «Politische Ethik als Erste Philosophie: E. Dussel».

[18] Texto preliminar escrito en 1973 y publicado en Dussel-Guillot, 1975, p. 7.

violenta que significa la política que se totaliza y niega al Otro como otro, es decir, filosofa como una *anti-política* de la Totalidad, pero nada nos dice sobre una *política de liberación* [...] El pobre pro-voca, pero al fin es para siempre pobre, miserable [...].[19]

Lévinas es el genio de la negatividad, pero no puede articular una arquitectónica *positiva* de las mediaciones a favor del Otro. La fenomenología debía ser «mediada» y «desarrollada» por categorías de otras disciplinas epistémicas —ello, por ejemplo, nos exigió comenzar a recurrir a Marx, para «explicar» la existencia histórica y concreta del «pobre», el *pauper ante* y *post festum*, y para encontrar las «mediaciones» para liberarlo de su pobreza[20]—. La «anti-política» como negatividad escéptica o deconstructiva es fundamental, pero también es necesaria la «política crítica» o la política de liberación constructiva, innovadora.

17.2. Ambigüedad del «Estado de David»

Cuando Lévinas intenta internarse en ese ámbito *positivo* de la política, tienen algunas dificultades que deseamos comenzar a indicar. Tomemos un ejemplo entre otros. Así el cristianismo se le aparece a Lévinas como una atrevida y ambigua participación «positiva» en la política, y por ello habría pagado un alto precio. En efecto, pareciera bosquejarse una «política» *más allá de la política* cuando Lévinas comienza por escribir:

Dans le christianisme, le royaume de Dieu et le royaume terrestre, séparé, voisinent sans se toucher et, en principe, sans se contester. Ils se partagent l'humain; ils ne suscitent pas de conflits. C'est peut-être à cause de cette indifférentisme politique que le christianisme a été si souvent religion d'Etat.[21]

Deberían aclararse algunos aspectos en esta formulación. Se puede afirmar que los dos órdenes son distintos, pero es poco claro decir que «no se tocan», que «no se confrontan» (*sans se contester*), y que «no suscitan conflictos». ¿Y si por el contrario se tocaran, se confrontaran y crearan conflictos permanentes, inevitables y con un profundo sentido político?

---

[19] *Ibid.*, pp. 8-9.
[20] Escribía hace treinta años: «El cara-a-cara originario, como bien lo entendió Lévinas contra la fenomenología todavía intuicionista, es la del *éros*, de un varón ante una mujer. Pero ya aquí la mujer se descripta como pasividad, como la interioridad de la casa, como el recogimiento del hogar. Es decir, su descripción aliena la mujer en una cierta visión todavía machista de la existencia... [...] Queda mal planteada la cuestión de la educación del hijo [...] Queda igualmente sin plantearse la cuestión del hermano, es decir, el problema político. Lévinas describe en definitiva una experiencia primera: el cara-a-cara, pero sin medicaciones» (*ibid.*, p. 8).
[21] «L'État de Cesar et l'État de David», en Lévinas, 1982, p. 209.

En contraparte Lévinas indica, con respecto al judaismo:

> Le Messie instaure une société juste et délivre l'humanité après avoir delivré Israël. Ces temps messianique sont temps d'un règne. Le Messie est roi. Le divin investit Histoire et État, il ne les supprime pas. La fin de l'Histoire conserve une forme politique.[22]

> Si la Cité messianique n'est pas au-delà de la politique, la Cité tout court n'est jamais en-deçà du religieux.[23]

Lévinas recurre después a la formulación de un «Estado de David» (*l'État davidique*), que sería el Estado mesiánico que está «más allá» del Estado histórico o meramente político, totalizado, totalitario, como los imperios de Babilonia, Partos, Seléucidas o Roma para la tradición rabínica, que «*incarnent*[24] l'aliénation ou la paganisation de l'Histoire, l'oppression politique».[25] Creo que estos textos nos permiten comenzar a entender las limitaciones de «la política» levinasiana.

Desearía partir de la posición criticada por Lévinas; sería, como ya he indicado, el caso del cristianismo.[26] He trabajado este tema en muchas de mis obras durante estos últimos cuarenta años.[27] Pienso que la posición política de aquel judío, enteramente judío, llamado Jeshúa de Nazareth, no ha sido descrita en toda su complejidad por Lévinas, y quizá allí se encuentre el comienzo del debate que deseamos entablar. Veamos la cuestión por partes.[28]

---

[22] *Ibid.*, p. 213.

[23] *Ibid.*, p. 215. De nuevo la posición es ambigua. Lo mesiánico puede no ser un «más allá» de lo político (si es mesianismo político), pero en ese caso debería ser un «más acá» de lo religioso (o se caería en una teocracia o en un Estado confesional).

[24] Veremos que en la metáfora de la «en-carnación» se encuentra ya la diferencia. Para Lévinas la política es «unívoca»: es la acción totalizada de la totalidad. Si fuera posible una cierta «en-carnación» en la política, para ello sería necesaria la «analéctica» (la «analogía» tradicional deconstruida) como veremos.

[25] *Ibid.*, p. 216.

[26] En cierta manera la visión del cristianismo en Lévinas es semejante a la de Franz Rosenzweig.

[27] Desde mi trilogía (*El humanismo semita* [escrito en 1961], *El humanismo helénico* [en 1964] y *El dualismo en la antropología de la cristiandad* [en 1968]), hasta *Historia para el estudio de Latinoamérica en la Historia Universal* [en 1966], *Historia de la Iglesia en América Latina* [1967], etc.

[28] Desde ya querría aclarar que las *narrativas simbólicas* y culturales (tenidas por teológicas) deseo interpretarlas (será una práctica hermenéutica originada los estudios de F. Schleiermacher, G. Gadamer o Paul Ricoeur) de un *modo filosófico*. Muchos textos «religiosos», como la *Odisea* de Homero, el *Libro de los muertos* de Egipto, el mito de Prometeo o el mito adámico (véase Ricoeur, 1963), la Biblia hebrea o el Nuevo Testamento cristiano, pueden ser leídos como «textos» sobre los que puede ejercerse un «trabajo filosófico». Nos dice Franz Hinkelammert: «Un texto como el evangelio de Juan no puede ser tratado según el criterio burocrático de nuestras facultades de hoy. No cabe en ninguna, y tiene que ver con todas. Sin embargo, textos como el evangelio de Juan han sido inmunizados al declararlos textos teológicos [...] bajo el supuesto de que para la alta ciencia —ciencia de la historia, de la filosofía, de las ciencias sociales, etc.— no tienen ninguna relevancia. No obstante este texto ha hecho historia» (Hinkelammert, 1998, pp. 15-16).

Para Lévinas, la expresión «Dad al César lo que es del César y a Dios lo que es de Dios»[29] es una fórmula que distingue el «orden político» del «orden espiritual», sin advertir que está tomando la expresión desde una visión ya deformada y reductiva de la «Cristiandad»[30] posterior. ¿Qué significa el «orden *político*» y el «orden *espiritual*»? ¿Se trata de la «Ciudad terrena» y la «Ciudad de Dios» de Agustín de Hipona? Y, por otra parte, ¿el «Estado de David» o «davídico» es un «Estado político judío»; es un simple «Estado político» como cualquier otro; es un excepcional Estado «mesiánico» más allá de todo Estado; es un Estado en contra de toda institución histórica del Estado; o es su plena realización? ¿El «Estado davídico» se encuentra todavía dentro del ámbito de la política; o se encuentra en el espacio utópico de una ética anti-política?

El judío Jeshúa de Nazareth —insisto en que era totalmente judío, como «rabi» de un grupo, una secta, una tradición hermenéutica enteramente judía en la primera generación dentro del horizonte geográfico de Judea y Galilea— distinguió claramente dos niveles antropológicos y dos tipos de «mesianismo».

En primer lugar, a) el orden de la «carne» (σάρξ en griego, בשר en hebreo), el orden del «príncipe de este mundo» (Juan 12, 31), donde κόσμος indica exactamente a la Totalidad autorreferente (σῶμα ψυχικός[31] diría Pablo de Tarso: carne o cuerpo «natural» u orden humano autocentrado), se opone b) al «espíritu» (πνεύμα en griego, רוח en hebreo, como exterioridad que irrumpe en la totalidad en el tiempo mesiánico; es la trascendencia liberante; el σῶμα πνευματικός: la carne o el cuerpo «espiritual», la comunidad de la Alianza, mesiánica). El «pecado de la carne» o del «mundo» es la autorreferencia de la Totalidad cerrada (el «reino terreste») y el «reino del espíritu» es la Totalidad abierta a la Exterioridad (el «reino de Dios» como «en-carnación», y no como pura trascendencia equívoca). De origen egipcio, la «lengua» o la «palabra» (Thot) del dios Ptah de Menfis deviene veinte siglos después la דבר hebrea y el λόγος griego. Y así la expresión de «la *palabra* se hizo *carne*» (Juan 1, 14) tiene un significado preciso: la exterioridad del Otro irrumpe en la Totalidad; se «en-totaliza», se «encarna». Se abre así todo el orden de las mediaciones ambiguas entre «lo Mismo» y «el Otro». Además, si se «desarrolla» *intersubjetivamente* la relación de «lo Mismo» y «el Otro», el «cara-a-cara»,[32] no como relación privada ni pública, ni como singular o

---

[29] Lévinas, *op. cit.*, p. 209.

[30] El concepto de «Cristiandad» se encuentra como punto de partida de toda una tradición latinoamericana de la interpretación crítica del cristianismo, siguiendo la posición de Kierkegaard contra Hegel (véase Lowith, 1964, pp. 350 ss.: «Das Problem der Christlichkeit»); Dussel, 1983b, t. I/1, pp. 173 ss.).

[31] Pablo, I, Corintos 15, 45. Véase Dussel, 1974b.

[32] En hebreo פנים אל פנים (Éxodo 33, 11); en griego πρόσωπον πρός πρόσοπον (I Corintos 13, 12). Esta categoría semita, que Lévinas trabaja *por primera vez en la historia filosóficamente*, tiene la mayor relevancia en una Filosofía Política crítica (véase Dussel, 1973, en el § 63: «La descripción meta-física de la política» (vol. IV, pp. 63 ss.). «Se trata de la superación de la Totalidad política desde la exterioridad de donde proviene la protesta, interpelación y rebelión político-social [...] En resumen, hay dos políticas: la *política* [...] cuya racionalidad es mantener la dominación; la *antipolítica* o política escatológica

comunitaria, sino como relación intersubjetiva todavía no determinada, que permite un movimiento dialéctico imposible para Lévinas,[33] pero necesario para una Filosofía de la Liberación.[34] En este punto Lévinas tiene dificultad de «mediar», de edificar un «puente» entre la Exterioridad del Otro y la construcción de una «nueva» totalidad al «servicio» del Otro. El Otro es «totalmente» otro (equivocidad absoluta). Mientras que para nosotros el Otro es «analógicamente» otro (posición analéctica), la «en-totalización» del Otro es posible en una futura y «nueva» Totalidad —que deberá ser en un futuro posterior de-totalizada y así sucesivamente por la crítica mesiánica futura.

En segundo lugar, el *mesianismo del rey* o político y el *mesianismo profético*. Opino que Lévinas no hace estas distinciones. Para Lévinas el mesianismo es sólo el del rey, mesianismo «real» («Le Messie est le roi», escribe Lévinas). Esta distinción, no aceptada por Lévinas, de un «orden *político*» (siendo el producto de una intervención del «mesianismo» del rey, y por ello profano, o en el «orden» del «mundo») y de un «orden *espiritual*» (el mesianismo profético, o en el «orden» de la «Alianza»), le permite a los seguidores de Jeshúa ir secularizando al Estado romano latino (antes de Constantino) o helenístico oriental (antes de Teodosio), constituyendo sin ambigüedad una «comunidad pedagógica» y ética (además religiosa), profundamente instituciona-

cuya *nueva* racionalidad es el saber formular prácticamente, realizar el camino y la construcción del orden *nuevo* en la justicia. [... Es] lo meta-físico, lo que está *más allá* del ser y del horizonte del mundo político, de la ecumene (germano-europea) es *lo que no tiene lugar* (del griego: *ouk tópos*), utópico» (*ibid.*, p. 63). En esta obra escrita en 1973-1974 ya anticipaba arquitectónicamente las reflexiones sólo parciales de este artículo. Como esas obras están escritas sólo en español, han permanecido para la «opinión pública» de la comunidad filosófico europeo-norteamericana *como inédita*. ¡El triste destino de la filosofía periférica! Hoy (2007) G. Agamben plantea parcialmente estas cuestiones.

[33] Lévinas tiende a describir la experiencia «cara-a-cara» como una relación irrespectiva privada y concreta. Si se la sitúa de manera anterior a su determinación privada o pública, singular o comunitaria, como mera relación intersubjetiva gana en posibilidades y no cae en aporías innecesarias.

[34] Por mi parte no es que haya malentendido el problema del Tercero (*le tiers*) en Lévinas, sino que creo es una distinción innecesaria y que manifiesta una limitación. Si el rostro del Otro (de Rigoberta Menchú, por ejemplo) es el rostro de un alguien concreto (*Autrui*), como relación intersubjetiva todavía indeterminada, puede «desarrollarse» como el rostro de «una mujer» (como diferencia) y de «la mujer» (en general); como rostro cobrizo es el rostro de «una raza indígena americana», pero también de «las razas no-blancas»; como rostro de «una pobre», es también el rostro «del pobre» del capitalismo contemporáneo globalizado. El pasaje de una intersubjetividad indeterminada (abstracta: lo Mismo ante el Otro, «cara-a-cara») permite «desarrollarse» dialécticamente *privadamente* como un yo ante ti en la intimidad, o *pública* o políticamente como «nosotros ante vosotros». Todo esto hace innecesario la ambigua irrupción del Tercero. No es que la Filosofía de la Liberación abandone la «fenomenología» para pasar a la «liberación», sino que la fenomenología se «desarrolla» dialécticamente (en el sentido de Sartre de *Crítica de la razón dialéctica*) y permite pasar de una ética a una política. La «equivocidad» de Otro absolutamente otro es mediado «analécticamente» ante el Otro a diferentes grados de determinación, diferenciación y generalidad, dentro de una intersubjetividad rica en dimensiones. Esto no es ya una «inadecuada» interpretación de Lévinas, sino el «desarrollo» de posibilidades imposibles para Lévinas.

lizada, legalizada gracias al genio del derecho romano,[35] que adquiere total autonomía organizativa del Estado o del Imperio romano. La «ekklesia» o la «comunidad de los convocados» judeo-cristiana (secta judía que se denomina por primera vez en Antioquía «mesiánicos», «consagrados»; del «aceite» que consagra, que «unge»; de ahí «meshiakh» en hebreo o «khristós» en griego) no anheló nunca, y mucho menos desde la rebelión de judía del año 70 d. C. (por la cual los romanos de Tito destruyeron Jerusalén y el templo) constituir un nuevo «Estado de Israel», un «Estado histórico», y por lo tanto tampoco un «Estado davídico». Esto los hubiera encerrado en el estrecho «nacionalismo» político. El cristianismo primitivo captó rápidamente como su originalidad la afirmación de un claro universalismo que tenía a todo el imperio, y otros imperios (como el persa), como el horizonte de su acción mesiánica.[36] No se trataba del ejercicio del poder de un Estado; no era tampoco la «diáspora» judía de los que habían sufrido la destrucción de su Estado, de su patria y su templo. Era una comunidad religiosa que no aspiraba a constituir ningún Estado.[37] Y, sin embargo, lejos de ser indiferente (como sugiere Lévinas), comenzó una crítica profética, propia del mesianismo político-profético eclesial de la comunidad *pegagógica* distinta y antepuesta a la comunidad *política* del Estado romano (y de todos los Estados futuros). Se podía ser «ciudadano» de «dos ciudades»: de la «ciudad de Dios» que construye el Reino mesiánico escatológico (ético, transhistórico) y de la «ciudad terrestre», que construye el Estado secular. Juan Crisóstomo, el patriarca de Constantinopla, fue condenado al exilio por el emperador bizantino a causa de las críticas (mesianismo profético), en referencia a las injusticias que sufrían los pobres, que profería contra el poder político del Imperio. Marx ve perfectamente el tema cuando escribe:

> La *confusión* del principio político con el principio religioso-cristiano ha pasado a ser la confesión oficial.[38]

[35] El pueblo romano se distinguió por su creatividad jurídica, por su «lex». No es difícil imaginar que una comunidad interior al Imperio romano fuera contaminada por su «legalismo» y se institucionalizara a tal manera claramente en su estructura jurídica que pudiera distinguirse así el «Estado» romano. Pero este hecho jurídico fue posibilitado por la distinción entre «dos» mesianismos por parte de Jeshúa de Nazareth. Un «derecho canónigo» es una novedad histórico-mundial con respecto a todas las comunidades religiosas anteriores, aun con respecto a la «diáspora» judía en el imperio.

[36] Véase Dussel, 1969, anexo final sobre «El universalismo en los poemas del *Siervo de Yahveh*». En este trabajo, hace más de treinta años expuse ya el sentido del concepto semita de «habodah», desde la experiencia de dos años de trabajo manual en Israel (1957-1959).

[37] La «diáspora» judía desde el 70 d. C., tendrá clara conciencia de ser una comunidad religiosa y cultural sin Estado, siendo este último un momento vivido como «falta-de» (falta de un Estado histórico, destruido por los romanos y a ser reconstruido por «el Mesías», en alguna de sus tradiciones). El Sionismo, como veremos, intentará negar esta «falta-de», y afirmará al Estado judío como necesario para una autocomprensión judía plena de la existencia. No así el cristianismo.

[38] La «confesión oficial» era la concepción política del Imperio como «Cristiandad» alemana y luterana del tiempo de Marx, que tanto criticará Kierkegaard en nombre del cristianismo en Dinamarca, también luterana. Lévinas, como veremos, pareciera que no intenta construir suficientes categorías políti-

[...] Vosotros queréis un *Estado cristiano*.[39]
[...] Queréis que la religión ampare lo terrenal.[40]

¿Acaso no ha sido el cristianismo el primero en separar la Iglesia del Estado?[41] Leed la obra de San Agustín *De Civitate Dei* o estudiad a los demás Padres de la Iglesia y el espíritu del cristianismo [...] volved y decidnos cuál es el *Estado cristiano*.[42]

Y, yendo más lejos que Lévinas, en temas donde se articula política y religión, explica:

¿O acaso cuando decís que hay que dar al César lo del César y a Dios lo de Dios, no consideráis como Rey y Príncipe de este mundo,[43] no sólo al Mammón de oro, sino también [...] a la libre razón.[44]

Para Marx, la confusión de la Cristiandad luterana es la de haber identificado la «ciudad de Dios» de Agustín con la «ciudad terrestre»; el cristianismo con la Cristiandad (como para Kierkegaard en la misma época, y dependiendo ambos de la crítica antihegeliana de Schelling en su curso de Berlín de 1841 sobre la *Filosofía de la Revelación*[45]). Y, además, al producir esta confusión, se manifestaba el no tener criterios de discernimiento entre a) Mammón o el «Príncipe de este mundo» (Satán; y para el

---

cas para discernir entre judaísmo religioso y el Estado judío (o israelita, como algunos aprecian denominarlo hoy) laico, profano, secular, tal como opinaba Albert Memmi (Memmi, 1988, p. 270: «Es necesario liberar al judío de la opresión y es necesario liberar a la cultura judía de la religión»).

[39] Que guardando la distancia sería algo así como un «Estado davídico», claro que para Lévinas sería un Estado mesiánico de paz y justicia, futuro, utópico, y no como en el caso de la Cristiandad luterana de Marx. Pero, ¿podrá existir un tal Estado mesiánico, sin caer en las exigencias del uso legítimo monopólico de la violencia y por lo tanto, inevitablemente (por no ser perfecto), producir efectos negativos no-intencionales injustos? Un «Estado liberador» pienso que es posible por un cierto tiempo (aunque rápidamente, por la entropía propia de las instituciones muestra su rostro opresor), pero puramente un «Estado mesiánico» por definición es imposible.

[40] Marx, 1956, *MEW* 1, pp. 11-12; *Collected Works*, 1, pp. 117-118. Para Hegel «la religión es el fundamento del Estado», siendo esta la definición misma de la Cristiandad contra la que Marx se levanta justamente (aun en nombre del cristianismo mesiánico, como el de Kierkegaard).

[41] Al decir «el primero» Marx arriesga un juicio de profundidad histórica. Pienso que es exacto este juicio de Marx, y forma parte de una larga introducción histórica a una obra que estamos denominando *Política de Liberación*, y que estamos elaborando en el presente.

[42] *Ibid.*, pp. 100-103; *Collected Works*, 1, pp. 198-200.

[43] Marx cita aquí a Juan 12, 31 al que ya hemos hecho referencia.

[44] Marx, *ibid.*, 1, p. 42; *CW*, 1, 147. Marx toca dos dimensiones particularmente difíciles para Lévinas: el problema económico y el político como tal. Marx critica al mismo tiempo el capitalismo y el liberalismo.

[45] Véase Dussel, 1974, «Del Hegel definitivo al viejo Schelling» (pp. 116). Este pasaje de Hegel a Schelling como el origen de la posición de los posthegelianos (Feuerbach, Kierkegaard, Marx, etc.) en mi obra está estudiado muy bien en Peter, 1988. Sobre la metáfora de «Mammón», véase Dussel, 1993c.

Marx posterior el capitalismo) y b) la propia Cristiandad (la pretendida «ciudad de Dios» transformada en la «ciudad terrestre»). Para Marx, la pretendida «ciudad de Dios» de los cristianos luteranos de la Cristiandad germana se identificaba además con el orden capitalista —cuestión que nunca será claramente analizada por Lévinas, por carecer de categorías económico-políticas necesarias).

Queremos anotar que Marx, como judío de origen, vió esta cuestión con mayor claridad que nuestro admirado filósofo también judío Lévinas. ¿Por qué digo esto? Porque Marx distinguía con precisión planos hermenéuticos de manera más rigurosa que Lévinas, y esto porque para ello había *construido categorías económico-políticas apropiadas*. Las meras categorías fenomenológica, tan importantes en la ética levinasiana, y que no deben abandonarse porque tienen gran fecundidad en su campo descriptivo propio, ya no son suficientes en filosofía política o económica.

En efecto, Lévinas indicando con pertinencia, con razón, que a la política hay que enfrentarla desde una crítica mesiánica, no sabe discernir las funciones distintas del mesianismo político y del profético, es decir, la diferencia entre una comunidad política con la comunidad ética (al decir de Kant en *La religión dentro de los límites de la mera razón*). Esta última puede tener, en mi comprensión arquitectónica de la ética, una función política, pero no *como política*, sino *como profética*. Cuando los profetas (críticos éticos principalmente negativos) critican en el antiguo Israel a los reyes, cumplen una función política, pero como profetas. David cumple como rey una función política. Cuando el profeta Natán o una comunidad de profetas (la misma función puede caberle a una comunidad de filósofos en nuestro siglo XXI) critican las faltas ético-políticas de David (como el escándalo injusto de su relación con Betsabé, en II Samuel 12, 1), cumplen una función profética, que no debe confundírsela por ello con la función política estricta del rey David, distinta de la función de la comunidad de los profetas (o de los filósofos). Opino que Lévinas no logra diferenciar adecuadamente ambos planos. La comunidad judía después del año 70 d. C. fue una comunidad religiosa y cultural, un «pueblo» *sui generis* en la diáspora del Imperio romano, sin referencia *empírica* ya al Estado de Israel ni al templo de Jerusalén destruido, pero no olvidando nunca una referencia *mesiánica* con la ciudad de Jerusalén y su templo. En la interpretación de Lévinas esta situación era «defectiva», incompleta. La posición de Lévinas era una posición «cuasi» sionista (ciertamente antifundamentalista, antidogmática, por abrirse a una posición política más bien «liberal»,[46] en cuanto a las instituciones concretas políticas del Estado de Israel desde 1948). Por ello para Lévinas, tanto su situación en el Estado francés, al que tanto admiraba, como la creación del Estado de Israel, aportaban nuevos elementos para una «solución» del antiguo conflicto judío. La comunidad profética se transformaría por la creación del Estado israelita, para Lévinas, en una comunidad davídica que podía construir la paz:

---

[46] «[...] Le monde libéral sur lequel, tant bien que mal, reposait —et se reposait— l'existence juive [...]» («Politique après!», en Lévinas, 1982, p. 223).

L'Etat d'Israël sera la fin de l'assimilation. Il rendra possible, dans sa plénitude, la conception des concepts dont les racines vont jusqu'aux profondeurs de l'âme juive.[47]

Éste es exactamente el problema que planteaba Albert Memmi, el gran judío de origen tunecino, cuando en su obra *La Liberación del Judío*, escribe:

> Sólo Israel hará cesar la negatividad del judío y liberará su positividad [... Pero para ello] es necesario liberar al judío de la opresión y es necesario liberar a la cultura judía de la religión.[48]

Para Memmi el Estado de Israel debería ser un Estado secular, en el cual los ciudadanos de cultura judía podían ser la mayoría, pero donde igualmente se respetaban a los ciudadanos de cultura palestina, musulmana o cristiana, todos los cuales tendrían igualdad de derechos en el Estado (y por ello debía llamarse «Estado de Israel» o «Estado israelita» y no «Estado judío»). Lo mismo pensaba Martin Buber. Pero Lévinas no plantea la cuestión de esta manera, ya que, como hemos visto, «la Cité tout court n'est jamais en-deçà du religieux».

Por ello, lejos de ir a dichas «raíces» antiguas judías, la identificación de la «comunidad mesiánica» (que puede ser de profetas y no sólo política o estatal) con el «Estado mesiánico» (unificación de la comunidad religiosa con la comunidad la política) crea en la conciencia ética y política de muchos judíos en la actualidad una especial contradicción. Tómese como ejemplo empírico las actuaciones concretas y militaristas de Ariel Sharon con respecto a la indefensa comunidad de civiles palestinos en Israel (hoy, 19 de febrero de 2002) y en el resto de la antigua Palestina (la antigua Samaria y Gaza). La comunidad profética, ético-religiosa judía perseguida durante veinte siglos, ejerce acciones de un Estado histórico con las que resulta difícil a una conciencia ético-crítica y religioso-mesiánica poder identificarse. Lévinas debe permanecer fiel a su tradición de «no-asimilación» a una cultura o Estado no-judío, pero al pretender la «identificación» entre el «Estado davídico» (¿el Estado de Israel?) y la comunidad que porta la cultura y la religión judía, le resulta imposible justificar lo de tiránico e injusto que pueda ejercer dicho Estado. La «no-asimilación» con el Estado no-judío que justifica la «identificación» con el Estado de Israel contradice ahora la ética de la

---

[47] «Assimilation et culture nouvelle», en Lévinas, 1982, p. 234
[48] Memmi 1988, pp. 262-270. Memmi considera entonces tres niveles: a) una comunidad religiosa judía; b) una cultura judía secularizada, donde los libros «santos» son tomados como la literatura secular de la comunidad cultural y lingüística; c) un Estado secular israelita, donde el ciudadano «israelita» dice una relación a la cultura judía secular y no necesariamente a una religión. El Estado israelita podría promover preferencialmente la «cultura judía» secularizada (así como los Estados de la cultura cristiana, islámica, hindú o budista, han hecho lo propio). El judío se sentiría por primera vez, después de veinte siglos, en Israel «en casa» (*zu Hause*), pero dando igualdad de derechos a los ciudadanos de otras «culturas» y religiones. Sería un Estado multicultural de mayoría judía (y por ello daría prioridad a la lengua y cultura judía tradicional). Esta posición de Memmi es suficientemente compleja y tiene semejanza con la posición adoptada por Martin Buber. Lévinas deja las cosas en una mayor confusión.

responsabilidad por el Otro de Lévinas, que obliga a ejercer la justicia con respecto al pobre (¿el palestino?) que intenta defender su tierra ocupada y crear un Estado palestino en el territorio restante de la antigua Palestina. Contradicción mayor y fractura no sólo con respecto a los últimos veinte siglos de la historia de Israel, sino igualmente desde su origen, ya que las «escuelas de profetas» (mesianismo profético) nunca se identificaron con la monarquía de Israel (ni siquiera con el «Estado de David» criticado por el profeta Natán). Volver en el siglo XX a una concepción teocrática del Estado, hoy profunda e irreversiblemente secularizado, es ir también contra la tradición de la misma comunidad judía de los últimos siglos de la Modernidad, que no permite ya la antigua identidad de comunidad ética y Estado. La crisis consiste en que si la comunidad judía religiosa se identifica con el «Estado israelita» (¿será lo que Lévinas llama el «Estado davídico»?), más grave todavía cuando este Estado responde a los intereses de los grupos judíos más fundamentalistas que persiguieron también a Lévinas en su vida en París, dejaría de ser crítica ante un tal Estado, aunque fuera el Estado israelita, que está lejos de todo mesianismo político de la paz al cometer empíricamente, y por desgracia, claros actos contra los derechos humanos de los palestinos aún en vida de Lévinas, y mucho más en el presente (en el 2002), contra la tradición profética del Pueblo de Israel durante veinte siglos.

El «Estado» que pretenda ser cristiano, musulmán, hindú o judío entra en contradicción consigo mismo cuando un grupo de ciudadanos no confiesa la religión de la mayoría (o aun de la minoría) del dicho Estado. Marx vio muy claramente que la secta judía, llamada de «los cristianos», fueron «los primeros» en secularizar el Estado (al organizar jurídica y autónomamente la comunidad profética, religiosa, con respecto al Estado romano), y esto, paradójicamente, fue el fruto de una experiencia histórica judía: surgió, radicalizó, generalizó y continuó la experiencia de la «diáspora» judía en el Imperio romano.[49]

---

[49] Es interesante indicar, y yo estaría profundamente inclinado a aceptarlo por muchas otras razones, que el cristianismo primitivo pudo dejar de tener un proyecto de «mesianismo político» debido igualmente a profundas influencias originarias de antiguas tradiciones egipcias, coptas, que nacieron en el tiempo de las centenarias ocupaciones de pueblos extranjeros sobre la cultura faraónica copta del Nilo, en especial la ocupación helenística de Ptolomeo y de los romanos. Escribe Eugen Drewermann, en su obra *Dein Name ist wie der Geschmack des Lebens* (Drewermann, 1986), que «es precisamente de la *noche* política del antiguo Egipto que surge el [...] cristianismo. Nos es difícil comprender la distancia, en especial de los *Salmos* de los reyes de Israel, con su aspiración política y su esperanza nacionalista, para distinguir su fe en el *Reino de Dios* expandido entre todos los reinos de este mundo. Si grupos influyentes del judaísmo en la época de Jesús continuaban luchando por el advenimiento de un nuevo reinado davídico [...], el antiguo Egipto, por el contrario, tenía una larga experiencia de más de mil años de desarrollar una sabiduría en medio de su impotencia política [...] La impotencia del Hijo de Dios [el faraón] sobre el trono del antiguo Egipto se transforma en un terreno preparado para el germinar de la esperanza en un mesías cuyo *Reino no es de este mundo* (Juan 18, 36)» (trad. francesa, Seuil, Paris, 1992, pp. 107-108). En Israel el «mesías» o «consagrado» podía ser un rey o un profeta. Todo el Evangelio de Lucas consiste en la dificultad de Jeshúa de Nazareth de hacer aceptar a sus discípulos un sentido profético y no político o davídico del mesianismo: «El hijo del hombre no ha venido para que le sirvan, sino para servir (*diakonêsai*)» (Marcos 10, 45). Este «servicio» (*habodah,*

Pero para que dicha secularización sea posible era necesario aceptar también que la «ciudad de Dios» no era la Iglesia cristiana, ni el Estado romano era la manifestación unívoca de la «ciudad terrestre» de Agustín. En efecto, se trata de dos «órdenes» que transpasan tanto al Estado como a la comunidad religiosa. La «ciudad de Dios» es, para Agustín, la «ciudad de Abel», y «Abel, como peregrino, no la fundó (*non condidit*)».[50] La «ciudad de Dios» es el «más allá» de la Totalidad política vigente levinasiana; son las exigencias del Otro como Exterioridad. La «ciudad terrestre» es la totalidad (levinasiana) totalizada. Pero el «César» de Jeshúa no es meramente el «orden político» sino la «ciudad terrestre», o mejor «el reino de este mundo», y el «reino de Dios» es la «ciudad de Dios», pero no un ambiguo «orden espiritual», del que nos habla Lévinas en alguna ocasión.

El «orden político» y el «orden espiritual» son entonces categorías ambiguas y de confusa interpretación, cuyos criterios de clasificación se entrecruzan sin permitir claridad ni precisión. Estas categorías son también usadas por Lévinas. Opino que categorías tales como «Ciudad terrestre» y «Ciudad de Dios» corresponden mejor a las categorías de Totalidad totalizada y Exterioridad de Lévinas.

Por otra parte, para Lévinas el Estado no tendría una cualidad «mesiánica», sino sólo en el caso del «Estado de David» o «davídico», como un Estado más allá de la política de la guerra. Pero, ¿es todavía político el mesianismo de la paz? ¿Es políticamente posible dicho mesianismo de la paz? Todo esto nos encamina a otro tema que subyace en el hasta ahora bosquejado.

17.3. HACIA UNA POLÍTICA «CRÍTICA» COMO HABODAH (עבדה)[51]

En 1970, pocas semanas después de leer *Totalité et Infini*, y escribiendo el volumen dos de *Para una ética de la liberación latinoamericana*, pude constatar la dificultad que encontraba Lévinas para exponer fenomenológicamente la «construcción» práctica de la «nueva» Totalidad al «servicio» (*habodah*) del Otro, del pobre, la viuda, el huérfano, el extranjero. Dicha construcción práctico-política factible abriría toda una problemática en la que Lévinas nunca quiso internarse —quizá por falta de experiencia, o quizá por formar parte de una diáspora sin posibilidad del ejercicio del poder político—. Es necesario no considerar sólo la crítica de Egipto como la tierra de la esclavi-

---

diakonía) profético es el tipo de acción que se opone a los que «dominan» (*katakyrieúsin*) políticamente («los jefes de las naciones»; Marcos 10, 42).

[50] *De civitate Dei*, l. XV, cap. 1.2 (BAC, Madrid, 1964, vol. 2, p. 125).

[51] *Habodáh* (עבדה) en hebreo puede significar «trabajo», «obra», «servicio». Esta última significación hace referencia también al «servidor» o «esclavo» (*hébed*, עבד). En griego «servicio» se traduce por *diakonía* (διακονία). En este sentido hemos construido el concepto de «servicio-al-Otro» como «trabajo» o «praxis de liberación» que trasciende el sistema, la Totalidad, como una acción creadora o un «servicio político crítico» (véase Dussel, 1973, § 22: «El bien ético como justicia», vol. 2, pp. 34 ss.; y también en muchos capítulos de Dussel, 2001).

tud, sino el ambiguo «pasaje» por el desierto, y, en especial, la «estratégica» e inevitable invasión de la «Tierra prometida», el asedio a Jericó, la construcción del Estado monárquico en Jerusalén, necesariamente complejo, pero inevitable y exigido por la propia interpelación del «¡Tengo hambre!». ¿Cómo dejar al hambriento sin comer? Pero para «dar de comer al hambriento» hay que trabajar la tierra, producir el grano, amasar técnicamente el pan, estructurar políticamente las instituciones económicas de la distribución y el intercambio, hasta llegar a la donación, regalo como limosna o venta del pan al hambriento. La satisfacción, la saciedad del «antiguo» hambriento es el fruto de un proceso de «mediaciones» ambiguas y necesarias de toda estrategia económica, social y política, en la construcción de una «nueva» Totalidad[52] que, inevitablemente, llegará a ser la «antigua» Totalidad por la que se inicia *Totalité et Infini*. Lévinas se queda en la crítica *negativa* de la política, pero no puede afrontar analíticamente la ambigüedad de la construcción *positiva* de la «nueva» Totalidad, acción compleja que yo denomino «praxis de liberación» —lo mismo que Albert Memmi, Marx o Horkheimmer,[53] por ejemplo.

La «salida» de la esclavitud de Egipto (aspecto *negativo*) debe terminar en la construcción de Jerusalén (aspecto *positivo*). Pero cuando la soñada «nueva» Jerusalén[54] se va construyendo, y mucho más cuando se termina de edificar, esa Jerusalén «celeste» (en Egipto: la utopía) se transforma lentamente en un «nuevo» Egipto un nuevo tipo de esclavitud, la «segunda» Jerusalén, la Jerusalén que habrá que deconstruir... y la historia continuará, nunca repitiéndose, siempre renovándose, como historia del ejercicio de una «política de la liberación».

Pareciera que Lévinas termina su crítica con la crítica ética de la Totalidad, pero no pueda pensar la construcción político-liberadora (mesiánismo político) de una «nueva» Totalidad. Pareciera que no puede construir una política *positiva*, aunque bajo el nombre del «mesianismo de la paz» deja entrever el tema —de manera muy semejante a como lo expone Walter Benjamin—, pero no desarrolla el asunto. ¿Por descuido, por falta de interés, por imposibilidad categorial o por situación existencial? Creo que es por los dos últimos aspectos (falta de categorías y situación histórica).

Hay sin embargo algunos textos interesantes que parecieran darnos una posibilidad de pensar «la política» *positiva*:

---

[52] Esa «nueva» Totalidad es donde la interpelación del Otro se transforma en acción, en instituciones que organizan esa nueva Totalidad: se trata de una en-totalización (en-carnación, en el sentido técnico y preciso indicado arriba) que inmediatamente comenzará a mostrar sus «ambigüedades»; es decir, la institución para «dar de comer» (para reproducir la vida de la víctima) comenzará a producir nuevas víctimas, nuevos excluidos, nuevos hambrientos (en otros niveles no descubiertos «al comienzo»).

[53] En el caso de los dos últimos pensadores usan la palabra alemana *Befreiungspraxis* frecuentemente.

[54] Un texto simbólico de la utopía política, que no pareciera Lévinas logra integrar a su discurso es por ejemplo el siguiente: «Vi entonces en un cielo *nuevo* y una tierra *nueva*, porque el primer cielo y la primera tierra habían desaparecido [...] Vi bajar del cielo [...] *a una ciudad santa, la nueva Jerusalén*» (Apocalipsis 21, 1-2).

Idée d'un pouvoir sans abus de pouvoirs, d'un pouvoir sauvegardant les principes moraux et le particularisme d'Israël, qu'une institution commune à Israël et aux nations risque de compromettre. Idée à laquelle semble se compromettre l'image de Saül au *début de son règne*, se cachant derrière les bagages, continuant à labourer son champ.[55]

Éste es el tiempo en que el rey es humilde, trabaja de sus manos, a nadie domina ni utiliza para su propio provecho. Todo esto se cumple en aquello de *au début de son règne*, porque es, diacrónicamente, en el momento siempre ambiguo de la creación de las «nuevas» instituciones, cuando la justicia y la paz resplandecen sin mayores contradicciones. La «nueva» institución está demasiado cerca todavía del estado negativo y caótico anterior; todavía no se han advertido las nuevas dominaciones; la «entropía» institucional inevitable no ha mostrado todavía su erosión. Es el tiempo de la «hegemonía sin dominación» diría Antonio Gramsci. Es en la creatividad del Estado «nuevo» que un cierto «Estado mesiánico» (o «davídico») pareciera posible.

Cuando las instituciones se articulan, «se fijan», cuando el «nuevo» orden se hace «antiguo», se hace presente en la memoria la advertencia del profeta Samuel: «Y gritarán al Eterno por el rey que eligieron. Y Él no les responderá» (I Samuel 8, 18). Concluye Lévinas:

Se décider pour l'Etat équivaudrait-il à une option pour la vie contre la Loi, alors que cette Loi se veut Loi de vie?[56]

Todo esto se entiende. Se trata de la ambigüedad de las «instituciones» políticas, necesarias y sin embargo «disciplinarias» (diría M. Foucault), «represivas» (para el anarquismo). Sin las «instituciones» la reproducción de la vida es imposible (no habría pan ni distribución del pan), pero las instituciones «devienen» siempre *con el tiempo* mediaciones totalizadas que «matan»: la ley de la política (el sistema del derecho) deviene la ley del poder vigente (que excluye a los débiles, a los pobres, a los extranjeros, al Otro). Pero esa ambigüedad no quita a la política su «necesidad» ni su «santidad» como «servicio» (עבדה) al Otro en su desnudez, en su hambre, en su «no-derecho», en su «no-ciudad», en su no-sistema-político que le proteja y le permita vivir. La «responsabilidad por el Otro» debe desarrollarse como «política de la liberación por el Otro», o la responsabilidad sería infecunda, abstracta, inútil.

El «mesianismo político» de los liberadores (de Moisés, de Washington, de Bolivar, de Fidel Castro...) es un «mesianismo» de la bondad, y de la justicia. No es sólo el «mesianismo profético» que *critica* la Totalidad política cuando deja de ser el «Estado davídico» del origen, de los tiempos creativos de los emancipadores que todavía no han mezclado sus manos con la sangre de su pueblo. Este momento emancipador, liberador, crítico de la política es el momento en que el «estado de guerra», que niega la moral, se transforma en «estado de paz», que se funda en la ética *todavía*. La dia-

---

[55] «L'Etat de Cesar et l'Etat de David», en Lévinas, 1982, p. 210.
[56] *Ibid.*, p. 210.

léctica diacrónica es aquí esencial. Hay tiempos políticos creativos, innovativos, novedosos, iniciales del origen de un sistema. Después crece la ambigüedad, el sistema se totaliza, el nuevo Otro es excluido, la política se transforma en «el arte de preveer y de ganar por todos los medios la guerra». Es la decadencia de la política; es el Mal; es el Imperio.

La política positiva y crítica, la del «Estado de David» inicial es el momento originario de todo nuevo orden. Es política de la liberación. Es crecimiento cualitativo de la historia; es «mesianismo político» que acepta y trabaja mancomunadamente con el «mesianismo profético». Todavía Trosky y Lenin trabajaban juntos; todavía Stalin no había hegemonizado el proceso. Washington no es un héroe expansivo o imperial; no pensaba en anexionar la Louisiana, Texas, California, Puerto Rico... el Pacífico, el Atlántico; no había hecho la Guerra del Golfo, ni de Kosovo, ni de Afganistán...

La imposibilidad de entender la «necesidad ética» de la política, y sin embargo su «ambigüedad», y por lo tanto y en definitiva la obligación de su superación, del ir «más allá» de la Totalidad como tal, crea graves equívocos.

En la historia entonces hay dos políticas: a) la primera es la política como el estado permanente de la guerra como dominación (la de la Totalidad); b) la segunda es la de la liberación (como superación de dicha Totalidad «antigua», y como creación inicial de una «nueva» Totalidad). Lévinas no tenía un buen ejemplo en la experiencia propia del pueblo judío durante los últimos veinte siglos para describir la construcción de una «segunda» Totalidad (la «nueva», la «tierra prometida» de los esclavos de los nuevos Egiptos). El Estado de Israel le daba un primer ejemplo, pero era todavía muy reciente, y como Michael Walzer y tantos otros, no logra descubrir con claridad en Israel la temática del Otro, y por ello trágicamente el sionismo nacionalista, y su posición política personal un tanto liberal, vence al final al «Mesianismo de la Paz» que pudiera haberse concretado, por ejemplo, en un partido político de judíos y árabes tal como Martin Buber lo impulsó en Israel en vida de Lévinas, pero que Lévinas, aunque sufrió el fundamentalismo judío de los emigrados de Algeria que lo persiguieron en París, no logró pensar filosoficamente de una manera suficiente.

Lévinas se acerca a la temática cuando escribe:

[...] et aussi le sentiment que ce sont les Palestiniens les plus faibles et qu'il faut être du côté des faibles [...][57] —indica citando una carta.

Etat armé et dominateur [...] en face du peuple palestinien désarmé dont Israël ne reconnaît pas l'existence.[58]

Se considera el hecho, pero para Lévinas se hace difícil la crítica (como el ejercicio de un mesianismo profético filosófico, ético) contra el Estado de Israel, sobre todo

---

[57] «Judaïsme et révolution», en Lévinas, 1977, p. 48
[58] «Politique après!», en Lévinas, 1982, p. 226.

cuando se piensa que el «sionisme est, ainsi, probablement, l'un des grandes événements de l'histoire humaine».[59] Si se tuviera claridad sobre el «momento mesiánico» de la política, como responsabilidad para con el Otro de crearle un nuevo orden político, aunque siempre sea ambiguo, podría haber mostrado la necesidad de poseer una «tierra» para el pueblo judío expulsado de la propia y que ha vagado como extranjero durante veinte siglos. Esto no afecta que el «Estado davídico» bien pronto pueda dar lugar a un Estado que, como todo Estado, domina a «nuevos esclavos» como en Egipto, y que deban ser nuevamente liberados (serían ahora los palestinos, y el Estado de Israel el «nuevo» Egipto). Ningún Estado puede pretender que nunca se totalizará, y por ello deberá ser objeto de una constante crítica por parte del «mesianismo profético» de los que lo enfrentan al Estado, como Martin Buber en nombre de los Palestinos en su propio Israel; que se enfrentan al Estado que se fetichiza (y ciertamente se ha fetichizado el Estado de Israel en el momento militarista del gobierno de Ariel Sharón).

Si se comprende la necesidad y la ambigüedad de la «política de la liberación»; si se acepta el «tiempo corto», pero empíricamente posible, del «Estado davídico» como un momento de la política, se puede establecer una «anti-política» mesiánica como crítica *negativa* (que Lévinas cumple adecuadamente), pero igualmente se podría exponer una «política de la liberación» *positiva*, atenta a la entropía de las instituciones, del «nuevo» orden político que lleva en su seno, desde el origen y siempre creciente, la posibilidad de una totalización autorreferente. En el momento de la totalización del Estado, el «mesianismo profético» (y ético-filosófico) vuelve a despertar criticando a David en su injusticia (cuando el «Estado davídico» se ha transformado en Totalidad totalizada), por haber enviado a Urías «en la primera fila»[60] a la guerra. El «mesianismo político», que debe diferenciárselo del profético, debe emprender por su lado la *transformación* del orden que se ha hecho «antiguo»; que se ha fosilizado como Ley muerta que mata la Vida. La Vida mide la Ley y no la Ley a la Vida. Esa acción transformadora, esa praxis liberadora, es el «servicio al Otro», es עבדה;[61] es política constructiva *crítica*. La filosofía política *crítica*, como un modo del «mesianismo profético» *à la* Benjamin, que supone la subsunción de una ética de la paz, permite así explicar la posibilidad de una política crítico-liberadora, como ejercicio del «mesianismo político» en ciertos momentos cruciales de la historia.

De todas maneras es fundamental saber si el «nuevo» orden nace sólo de la guerra contra el mero enemigo, o si se origina desde la responsabilidad por el Otro (aunque esto suponga como exigencia ética el uso de una coacción proporcional en la defensa

---

[59] *Ibid.*, p. 228.
[60] II Samuel 12, 15.
[61] Véase Dussel, 1973, obra que fue guillotinada en cuatro partes por la dictadura militar de Videla en Argentina en 1976, para destruirla materialmente: «El acto moralmente bueno, entonces, es el acto transversal al Todo, un acto creador: el *servicio* o el *trabajo* (*habodah* en hebreo significa también trabajo) liberador [...] El fundamento del *servicio* no es la ley ni el valor: es el Otro que pro-vocando gesta el pro-yecto liberador que ob-liga a cumplir en la gratuidad, porque se impone como digno, como justo, como sagrado» (en el capítulo: «La moralidad de la praxis», § 30; vol. 2, pp. 102-103).

del inocente, y aun el uso debido de las armas, como en los casos de Jeanne d'Arc, G. Washington, M. Hidalgo o Mao, a los que se les impuso la guerra contra su voluntad como la «interruption de l'Infini se fixant en structure, communauté et *totalité*»[62]). Será de todas maneras necesario mantener siempre una actitud vigilante ante la ambigüedad de la *nueva totalidad*, ya que cuando se totalice autorreferencialmente se transformará en «l'Etat qui exclut, par la violence, le discours subversif»;[63] es decir, excluirá a la política (y la filosofía política) crítica. A la política como la vigencia de la injusticia como Totalidad autocentrada se le opone entonces una política crítica siempre creadora, «innovadora», y «c'est parce que la *nouveauté* vient d'autrui qu'il y a dans la *nouveauté* transcendance et signification».[64]

---

[62] Lévinas, 1974, p. 204.
[63] *Ibid.*, p. 216.
[64] *Ibid.*, p. 229.

18. «Estado de Guerra» permanente y razón cínica: John Locke

En ocasión del IX Seminario de Diálogo Filosófico Norte-Sur (México, 2002), con la presencia entre otros de mis colegas Karl-Otto Apel, Franz Hinkelammert, Georges Labica, Raúl Fornet, y tantos otros amigos, y en el panel organizado en LASA (Dallas, 2003), junto a Walter Mignolo, Nelson Maldonado, Eduardo Mendieta y Ramón Grosfoguel, se ha ido bosquejando un horizonte teórico que desearía presentar a la discusión, ya que se trata de algunas tesis que se me imponen ante la gravedad de la situación mundial, que nos interpela como filósofos, y en especial en el nivel de la ética y filosofía política.

18.1. Algo de geopolítica después del 1989

Desde el «Derrumbe de la Unión Soviética» la humanidad, como un todo, vive una experiencia geopolítica de la que los filósofos parecieran no haber comprendido su importancia estratégica, teórica, ética. Por primera vez en la Historia Mundial *sensu strictu*, y aún más, por primera vez desde que la especie *homo* adoptó la forma erecta hace millones de años, el Globo terráqueo, nuestro pequeño planeta Tierra, se encuentra bajo el poder *militar* de una *sola* potencia. Su hegemonía no es cultural ni política, y aún en la economía su poder va proporcionalmente en declive, pero *militarmente*, desde 1989, tiene una indiscutida primacía, que se ha manifestado en cuatro guerras situadas en el Tercer Mundo —ya que Europa Oriental se ha «tercermundizado»—. Estados Unidos tiene, después de esa fecha, clara intención de constituir al mundo cuasi-periférico socialista de la antigua Unión Soviética en su propia periferia capitalista, y ejercer un dominio absoluto, despótico, en el Medio Oriente.

Ante las guerras de Afganistán y de Irak (y su secuela en Israel contra inocentes palestinos) que contemplamos atónitos y apesadumbrados diariamente, el intelectual militarista Samuel Huntington pudiera hacernos creer que se trata de *El choque de civilizaciones*, como de una *Reconfiguración del orden mundial;*[1] siendo en realidad algo más simple y claro, pero cuyo sentido se encuentra encubierto por una maraña

---

[1] Huntington, 2001, pp. 374. Digo «militarista», porque una de sus conclusiones finales es la de «mantener la superioridad tecnológica y *militar* de occidente sobre otras civilizaciones».

de argumentos y declaraciones puramente aparentes. Henry Kissinger enseñó que la geopolítica no se inspira en «buenas intenciones», sino en la defensa de los «propios intereses». Se nos inculca a diestra y siniestra que se trata de una «cruzada contra el terrorismo», como si los servicios de inteligencia del imperio no fueran la maestra del terrorismo en África (contra Angola y Mozambique, por ejemplo); en América Latina, incentivado desde 1954 (desde el golpe de estado contra Jacobo Arbenz), pasando por la invasión de Bahía de los Cochinos en Cuba, por los «Contras» (terroristas contra el gobierno sandinista democrático de Nicaragua, que destituyeron al tirano Somoza educado en las escuelas militares del Norte), y en la actual «Guerra de Colombia»; en el Medio Oriente (desde la caída de Nasser en 1954); en Asia (desde el golpe contra Sukarno en el mismo año), hasta el presente. Como si los terroristas hoy perseguidos en Afganistán no fueran los disciplinados «aprendices de mago» de esa misma escuela (es decir, discípulos que pasan por esos «servicios de inteligencia» de un bando a otro, como Noriega en Panamá o como los grupos armados de los fundamentalistas islamistas contra la antigua URSS en Afganistán, para después ser perseguidos, encarcelarlos o destruirlos como terroristas cuando ya nos sirven a «nuestros intereses»), o el mismo Hussein que sirvió a los fines de Occidente en la guerra contra Irán. «Terrorista» es, según la definición hoy vigente, el que atenta contra «nuestros intereses». Los terroristas de hoy se «equivocan» entonces, porque no saben que «nuestros intereses» han cambiado, y permanecen tercamente sosteniendo «nuestras enseñanzas» contra nuestros «enemigos» de ayer, o, aún peor, cuando pretenden descubrir ellos mismos a sus nuevos «enemigos» (sus maestros de terrorismo de ayer).

En las últimas cuatro guerras ha habido una escalada. El imperio, durante la Guerra Fría —así llamada por los productores de armas, no por los pueblos de Vietnam, Mozambique, Nicaragua, Afganistán o Irak, que debieron usarlas contra sus hermanos—, fue el baluarte del derecho internacional desde la ONU y otros organismos, para oponerse a la URSS. Desde 1989 ya no es más necesario esa política. Peter Spiro[2] muestra cómo Estados Unidos se retira *de hecho* de todos los organismos internacionales y aun se opone a ellos (no paga las cuotas a la ONU, no apoya un Tribunal penal internacional, no firma el protocolo ecológico de Kyoto, no deja redefinir los fines del Banco Mundial y del IMF, se opone contra una efectiva fuerza internacional de Paz de la ONU, no aprueba la Ley de la Convención del Mar, ni la Convención de Diversidad Biológica, etc.). El mismo millonario filantrópico George Soros[3] sugiere la necesidad constituir instituciones internacionales para implantar una paz duradera y evitar la futura gran crisis global financiera que anuncia, pero que encuentra a las élites del poder en Estados Unidos hoy como el enemigo principal de tales medidas e instituciones políticas globales. Soros llama a la doctrina de los grupos norteamericanos aisla-

---

[2] Spiro, 2000, pp. 9-15. Bradley y Goldsmith escriben en *Harvard Law Review* (1997) que «not only does the United States have the power to reject international regimes, but in many instances the federal government has a constitutional duty to reject them» (Spiro, p. 113).

[3] Soros, 2000, pp. 330 ss.

cionistas el nuevo «fundamentalismo de mercado» (*market fundamentalism*),[4] al que pertenece el equipo de G. W. Bush. Propone, en oposición a la política actual exterior norteamericana, una «Alianza de los Estados democráticos» de toda la tierra. Debo reconocer que paradójicamente la obra de Soros es mucho más interesante, progresista y realista que la visión postmoderna de Hardt-Negri.[5]

En efecto, si consideramos aunque sea superficialmente los últimos cuatro conflictos armados, podemos ver que hay un creciente «aislacionismo», o un aumento de autonomía en el obrar del país del Norte. En la primera Guerra del Golfo se obró con el apoyo de la ONU, de la OTAN, de los países árabes y de muchos del Tercer Mundo. En la Guerra de Kosovo, sólo se contó con la OTAN. En la Guerra de Afganistán se decidió y se operó solo. No hubo necesidad de ninguna colaboración efectiva de nadie fuera del ejército norteamericano (la intervención de Blair, con los soldados ingleses o de los alemanes, etc., fue puramente simbólica). En la Guerra de Irak se obra, de hecho, contra la voluntad del Consejo de Seguridad de la ONU, ya que la votación se manifestaba contraria a una intervención armada, a favor de continuar con el trabajo de los observadores. Además, nunca se ha podido probar la existencia de «armas de destrucción masiva» (el aparente fundamento de la intervención). Puede entonces confirmarse una vez más las hipótesis de la política de los *new sovereigntists* de Spiro y del «fundamentalismo de mercado» de Soros.

Pero, al final y estratégicamente, ¿qué se ha intentado en estas cuatro guerras? Siempre un mismo objetivo: la expansión global de la presencia *militar* —como garantía de la expansión del mercado global con especial referencia a la fuente principal de energía: el petróleo—. La política ha dejado lugar a la guerra. La Guerra del Golfo permitió a Estados Unidos imponer su presencia en Arabia Saudita (la «Tierra Santa» del Islam) y en Kuwait (en el centro del Medio Oriente petrolero). La Guerra de Kosovo, no dirigida por petroleros, situó en lugar secundario a la Rusia post-URSS (que ya no pudo ayudar a su aliado eslavo, serbio y ortodoxo) y controló a su voluntad a Europa con la OTAN. En la Guerra de Afganistán, la potencia hegemónica ha instalado bases militares en el Norte de Afganistán; y sea cual sea el nuevo gobierno y su orientación le deberá al Pentágono el haber destruido al Talibán; es decir, le será dependiente y le permitirá pasar el gas y el petróleo de sus vecinos por su territorio, además de otros servicios eventuales en el futuro. Además instala bases militares en las antiguas repúblicas soviéticas islámicas del Sur de la antigua URSS, y se encuentra ahora como «vecino» de China, Rusia e India, los tres poderes asiáticos por excelencia. En la Guerra de Irak se han apropiado del país que tiene la segunda reserva de petróleo en el mundo, y el único país en el Medio Oriente, aunque fuera una dictadura injustificable de todo punto de vista, que afirmaba una política nacionalista y no entregaba la explotación del petróleo a compañías privadas occidentales.

---

[4] «It may be a shocking thing to say, but the United States has become the geatest obstacle to establishing the rule of law in international affairs» (*op. cit.*, p. 333).

[5] Hardt-Negri, 2000, donde el «Imperio» se volatiliza, el Estado se anarquiza, y el «ciudadano global» queda sin mediaciones políticas estratégicas.

Esta geopolítica militar manifiesta no sólo una «Voluntad de Poder» omnímoda y que no acepta compartir la dominación con nadie (menos aún con una Europa alejándose geopolíticamente de Estados Unidos, y que se acerca a Rusia y China), sino también, y principalmente para el filósofo, manifiesta una *racionalidad política* que puede ser analizada éticamente, y que determina el horizonte interpretativo de la Filosofía Política al comienzo del siglo XXI —filosofía que tenga alguna pretensión de pensar «lo real» y no meras piezas arqueológicas.

18.2. «ESTADO DE GUERRA» Y LA «RAZÓN TAUTOLÓGICA» DEL IMPERIO

El mundo anglosajón, que inicia su hegemonía con el Imperio inglés, como es sabido, nace ante todo gracias a la piratería y la esclavitud. Francis Drake y muchos otros, entre 1585 a 1603, cuentan hasta con 183 barcos piratas que realizan 74 ataques mayores. La explotación del azúcar en Barbados da la oportunidad para comenzar la trata de esclavos —con 50 individuos[6]—. John Selden, en su obra *Mare Clausum* (editado en 1653) justifica el comercio con un mundo colonial. Jeremy Taylor, con su *Ductor Dubitandium* (publicado en Londres en 1660) demuestra que es de derecho natural y fundado en el Antiguo Testamento el ocupar las nuevas tierras descubiertas, y «therefore to save my own life, I can kill another or twenty, or a hundred, or take from his hands to please myself».[7] John Vaughan o Thomas Hobbes opinarán de la misma manera.

Después de la *Glorious Revolution*, la visión tradicional del pensamiento liberal queda expresada en la posición, el primero entre sus pares,[8] de un John Locke (1632-1704).[9] Lo tratamos aquí porque constituye un capítulo abierto y que no se cerrará, de una u otra manera, hasta el presente, porque aún en nuestro tiempo se siguen esgrimiendo argumentos filosóficos políticos dentro de la «lógica» que expone sobre el tema Locke, en especial en el ámbito de la política global y en los foros internacionales.[10] Se trata de una aplicación particular de la «lógica de la totalidad»,[11] pero con una coherencia tautológica ejemplar, que permite justificar, dentro del espíritu de la revolución inglesa del 1688, la trata de esclavos (y la esclavitud como institución), *business* en el que Locke privadamente tenía invertido alguno de sus haberes, pero también el mundo colo-

---

[6] Véase Blackburn, 1999, pp. 235 ss.

[7] *Op. cit.*, p. 249.

[8] Hegel, por ejemplo, repite la argumentación lockeana, ya que la relación externa entre los Estados (contra la opinión de Kant) vuelve al «estado de naturaleza», siendo la única relación posible: «La guerra tiene una significación superior [...] Los pueblos que no quieren soportar o que tiemblan ante la soberanía interior son conquistados por otros» (*Rechtsphilosophie*, § 324; Hegel, 1971, vol. 7, pp. 492-493).

[9] Véase el reciente trabajo de Franz Hinkelammert (Hinkelammert, 2000, pp. 79-113).

[10] En el Encuentro de las Naciones Unidas sobre el racismo, la Unión Europea no aceptó reconocer fácilmente la esclavitud como un crimen contra la humanidad, el 7 de septiembre de 2001 en Sudáfrica. Estados Unidos e Israel se retiraron del Encuentro bajo protesta.

[11] Tema central en mi obra Dussel, 1973.

nial, a partir de los mismos argumentos. En el segundo de los *Two Treatises on Civil Government*, publicado en 1690, se ocupa frecuentemente de estos temas. Opuesto a la Iglesia anglicana y al absolutismo monárquico del partido *tory*, expresó de manera secularizada y agresiva la nueva posición burguesa de los *whigs*. La trata de esclavos era un comercio en auge, lo mismo que el establecimiento de colonias en América, donde Inglaterra competía con Portugal y España, e igualmente con Holanda.

Todo se inicia con una declaración universal sobre la igualdad:

> [El estado natural] es también un estado de igualdad [...] en el que nadie tiene más que otro [...]; nacidos para participar sin distinción de todas las ventajas de la naturaleza [...]; siendo también iguales entre ellos, sin subordinación ni sometimiento.[12]

Ante tal declaración sería de esperar la imposibilidad de la esclavitud y de un mundo colonial. Pero no es así. ¿Cómo se las arregla Locke para poder justificar la esclavitud y un mundo colonial? Su argumentación parte de la exigencia de la conservación de la vida propia y de los demás[13] en el «estado de naturaleza», de donde se deduce que no puede negarse el derecho de castigar a los que no cumplen con la ley natural, y por ello «tiene *cualquiera* el derecho de castigar a los transgresores de esa ley [... Éste] defiende de ese modo a los inocentes poniendo un obstáculo a los culpables».[14] El trasgresor, por el hecho de no cumplir con la ley, «viene a manifestar que con él no rige la ley de la razón y la equidad común [...] Al hacerlo se convierte en un peligro para el género humano».[15]

La pregunta obvia sería: ¿Quién y cómo puede determinar el crimen del culpable? ¿Cómo se puede elegir al juez que pueda «defender a la especie humana en general»[16]? La respuesta de Locke, suponiendo que estamos en el «estado de naturaleza», pareciera simple y evidente: «*cualquier* hombre tiene el derecho de castigar al culpable».[17] El culpable, por haberse opuesto a la ley natural,[18] queda desprovisto de derechos, ya que «no rige con él la razón». Pero para poder atacar al culpable es necesario pasar del mero «estado de naturaleza» al «estado de guerra», que para Hobbes se daban simultáneamente. Para Locke, por el contrario, el *estado de naturaleza* no es el *estado de guerra*. Se entra en el «estado de guerra» cuando hay alguien que se opone a la ley natural o nos odia sin motivo justo:

> Se puede destruir a un hombre [...] que ha manifestado odio contra nosotros,[19] por la mis-

---

[12] *Two Treatises on Civil Government*, § 4; John Locke, 1976, p. 5.
[13] *Ibid.*, § 6; p. 6.
[14] *Ibid.*, § 7; p. 7.
[15] *Ibid.*, § 8; p. 8.
[16] *Ibid.*
[17] *Ibid.*
[18] De nuevo: ¿quién juzga que alguien se ha opuesto a la ley natural? Locke respondería: «Cualquiera».
[19] No hay que olvidar que esos pronombres «nosotros» y «yo» que se usan en el texto son el sujeto que juzga sobre el culpable, que se arroga la defensa del género humano, pero que históricamente y de hecho es la burguesía liberal triunfante en Inglaterra.

ma razón que podemos matar a un lobo o a un león. Esa clase de hombres no se someten a los lazos de la ley común de la razón; por ello pueden ser tratados como fieras.[20]

Quien trata de esclavizarme se coloca a sí mismo en estado de guerra conmigo [...] La libertad es la base de todo.[21]

En el «estado de guerra» no impera ya el «estado de naturaleza», pero tampoco el «estado civil» o político. Es justamente para superar el estado de naturaleza y evitar el estado de guerra, es decir, para poder tener un juez con derecho, con legitimidad, que nace la «sociedad civil» o política (el «estado civil»). Pero un juez civil o político tiene sólo autoridad intra-estatal. Las relaciones entre Estados, entre naciones, en cambio, pasan a un «estado de guerra», porque les «falta un juez común con autoridad»,[22] y en ese caso «soy yo el único juez dentro de mi propia conciencia».[23] Como la esclavitud y las relaciones coloniales se establecen en una referencia *externa* a los Estados o las naciones (p. ej. de Inglaterra con las comunidades africanas o americanas) no hay autoridad supranacional política para dilucidar el conflicto, sino que sólo impera el estado de guerra, cuando una nación ofende a otra nación o cuando se ve exigida a lanzar una «guerra justa». El «estado de guerra» es sin embargo un «estado de excepción», *à la* Carl Schmitt, en la que el Otro, la dignidad de la Alteridad es aniquilada. Esta negación de todo derecho del Otro, que, como veremos queda nuevamente reafirmada en el concepto de «poder despótico», es lo que Locke debía probar, pero darlo como un supuesto, torna tautológico todo su argumento.

Lévinas comprendió muy bien este argumento tautológico, totalitario, fundamento mismo de la Modernidad (y de la concepción de los derechos humanos *ad extra* entre los liberales de Estados Unidos —no hablemos de los conservadores fundamentalistas—, desde el tiempo de la Constitución hasta la «Guerra de Afganistán»[24]) cuando escribe en el Prefacio de *Totalidad e infinito*:

---

[20] *Ibid.*, § 16; p. 14.
[21] *Ibid.*, § 17; p. 15.
[22] *Ibid.*, § 19; p. 16.
[23] *Ibid.*, § 20; p. 18.
[24] Estados Unidos, en su política externa muestra una doctrina hermenéutica en la que los Derechos Humanos tienen en su definición a Estados Unidos como «juez», última instancia, que declara lo que es o no es en este caso, defensa o ataque de un Derecho Humano. Ningún tribunal fuera del propio Estado es aceptado como referencia. Se sobrentiende que en la relación entre los Estados nos encontramos entonces, en el mejor de los casos, en el «estado de naturaleza». Véase Rawls, 1999. Rawls se cuida muy bien de distinguir entre la *law of People* y la *law of State*. Los *States* exigirían un derecho internacional y el comenzar a promulgar un *International State*, al menos leyes e instituciones internacionales, que permitieran salir del «estado de naturaleza» a las relaciones entre los Estados. Rawls encuentra muy confortable el estado razonable (de guerra) en el que su propio país (Estados Unidos) siga siendo el sujeto del juicio, el juez, de quien sea o no un *decent people* (p. 63). Es una obra completamente tautológica: la comunidad de liberales norteamericanos es la «última instancia» de todos los juicios políticos, incluyendo el saber cuando se dan las condiciones de la «guerra justa» (pp. 89 ss.). Continúa paso a paso la argumentación de Locke.

El *estado de guerra*[25] suspende la moral; despoja a las instituciones y a las obligaciones eternas de su eternidad y, desde entonces, anula en lo provisorio los imperativos incondicionales [...] La guerra no se sitúa solamente como la mayor entre las interpelaciones de la moral. Ella la torna ridícula. El arte de prever y de ganar por todos los medios la guerra [...] se impone desde entonces como *el ejercicio mismo de la razón*.[26]

En la ética levinasiana —y en la *Ética de la Liberación*— el Otro nunca puede perder sus derechos, su dignidad, y jamás podrá ser objeto de un «poder despótico», tal como Locke pretende. Es decir, si una comunidad juzga, ya que «cualquiera» tiene este derecho natural ante Dios —según Locke—, que el africano, el indio o el mexicano ha negado la ley natural, o se ha levantado en armas injustamente, o simplemente «me odia», a partir de tal «juicio» pierde de inmediato dicho extraño todo derecho, y queda determinado como enemigo (el *inimicus* y no el *hostis* de Schmitt) al que se le puede declarar una «guerra justa». Si es vencido —y ahora todo depende de la tecnología militar, puro efecto de la «razón instrumental»— será definido «justamente» como esclavo o como súbdito colonial. Analicemos paso a paso el proceso argumentativo en el capítulo IV «De la esclavitud» y en el capítulo XVI «De la conquista», entre otros parágrafos referidos a los temas.

Locke sabe que Inglaterra acumula sus riquezas gracias a los piratas. Por ello comienza por desautorizarlos, partiendo de una premisa mayor o principio universal, cuando afirma:

> Quienes no creen que los ladrones y los piratas poseen dominio legal sobre aquellos a quienes han logrado vencer por la fuerza [...] no otorgarán jamás derecho sobre los vencidos en una guerra injusta de esa clase.[27]

Hecha esta declaración para todos aceptable, pasa a exponer la posibilidad de una «guerra justa». Veamos primero el caso de la esclavitud. Continúa su argumento enunciando otro principio universal, que intentará acotar para poder justificar la esclavitud. Su estrategia argumentativa es entonces enunciar positivamente lo que intenta negar como excepción:

> El hombre, que no tiene poder sobre su propia vida, no puede hacerse esclavo de otro por contrato o por su propio consentimiento [...] Quien no dispone del poder de acabar con su propia vida no puede dar a otra persona poder para hacerlo.[28]

---

[25] Debe indicarse que Lévinas no habla de la «guerra», sino estrictamente del «estado de guerra», que, como veremos es el «estado permanente» *ad extra* de los Estados Unidos desde su emancipación. La conquista del «far West», de México, del Pacífico y el Caribe, hasta su dominación mundial actual, ha sido un *permanente*, nunca interrumpido, «estado de guerra» *ad extra* —mientras que *ad intra* se pretende ser el leader del «estado civil» *democrático*. Veremos que esta contradicción es *in the long run* insostenible.

[26] Lévinas, 1968, Preface, p. ix.

[27] *Ibid*., § 176; pp. 134-135.

[28] Locke, 1976, § 23; p. 20.

Pero de inmediato se introduce una excepción a la regla, partiendo del cautivo de una «guerra justa»:

> Sin duda alguna que quien *ha perdido,* por su propia culpa[29] y mediante algún acto merecedor de la pena de muerte,[30] *el derecho a su propia vida,*[31] puede encontrarse con que aquel que puede disponer de esa vida[32] retrase, por algún tiempo, el quitársela cuando ya lo tiene en poder suyo,[33] *sirviéndose de él para su propia conveniencia,* y con ello no le causa prejuicio alguno. Si alguna vez cree que las penalidades de su esclavitud pesan más que el valor de su vida, puede atraer sobre sí la muerte que desea[34] con sólo que se niegue a obedecer las voluntades de su señor.[35]

Y concluye:

---

[29] Es interesante que para Ginés de Sepúlveda el indígena que lucha contra el conquistador español (en propia defensa para Bartolomé de Las Casas) tiene la «culpa» de rechazar el ser civilizado. El mismo Kant en la definición de *Aufklaerung* incluye esta «inmadurez *culpable*» (*verschuldeten Unmundigkeit*) (véase Dussel, 1993, cap. 1). A la víctima se la transforma primero en culpable, de manera que el criminal se juzga (invirtiendo la cuestión) asesinado por su víctima. El victimador reclama a su víctima el haberlo victimado. De otra manera, Locke, el esclavizador inglés, acusa al esclavo africano por haberle exigido cumplir la tarea de esclavizarlo, y por ello demandará aún reparaciones de los gastos a los que su víctima le ha obligado a efectuar.

[30] Locke debería probar que los pobres campesinos bantúes inocentes atrapados como animales y vendidos como «mercancías» merecieron dicha pena. Bartolomé de Las Casas vio estas cuestiones con mayor claridad racional y lógica.

[31] Por la propia argumentación de Locke nadie puede «perder el derecho a su vida», porque nadie «tiene» tal derecho: ¿Cómo podría tenerse «derecho a la vida» si la vida es el presupuesto y fundamento de todos los derechos? Para tener «derecho a la vida» habría que ser un sujeto de derecho *anterior* a la propia vida, lo cual es absurdo. Si no se tiene «derecho» ni «poder» sobre su propia vida, menos se puede perder lo que nunca se tuvo. La inteligencia de Locke en este punto pareciera que ha quedado oscurecida por la pasión inmoderada en desear justificar su *business,* y el de su patria: la trata de esclavos.

[32] Esto supone una teoría de la «guerra justa» y del «estado de guerra» en la que el vencedor tuviera ahora «derecho a la vida del otro». Pero, nuevamente, si ni siquiera el sujeto humano viviente tiene derecho a su propia vida, menos aún de un tercero. Nadie puede tener «derecho sobre la vida ajena», o habría que probarlo. Locke, nuevamente, afirma un absurdo por mera tradición tautológica, totalitaria, contraria al dogma liberal: «la libertad es la base de todo» (*ibid.*, § 17; p. 15).

[33] Aquí Locke cae ya en un cinismo que supera al de Ginés de Sepúlveda. En primer lugar al expresarse sobre una persona humana como lo que se «tiene en poder suyo» —cosificación de la Alteridad, que muestra la bajeza ética del filósofo inglés—, y en segundo lugar por la manera que expresa en este texto (y en otros que citaré) lo que puede hacerse con esa «cosa» que se «tiene» (no sólo usarlo en el trabajo o como objeto de sexo, sino torturarlo y hasta matarlo por puro capricho). ¿De dónde ha sacado nuestro autor esa destitución absoluta ética del Otro?

[34] Locke alcanza aquí un sadismo increíble, consolando al esclavo misericordiosamente con el suicidio. Ante un juicio tan brutal, bestial, el lector queda enmudecido, absorto, silencioso...

[35] *Ibid.*

Tal es la auténtica condición de la esclavitud; ésta no es sino la prolongación de un *estado de guerra* entre un vencedor y un cautivo.[36]

De la misma manera se argumenta la posibilidad de un mundo colonial o contra el indígena americano. Primero la afirmación general para generar «buena conciencia»: «Dios ha dado el mundo a los hombres en común».[37] Y ahora la excepción:

> Pueden, a pesar de todo, encontrarse aún grandes extensiones de tierras cuyos habitantes no se unieron al resto del género humano [léase: el liberal burgués inglés] en el acuerdo para *el empleo del dinero común y que permanecen incultas*.[38]

Allí donde existen más tierras que las poseídas por sus habitantes y que estos son capaces de cultivar,[39] allí puede *cualquiera* aprovecharse de las no cultivadas.[40]

El ocupar esas tierras, entonces, no es usurpar el derecho de nadie, ya que estaban «vacías», incultivadas, mal empleadas. Por supuesto que el criterio de la buena ocupación y empleo de las tierras es el de Locke (occidental, capitalista mercantil, colonialista, racistas, machista, etc.).

Pero cuando no hay juez humano (porque se trata de la relación entre Estados, y no habiendo un Estado o juez internacional), «quien apela al Cielo deberá estar seguro de que tiene el derecho de su parte»,[41] siendo sin embargo e inevitablemente él mismo su último juez empírico —es decir, en un juicio tautológico—. Y continúa:

> Pero suponiendo que la victoria favorezca al bando que tiene de su parte el derecho, pasemos a estudiar la situación del que triunfa en una guerra justa, y veamos el poder que le da la victoria, y contra quién se lo da [...] En mi entender, se trata de un poder *totalmente despótico*.[42] El conquistador detenta un poder absoluto sobre la vida de quienes, por haber hecho una guerra injusta, han perdido su derecho a la vida.[43]

Y como al conquistador se le deberá «indemnizar de los daños que ha sufrido en la guerra»,[44] podrá apropiarse de los bienes de los conquistados «como gastos de guerra».

---

[36] *Ibid.*, § 23; p. 20.

[37] *Ibid.*, § 33; p. 27. Aún dirá más extensamente: «Los gobiernos no pueden originarse primitivamente [...], y las sociedades políticas no pueden fundamentarse en nada que no sea el consentimiento del pueblo» (*ibid.*, § 175; p. 134).

[38] *Ibid.*, § 45; p. 36.

[39] Como si todos los pueblos fueran agricultores.

[40] *Ibid.*, § 184; p. 143.

[41] *Ibid.*; p. 136.

[42] Escribe más adelante: «El vencedor, si ha hecho la guerra por una causa justa, posee un derecho despótico sobre las personas [...] que han tomado parte en la misma, y lo posee también a indemnizarse de los perjuicios recibidos y del costo de la guerra...» (*ibid.*, § 196; p. 148).

[43] *Ibid.*, § 178; p. 137.

[44] *Ibid.*, § 182; p. 140.

Si repasamos el argumento, podemos comprender que se ha dado una conclusión tautológica, que además se inmuniza de toda crítica. El propio actor define quién es el enemigo y da la razón de la «justicia» de su guerra contra dicho enemigo. De hecho se ha ejercido el poder del más fuerte, del mejor equipado técnicamente en el arte y la estrategia militar. En realidad, la Modernidad se impuso siempre sobre los amerindios y los africanos (desde el siglo XVI) simplemente y en última instancia por la violencia de las armas. Pero esto no puede aceptarse en la «civilización» como una razón suficiente. A esta acción ilegítima hay que darle una «apariencia» moral. Locke intenta entonces encontrar esas «razones» dentro de la tradición.

En efecto, se inspira en Aristóteles cuando distingue entre un «poder despótico» (*despoteia*) y un «poder político».[45] Aplica así la conocida distinción, entre el poder en el «estado de naturaleza» o en el «estado político», del ejercicio del poder en el «estado de guerra», e invierte los hechos (ya que los africanos o los indígenas americanos son los atacados injustamente y se los describe como agresores). Repitamos su argumento:

> *Poder despótico* es el absoluto y arbitrario [poder] que permite a un hombre atentar contra la vida de otro cuando así le agrade[46] [...] El agresor se ha salido de la ley de la razón que Dios[47] estableció como regla para las relaciones entre los hombres y de los recursos pacíficos que esa regla enseña,[48] recurriendo a la fuerza para imponer sus pretensiones injustas y carentes de derecho [...] Por esa razón, los prisioneros capturados en una *guerra justa* y *legítima*, y solamente ellos se encuentran sometidos a un poder despótico [...] que es en el fondo una prolongación del estado de guerra.[49]
>
> El poder que un conquistador adquiere sobre aquellos a quienes vence en una *guerra justa* es totalmente despótico.[50]

---

[45] *Pol.*, 1, 2, 1255 b, 16-17. Locke debió leer pocas líneas después de la definición del «esclavo por naturaleza» esta distinción: «El señorío político se ejerce sobre hombres libres por naturaleza, el despótico sobre los esclavos por naturaleza» (*ibid.*, 1255 b, 17-18).

[46] Está de más decir que el tal «poder despótico» es injustificable, menos aún en un estado de naturaleza (ni siquiera un animal puede cumplir tal definición o la tal especie se habría extinguido prontamente), desde cualquier punto de vista ético, etnográfico o histórico, y describe simplemente una voluntad tiránica, irracional y totalitaria, autodestructiva.

[47] Uno se pregunta qué agrega el poner aquí a «Dios» en esta expresión de cinismo. Pareciera ampararse en la divinidad para expresar un pseudo-argumento totalitario.

[48] Como no ha cumplido el «enemigo» con la ley establecida queda «fuera de la ley», y como no aceptó los «recursos pacíficos» se le aplican los recursos más violentos. Aunque el pobre campesino africano hubiera estado fuera de la ley y no hubiera sido pacífico (lo cual es falso, porque nunca estuvo fuera de «sus costumbres» y nunca atacó a ningún europeo), no perdería por ello sus derechos que tiene como persona humana, y no podría tratárselo como una «fiera» a la que se la puede matar porque «le agrade» (al sádico).

[49] *Ibid.*, § 172; p. 132.

[50] *Ibid.*, § 180; p. 138. Locke justifica por ello mismo la conquista de América, porque «el poder que un conquistador adquiere sobre aquellos a quienes vence en una guerra justa es totalmente despótico»

Para Locke, como en el caso de las relaciones entre Estados, no se retorna simplemente al «estado de naturaleza» (como para Hobbes o posteriormente para Hegel), sino que se accede a un «estado de guerra» *permanente*. Y, como hemos citado ya en Lévinas: «el *estado de guerra* suspende la moral». La esclavitud y el colonialismo son hechos injustificables para la moral, pero se puede probar su legitimidad dentro de otra lógica, la del «estado de guerra», «lógica totalitaria» de la Modernidad cuyo silogismo autorreferente (y que se inmuniza de toda discusión) resumido es aproximadamente el siguiente:

1. En el *estado de naturaleza* todos son iguales y libres.
2. Si alguien deja de cumplir la ley natural se transforma en un «fuera de la ley», en el «enemigo» que puede ser muerto como las fieras salvajes, por ser peligroso para la comunidad. No se le atribuye ya igualdad y libertad.
3. El juez con autoridad sólo existe en el *estado civil* o *político*. En la relación entre los Estados, y más con respecto al mundo colonial objeto de conquista, no hay autoridad suprema (porque no hay un Estado o juez mundial). Nos encontramos entonces en un *estado de guerra*.
4. Cuando un Estado cualquiera juzga que otro lo haya agredido, o lo haya tratado con injusticia, o simplemente lo odia, considera a dicho Estado o nación como el agresor y por ello lo define como el enemigo fuera de la ley y del derecho, contra el que puede declararse una *guerra justa*. Sólo Dios puede juzgar la falsedad de este juicio práctico.
5. El vencedor (evidentemente el más fuerte, el mejor armado) puede entonces esclavizar al vencido, constituirlo como esclavo o como colonia conquistada, porque estando fuera de la ley y del derecho se tiene sobre él *poder despótico*, como poder justo y legítimo. Además, los bienes de los vencidos resarcen las pérdidas de la guerra justa.

Como puede observarse, esta argumentación produce una completa inversión de lo que acontece en la realidad, y, además, es puramente tautológica, autorreferente en su sentido ético y político. Primero, porque al inocente campesino africano, indígena americano o comunidad colonial se lo ha definido como un violento agresor (inversión de los hechos empíricos). Segundo, porque el «juez» (en el momento 4 de la argumentación), aunque no tiene autoridad o poder político por no estar en condiciones de ser miembros de un inexistente Estado mundial, se encuentra en un inevitable *estado de guerra*. Si en este «estado» resulta vencedor, y teniendo sólo a Dios por juez, posee sobre los vencidos legítimamente poder despótico. Con estas razones todo Estado puede juzgar a cualquier otro como «fuera de la ley», simplemente por no cumplir con *su* interpretación «cultural» o etnocéntrica de la ley natural o de lo que Dios [el nues-

(*ibid.*, § 179; p. 138). Puede concluirse que el esclavo africano, el indio americano y el mundo colonial son negados e ignorados en su derecho en la filosofía política del fundador del pensamiento liberal.

tro] estableció como regla. Se trata de una tautología autorreferente radical, sin ningún criterio objetivo o en relación con una empírica intersubjetiva suficiente. Es lo puramente subjetivo, arbitrario, intra-cultural, dogmático, totalitario. Este argumento, sin embargo, expresa la racionalidad misma de la «Razón moderna» esclavista y colonial. Este tipo de argumento fundamentó (aparentemente) el comportamiento de las metrópolis europeas hacia el mundo colonial y hacia la esclavitud en la Modernidad *hasta el presente*. Se trata de una exclusión radical de la dignidad de la Alteridad, del derecho de la Identidad propia del africano esclavizado, del indígena americano, del mundo colonial, contra toda razón universal, no meramente etnocéntrica, eurocéntrica.

Sin embargo, cuando leemos en los diarios y escuchamos en la televisión que el Secretario de Estado (el general Colin Powell) anuncia que se deberá continuar la guerra contra los «terroristas» aunque fuera solos —ante la negativa europea, rusa o china por seguir la guerra contra Irak o Irán (habiendo ya comenzado la de «Guerra de Colombia»), se repite una vez más el argumento de Locke: en el «estado de guerra» el Estado hegemónico se afirma como juez para decidir quién es su enemigo (en este caso los «terroristas»[51]), y, en referencia última, toma como testigo de su propio juicio a Dios mismo.[52]

18.3. LA «DOBLE MORAL» O EL CINISMO POLÍTICO: DEMOCRACIA *AD INTRA* Y DESPOTISMO *AD EXTRA*

Las potencias metropolitanas durante toda la Modernidad, y hasta el presente ante el mundo postcolonial, han ejercido una «doble moral». Hacia adentro (*ad intra*) han propuesto un «Principio democrático» como participación simétrica de los afectados en la creación de instituciones que organicen la procedimentalidad legítima, pero excluyendo de dicha participación a los esclavos, a los indios, a los pueblos coloniales durante la época colonialista, y muchos otros. Posteriormente nunca los pueblos postcoloniales pudieron acceder a una soberanía popular real, sino que siguieron ejerciéndose sobre ellos presiones, opresiones o exclusiones políticas, económicas, culturales, religiosas, militares.

El gran país del Norte, bajo el gobierno del grupo de George W. Bush, es hoy la última expresión de ese «estado de guerra» *permanente* como horizonte argumentativo para negar a todos los demás pueblos o Estados un derecho de igualdad internacional. Este grupo del Estado dominante niega la existencia de todo un orden internacional

---

[51] Antes fueron las «Potencias del Eje» (desde la crisis de los treinta), después los «Comunistas» (en tiempos de la «Guerra Fría»), pero últimamente estaba faltando un «enemigo» creíble, consistente, suficiente. Los antiguos «subversivos comunistas» han dejado lugar ahora a los «terroristas».

[52] Claro que «Dios» hará conocer su juicio en el «Juicio final», y para los geopolíticos del Pentágono dicho juicio deja suficiente tiempo como para ganar las guerras empíricas de la historia —que son las que le interesan—. C. Schmitt, por otra parte, tampoco tiene otro criterio para determinar a su enemigo. Es tan tautológico como Locke.

supra-estatal que pudiera limitar su dominación militar omnipresente (por sus naves que navegan en todos los océanos), omnipotente (por el poder destructor de su aviación), omnisciente (por sus satélites espías y sus servicios de inteligencia).

Inesperadamente, mi argumentación filosófica ante la Ética del Discurso de hace algunos años se torna ahora más clara que nunca.[53] La «razón cínica», dije en otro trabajo, es la razón del que ejerce el poder y no está decidida a compartirlo. Por ello no acepta argumentos, ni *entra* en debates ni discusiones que puedan poner en cuestión su poder. Por el contrario, intenta desarrollar un argumento que lo inmuniza de *entrar* en toda argumentación ajena a la propia. El argumento tautológico, etnocéntrico intenta fundamentar su («aparente») pretensión democrática (*ad intra*), y ocultar su política despótica (*ad extra*). El tipo de argumento de John Locke enunciado más arriba permite adecuadamente aportar esa «apariencia» de fundamentación racional, no siendo sino una pseudo-argumentación tautológica, autoinmunizante, que permite no «entrar» en ninguna discusión racional con otros Estados o pueblos. Cuando alguno de ellos opina lo contrario, el Estado dominante puede declararlo su enemigo, «terrorista», ya que se ha puesto por propia culpa fuera de la ley y de las razones dadas por Dios (evidentemente de las leyes y del Dios *propios*). Declarados *a priori* sin derechos humanos (como los prisioneros afganos en Guantánamo[54]), toda guerra contra ellos (sea la de Irak, en Kosovo o Afganistán) es «guerra justa». El argumento es tautológico, y digo tautológico porque el agente de la acción es el único juez que emite la razón que se propone para fundamentar su propia acción: el círculo se cierra en la pura identidad de la subjetividad autista, esquizoide, dogmática, fundamentalista, totalitaria. El imperio define lo que es un terrorista, y declara deductiva y hermenéuticamente a partir de su definición quiénes son en concreto terroristas (sin ningún otro juez humano que pueda invalidar su decisión; falta todo criterio intersubjetivo, objetivo, exterior, internacional, que de algún viso de justicia y equidad a su decisión). Este juicio tautológico autoriza «legítimamente» (para el propio juez y el heroico ejecutor militar de la sentencia) la total destrucción del «terrorista». Se ha llegado a la total irracionalidad. La Totalidad totalizada emite un juicio desde su propio fundamento. El Otro ha sido aniquilado como otro.

---

[53] Véase mi ponencia «Del escéptico al cínico», en Dussel, 1993b, pp. 85-95; en inglés en Dussel, 1996, pp. 64-72.

[54] Si se los aceptara como «prisioneros de guerra» habría que aplicárseles las Convenciones internacionales, como la de Ginebra. Pero para negarles que sean prisioneros «de guerra» debería fundarse en que no ha habido guerra en Afganistán, porque no se había declarado tal guerra a los Talibanes, meros «terroristas», y por tanto «sin derechos», al que puede matárselos como lobos o leones peligrosos. Pero, en ese caso, la agresión a Afganistán sería un acto «terrorista», porque se atacó a otro Estado sin cumplir las condiciones para un tal ataque dentro de algún criterio ético internacional. Lo que acontece es que Estados Unidos, en *permanente estado de guerra,* no logra entender que está usando el «argumento de Locke», pero ese argumento, por tautológico es irracional, inmoral, no puede proferirse «en público», sino sólo entre los «amigos» de la misma «mafia» o de una «banda de ladrones»; en un «nosotros» entre los que los argumentos tautológicos son aceptados como verdaderos sin mayores exigencias lógicas.

Por todo ello podrá ahora comprenderse que se parte del supuesto sobre el que se ejerce la «razón cínica». La «razón cínica» usa siempre un pseudo-argumento tautológico: es la razón que se da a sí mismo el que ostenta el poder, y por la que no necesita «entrar» jamás en una auténtica discusión (la de la «razón discursiva»), porque no está dispuesta, desde el punto de partida, a dejarse juzgar por ningún otro Poder. La decisión de no compartir el poder, y de ejercerlo omnímoda y despóticamente sobre toda la humanidad, le impide «entrar» auténticamente en alguna discusión con «pretensión» de verdad, y de validez.[55] El imperio no necesita tener ninguna «pretensión» de verdad, *«tiene» la verdad,* y sólo exige su aceptación —es el pseudo-argumento que justifica la «guerra santa»,[56] otra denominación de la «guerra justa» de John Locke—. Un cierto «fundamentalismo de mercado» —como expresaba G. Soros— se encuentra detrás como actitud ética originaria.

Por ello, aunque se declara ser un poder «democrático» con respecto a su propio pueblo (*ad intra*),[57] sin embargo su cinismo con respecto al Otro, a la Alteridad, al resto externo de la humanidad (*ad extra*), impide el ejercicio honesto y serio del Principio democrático con sentido normativo. ¿Cómo puede darse éticamente el reconocimiento de la igualdad humana a todos los miembros de la propia comunidad política, cuando se le atribuye a esa misma comunidad el derecho de declarar «inhumano» al resto de la humanidad? ¿Cómo puede un *demócrata,* que conciba la democracia no meramente como un procedimiento político etnocéntrico sino al mismo tiempo con exigencias normativas, ser *despótico* con los Otros, con los débiles, con los vencidos, con los postcoloniales...? El que mata a los otros insensiblemente termina por suicidarse en el «sin-sentido» de un orden inmoral.

La «doble moral» de las empresas trasnacionales, que cumplen con las exigencias normativas *ad intra,* en el propio Estado metropolitano, y corrompen, simulan, roban, extraen ganancias excesivas *ad extra,* termina por corroer a toda la estructura normativa. La inmoralidad *ad extra* termina por imponerse también *ad intra.* Es el caso de la trasnacional Enron que con su doble contabilidad y política financiera engañó primero

---

[55] Véase en mi obra Dussel, 1998, la diferenciación entre «pretensión de verdad» y «pretensión de validez» (caps. 1-3).

[56] Leemos en el diario que John Ashcroft, nombrado procurador general por Bush «pidió esta semana lanzar una *guerra santa* en defensa de la civilización y contra el terrorismo» (*La Jornada*, México, 24 de febrero de 2002, p. 31). Bush, que había hablado de «cruzada» (cristiana contra los musulmanes) al comienzo de la guerra contra Afganistán, nuevamente se refirió a una «cruzada» en su viaje a Japón (en el mes de febrero), hecho criticado por Zogby (*ibid.*).

[57] Hoy sabemos que esto tampoco esto es cierto, porque nunca los servicios de inteligencia norteamericanos han espiado de manera tan sofisticada a un ser humano como se está organizando espiar al ciudadano norteamericano, no sólo conociendo qué libros ha pedido en bibliotecas durante su vida, qué mercancías a comprado, etc., sino que incluso puede detectárselo desde satélites por su modo de caminar (el único inconveniente en este caso es que cuando una mujer cambia su tipo de zapato, de tacon bajo o alto, cambia igualmente de identidad). Al final el *despotismo ad extra* se ha transformado igualmente en *despotismo ad intra,* y no podía ser de otra manera: la coherencia se impone al final.

a los otros Estados y al final al propio «home-State» (y hoy se tiene sospecha de que la costumbre se ha generalizado, dándose ya otros ejemplos dudosos como en el caso de la IBM, la Coca-Cola, el City Bank ya ligado al «blanqueo de dinero» de la droga, etc.).

18.4. «RAZÓN MATERIAL» Y «RAZÓN CRÍTICA»: RESPONSABILIDAD CONSENSUAL DE LA COMUNIDAD DE LAS VÍCTIMAS

Al «argumento de Locke», a la «razón cínica», debe oponérsele, a) no sólo una *argumentación* material y crítica (que es necesaria, porque crea el fundamento del *consenso crítico de los oprimidos*), que se enfrenta a la imposibilidad del poder dominador de aceptar un argumento contrario (y que por ello no *puede* «entrar» en la discusión, porque simplemente *tiene* el poder de evitar dicha discusión contra los débiles), sino también b) una *organización política* del poder material y crítico de los oprimidos, de los excluidos, de los que reciben en su corporalidad los efectos negativos de las decisiones tautológicas del «argumento de Locke». Tales *Nuevos Movimientos Sociales* se hicieron visibles en los grupos reunidos, entre otras manifestaciones recientes (como las de Seattle, Cancún, Génova, Barcelona, etc.), en especial en el Foro Social Mundial de Porto Alegre. En este último evento asistieron unos cien mil participantes, entre intelectuales orgánicos y militantes en 2003. Se testimonió el hecho de que los «excluidos» constituyen entre sí «comunidades consensuales», descubriendo argumentos, comunicándose y viviendo experiencias que permitan ir lentamente rompiendo la «moral» del Poder del imperio y la pseudo-argumentación lockeana. Nacieron así miles de redes de organismos de base. El 15 de febrero de 2003, por primera vez en la historia universal, en más de 70 países millones de personas se opusieron a la Guerra de Irak. Es un hecho sin precedente. No es el dominador el que tiene el derecho de «juzgar» al Otro, su víctima. Es la comunidad consensual y crítica, por ser y exponer las razones de las víctimas, la que tiene el deber de juzgar al poder dominador despótico —usando la denominación lockeana—. Son los africanos esclavos, los indios conquistados, las comunidades coloniales y postcoloniales, las feministas, los antirracistas, los obreros y campesinos y tantos otros, los que deben mostrar que las pretendidas «guerras justas» fueron en realidad unas de las más injustas y perversas que puedan imaginarse en toda la historia mundial. Los trece millones de africanos esclavizados y los quince millones de indígenas muertos en el proceso de la conquista y la colonización muestran dos inmensos genocidios moderno-europeos que el «argumento de Locke» tornó invisibles. Los esclavizados, conquistados y colonizados no eran humanos; eran bestias; hoy son los «terroristas».[58] Seis millones de judíos eran

---

[58] Es evidente que siempre ha habido terroristas. Lo criticable del hecho es que no se acepten tribunales internacionales, como el Consejo de Seguridad o el Tribunal Penal Internacional, que pudiera intervenir en una definición de su concepto. En realidad las resoluciones del dicho Consejo de la Naciones

exterminados por la potencia nazi. Para los imperios de turno no morían seres humanos; perecían «cosas» que habían sido destituidas de su humanidad previamente por razones similares al «argumento de Locke».

Llegamos así al problema filosófico de fondo.[59] A la razón estratégica del cínico, que se funda en el poder para proferir un pseudo-argumento tautológico (el «argumento de Locke»), no puede oponérsele una mera razón discursiva, porque el cínico no «entra» en dicha discusión. La filosofía de la liberación intenta en cambio enfrentar estratégica y teóricamente la situación, pero lo hace abriendo otros frentes.

En primer lugar, muestra la tautología (y éste es un «trabajo» filosófico) que desinmuniza el pretendido argumento autorreferente. En segundo lugar, enfrenta al poder dominador desde el contra-poder antihegemónico de los Nuevos Movimientos Sociales (feminismo, antirracismo, afirmación de las culturas negadas por el colonialismo, liberación de las naciones periféricas postcoloniales, de las clases dominadas, de las etnias excluidas, de la tercera edad, de los niños, de las generaciones futuras a través del problema ecológico, etc., cuyas «redes» se van fortaleciendo mundialmente en los nombrados Foros de Porto Alegre). En tercer lugar, la fundamentación anti-escéptica (del escepticismo ante la razón dominante, subproducto cómplice de la violencia, como en el caso de un Richard Rorty o de algunos ejemplos del movimiento postmoderno) no se dirige a una mera afirmación de la razón en general, sino hacia un dar argumentos a las indicadas comunidades de liberación de los Nuevos Movimientos Sociales, a fin de legitimar la «razón crítica»: a) tanto por sus *contenidos* (la razón práctico-material *crítica* que justifica no sólo la producción y la reproducción de la vida humana en comunidad con pretensión de universalidad, sino su desarrollo desde la afirmación de las víctimas[60]); b) como por su *validez* (la razón discursiva *crítica*, desde el consenso de los excluidos contra el consenso hegemónico que profiere autorreferentemente el «argumento de Locke»),[61] y c) por su factibilidad *crítica* (la praxis propia de la liberación, que supone la toma de conciencia y la organización de las víctimas «negadas» en su Alteridad por el poder dominante).[62]

Unidas nunca es aceptado cuando se opone «a sus intereses», por Estados Unidos o por Israel. Vemos entonces que las «mil reuniones, discusiones, acuerdos» (de Apel), de poco valen cuando se oponen a la «Voluntad de Poder» del imperio.

[59] Véase Dussel, 1996, «From the Skeptic to the Cynic», pp. 64 ss.

[60] Véase Dussel, 1998, caps. 1 y 4; en resumida traducción alemana en 2000, caps. 1 (pp. 15 ss.) y 4 (pp. 85 ss.). Lo que no había enunciado en dicha ponencia claramente eran dos cuestiones. La primera, que el cínico no «entra» en una discusión honesta, no sólo porque tiene el Poder, sino porque tiene un argumento, el «argumento de Locke» (pseudo-argumento autorreferente que se hace evidente para el dominador y sus «amigos»). La segunda, que la fundamentación que hay que efectuar no se dirige tanto a una justificación en general de la razón ambigua de los grupos dominantes (como en el caso de K.-O. Apel), sino como justificación de una razón consensual y material *crítica* de las comunidades excluidas, dominadas, negadas. El filósofo crítico (filosofía de la liberación) argumenta a favor de grupos empíricos que necesitan dicha fundamentación para su acción estratégica liberadora, innovadora, creadora.

[61] *Ibid.*, caps. 2 y 5.

[62] *Ibid.*, caps. 3 y 6.

Por ello, si es verdad que todo régimen democrático debe «poner límites»[63] y por ello hay inevitables exclusiones —al menos de los ciudadanos de otros Estados, aun reconocidos como tales—, lo que deseamos recalcar es que algunas filosofías políticas de Estados Unidos y Europa no vislumbran la diferencia entre a) la situación de «estado de derecho» en el «centro» del sistema-mundo actual (el «Grupo de los Siete», siendo seis de ellos semi-periféricos de la super-potencia dominante) y b) la situación política de los Estados postcoloniales periféricos (en el África, Asia y América Latina), como «fuera del derecho» y reducidos a la miseria por cinco siglos de economía colonial. Dicha diferencia es un efecto negativo de un «estado de guerra» *permanente* que se originó con la Modernidad, con la conquista de América en 1492 como sistema colonial, con el capitalismo como acumulación originaria de los metales preciosos americanos y con la trata de esclavos, acumulación acrecentada siglo por siglo y aumentada de manera nunca observada desde finales de la llamada Segunda Guerra Mundial (1945) y en especial desde 1989. Los pueblos y sus Estados periféricos postcoloniales siguen sufriendo una imposibilidad estructural de alcanzar un grado de desarrollo y autonomía mínima, aceptable para poder establecer sistemas políticos democráticos —donde pudiera ejercerse la soberanía de los pueblos—. Hablar en estos Estados postcoloniales de un sistema democrático supondría el dejar de sufrir el constante acoso de las potencias centrales, que agobian permanentemente sus explotadas economías en un grado tal, que los pueblos miserables terminan por expresar su desesperación como aún lo hacen las clases pequeño burguesas (no se diga las marginales) de Argentina en los sucesos dramáticos del 19 al 20 de diciembre de 2001. Este hecho manifiesta un «malestar» creciente entre los pueblos, que indica que la democracia debe ser redefinida, para no inscribirla exclusivamente dentro de un procedentalismo que ya no se sostiene (siendo sólo el momento de pura legitimidad formal de la política) cuando la reproducción misma de la vida de la población es puesta en cuestión (el momento político ecológico-económico o material de la vida). Las masas hambrientas gritan: «Pan y trabajo»,[64] como momento constitutivo de la política, y como condición

---

[63] Véase por ejemplo Young, 2000.

[64] En tiempos de las dictaduras periféricas, instaladas por las potencias dominantes, como en el caso de la dictadura de Augusto Pinochet contra el gobierno democrático de Salvador Allende en 1973, golpe de Estado decidido y promovido por Henry Kissinger desde el Departamento de Estado (como en este febrero y marzo de 2002 se está promoviendo de la misma manera el golpe de Estado contra Hugo Chávez en Venezuela, por pretender tener una política propia en la OPEP y con respecto al petróleo), en tiempo de las dictaduras (repito) se gritaba: «Pan, paz y trabajo». Ahora no se grita «Paz», porque la «Guerra Sucia» de los militares ya no es necesaria para el imperio. Pero la vida del pueblo oprimido y excluido sigue gritando el aspecto material de la política: comida y empleo (porque el capitalismo ha destruido toda otra manera de reproducir la vida). En el II Foro Social Mundial de Porto Alegre, sin embargo, pudo observarse el nacimiento de una «Economía solidaria» que cuenta en Argentina hasta dos millones de miembros. El movimiento se expresó ya hace años con la obra de Razeto 1991 y 1985, y en 1988 el vol. 3. Se trata de la mera subsistencia de una población de excluidos, marginales, que antes que morir de hambre reinventan un sistema de «trueque», con moneda propia, por la organización de la producción y el consumo dentro de una comunidad barrial o local cerrada. ¡El mundo de los excluidos sobrevive!

del consenso que funda la legitimidad formal. No hay representación o consenso sin «ciudadanos *vivos*», y en el mundo periférico-postcolonial esto no está garantizado de ninguna manera, dado el inmenso grado de transferencia de plusvalor que procedente de los países explotados sigue fluyendo hacia el «centro» —privilegio que los países centrales, no sólo Estados Unidos sino también Europa, Japón y algunos otros—. Democracia y reproducción aceptable de la vida de los ciudadanos son dos aspectos del bien común; es la justa articulación del aspecto formal de legitimidad discursiva y el aspecto material de satisfacción reproductiva de la vida.

En último término, el «argumento de Locke» ocultaba que el Estado metropolitano justificaba la negación de la vida del Otro, del esclavo africano, del indígena americano, del colono periférico, de todos los excluidos actuales del mercado. El cínico pretende justificar éticamente *la negación de la vida del Otro*; el escéptico pretende justificar moralmente *la negación de la razón critica*; el conservador pretende justificar *la negación de la posibilidad de la utopía* del poder vivir, que imposibilita el consenso crítico anti-hegemónico del desear una «vida mejor» (no sólo una «vida buena»). Tres negaciones que hacen a la política una praxis antidemocrática, bajo la apariencia de cumplir *ad intra* con las exigencias liberales de la Democracia.

Ante lo que acontece debemos expresar, para concluir, que al proyecto utópico de Kant manifestado en su obra sobre la «*Paz* perpetua» ha dejado lugar en el presente, en el orden de la realidad geopolítica y militar a un proyecto de una «*Guerra* perpetua», ahora como «Guerra preventiva». No es ya que «la guerra es el *origen* de todo» como para Heráclito de Éfeso, sino que «el estado de guerra es el *ser mismo permanente* de todo». ¡Se trata de una ontología de la muerte!

19. Deconstrucción del concepto de «Tolerancia» (De la intolerancia a la solidaridad)[1]

La tolerancia es una actitud mínima, como formación de la voluntad del ciudadano en un régimen democrático. La humanidad ha ido creciendo en la consideración de esta actitud ética, política; hay ejemplos históricos en este aspecto. En el Imperio romano, por ejemplo, no había todavía propiamente tolerancia. Sino más bien asimilación o exclusión. Se otorgaba la ciudadanía romana a algunos y al resto se los dominaba de diferentes maneras. Los dioses de los pueblos vencidos eran aceptados en el panteón, que fungía como una manera de reunir los diversos cultos bajo el poder del Imperio. En cambio, en la sociedad musulmana del *Dar-el-Islam* se toleraba a cristianos y judíos, no así a los miembros de religiones animistas u otras religiones (como la budista o hindú, por ejemplo). En la sociedad cristiana latino-germánica sólo se toleraba a los judíos, pero se excluían aún a los movimientos cristianos de diferente inspiración. Reinaba una declarada intolerancia.

19.1. Intolerancia

Denominaremos como *intolerante* a la posición intransigente ante posibles oponentes. Por ello la intolerancia es dogmática, indicando así la unidad entre una cierta teoría de la verdad y el poder político. El intolerante afirma «poseer» la verdad o encontrarse en un acceso privilegiado con respecto a lo que se conoce como «verdadero». Esta confianza ingenua, lejos de todo escepticismo o conciencia de la finitud de la inteligencia y la voluntad humanas, da al dogmático una certeza inequívoca y un sentido mesiánico a su misión de extender dicha verdad en toda la humanidad (si tuviera el poder para hacerlo). Cuando la intolerancia dogmática tiene de manera suficiente ese poder político para imponer a otros su Voluntad de Poder, es cuando se usa la violencia como un modo natural de expandir la «verdad» y exigir ser aceptada por todos los demás. Aconteció en los Califatos, en las Cristiandades, y hoy es propugnado por el fundamentalismo cristiano (entre ciertas élites actuales de Estados Unidos), sionista[2]

---

[1] Ponencia presentada en el XV Congreso Interamericano de Filosofía realizado en Lima, Perú, el viernes 16 de enero de 2004.

[2] Habiendo vivido en Israel, amando dicho pueblo, leyendo y hablando su lengua, sosteniendo una posición filosófica que se inspira en parte en pensadores judíos que aprecio inmensamente, no puedo

o islamista. Puede observarse que el intolerante tiene entonces una cierta «teoría de la verdad» entrelazada al poder político, y hasta militar, como mediación de su expansión. La aceptación del otro en la verdad dogmática es el fruto de la derrota en una guerra fundamentalista; y se pretende ser una guerra *justa* en tanto opina que es una guerra en defensa y propagación de la verdad (sea revelada, cultural, etc.) del grupo triunfador. El dogmático no podrá aceptar nunca la falibilidad de la verdad sostenida, so pena de caer ante sus ojos en el relativismo escéptico inaceptable, enemigo teórico por excelencia del intolerante.

19.2. Tolerancia

La *tolerancia*, por el contrario, presupone otra *teoría de la verdad*. Además, puede haber muchos tipos de tolerancia. Deseamos aquí destacar aquella que puede ser defendida desde una racionalidad universal, no escéptica ni relativista. A la mera e ingenua «posesión» pura y simple de la verdad, le opondremos la «pretensión (*claim, Anspruch*) de verdad». La «pretensión de verdad» afirma acceder a la cosa real misma, desde una lengua, desde un mundo cultural, desde un horizonte ontológico; pero sabe que tal acceso no es absoluto; es siempre finito, parcial, determinado por una cierta perspectiva social, histórica, psicológica, etc. «Pretende» tener una posición veritativa con respecto a lo real del que puede dar razones de su acceso cognitivo, pero al mismo tiempo se encuentra atento y abierto a mejores posibles razones que pudieran falsar (la falibilidad, la falsabilidad siempre posible de la pretensión de verdad) su enunciado. Tener pretensión universal de verdad del propio acceso a lo real tal como se manifiesta, no contradice el poder otorgar honestamente a un oponente eventual la misma pretensión universal de verdad de su acceso siempre situado ante esa misma realidad (que puede no ser la del primer cognoscente).

Es en ese momento que la simple «pretensión de verdad» deja lugar ahora a una «pretensión de validez». Distingo entonces entre «pretensión de verdad», como acceso o referencia a lo real, de la «pretensión de validez», como referencia a la aceptabilidad (o aceptación) intersubjetiva del otro de la razón veritativa que se avanza para ser discutida. La pretensión de verdad, repito, se refiere en último término a lo real actualizado en la subjetividad, mientras que la pretensión de validez dice relación a la intersubjetividad, al consenso que llega la comunidad de los posibles argumentantes. La «retórica» en el sentido aristotélico (que era ya una «pragmática») estudia las condiciones de la aceptabilidad del otro en referencia a una razón o argumento propio y ajeno. Galileo pudo descubrir que Venus rotaba alrededor del sol (y el enunciado he-

---

menos que entristecerme al ver las actitudes antisemitas del sionismo de A. Sharón, y de grupos dogmáticos contrarios al pueblo palestino, que es igualmente un pueblo «semita». Digo «antisemitas», además, porque está consumiendo de manera irresponsable el «depósito moral» que la humanidad había depositado en el pueblo de Israel dado el holocausto sufrido en manos de los nazis.

liocéntrico tuvo entonces «pretensión de verdad»), aunque en Roma no se aceptaba todavía su descubrimiento, y por ello Belarmino lo condena (por oponerse a una milenaria pretensión de verdad y de validez del geocentrismo). Galileo quedaba solo y sin defensa por su *nueva* (para los romanos) pretensión de verdad, en la *disidencia* con respecto a la *antigua* (para él) pretensión de validez. Galileo, sin embargo, tenía comprensión por los que todavía no aceptaban sus razones; los toleraba —como puede verse en sus escritos, que hemos estudiado particularmente.

Todo descubridor (o inventor), desde las pretensiones vigentes de verdad y validez, accede de nueva manera a lo real; tiene entonces una «nueva» pretensión de verdad pero deberá probar argumentativamente a la comunidad de los científicos su pretensión de validez para alcanzar un nuevo consenso. Falsar la antigua pretensión de verdad no es lo mismo que invalidar la antigua pretensión de validez. Se trata del «tiempo» que transcurre desde la propia certeza de una pretensión *nueva* de verdad hasta que sea igualmente consensuada o tenida por cierta por el oponente y la comunidad científica. El que «tiene» una *pretensión* de verdad (que no es el dogmático que «tiene» *conciencia cierta irrefutable* de la verdad de un enunciado) sabe igualmente que su pretensión de validez no se ha cumplido, que no ha llegado al consenso con el otro, porque el oponente *todavía* no ha sido convencido por las razones expuestas (para cumplir la pretensión de verdad).

La pretensión de verdad es un *a priori* de la validez de dicha verdad para el otro. La aceptación del otro viene después, es un *a posteriori* que manifiesta ese «tiempo intermedio» que la *tolerancia* llena. La tolerancia es el saber esperar racionalmente (no de manera escéptica ni relativista, sino con respeto por el otro y con plena pretensión universal de verdad, pero sin alcanzar el consenso con el otro *todavía*), en el trabajo del argumentar, del mejorar los argumentos que tengan en cuenta al otro como otro (y éstas son las condiciones «retóricas» de la aceptación de los argumentos teóricos o prácticos o políticos, que exigen frecuentemente otras cualidades no exclusivamente teóricas, sino estrictamente éticas, de ambas partes). Es un tolerar el no consenso del otro mientras no se hayan encontrado los argumentos o las circunstancias propicias para la aceptación de la propia pretensión universal de verdad. La actitud tolerante es propia de un sujeto racional.

En este caso la tolerancia exigiría optar por una posición negativa o como abstención de actuar por otros medios que no sean los racionales contra un oponente (siendo la violencia o la intolerancia un medio irracional). El uso de un medio no racional pondría en cuestión una honesta pretensión de verdad. El que usa la fuerza o hace la guerra para exigir al otro el aceptar la verdad que se «tiene», en su propia acción pone en duda la capacidad racional de alcanzar un consenso, de hacer aceptable su pretensión de verdad sólo con razones. Duda de la capacidad veritativa de sus argumentos. Comete una contradicción preformativa: dice luchar por la verdad (o la democracia como en el caso del presidente George W. Bush) con la fuerza, con medios violentos, irracionales (no democráticos). Su acción contradice el enunciado teórico.

Por el contrario, la tolerancia es la actitud (y hasta la virtud) del «dar tiempo» al otro en el proceso de hacer aceptable una pretensión de validez por medio del consenso teórico, práctico y político (el momento intersubjetivo final de una pretensión de verdad en referencia a lo real).

Históricamente, la tolerancia fue propugnada por la Ilustración en el contexto de la discusión política sobre la libertad religiosa, y como afirmación de los derechos subjetivos del ciudadano. No podemos menos que afirmar la importancia de esta actitud que hace posible el pasaje de una mera pretensión de verdad, a través de la aceptación del otro de las razones de dicha pretensión, a un cumplido consenso válido intersubjetiva y racionalmente.

Habría un caso histórico interesante para ilustrar lo que hemos dichos. Bartolomé de Las Casas, contra Ginés de Sepúlveda y los que opinaban que los sacrificios humanos se oponían a la ley natural, y por ello era justificado hacer una guerra justa para salvar los inocentes, escribe:

> [Los] hombres, por derecho natural, están obligados a honrar a Dios con los mejores medios a su alcance y a ofrecerle, en sacrificio, las mejores cosas.[3]

> Ahora bien, corresponde a la ley humana y a la legislación positiva determinar qué cosas deban ser ofrecidas a Dios; esto último se confía ya a la comunidad entera.[4]

> La propia naturaleza dicta y enseña [...] que ha falta de una ley positiva que ordene lo contrario *deben*[5] inmolar incluso *víctimas humanas* al Dios verdadero o falso, *considerado como verdadero*,[6] de manera que al ofrecerle la cosa más preciosa, se muestran especialmente agradecidos por tantos beneficios recibidos.[7]

Bartolomé da al otro, al indígena, una plena «pretensión de *verdad*», cuando explícitamente expone que dichos sacrificios son necesarios como honra de su Dios, «considerado como verdadero». Y por ello Bartolomé establece desde el concederle al otro la «pretensión de *verdad*» el derecho al «largo tiempo del disenso», propio de la «pretensión de *validez*» que tiene Bartolomé pero que le concede igualmente al indígena:

> Obrarían ligeramente y serían *dignos de represión y castigo* si en cosa tan ardua, tan importante y de tan difícil abandono [...] prestaran fe a aquellos soldados españoles, haciendo caso omiso de tantos y tan graves testimonios y de tan grande autoridad, *hasta que con argumentos más convincentes, se les demostrara* que la religión cristiana es más digna de que en ella se crea, *lo que no puede hacerse en corto espacio de tiempo*.[8]

---

[3] Las Casas, B., 1989, pp. 155-156.

[4] *Ibid.*, p. 157.

[5] Obsérvese que se habla ahora no ya de un «derecho», sino de un «deber» (*deben...*).

[6] Aquí Bartolomé concede al otro «pretensión de verdad», mientras no pueda ser falseada, y también «pretensión de validez» universal en su respectivo universo cultural.

[7] *Op. cit.*, p. 160. Si no hay un recurso argumentativo a disposición en una cultura dada, «estamos obligados a ofrecerle lo que nos parece el bien más importante y precioso, esto es, la *vida humana*» (*ibid.*, p. 161).

[8] *Ibid.*, p. 154.

Vemos entonces que se distingue entre «pretensión de *verdad*» (el tener a un Dios por verdadero) de «pretensión de *validez*» (el conceder al otro el derecho de no aceptar dicho Dios del otro, hasta tanto no se hayan dado «argumentos más convincentes» que «demostrara que la religión cristiana es más digna»). El «tiempo» de la no-aceptación del otro de la verdad propia es el tiempo de la tolerancia. Bartolomé fundaba así una teoría racional universal de la tolerancia, que afirmando el derecho a la «pretensión de verdad» de lo propio, sin embargo afirma igualmente el derecho del otro a su no aceptación. Distingue dos tipos de pretensión: de la verdad (como referencia a lo real), y de la validez (como referencia intersubjetiva a la aceptación del otro) en la que se funda la tolerancia.

19.3. SOLIDARIDAD

Pero hay algo más que la sola tolerancia, en cuanto ésta supone una cierta indiferencia ante el otro, un «tolerar» al otro con una cierta pasividad del que se desentiende de su destino; es un no asumir responsablemente la imposibilidad que pudiera tener el otro en el aceptar las razones. Y, más aún, fuera ya de la mera pretensión de verdad y validez, en referencia al cumplimiento de una pretensión de justicia, cuando alguien opina que obra lo que hace con o por el otro justamente. Pero esa «pretensión de justicia» (que supone una pretensión de verdad práctica) puede no ser aceptada por el otro. Hay entonces también una «pretensión de validez práctica» que exige un tiempo de otra densidad que la mera tolerancia.

Jacques Derrida, en su obra *Políticas de la amistad*, deconstruye el concepto de fraternidad (en diálogo principalmente con Nietzsche y Carl Schmitt). La fraternidad es también fundamento de una «pretensión de justicia», ya que la voluntad (la pulsión, el deseo, la amistad) es constitutiva de la justicia (que no es sólo fruto de un consenso práctico, el de la razón práctica, sino igualmente de la voluntad que motiva a compartir lo debido a cada miembro de la comunidad). Deseo sin embargo referirme ahora a una actitud que va más allá (*au-delà*) de la tolerancia y la fraternidad. Que es positiva, creativa, responsable por el otro. No sólo lo tolera; ahora lo asume, se pone en su lugar (sustitución), es responsabilidad por el otro como otro (más allá también del reconocimiento del otro como igual, en una mera justicia intrasistémica).

Al hacer referencia a la *solidaridad* (*más allá* entonces de la mera «fraternidad» de Jacques Derrida) se pasa a un momento más positivo, afirmativo, que el de la mera tolerancia ante una víctima, impotente de defender sus propios derechos. La tolerancia es así subsumida en una *responsabilidad por el otro*. La tolerancia queda superada, en cuanto por propia voluntad, por deseo se toma como propio el cumplimiento del deseo, del proyecto de vida que el otro no puede realizar. El otro no es ya meramente «tolerado» pasiva o negativamente (en el tiempo del alcanzar el consenso de la pretensión de validez), sino que es «solidariamente» respetado activa y positivamente en su alteridad, en su Diferencia. Se trata de la afirmación de la exterioridad del otro, de su vida, de su racionalidad, de sus derechos negados. Estamos *más allá* de la tolerancia de la Modernidad ilustrada entonces.

Por *solidaridad* deseo aquí entender una pulsión de alteridad, un deseo *metafísico* (E. Lévinas) por el otro que se encuentra en la exterioridad del sistema donde reina la tolerancia y la intolerancia. Es un *hacerse-cargo* (eso significa *re-spondere*: tomar a cargo [*spondere*] del otro, reflexivamente [*re-*]) ante el tribunal del sistema que acusa porque se asume a la víctima de la injusticia y, por ello, aparece como el señalado, como el injusto, culpable, reo, como el rehén en el sistema en nombre del otro.

En el ejemplo dado anteriormente de Bartolomé de Las Casas, podemos descubrir este más allá de la tolerancia, ahora *como solidaridad*. Así escribe que por «el hecho de inmolar hombres, aunque sean inocentes, cuando se hace por el bienestar de toda la república, no es tan contrario a la razón natural [...] Así este error puede tener su origen en la razón natural probable»[9] —hasta aquí Bartolomé les concede «pretensión de verdad» al otro—. Pero hay más. Bartolomé, además, tiene conciencia de internarse por primera vez en tan osados juicios críticos, ya que escribe que al releer su *Apología* contra Sepúlveda, «tuve y probé muchas conclusiones que antes de mí *nunca hombre las osó tocar o escribir*, y una de ellas fue no ser contra ley ni razón natural *excluida toda ley positiva humana o divina* ofrecer hombres a Dios, falso o verdadero (teniendo al falso por verdadero[10]) en sacrificio».[11] En esto Bartolomé se opondrá aun a los mejores teóricos progresistas de su época (como Vitoria, Soto o Melchor Cano), y de la nuestra. Y pasa desapercibidamente de la tolerancia *pasiva* a la solidaridad *activa*, cuando se compromete, desde una responsabilidad por el proyecto de vida del otro que es asumida como tarea propia, al reconocer el deber de los indígenas de efectuar una «guerra» en defensa de sus tradiciones contra los cristianos europeos, entre los que Bartolomé mismo se cuenta:

> Dado que ellos se complacen en mantener [...] que, al adorar a sus ídolos, adoran al verdadero Dios [...] y a pesar de la suposición de que ellos tienen una errónea conciencia,[12] hasta que no se les predique el verdadero Dios *con mejores y más creíbles y convincentes argumentos*,[13] sobre todo con los ejemplos de una conducta cristiana, ellos están, sin duda *obligados a defender el culto a sus dioses y a su religión y a salir con sus fuerzas armadas*

---

[9] *Ibid.*, p. 166.

[10] Si lo «falso» no ha sido falseado (por imposibilidad histórica de recursos argumentativos disponibles), la «pretensión de verdad» del otro sigue siendo universal, honesta, seria.

[11] Carta de 1563 a los dominicos de Guatemala (Las Casas, 1958, vol. 5, p. 471).

[12] Obsérvese la precisión teórica. Indica que se debe «suponer» que tienen «errónea conciencia», pero dicha «suposición» desde la propia «pretensión de verdad» no puede quitar el otorgarle al otro también su propia «pretensión de verdad», porque la «pretensión de validez» de Bartolomé no ha sido cumplida en la «aceptación» del otro de la verdad de Bartolomé, porque no se han dado «mejores y más creíbles *argumentos*» todavía.

[13] La posición de un racionalismo crítico universalista queda claramente evidenciado, lo que no obsta (contra R. Rorty, *avant la lettre*) el reconocer al otro toda su libertad y el deber de ser coherente con la razón universal.

contra todo aquel que intente privarles de tal culto [...]; están así *obligados a luchar contra éstos, matarlos, capturarlos y ejercer todo los derechos que son corolario de una justa guerra*, de acuerdo con el derecho de gentes.[14]

Bartolomé ha superado el límite de la tolerancia y se ha internado en la solidaridad. No sólo respeta el derecho a que el otro sostenga la pretensión de verdad de su posición, mientras no se hayan dado «mejores y más creíbles y convincentes argumentos *y sobre todo con los ejemplos de una conducta cristiana*» —Bartolomé no es sólo un racionalista universalista convencido, sino que sabe igualmente integrar la afectividad, la voluntad, las virtudes (momentos materiales dejados de lado en nuestro tiempo por la ética discursiva)—, sino que además justifica la realización del proyecto del otro (distinto del propio) hasta el uso de las armas («una justa guerra»), admitiendo que a los suyos, mientras no hayan dado razones convincentes en referencia a la intersubjetividad con pretensión de validez, los podrán «matar, capturar y ejercer todos los derechos que son corolario de una justa guerra, de acuerdo con el derecho de gentes». ¡Cuán lejos están los líderes militares de la civilización occidental en el siglo XXI (como el presidente G. W. Bush) de aquellos principios solidarios expresados por la ética del siglo XVI en América Latina!

Solidaridad es un asumir el dolor del pueblo irakí ante el Imperio —no el de Antonio Negri, sino del real, que ha perdido la hegemonía y por ello desenvaina la dominación de la fuerza militar pura y simple, violencia irracional del intolerante, dogmático, fundamentalista—, al que se dice liberar, al que se proclama el ayudarles a organizar un régimen democrático, pero velando cínicamente la razón oculta, inconfesable, del simple robo de las riquezas del hidrocarburo que bajo el desierto guarda ese empobrecido pueblo que posee tanta riqueza. Con respecto a la víctima ya la tolerancia no tiene sentido. Se puede tolerar al miembro opuesto del mismo sistema, mientras no ponga en cuestión la hegemonía del primero. Pero no tiene sentido tolerar a la víctima del sistema cuyo poder se ejerce. A la víctima no se la tolera; se colabora con él a dejar de ser víctima. La indiferencia negativa de la tolerancia es inapropiada como actitud ante la víctima que sufre los efectos negativos del sistema. Es en este sentido que la solidaridad con las víctimas está más allá de la Ilustración y la Modernidad; pero aún está más allá de la posición de los postmodernos, porque la solidaridad no puede ser meramente fragmentaria, débil, escéptica, esteticista. La solidaridad es universal, en referencia a todas las Diferencias (a la alteridad de la mujer violada, de las razas discriminadas, las clases explotadas, los países periféricos poscoloniales oprimidos, la tercera edad excluida en los asilos, las generaciones futuras que recibirán una tierra exterminada...).

La solidaridad con las víctimas es el tema de una filosofía transmoderna, crítica, mundial, de liberación. De una filosofía que crece en la oscuridad de los excluidos, que sin embargo luchan en la esperanza de otro mundo, de un *altermundismo* que se

---

[14] Las Casas, 1989, p. 168.

desarrolla ante nuestros ojos, que se manifestó en el «¡que se vayan todos!» del 21 de diciembre de 2001 en la Argentina despojada, o en los millones de cientos de ciudades de todo el mundo del 15 de febrero de 2003 ante una guerra injusta, intolerante, falta de toda solidaridad para con los pobres, los condenados de la Tierra.

20. Democracia en el «centro» y crítica democrática global[1]

Nuestra exposición será corta, a manera del enunciado de tesis para la discusión; una mayor extensión podrá considerarse en una obra que elaboramos en el presente.[2]

Por lo general la reflexión sobre la democracia se sitúa sólo en el horizonte del pensamiento del «centro» (Europa occidental y Estados Unidos), aquí incluiremos la temática poscolonial. Además, se trata frecuentemente sobre la posibilidad de la normatividad de la democracia, la normatividad del consenso racional y fraterno.[3] Aquí daremos lugar todavía para la cuestión de la normatividad de las luchas por el reconocimiento de nuevos actores que se hacen presentes desde el horizonte del sistema, aun del democrático, como fantasmas anteriormente invisibles. Esta invisibilidad es la más sutil represión que inevitablemente se cumple desde la legitimidad de un orden democrático vigente, positivo, en el poder. La Alteridad,[4] la Diferencia, la Exterioridad (no-intencional en la mayoría de los casos, concientes otras, pero la más importante es la primera) se torna hoy el tema central en la democracia futura, popular, mundial, en el proceso de globalización pretendidamente estructurado en torno a un «ciudadano global»[5] inexistente, a un mercado mundial apolítico de triunfadores de la competencia, excluyente de los «perdedores».

---

[1] Ponencia presentada en el Congreso sobre «Democracia» (organizado por la Academia de Bellas Artes de Viena: Platform1... Documental1. «Democracy Unrealized»), con la participación de Slovoj Žižek, Chantal Moufle, E. Laclau, I. Wallerstein, Michael Hardt y muchos otros, en Viena (Austria) el 6 de abril de 2001.

[2] Se trata de una *Política de la liberación*, como continuación de mi libro anterior *Ética de la Liberación* (Dussel, 1998). Sobre democracia consúltense los artículos en Goodin, 1999 (pp. 411 ss.), y del mismo, 1997 (pp. 78 ss.).

[3] En *Politiques de l'amitié* (Derrida, 1994), Derrida intenta, pienso, indicar una dimensión pulsional de la política, dejada de lado por el racionalismo formal discursivo en política. Es posible todavía efectuar una deconstrucción (deconstruction) de la deconstrucción derridiana de la fraternidad (del nosotros) desde la exterioridad de los excluidos: tendríamos así unas *Politiques de la Solidarité* en sentido técnico.

[4] Categoría filosófica de origen levinasiano (véase Lévinas, 1968).

[5] Véase Hardt-Negri, 2000. Pienso que el «ciudadano global» es todavía empíricamente inexistente.

20.1. REPENSANDO EL CONCEPTO DE LO POLÍTICO

Un primer nivel de discusión, aunque meramente contextual e introductorio para el propósito de esta ponencia, sería sobre el «concepto» mismo de lo político. En este sentido hay demasiadas posiciones reductivistas, ya que se toma la parte por el todo, y la política es disminuida a alguna de sus dimensiones —ciertamente existentes, pero dentro de una complejidad arquitectónica mucho mayor.

Llamaré principialistas a aquellos que sólo se ocupan de los «principios» de la política, pero descuidan todos los otros niveles, o al menos les parecen secundarios.

Serían fundacionalistas los que opinan que la tarea de la filosofía política comienza siempre por la «fundamentación» de los principios, los que por otra parte son explícitos. La vida política puede darse sin tenerse conciencia explícita de los principios, que operan siempre en concreto sin embargo y sin los cuales no hay acción política.

Serían formalistas procedimentalistas los que piensan que toda la política es cuestión de procedimientos «equitativos», «razonables», prácticos, sin normatividad alguna.

Serían materialistas extremos los que disminuyen la posibilidad de la acción política misma,[6] defendiendo la posición de que habiendo leyes económicas necesarias, la historia bien puede pasarse de la política, ya que su curso necesario es por definición inevitable.

Serían anti-institucionalistas aquellos que suponiendo a los ciudadanos como sujetos éticamente perfectos consideran siempre a las instituciones como instancias represivas, injustas o innecesarias. Ciertas posiciones anarquistas afirman estas tesis. Hay anarquistas de izquierda, como M. Bakunin, que operan desde la utopía de un sujeto éticamente perfecto. Hay también anarquistas liberales, que desconfían tanto de las instituciones públicas del Estado (y de ahí el «Estado mínimo»[7]) en nombre de los derechos subjetivos de los individuos (en primer lugar el derecho a la propiedad privada).

Hay también formalistas de la razón discursiva, que formulando una política de la legitimidad olvidan los aspectos materiales, sociales, económicos de la vida política.

Los más influyentes teóricos de la política en nuestros días son los que opinan que la política se juega exclusivamente en el nivel estratégico. Algunos opinan que la razón estratégica medio-fin es la razón práctico política propiamente dicha (Max Weber)[8] —posición criticada por la Escuela de Frankfurt bajo el nombre de «crítica de la razón instrumental»—. Sea porque delimita la política sólo a la oposición entre enemigos y amigos como lo que por último define el campo político (C. Schmitt);[9] sea por-

---

[6] Véase Laclau, 1990.
[7] Véase Nozick, 1974.
[8] En *Economía y Sociedad* (Weber, 1983).
[9] En *Concepto de lo Político* (Schmitt, 1996). Véase Enrique Serrano, 1994.

que la lucha por la hegemonía es la nota determinante de lo político (E. Laclau).[10] Todos estos aspectos ciertamente son momentos de lo político, pero de ninguna manera ni los únicos ni los más importantes.

Pienso que el concepto de lo político es complejo y su arquitectónica es objeto de debate. Casi todo lo indicado por las tradiciones es «necesario» pero no «suficiente». La «suficiencia» es más abarcante. Siguiendo inesperadamente los tres niveles propuestos por John Rawls (principios, instituciones, fines)[11] o desarrollando las dos «partes» de Karl-Otto Apel[12] (*Teil A* y *Teil B*, aunque le faltaría una *Teil C*),[13] que también podrían ser los de Hegel[14] o Aristóteles,[15] habrían los siguientes estratos: a) los principios implícitos políticos (lo universal); b) las instituciones políticas (lo particular); y c) la acción estratégica política en el nivel concreto (lo singular).

a) Sincrónicamente el campo (y el tiempo, diacrónicamente) político es «delimitado», definido, «en-marcado» por «principios» *implícitos*, que se dan intrínsecamente en la acción política misma (sean que se descubran posteriormente o no de manera explícita por la reflexión teórica). Esto, evidentemente, es puesto en cuestión por aquellos que opinan, cada uno a su manera, como Richard Rorty[16] o Ernesto Laclau, que la política no puede tener principios; posiciones que yo aceptaría si los principios fueran definidos de manera explícita, dogmática o metafísicamente. Toda la discusión se centra entonces en «cómo» se entiendan dichos principios. Si son un *apriori* de la razón, explícitos, que deban conocerse para poder ser «aplicados», se trataría de algo así como un conciencialismo universalista imposible, porque ningún político ha actuado así nunca. Si por el contrario se entiende el principio como lo que permite fijar el horizonte que delimita concretamente el campo político *como político*,[17] en este caso el principio es constitutivo del campo y de la misma acción política *como política*. El principio determina el límite, es el «marco» dentro del

---

[10] Considérense sus obras (Laclau, 1990 y 1996).

[11] Considérense las tres partes de la obra *Teoría de la Justicia* (Rawls, 1971).

[12] Alguien podría encontrar que la coincidencia es factible por ser ambos, de muy diversas maneras, renovadores de la tradición kantiana.

[13] Véase Apel, 1993.

[14] Hegel es una referencia necesaria para toda esta cuestión. En primer lugar su «sociedad civil» (o «burguesa»: *buergerliche*) se distingue del «Estado». Pero, en la «sociedad civil» trata de tres niveles: el momento que yo llamo «material»: «el sistema de las necesidades» (§§ 189-208), el nivel formal de la «aplicación de la justicia» (§§ 209-229), y el nivel propiamente instrumental o estratégico de la factibilidad política (§§ 230-256). Véase Hegel, 1971, vol. 7, pp. 339-397.

[15] El Estagirita distinguía entre «principio» (*arkhé*), «deliberación» y «elección práctica» (*proáiresis*).

[16] Véase en Richard Rorty, «The Priority of Democracy», algunas de sus tesis (Rorty, 1989).

[17] El «campo político» no es el «campo militar» ni el «campo deportivo», por tomar dos ejemplos. Las reglas (o principios) de lo político me obligan (ética, pero de manera intrínseca políticamente) a no eliminar al «enemigo» *político*. En el «campo militar», en cambio, es lícito eliminar al antagonista.

cual lo político continúa siendo posible como político. Marca entonces un límite de posibilidad (de lo político) y su imposibilidad (como político). Entre los diversos principios políticos debe hablarse de un «principio democrático», pero hay también otros principios.

b) En segundo lugar, la acción política queda, en otro nivel, también delimitado o «en-marcado» por las «instituciones» políticas. La lucha estratégica no actúa dentro de un campo «vacío», sino dentro de un campo *ya ocupado* por una red de relaciones donde los nodos son ciudadanos (de «carne y hueso») y sus relaciones son funcionales. «Funcionales» no sólo dentro de la comunidad (o sociedad) política, sino dentro de muchos otros sistemas prácticos, que no dejan de estar presentes (en algunos casos como «lo social»), en la funcionalidad política. El político, el ciudadano, el representante, el líder, los partidos políticos, los movimientos, etc., caminan sobre un «campo minado» —ya que el campo político tiene limitaciones, delimitaciones, marcos que constituyen momentos del ejercicio del poder, estructura de fuerzas que se apoyan mutuamente, como diría M. Foucault[18]—. El que no toma en cuenta dichas delimitaciones institucionales pierde legitimidad, que puede producir consecuencias políticas inesperadas. Cuando Julio César cruza el Rubicón o cuando Miguel Hidalgo toca la campana para convocar un ejército, la institucionalidad vigente se ha roto, por ello no se cuenta ya con la legitimidad vigente, y deberá evaluarse el sentido político de dicha acción anti-institucional (en el caso de César será asumir la dictadura o el «imperio»; en el caso de Hidalgo afrontar hasta la muerte, pero siendo reconocido posteriormente como el fundador de un nuevo orden político). En estos casos la acción deja de estar justificada por el fundamento de legitimidad en la que la institución consiste.

c) Por último, en el nivel concreto de la acción, se encuentra la praxis política, la construcción de la vida comunitaria, del bien común, pero igualmente la lucha por la hegemonía, que haciendo abstracción de las limitaciones y lo «lleno» de los principios e instituciones, puede abstractamente considerar el campo político como «vacío» (metafóricamente), para ser «llenado» por la acción estratégica que definirá en cada caso los objetivos de acción en vista de la posición concreta del «fin» (Weber), del enemigo (Schmitt) o del antagonista (Laclau). Que el enemigo/antagonista pueda ser en cada ocasión diverso y que en cada caso pueda surgir desde otra posición, y por ello redefinir cambiantemente el campo político, no significa que los principios *implícitos* políticos no tengan vigencia. Por ejemplo, los principios: «¡No debes matar al antagonista!», o «¡Debes permitir honestamente una libertad democrática razonable al antagonista!», son necesarios, ya que su no cumplimiento aniquilaría la lucha por la «hegemonía» *como hegemonía*, para hacerla otra cosa: un acto de guerra, de totalitarismo o de autoritarismo, que en cuanto tal no es ya política, y que, además, en el largo plazo se auto-destruiría políticamente.

---

[18] Véase Foucault, 1975.

20.2. LA NORMATIVIDAD DEMOCRÁTICA (PRINCIPIOS, INSTITUCIONES Y PRAXIS DEMOCRÁTICA)

Si se distingue equívocamente ética y política, observamos la pérdida de la normatividad política —es de alguna manera la posición de Kant que distingue entre moralidad y legalidad, siendo la última la propiamente política[19]—. Esto lleva o a un procedimentalismo vacío que no puede motivar la voluntad política; o, peor, la inmoralidad en la política, que es hoy lo más frecuente: «¡La política nada tiene que ver con la moral!».

Si se unifica la ética y la política como ética política, ésta se llena de normatividad pero pierde como política. La política deja de poseer la especificidad propia de la política, que no es ni debe ser meramente una parte comunitaria de la ética.[20] Si se propone que el principio político (que para J. Habermas es sólo el principio democrático) es un principio distinto del principio moral, pero ambos dependientes del principio discursivo, se hacen necesarias algunas preguntas: ¿Sería este último también normativo?, y si fuera normativo ¿en qué se distinguiría del principio moral? Y si no fuera normativo habría dejado de existir la Ética del Discurso. Por ello Apel propone que el principio discursivo es ya el principio moral, pero entonces debe aclararse detenidamente sobre la diferencia entre el principio moral y el político (*Teil A*), pero igualmente sobre su aplicación diferencial (*Teil B*), y sobre todo la distinción entre la acción moral y política al nivel concreto estratégico (que no se encuentra vislumbrado en la arquitectónica apeliana).

Si se toma conciencia de que el ámbito de lo ético (y también moral)[21] no tiene nunca un campo específico concreto en cuanto tal, ya que el sujeto ético abstracto siempre es de alguna manera «actor» concreto de un papel o «función» dentro de algún «campo» o «sistema» (y aun el *Lebenswelt* cotidiano no deja de ser un sistema existencial en el que se juega el «papel» de madre o padre, hija o hijo, etc.), se concluye por ello, que lo ético se realiza (*performs*) en las acciones que se cumplen en dichos campos prácticos concretos, de los cuales la política es uno de ellos (otros podían ser el campo familiar, el campo de los géneros o erótico, el campo religioso, el campo militar, el campo económico, el campo educativo o pedagógico, etc.). Cada uno de estos campos «subsume» los principios éticos y los transforma en el principio específico. De esta manera los principios políticos (o familiares, de género, deportivos, económicos, etc.) son estrictamente políticos: subsumen a los principios éticos *en cuanto políticos*. Por ejemplo, si es un principio ético material el producir y reproducir la vida humana, el enunciado ético: «¡No matarás a ningún ser humano!», se transforma en política: «¡No matarás al antagonista político en la lucha por la hegemonía en la que

---

[19] Véase el tema en la *Metafísica de las Costumbres*, AB 31 ss. (Kant, 1968, vol. 7, pp. 336 ss.).

[20] Vittorio Hoesle ha escrito una *Moral und Politik* (Hoesle, 1997), pero justamente trato de superar esta posición con la propuesta que a continuación expongo.

[21] En mi obra *Ética de la Liberación* (Dussel, 1998), hemos distinguido entre «lo ético» en sentido material (cap. 1) y «lo moral» en sentido formal (cap. 2). Habrá todavía un tercer nivel, el del «principio de factibilidad» que se torna esencial en política, como veremos.

te encuentras comprometido!». Este imperativo político no es igual al que manda: «¡No matarás a tu competidor en el mercado!» —que sería económico.[22]

Entre los principios de la política se encuentra el *principio formal de legitimidad* de la política en cuanto tal, que podríamos denominar el «Principio Democrático», que puede enunciarse aproximadamente de la siguiente manera: Es legítima toda institución o acción política que se haya decidido desde el reconocimiento de todos los miembros de la comunidad política como iguales, libres, autónomos, con voluntad fraterna,[23] y cuyas resoluciones prácticas hayan sido el fruto de consenso (y de voluntad común) como conclusión de argumentos racionales y honesta tolerancia, y no por dominación o violencia, es decir, habiendo efectuado todos los procedimientos institucionales teniendo en cuenta el criterio de la participación simétrica de los afectados. Habiendo tomado parte el sujeto político, el ciudadano en último término, en todas las decisiones, éstas le obligan (normatividad propia de la soberanía como origen del dictado y como destinatario de la obligación), no sólo a la realización (*performance*) de lo acordado, sino igualmente en el asumir la responsabilidad de las consecuencias de dichas decisiones (como instituciones o acciones).

Este Principio Democrático así someramente indicado genera las instituciones «legítimas», ya que «legitimidad» no es más que el cumplimiento de dicho principio, y de las instituciones o acciones generadas dentro del campo político que respetan el sentido propio de lo político *como político*, alcanzando legitimidad por haber permitido (u orientado) a los afectados a una participación racional (y voluntaria) simétrica. Este principio, subsume el momento ético, pero que no es abstractamente ético sino estrictamente político,

Se encuentra en el origen de todas las instituciones legítimas y de las acciones políticas con pretensión de justicia.

Desde que la democracia directa debió ser implementada como democracia «representativa», el Principio Democrático es la mediación necesaria entre la voluntad singular de cada elector y el elegido como representante. Dicho principio hace posible y legítima la «representación», sin dejar a los miembros de la comunidad política inermes ante los representantes elegidos, sino siendo siempre la última instancia soberana que se ejerce en las nuevas elecciones, o en acciones correctivas a lo largo de todo el proceso de la representación (plebiscitos, demandas judiciales, manifestaciones públicas, consenso crítico de la opinión pública, actos de desobediencia pasiva, y hasta rebelión justificada, etc.)

En efecto, las instituciones políticas se denominan legítimas o democráticas, si en su constitución o transformación se ha cumplido con dicho Principio Democráti-

---

[22] Esta cuestión la explicamos en el capítulo 1 de la *Política de la Liberación* ya nombrada arriba, que estamos elaborando en el presente (esto vale para todos los enunciados de esta ponencia).

[23] Estamos pensando en el momento «material» o «afectivo» de la democracia de la «fraternidad», concepto elaborado, como hemos indicado más arriba, por Derrida en *Políticas de la Amistad* (Derrida, 1994).

co. La democracia de una asamblea constituyente consiste en haber cumplido en su convocatoria y elección de los miembros con dicho Principio Democrático, y en haber permitido y gestado la participación simétrica de los afectados en el dictado mismo de la Constitución. Dicho principio debe constar además en la propia Constitución del Estado como el procedimiento universal en todos los niveles institucionales y procedimentales del Estado, como una definición primera del orden político que se está fundando por la Constitución política. Todo el sistema de las instituciones fundadas en la Constitución, y los derechos humanos dictados en su preámbulo, deben tener como condición de posibilidad el cumplimiento de este Principio Democrático. La separación de los poderes, su mutua fiscalización, la estructura federativa del Estado, la organización de los partidos políticos, las elecciones libres y secretas, el tipo de representación, etc. deben ser procedimientos que permitan el cumplimiento del Principio Democrático. Las instituciones son democráticas porque realizan (*perform*), estructuran, definen funcionalmente las acciones con pretensión (*claim*) de legitimidad política. Estas instituciones no son estructuras puramente procedimentales, son igualmente instancias normativas (obligan practico-intersubjetivamente a su cumplimiento).

De la misma manera, el orden político se completa en la actualización permanente de todas sus relaciones de poder, de fuerza (M. Foucault), dentro del campo político, por medio de las acciones políticas que son como los nodos de las redes (M. Castells) que atraviesan dicho campo de tensiones, en principio de fraternidad, de servicio, de vida compartida, pero igualmente como campo minado por siempre posibles antagonismos. En el campo de la lucha por la hegemonía (A. Gramsci) del bloque histórico en el poder, el *Principio Democrático* queda sobredeterminado por el *Principio de Factibilidad* político, que descubre «lo posible», y lo distingue de «lo imposible». Se decía con razón que la política es «el arte de lo posible» —lo es en esta intersección entre el Principio Democrático y el Principio de Factibilidad política.

Y bien, un orden político vigente es la totalidad de las instituciones y acciones estratégicas que realizan en un territorio, en un tiempo dado, los miembros de una comunidad política.

20.3. LA CRISIS DE LA LEGITIMIDAD DEMOCRÁTICA DESDE LA EXTERIORIDAD DE LAS VÍCTIMAS

Para mí, como filósofo latinoamericano a comienzos del siglo XXI, el tema más urgente de la filosofía política no es simplemente estudiar el cómo dar estabilidad a un orden político legítimo, al menos en apariencia, resolviendo consensualmente conflictos posibles. *La cuestión* de la gobernabilidad. Para mí el tema más urgente no es la estabilidad de la Totalidad (diría Emmanuel Lévinas) del orden político, sino *la Exterioridad* a dicho orden, la invisibilidad de sus víctimas, de las mayorías.

En efecto, usando el argumento de Karl Popper contra la planificación perfecta,[24] es categórico que ningún orden político vigente pueda ser *perfecto*. Para ello necesitaría una inteligencia infinita, a velocidad infinita, y, agrego, una voluntad general pura infinita en la generosidad funcional de sus motivaciones. Como esto es imposible, categóricamente se puede enunciar que siendo todo orden político no-perfecto le es inevitable (en tanto no perfecto) el producir efectos negativos aunque sean no-intencionales (un-intentionals). Los que sufren los efectos negativos del orden político con pretensión de justicia le llamaremos las víctimas.[25] Las víctimas de todo orden político sufren algún tipo de exclusión, de no ser considerados sujetos políticos, y por ello no son actores tomados en cuenta en las instituciones políticas (o son reprimidos a no poder superar una ciudadanía meramente «pasiva», perfectamente manipulable).

Es interesante indicar que han sido intelectuales que sufrieron el fascismo europeo (en la Italia de Mussolini un Antonio Gramsci,[26] y en la Alemania nazi una Hannah Arendt),[27] los primeros que distinguen en el sentido actual entre Estado (sociedad política) y sociedad civil.[28] Son intelectuales que vivieron la invasión total del campo político y civil por parte del Estado (totalitario). La Exterioridad de la sociedad política (el Estado) luchó así por el reconocimiento de sus derechos dentro de una naciente «sociedad civil», que aunque «pública» no tiene sin embargo el uso de la coacción legítima del Estado (no ejerce la politicidad estatal). Junto a la «opinión pública» son ámbitos que juegan funciones críticas del Estado, ampliando el espacio de la subjetivación ciudadana, complemento democrático del consenso político y de la formación de la voluntad democrática.

En dicha sociedad civil, nacen así fuerzas diferenciales que se organizan en la Exterioridad del orden establecido, efectuando luchas por el reconocimiento de nuevos derechos políticos (y, evidentemente, sociales, económicos, culturales, etc.). Estos

---

[24] Popper, 1977.
[25] Véase el tema en mi *Ética de la Liberación* (Dussel, 1998), cap. 4.
[26] Fue Gramsci el inventor del concepto actual de «sociedad civil». La obra de Cohen-Arato, 1995, lo reconoce en parte (véase cap. 3, pp. 142 ss.). Gramsci distingue así la «sociedad civil» tanto del Estado como del nivel estrictamente económico (que aparece bajo la fisonomía de lo «social»), dando importancia al nivel de las prácticas políticas, sociales y culturales, principalmente. Gramsci, además, mucho antes que Habermas, hizo del consenso un momento esencial de proceso de la hegemonía del «bloque histórico en el poder», pero mostró (contra Habermas y Laclau) que el factor social (e indirectamente el económico) exige a la sociedad política (el Estado) a pasar al uso de la coacción como dominación (perdiendo la legitimidad de la hegemonía como consenso) cuando el «bloque social de los oprimidos» (el pueblo) comienza sus «movimientos» en una lucha política, que muchos teóricos actuales olvidan. Paradójicamente Gramsci es más complejo e interesante para nosotros que Cohen-Arato, Habermas o Laclau.
[27] H. Arendt duda de que lo social pueda ser considerado político. Esta particular ceguera ante el aspecto material de la política nos indica el aprovechamiento que pudo hacerse de Arendt contra los movimientos sociales contestatarios dentro de las sociedades centrales o dependientes del capitalismo durante la «Guerra Fría». Su comprensión parcial del pensamiento de Marx la llevó a malentendidos. Véase Passerin d'Entreves, 1994; Canovan, 1992; Benhabib, 1996; Serrano, 1996.
[28] Distinción que con anterioridad, por ejemplo en Hegel, tenía otra significación.

actores colectivos de las más diversas fisonomías se han denominado los «Nuevos Movimientos Sociales».[29] Estos movimientos, desde un punto de vista político, hacen pasar a ser sujetos políticos de una ciudadanía «activa» a muchos miembros excluidos o «pasivos» que habitaban el territorio controlado por los Estados europeos a finales del siglo XVIII. En efecto, en el seno mismo de la Revolución francesa la «Revolución de los iguales» (recuérdese a Babeuf en 1794) confrontó ya a la burguesía triunfante. Los movimientos sociales, obreros y campesinos (los sindicatos, *Trade Unions*, de los siglos XIX y XX) ampliaron la ciudadanía a los asalariados del capital, no propietarios ni suficientemente alfabetizados al comienzo. El movimiento sufragista de las mujeres subjetivó un segundo inmenso sector de la población, que de excluidas pasaron a ser ciudadanas «semi-activas» (porque, sin embargo, estaban lejos de poder tener las condiciones psicológicas, culturales y materiales de un tal ejercicio pleno del que el patriarcalismo las excluía). En épocas recientes, los miembros de la «tercera edad» (los «adultos mayores») han comenzado a hacerse presentes.

Pero, de manera más decisiva —y ciertamente cobrará aún más importancia en el corto y largo plazo—, los movimientos ecologistas (que simultáneamente luchan por la sobrevivencia de la humanidad en el largo plazo, y, por ello mismo, por las generaciones futuras) cobran cada vez, no sólo sentido social, sino estrictamente político. Es el clamor, y desafío, del aspecto material (la reproducción de la vida humana en última instancia) por excelencia el que mueve a esas organizaciones, que se vienen denominando «verde» en diversas partes del mundo (entre el «rojo» de la izquierda y el «negro» del fascismo y la muerte). El Informe de los Meadows en 1972[30] abrió la conciencia a este aspecto antes invisible de la política.[31]

Lo mismo pueden decirse de los movimientos contra la discriminación racial tanto en Estados Unidos, como en Sudáfrica y tantos otros países del mundo contemporáneo.

Todos estos Nuevos Movimientos Sociales atraviesan transversalmente a la sociedad política y civil y se sobredeterminan unos a otros. Así el feminismo determina a los movimientos que luchan contra la discriminación racial y a los ecologistas, mostrando que en último término se «feminiza» la exclusión de manera preponderante; el racismo se ejerce en primer lugar contra las mujeres de color, las que sufren además las peores condiciones antiecológicas, urbanas, etc.

El proceso democratizador, al transformar y ampliar el horizonte de la ciudadanía «activa» a nuevos sujetos políticos antes excluidos (subjetivación política), significa una radicalización, universalización y mayor participación simétrica de los antiguos afectados (antiguos afectados que hoy descubrimos como «nuevas» víctimas). La toma de conciencia crítico-democrática no puede nunca afirmar haber terminado la tarea de

---

[29] Véanse, entre otros, Alain Touraine, 1999 («De la clase a los movimientos», pp. 237 ss.); Anthony Giddens, 1996 («Movimientos sociales», pp. 678 ss.).

[30] Véase *Límites del crecimiento* (Meadows, 1972).

[31] Hans Jonas, 1982, lo muestra convincentemente.

ampliar dicho horizonte cualitativo en profundidad de la ciudadanía activa, participativa, simétrica en el ejercicio del poder político. Es una tarea siempre abierta, histórica por excelencia, novedosa, porque todo nuevo avance civilizatorio o humano crea, por su propia sistematicidad (diríamos con Niklas Luhmann[32]) nuevas exclusiones, inevitablemente.

20.4. La democracia en el mundo poscolonial (las víctimas globales)

En el mundo poscolonial no hay ni propiamente liberalismo (norteamericano ni europeo) ni tampoco republicanismo, bonapartismo, fascismo, etc., en el sentido que cobraron estos tipos de regímenes en Europa o Estados Unidos. Todas esas expresiones políticas e ideológicas se configuran de otra manera en la periferia poscolonial.

El proceso de globalización de la Europa moderna, cuando todavía no era «centro» del sistema-mundo,[33] comenzó con la invasión de América Latina en 1492, naciendo así el mundo colonial constitutivo y originante de la Modernidad.

Paradójicamente, y tomando como parte de la periferia mundial a América Latina, el liberalismo dependiente, que nació en las luchas de la emancipación anticolonial (desde 1810 en México o en El Plata; en 1804 en el caso de Haití), no confronta ante sí a un Estado monárquico o republicano poderoso, sino a un Estado metropolitano *externo* (el Estado español, francés, inglés, etc.), e *internamente* tendrá la responsabilidad, exactamente al contrario que el liberalismo clásico, de fundar el Estado. Por lo tanto el liberalismo latinoamericano tiene en el siglo XIX muchas de las características del republicanismo (en cuanto a afirmar la identidad colonial negada, recordar tradiciones, intentando definirse ante las antiguas metrópolis), y debe al mismo tiempo afirmar los derechos públicos del Estado para poder extender la propiedad privada como institución no tradicional ante el pueblo de los pobres (hasta hace muy poco campesinos, y aun indígenas en ciertos países, que tenían propiedad comunitaria de las tierras), a fin de crear la condiciones del capitalismo dependiente de exportaciones, preindustrial, y ante la única institución que pervive desde la colonia: la Iglesia católica (ante la cual el jacobinismo anticlerical francés y el laicismo de Littré serán de mucha utilidad para el nuevo Estado y por ello las instituciones tomarán ciertas formas desconocidas en el mundo anglosajón y germano). Siendo la oligarquía terrateniente (federales políticamente, articulada al mercado interno económicamente) o las minorías liberales (unitarias, vinculadas al mercado externo) las que fundan el Estado, más se ocuparán de conservar privilegios (derechos subjetivos como la propiedad en manos de la oligarquía) ante el pueblo de indígenas, afro-latinoamericanos, campesinos empobrecidos o marginales post-coloniales, a los que se le disminuirán los derechos consuetudinarios comunitarios (que todavía la colonia había respetado) para reducirlos a

---

[32] Véase *Soziale Systeme* (Luhmann, 1984).
[33] Véase I. Wallerstein, 1974 y ss., y André Gunder Frank, *ReOrient* (Frank, 1998).

la miseria en un régimen de propiedad excluyente (sólo ejercida por terratenientes de las regiones interiores con pretensión de autonomía, o de los comerciantes y liberales en relación a las potencias capitalistas, que antes fueron las metrópolis, situadas en las ciudades-puertos).

El proceso de la creación de las condiciones que hacen posible una democracia formal en el mundo poscolonial latinoamericano (no hablamos todavía de las condiciones materiales), como puede imaginarse, deberá recorrer un largo camino: todo el siglo XIX y la primera parte del siglo XX. Contra lo que podría suponerse será el fenómeno del llamado «populismo» —que no es exactamente ni el bonapartismo francés ni el fascismo alemán o italiano— la primera manifestación de lo que pudiera denominarse un régimen democrático.

Entre las dos guerras mundiales, entre 1914 a 1945, se dan las condiciones para la extensión efectiva de la ciudadanía y el derecho del voto a las grandes mayorías populares. El proyecto populista, de industrialización capitalista liderado por una cierta burguesía nacional, permite hacer perder el temor de la naciente burguesía a la participación política de las masas mayoritarias, lo que las constituye como respaldo de un proyecto nacional de desarrollo industrial de sustitución de importaciones, competitivo ante el capitalismo «central», al que se le denomina «imperialista». Irigoyen (1918) y J. D. Perón (1946) en Argentina, G. Vargas (1930) en Brasil, L. Cárdenas (1934) en México, y lentamente en todo el subcontinente latinoamericano, gobiernos populares son elegidos gracias a elecciones no fraudulentas por grandes mayorías. Se trata del proceso democrático más importante del siglo XX. Los líderes carismáticos de esos movimientos democráticos deben distinguirse de los líderes fascistas europeos, y aun de los de tipo stalinista. Éstos pretendían la dominación mundial, o al menos europea. Aquéllos, en cambio, intentaban la emancipación nacional del neocolonialismo en que habían caído. Sin embargo, en torno al 1954-1955 (comenzando por los golpes de Estado contra los gobiernos democráticos de J. Arbenz en Guatemala organizado por la CIA,[34] A. Nasser en Egipto y Sukarno en Indonesia), fenómeno que coincide con el fin del colonialismo «europeo» en África y Asia. Estados Unidos comienza su expansión y control de la periferia poscolonial, en el tiempo de la Guerra Fría. Es de preguntarse las condiciones de la democracia en esta situación global.

En América Latina, con certeza, es Estados Unidos el que tendrá desde ese momento (1954) la total dominación en la implantación de diversos modelos políticos (al

---

[34] El fruto (el plátano o banana) que la United Fruit extraía de Guatemala, el politólogo Schlesinger lo denomina «fruto amargo». Jacobo Arbenz tenía un proyecto burgués de desarrollo industrial, pero los grupos conservadores norteamericanos (con sus representantes en el Congreso) abortaron ese desarrollo capitalista autónomo y lo volcaron en una guerra de guerrillas que el Departamento de Estado confrontó durante 30 años en Guatemala. Miles de muertos innecesarios. Son actos que deberán todavía ser juzgados por Tribunales Penales Internacionales futuros sobre violencia genocida usada contra la Humanidad. Todas las guerras centroamericanas de los sesenta, setenta y ochenta no tienen otro origen. Lo cierto es que hoy, al comienzo del siglo XXI, Centroamérica gime en la miseria, la explotación, el analfabetismo, en peor situación que en los cincuenta.

menos ninguno se impuso sin la explícita complicidad de las Embajadas norteamericanas, del Departamento de Estado, de la conducción de todos los ejércitos de la zona bajo la comandancia del Pentágono, que había dado una educación de excelencia en sus escuelas militares a lo mejor del ejército latinoamericano). La etapa llamada desarrollistas (1954-1968, desde la caída de Vargas y Perón, hasta el recrudecimiento de la dictadura brasileña bajo la conducción de Golbery de C. e Silva) propone un modelo de democracia formal que imita en cierta manera al aplicado en Europa. Por ello, algunas Democracias Cristianas (en Chile, Venezuela y otros países) tienen oportunidad de ganar las elecciones. La democracia formal (R. Frondizi en Argentina, Kubitschek en Brasil, E. Frei en Chile, etc.) oculta el profundo estado de dependencia de América Latina, después del fracaso (inducido por presión de la penetración en el continente de las que serán llamadas las corporaciones trasnacionales) del populismo (último proyecto capitalista periférico con pretensión de autonomía nacional).

Ante el fracaso del desarrollismo, en parte por la presión social de las masas, y en parte por la falta de escrúpulos del modelo de explotación para América Latina que aplica Estados Unidos (que nunca proyectó organizar un «mercado común» simétrico como los europeos, sino simplemente extraer riqueza de su «patio trasero», como se lo denominaba), se aplicó la dura medicina (para hacer viable el capitalismo dependiente de exportaciones) del totalitarismo militarista de las dictaduras de «Seguridad Nacional».[35] Cuando las dictaduras impuestas al pueblo latinoamericano fracasaron, quedaron sin embargo endeudadas con cuantiosas cantidades con altos intereses bancarios (1964-1984), que habían contraído gobierno *de facto* no democráticos, y por ello no legítimos. Era necesario restituir la legitimidad del Estado para pagar las deudas inventadas, infladas, contraídas a espalda de los pueblos y depositadas por las élites corruptas (y corrompidas por la doble moral norteamericana) en los bancos del «centro».

Cuando desde 1984, primero en Argentina y Brasil, comienza la etapa reciente de «democratización», todos los gobiernos latinoamericanos, ahora legítimos, se encuentran endeudados de una manera tal que es imposible conducir económicamente de manera honesta sus respectivos países. La política neoliberal monetarista, además, del Banco Mundial y del Fondo Monetario Internacional, exigen cumplir medidas que empobrecen aún más a todos los países de la región. En el momento de escribir estas líneas, Argentina, que en el comienzo del siglo XX competía con Estados Unidos, y tenía una moneda más fuerte que Canadá y Australia, ha llegado a una crisis total, que lleva a la miseria a la mayoría de su población, disminuyéndose los fondos al sistema

---

[35] Todavía están por juzgarse las responsabilidades de Estados Unidos de todo este proyecto. La masividad, universalidad y similitud de todos los gobiernos militares latinoamericanos de las décadas de fines de los sesenta hasta mediados de los ochenta nos indica una planificación que ningún ejercito nacional latinoamericano tenía dentro de sus posibilidades. El Departamento de Estado fue ciertamente el origen y el lugar del control de todo el modelo, justificado, evidentemente, por la ideología de la Guerra Fría. Henry Kissinger fue directamente responsable del Golpe de Estado en Chile, y por ello indirectamente de la muerte de Salvador Allende, como Secretario de Estado que estimuló las decisiones que Augusto Pinochet tomó y por las cuales es ahora justamente juzgado, Pinochet pero no Kissinger.

de educación, a las universidades y aun a la burocracia estatal. En México, el 40% de la población está por debajo de la línea de la pobreza de Amartya Sen; en Brasil la situación es peor —y hemos nombrado los tres mayores países que en la década de los treinta impulsaron exitosamente el proyecto populista, hasta que fueron enfocados como oponentes en el proceso de competencia en el mercado mundial, y destruidos.

En este contexto puede comprenderse que la filosofía política deberá tomar en cuenta el aspecto material de la reproducción de la vida del ciudadano (la alimentación, el vestido, la habitación, la educación, etc.), niveles que para Estados Unidos y Europa pueden ser considerados como «lo social», que para Hannah Arendt no constituye un aspecto determinante del campo político. Aun para E. Laclau, por su crítica parcial al marxismo —que tiene consistencia en otros sentidos—, ha caído igualmente en un reduccionismo anti-economicista, que le imposibilita descubrir lo de político que el aspecto económico contiene. Y si esto es válido para América Latina, cuanto más para el Asia poscolonial (si se piensa en la miseria de Bangladesh, de la India o Afganistán), y ya de manera superlativa para el África (que Europa irresponsablemente destruyó en su época colonial, abandonándola en el momento de organizar sus respectivos Estados poscoloniales, donde la vida política de las etnias tiene todavía mucha significación).[36]

Todo esto se acrecienta con la llamada globalización del capital financiero y trasnacional. Abogándose por la apertura de los mercados de los Estados poscoloniales, sin condiciones razonables para el mutuo beneficio, se está simplemente produciendo un genocidio de la parte pobre de la humanidad situada en el Sur del Planeta. La democracia de los países llamados ricos se beneficia de la transferencia de valor, de riqueza, de los países pobres —hecho indicado por la «teoría de la dependencia», que nunca fue refutada[37]—, y es por ello explicable que los filósofos de la política (N. Bobbio, J. Habermas, J. Rawls, E. Laclau, etc.) excluyan el aspecto material de la misma (lo económico, el capitalismo globalizado, que se manifiesta en el campo político de los Estados poscoloniales, como el «malestar» *social* de las masas populares, que irán

---

[36] Quiero indicar que el colonialismo salvaje de Bélgica, Inglaterra, Francia, etc., jugó su política de dominio oponiendo una etnia contra otra. Cuando se produce la emancipación de posguerra, las poblaciones cuyos territorios africanos les fueron asignados a las metrópolis (resultado del Congreso de Berlín de 1885, y de otras modificaciones posteriores), debieron organizar sus nuevos Estados. La homogeneidad del ciudadano europeo-moderno era imposible. La heterogeneidad cultural de las etnias exigía un nuevo sistema político. Pero Europa no sólo no ayudó a consolidarlo en la época colonial sino que destruyó su posibilidad (el usar el enfrentamiento interétnico, en vez de constituir Parlamentos interétnicos que hubieran educado a la tolerancia y gobernabilidad entre dichas etnias). Cada Estado africano debería en efecto hoy constituir algo así como una Cámara con representación de las etnias (con poder de veto en cuestiones esenciales, un Senado), y otra con la representación proporcional (de partidos nacionales que lentamente se irían organizando, una Cámara de Diputados). La democracia africana exige nuevas soluciones para lo que los modelos europeo-norteamericanos (y sus respectivas filosofías políticas) sirven de muy poco. El eurocentrismo teórico es nefasto, pero está universalmente extendido.

[37] Véase mi obra Dussel, 2001, cap. 14.

creciendo en el próximo futuro, y que necesitan de una nueva y más crítica filosofía política).

20.5. LUCHA DEMOCRÁTICA DE LOS NUEVOS ACTORES POLÍTICOS EN LA PERIFERIA DEL ACTUAL PROCESO DE GLOBALIZACIÓN

La ciudadanía «pasiva» en América Latina (más integrada al sistema mundial), en Asia del sur y oriental, y, especialmente, en África (casi excluida de dicho sistema), que constituye el 85% de la humanidad presente,[38] está muy diferenciada. La participación simétrica de los afectados institucionalmente en el campo político cobrará dimensiones muy diversas en cada región cultural, económica, en cada país, en cada región, en cada sector social, en cada tipo diferencial de excluido, de víctimas del sistema colonial, capitalista, sexista-patriarcal, racista, etc. En cada sector un Nuevo Movimiento Social emprende la organización necesaria para una lucha por la democracia, por la participación política simétrica diferenciada, legítima inicialmente y contra la antigua legitimidad que se torna lentamente, gracias a la lucha por el reconocimiento del Movimiento, en ilegítima. Estos nuevos actores, antes ciudadanos «pasivos», subjetivan su posición y se tornan activos en un renovado, ampliado, profundizado cualitativamente campo político democrático.

Además, en estos continentes culturales, económicos y políticos (África, Asia, América Latina) los Nuevos Movimientos Sociales de la sociedad civil, pero igualmente los partidos políticos críticos en la sociedad política o el Estado, están *sobredeterminados* por historias diferenciadas completamente diversas de las de Europa o Estados Unidos. El feminismo norteamericano no puede proponerse los mismos objetivos que el latinoamericano o africano. Spivak nos describe acciones feministas en India que deben partir desde otro punto de afirmación que el feminismo del «centro». Lo mismo puede decirse de los países dentro del horizonte de las culturas orientadas por la religión musulmana. Lo que en un caso (por ejemplo en un país musulmán) es una *transformación* en la línea de la liberación de la mujer, no significa que lo sea en Estados Unidos o Europa (que puede ser interpretado como una acción ya desde antiguo superada en ese horizonte cultural). Pero la diferencia no estriba en que en los países del centro del proceso de democratización femenina esté más avanzado y hay que esperar que los países poscoloniales lleguen a ese punto, sino que cada uno en su horizonte tiene cualidades positivas de las cuales los otros pueden aprender. El feminismo poscolonial ciertamente tiene más conciencia crítica económica (anticapitalista) y político (como participación crítica de la mujer), piénsese en las comandantes mujeres del EZLN ante el feminismo a veces puramente sexista del «centro». Ambos movimientos pueden aprender del otro, y frecuentemente más los nuevos movimientos sociales del «centro» que los del mundo poscolonial, por la complejidad y sobredeter-

---

[38] Véase el *Report del Desarrollo Humano* de las Naciones Unidas (PNUD, 1998).

minación en los que se hayan sumidos los segundos. El feminismo del centro, inevitablemente, usufructúa la explotación económica de las mujeres de la periferia. Éstas son indirectamente las víctimas de aquellas. No es extraordinario que sean más críticas con respecto a los aspectos económicos y políticos del proceso de democratización.

Por último, querríamos advertir que en la lucha por la democracia global hay una macro-estructura que está siendo puesta en duda. En efecto, muchos coinciden en que el Estado[39] ha dejado de tener importancia.[40] Para los economistas que propugnan la apertura de los mercados nacionales, para los neoliberales que desconfían del Estado, porque el mercado es global; para lo que queda de la izquierda, porque el Estado ha servido, exactamente, para transformarse en el instrumento de una globalización que no tiene en cuenta la posibilidad de sobrevivencia de las grandes mayorías del Sur, por todo ello, la lucha democrática estaría en manos de ONG (Organizaciones No Gubernamentales), grupos de solidaridad (como en Seattle), y de otros organismos intermedios los que se enfrentarían a la estructura trasnacional privada y controlada por burocracias globales (financiera, de corporaciones trasnacionales), con una cultura mundial, respaldada por la OTAN (y en última instancia por el ejército norteamericano, como se ha visto en la Guerra del Golfo y Kosovo). En fin, el *Empire* (de Hardt-Negri) se opone al anónimo «ciudadano global», definido en último término como «comprador» en un mercado total global. A esta comprensión economicista de la subjetividad hay que oponerle una *re-politización como participación democrática* de los actores activos en la intersubjetividad de la comunidad política a sus diferentes niveles de participación y representación. Participación directa en las comunidades políticas de base (juntas vecinales, agrupamiento de consumo, producción, autodefensa, etc.), e indirecta por representación democrática en todos los niveles institucionales (desde el Municipio o Condado, el Estado o la Provincia, el Estado territorial, etc.).

Es imposible la *repolitización de la intersubjetividad ciudadana como actores comunitarios* sin la existencia del Estado, que no es sólo un instrumento de globalización (y esto es posible por la desmovilización ciudadana que se torna «pasiva»), sino que es la única resistencia y polo creativo para regular esas estructuras financieras, industriales y militares que están en un «estado de naturaleza» pura, sin ninguna regulación política legítima, fuera de toda sociedad civil y política. Y es Estados Unidos, el *home State* de las grandes corporaciones y la referencia última del capital financiero mun-

---

[39] No escribo nunca Estado «nacional», porque casi no ha habido estados «nacionales». España, Francia, Alemania, el Reino Unido, Italia, no han organizado Estados de «una» nación, sino Estados controlados por una nación (Castilla, L'Île de France, los Prusianos, Inglaterra, el Norte industrial, etc.) dominando a otras naciones (a los Vascos, Gallegos, el Midi, Scotland, el Messo Giorno, etc.). Quizá sólo Estados Unidos es un Estado con una Nación, pero en realidad esta Nación de muchas procedencias culturales se ha ido constituyendo lentamente desde el 1620 y no ha concluido su fisonomía. En realidad los Estados europeos modernos fueron, pero no lo reconocieron (de ahí hoy el intento de la Europa de las «naciones» y no de los «Estados») plurinacionales.

[40] Véase por ejemplo la obra de Hardt-Negri, 2000.

dial, el Estado que se opone a pasar del «estado de naturaleza» a un verdadero «estado civil» o «político cosmopolita».[41]

Paradójicamente, un George Soros[42] habla en cambio de la necesidad de una «Alianza de los Estados democráticos», mostrando que el Estado es una última instancia necesaria actualmente para fijar ciertas reglas al capital financiero global, como lo ha decidido igualmente el «Grupo de Lisboa». El concepto de un «ciudadano global» es un peligroso espejismo. No hay un ciudadano del mundo sin mediaciones reales de una sociedad política (el Estado). La democracia no puede ejercerse en un nivel mundial, al menos actualmente y por mucho tiempo (quizá siglos). Necesita de la comunidad política que haya organizado una sociedad política (el Estado) y que sea vitalizada desde la sociedad civil, dentro de un territorio, con una cultura, lengua, tradiciones, identidad. La globalización debe ayudar a profundizar esta identidad sin disolverla, o la pretendida democracia global será un mecanismo más de aniquilación y alineación cultural y política (y económica en último término) de la identidad del sujeto concreto y comunitario, de la intersubjetividad que ha llevado milenios para ser construida. La situación postconvencional no es postcultural. No es posible todavía pensar en una cultura global (que perversamente debería hablar una lengua, impondría una única jerarquía de valores, una religión, una moral tradicional, una literatura...). Sería simplemente una cultura totalitaria. Es necesario luchar por un sano desarrollo polifónico de las grandes experiencias humanas expresadas en la rica diversidad lingüística, cultural, religiosa, de cosmovisiones que, mucho más que las especies vegetales y animales, nos hablan del esplendor de la Vida, ya que su realización suprema es la Vida humana plenamente desarrollada. Y así como las especies vegetales y animales se están extinguiendo, de la misma manera se eliminan genocidamente lenguas, culturas, etnias en Asia, África y América Latina.

Por último, y desde un punto de vista de lo político, que subsume los principios éticos implícitos como constitutivos de los mismos principios políticos, se debe desarrollar toda una parte de la filosofía política que justifique la legitimidad, normatividad, de los movimientos de *transformación* de las instituciones y las reglas de la dominación política desde las víctimas (intra-estatales o globales). En primer lugar, hay

---

[41] Véase el artículo de Peter Spiro, 2000, en *Foreign Affairs*, sobre la oposición de Estados Unidos a colaborar con las Naciones Unidas (no pagando su cuota), oponiéndose a un Tribunal Penal Internacional, a los protocolos ecológicos, a una política monetaria y bancaria internacional. Estados Unidos prefiere bombardear todas las instituciones que podrían a la larga organizar una estructura cosmopolita con legitimidad, para privilegiar una política unilateral (de Estados Unidos con cada negociador potencial), lo que le permite no depender de ningún juez «externo». El Imperio no desea ser juzgado por nadie. El sólo puede juzgar a todos. La *Paz Americana* está fundada en el ejército más poderoso en el nivel global. El insignificante *Mare nostrum* de los romanos parece una pigmeo político naval comparado con esta estructura resultado del fin de la Guerra Fría en el 1989. Éste es el oscuro horizonte de la democratización en el mundo poscolonial.

[42] En su última obra Soros, 2000.

principios crítico-político[43] que autorizan la *transformación* de todas las instancias políticas a partir de las víctimas de dichas instancias (sean principios que justifiquen el orden actual, de las instituciones, de las reglas de la hegemonía como lucha por *conservar* el orden vigente). En segundo lugar, no se trata de *incluir* (se habla mucho de la «inclusión», pero es necesario indicar que «incluir» sin *transformar* toda la estructura es «echar vino nuevo en odres viejos», y por lo tanto recaer en lo antiguo, la Diferencia es reatrapada por la Identidad). Se trata de *transformar* con creatividad, novedad, el orden dado. Es decir, un segundo nivel de la política crítica es estudiar los criterios de legitimidad de la transformación de las instituciones mismas. Por último, un tercer nivel es la justificación de la legitimidad de la praxis de liberación que transforma el orden dado, con cambios parciales, pero también, en pocas ocasiones de la historia humana, con cambios revolucionarios (revolución que puede hoy ser imposibles fácticamente, pero no puede ser declarada de manera categórica de manera *a priori* como imposible en el futuro). El proceso de democratización en el mundo poscolonial exige novedades teóricas y prácticas a las que no estamos frecuentemente siendo fieles los filósofos de la política.

En México, después que un orden político (que ciertamente fue democrático del 34 al 40 con Lázaro Cárdenas, pero que cayó en el burocratismo y la corrupción corporativa antidemocrática con posterioridad), el EZLN (Ejército Zapatista de Liberación Nacional) no pide que la autonomía indígena sea «incluida» en la misma constitución que los excluía, sino que se pide una *transformación*[44] del «espíritu» mismo de toda la Constitución. No se trata de un proceso de «inclusión», sino de «creación» novedosa, analógica, transformadora. No es cuestión de hacer simplemente una nueva habitación para los excluidos en la antigua casa. Es necesario hacer una nueva casa, con nueva distribución, de lo contrario los indígenas, las mujeres y los afroamericanos irán a las habitaciones «de servicio»... como antes, como siempre.

---

[43] Hay principios políticos constitutivos de todo «orden político» vigente; pero hay igualmente principios políticos críticos que justifican la crítica y transformación de todo orden político. Éste es el tema de la Segunda Parte de nuestra *Política de la Liberación* en elaboración.

[44] Véase mi *Ética de la Liberación* (Dussel, 1998), § 6.3, dedicado a mostrar qué es lo que significa *transformación (Veraenderung)* en las *Tesis sobre Feuerbach* de Karl Marx: «Los filósofos han sólo interpretado el mundo de diferentes maneras; de lo que se trata es de *transformarlo (veraendern)*» (Marx, 1956, *MEW*, 3, p. 7).

21. Diálogo con John Holloway
(sobre la interpelación ética, el poder, las instituciones y la estrategia política)[1]

Este diálogo, en el que tengo sólo algunos minutos para exponer mi posición y comenzar así un debate entre nosotros y con los estudiantes presentes, deberá centrarse por la indicada limitación de tiempo en cuatro aspectos, de los muchos que la provocativa obra de nuestro autor, *Cambiar el mundo sin tomar el poder. El significado de la revolución hoy,*[2] nos presenta. En los títulos de los parágrafos se indican los temas.

. De todas maneras, y antes de iniciar la exposición, deseo expresar que una tal obra debe ser recibida con el mayor aplauso, ya que nos permite una discusión seria, tan necesaria, y que, espero, sea el inicio de un estado permanente de discusión en esta tan trágica situación nacional e internacional en la que nos encontramos.

21.1. Sobre el grito, la interpelación ética y la creación

Hace muchos años escribí este texto:

> El *¡Ay!* del grito de dolor producido por un golpe, una herida, un accidente, indica de manera inmediata no *algo* sino *alguien* [...] *Lo que* dicho grito dice es secundario; lo fundamental es el *decir* mismo, el que alguien *dice* algo. En el grito de dolor no se avanza sólo *lo dicho* sino el *decir*, la persona misma, la exterioridad que provoca: que *evoca* o llama al auxilio. [...] El grito de dolor como el *¡Tengo hambre!* exige una perentoria respuesta. La respuesta que obliga a la responsabilidad: ser responsable o tomar a cargo al que clama y a su dolor [...] El *¡Ay!* del dolor primero, el *¡Tengo hambre!* ya articulado en un lenguaje, una clase social, un pueblo, un momento de la historia, dice referencia a la Realidad o exterioridad de todo sistema constituido. No pueden ser expresiones ideológicas. Son las pala-

---

[1] Llevado a cabo en el Aula Magna de la Facultad de Filosofía de la UNAM (Ciudad de México), con la presencia de John Holloway y Atilio Borón.

[2] Holloway, 2002. Pienso que la palabra «cambiar» se refiere al término «Veränderung» (transformación) que usa Marx en las *Tesis sobre Freuerbach*, y la tomaré en ese sentido técnico. Es un «transformar» que no es *reformista* pero que tampoco es inmediatamente *revolucionario*.

bras políticas primeras, las que instauran nueva totalidad de lenguaje y de formulaciones conceptuales de sentido.[3]

Antonio Negri, el encarcelado que sufre en su piel el poder absoluto de un cierto tipo de Estado, agrega:

La *potencia* se forma en el dolor.[4]

En el momento mismo en que incluye dolor, la *potencia* se abre a la comunidad.[5]

Y la profundización continua de la cuestión ontológica de la *potencia* [...] cuando alcance el límite extremo de la negación del Ser [...] logrará salir, *no mediante una dialéctica*[6] que convierta lo negativo en positivo, sino [...] a través de la *nueva* afirmación de la totalidad concreta del Ser.[7]

Y criticando en cierta manera a Axel Honneth indica:

La compasión va más allá del reconocimiento, del concepto, de la representación. No puedo representarme el dolor si no lo vivo. No puedo reconocer al otro que es presa del dolor si no me compadezco [...] La ontología de la comunidad se descubre a través del *padecer-juntos*, una manera de padecer que, por lo tanto, se aparta de la pasividad y se hace constructiva. Ética.[8]

Y concluye:

A la luz de esto, la idea de *potencia* se revela cada vez más como una *idea de la creación* [...] La creación es el sentido de la vida [...] Una *potencia* que renace de las cenizas de su primer consumo. Una innovación potente. Un excedente del Ser, de la materialidad, original e independiente de toda finalidad, que se difunde por todo el mundo.[9]

Mientras que, para el sujeto, la única declaración de existencia posible es la tragedia, para la *conciencia del dolor* y para el cuerpo, la redención.[10]

El encarcelado, desde el expulsado el sefardita B. Spinoza expulsado de la Sinagoga de Amsterdam, ha construido una ética impresionante y sobre ella una política-económica, pero falta de mediaciones institucionales (véase § 3).[11]

---

[3] Dussel, 1995, pp. 10-12.
[4] Negri, 2002, p. 147.
[5] *Ibid.*, p. 162.
[6] Yo subrayo.
[7] *Ibid.*, p. 164.
[8] *Ibid.*, p. 166.
[9] *Ibid.*, pp. 173-181.
[10] *Ibid.*, p. 189.
[11] Los temas de la vida y el dolor véanse en los caps. 1 y 4 de Dussel, 1998.

Holloway le indica que, más radicalmente aún, no se ha de partir de la pura afirmación o la positividad de la *potencia* acumulada, sino de la negatividad:

> La negación no proviene de nuestra esencia sino de la situación en la que nos encontramos. No gritamos y empujamos más allá porque es propio de la naturaleza humana [hacerlo], sino, por el contrario, porque estamos separados de lo que consideramos que es la humanidad. Nuestra negatividad no surge de nuestra humanidad, sino de la negación de nuestra humanidad, del sentimiento de que la humanidad es todavía-no, de que es algo por lo que se debe pelear.[12]

En efecto, de lo que se trata es de partir del oprimido *como oprimido* sufriente *en la Totalidad*.[13] Es la «negación de la negación» dialéctica (negar al esclavo en su esclavitud [que es negación de su humanidad], negar al trabajador asalariado su subsunción en el proceso de trabajo del capital [que es negación de su dignidad autónoma], negación del «poder-sobre» para liberar al «poder-hacer», etc.). Sin embargo, de manera todavía no precisa (porque Negri no ha superado la ontología de la Totalidad, desde la *Exterioridad*, como lo sugiere el mismo Marx[14]) pero correcta, propone que la *afirmación* del esclavo como ser humano *como libre* es anterior (en el orden de la toma de conciencia transformadora, revolucionaria) a la negación. A este momento afirmativo, positivo y creativo (con Negri) lo hemos llamado «momento *analéctico*».[15] Marx nos habla de que antes de la subsunción en el capital, «negativamente» el «trabajo vivo» es la «pobreza absoluta», pero «positivamente» será la «fuente creadora del valor» desde la nada del capital (cuando crea plusvalor más allá del «tiempo necesario» y después de haber «reproducido» el valor del salario).[16] Una vez subsumido, el «trabajo vivo» es *negado* en su dignidad y deviene sólo una mediación para el aumento de valor. Esta segunda *negación* debe distinguírsela de la primera. La primera es el «pobre» (*pauper ante festum* escribe Marx) antes de la subsunción; la segunda negación es propiamente la *negación* en el sentido de Holloway; la *positividad* del pobre o la trascendentalidad del trabajo vivo sobre la mera «fuerza de trabajo» es ambiguamente afirmada por Negri. En efecto, es la positividad creadora del trabajo vivo sobre subjetividad *nunca del todo asumible por ningún sistema* (incluso el capital) lo que le asigna la posibilidad positiva (*potentia* definida ambiguamente por Negri, desde Spinoza) de toda transformación, revolución.

---

[12] Holloway, 2002, p. 48.
[13] Categoría presente en Hegel, Marx, Lukács, y tantos otros (véase Jay, 1984). Véase Dussel 1977, parágrafos 2.2 ss.
[14] Véase mi obra Dussel, 1990, cap. 10. Sobre la «Exterioridad», véase la indicada *Filosofía de la Liberación*, § 2.4, 2.6, 3.3, etc.
[15] *Filosofía de la Liberación*, § 5.3.
[16] Véase mi obra Dussel, 1985, cap. 7 (pp. 137 ss.). El texto central de Marx se encuentra en los *Grundrisse*, Cuaderno II (trad. esp. Marx, 1971, v. 1, pp. 235-236).

En *El capital* Marx toca el tema de la negación y la positividad desde un punto de vista económico. Negri y Holloway también político. Este pasaje de lo económico a lo político es perfectamente permitido, y Marx lo hace frecuentemente en sus *ensayos* políticos.

Debo indicar entonces que, a mi juicio, Negri y Holloway tocan la cuestión pero puede ser objeto de mayor precisión. Parte del debate futuro.

21.2. SOBRE EL PODER

Holloway distingue entre «poder-hacer» y «poder-sobre». Pero me parece que falta un sentido más trabajado de sus determinaciones propias.

Permítaseme un rodeo a la cuestión a partir de la realidad de la vida. El ser humano es un ser vivo. Marx tuvo por último horizonte de su reflexión crítica a la vida humana. El capital, por ser imposibilidad de crecimiento de vida, se le denominó «capital muerto», como un vampiro que chupa la sangre (metáfora de la vida en el pensamiento semita) del obrero. Marx escribe:

> Físicamente el ser humano *vive (lebt)* [...] Que el ser humano *vive (lebt)* en la naturaleza quiere decir que la naturaleza es su corporalidad, con la cual ha de mantenerse en proceso continuo para *no morir* [...] La *actividad vital*, la *vida* productiva misma, aparece ante el ser humano sólo como un medio para la satisfacción de sus necesidades [...] La *vida* productiva es, sin embargo, *vida* genérica. *Es la vida que produce la vida.*[17]

La vida humana, entonces, es el punto ontológico de partida, de Marx y de una Política de la Liberación. Leamos un texto del primer A. Schopenhauer, que afirma una filosofía de la vida, referencia en esta cuestión de la primera Escuela de Frankfurt, de la cual se deriva una ontología de la voluntad y del poder:

> Lo que la Voluntad (*Wille*) quiere es siempre la Vida (*Leben*) [...] Decir *Voluntad de vivir (Wille zum Leben)* es lo mismo que decir lisa y llanamente Voluntad, y sólo por pleonasmo empleamos aquella frase [...] Allí donde hay Voluntad hay también Vida. Por consiguiente, a la *Voluntad de vivir (Lebenswillen)* le está siempre *asegurada la vida (das Leben gewiß)*, y mientras ella aliente en nosotros, no debemos preocuparnos por nuestra existencia [...] El nacer y el morir son cosas que pertenecen al fenómeno de la Voluntad y, por lo tanto, a la Vida.[18]

La vida humana es el fundamento de la voluntad. La voluntad no es sino el «*querer vivir*», el *querer* del viviente por el que se afirma positiva y tendencialmente en su ser viviente. Por su parte el poder es el despliegue de la misma voluntad de vivir.

---

[17] *Manuscritos del 44,* I (*MEW*, vol. 1, pp. 515-516).
[18] *El mundo como voluntad y representación*, libro IV, cap. 54 (Schopenhauer, 1960, vol. 1, p. 380; Schopenhauer, 2000, pp. 218).

Por su parte Heidegger, cuando comenta la obra de Nietzsche, va introduciendo el problema del poder de una manera inadecuada, reductiva. Leemos en su obra *Nietzsche*:

> La Voluntad es en sí misma Poder (*Macht*). Y el Poder es la permanencia del querer en-sí-mismo. La Voluntad es Poder, y el Poder es Voluntad.[19]

Hasta aquí podemos seguir su reflexión. En efecto, el poder es un momento de la voluntad, es la determinación de la voluntad como querer vivir que «pone» las mediaciones para la reproducción de la vida. El «poder-poner» las mediaciones para la sobrevivencia es toda la cuestión ontológica del poder. Pero de inmediato la reflexión se vuelve reductiva, toma por un atajo de la senda que se aparta del concepto pleno del poder:

> Porque el *estado-de-resuelto* por sí mismo del *ser-se*ñor de la Voluntad es un querer ir más allá de sí mismo, es por lo que la Voluntad es Potencia (*Mächtigkeit*) que se potencia (*ermächtigt*) como Poder (*Macht*).[20]

Vemos entonces que se define el poder como el «ser-señor»:

> La esencia del Poder (*das Wesen der Macht*) es la Voluntad que tiene más-Poder (*Mehr-Macht*), y lo es cuando el Poder ejerce el poder como Poder-que-se-sobrepasa (*Uebermächtigung*) [...] Lo que debe sobrepasarse es lo que ofrece resistencia y que es estable y sólido, que se mantiene y permanece y se conserva. Por el contrario, el que sobrepasa tiene necesidad de *poder* salir de sí hacia un grado más elevado de Poder, lo que por su parte exige una posibilidad de aumento.[21]

Pero este poder se ejerce sobre otros seres humanos (es, de alguna manera, el «poder-sobre» de Holloway). Para Heidegger, siguiendo a Nietzsche, el poder es «capacidad de ser-Señor (*Herrsein*) y poder dominar (*Befehlen-Koennen*)»[22] a otros seres humanos.

Vemos entonces que hay dos maneras de comprender el poder. Una afirmativa, que describe en primer lugar el poder como la expresión de la voluntad, que es el querer del viviente que se afirma como el que lucha por permanecer y aumentar la vida, al «poder-poner» los medios (entre ellas las instituciones) para dicha reproducción. Este primer sentido del «poder» no se puede «tomar», como cuando se dice «tomar el poder». El «poder» es un momento de la plenitud de la voluntad y la vida, se tiene como una facultad o capacidad necesaria en la afirmación de la vida. El poder puede negarse

---

[19] Heidegger, 1961, vol. 1, pp. 51-52.
[20] *Ibid.*, p. 52.
[21] *Ibid.*, p. 105.
[22] Heidegger, 1961, vol. 2, p. 106.

en otro, pero no puede extinguirse jamás, mientras alguien viva. Mientras viva el viviente que quiere vivir, como voluntad, tendrá siempre poder, aunque sea potencialmente. No «lo toma» sino que «lo es» (es su misma voluntad como afirmación de vida que intenta sobrevivir).

En este sentido el oprimido (negado) sigue teniendo siempre, mientras viva, voluntad de vivir (que cuando se pierde, se pierde todo), y por lo tanto luchará para poder *ejercer* (no *tomar*) el *poder-poner* los medios para su plena sobreviviencia que el dominador le niega. Esta afirmación no está clara en Holloway.

En un segundo sentido, como «Voluntad de Poder» (*Wille zur Macht* nietzscheano) es voluntad *sobre* los otros, y por lo tanto el «poder-poner» del dominador niega el poder de los dominados. Esto puede expresarse, desde Foucault, no de manera bipolar, sino como un campo de estructuras de fuerza, poderes, entrecruzados, complejos, como mayor o menor dominio o complicidad. Pero al final, en su sentido negativo y defectivo, aquí el poder es «poder-sobre» (en el sentido de Holloway).

Nuevamente, Antonio Negri, entiende como *potencia* la acumulación de poder que se ejerce sobre el dominado, el sufriente, el negado (hoy el mítico *Imperio* del filósofo italiano). Esa indicación está en la dirección del tema. En efecto, esa acumulación de *potencia* es positiva, creadora. Y, por ello, el poder no «se toma», sino que en su aparente impotencia el oprimido acumula capacidad en su poder-poner mediaciones para la vida, poder que no puede expresarse *todavía*. La cuestión entonces sería: ¿cómo transformar el mundo acumulando poder? Pero si el poder es sólo defectivo, dominación (como para Max Weber, Carl Schmitt y tantos otros), esa pregunta afirmativa no es posible.

Por lo tanto, hay a) un poder *negativo* que es el «poder-sobre» los otros, y b) un poder *creador positivo* que es el «poder-*anterior-y-por-sobre*-el poder-sobre»[23] que se acumula en la exterioridad del sistema, en la interioridad de la subjetividad, en las comunidades críticas (movimientos sociales, partidos políticos críticos, asociaciones productivas de trueque o fuera del mercado, etc.), distintos tipos de utopías, insignificantes para el sistema, pero lugar donde la vida comienza a soñarse («¡Otro mundo es posible!», del Foro Social Mundial de Porto Alegre) como una posibilidad afirmativa de la esperanza (a la Ernst Bloch, desde la narrativa popular, que es la gran narrativa épica anti-postmoderna) *más allá del capital* y del *Estado opresor*.

---

[23] El «poder-poner» mediaciones desde la vida para la sobrevivencia está debajo, es *anterior* a todo *«poder-sobre»*. Es más, ningún «poder-sobre» dejó de ser en su origen «poder-creador», como el «acontecimiento» que nos describe Alain Badiou en *El ser y el acontecimiento* (aunque en este caso es sólo origen ontológico y no propiamente creador, liberador). Véase toda esta temática en mi obra en elaboración *Política de la Liberación. La Arquitectónica*. En el «por-sobre» queremos indicar la trascendentalidad del horizonte de la Totalidad, el *más allá* del mero «poder-sobre». Surge desde la nada del sistema (del capital y de su Estado opresor), crece en la exterioridad inadvertida, acumula «poder-de-vida» en la sombra, y explota en algunas ocasiones a través de los siglos en las grandes revoluciones. Pero crece y se organiza continuamente en los movimientos políticos antihegemónicos.

21.3. SOBRE LAS INSTITUCIONES Y LA «DISOLUCIÓN DEL ESTADO»

Así como hay una posible descripción crítica, aun revolucionaria del poder (como la acumulación de fuerza que llega el momento que se transforma en un efectivo «poder-poner» las mediaciones para la vida, porque se *ejerce el poder creativo*), de la misma manera es necesario toda una filosofía política de las *mediaciones política* para la permanencia y aumento de la vida humana en comunidad. Un cierto nihilismo político, ahora presente de manera distinta en A. Negri y en J. Holloway, al plantear reductivamente la cuestión de las *instituciones políticas* —como reductivamente se presentó el concepto de poder, sólo negativo[24]—, impide comprender la cuestión del Estado.

En estos dos últimos parágrafos nos internamos en lo que hemos denominado la esfera de la *factibilidad*.[25] «Factible»,[26] aquí en sentido práctico (como lo posible de ser operado), se encuentra en el orden de la razón estratégica (subsumiendo la instrumental).

La factibilidad es el amplio margen entre dos límites: a) la muerte (como límite absoluto que no puede superarse) y lo *empíricamente* imposible, y b) lo *empíricamente* posible para la vida humana.

---

[24] Creo que Holloway se corrige cuando escribe: «La política revolucionaria (o mejor dicho, la anti-política) es la *afirmación* [¿qué pasó aquí?, me pregunto] explícita de lo negado en toda su infinita riqueza [...] La dignidad es la auto-*afirmación* (!) de los reprimidos y de lo reprimido, la *afirmación* (!) del poder-hacer en toda su multiplicidad y en toda su unidad [...] La lucha de lo que existe en la forma de ser negado es innegablemente tanto negativa como *positiva* (!) [...] es la *afirmación* (!) de lo que existe [*en la exterioridad*, agregaría yo E. D.], aunque sea en la forma de ser negado» (*Cambiar el mundo*, p. 305). ¿Cómo puede yacer oculto bajo lo negado la forma afirmativa? Es exacta la expresión, porque la subjetividad (en la economía de Marx: el «trabajo vivo») del oprimido no puede subsumirse *del todo* en el sistema (en el capital). Siempre hay un excedente, una exterioridad de la subjetividad (la «fuerza de trabajo» alienada no es el «trabajo vivo» como sujeto), cuya afirmación como *potencia* (Spinoza) *creadora* (Negri y Marx, contra los marxistas estándar*:* «fuente creadora de valor» [*schoepferische Quelle des Wertes*]: véase el cap. 10 de mi obra ya nombrada *El último Marx*; ahora desde Schelling) es el punto de partida *afirmativo* de la misma *negación*. Se trata de un Negri contra Holloway, y Marx más allá de Negri (en mi interpretación).

[25] Véase Dussel, 1998, caps. 3 y 6.

[26] En latín *factibilia* se distinguía de *operabilia*. El primero es del orden de la relación sujeto-naturaleza, nivel de la producción. El segundo es del orden práctico relación sujeto-sujeto. En este caso el «poder-hacer» de Holloway sería nuevamente reductivo. Porque habría un poder-hacer-instrumentos (orden de la producción), y un poder-obrar-relaciones prácticas (orden práctico, político, familiar). El nivel económico, como bien indica Marx, es un nivel sujeto-naturaleza-otro sujeto: es un orden práctico-productivo. Las «relaciones de producción» son relaciones instrumentales con la naturaleza (el trabajador del campo, con su pala y ante la naturaleza), y las relaciones prácticas del señor-esclavo, señor feudal-siervo, capitalista-obrero asalariado. La técnica agrícola pudo ser la misma en el esclavismo romano, en el feudalismo en Francia o de un propietario capitalista y su peón a salario; pero la determinación práctica (sujeto-sujeto) determinan obra «relación de producción» en los tres casos. Decían los clásicos que «hacer» (*poiein*) no es «obrar» (*pratein*). La palabra «praxis» recuerda que es una acción práctica y no productiva (como el trabajo, que es productiva): el marxismo estándar ha confundido los dos significados y también Holloway.

Ante la crisis del Estado de bienestar se piensa en la necesaria debilitación o disolución del Estado particular *en cuanto tal,* en especial en Europa, por el surgimiento de una Confederación de Estados europeos,[27] y en Estados Unidos entre algunos pensadores que plantean la cuestión de la «disolución del Estado» desde una visión cuasianarquista post-moderna del Imperio. Es decir, se plantea reductivamente la cuestión de las *instituciones políticas,* lo que impide comprender la cuestión del Estado particular,[28] macro-institución política de la que, desde J. Habermas (desde una posición social-demócrata), un Robert Nozick[29] (este último en una posición casi de anarquismo de derecha)[30] e incluyendo a Antonio Negri[31] o John Holloway[32] (anarquismos de izquierda), quieren convencernos de que es conveniente que desaparezca o se debilite definitivamente.

Dentro de lo posible empíricamente para la vida humana, y necesario para ese fin, se encuentran las instituciones, que a través de los milenios fueron disminuyendo los instintos para abrirlos al nivel de las culturas. Las instituciones reemplazan de alguna manera la pretensión de «permanencia» de los instintos, y aunque son meramente posibles tienen otro estatuto en la temporalidad,[33] instituciones que de todas maneras están roídas desde su origen por una inevitable entropía.[34]

En función del corto tiempo de esta corta ponencia no podremos ir sino a lo esencial del argumento. Siendo el ser humano un ser viviente, nos dice Marx, son necesarios satisfactores «naturales, aparezcan en forma de alimentación, calefacción, vestido, vivienda, etc.».[35] Éstas, y todas las demás mediaciones para la vida (lingüísticas, familiares, políticas, estéticas, etc.), necesitan ser producidas en comunidad, distribuyendo las funciones ordenadas en un todo institucional que permite la permanencia y el aumento de la vida de la comunidad. La caza, la recolección, la pesca, hasta la agricultura y el pastoreo, la organización del clan, las étnicas, las ciudades, la confederación de las

---

[27] «Pero no sólo la República Federal de Alemania: todos los países europeos han evolucionado tras la Segunda Guerra Mundial, de suerte que el plano de integración que representa el Estado nacional ha perdido peso e importancia» (Habermas, 1989: 116-117).

[28] Llamo al Estado «particular», porque ningún Estado europeo o latinoamericano son meramente «nacionales». Por ejemplo, el Estado español tiene como «naciones» al menos a Cataluña, País Vasco, Galicia, Castilla, etc. Lo mismo Francia, Italia y aún más el Reino Unido (indicando la pluralidad *unida* de «naciones»).

[29] Véase Nozick, 1974.
[30] Véase Hinkelammert, 1985.
[31] Véase Hardt-Negri, 2000.
[32] Véase Holloway, 2002.
[33] Lo meramente no-contingente o con pretensión de una cierta permanencia se opone a lo contingente; lo posible a lo imposible; lo necesario (en un nivel práctico, no natural) a lo no-necesario. Las instituciones, a diferencia de las acciones estratégicas contingentes (a la manera que el capital fijo no es circulante, pero «al final» circula), son necesarias (no por necesidad exigida por leyes naturales o físicas, sino en cuanto no puede reproducirse la vida sin su mediación), y posibles.
[34] Véase Georgescu Roegen, 1971.
[35] Marx, *Manuscrito del 44,* I (*MEW*, vol. 1, p. 515, ya citado).

ciudades, exigieron instituciones. La institución es una relación heterogénea y funcional de sujetos, intersubjetiva, de aumenta la *factibilidad* en la reproducción y desarrollo de la vida humana. El mismo Hume mostró que, así como en el nivel del conocimiento la mente infería el *principio de causalidad*, en el plano práctico o moral-político, la mente infería también un *principio de justicia* que exigía instituciones para la posibilidad de la permanencia de la vida.[36]

Toda institución en su momento creativo para responder a las exigencias de la permanencia y aumento de la vida, incluye siempre una *disciplina*. Los críticos anti-institucionales indican con razón que dicha disciplina se convierte pronto (o desde el origen) en *represión*. Éste fue el tema por ejemplo de Herbert Marcuse en su famosa obra *Eros y civilización*. Por mi parte, pienso que las instituciones son necesarias para la vida, y que desde su origen disciplinario constituyen un necesario instrumento civilizatorio (en aquel sentido de la expresión de Marx: «the civilizing power of capital»). Toda institución, diacrónicamente en su origen creativo, responde a las exigencias de la vida de la comunidad en mucho y mejor grado que la institución que ha sido sustituida. El feudalismo fue reemplazado exitosamente por el capitalismo. Pero en la necesaria diacronía de las instituciones, con el tiempo, en su entropía, se tornan no una mediación de la vida, sino en una crisálida de la que el viviente debe negar para poder obrar un aumento de vida. Por ello, porque toda institución no es perfecta, porque siendo temporal y finita tendrá un fin, nadie puede negar *a priori* la inevitabilidad de la revolución. Aun el mayor conservador caería en contradicción si afirmara que el sistema actual es perfecto, y sólo siendo perfecto podría ser eterno, y sólo siendo eterno no tendría fin, y por ello no sería reemplazado por otro sistema. La instauración de otro sistema, radicalmente hablando es una revolución, nadie puede negar *a priori* su posibilidad. El juzgar estratégicamente ahora y aquí su posibilidad *empírica* es otra cosa.

---

[36] Siendo la avaricia una pasión destructiva había que ponerle límites. A partir de tal argumento, y no siendo los bienes de la tierra infinitos sino escasos, no pudiéndose efectuar milagros, es decir, encontrándonos en una esfera de lo empírico real, se infiere la necesidad de las instituciones. Hasta aquí el argumento podría ser aceptable. Véase David Hume, 1998. La avidez por adquirir bienes y posesiones para nosotros y nuestros amigos es insaciable, perpetua, universal y totalmente *destructora de la sociedad* [...] Así que, en resumen, estimamos que las dificultades para el establecimiento de la sociedad son más o menos grandes según las que encontramos al *regular y restringir* esta pasión» [«The avidity alone, of acquiring goods and possessions for ourselves and our nearest friends, is insatiable, perpetual, universal, and directly *destructive of society* [...] So that, upon the whole, we are to esteem the difficulties in the establishment of society to be greater or less, according to those we encounter in *regulating* and *restraining* this passion»] (Hume, 1998); (Lindsay, 1966: 197). A partir de este *hecho* (*to be*) Hume infiere *el deber* (*ought to be*) —contra la vulgar inversión de la «falacia naturalista» atribuida falsamente a Hume— de imponer límites a esta pasión destructiva. Desde un tal argumento, y no siendo los bienes de la tierra infinitos (un mundo posible lógicamente) sino escasos, y no pudiéndose efectuar milagros en el nivel económico (otro mundo posible lógicamente), es decir, encontrándonos en un mundo de lo *empírico real* de la escasez, se infiere la necesidad de las instituciones, que «regulan o restringen» la pasión de la avaricia. Es una inferencia dialéctica a la manera de K. Marx.

El Estado es una macro-institución política. En tiempo reciente, M. Foucault, contra la bipolaridad política del dominador-dominado en el campo política en manos de la única instancia de ejercicio del poder, tal como un cierto marxismo estándar lo afirmaba, intentó mostrar que el poder estaba diseminado, no de manera bipolar sino multipolar, en micro-instituciones, que disciplinaban el cuerpo en diferentes niveles del ejercicio del poder. El poder panóptico de las prisiones, de los psiquiátricos, de las escuelas, y tantos otros organismos, fragmentaban el poder y significan una crítica a la macro-institución estatal. Una antigua tradición originada en Stirner o M. Bakunin, continuada por G. Sorel o Pelloutier, y que se interna en nuestra época con el mismo Foucault, con Negri y Holloway, manifiesta la necesidad de la «disolución del Estado». Se trata, sin embargo, de toda la cuestión de las instituciones en el desarrollo filogenético de la especie *homo* y que se han ido «depositando» en estructuras sistémicas e institucionales, en las que por último se cifra toda la problemática del diagnóstico de la naturaleza de lo político y económico en cuanto tal, que dan el fundamento para el nivel estratégico propiamente contingente (del próximo apartado *4*).

Querría ir directamente a la cuestión. La acción política que intenta cambiar o «transformar» el mundo se dirige *inevitablemente* a las instituciones. Cometería una contradicción preformativa (o en sus propios términos) si quisiera «transformar» nada. Lo que se trans-forma es lo ya «formado». Se le cambia la «forma» ya dada. Ante el caos o la pura disidencia no puede haber transformación ni disidencia. Al caos se lo «forma», se lo institucionaliza para la permanencia de la vida; a la pura disidencia, que es muerte y no-poder porque al no haber ningún acuerdo el poder-poner de cada uno se opone al contrario y se anulan (no pueden crear ninguna mediación para la vida), se lo supera con algún consenso. A la «forma» (institución o consenso) se los «cambia-de-forma», se lo «trans-forma» a través de un momento de aparente caos superador o de disidencia creadora, para alcanzar un grado superior de «forma». Trans-formar o cambiar no es meramente destruir: es de-construir para innovar en una mejor construcción. La revolución no es sólo ni principalmente destrucción: es tener un principio orientador tanto de la deconstrucción (no es asunto de destruir todo, sino de lo irrecuperable) como de la nueva construcción. El que no tiene principio de nueva construcción (no digo reconstructivo), no es revolucionario sino un bárbaro destructor simplemente.

Millones de seres humanos no pueden permanecer y aumentar la vida en comunidad sin instituciones. Deberíamos irracionalmente volver al paleolítico. No. De lo que se trata es de la «trans-formación» (*Veraenderung* decía Marx) de las instituciones cuando de mediaciones para la vida se han transformado en instrumentos de muerte, de impedimento de vida, que se observa empíricamente en el grito, del dolor de los oprimidos, que son los que sufren las instituciones. Dichas instituciones entrópicamente represivas ejercen el poder-sobre sus víctimas, cuyo poder-poner sus mediaciones ha sido negado, se encuentra reprimido.

En la acción estratégica puede haber un principio o postulado político fundamental, así como en el orden económico Marx propuso un postulado económico: el Reino de la Libertad. Nos dice Marx:

De hecho, el *Reino de la Libertad* (*Reich der Freiheit*) sólo comienza allí donde cesa el trabajo determinado por la necesidad y la adecuación a finalidades exteriores;[37] con arreglo a la naturaleza de las cosas, por consiguiente, *más allá (jenseits)* de la esfera de la producción material propiamente dicha.[38]

Este «más allá» indica ya la trascendentalidad de un *imposible empírico*, pero posible como postulado, ya veremos. Ese postulado se define así:

La libertad en este ámbito [económico] sólo puede consistir en que el hombre socializado, los productores asociados, regulan racionalmente ese intercambio suyo con la naturaleza poniéndolo bajo su control *comunitario (gemeinschaftliche),* en vez de ser dominado por él como por un *poder* ciego.

Este contenido ideal del postulado, *empíricamente imposible*, es un principio de *orientación* material de la acción. ¿En qué está pensando Marx? Creo que está pensando, como en muchos otros temas, en el último Kant (posterior a la *Crítica del Juicio*). Kant escribe sobre la cuestión de una paz perpetua:

La *paz perpetua* (el fin último del derecho de gentes en su totalidad) es ciertamente *irrealizable*. Pero los principios políticos que tienden a realizar tales alianzas entre los Estados, en cuanto sirven para *acercarse (Annaeherung)* continuamente al *estado de paz perpetua*, no son irrealizables, en la medida en que tal *aproximación* es una tarea fundada en el deber y, por tanto, también en el derecho de los seres humanos y los Estados.[39]

Kant llama a estas Ideas regulativas principios de orientación de la acción. Marx sabe que el Reino de la Libertad (tiempo cero de trabajo, economía perfecta, «tiempo libre» máximo) es *imposible empíricamente*, pero nos permiten orientarnos bajo el principio que en toda acción o transformación institucional es necesario pensar en un postulado donde los trabajadores «bajo un control *comunitario* [...] lleven a cabo con el mínimo empleo de fuerza y bajo las condiciones más dignas y adecuadas a su naturaleza humana»,[40] sin embargo, toda posible producción, no sólo la capitalista sino la post-capitalista, será siempre *empíricamente* una economía factible, es decir:

Pero éste *siempre (immer)* sigue siendo el Reino de la Necesidad. *Más allá (jenseits)* del mismo empieza el desarrollo de las fuerzas productivas, considerado como *un fin en sí*

---

[37] Obsérvese que esto es *empíricamente imposible*.
[38] Todo el texto está en *MEW*, vol. 25, p. 828 (podríamos citar de la nueva edición del MEGA del manuscrito mismo de Marx, pero no está a la mano en ninguna traducción castellana por el momento); Siglo XXI, vol. III/8, p. 1044.
[39] *Metafísica de las costumbres*, § 61, A 228, B 258 (Kant, 1968, vol. 7, p. 474). Para un tratamiento completo del tema véase mi obra de próxima aparición *Política de la Liberación. Primera parte, Historia*, cap. 2, § 7, 4.1.
[40] En el mismo texto de *El capital*.

mismo,[41] el *verdadero Reino de la Libertad*, que sin embargo sólo puede florecer sobre el Reino de la Necesidad como su base. La reducción de la jornada laboral es la condición básica.

Si el comunismo es el Reino de la Libertad,[42] es el postulado que orienta la reflexión crítica. Así, para entender el mundo fetichizado, debe desplegarse igualmente el postulado de la razón económica (texto posterior al del tomo III indicado):

> Imaginémonos finalmente, para variar, una asociación de seres humanos libres que trabajen con medios de producción *comunitarios (gemeinschaftlichen)* y empleen, concientemente, sus muchas fuerzas de trabajo individuales como una fuerza social [...] A los meros efectos de mantener un paralelo con la producción de mercancías, supongamos [...].[43]

Para entender el tema del encubrimiento del sentido de que la mercancía se había autonomizado en su valor de su substancia (el trabajo vivo), Marx recurre al mismo un postulado que le permitía describir, por defecto, el fetichismo de las mercancías.[44] Pero ese postulado es igualmente orientación de toda estrategia de transformación parcial o revolucionaria.

Pero, no debe olvidarse, el comunismo no es un momento futuro empírico de la historia... es un postulado de orientación práctica de imposible realización histórica. El pretender realizar en la historia un postulado abre la brecha de todo un marxismo libertario (que no es de liberación) que se quita el piso bajo sus pies y queda imposibilitado de toda acción político-estratégica factible.

Así como Marx procede en la economía, de la misma manera deberemos proceder en política en el nivel de la factibilidad macro-institucional. La «disolución del Estado» debe ser definido como un postulado político. El intentarlo empíricamente lleva a la «falacia anti-institucional» y a la imposibilidad de una política crítico-transformativa. Decir que hay que transformar el mundo sin ejercer el poder de las instituciones, incluyendo el Estado (que hay que transformar radicalmente digo yo, pero no eliminar) es la «falacia» en la que caen Negri y Holloway.

Las instituciones dadas, vigentes, aun el Estado *particular* territorial (ya que no hay prácticamente ningún Estado con una «nación» como base) como una macro-institución política, nunca son perfectas, siempre exigen transformación. Pero hay momentos en que las instituciones se tornan diacrónicamente represoras en extremo, en su momento entrópico final. La *hegemonía*, el consenso vigente que se ejerce sobre

---

[41] Es decir, trascendental a la razón instrumental, a la acción económica empírica.

[42] Escribe Marx: «El comunismo es la figura necesaria, *el principio energético* del próximo futuro, pero el comunismo en sí *no es el fin del desarrollo humano, la figura de la sociedad humana*» (*Manuscritos del 44*, III (*MEW*, EB, vol. 1, p. 546). Es un postulado no una etapa histórica futura.

[43] *El capital*, cap. 1, 4 (*MEGA* II, 6, p. 109).

[44] Véase este tema en Dussel, 1993c, pp. 296 ss.

los «obedientes» a la dominación legítima de Weber,[45] deja lugar a la *dominación*. Las estructuras del Estado, al servicio de los intereses económicos de las clases dominantes de los países metropolitanos poscoloniales, se tornan definitivamente represoras. Las masas populares[46] van cobrando conciencia del grado de su opresión. Esta acumulación de *potencia*, en parte en la exterioridad de las estructuras del Estado particular, pero en el «seno del pueblo» (que puede tener contradicciones), se enfrenta a las instituciones políticas vigentes para «trans-formarlas» (en parte, nunca reformistamente,[47] aunque no siempre revolucionariamente[48]), no necesariamente para destruirlas (también se puede hacer esto si fuera exigido por los postulados), pero sí para usarlas y transformarlas según sus fines y según el grado de correspondencia a la permanencia y el aumento de la vida y participación simétrica democrática del pueblo de los oprimidos.

El anti-institucionalista cree que en la destrucción del Estado se alcanza un fin importante en la ruta hacia la liberación. Dicha destrucción pura es irracional. Ha confundido la «Disolución del Estado» como postulado (imposible empíricamente pero principio de orientación estratégico) con su empírica negación.

¿Cómo puede entenderse el postulado de la «Disolución del Estado»?

El anarquismo de derechas como el de Nozick, propone la disolución del Estado o algo próximo a su disolución como «Estado mínimo». El mercado máximo produce equilibrio, y en la formulación de F. Hayek, lo que debe hacer el Estado mínimo es destruir los monopolios que impiden el libre fluir del mercado. Un sindicato que pide aumento de salarios es un monopolio, porque impone al mercado una exigencia que no emana de la libre competencia. Es entonces deber del Estado disolver el sindicato.

En función de esta definición de mercado total, la globalización bajo la dominación (no bajo la hegemonía, porque la ha perdido pasando al uso de la última instancia: a fuerza armada), propone la disolución o debilitamiento de los Estados particulares *de los pueblos postcoloniales*. El Estado postcolonial, aunque dominado por las burocracias privadas de las trasnacionales, que impone a la burocracia política de dichos Esta-

---

[45] Para Weber el poder es el ejercicio de la dominación legítima. Esto es una contradicción en los términos. Si es dominación, negación del poder-poner del otro, no puede ser «legítima», o la palabra legitimidad ha perdido todo sentido normativo. Y es el caso de Weber.

[46] Si se entiende con A. Gramsci por pueblo «el bloque social de los oprimidos», que incluye clases, fracciones de clases, etnias indígenas, asociaciones de la sociedad civil como las feministas, las que luchan contra la discriminación de las razas. Fidel Castro definió el «pueblo, cuando de lucha se trata...», en sus obras tempranas (véase Dussel, 1985, pp. 400 ss.).

[47] Véase la diferencia entre «reformismo» y «transformación» en mi *Ética de la Liberación*, cap. 6, § 6.4.

[48] La acción transformadora o liberadora (que sólo alguna vez cada siglo puede realizarse) no siempre es revolucionaria, pero no es reformista. La diferencia estriba tanto en el contenido de la acción (que puede coyunturalmente ser igual al del reformista) sino en su orientación o criterio estratégico y táctico, de los medios y fines, a corto y largo plazo. El que «transforma» construye hacia un polo que le permite avanzar, corregir errores, modificar tácticas, pero no perder el horizonte estratégico: el postulado político.

dos sus mismos miembros (por ejemplo, un distribuidor de Coca-Cola como presidente), todavía es la última resistencia posible de los pueblos oprimidos. Disolver sus Estados o debilitarlos al máximo es quitarles la única posible defensa. La segunda Guerra de Irak es una guerra contra el Estado particular postcolonial, que, aunque corrompido y dictatorial, en un cierto nacionalismo interponía todavía alguna resistencia.

Por todo ello es trágico que una cierta izquierda coincida con el Imperio norteamericano, *home-state* significativo de las trasnacionales y última instancia de poder cifrado en su estructura económico-político-militar, en disolver el Estado particular. Si los europeos con Habermas parecieran que disuelven el antiguo Estado particular, es para fortalecer estratégicamente una Confederación de Estados en la Unión Europea. En América Latina, si se procediera a la organización de la Confederación de los Estados Latinoamericanos, sin Estados Unidos o España en su seno, también sería conveniente un tal debilitamiento. Pero por el momento no es ésa la situación.

Toda lucha por la entera disolución fáctica del Estado particular post-colonial es un proyecto ambiguo.

Otra cosa es la lucha por la transformación del Estado particular post-colonial en vista de una postulado político de «Disolución del Estado» en cuanto tal. Esto significaría que en toda creación de nueva institución, en todo ejercicio de un poder institucional o en la transformación de todas las instituciones (la transformación del Estado) se tuviera como principio de orientación la «Disolución del Estado», pero no como negación objetiva de las instituciones, sino como *subjetivación responsable de sus funciones* en un Estado democrático, popular, social, donde todos sus miembros asumieran a tal grado sus responsabilidades, en donde la representación se fuera *acercando* (para usar la palabra kantiana) al representado, la participación simétrica de los afectados se hiciera carne en todas las acciones políticas a tal grado, que el Estado dejara de *pesar*, se hiciera más ligero, más transparente, más público. No sería un «Estado mínimo» (dejando todo al mercando o a la imposibilidad de ciudadanos perfectos[49]), sino más bien un «Estado subjetivado» en los ciudadanos a tal punto que la institucionalidad se iría tornando transparente, la burocracia sería mínima, pero su eficacia e instrumentalidad en cuanto a la permanencia y aumento de la vida humana, sería *máxima*. Esto supondría, claro está, una transformación radical de orden económico capitalista.

No creo que tenga sentido intentar transformar las instituciones políticas sin el Estado, sin ejercer el poder comunicativo, democrático, legítimo, participativo, social, popular; aunque sí es posible enunciar un postulado de imposible realización, pero como la «estrella Polar» de los navegantes chinos que les permitía navegar en la no-

---

[49] Si todos los ciudadanos fueran políticamente perfectos, éticamente honestos, etc., el Estado sería innecesario. Cierto utopismo político, teniendo como postulado esa perfección subjetiva, destruye objetivamente las instituciones, y torna la política irracional. Lo justo es exactamente lo contrario. Porque es imposible que todos los ciudadanos sean perfectos, las instituciones son *necesarias*. Pero porque las instituciones no pueden ser nunca perfectas, es necesario siempre *transformarlas*. Éste es el realismo crítico de Marx en economía, que aplicamos analógicamente a la política.

che. Por todo lo expuesto pienso que el postulado de la «disolución del Estado» es un criterio de orientación estratégica como horizonte regulativo.

21.4. Sobre la estrategia organizacional y acontecimental

De la misma manera, un cierto irrealismo con respecto a las instituciones del Estado lleva a una falta de realismo crítico en la estrategia política. No se trata de una «política de organización», sino una «política de acontecimientos», se nos dice. Falto de una referencia institucional estratégica, como el Estado (que se debe sin embargo siempre transformar), las mediaciones estratégicas se tornan insignificantes. Para Negri, al final, la multitud global ante el espectro de un Imperio (sin ejército y sin exterioridad) se enfrenta a algunos intentos tales como los de las ONG. Bien poco podrá acumular de *potencia* esa multitud pasto de la *mediocracia* (como la llama G. Agamben, que conoce el poder político del magnate de los medios de comunicación como Berlusconi), que fabrica infaliblemente la *interpretación* de toda acción e institución política. Es sabido que la interpretación del acontecimiento es el que puede crear la conciencia de las multitudes. Pero dicha «fabricación» distorsiona completamente los acontecimientos mismos. Al final, lo que acontezca en Seattle, Génova o Cancún es lo que los medios nos presenten. Los medios no argumentan, presentan videos, los machacan, los repiten, crean una unanimidad imaginaria, fetichizada, con un completo control sobre el *sentido de lo político*. ¿Se puede en ese caso esperar de manera políticamente pasiva la maduración de una *política de acontecimientos*?

Pareciera que la razón y la voluntad política de las masas oprimidas, de los Estados particulares post-coloniales, de los marginales, empobrecidos, de los pueblos originarios de todos los continentes, de los «condenados de la tierra», exigen también mediaciones institucionalizadas, fueren las que fuesen, las imprevisibles o las ya conocidas, o las transformables, para que una estrategia empírica pueda ir abriéndose camino.

Para que «¡Otro mundo sea posible!» hay que inventar lentamente, sin presupuestos sabidos, humildes ante las experiencias de la base, organizaciones políticas a todos los niveles, desde los campos económicos, familiar, de vecinos, deportivos, artísticos, culturales, teóricos, etc., movimientos sociales cuyos participantes sepan también transformarse en *actores políticos* en diferentes instituciones no sólo de la Sociedad Civil sino igualmente de la Sociedad Política. Los partidos políticos, que deberán transformarse tanto cuanto la realidad exija, deberán jugar de todas maneras una función importante, no como vanguardia, sino como escuela de política, a la retaguardia de las masas populares, como escuelas críticas de ejercicio del poder, como elaboración de alternativas, como lugar de discusión de postulados, proyectos, modelos, fines, estrategias, tácticas, medios... para que la reproducción y desarrollo de la vida de la comunidad política sea posible, para que su participación democrática, simétrica, autorizada sea posible, dentro de un realismo de la factibilidad que nada entre la imposibilidad del libertario y la imposibilidad del conservador. La posibilidad, más allá de la posibilidad conservadora, y más acá de la imposibilidad del anarquista extremo, es creadora cuando transforma las estructuras vigentes desde el horizonte utópico de que es necesario construir «¡Un mundo donde quepan todos los mundos!» de los zapatistas.

22. Desde la Teoría Crítica a la Filosofía de la Liberación
(Algunos temas para el diálogo)[1]

Después de pensar sobre el tono de mi participación en este «diálogo» entre europeos y latinoamericanos en torno a la «Teoría Crítica», he pensado que mi estrategia argumentativa debía tomar primeramente con seriedad los «sujetos» del diálogo y su *locus enuntiationis*. *Quiénes* somos y *desde dónde* hablamos. No es obvio ni habitual[2] este tipo de diálogos, y menos *simétricamente*, es decir, entre filósofos situados en una comunidad de comunicación horizontal, que se respetan como iguales, entre colegas, y que sin embargo exigen ser reconocidos en su alteridad, por ello no exento de cierta incomunicabilidad, inconmensurabilidad que puede producir malentendidos, pero igualmente aunados en una voluntad solidaria de intentar avanzar en *una filosofía crítica con validez mundial* —quizá por primera vez en la historia, ya que pienso es la tarea específica de la filosofía en este siglo XXI que se inicia—, y por ello desde los excluidos del sistema global (los países periféricos) y dentro del orden de los Estados particulares (las masas empobrecidas).

22.1. Los primeros contactos con la Escuela de Frankfurt (la «primera generación»)

Por mi parte, practico lo que hemos denominado «Filosofía de la Liberación»,[3] que desde su origen mantuvo un diálogo constante con la «Teoría Crítica». Los acontecimientos del 68 en París, Frankfurt o Berkeley no tuvieron el mismo sentido en América Latina, ni tampoco partieron del mismo contexto.[4] Paradójicamente, bajo dictaduras

---

[1] Encuentro realizado en la UAM-Iztapalapa (México) entre el Departamento de Filosofía y un grupo de profesores alemanes, entre los que se invitaron a A. Wellmer y A. Honneth, en 2004.

[2] Mis más de diez años de diálogo con Karl-Otto Apel (Apel, 2005), me han enseñado que es bueno definir claramente los puntos de partida.

[3] El año pasado de 2003 nos reunimos los fundadores de este movimiento en Córdoba (Argentina) para conmemorar los treinta años de su origen (aunque naciera en el II Congreso Nacional de Filosofía argentino de 1971), y volveremos a encontrarnos en noviembre del 2004 para evaluar ese largo proceso.

[4] En la «Plaza de las Tres Culturas», en México, fueron asesinados más de cuatrocientos estudiantes y obreros, lo que no aconteció ni en París ni en Berkeley. En Argentina, la ciudad de Córdoba será «tomada» por huelgas obreras y estudiantiles contra el dictador militar Onganía (en el llamado *Cordobazo*).

militares (impuesta por el Pentágono y la doctrina de H. Kissinger entre 1964 al 1984), las obras de H. Marcuse, en especial *El hombre unidimensional*, nos impactaban en una situación muy semejante al horror del totalitarismo dentro de cuyo ambiente nació la primera Escuela de Frankfurt (la «primera generación»). La «guerra sucia» con miles de asesinados, torturados, desaparecidos[5] duró casi dos decenios (en Brasil, por ejemplo). Pero junto a Marcuse leíamos al martiniqués Frantz Fanon, *Los condenados de la tierra*, ya que nuestra reflexión se situaba en la periferia post-colonial, desde el Sur, y teniendo como referencia la ciencia social crítica, como la denominada «Teoría de la dependencia» —que será después continuada con la teoría del *World-System* de I. Wallerstein, y que irrumpirá, por último, desde el gobierno de W. Clinton, con el nombre de «globalización» (pasando entonces de la internacionalización de la parte productiva del capital en las trasnacionales, a una etapa financiera y monetarista de impacto planetario). Es decir, nuestra primera lectura de la «Teoría Crítica», no era ya eurocéntrica. Mi obra *Filosofía de la Liberación* (escrita en 1975) comienza de esta manera:

> Desde Heráclito hasta von Clausewitz o H. Kissinger, *la guerra es el origen de todo*, si por *todo* se entiende el orden o el sistema que el dominador del mundo controla con el poder y los ejércitos [...] Se trata entonces de tomar en serio al espacio, al espacio geopolítico. No es lo mismo nacer en el Polo norte o en Chiapas que en New York.[6]

De la primera Escuela de Frankfurt descubríamos la «materialidad» en el sentido de la corporalidad viviente —cuestión que no interesa frecuentemente a los que se ocupan de las posiciones teóricas de la Escuela:[7]

Acontecimientos muy diversos a la Revolución cultural china del 1966, y otros muchos, que la filosofía del «centro» no registra como «su» contexto, como es obvio.

[5] El 2 de octubre de 1973 mi casa particular fue objeto de un atentado de bomba, mis libros volaron por la calle, mis obras completas de Hegel o Marx quedaron dañadas por la bomba (a veces, al dar mis clases, muestro a mis alumnos esos tomos semi-destruidos, para leer un texto, y les digo: «Este libro fue desencuadernado por la bomba»), y viví la experiencia de una persecución selectiva de la extrema derecha del peronismo (fascismo de la periferia). Pensábamos desde la persecución, y después desde el exilio. Un M. Horkheimer o Adorno en California no me son extraños; hemos vivido las mismas experiencias políticas; unos en el «centro», otros en la «periferia». Diferentes «lugares de enunciación».

[6] «Seit Heraklit bis zu Clausewitz und Kissinger gilt *der Krieg als Ursprung aller Dinge*, wenn unter dem Begriff *alles* die Ordnung oder das System verstanden wird, mittels derer der Herrscher die Welt durch Macht und Militär kontrolliert [...] Deshalb kommt es darauf an, den Raum, den geopolitischen Raum ernstzunehmen [...] Es ist nicht dasselbe ob einer am Nordpol oder in den Slums von New York geboren wird» (Dussel, 1977; ed. alemana, 1989, pp. 15-16). Anoto que el traductor alemán no incluyó el «Chiapas» del texto español. El texto fue escrito en México en 1975; conocía la pobreza de Chiapas..., estuve en el Congreso Indígena de 1974... ¡presagios! Además, el traductor no entiende que no estoy hablando de los *Slums* de Nueva York, sino de los banqueros de Wall Street. La contradicción se establecía en la globalidad mundial entre un pobre indio mexicano en relación al centro del Poder económico mundial. ¡La traición del traductor!

[7] Por ejemplo, en la obra *On Horkheimer. New Perspective* (Benhabib, 1993), aunque se toca la cuestión económica no se llega a definir claramente la negatividad en su sentido material radical.

Quien confía en la vida (*Leben*) directamente, sin relación racional (*rationale*) con la autoconservación (*Selbsterhaltung*) [del sistema], vuelve a caer, según el juicio de la Ilustración y el protestantismo, en la época prehistórica.[8]

La «materialidad» de la primera Escuela de Frankfurt consiste en la afirmación de la corporalidad (*Leiblichkeit*) viviente (A. Schopenhauer, F. Nietzsche) vulnerable, que tiene deseos (S. Freud), que necesita comer, vestirse, tener una casa (Feuerbach). Esa materialidad antropológica, lejana al materialismo dialéctico soviético, nos era muy sensiblemente cercana en una América Latina sufriente, empobrecida, hambrienta. En el Cono Sur las manifestaciones multitudinarias gritaban: «¡Pan, paz, trabajo!» —tres requerimientos estrictamente referidos a la vida, a la reproducción del contenido de la corporalidad (*Leiblichkeit*)—. Por ello, la esfera económico-política tenía especial relevancia, y de allí la necesidad de una crítica frontal al capitalismo (K. Marx). Voluntad, afectividad, pulsiones inconscientes, exigencias económicas eran integradas al discurso de la primera Escuela de Frankfurt.

Pero se trataba de una materialidad «negativa»; se consideraba especialmente los efectos negativos del sistema dominante: el dolor, la miseria. La «positividad» del sistema oculta siempre la «negatividad» sobre la que está montada:

> El punto en que convergen lo específicamente *materialista* y lo *crítico* es la praxis que *transforma* la sociedad. Suprimir el sufrimiento [...] El *telos* de esta nueva organización sería la negación del sufrimiento físico hasta en el último de sus miembros.[9]

La «Filosofía de la Liberación»[10] partía desde el *locus enuntiationis* de la víctima material, del efecto negativo del autoritarismo, del capitalismo, del «machismo», pero, y aquí comienza una diferencia abismal (hasta el presente, y debe ser objeto *explícito* de nuestro diálogo), de la negatividad material del colonialismo (del indio, del esclavo africano, de la guerra del opio contra China, etc.), fenómeno correlativo al capitalismo metropolitano, a la Modernidad, al eurocentrismo. La víctima no era ya para nosotros, como para M. Horkheimer, J. Habermas o la «tercera generación» de la Teoría Crítica, solamente el obrero, el judío perseguido en Auschwitz, el ciudadano bajo el nazismo,

---

[8] «Wer unmittelbar, ohne rationale Beziehung auf Selbsterhaltung dem Leben sich überläßt, fällt nach dem Urteil von Aufklärung wie Protestantismus ins Vorgeschichtliche zurück» (Horkheimer, 1971, p. 30).

[9] «Darum konvergiert das spezifisch Materialistische mit dem Kritischen, mit gesellschaftlich *verändernder* Praxis. Die Abschaffung des Leidens [...] Eine solche Einrichtung hätte ihr Telos an der Negation des physischen Leidens noch des letzten ihrer Mitglieder [...]» (Adorno, 1966, p. 201).

[10] El término «Liberación» se inspiraba en los movimientos de liberación del África y Asia de los sesenta, de la Revolución cubana, pero teóricamente se inspira en la expresión «Befreiungspraxis» de Marx y Horkheimer. Su concepto es muy diverso a «Emancipación» (véase mi ponencia de 1989 en el diálogo con K.-O. Apel, «Die *Lebensgemeischaft* und die *Interpellation des Armen*. Die Praxis der Befreiung», en Fornet, 1990, pp. 88-91). La segunda y «tercera generación» de la Teoría Crítica habla sólo de «Emancipación».

la mujer o el mundo obrero ante la crisis del Estado bienestar, sino que eran las víctimas de un sistema mundial (un *World-System* globalizado desde 1492) que incluía el sistema de la *hacienda* latinoamericana que explotaba al indio, el de la *mita* que extraía la plata de las minas como la del Potosí (primera moneda mundial del capitalismo colonial), el de las plantaciones con esclavo del África llevado a la América tropical, de las indias *amancebadas* con el conquistador, de los niños educados en el cristianismo (dominación cultural por medio de una religión extraña), etc.

Fue en ese contexto, que la categoría ontológica de *Totalidad*[11] (tan importante para Hegel, G. Lukács o M. Heidegger, y por ello para la primera Escuela de Frankfurt) se mostró insuficiente. Gracias a la lectura de otro filósofo judío: E. Lévinas[12] (ya que todos los miembros de la primera Escuela lo eran, y recibieron los fondos para poder comenzar sus trabajos de un judío *argentino*, es decir *latinoamericano*, el terrateniente y exportador de trigo de la familia de Felix Weiss, amigo de Horkheimer), que conocimos en París en los sesenta (junto a J. P. Sartre y a P. Ricoeur), pudimos *superar* un sentido todavía estrecho de la Totalidad ontológica vigente desde M. Horkheimer hasta H. Marcuse, K.-O. Apel o J. Habermas. «El Otro» (*Autrui*) de *Totalidad e infinito. Ensayo sobre la exterioridad*[13] era el «pobre» (de la económica), la «viuda» (de la erótica), el «huérfano» (de la pedagógica), el «extranjero» (de la política); etc. Múltiples rostros (al comienzo de los setenta habíamos ya comenzado a caminar por la senda de la *Diferencia*, mucho antes que los postmodernos, pero en el sentido de la «transmodernidad»). El sentido de la «materialidad», como corporalidad vulnerable, y la «crítica» (como la teoría que reflexiona desde el dolor del dominado, explotado, excluido) cobraba ahora firmeza *ética* (siendo que a la primera Escuela de Frankfurt le faltó siempre construir una *ética*, porque no había podido superar suficientemente la categoría de «totalidad»[14]).

---

[11] Véase Jay, 1984.

[12] Además de mis ocho años en Europa (de 1957 a 1967), estuve dos en Israel, estudiando hebreo, para poder criticar al «pensamiento latino-germánico» (Dussel, 1969).

[13] Lévinas, 1968.

[14] Mi *Filosofía de la Liberación*, ya citada, parte de la «proximidad» (*Proximität*, 2. 1) del cara-a-cara de los sujetos corporales y no de la «totalidad» ontológica del mundo (Welt), en sentido heideggeriano o hegeliano. En mi primera ética (los cinco tomos de *Para una ética de la liberación latinoamericana*, 1970-1975, publicada en sus dos primeros tomos en Siglo XXI, Buenos Aires, 1973; en México, el tomo III, 1977, y después en Bogotá los tomos IV-V, 1979-1980) indicaba explícitamente esta crítica a la primera Escuela de Frankfurt. «El Otro», la exterioridad trans-ontológica, ética, la trascendentalidad interna al sistema (Franz Hinkelammert), fue construida como categoría fenomenológica por Lévinas. Nosotros le dimos una dimensión económica, política, psicoanalítica y geopolítica (el «colono» de la periferia, el indio explotado, el esclavo oprimido, la mujer violentada por el «machismo» en mi erótica del 1973, el «hijo» y el «pueblo» educado en una pedagogía dominadora como lo muestra Paulo Freire, etc.). Muchas dimensiones de la Exterioridad, que años después será denominada la *Diferencia* de la mujer, del *american black*, del marginal, de las generaciones futuras indicadas por Hans Jonas, de los inmigrantes, etc. La «Filosofía de la Liberación» desde los setenta trató estos temas.

Para nosotros, desde la «primera generación» (hasta la «tercera») de la Teoría Crítica, un cierto eurocentrismo todavía ontológico de la filosofía impedirá vislumbrar un horizonte mundial más allá del europeo y norteamericano. Se tenía una cierta ceguera ante la alteridad planetaria. Por ello, la cuestión hoy denominada de la «globalización» fue la hipótesis inicial de la «Filosofía de la Liberación» desde fines de los sesenta. Es que la *Aufklärung*, además de ser justamente criticada por M. Horkheimer y Th. W. Adorno en su racionalismo instrumental, no fue vislumbrada como un movimiento cultural y filosófico que, desde una visión centro-periferia, desde el capitalismo colonialista, desde la pretensión de la cultura europea como universal, fue el *locus enuntiationis* de una triple «constitución» ontológica dominadora, fetichista:

En primer lugar, la Ilustración «construyó» (es un *making*) lo que Edward Said denominó «orientalismo».[15] Europa, por primer vez «centro» mercantil (por la Revolución industrial reciente), hace sólo dos siglos, enjuició al «Oriente» (inexistente hasta hoy como categoría estricta de las ciencias sociales o históricas críticas) como lo «despótico», atrasado.

En segundo lugar, se produjo un contra-concepto o meta-categoría sutilmente invisible hasta el presente: el «occidentalismo» (al decir de Fernando Coronil de Michigan), el «eurocentrismo», del cual ya no podrán liberarse sino muy pocos movimientos intelectuales (por hegeliano Marx fue igualmente eurocéntrico, al menos hasta 1868;[16] Freud con su Edipo griego-europeo —por supuesto inexistente en África, por ejemplo—, y las tres generaciones de la Teoría Crítica, entre otros). La tesis se enuncia claramente: «La historia universal va del Este hacia el Oeste; por lo que Europa es el fin propiamente dicho de la historia universal».[17]

En tercer lugar, la Ilustración «construyó» el concepto del «Sur de Europa» (Grecia, Italia, España y Portugal). Ya no eran el «corazón de Europa»,[18] pero estas regio-

---

[15] Véanse mis clases de Frankfurt en 1992 (Dussel, 1993: 15), en especial «Das europäische *Ich* und das Verschwinden des Anderen». La crítica contra Hegel era oportuna, porque fue el primer filósofo que, con una reconstrucción completa de la historia mundial desde un punto de vista *eurocéntrico*, dio sus clases después del derrumbe de la China, que pudo antes que el Reino Unido comenzar la Revolución industrial a mediados del siglo XVIII, y que no lo hizo, contra las hipótesis erradas de Max Weber, por falta de carbón y una crisis ecológica que retuvo a los campesinos en las labores del campo, no pudiéndose volcar a la industrialización ya naciente en el valle del Yang-ze (Pomeranz, 2000). Estas cuestiones la tratamos en nuestra historia de la filosofía política que estamos concluyendo en este momento.

[16] Su contacto con los populistas rusos, como Danielson lo despertó de su sueño «oeste-europeo» (Dussel, 1988).

[17] Hegel, 1955, p. 243.

[18] Alemania, Francia, Dinamarca, países escandinavos son «[...] das Herz Europas» (Hegel, 1955, p. 240. Aquí se olvidó de Inglaterra, pero de ella escribe, en el colmo del fetichismo cínico y eurocéntrico: «Die Engländer haben die große Bestimmung übernommen, die Missionare der Zivilisation in der ganzen Welt zu sein» (Hegel, 1970: 538). Es interesante que no hay que esperar hasta George W. Bush para llegar a la sacralización («misioneros») de una «civilización» (la propia, como para Huntington) con pretensión de universalidad. Es la «Cristiandad» (Löwith, 1964: II, cap. V: «Das Problem der Christlichkeit»: 350). Las expresiones de Hegel causan horror: «Gegen dies sein absolutes Recht, Träger

nes *hicieron* historia; en los Pirineos comienza África.[19] Si España es el «África»,[20] como filósofo latinoamericano nos preguntábamos: ¿y nosotros, la periferia-colonial de la periférica España? Nos sentíamos como los no-humanos de Heráclito (más allá de los muros de Éfeso): la nada del no-ser.[21] Debo decir que en París, en 1962, comencé a reconstruir el «lugar» de América Latina en la historia mundial, para refutar a Hegel[22] —desde una sugerencia de Leopoldo Zea, el filósofo mexicano.

22.2. EL DIÁLOGO CON LA ÉTICA DEL DISCURSO
(LA «SEGUNDA GENERACIÓN» DE LA TEORÍA CRÍTICA)

Tuve el privilegio, y el gusto, de dialogar durante largos años con Karl-Otto Apel, desde aquel 25 de noviembre de 1989,[23] en que a dos semanas de la «caída del muro de Berlín», me atreví a criticar a Apel desde un Karl Marx repensado desde América Latina.[24]

Desde el inicio captamos la diferencia con la «primera generación» (la primera Escuela de Frankfurt, de la cual opino que J. Habermas fue su último miembro, y el segundo de la segunda —siendo Apel[25] el fundador de esta «segunda generación—). La «segunda generación» lanzó un puente entre la filosofía continental, europea, con la epistemología americana y la *linguistic turn*, que había costado asumir a la primera Escuela, ya que coexistió con el Círculo de Viena, pero no pudo construir categorías para poder comprender todo su significado (de allí el desencuentro entre Adorno y K. Popper,

---

der gegenwärtigen Entwicklungsstufe des Weltgeistes zu sein, sind die Geiste *der anderen Völker* rechtlos» (*Rechtsphilosophie*, § 347; Hegel, 1970, vol. 7, p. 506). Puede imaginarse un filósofo europeo lo que siente un latinoamericano ante tamaña «desmesura» (diría S. Kierkegaard).

[19] Esta visión de Pauw es adoptada por Hegel.

[20] Doble insulto que muestra un Hegel eurocéntrico y racista: África es la barbarie como tal; por lo tanto, si en los Pirineos termina Europa termina igualmente «el ser», más-allá está el «no-ser».

[21] «Figuras (*Gestalten*) que vagan *fuera (ausserhalb)* de su ámbito» (Marx, 1956, pp. 523-524). ¡Fantasmas!

[22] El tema lo expuse en mi primer curso universitario, de regreso de Europa en los sesenta: *Latinoamérica en la historia universal* (véase la obra en el internet, en la «Biblioteca virtual» de la Confederación Latinoamericana de Ciencias Sociales <www.clacso.org>, en «Obra filosófica de E. D», la primera en la lista).

[23] Los encuentros anuales han sido editados en alemán por Raúl Fornet-Betancourt en Augustinus Buchhandlung, Aachen, desde 1990. Como he indicado, apareció en castellano todo del debate en Trotta, Madrid, 2005, y en italiano (Apel, 1999).

[24] Ya había concluido mi trilogía: *La producción teórica de Marx. Comentarios a los Grundrisse* (Dussel, 1985); *Hacia un Marx desconocido. Un comentario a los Manuscritos de 1861-1863* (Dussel, 1988); *El último Marx* (Dussel, 1990).

[25] Apel explícitamente criticó oralmente estando con nosotros que hubiera una «segunda» Escuela de Frankfurt, por ello, como lo indica Helmut Dubiel, es mejor hablar de «generaciones» (Helmut, 2000).

por ejemplo). Apel echaba un puente entre Alemania y Estados Unidos.[26] J. Habermas, en crisis desde el 68, entendió el nuevo punto de arranque, y en su indicativo trabajo sobre: «¿Qué significa la Pragmática universal?» (Habermas, 1984: 353-440), abrió un panorama dentro del cual se encuentra todavía (es el «segundo Habermas»[27]).

Como latinoamericano, como filósofo de la liberación, que pretendía practicar una filosofía en sentido estricto, siempre bajo la presión de las escuelas analíticas y epistemológicas, que en nuestro medio reproducían el pensamiento anglosajón, la precisa y novedosa propuesta de Apel y Habermas nos parecieron de gran significación, utilidad. La indicación de una «comunidad de comunicación», a partir de la «comunidad indefinida» de Ch. Peirce (ya vislumbrada en la praxis de la comunidad educativa y dialógica de Paulo Freire, o en los movimientos populares o de las «comunidades de base» en América Latina), daba un cuadro teórico de gran importancia para nuestra filosofía crítica. De ahí que la superación del «paradigma solipsista de la conciencia» (que incluía inevitable e igualmente a la primera Escuela de Frankfurt) era un paso adelante de importancia. No se negaba el escepticismo ante la razón dominadora de la Modernidad (que era la posición de la primera Escuela), pero se afirmaba la universalidad de una razón discursiva que superaba la razón puramente analítica de la *linguistic turn* (en aquello de que el que habla *presupone ya siempre* una comunidad lingüística, y reconoce al otro argumentante como un participante simétrico, como una persona que es fin y no medio con igualdad de derechos, siguiendo la «lógica socialista» de Peirce —donde la ética es el presupuesto de la «comunidad científica»—). Es decir, se afirmaba el *a priori* de la ética con respecto al uso argumentativo de la razón, ante una tradición analítica que al final podía caer en un escepticismo ante la razón *como tal* (como en el caso de un R. Rorty). Es decir, la crítica de la razón instrumental desde Horkheimer podía derivar en un cierto irracionalismo.[28]

La «segunda generación», entonces, criticó a la primera por encontrarse todavía dentro de un paradigma solipsista-cognitivo a partir de la conciencia. Por el contrario, comenzar por la comunidad de comunicación y del lenguaje abría el nuevo ámbito de una pragmática, un horizonte intersubjetivo, ético y político, de las pretensiones de validez. Habermas escribe:

> El núcleo racional de estas operaciones miméticas [refiriéndose a la *Teoría estética* de Adorno] sólo podría quedar al descubierto si se abandona *el paradigma de la filosofía de la conciencia* [... y si] se lo sustituye por *el paradigma de la filosofía del lenguaje*, del

---

[26] Sobre todos sus artículos del tomo 2 de *Transformation der Philosophie* (Apel, 1973), que fueron escritos desde 1967 a 1971. El más programático fue ciertamente el último: «Das A priori der Kommunikationsgemeinschaft und die Grundlagen der Ethik» (vol. 2, pp. 358-435), y la «Introducción» (vol. 1, pp. 6-76). (Dussel, 1998, § 2.3.)

[27] Dussel, 1998, § 2.4.

[28] Claro que, por su parte, el intento apeliano de una fundamentación última trascendental de la racionalidad procedimental será criticado como un racionalismo extremo, un fundacionalismo, contra el que se levantarán los post-modernos.

acuerdo intersubjetivo o comunicación, y [si] el aspecto cognitivo-instrumental queda inserto en el concepto, más amplio, de *racionalidad comunicativa*.[29]

Esto era un logro importante que nos apresuramos a asumir (aunque con las limitaciones evidentes de diferentes puntos de partida). Sin embargo, ante la comunidad de comunicación o discursiva se captó rápidamente la necesidad de efectuar un desarrollo, dada la exigencia de mayor complejidad crítica del mundo «periférico» (que incluye además al «centro»), y esto en dos dimensiones. La primera, en la propia comunidad de comunicación, advirtiendo la necesidad de hacerse cargo de manera detallada de todo el tema de la «exclusión», es decir, de todos aquellos que son dejados en la *exterioridad* de dicha comunidad. Y, en segundo lugar, la necesidad de articular el nivel *formal* de la comunicación o discursividad con el nivel *material* de la reproducción de la vida de los miembros de la comunidad, recuperando así una «comunidad material» (tanto de Marx como de la primera Escuela de Frankfurt).

En cuanto al primer aspecto, era fácilmente comprensible. El «excluido» de la comunidad de comunicación (enfoque siempre primero en la Filosofía de la Liberación) planteaba una problemática que no era central para la Ética del Discurso, mientras que sí era esencial para una Ética de la Liberación. «El Otro» de E. Lévinas nos advertía sobre la negatividad invalidante del excluido de la comunidad. El bárbaro, el asiático, el esclavo, la mujer, etc. en el mundo helénico nos habla de la negación de la humanidad del excluido. La definición aristotélica debe leerse así: «Es humano el viviente que habita la ciudad [griega]», los otros no lo son plenamente. Cuando Parménides expresa: «El ser es [lo griego], el no-ser no es» [por ejemplo el bárbaro], formula la ontología cerrada de la dominación. En la totalidad de la comunidad en consenso puede aparecer interpelante alguien que reclame: «¡He sido excluido de la discusión!», o, en otro caso: «¡Tengo un argumento distinto que falsea el enunciado con pretensión de verdad aceptado por todos!». El excluido o el disidente emerge dentro de la totalidad del discurso como la alteridad. Como expresa correctamente A. Wellmer:

> La *pretensión de verdad* de los enunciados empíricos implica la referencia (*den Bezug*) de estos enunciados a una realidad que, hasta cierto punto, es independiente del lenguaje.[30]

> Las exigencias de racionalidad se refieren a los argumentos sin consideración a las personas, mientras que las obligaciones morales se refieren a las personas sin consideración a los argumentos.[31]

---

[29] «Aber an den mimetischen Leistungen läßt sich der vernünftige Kern erst freilegen, wenn man das Paradigma der Bewußtseinsphilosophie [...], zugunsten des Paradigmas der Sprachphilosophie, der intersubjektiven Verständigung oder Kommunikation aufgibt und den kognitiv-instrumentellen Teilaspekt einer umfassenderen *kommunikativen Rationalität* einordnet» (Habermas, 1981, p. 523).

[30] «Der Wahrheitsanspruch empirischer Aussagen enthält den Bezug dieser Aussagen auf eine —in enim gewissen Sinne— sprachunabhängige Realität» (Wellmer, 1986, p. 203).

[31] «Rationalität-Verflichtungen beziehen sich auf Argumente ohne Ansehen der Person; moralische Verpflichtungen beziehen sich auf Personen ohne Ansehen ihrer Argumente» (*ibid.*, p. 108).

Esto nos exigiría distinguir entre una «pretensión de verdad» (una cierta referencia a la realidad) y una «pretensión de validez» (una referencia moral intersubjetiva). El descubridor disidente (como Galileo que ha visto que Venus rota alrededor del sol) o el excluido político (la mujer que descubre que el «machismo» dominador le impide ser un ciudadano elector), quedan fuera del consenso vigente, e irrumpen con un enunciado que con una *nueva* «pretensión de verdad» se opone a la *antigua* «pretensión de validez» de la comunidad. El enunciado del descubridor *falsea* la verdad aceptada, e intenta *invalidar*[32] el consenso dominante; el enunciado práctico del excluido igualmente *falsea* la pretensión de justicia del sistema en el poder, y rompe el consenso legitimante. Produce lo que A. Gramsci llamaría el pasaje de un consenso *hegemónico* (aceptado por todos) a una situación de *dominación* (la coacción de la sociedad política contra los excluidos que han cobrado conciencia de su «verdad» —la injusticia del sistema— que pone en cuestión la «legitimidad» —la validez del sistema.[33]

La exclusión es esencial en el momento discursivo para la Filosofía de la Liberación, porque es desde «el Otro», en la Exterioridad, desde dónde surgen interpelantes las nuevas pretensiones de verdad. No es la fetichización de la disidencia *à la* Lyotard, sino, al contrario, la articulación del consenso (con pretensión de verdad y validez) que debe ser puesto en cuestión desde la novedad o disenso de una *nueva* pretensión de verdad, que luchando por su reconocimiento alterativo se opone a la pretensión de validez vigente hasta transformarla, a través de la falsación (de la verdad) e invalidación (de la validez), en una pretensión de verdad probada intersubjetivamente (es decir, con aceptada también pretensión de validez). Esto en política es fundamental, como proceso de deslegitimación de lo vigente y progresivo desarrollo de la *nueva* legitimidad.

En cuanto al segundo aspecto, la cuestión es más crucial todavía. Se trata de articular, sin última instancia y sin negación del otro campo, la comunidad de comunicación con la comunidad de reproducción de la corporalidad viviente del argumentante.[34] De alguna manera es la continuación del primer aspecto. El tema lo sugiere Horkheimer cuando escribe:

> La actual crisis de la razón consiste [en que...] ninguna realidad en particular puede aparecer *per se* como racional; *vaciada de su contenido*, todas las nociones fundamentales se han convertido en meros envoltorios *formales*. Al subjetivarse, la razón también se formaliza (Horkheimer, 1973: 19).

---

[32] «Falsar» es destruir la «pretensión de verdad» en referencia a la realidad de un enunciado (momento *material*); «invalidar» es negar la «pretensión de validez» intersubjetiva (momento *formal*). Esta distinción está en el fondo de los tres primeros capítulos de mi *Ética de la Liberación*.

[33] De la misma manera Galileo puede ser condenado por el cardenal Belarmino en 1616, y excluido de la comunidad científica, al menos en los Estados pontificios (por un cierto tiempo).

[34] Dicho sea de paso, el argumentante no vive para argumentar, sino que argumenta para vivir. El viviente tiene a la razón como su «astucia», y no es que la «astucia de la razón» tiene la vida como su mera condición.

Si todos los participantes simétricos de una comunidad de comunicación decidieran suicidarse, para mostrar por ejemplo su valentía en cuanto tal, su decisión no sería válida.[35] Se habrían cumplido las condiciones formales de la validez, pero su *contenido* (en su «no-verdad» diría Adorno) lo invalida. El *contenido* último, o el criterio de verdad, es la producción, reproducción y crecimiento de la vida humana en comunidad, en último término de toda la humanidad.[36] Éste es el principio de *orientación* de la argumentación (también es el criterio de la selección de los expertos en la discusión, y es criterio correctivo material ético en la discusión misma). Por otra parte, y en el caso límite, la víctima excluida tiene una *experiencia* del sistema, cuando es crítica, que le permite acceder desde su negatividad a la positividad, a la realidad que sufre en su corporalidad. La injusticia es vivida como dolor.

La comunidad de los productores, intersubjetividad de un conjunto de seres corporales vivientes, y por ello con «necesidad» (*Bedürfnis*) de comer, beber... exigía articularse con el momento de la comunicación. El «acto de habla» de la víctima, el Otro de Lévinas, que clama: «¡Yo te digo que tengo hambre!», es un «acto-de-habla» (*speech act*) que involucra no sólo la exigencia de participación discursiva como «interpelación» ético-lingüística, de un posible excluido de la comunidad de comunicación, sino igualmente la exigencia *material* del excluido de la comunidad de la reproducción de la vida. Descubríamos así la manera de un retorno a Marx desde la misma problemática de la «segunda generación». El «pobre» (de la Filosofía de la Liberación latinoamericana) era un excluido de la comunidad *material*[37] que nos remitía a la economía, y no sólo a la sociología. Observábamos que el abandono de la economía se había extendido en los filósofos críticos:

> En los países capitalistas avanzados, el nivel de vida [...] ha subido con todo tan lejos, que el interés por la emancipación de la sociedad ya no puede expresarse inmediatamente en términos económicos. La alineación ha perdido su forma económicamente evidente.[38]

Quizá esto sea válido, y habría hoy que discutirlo, para el «centro» (el «Grupo de los Siete», es decir, algo más del 15% de la humanidad[39]), pero como latinoamericano

---

[35] Véase el desarrollo de este argumento que Franz Hinkelammert presentó a K.-O. Apel en el encuentro de São Leopoldo (Brasil): «La ética del discurso y la ética de la responsabilidad: una posición crítica», (Hinkelammert, 1995, pp. 225-272).

[36] Véase mi artículo «La vida humana como criterio de verdad» (Dussel, 2001, pp. 103 ss.).

[37] «Material» como *contenido (Inhalt)* no como realidad física.

[38] «Ferner ist in den fortgeschrittenen kapitalistischen Ländern der Lebensstandard [...] so weit immerhin gestiegen, daß sich das Interesse an der Emanzipation der Gesellschaft nicht mehr unmittelbar in ökonomisch sinnfällige Gestalt des Elends eingebüßt», (Habermas, 1963, p. 228).

[39] Sumando los habitantes de los países del «centro» en comparación a los casi 5.300 millones de habitantes de la «periferia» postcolonial. Para el otro 85% esta formulación es falsa. Véanse las estadísticas anuales del PNUD-UNO en sus *Reports*. Son demasiado conocidas las cifras del *Human Development Report 1992* (Oxford University Press, New York, 1992, en su trastapa): el 20% más rico de la humanidad recibe el 82.7% de los bienes (*income*) del mundo; el 80% restante el 17.3% de dichos bienes; el 20%

nos escandalizó la parcialidad provinciana de este juicio filosófico. Es importante advertir que Habermas construye su discurso sobre Durheim, Mead, Weber, Parsons, sociólogos; pero no sobre Smith, Ricardo, Marx, Jevons, Marshall, Keynes o Hayek. ¿A qué se deberá la ceguera con respecto a la economía? ¿No se habrá perdido el sentido *material* de la reflexión filosófica? Y si no hay consideración de la *materialidad* de la existencia humana, de la negatividad del hambre como punto de partida (como lo hace Ernst Bloch o Horkheimer), entonces el sentido *crítico* (que para la primera Escuela era esa «negatividad *material*») real, histórico, se ha esfumado.

La «segunda generación», al perder el sentido *material*, y por ello *crítico negativo* (no en relación a una comunidad de comunicación discursiva, sino a comunidad de seres humanos corporales vivientes), cayó en un cierto *formalismo* moralista.[40]

Nuestra relectura de Marx nos permitía aclarar el tema de la Exterioridad-Totalidad en las comunidades formal-discursiva y material de producción. En los *Grundrisse*, Marx escribe sobre el «trabajo vivo» (*Lebendige Arbeit*), en cuanto indeterminado, es decir, sin haber sido sufrido la «subsunción» (*Subsumption*) del capital (la totalidad):

> El trabajo vivo [...] existente como abstracción [...], este despojamiento total, esta desnudez de toda objetividad, como existencia puramente subjetiva del trabajo. El trabajo como pobreza absoluta [...] Esta sólo puede ser una objetividad no separada de la persona, que coincide con su inmediata existencia como corporalidad.[41]

Esa subjetividad carnal desnuda es la *materialidad* como última instancia en el sentido de Marx (y de la primera Escuela de Frankfurt). En América Latina, en México, hay que ser ciego para no verla en cada calle de nuestra delegación de Iztapalapa. La filosofía enfrenta esa materialidad negativa inevitablemente. Cuando el excluido de la reproducción de la vida (porque, sin salario, muere de hambre el sujeto que vive en un mundo dónde sólo en el mercado, mediando dinero, puede comprar los satisfactores para sus necesidades), interpela lingüísticamente en la comunidad de comunicación gritando: «¡Yo te exijo que te responsabilices por mi hambre!», nos enfrentamos a un *speech-act* complejo que incluye el momento *material*, económico.[42]

---

más pobre, recibe sólo el 1.4%. La proporción entre el 20% más rico y el más pobre es de 1/60. En ninguna época de la historia de la especie *homo* ha habido tal tremenda desproporción en la distribución de los bienes. En el 2020 dicha proporción será aproximadamente de 1/120.

[40] Éste fue el tema que traté en mi artículo «Materielle, formale und kritische Ethik» (Dussel, 1998, pp. 39-67).

[41] «Die lebendige [Arbeit...] als Abstraktion [...]; diese völlige Entblößung, aller Objektivität bare, rein subjektive Existenz der Arbeit. Die Arbeit als die absolute Armut [...] kann diese Gengenständlichkeit nur eine nicht von der Person getrennte: nur eine mit ihrer unmittelbaren Leiblichkeit zusammenfallende sein» (Marx, 1974, p. 203). Véanse mis comentarios en la trilogía citada en nota 23.

[42] Véase mi artículo «The reason of the Other: *Interpellation* as speech-act» (Dussel, 1996, pp. 19., 48).

No era en realidad, meramente, un nivel económico, era toda la esfera *material*, que tiene su principio ético y político y sus instituciones históricas, sistémicas.

22.3. Temas para un diálogo posible con la «tercera generación»

Como resultado de nuestro aprendizaje en el estudio de las dos primeras generaciones de la Escuela, pudimos de pronto comenzar a internarnos en temas de gran pertinencia en América Latina y el mundo periférico post-colonial (más de las tres cuartas partes de la humanidad presente). Era evidente que si se aplicaba lo ganado articulando la distinción entre a) Totalidad/Exterioridad (o Sistema/Alteridad, Exclusión), b) lo Material (corporalidad intersubjetiva o comunitaria)/Formal (procedimental discursivo, normativo), desde c) la Positividad (dominante)/Negatividad (víctimas), se producen cruces de cadenas problemáticas o argumentativas que aportan algunas novedades no exploradas del discurso ético, y especialmente filosófico político.

22.3.a. La discursividad crítica de la comunidad de los oprimidos o excluidos

Si el problema de la validez, que en la política es la cuestión de la legitimidad,[43] se sitúa en una comunidad de excluidos, por ejemplo: en un grupo de indígenas mayas en Chiapas, en un grupo de mujeres en Kenya, entre los *black americans* en Estados Unidos, entre los vendedores ambulantes en toda la periferia poscolonial, en la clase obrera en la India o China, en los adultos mayores transformados en actores políticos en Argentina o México, en los campesinos empobrecidos por la competencia desleal por las ayudas vertidas a favor de los productores agrícolas en Alemania o Estados Unidos, entre los inmigrantes pobres desprotegidos, etc., resultan desarrollos filosóficos dramáticos.

En efecto, si es válido el acuerdo, el consenso que es resultado de un proceso discursivo donde los afectados han podido ser participantes que operan *simétricamente*, los excluidos, por definición, se han quedado *fuera* de tal proceso. Esto invalida el acuerdo al menos con respecto a esos no-participantes afectados. Pero si esos excluidos constituyen por su parte, que puede ser ilegal o ilegítima para el «Estado de dere-

---

[43] Véase Habermas, 1992. Esta obra, que sería «la política» de la «segunda generación», sólo llega a ser una excelente filosofía del derecho, del «Estado de derecho», y nada más. Muestra cómo el *formalismo* le impide desarrollar una política de la acción estratégica, de las instituciones materiales y del Estado, de los principios políticos materiales y de factibilidad (*feasibility*) (ya que sólo desarrolla el «Principio democrático»), y, sobre todo, una política *crítica*, desde la negatividad material de las víctimas. La «segunda generación» ha fracasado en la construcción de una política compleja con validez mundial. Es válida, parcialmente, para Europa occidental y Estados Unidos, donde la sobrevivencia del ciudadano está garantizada (por un sistema globalizado de extracción gigantesca de plusvalor de la periferia).

cho» vigente, una *comunidad* de comunicación y llegan a *nuevos* acuerdos, habiendo participado simétricamente entre ellos en un discurso, dicho consenso es ahora válido (al menos para ellos), y, además, *crítico* (en el sentido de la primera Escuela de Frankfurt) con respecto al consenso anterior, que ahora aparece como dominante. Hemos así llegado al momento de indicar la diferencia de la Filosofía de la Liberación desde un mundo postcolonial, periférico, en un mundo que desde el siglo XV comienza a globalizarse, con la «tercera generación» de la Teoría Crítica.

Ante la «primera generación», entonces, de la Teoría Crítica debemos recuperar

a) la *materialidad* (corporal, afectiva, ecológica, económica y cultural), y
b) la *negatividad,* ya que la *crítica* parte de dicha materialidad negativa.

Ante la «segunda generación», debemos subsumir

c) la *discursividad*, que implantada en
d) la *intersubjetividad comunitaria* nos permite una más adecuada y compleja comprensión de la realidad social, desde el *consenso* que legitima el orden vigente.

Pero, *más allá* (*jenseits*) de la «primera» y «segunda generación» afirmamos primeramente:

e) la *exterioridad (Exteriorität)*, categoría definida con mayor claridad conceptual que Horkheimer, Adorno o Marcuse por E. Lévinas (y no adecuadamente comprendida por J. Derrida y considerada por A. Honneth como «teológica» —no llegando a comprender la narrativa *semita* que permite una hermenéutica *filosófica* no habitual en la filosofía moderna occidental—), que permite situar mejor a las víctimas, que son sujetos sufrientes *invisibles* para el sistema vigente, y
f) la *discursividad crítica* (y *crítica* en un sentido más radical que la «primera» y «segunda generación», por ser *comunitaria* —ante la «primera generación»— y *material* —ante la «segunda»—) que surge desde el *consenso* de la comunidad de los oprimidos (de las mujeres, las razas no blancas, los marginales, los adultos de la tercera edad, los niños, las naciones poscoloniales, y las clases obrera, campesina, las culturas subalternas indígenas, etc.). Ese *consenso comunitario material negativo en la exterioridad* es el punto de partida *crítico, más allá de lo sospechado por las tres generaciones de la Teoría Crítica.*

En efecto, esto se encuentra aún *más allá* también de la «tercera generación», porque la exterioridad material de las víctimas la Filosofía de la Liberación la situó desde la década de los setenta *en la globalidad del mundo metropolitano/postcolonial,* centro/periferia, machismo/feminismo, etc., que supera el *eurocentrismo escéptico* de la «tercera generación» —que siguiendo a Adorno, creo no entendió que la «no-verdad»

(*Unwahrheit*) es con respecto a todos esos polos de dominación, también *mundial* (la «no-verdad» del colonialismo eurocéntrico)—. Europa tiene mucho que pedir perdón al mundo poscolonial, ante de criticar al imperialismo norteamericano —como lo ha indicado a J. Habermas, Iris Marion Young de Chicago.

Es decir, 1) a la «primera generación» le criticaremos su modelo solipsista de la conciencia (criticado por Apel y Habermas). 2) A la «segunda» la pérdida de la materialidad (y con ello la «criticidad» en el sentido fuerte). 3) A la «tercera» el permanecer en el tradicional eurocentrismo, sin poder ponerse junto a los actores colectivos de los *Nuevos* Movimientos Sociales en el horizonte global, mundial, ante el Imperio de turno. La «crítica» ha quedado atrapada en una mera critica de la razón, del eros, y de muchos otros aspectos (ciertamente importantes), pero que no son los que acucian más violentamente al 85% de la humanidad del Sur: la lucha por la construcción efectiva de un nuevo orden mundial, postcolonial, postcapitalista, transmoderno.[44]

Ahora estamos en condiciones de comprender la intuición de A. Gramsci (aunque deba ser igualmente desarrollada, porque tenía las limitaciones propias del paradigma solipsista de la conciencia, más un cierto materialismo estándar). Escribe el gran pensador italiano:

> Si la clase dominante (*dominante*) ha perdido el consenso (*consenso*), no es más dirigente, es únicamente *dominante*, detenta la pura fuerza coercitiva (*forza coercitiva*), lo que indica que las grandes masas se han alejado de la ideología tradicional, *no creyendo ya* en lo que antes creían.[45]

Para Gramsci una clase es dirigente cuando ejerce el *consenso de las mayorías* (es *hegemónica*: indicado arriba con las letras *c-d*) —hasta aquí lo sigue Ernesto Laclau—, pero si pierde dicho consenso por el surgimiento de un *consenso crítico* de sectores hasta ese momento obedientes o excluidos (indicado más arriba en el nivel *f*), deberá recurrir a la pura coerción, pasando así de una situación de *hegemonía* a una de *dominación* —aquí ya no lo sigue Laclau—. El *antiguo* consenso es *ahora* descubierto como injusto, y se transforma (cuestión que no puede analizar J. Habermas) en consenso *dominante*, perdiendo legitimidad. El *consenso anti-hegemónico crítico* (descubierto filosóficamente por la Filosofía de la Liberación después de subsumir las cruciales distinciones de Apel y Habermas, pero desde la Exterioridad de E. Lévinas y la reinterpretación de K. Marx) comienza un *proceso de legitimación creciente*. La sufragista femenina *ilegal* e *ilegítima* para el consenso positivo hegemónico, perseguida en el «Estado de derecho» machista, comienza a hacer valer la lenta y creciente *legitimidad* de un *nuevo derecho* nacido en la exterioridad del derecho dominante. Es la lucha por el reconocimiento, pero no por la igualdad, sino por la Di-ferencia, por la exigencia

---

[44] Sobre «trans-modernidad» en mi artículo «World-system and Trans-modernity» (Dussel, 2002, pp. 221-244).

[45] *Quaderni* 3, § 34 (Gramsci, 1975, p. 311).

del respeto a la Alteridad de la víctima (levinasiana, vislumbrada en sus últimas obras por Axel Honneth[46]). Es la lucha por la afirmación del Otro *como otro*, no *como lo mismo*. No es la «incorporación» del excluido al orden jurídico vigente, sino la «transformación» analógica (analéctica) del orden jurídico, en el que los *nuevos* participantes cambian diacrónicamente las determinaciones funcionales de todos los antiguos participantes, constituyendo un *nuevo* y *alterativo* «Estado de derecho». No es una mera subsunción de la exterioridad, sino una orgánica transformación del orden jurídico (explicándose así el sentido de la evolución histórica del derecho).[47]

Pero, y esto es lo esencial, a partir del *consenso crítico de los excluidos* comienza toda una filosofía, no sólo «la lucha por el reconocimiento» (esto es sólo el punto de partida), sino de *la lucha como praxis de liberación* (Marx y Horkheimer apreciaban hablar de la *Befreiungspraxis*) en la que poco o nada ha analizado la «tercera generación».[48]

Esto debe integrar no sólo la exclusión discursiva, *formal*, sino también la exclusión *material* (ecológica, económica, cultural): el *pauper* de Marx. Es decir, se hace cargo primeramente de los efectos negativos, frecuentemente no-intencionales (*unintentional* diría A. Smith), de los campos materiales de la existencia humana. Cuando los obreros organizaron *trade unions* en el siglo XIX, partían de la corporalidad sufriente del trabajador en la creación de plusvalor no retribuido en el salario. Cuando los esclavos se rebelaron contra sus señores creaban consenso desde el sufrimiento de su piel negra. Cuando los ancianos son recluidos en asilos como seres «desechables» por el mercado capitalista, se levanta la «revolución blanca» (por la blancura de sus canas) exigiendo el cumplimiento de *nuevos* derechos, cuya legitimidad nace en la propia comunidad de comunicación de los excluidos —contra la legitimidad exclu-

---

[46] Opino que en su obra *Kampf um Anerkennung. Zur moralischen Grammatik sozialer Konflikte* (Honneth, 1992), se habla de un «reconocimiento» por alcanzar la «igualdad», pero no un «reconocimiento» (*An-erkennung* en mi *Ética de la Liberación*) por el Otro *como otro* en el sentido de la alteridad o exterioridad de E. Lévinas. Pero en su obra *Das Andere der Gerechtigkeit* (Honneth, 2000, pp. 133-170), comienza a plantear el problema de «el Otro», en diálogo con J. Derrida. No se ve cómo desarrollar una ética y una política desde la «Exterioridad» (*Exteriorität*), desde la Diferencia (*Distinción* le llamamos al comienzo), guardando siempre el principio de universalidad. El «*Verantwortung für den anderen*» (*ibid.*, p. 149) no logra lanzar el proceso dialéctico del «pasaje» de una Totalidad a otra futura, posible, con todo lo que significa la contradicción entre la «justicia» de la Totalidad *vigente*, puesta en cuestión por «el Otro», y hacia la «justicia *futura*» todavía inexistente al «servicio» (*Fürsorge*, *diakonía* en griego, *habodáh* en hebreo) del Otro. Éste es el problema central planteado en el volumen 2 de mi obra *Para una ética de la liberación latinoamericana* (Dussel, 1973).

[47] Véase mi trabajo: «La transformación del sistema del derecho» (Dussel, 2001, pp. 159-170).

[48] Debo indicar que los cinco volúmenes de mi *Ética* de los setenta se ocupaba exclusivamente de todo lo que acontece *después* de que la comunidad de las víctimas cobra *consenso crítico* y comienza, organizadamente, esa «lucha de liberación», es decir, la *deconstrucción* del orden antiguo y la *construcción efectiva* de un orden *nuevo*, la *nueva* Totalidad imposible de ser *construida* por E. Lévinas, por su temor a toda Totalidad, y además porque no deseaba «manchar sus manos» (en el sentido de Sartre) en la ambigüedad de la construcción de la dicha *segunda* Totalidad.

yente del consenso dominador del capitalismo vigente—. La *exterioridad* de su subjetividad (en la economía la «corporalidad del trabajo vivo» en Marx, *anterior* a la subsunción en el capital) es el punto de partida.

En el mismo orden de cosas se encuentra, por ejemplo, la actual situación chocante pero no por ello menos real de una guerra por el petróleo. En Irak, fruto de la sabiduría popular, *el consenso crítico de los oprimidos*, expresa un dicho que corre de boca en boca: «¡La serpiente grande expulsó la serpiente chica!». Hussein era la chica, la invasión norteamericana es la grande. El *acuerdo discursivo* de la población, en la exterioridad de la cultura occidental y cristiana, sobre esta situación crea la legitimidad de las acciones de los patriotas que defienden el territorio de la comunidad política invadida. Para la *positividad* del consenso *vigente* norteamericano, los que luchan contra las fuerzas aliadas son «terroristas» —juicio consensual desde la legitimidad dominante, de las burocracias políticas y la *mediocracia* del «centro» y de la periferia domesticada—. Para los patriotas sunitas o shiitas —desde el consenso del *bloque social de los oprimidos* (el *popolo* para Gramsci)—, gracias al *nuevo consenso crítico*, es legítimo luchar contra los invasores. Este argumento lo usó G. Washington para emanciparse en el siglo XVIII contra los ingleses, Miguel Hidalgo contra los españoles al comienzo del siglo XIX, la Resistencia francesa en el siglo XX contra la invasión nazi. Se enfrentan así *dos consensos* y *dos legitimidades* contradictorias. ¿Cuál es la respuesta al aparente dilema desde una política material y discursiva *crítica*? ¿Son los dos actos militares (el del invasor neocolonial o por petróleo, y el del que defiende su comunidad política, su patria) políticamente legítimos y normativamente simétricos? ¿Son ambos perversos desde una posición pacifista o no-violenta?[49] Creo que con lo explicado anteriormente la respuesta es obvia.

22.3.b. La cuestión de «lo social»: los campos materiales se cruzan con lo político

En la periferia post-colonial, y muy especialmente en América Latina, la pobreza de las grandes masas es el resultado de una política neoliberal salvaje durante los tres últimos decenios, pero especialmente después del derrumbe del socialismo real en 1989. Si «lo social» —como Hannah Arendt intenta proponer— debiera excluirse del campo político, lo político dejaría absolutamente de tener sentido en el Sur. Es necesario saber integrar «lo social» a «lo político».

---

[49] Como he vivido en Israel durante años, y he escrito varios trabajos sobre la tradición semita, y me inspiro en ella, podría arriesgarme a exponer todavía un ejemplo más polémico: ¿Son los palestinos, que defienden su pequeño territorio constituido como un gueto (por los inmensos muros que lo encierran como en una prisión) por el sionismo antisemita de A. Sharon, un grupo de terroristas?, o ¿son patriotas que defienden su comunidad que enfrenta el genocidio del vaciar un espacio según la teoría de la *Lebensraum*? Ante esta cuestión Michael Walzer, por ejemplo, no sabe qué decir; sus argumentos se desordenan. Véase mi artículo incluido en esta colección sobre «Lo político en Lévinas» (Dussel, 2004).

Esquema 1
Lo «social», lo «civil» y lo «político»

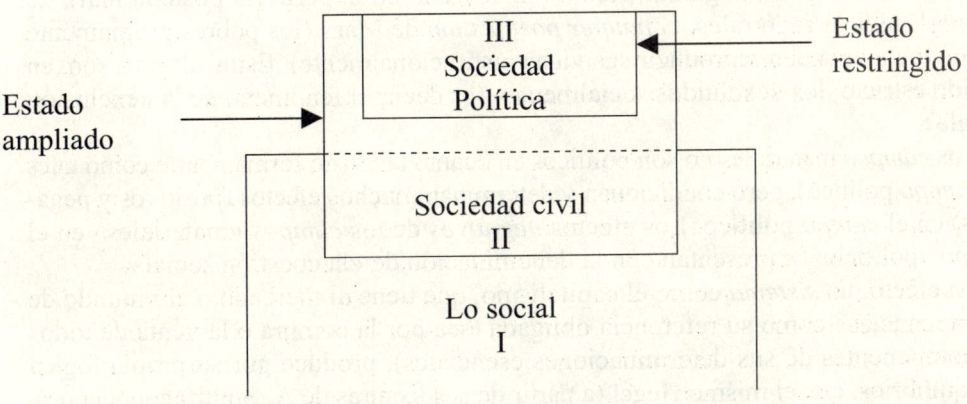

En un texto por demás desafortunado, pero que muestra sus limitaciones, Hannah Arendt arremete contra el fundamento *material* de la política:

> Tras las apariencias existía una realidad y esta realidad era *biológica* y no *histórica*[50] [...] La necesidad imperiosa que se nos hace patente en la introspección es el proceso *vital* que anima nuestros cuerpos [... Esta] realidad [...] es lo que, desde el siglo XVIII, hemos convenido en llamar la *cuestión social*, es decir, lo que, de modo más llano y exacto, podríamos llamar el hecho de la pobreza [...] Bajo esta necesidad, la multitud se lanzó en apoyo de la Revolución francesa, la inspiró, la llevó adelante y, llegado el día, firmó su sentencia de muerte [...] Cuando estos se presentaron en la *escena de la política*, la necesidad se presentó con ellos y el resultado fue que el poder del antiguo régimen perdió su fuerza y la nueva república nació sin vida; *hubo que sacrificar la libertad* [...] *a las urgencias del propio proceso vital* [...] Se habían abandonado [...] los fundamentos de la libertad a los derechos de los *Sans-Culottes*.[51]

Arendt, y muchos otros, oponen excluyéndolos el momento *material* de la política a los momentos *formales*, de la comunicación en la esfera pública, de la legitimidad, de las exigencias procedimentales, del Estado del derecho. «Lo social» consistiría en un *ámbito*[52] del *campo* político donde se entrecruzan (*overlapping*) los requerimientos de los *campos* materiales. Así el *campo* económico establece en el *sistema*[53] capitalista

---

[50] Aquí puede verse una lamentable confusión, ya que la constitución «biológica» en el *ser humano* es inevitablemente *histórica, cultural, política*.

[51] Arendt, 1965, pp. 59-60.

[52] El «ámbito» es un espacio de articulación de muchos «campos *materiales*» (por ejemplo, ecológico, económico, cultural, etc.) relacionados con la «vida humana» (como lo intuye de manera no analítica Arendt, bajo el rublo ambiguo de «biología»).

[53] El «campo» es más amplio (en el sentido existencial de *Welt* heideggeriano, o sociológico de *champ* de un Pierre Bourdieu). Un «campo» puede tener varios «sistemas» (aproximadamente este último en el sentido de un N. Luhmann).

una clara diferenciación entre los propietarios del capital (con mayores bienes: ricos) y los asalariados (con menores bienes: clase obrera) y una población creciente, en este momento histórico de la globalización (en especial en la periferia postcolonial), de desempleados estructurales, el *pauper post festum* de Marx (los pobres propiamente dicho, que no pueden reproducir sus vidas institucionalmente). Estos últimos son, en sentido estricto, los «excluidos socialmente» (es decir, el fenómeno de la «exclusión social»).

Los *campos* materiales no son políticos en cuanto tales (no forman parte como tales del *campo* político), pero condicionan y determinan muchos efectos (positivos y negativos) en el *campo* político. Los efectos *negativos* de los *campos* «materiales» en el *campo* «político» se presentan con la denominación de «la cuestión social».

En efecto, un *sistema* como el capitalismo, que tiene al mercado o al «mundo de las mercancías» como su referencia obligada (sea por la compra o la venta de todos los componentes de sus determinaciones esenciales), produce por su propia lógica desequilibrios, que el mismo Hegel (a partir de sus lecturas de A. Smith) conocía perfectamente.[54] Es responsabilidad de la política una cierta intervención para corregir esas desigualdades. El hecho de que existan secretarías o ministerios de hacienda, de economía, de trabajo, de ecología, de educación o cultura, etc., muestra que inevitablemente la política (en el nivel de sus instituciones) opera como un factor que conduce la vida de la comunidad a soluciones más equilibradas en el nivel *material*.

Y, por ejemplo, los grupos excluidos en lo social, las masas empobrecidas, las mujeres en un sistema patriarcal, los no-blancos en el racismo blanco, los desempleados, etc. (efectos *negativos* de los *campos* materiales), cuando toman conciencia crítica (en el sentido descrito de «consenso discursivo de los nuevos derechos») de simple miembros o sujetos pasivos de la opresión o exclusión social, pasan a ser *actores*. Nacen así los *movimientos sociales*, que originariamente y como tales no son políticos (pueden ser sindicatos, agrupaciones de ayuda, asociaciones civiles, etc.). Cuando el *movimiento social* (constituido por miembros-víctimas de los *campos* materiales) traspasa o cruza el umbral del mero *ámbito* social y penetra el *campo* político propiamente dicho, es decir, el asalariado se presenta como ciudadano miembro de una comunidad política, adquieren las reivindicaciones *sociales* un carácter de exigencias *civiles*. Se ha pasado a una *esfera* del *campo* político que podemos denominar la «sociedad civil».[55]

---

[54] Léanse ciertos parágrafos de la *Rechtsphilosophie*, §§ 242-248. Lo interesante, y no advertido frecuentemente por los comentadores, es que Hegel soluciona la existencia de «las grandes masas» de pobres en las metrópolis europeas enviándolas a las colonias. ¿A dónde habríamos de enviar nosotros hoy, mundo periférico postcolonial sin colonias, a nuestros pobres? Los enviamos como ilegales a los países del Norte o a los cementerios; o habría que transformar radicalmente el sistema globalizado.

[55] a) La *Sociedad civil* (II del *esquema* 1) es la micro-institucionalidad u organización *particular* operando *implícitamente* en tanto política (es decir, en cuanto civil y parcial). No involucra al Estado como totalidad, sino a la *parte* de la comunidad política que, en cuanto específica en su intereses, depende de los grupos particulares de la propia sociedad civil o de los movimientos sociales manifestados en

ESQUEMA 2
LOS DIVERSOS «SUJETOS» Y «ACTORES» DEL «ÁMBITO SOCIAL», DE LA «SOCIEDAD CIVIL» Y DE LA «SOCIEDAD POLÍTICA»

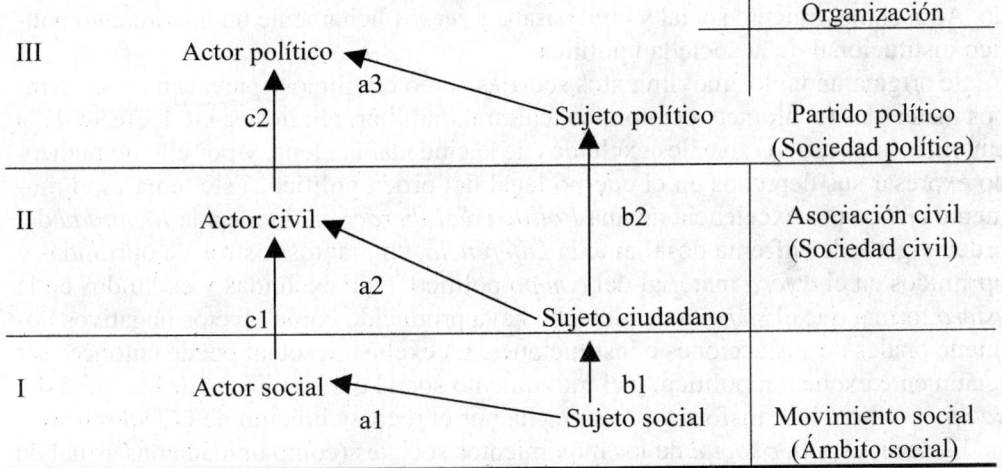

Aclaración al esquema 2: flechas *a*: transformación del sujeto pasivo en actor (gracias a la toma de conciencia por «consenso crítico» desde la exclusión; flechas *b* y *c*: relación de fundamentación (de I a II y III) y de subsunción (de III a II y I).[56]

su sub-campo. El ciudadano es miembro natural tanto de la sociedad civil como de la sociedad política, pero puede ser siempre directamente actor en cuanto actualmente participante en las organizaciones de la sociedad civil. En la sociedad política se hace presente por sus representantes. b) La *sociedad política* (III) es la macro-institucionalidad *global* operando *explícitamente* en la esfera pública y en cuanto tal (es decir, en cuanto política y global). Sus acciones involucran al Estado como totalidad. Los actores principales son los representantes que constituyen el gobierno. Todo ciudadano representado es siempre miembro pleno, permanente y última instancia del Estado en cuanto sociedad política, al menos potencial o virtualmente. Puede dar actualidad a su actoría o agencia en dicho Estado, por ejemplo, en toda convocatoria a un plebiscito para modificar decisiones o revocar un gobierno, y normalmente en el momento de la elección de los representantes, y en muchas otras instituciones (lo que denominaremos siguiendo las intuiciones de la Constitución Bolivariana de Venezuela de 1999: «Poder ciudadano», organización de distritos, cabildos abiertos, asambleas populares, etc.) que hay que crear para complementar como democracia participativa a la democracia representativa, donde hay que transformar a la dicha representación en un momento *más transparente* e *inmediato*.

[56] El «sujeto social» *funda* materialmente al «sujeto civil», pero ése *subsume* formal o políticamente a aquél. La reivindicación social da la base a las exigencias de la organización civil (le da el contenido), pero lo asociación civil es más compleja que el movimiento social (lo subsume), porque conserva su reivindicación pero la transmuta en *política*, en un «Estado de derecho».

Pero todavía es posible traspasar un segundo umbral (indicado por las flechas *b2* y *c2*). El pasaje de la «sociedad civil» (*II*) a la «sociedad política» (*III*), y constituirse de una asociación civil de sufragistas británicas en el siglo XIX, en parte del *Labour Party*, intentando tener una presencia femenina efectiva en las instituciones del Estado. Aquí el movimiento social y civil pasaba a ser explícitamente un movimiento político institucional de la sociedad política.

Se originarán tantos movimientos sociales como conflictos aparezcan en los campos materiales (ecológico, económico, cultural, familiar, religiosos, etc.), efecto de la emergencia de grupos sociales excluidos de la ciudadanía plena, y por ello no pudiendo expresar sus derechos en el cuerpo legal del orden político. Este tema es el momento *crítico* por excelencia de una *Política de Liberación*, donde a la *Identidad* del orden vigente le enfrenta desafiante la *Diferencia*, con tantos rostros de oprimidas y oprimidos en el *esfera* material del *campo* político, o de excluidas y excluidos en la *esfera* formal que el *sistema* del derecho haya producido como efectos negativos no-intencionales de sus acciones e instituciones. La exclusión social puede entonces ser igualmente exclusión política, y el movimiento social que comienza desde fuera del *campo* político, lo transforma por su lucha por el reconocimiento de la *Diferencia*.

Es decir, el *poder social* de los movimientos sociales (como unidad consensual de las voluntades del grupo excluido en el *ámbito* social, que va creando nueva legitimidad) lucha para devenir *poder político* (como unidad consensual de las voluntades de ciudadanos miembros del *campo* político) de asociaciones civiles que pueden llegar a institucionalizar políticamente sus reivindicaciones.[57]

22.3.c. Algo sobre la organización política: la acción estratégica

De la misma manera, una cierta falta de realismo con respecto a las instituciones del Estado, lleva a una falta de sentido crítico en la estrategia política. No se trataría de una «política de organización» dicen, sino de una «política de acontecimientos». Falto de una referencia institucional estratégica, como el Estado (que sin embargo se debe siempre transformar), las mediaciones estratégicas se tornan insignificantes. Para A. Negri, al final, la multitud global ante el espectro del Imperio (para él sin ejército y sin exterioridad) puede contar con algunos intentos de organizaciones tales como las ONG. Bien poco podrá acumular de *potencia* esa multitud pasto de la *mediocracia* (como la llama Giorgio Agamben, que conoce el poder político del magnate de los medio de comunicación como Berlusconi), que fabrica infaliblemente la *interpretación* de toda acción o institución política. Es sabido que la interpretación del acontecimiento es la que puede crear la conciencia de las multitudes: la opinión pública manipulada. Dicha «fabricación de sentido» distorsiona completamente los acontecimientos mismos. Al final, lo que acontezca en Seattle, Génova o Cancún es lo que la medio-

---

[57] El tema lo expongo analíticamente con extensión en una obra en preparación: *Política de Liberación*.

cracia nos presente en la información invertida. Los medios no argumentan, presentan videos, imágenes, los machacan, los repiten, crean una unanimidad imaginaria, fetichizada, con un completo control sobre el *sentido de lo político*. ¿Se puede en ese caso esperar de manera políticamente pasiva la maduración de una *política de acontecimientos*?

Pareciera que la razón y la voluntad política de las masas oprimidas, de los Estados particulares post-coloniales, de los marginales, empobrecidos, de los pueblos originarios de todos los continentes, de los excluidos y «condenados de la tierra», exigen también mediaciones institucionalizadas, que hay que ir creándolas, las imprevisibles o las ya conocidas, o las transformables, para que una estrategia empírica pueda ir abriéndose camino.

Cuando el Foro Social Mundial de Porto Alegre expresa: «¡Otro mundo es posible!» —el postulado práctico de todos los postulados— abre *nuevos* horizontes donde se pueda inventar lentamente, sin presupuestos sabidos, humildes antes las experiencias de la base unida por redes globales (*from bellow*), organizaciones políticas en todos los niveles, desde los campos económico, familiar, de vecinos, deportivo, artístico, cultural, teórico, etc.; *nuevos* movimientos sociales cuyos participantes saben también transformarse en *actores políticos* en diferentes instituciones no sólo de la Sociedad Civil sino igualmente de la Sociedad Política (del Estado). Los partidos políticos *críticos*, que deberán transformarse tanto cuanto la realidad exija, deberían jugar de todas maneras una función más activa, no como vanguardia, sino como escuela de política, a la retaguardia de las masas populares, como institución crítica del ejercicio del poder, elaborando alternativas, como lugar de discusión de postulados, proyectos, modelos, fines, estrategias, tácticas, medios... para que la reproducción y desarrollo de la vida de la comunidad política sea posible, para que su participación democrática, simétrica, autorizada sea posible, dentro de un realismo de la factibilidad que se sitúa entre la imposibilidad del anarquista (de lo que es empíricamente imposible) y la imposibilidad del conservador (de lo que es empíricamente todavía críticamente posible). La esperanza, más allá del pesimismo conservador, y más acá del optimismo del anarquista, es movilizadora cuando ejerce un poder factible que transforma las estructuras vigentes desde un postulado que es necesario llenar de contenido: «¡Un mundo donde quepan todos los mundos!», como proclaman los zapatistas.

Bibliografía citada

ABU-LUGHOD, Janet (1989): *Before European Hegemony. The World System A. D. 1250-1350*, Oxford University Press, New York.
ACOSTA, José de (1954): *Obras del P. José de Acosta*, Biblioteca de Autores Españoles, Madrid.
ADORNO, Th. W. (1966): *Negative Dialektik*, Suhrkamp, Frankfurt.
AEGIDIUS ROMANUS (1929): *De eclesiastica potestate*, Richard Scholz (ed.), Weimar.
ALCOFF, Linda y MENDIETA, Eduardo (eds.) (2000): *Thinking from the Underside of History. Enrique Dussel's Philosophy of Liberation*, Rowman and Littlefield Publishers, Lanham/New York.
AL-YABRI, Mahomed Abed (2001): *Crítica de la razón árabe*, Icaria, Barcelona.
— (2001b): *El legado filosófico árabe. Alfarabi, Avicena, Avempace, Averroes, Abenjaldún. Lecturas contemporáneas*, Trotta, Madrid.
ALEGRE, Francisco Xavier (1956): *Historia de la provincia de la Compañía de Jesús de Nueva España*, nueva edición por E. J. Burrus y Félix Zubillaga, Institutum Historiorum, Roma.
AMIN, Samir (1970): *L'accumulation à l'échelle mondiale*, Anthropos, Paris.
— (1974): *El desarrollo desigual. Ensayo sobre las formaciones sociales del capitalismo periférico*, Fontanella, Barcelona.
APEL, Karl-Otto (1973): *Transformation der Philosophie*, Suhrkamp, Frankfurt, t. I-II.
— (1993): «Diskursethik als Verantwortungsethik», en R. Fornet-Betancourt (ed.), *Ethik und Befreiung*, Augustinus Buchandlung, Aachen.
— (1998): «Aufloesung der Diskursethik? Zur Architektonik der Diskursdifferenzierung in Habermas' *Faktizitaet und Geltung*», en *Auseindersetzungen*, Suhrkamp, Frankfurt.
APEL, K.-O. y DUSSEL, E. (2005): *Ética del Discurso y la Ética de la Liberación*, Trotta, Madrid (trad. ital.: *Ética della comunicazione ed ética della liberazione*, Editoriales Scientifica, Napoli, 1999).
ARDILES, Osvaldo (1975): «Ethos, cultura y liberación», en obra colectiva *Cultura popular y filosofía de la liberación*, García Cambeiro, Buenos Aires.
ARENDT, Hannah (1965): *On Revolution*, Penguin Books, London (trad. esp.: *Sobre la revolución*, Alianza, Madrid, 1988).
— (1974): *Los orígenes del totalitarismo*, Taurus, Madrid.
ARICÓ, José (1989): *Mariátegui y los orígenes del marxismo latinoamericano*, 60 Cuadernos de Pasado y Presente, Siglo XXI, México D.F.
ASSMANN, Hugo (1974): *Karl Marx-Engels, Sobre la religión*, Sígueme, Salamanca.

BARY, William Th. de (1970): *Self and Society in Ming Thought*, Columbia University Press, New York.
— (1999): *Sources of Chinese Tradition from earliest times to 1600*, vol. 1, Columbia University Press, New York,
ALBERDI, Juan Bautista (1986): *Ideas en torno de Latinoamérica*, UNAM-UDUAL, México D.F.
BARBER, Michael (1998): *Ethical Hermeneutics: Rationality in Enrique Dussel's Philosophy of Liberation*, Fordham University Press, New York.
BAUMGARTEN, Bayardo Arce (1980): «El difícil terreno de la lucha: el ideológico», en *Nicaráuac*, 1.
BENHABIB, Seyla (1986): *Critique, Norm, and Utopia. A Study of the Foundations of Critical Theory*, Columbia University Press, New York.
— (1996): *The Reluctant Modernism of Hannah Arendt*, Sage Publications, London.
BENHABIB, Seyla; BONß, W. ; y MCCOLE, J. (1993): *On Horkheimer. New Perspectives*, MIT Press, Cambridge (Mass.).
BENTHAM, Jeremy (1948): *A Fragment on Gobernment*, Preface, Basil Blackwell, Oxford.
BERNAL, Martin (1987): *Black Athena. The Afroasiatic Roots of Classical Civilization*, Rutgers University Press, New Brunsbwick, t. I.
BERTAUX, Pierre (1972): *África. Desde la prehistoria hasta los Estados actuales*, Siglo XXI, Madrid.
BERTRAM, B. C. R. (1988): «Problems with Altruism», en King's College Sociobiology Group (ed.), *Current Problems in Sociobiology*, University of California Press, Berkeley.
BHABHA, Homi (1994): *The Location of Culture*, Routledge, London.
BLACKBURN, Robin (1999): *The Making of New World Slavery. From the Baroque to the Modern 1492-1800*, Verso, London.
BLAUT, J. M., (ed.) (1992): *1492. The Debate on Colonialism, Eurocentrism and History*, Africa World Press, Trenton (NJ).
BLOCH, E. (1959): *Das Prinzip Hoffnung,* Suhrkamp, Frankfurt, I-III; (trad. cast.: *El principio esperanza,* Aguilar, Madrid, 1.ª ed. 1977; 3.ª ed. 1980)
BLOOM, Floyd y LAZERSON, Arlyne (1988): *Brain, Mind, and Behavior*, W. H. Freemann and Company, New York.
BORGE, Tomás (1981): «La cultura del pueblo», en *Habla la dirección de la vanguardia*, Managua, Departamento de Propaganda del FSLN.
BOSI, Ecléa (1977): *Cultura de massa e cultura popular*, Vozes, Petrópolis.
BOTELLA (1998): *El pensamiento político en sus textos. De platón a Marx*, Juan Botella, Carlos Cañeque y Eduardo Gonzalo (eds.), Tecnos, Madrid.
BOURDIEU, P. (1984): «Champ», en *Questions de Sociologie*, Minuit, Paris.
— (1989): *Ontologie politique de Martin Heidegger*, Minuit, Paris.
— (1992): *Les Régles de l'Art. Genèse et Structure du Champ Littéraire*, Minuit, Paris.
— (2002): *La distinción. Criterio y bases sociales del gusto*, Taurus, México D.F.
BRAUDEL, F. (1946): «Monnaies et civilisation: de l'or du Soudan à l'argent d'Amérique», en *Annales ESC*, t. I/1.

BRENNER, Rober (1983): «Das Weltsystem. Theoretische und Historische Perspektiven», en J. Blaschke (ed.), *Perspektiven des Weltsystems*, Campus Verlag, Frankfurt.
BUNGE, Mario (1988): *The Mind-Body Problem*, Pergamon Press, New York.
CABRAL, Amílcar (1981): *Cultura y liberación nacional*, Cuicuilco, México D.F.
CALVEZ, Jean-Ives (1956): *La pensé de Karl Marx [El pensamiento de Carlos Marx]*, Seuil, Paris.
CANOVAN, Margaret (1992): *Hannah Arendt. A reinterpretation of her Political Thought*, Cambridge University Press, Cambridge (UK).
CARDENAL, Ernesto (1980): «Cultura revolucionaria, popular, nacional, anti-imperialista», en *Nicaráuac* (Managua), 1.
CARDOSO (1979): *Historia económica de América Latina*, Ciro F. S. Cardoso y Héctor Brignoli (eds.), Crítica, Barcelona, t. I-II.
CASAS, Bartolomé (Véase Las Casas, B. de.)
CASTELLS, Manuel (2000): *La era de la información*, vols. 1-3, Siglo XXI, México D.F.
CASTORIADIS, Cornelius (1975): *L'institution imaginaire de la société*, Seuil, Paris.
CASTRO, Fidel (1975): *La revolución cubana (1953-1962)*, Era, México D.F.
CAVO, Andrés (1852): *Los tres siglos de Méjico durante el gobierno español*, J. R. Navarro, México D.F., vols. 1-2.
CAYETANO, Thomas de Vio.
CHAUNU, Pierre (1955): *Séville et l'Atlantique (1504-1650),* SEVPEN, Paris, t. I (1955), t. VIII (1959).
— (1969): *Conquête et exploitation des nouveaux mondes (XVIe. siècle)*, PUF, Paris.
CHAUDHURI, K. N. (1985): *Trade and Civilisation in the Indian Ocean. An Economic History from the Rise of Islam to 1750*, Cambridge University Press, Cambridge.
CHOMSKY, Noam (1994): *World Orders: Old and New*, Columbia University Press, New York.
CLAVIJERO, Francisco Xavier (1945): *Historia Antigua de México*, Porrúa, México D.F.
CLAUSEWITZ, Karl von (1973): *De la Guerra*, Editorial Diógenes, México D.F., t. 1-3.
COHEN, Jean y ARATO, Andrew (1995): *Civil Society and Political Theory*, MIT, Cambridge (Mass.).
COHEN, Jean (1995b): «*Nuevos paradigmas teóricos y movimientos sociales contemporáneos*», en *Sociología y política* (UIC, México D.F.), NE, 6 (1995), pp. 15-70.
COHEN, Richard (1994): *Elevations. The Height of the good in Rosenzweig and Lévinas*, The University of Chicago Press, Chicago.
Colección de Documentos Inéditos para la Historia de México, 1566.
COLLINS, Randall (2000): *The Sociology of Philosophies. A Global Theory of Intellectual Change*, The Belknap Press of Harvard University Press, Cambridge (Mass.).
COPPENS, Yves (1975): «Evolution des Hominidés et de leur environnement au cours du Plio-Pléistocène dans la Basse Vallée de l'Omo en Ethiopie», en *Comptes Rendus Hebdomadaires de Scéances de l'Académie des Sciences* (Paris), vol. 281, pp. 1693-1696.
— (1994): «East Side Story: The Origin of Humankind», en *Scientific American*, mayo, pp. 88-95.
DAMASIO, Antonio (1999): *The Feeling of what Happens*, A Harvest Book, San Diego.

— (1994): *Descartes' Error. Emotion, Reason, and the Human Brain*, G. P. Putnam's Sons, New York.
DAWKINS, D. (1976): *The Selfish Gener*, Oxford University Press, Oxford.
DECORME, Gerard (1941): *La obra de los jesuitas mexicanos durante la época colonial*, Librería Robreso de José Porrúa, México D.F., vols. 1-2.
DELEKAT, Friedrich *(*1957): *Der Christ und das Geld. Eine theologisch-ökonomische Studie*, München.
DEMETZ, Peter (1969): *Engels und die Dichter*, Frankfurt.
DERRIDA, Jacques (1967): *L'Ecriture et la Différence*, Seuil, Paris.
— (1967b): *De la Grammatologie*, Minuit, Paris.
— (1993): *Politiques de l'amitié*, Galilée, Paris.
— (1994): *Politiques de l'amitié*, Galilée, Paris.
DESCARTES, René (1953): *Oeuvres et Lettres de Descartes*, La Pléiade, Gallimard, Paris.
DICKEY, Laurence (1987): *Hegel, Religion, Economics and the Politics of Spirit, 1770-1807*, Cambridge University Press, Cambridge.
DIEMER, Alwin (1981): *Philosophy in the present situation of África*, F. Steiner, Wiesbaden.
DIEMER, A. y HOUNTONDJI, P. (1985): *Africa and the problem of its identity*, Peter Lang, Frankfurt.
DREWERMANN, Eugen (1986): *Dein Name ist wie der Geschmack des Lebens*, Herder, Freiburg.
DUSSEL, Enrique (1965): «Iberoamérica en la historia universal», en *Revista de Occidente* (Madrid), 25.
— (1967): *Para una historia de la Iglesia en América Latina*, Estela, Barcelona (posteriores ediciones y traducciones en cinco lenguas con el título *Historia de la Iglesia en América Latina. Coloniaje y Liberación*; en inglés *History of the Church in Latin America*, Eederman, Grand Rapids, 1981).
— (1967b): «Spolecznosci Chrzescijanskie Ameriki Lacinskiej», en *Znak Miesiecznik* (Krakow), XIX.
— (1968): «Cultura, Cultura latinoamericana y cultura nacional», en *Cuyo* (Mendoza), 4 (1968).
— (1968b): «Sentido de una historia de las ideas dentro de una teoría de la cultura», en *Cuyo* (Mendoza), núm. 4.
— (1968c): «Cultura latinoamericana e historia de la Iglesia», en L. Gera-E. Dussel-J. Arch, *Contexto de la iglesia argentina*, Universidad Pontificia, Buenos Aires.
— (1969): *El humanismo semita*, EUDEBA, Buenos Aires.
— (1970): *El Episcopado Hispanoamericano. Institución misionera en defensa del indio (1504-1620)*, CIDOC, Cuernavaca, 1970, t. IV.
— (1970b): *América latina y conciencia cristiana*, IPLA, Quito.
— (1971): «Metafísica del sujeto y liberación», en *Temas de filosofía contemporánea*, Sudamericana, Buenos Aires.
— (1972): *Historia de la Iglesia en América Latina. Coloniaje y Liberación 1492-1972*, Editorial Nova Terra, Barcelona.

— (1972b): *Caminos de liberación latinoamericana* t. I: Interpretación histórico-teológica de nuestro continente latinoamericano, Latinoamérica, Buenos Aires, 176 pp.; 2.ª ed. 1973, 176 pp.; 3.ª ed. 1975. Reedición aumentada; *Desintegración de la cristiandad colonial y liberación. Perspectiva latinoamericana,* Sígueme, Salamanca, 1978; en inglés: *History and the theology of liberation. A Latin American perspective,* Orbis Books, New York, 1976; en francés: *Histoire et théologie de la libération. Perspective latinoaméricaine,* Editions Economie et Humanisme-Editions Ouvrières, Paris, 1974; en portugués: *Caminhos de libertaçâo latino-americana,* t. I: Interpretaçâo histórico-teológica, Paulinas, Sâo Paulo (1985): 152 pp.

— (1973): *Para una ética de la liberación latinoamericana,* I-II (escritos en 1970-1972), Siglo XXI, Buenos Aires, 1973; III (escrito en 1973), Edicol, México D.F., 1977; IV-V (escritos en 1974-1975), USTA, Bogotá, 1979-1980 (en portugués en Loyola, Sâo Paulo, I-V, 1982). Hay otras ediciones en lengua española.

— (1973b): *Para una de-strucción de la historia de la ética,* Ser y Tiempo, Mendoza.

— (ed.) (1973c): *Dependencia Cultural y Creación de la Cultura en América Latina,* Bonum, Buenos Aires.

— (1973d): «A manera de Manifiesto», en *Hacia una filosofía de la liberación latinoamericana,* Bonum, Buenos Aires.

— (1974): *Método para una filosofía de la liberación,* Sígueme, Salamanca, 1974; (2.ª ed., Universidad de Guadalajara, Guadalajara, México, 1993).

— (1974b): *El dualismo en la antropología de la Cristiandad,* Editorial Guadalupe, Buenos Aires.

— (1974c): «Cultura imperial, cultura ilustrada y liberación de la cultura popular» en *Stromata* (Buenos Aires), 30.

— (1975): *El humanismo helénico,* Eudeba, Buenos Aires.

— (ed.) (1975b): *Para una Historia de la Iglesia en América Latina.* (I Encuentro Latinoamericano de CEHILA, en Quito, 1973), CEHILA/Nova Terra, Barcelona.

— (1977): *Filosofía de la Liberación,* Edicol, México D.F. (Usta, Bogotá, 2.ª ed. 1980; La Aurora, Buenos Aires, 3.ª ed. 1985; AFYL, México D.F., 4.ª ed. 1989; trad. ingl.: Orbis Books, New York, 1985 [2.ª ed. 1988]; trad. port.: Loyola, Sâo Paulo, 1982; trad. alem.: Argument, Hamburg, 1989; trad. ital.: Queriniana, Brescia, 1992). Cito con los números desde la 2.ª ed. esp. (que es igual en todas las traducciones).

— (1979): «Francisco Romero, un filósofo moderno en Argentina», en *Cuyo,* n.º 4

— (1980): *La liberación de la mujer y Erótica latinoamericana,* Nuestra América, Bogotá.

— (1980b): *La pedagógica latinoamericana,* Nueva América, Bogotá.

— (1981): *A History of the Church in Latin America,* Eerdmans, Grand Rapids.

— (1982): «Hipótesis para una historia de la filosofía en América Latina», en *Ponencias,* USTA (Bogotá), pp. 405-436.

— (1983): *Cuadernos tecnológico-históricos* de Marx, Universidad de Puebla, Puebla.

— (ed. y coord.) (1983b): *Historia General de la Iglesia en América Latina,* t. I/1: Introducción, Sígueme, Salamanca.

— (ed.) (1983c): *Fronteras: A history of the Latin American Church in the USA since 1513,* t. X, MACC, San Antonio.
— (1984): *Filosofía de la producción,* Nueva América, Bogotá.
— (1984b): «Cultura latinoamericana y filosofía de la liberación. Cultura popular revolucionaria más allá del populismo y del dogmatismo», en *Cristianismo y Sociedad* (México D.F.), 80; en *Ponencias,* III Congreso Internacional de Filosofía Latinoamericana, USTA, Bogotá, 1985.
— (1985): *La producción teórica de Marx. Un comentario a los «Grundrise»,* Siglo XXI, México D.F.
— (1986): *Ética comunitaria,* Paulinos, Madrid.
— (1988): *Hacia un Marx desconocido. Un comentario de los Manuscritos del 61-63,* Siglo XXI, México D.F. (trad. ing.: *Towards an Unknown Marx. Commentary of the Manuscritps of 1861-1863,* Roudtlegde, London, 2001).
— (1990): *El último Marx (1863-1882) y la liberación latinoamericana,* Siglo XXI, México D.F.
— (1991): «The four drafts in the writing process of *Capital* (1857-1880)», en *First International Conferencia of Social Critical Reviews,* Eszmélet Foundation (Budapest), 1 (abril).
— (1992): *Intermezzo,* en Fornet-Betancourt, 1992.
— (1992): «El proyecto de la filosofía de la Historia Latinoamericana de Leopoldo Zea» en Fornet-Betancourt, 1992.
— (1993): *1492: El encubrimiento del Otro. Hacia el origen del mito de la modernidad,* Nueva Utopía, Madrid (trad. ingl.: *The Invention of the Americas,* Continuum Publishing Group, New York, 1995; trad. alem.: Patmos Verlag, Dusseldorf, 1993; trad. franc.: Editions Ouvrières, Paris, 1993; trad. ital.: La Piccola Editrice, Brescia, 1993; trad. port.: Vozes, Petrópolis, 1994; trad. gallego: Santiago de Compostela, 1992).
— (1993b): *Apel, Ricoeur, Rorty y la filosofía de la liberación,* Universidad de Guadalajara (México), trad. ingl.: *The Underside of Modernity, Apel, Ricoeur, Taylor, Rorty and the Philosophy of Liberation,* Humanities Press, New Jersey, 1996).
— (1993c): *Las metáforas teológicas de Marx,* Verbo Divino, Estella (España). Nueva edición en 2007 en El Perro y la Rana, Caracas.
— (1994): *Historia de la Filosofía latinoamericana y Filosofía de la Liberación,* Nueva América, Bogotá.
— (1994b): «El Nacionalismo. Sobre las condiciones de su aparición (Hacia una teoría general)», en *Antropos* (Caracas), 2-1993 (julio-diciembre).
— (1995): *Teología de Liberación. Un panorama de su desarrollo,* Potrillos Editores, México D.F.
— (1997): *Oito Ensaios sobre cultura latino-americana e libertação,* Editorial Paulinas, Sao Paulo.
— (1998): *Ética de la Liberación en la edad de la globalización y la exclusión,* Trotta, Madrid, 2.ª ed. 1998; 3.ª ed. 2000; 4.ª ed. 2003 (trad. ingl.: Duke University Press, Durham, en prensa; hay traducción portuguesa: Vozes, Petrópolis, 2000; reducida en alemán, Wissenschaftliche Verlag, Aachen, 2000, y en francés, L'Harmattan, Paris, 2001).

— (1998b): «Wahrheitsanspruch und Toleranzfähigkeit», en B. Schoppelreich y S. Wiedenhofer (eds.), *Zur Logik religiöser Traditionen*, Verlag für Interkulturelle Kommmunikation, Frankfurt.
— (1998c): «Principles, mediations and the good as synthesis», en *Philosophy Today* (DePaul University, Chicago), vol. 41.
— (1998d): «En búsqueda del sentido (Origen y desarrollo de una Filosofía de Liberación)», en *Anthropos* (Barcelona), 180 (sep.-oct.).
— (1998e): «Beyond Eurocentrism: The World-System and the Limits of Modernity», en F. Jameson y M. Miyoshi, *The Cultures of Globalization*, Duke University Press, Durham.
— (1998f): «Materielle, formale und kritische Ethik», en *Zeitschrift für kritische Theorie* (Lüneburg), 6.
— (1999): «Six Theses toward a Critique of Political Reason», en *Radical Philosophy Review* (Boston), vol. 2, 2.
— (2001): *Hacia una Filosofía Política Crítica*, Colección Palimpsesto, Desclée de Brouwer, Bilbao.
— (2001b): «Algunas reflexiones sobre la *falacia naturalista*», en *Dianoia* (México D.F.), vol. XLVI, n.º 46.
— (2002): «World-System and Trans-modernity», en *Nepantla. Views from South* (Duke, Durham), vol. 3, issue 2.
— (2003): *Beyond Philosophy*, Rowman and Littlefield, Oxford.
— (2003b): «Modernidad y alteridad (Las Casas, Vitoria y Suárez: 1514-1617)», en *Cuadernos Salmantinos de Filosofía* (Salamanca), vol. 30.
— (2004): «*Lo político* en Lévinas (Hacia una filosofía política *crítica*)» en Moisés Barroso y David Pérez, *Un libro de huellas. Aproximaciones al pensamiento de Emmanuel Lévinas*, Trotta, Madrid.
EBOUSSI BOULAGA, Fabien (1968): «Le Bantou problematique», en *Présence Africaine*, 66.
— (1988): *Topobiology: An Introduction to Molecular Embryology*, Basic Books, New York.
— (1989): *The remembered present. A Biological Theory of Consciousness*, Basic Books, New York.
EDELMAN, G. (1992): *Bright Air, Brillant Fire. On the Matter of the Mind*, Basic Books, New York.
*Enciclopedia of Philosophy, The (*1967): Macmillan, New York, vols. 1-8.
ENGELS, F. (1966): «Esbozo de una crítica de la economía política», en *Escritos económicos varios*, Grijalbo, México D.F.
ESCHWEILER, K. (1928): «Die Philosophie der Spanischens Spaetscholastik and den deutschen Universitaeten des siebzehnten Jahrhunderts», en *Spanische Forschungen des Goerres-Gesellschaft*, sección I, vol. 1, Aschendorff, Münster/Westfalen.
FORNET-BETANCOURT, Raúl (ed.) (1990): *Ethik und Befreiung, Augustinus*, Aachen (orig. esp. en K.-O. Apel y E. Dussel, *Fundamentación de la ética y filosofía de la liberación*, Siglo XXI, México D.F., 1992).
— (ed.) (1992): *Für Leopoldo Zea*, Augustinus, Aachen.
— (ed.) (1992b): *Diskursethik oder Befreiungsethik?,* Augustinus, Aachen.

FOUCAULT, Michel (1975): *Surveiller et punir*, Gallimard, Paris.
— (1996): *Las palabras y las cosas*, Siglo XXI, México D.F.
FREILE, Guillermo (1965): *Historia de la Filosofía*, BAC, Madrid, vols. 1-3 (1966).
FREUD, Sigmund (1974): *Sigmund Freud. Studienausgabe*, S. Fischer, Frankfurt, vols. 1-10 (1975) (trad. esp.: *Obras completas*, Biblioteca Nueva, Madrid, 1968, vols. 1-3).
FUKUYAMA, Francis (1989): «The End of History», en *The National Interest*, octubre.
FURLONG, Guillermo (1946): *Los jesuitas y la cultura rioplatense*, nueva edición corregida y aumentada, Huarpes, Buenos Aires.
GALILEI, Galileo (1933): «Il Saggiatore», en *Le opere di Galileo Galilei*, Firenze, t. VI.
GERA, L.; DUSSEL, E. Y ARCH, J., *Contexto de la iglesia argentina*, Universidad Pontificia, Buenos Aires.
GIBBS, Robert (1992): *Correlations in Rosenzweig and Lévinas*, Princeton University Press, Princeton.
GIDDENS, Anthony (1996): *Sociología*, Alianza Editorial, Madrid.
GILSON, Etienne (1930): *Etudes sur le rôle de la pensée médiévale dans la formation du système cartésien*, Vrin, Paris.
GINÉS DE SEPÚLVEDA, Juan (1967): *Tratado sobre las Justas causas de la Guerra contra los indios*, FCE, México D.F.
GODINHO, V. M. (1950): «Création et dynamisme économique du monde atlantique (1420-1670)», en *Annales ESC*, t. V/1, enero-marzo.
GOODIN, Robert Y PETTIT, Philip (ed.) (1997): *Contemporary Political Philosophy*, Blackwell, Oxford.
— (ed.) (1999): *A Companion to Contemporary Political Philosophy*, Backwell, Oxford.
GRACIA, Jorge (*et alii*) (1985): *El análisis filosófico en América Latina*, FCE, México D.F.
GRAMSCI, Antonio (1975): *Quaderni del Carcere*, V. Gerratana (ed.), Einaudi Editore, Torino, vols. 1-4.
GUNDER, Frank, André (1990): «A theorétical Introduction to 5000 years of World System history», en *Review* (Binghamton), 13 (2).
— (1998): *ReOrient: global economy in the Asian Age,* University of California Press, Berkeley.
GUTIÉRREZ, Germán (1998): *Ética y Mercado en Adam Smith y Friedrich Hayek*, DEI, San José (C. Rica).
GUY, Alain (1985): *Historia de la Filosofía española*, Anthropos, Barcelona.
HABBEL, Torsten (1994): *Der Dritte stoert*, Gruenewald, Mainz.
HARTMANN, Nicolai (1962): *Ethik,* Gruyter, Berlin.
HABERMAS, Jürgen (1963): *Theorie und Praxis*, Suhrkamp, Frankfurt.
— (1981): *Theorie des kommunikativen Handelns*, Suhrkamp, Frankfurt, t. I-II (ed. cast.: Taurus, Madrid, t. I-II, 1987).
HABERMAS, J. (1983): *Moralbewußtsein und kommunikatives Handeln*, Suhrkamp, Frankfurt.
— (1984): *Vorstudien und Ergänzungen zur Theorie des kommunikativen Handelns*, Suhrkamp, Frankfurt.

— (1988): *Der philosophische Diskurs der Moderne*, Suhrkamp, Frankfurt (ed. castellana Taurus, Buenos Aires, 1989).
— (1989): *Identidades nacionales y postnacionales*, Tecnos, Madrid.
— (1991): *Erläuterungen zur Diskurethik*, Suhrkamp, Frankfurt.
— (1992): *Faktizität und Geltung*, Suhrkamp, Frankfurt (*Between Facts and Norms*, MIT Press, Cambridge-Mass.; *Facticidad y validez*, Trotta, Madrid, 1998).
— (1999): *Wahrheit und Rechtfertigung*, Suhrkamp, Frankfurt (trad. esp.: *Verdad y justificación*, Trotta, Madrid, 2002).
HALE, Charles (1970): «Sustancia y método en el pensamiento de Leopoldo Zea», en *Historia mexicana* (México D.F.), vol. XX, n.º 2.
HALL, A. R. (1954): *The Scientific Revolution*, Longman, London.
HAMMARSTRÖM, D. Ingrid (1957): «The *price revolution* of the sixteenth century», en *Scandinavian Economic History,* V, 1, pp. 118-154.
HARDT, Michael y NEGRI, Antonio (2000): *Empire*, Harvard University Press, Cambridge (Mass.) (trad. esp.: *Imperio*, FCE, México D.F., 2002).
HEGEL, G. W. F. (1955): «Die Weltgeschichte geht von Osten nach Westen; denn Europa ist schlichthin das Ende der Weltgeschichte» (Hegel, *Die Vernunft in der Geschichte, Zweite Entwurf (1830)*, en *Sämtliche Werke*, ed. de J. Hoffmeister, F. Meiner, Hamburg.
— (1970): *Vorlesungen über die Philosophie der Geschichte*; en Hegel, *Werke*, Theorie Werkausgabe, Suhrkamp, Frankfurt, vol. 12.
— (1971): *G. W. F. Hegel Werke in zwanzig Bänden. Theorie Werkausgabe*, Suhrkamp, Frankfurt, t. I (1971)-XX (1979).
HEIDEGGER, Martin (1947): Brief ubre den Humanismus, Klostermann, Frankfurt (trad. cast.: *Sobre el humanismo*, Sur, Buenos Aires [1960]: pp. 65-121).
— (1961): *Nietzsche*, Neske, Pfullingen, vols. 1-2 (trad. esp.: *Nietzsche*, Destino, Barcelona, vols. 1-2).
— (1962): *Being and Time*, Harper and Row, New York.
— (1963): *Sein und Zeit*, Max Niemeyer, Tübingen.
— (1963b): *Die Frage nach dem Ding*, Niemeyer, Tübingen (ed. cast.: Sur, Buenos Aires, 1964).
HELD, David (1993): *Modelos de democracia*, Alianza Universidad, México D.F.
— (1997): *La democracia y el orden global. Del Estado moderno al gobierno cosmopolita*, Paidós, Barcelona.
HELLER, Anges (1973): *Hipótesis para una teoría marxista de los valores*, Grijalbo, Barcelona.
— (1985): *Sobre el pacifismo*, con F. Fehér, Editorial Pablo Iglesias, Madrid.
HELMUT, Dubiel (2000): *La Teoría Crítica: ayer y hoy*, Signos, Universidad Autónoma Metropolitana, Iztapalapa, México D.F.
HESS, Moisés (1845): «Ueber das Geldwesen», en *Rheinische Jahrbücher zu gesellschaftlichen Reform*, por Hermann Pütmann, C. B. Leste, Darmstadt.
HINKELAMMERT, Franz (1970): *Ideologías del desarrollo y dialéctica de la historia*, Nueva Universidad, Santiago de Chile.

— (1970b): *Dialéctica del desarrollo desigual. El caso latinoamericano*, Centro de Estudios de la Realidad Nacional, Santiago de Chile.
HINKELAMMERT, Franz (1984): *Crítica de la razón utópica*, DEI, San José (Costa Rica).
— (1994): *Kritik der utopischen Vernunft*, Exodus-Grünewald, Freiburg-Mainz; (en español, *Crítica a la Razón Utópica,* DEI, San José, 1984).
— (1995): *Cultura de la esperanza y sociedad sin exclusión*, DEI, San José (C. Rica).
— (1998): *El grito del sujeto*, DEI, San José (C. R.).
HOESLE, Vittorio (1997): *Moral und Politik*, Vittorio Hoesle, C. H. Beck, München.
HODGSON, M. (1974): *The Venture of Islam*, University of Chicago Press, Chicago, t. I-III.
HOLLOWAY, John (2002): *Cambiar el mundo sin tomar el poder*, Herramienta, Buenos Aires.
HONNETH, A. (1992): *Kampf um Anerkennung*, Suhrkamp, Frankfurt a. M.
HORKHEIMER, Max. (1933): «Materialismus und Moral», en *Zeitschrift für Sozialforschung*, Jg. 2, pp. 162-197 (trad. ing.: «Materialism and Morality», en *Between Philosophy and Social Science,* MIT Press, Cambridge [Mass.], 1993, pp. 15-48.
HORKHEIMER, M. y ADORNO, Th. W. (1971): *Dialektik der Aufklärung*, Fischer, Frankfurt.
Human Development Report 1992 (1992): Development Programme, United Nation, Oxford University Press, New York.
Human Development Report 1999 (1999): United Nations, UNDP, New York.
HUME, D. (1998): *Tratado de la Naturaleza Humana*, Porrúa, México D.F. Original inglés: *A Treatise of Human Nature*, A. D. Lindsay (ed.), Everyman's Library, Dutton (New York), vol. 1 (1968), vol. 2 (1966).
HUNTINGTON, Samuel (2001): *El choque de civilizaciones y la reconfiguración del Orden Mundial*, Paidós, México D.F.
JAMESON, Fredric (1991): *Posmodernim or the cultural logic of Late Capitalism*, University Duke Press, Durham.
JAY, Martin (1984): *Marxism and Totality*, Berkeley University Press, Berkeley.
JONAS, Hans (1984): *The Imperative of Responsibility,* University of Chicago Press, Chicago.
KANT, Immanuel (1967): *Crítica de la razón pura*, Losada, Buenos Aires.
— (1968): *Kant Werke*, Wissenschaftliche Buchgesellschaft, Darmstadt, vols. 1-10.
KEE, Alistair (1990): *Marx and the Failure of Liberation Theology*, SCM, London.
KENNEDY, Paul (1987): *The Rise and Fall of the Great Powers,* Random House, New York.
KUHN, Thomas (1962): *The Structure of Scientific Revolutions*, University of Chicago Press, Chicago.
KÜNZLI, Arnold (1966): *Karl Marx. Eine Psychographie*, Wien.
LACAN, Jacques (1971): *Lecturas estructuralistas de Freud*, Siglo XXI, México D.F.
LACLAU, Ernesto (1990): *New Reflection on the Revolution of our Time*, Verso, London.
LACLAU, E. (1996): *Emancipación y Diferencia,* Ariel, Buenos Aires.
LAS CASAS, Bartolomé de (1957): *Obras escogidas de Fray Bartolomé de Las Casas,* en *Biblioteca de Autores Españoles*, Real Academia Española, Madrid, vols. 1-5 (1958).
— (1958): *De Thesauris*, CSIC, Madrid.
— (1969): *De Regia Potestate o Derecho a la Autodeterminación*, CSIC, Madrid.
— (1989): *Apología*, Alianza, Madrid.

LATTIMORE, Owen (1962): *Inner Asian Frontiers of China*, Beacon Press, Boston.
LEHMANN, Walter (1949): *Sterbende Götter und Christliche Heilsbotschaft*, ya citado, Stuttgart.
LEÓN-PORTILLA, Miguel (1979): *Filosofía Náhuatl*, FCE, México D.F.
LEVINAS, Emmanuel (1968): *Totalité et Infinit. Essai sur l'extériorité*, Nijhoff, La Haye.
— (1974): *Autrement qu'être ou au-delà de l'essence*, Nijhoff, La Haye (trad. cast.: *De otro modo que ser o más allá de la esencia*, Sígueme, Salamanca, 1987).
— (1977): *Du Sacré au Saint. Cinq nouvelles lectures talmudiques*, Minuit, Paris.
— (1982): «L'Etat de Cesar et l'État de David», en *L'au-delà du verset. Lectures et discours talmudiques*, Minuit, Paris.
Libro de los Libros de Chalam Balan, FCE, 1991.
LINDSAY, A. D. (ed.) (1966): Everyman's Library, Dutton, New York, vol. 2.
LOCKE, John (1975): *An Essay concerning Human Understanding*, Clarendon Press, Oxford.
— (1976): *Ensayo sobre el Gobierno civil*, Aguilar, Madrid (original ingl.: «Second Treatise on Civil Government», en *Social Contract*, Ernest Barker [ed.], Oxford University Press, London, 1960).
LÖWITH, Karl (1964): *Von Hegel zu Nietzsche*, Kohlhammer, Stuttgart.
LUHMANN, Niklas (1984): *Soziale Systeme*, Suhrkamp, Frankfurt.
— (1988): *Soziale Systeme. Grundriss einer allgemeinen Theorie*, Suhrkamp, Frankfurt a. M. (trad. cast.: *Sistemas Sociales*, Alianza, México D.F., 1991).
— (2000): *Die Politik der Gesellschaft*, Suhrkamp, Frankfurt.
LUXEMBURG, Rosa (1966): *Politische Schriften*, Europäische Verlagsanstalt, Nördlingen, vols. 1-3 (1968) (del vol. 1, trad. esp.: *Reforma o revolución*, Grijalbo, México D.F., 1967).
LYOTARD, Jean-François (1979): *La condition postmoderne*, Minuit, Paris.
MADURO, Otto (1981): *La cuestión religiosa en el Engels pre-marxista,* Monte Ávila Editores, Caracas (en especial «Crítica del *Estado cristiano*»).
— (1981b): *Marxismo y religión,* Monte Ávila Editores, Caracas.
MANN, Michael (1986): *The Sources of Social Power. A History of Power from the Beginning to A. D. 1760,* Cambridge University Press, Cambridge, t. I.
MARCUSE, Herbert (1968): «Liberación respecto a la sociedad opulenta», en David Cooper (ed.)., *The Dialectics of Liberation*, Penguin Books, London (trad. cast.: Siglo XXI, México D.F., 1969, pp. 183-192).
Marquart, Odo (1981): Abschied vom Prinzipiellen, Stuttgart.
MARSILIO DE PADUA (1980): *Defensor Pacis*, trad. e introd. de Alan Gewith, University of Toronto, Toronto.
MARIÁTEGUI, José Carlos (1969): *Siete ensayos de interpretación de la realidad peruana*, Ediciones Solidaridad, México D.F.
— (1987): *Defensa del marxismo*, Editora Amauta, Lima.
— (1988): *Obras completas de José Carlos Mariátegui,* t. 1-2, Biblioteca Amauta, Editora Amauta, Lima.
MARX, Karl (1956): *Marx-Engels Werke (MEW)*, Dietz, Berlín, vols. 1 ss. (1956 ss.) (trad. esp.: *Obras fundamentales (OF)*, FCE, México D.F., vols. 1 ss. (1982 ss.); *Manuscritos* [del 44]:

economía y filosofía, Alianza, Madrid, 1968; *La Ideología alemana,* Grijalbo, Barcelona, 1970, con las *Tesis sobre Feuerbach,* en pp. 665-668; *Manifiesto del Partido comunista,* Editorial Claridad, Buenos Aires, 1967); *El capital,* Siglo XXI, México D.F., vol. I/1 (1975)-III/8 (1981). También *Collected Work,* Lawrence and Wishart, London, vols. 1 ss., (1975 ss.).
— (1974): *Grundrisse,* Dietz Verlag, Berlin (trad. esp.: Siglo XXI, México D.F., 1971, vols. 1-3; trad. ingl.: Vintage Books, New York, 1973).
— (1975): *Karl Marx-Friedrich Engels Gesamtausgabe (MEGA),* Dietz, Berlin, dividida en cuatro secciones, siendo la sección II la dedicada a los textos de las cuatro redacciones de *El capital* (véase Dussel, 1985, 1988 y 1990).
MATURANA, Humberto (1985): *El árbol del conocimiento. Las bases biológicas del entendimiento humano,* Editorial Universitaria, Santiago.
MCNEIL, William (1964): *The Rise of the West,* University of Chicago Press, Chicago.
MEAD, George H. (1934): *Mind, Self, and Society,* The University of Chicago Press, Chicago.
MEADOWS, Donella-Dennis (1972): *Los límites del crecimiento,* FCE, México D.F.
— (1983): The Brandt Commission 1983, *Common Crisis. North-South: Co-operation for World Recovery,* Pan Books, London.
— (1992): *Los límites del crecimiento (The Limits to Growth),* FCE, México D.F.
MEMMI, Albert (1988): *La liberación del judío,* Raíces, Buenos Aires.
MENCHÚ, Rigoberta (1985): *Me llamo Rigoberta Menchú y así me nació la conciencia,* Siglo XXI, México D.F.
MENZEIS, Gavin (2003): *1421. El año en que China descubrió el nuevo mundo,* Grijalbo, Barcelona (del original inglés *1421. The Year China Discovered the World*).
MERLEAU-PONTY, M. (1960): *La structure du comportement,* PUF, Paris.
MILLER, Jonathan (1983): *States of Mind,* Pantheon, New York.
MINGES, P. (1919): «Suárez und Duns Scotus», en *Philosophisches Zeitschr. Der Goerres-Gesellschaft,* 32, Alber, Freiburg/München.
MIRANDA, Porfirio (1969): *Marx y la Biblia,* UNAM, México D.F.
— (1978): *El cristianismo de Marx,* UNAM, México D.F.
MODELSKI, George (1987): *Long Cycles in World Politics,* Macmillan Press, London.
MOORE, George Edward (1968): *Principa ethica,* Cambridge University Press, Cambridge (trad. cast.: FCE, México D.F., 1959).
MORENO, Rafael (1963): «La filosofía moderna en la Nueva España», en Mario de la Cueva *et alia, Estudios de historia de la filosofía en México,* UNAM, México D.F.
NAJENSON, José L. (1979): *Cultura popular y cultura subalterna,* Universidad Autónoma del Estado de México, Toluca.
NEEDHAM, Joseph (1961): «The Chinese contributions to vessel control», en *Scientia,* XCVI, 98.
— (1963): «Commentary on Lynn White *What Accelerated Technological Change in the Western Middle Ange?*», en A. C. Crombie (ed.), *Scientific Change,* Basic Books, New York.
— (1966): «Les contributions chinoises à l'art de gouverner les navires», en *Colloque International d'Histoire Maritime,* Paris.

NEGRI, A. (2002): *Job: la fuerza del esclavo*, Paidós, Buenos Aires.
NIETZSCHE, F. (1981): *La Voluntad de Poderío*, EDAF, Madrid.
NOVAK, Michael (1982): *The Spirit of Democratic Capitalism*, American Enterprise Institute, New York-Washington.
NOZICK, Robert (1974): *Anarchy, State and Utopia*, Basic Books, New York.
OCKAM, Guillermo (1614), *Dialogues*, en Melchior Goldast (ed.), *Monarchia S. Romani Imperii*, Biermann, Frankfurt, t. 2, pp. 398-957.
O'GORMAN, Edmundo (1957): *La invención de América*, FCE, México D.F.
PASSERIN D'ENTREVES (1994): *The Political Philosophy of Hannah Arendt*, Routledge, London.
PAUW, Corneille de (1768), *Recherches philosophiques sur les Américains, ou Mémoires intéressants pour servir à l'histoire de l'espèce humaine*, Berlin, vols. 1-2 (1769); London, 1770.
PAZ, Octavio (1950): *El laberinto de la soledad*, Cuadernos Americanos, México D.F.
PETER, Anton (1988): *Befreiungstheologie und Transzendental theologie. Enrique Dussel und Karl Rahner im Vergleich*, Herder, Freiburg.
PICÓN-SALAS, Mariano (1965): *De la Conquista a la Independencia*, FCE, México D.F.
POMERANZ, Kenneth (2000): *The Great Divergence. China, Europe and the Making of the Modern World Economy*, Princeton University Press, Princeton.
POPPER, Karl (1977): *Das Elend des Historizismus*, Francke, München.
PUTNAM, Hilary (1988): *Representation and Reality*, MIT Press, Cambridge.
RAAT, William (1970): «Ideas e historia en México. Un ensayo sobre metodología», en *Latinoamérica* (México D.F.), n.º 3.
RABOSSI, Eduardo (1979): *Estudios éticos. Cuestiones conceptuales y metodológicas*, Universidad de Carabobo, Valencia (Venezuela).
RAMÍREZ, Sergio (1982): «La revolución: el hecho cultural más grande de nuestra historia», en *Ventana* (Managua), 30.
RANDOM, Robert (1998): *Making it Explicit*, Harvard University Press, Cambridge.
RAU, Virginia (1957): «A family of Itlaian merchants in Portugal», en *Studi in onore di Armando Sapori*, Istituto Ed. Cisalpino, Milano, I, pp. 715-726.
RAWLS, J. (1971): *A Theory of Justice*, Harvard University Press, Cambridge, 1971 (trad. esp.: *Teoría de la Justicia*, FCE, México D.F., 1985).
— (1993): *Political Liberalism*, Columbia University Press, New York.
— (1999): *The Law of Peoples*, Harvard University Press, Cambridge (Mass.).
RAZETO MIGLIARO, Luis (1985): *Economía de solidaridad y mercado democrático*, Programa de Economía del Trabajo (PET), Santiago (Chile), vol. 2.
— (1988): *Economía de solidaridad y mercado democrático*, PET, Santiago (Ch.), vol. 3.
— (1991): *Empresas de trabajadores y economía de mercado*, PET, Santiago (Ch.), vol. 1.
RICOEUR, Paul (1963): *La symbolique du mal*, Aubier, Paris.
— (1964): *Histoire et verité*, Seuil, Paris.
— (1992): «Filosofia e Li berazione», en *Filosofia e Liberazione. La sfida del pensiero del Terzo-Mondo*, Capone Editore, Lecce.

ROEGEN, Nichlas Georgescu (1971): *The Entropy Law and the Economical Process*, Harvard University Press, Cambridge.
RORTY, Richard (1979): *Philosophy and the Mirror of Nature*, Princeton University Press, Princeton (trad. cast.: Cátedra, Madrid, 1989).
— (1987): «The Priority of Democracy to Philosophy», en M. Peterson *et alii* (ed.), *The Virginia Statute of Religious Freedom*, Cambridge University Press, Cambridge (UK).
ROSENZWEIG, Franz (1920): *Hegel und der Staat*, Oldenberg, Muenchen.
— (1989): *El nuevo pensamiento*, Visor, Madrid.
ROSSABI, Morris (1982): *China Among Equals: The Middle Kingdom and its Neighbors 10-14th Centuries*, University of California Press, Berkeley.
ROTH, Gerhand (1996): *Das Gehirn und seine Wirklichkeit. Kognitive Neurobiologie und ihre philosophischen Konsequenzen*, Suhrkamp, Frankfurt
RUSSELL, Bertrand (1956): *Logic and Knowledge*, Allen and Unwin, London.
SALAZAR BONDY, Augusto (1950): *Las ideas del saber, la naturaleza y Dios en el pensamiento de Hipólito Unanue,* Universidad de San Marcos, Lima.
— (1953): *Ensayo sobre la distinción entre el ser irreal y el ser ideal*, Universidad de San Marcos, Lima.
— (1954): *Philosophy in Peru*, Unión Panamericana, Washington (nosotros citamos de Editorial Universo, Lima, 1967).
— (1963): *Introducción a la filosofía*, Santa Rosa, Lima.
— (1967): *Historia de las Ideas en el Perú Contemporáneo* (1965), Francisco Moncloa, t. I-II, 1967.
— (1967b): *Iniciación filosófica*, Editorial Universo, Lima, 1967.
— (1966): *Apuntes sobre el pensamiento de Wittgenstein*, Mimeo, San Marcos, Lima.
— (1967): *¿Qué es filosofía?,* Vilock, Lima.
— (1968): *¿Existe una filosofía de nuestra América,* Siglo XXI, México D.F.
— (1971): *Para una filosofía del valor*, Editorial Universitaria, Santiago.
— (1971b): *¿Es de Salazar Bondy? Temas de Filosofía contemporánea*, Sudamericana, Buenos Aires.
— (1973): «Diálogo con los expositores», en *Stromata* (Buenos Aires), XXIX, n.º 4, oct.-dic.
— (1974): *Bartolomé o de la dominación*, Ciencia Nueva, Buenos Aires.
— (1985): «La cultura de la dominación» en *Entre Escila y Caribdi*, Ediciones Rikchay, Lima.
SANTOS, Theotonio dos (2001): *Teoría de la Dependencia*, Plaza y Valdés, México D.F.
SCHELKSHORN, Hans (1992): *Ethik der Befreiung. Einführungin die Philosophie Enrique Dussels*, Herder, Freiburg.
SCHELLING, Friedrich W. J. (1927): *Werke. Münchner Jubiläumsdruck*, Ed. M. Schroeter, Becksche Verlag, München, v. 1-6 (1954) (with v. EB 1-6).
SCHELLING, F. W. J. (1977): *Philosophie der Offenbarung 1841/42*, Suhrkamp, Frankfurt.
SCHMITT, Carl (1987): *Der Begriff des politischen*, Dunker und Humblot, Berlin.
— (1996): *Der Begriff des Politischen*, Dunker und Humblot, Berlin.
SCHNÄDELBACH, Hans (1986): «Was ist Neoaristotelismus?», en W. Kuhlmann (ed.), *Moralität und Sttlichkeit,* Suhrkamp, Frankfurt, pp. 33-63.

SCHNEEWIND, J. B. (1998): *The Invention of Autonomy. A History of Modern Moral Philosophy*, Cambridge University Press, Cambridge (UK).
SCHOPENHAUER, Arthur (1960): *Sämtliche Werke*, Cotta-Insel, Stuttgart, vols. 1-5 (1965).
— (2000): *El mundo como voluntad y representación*, Porrúa, México D.F.
SEARLE, John (1969): *Speech Acts*, Cambridge University Press, Cambridge (trad. cast.: Cátedra, Madrid, 1990).
— (1984): *Minds, Brains and Science,* Harvard University Press, Cambridge (Mass).
— (1994): *The Rediscovery of the Mind*, MIT Press, Cambrigde (Mass.).
SELLARS (1993): «Empiricism and the Philosophy of Mind», en *Science, Perception, and Reality*, Routledge, London.
SERRANO, Enrique (1994): *Legitimación y racionalización. Weber y Habermas*, Anthropos, Barcelona.
— (1996): *Consenso y conflicto*, Interlínea, México D.F.
SOBREVILLA, David (1989): *Repensando la tradición nacional*, Estudios sobre la filosofía reciente en el Perú, t. II, Editorial Hipatia, Lima.
SMITH, Adam (1984): *Una Investigación sobre la naturaleza y causa de la riqueza de las naciones*, FCE, México D.F. (original inglés: *The Wealth of Nations*, The Penguin, Harmondsworth, Middlesex, 1985).
SOMBART, W. (1902): *Der moderne Kapitalismus*, Duncker, Leipzing.
— (1920): *Der Bourgeois*, Duncker, München.
SOROS, George (2000): *Open Society. Reforming global capitalism*, PublicAffaires, New York.
SPIRO, Peter (2000): «The New Sovereigntists. American Exceptionalism and Its False Prophets», en *Foreign Affairs*, vol. 79, n.° 6, nov.-dic., pp. 9-15.
STAVARIANOS, L. S. (1970): *The World to 1500. A Global History*, Prentice Hall, Englewood Cliffs.
STRAUSS, Leo y CROPSEY, Joseph (1994): *Histoire de la Philosophie Politique*, PUF, Paris.
STREITCHER, K. (1928): *Die Philosophie der Spanischen Spaetscholastiks and den deutschen Universitaeten des siebzehnten Jahrhunderts*, Gesammelte Aufsaetze zur Kulturgeschichte Spanien, Aschendorff, Muenster.
SUÁREZ, Francisco (1967): *Tratado de las leyes y de Dios legislador*, J. R. Eguillor M. (ed.), Instituto de Estudios Políticos, Madrid.
— (1597): *Metaphysicarum Disputationum*, Salamanca.
— (1621): *Partis secundae Summae Theologiae [...] De Anima*, Vivès, Lyon, vol. 3.
— (1965): *Defensio fidei*, E. Elorduy y L. Pereña, Consejo Superior de Investigaciones Científicas, Madrid.
TAVIANI, Paolo Emilio (1982): *Cristoforo Colombo. La genesi della scoperta*, Isstituto Geografico de Agostini, Novara.
TAYLOR, Charles (1989): *Sources of the Self. The Making of the Modern Identity*, Cambridge University Press, Cambridge.
— (1992): *The Ethics of Authenticity*, Harvard University Press, Cambridge.
THOMPSON, William (1989): *On global War: Historical-Structural Approches to World Politics,* University of South Carolina Press, Columbia.

TILLY, Charles (1984): *Big Structures. Large Processes*, Russell Sage Foundation, New York.
TOULMIN, S. (1964): *The Use of Argument*, Cambridge Univ. Press, Cambridge.
TOURAINE, Alain (1999): *Crítica de la Modernidad*, FCE, México D.F.
TROELTSCH, E. (1923): *Die Soziallehren der christlichen Kirchen und Gruppen*, Tübingen.
TSE-TUNG, Mao (1969): «Sobre la nueva democracia», XV; en *Obras completas*, Edición en Lenguas Extranjeras, Pekín, t. II.
TSUNG-HSI, Huang (1993): *Ming-i-tai-fang lu (Waiting for the Dawn: A Plan for the Prince)*, editada por Wm. Theodore de Bary, Columbia University Press, New York.
VATTIMO, Gianni (1985): *La fine della Modernità*, Garzanti, Milano.
VERLINDEN, Charles (1953): «Italian influence in Iberian colonization», en *Hispanic Historical Review*, 18, 2.
VITORIA, Francisco de (1960): *Obras de Francisco de Vitoria*, BAC, Madrid.
VIDALES, Raúl (1982): «Filosofía y política de las étnias en la última década», en *Ponencias del II Congreso de Filosofía Latinoamericana*, USTA, Bogotá.
VILLORO, Luis (1950): *Los grandes momentos del indigenismo en México,* El Colegio de México, México D.F.
— (1972): «Perspectiva de la filosofía en México para 1980», en *El Perfil de México en 1980*, México D.F., Siglo XXI, vol. 3.
WARMAN, Arturo (1969): «Cultura popular y cultura nacional», en *Características de la cultura nacional*, IIS-UNAM, México D.F.
WALLERSTEIN, I. (1974): *The Modern World-System*, Academic Press, New York, I-III, 1989 (trad. cast.: *El moderno sistema mundial*, Siglo XXI, México D.F., I, 1979).
— (1984): *The Politics for the World-Economy*, Cambridge University Press, Cambridge.
WALZER, Michael (1965): *The Revolution of the Saints: A Study in the Origins of Radical Politics*, Harvard University Press, Cambridge (Mass.).
WAKEMAN, Frederic (1973): *History and Will. Philosophical Perspectives of Mao Tse-tung's Thought*, University of California Press, Berkeley.
WELLMER, Albrecht (1986): *Dialog und Diskurs*, Suhrkamp, Frankfurt (trad. esp.: *Ética y Diálogo*, Anthropos/UAM-I, Barcelona/México D.F., 1994; parcial en trad. ingl.: *The persistence of Modernity*, MIT Press, Cambridge [Mass.], 1991).
WEBER, Max (1956): «Vorbemerkung zu den Gesammelten Aufsätzen zur Religionssoziologie», en *Soziologie. Weltgeschichttliche Analysen, Kröner*, Stuttgart.
— (1983): *Economía y Sociedad*, FCE, México D.F.
WELSCH, Wolfgang (1993): *Unseres postmoderne Moderne*, Akademie V., Berlin.
WILSON, Edward (1975): *Sociobiology. The new Synthesis*, Harvard University Press, Harvard.
— (1978): *On Human Nature*, Harvard University Press, Harvard.
WITTGENSTEIN, L. (1988): *Investigaciones lógicas* (bilingüe alemán: Austin, John, 1962, *How to do Things with Words*, Harvard University Press, Cambridge (trad. cast.: Paidós, Barcelona, 1988).
WOLFF, Eric (1982): *Europe and the people without History*, University of California Press, Berkeley.

WOLIN, Sheldon (2001): *Política y perspectiva. Continuidad y cambio en el pensamiento político continental*, Amorrortu, Buenos aires.

YANG-MING, Wang (1963): *Instructions for Practical Living and other Writings*, Columbia University Press, New York.

YOUNG, Iris Marion (2000): *Inclusion and Democracy*, Oxford University Press, Oxford.

ZEA, Leopoldo (1941): «América y su posible filosofía», en *Letras de México* (México D.F.), n.º 11.

— (1943): «Superbus Philosophus», en *Trabajos de historia filosófica, literaria y artística del cristianismo y la Edad Media*, edición de José Gaos, El Colegio de México, México D.F.

— (1942): «En torno a una filosofía americana», en *Cuadernos Americanos* (mayo-junio).

— (1943): *El positivismo en México*, México D.F.

— (1945): «En torno a una filosofía americana», en *Jornada* (México D.F.), n.º 52.

— (1948): *La filosofía como compromiso y otros ensayos*, Tezontle, México D.F.

— (1949): *Dos etapas del pensamiento en Hispanoamérica. Del romanticismo al positivismo*, El Colegio de México, México D.F.

— (1952): *La filosofía como compromiso y otros ensayos*, México D.F.

— (1952): *Conciencia y posibilidad del mexicano*, Porrúa, México D.F.

— (1953): *América como conciencia*, Cuadernos Americanos, México D.F.

— (1953b): *La conciencia del hombre en la filosofía. Introducción a la filosofía*, UNAM, México D.F.

— (1953c): *El Occidente y la conciencia de México*, Porrúa, México D.F.

— (1955): *La filosofía en México*, Libro-Mex, México D.F.

— (1955): *América en la conciencia de Europa*, Los Presentes, México D.F.

— (1956): Esquema para una historia de las Ideas en Iberoamérica, UNAM, México D.F.

— (1957): *América en la historia*, FCE, México D.F.

— (1960): *América Latina y el mundo*, Universidad Central de Venezuela, Caracas.

— (1965): *El pensamiento latinoamericano*, México D.F.

— (1968): *Antología de la filosofía americana contemporánea*, Costa-Amic, México D.F.

— (1969): *La filosofía americana como filosofía sin más*, Siglo XXI, México D.F.

— (1969b): «Definición de la cultura popular», en *Características de la cultura nacional*, UNAM, México D.F.

— (1978): *Filosofía de la historia americana*, FCE, México D.F.

— (1979): *Introducción a la Filosofía*, UNAM-Edicol, México D.F.

— (1971): *La esencia de lo americano*, Pleamar, México D.F.

— (1974): *Dependencia y liberación en la cultura latinoamericana*, Joaquín Mortiz, México D.F.

— (1975): *El positivismo en México. Nacimiento, apogeo y decadencia*, FCE, México D.F.

— (1976): *Dialéctica de la conciencia americana*, Alianza Editorial Mexicana, México D.F.

— (1976): *Filosofía latinoamericana*, ANUIES, México D.F.

— (1978): *Filosofía de la historia americana*, FCE, México D.F.

— (1979): *Negritud e indigenismo*, UNAM, México D.F.

— (1981): *Latinoamérica en la encrucijada de la historia*, UNAM, México D.F.

— (1988): *Discurso desde la marginación y la barbarie*, Anthropos, Barcelona.
— (1989): «12 de octubre de 1492. ¿Descubrimiento o encubrimiento?», en *El descubrimiento de América y su sentido actual*, edición de Leopoldo Zea, FCE, México D.F.
ZUBIRI, Xavier (1963): *Sobre la esencia*, Sociedad de Estudios y Publicaciones, Madrid.
— (1981): *Inteligencia sentiente*, Alianza, Madrid.
— (1982): *Inteligencia y logos*, Alianza, Madrid.
— (1983): *Inteligencia y razón*, Alianza, Madrid.
— (1986): *Sobre el hombre*, Alianza, Madrid.
— (1992): *Sobre el sentimiento y la volición*, Alianza, Madrid.
— (1995): *Estructura dinámica de la realidad*, Fundación Xavier Zubiri, Madrid.
ZUNZUNEGI, J. (1941): «Los orígenes de las misiones en las Islas Canarias», en *Revista Española de Teología*, I, pp. 364-370.

Materiales para una política de la liberación
se terminó de imprimir en noviembre de 2007.
Tiraje: mil ejemplares.